新疆大学"双一流"建设学术著作出版专项基金资助出版

孔子《论语》释、论与探新

黄钢 著

暨南大学出版社
JINAN UNIVERSITY PRESS

中国·广州

图书在版编目（CIP）数据

孔子《论语》释、论与探新／黄钢著. —广州：暨南大学出版社，2024.3
ISBN 978 - 7 - 5668 - 3771 - 4

Ⅰ.①孔…　Ⅱ.①黄…　Ⅲ.①孔丘（前551—前479）—人物研究②《论语》—研究　Ⅳ.①B222.2

中国国家版本馆 CIP 数据核字（2023）第 174576 号

孔子《论语》释、论与探新
KONGZI《LUNYU》SHI、LUN YU TANXIN
著　者：黄　钢
··

出 版 人：阳　翼
策划编辑：杜小陆
责任编辑：康　蕊
责任校对：张　钊
责任印制：周一丹　郑玉婷

出版发行：暨南大学出版社（511443）
电　　话：总编室（8620）31105261
　　　　　营销部（8620）37331682　37331689
传　　真：（8620）31105289（办公室）　37331684（营销部）
网　　址：http://www.jnupress.com
排　　版：广州良弓广告有限公司
印　　刷：佛山市浩文彩色印刷有限公司
开　　本：787mm×960mm　1/16
印　　张：36
字　　数：680 千
版　　次：2024 年 3 月第 1 版
印　　次：2024 年 3 月第 1 次
定　　价：149.80 元

（暨大版图书如有印装质量问题，请与出版社总编室联系调换）

自　序

关于这本书的写作，有些情况需要我自己来作一些说明。

我学习与研究《论语》，是从研究诗歌理论开始的。调到大学教书，学校安排我教写作课。说起来，对于写作，我还真是很有兴趣的。只是要教写作课，那却是另外一回事了。尤其是诗歌，我确实不是很喜欢，更不要说有什么研究了。但是要教书，就不能因为你不喜欢而不去学习与研究了。有一天，我去逛书店，发现了一本周振甫先生的《诗词例话》，翻开一看，真让我大开眼界，觉得这本书对我的教学太有用处了，于是立刻买了下来。回家以后，便如饥似渴地一口气读完了。这本书对我的帮助太大了，只觉得周先生真是我学习诗歌理论的启蒙老师。从周先生的书中，我看到原来中国古代有那么多的诗词理论著作，这些著作博大精深，真让我振聋发聩，这引起了我极大的兴趣。沿着周先生的指引，我到处找中国古代诗论著作，可以说，买一本，读一本。在读这些著作的过程中，我又发现一个普遍现象，那就是大多诗论著作中都引述孔子的论诗观点作为自己立论的依据。这让我知道，原来孔子也是一位伟大的诗歌理论家，而且可以说是中国诗歌理论的奠基者。（这里有必要作说明的是，比孔子早的还有舜的"诗言志"之说）于是我不能不读《论语》了。这就是我与《论语》结缘的开始。后来，我对诗歌理论的研究逐渐深入，决定写一本《中国诗歌艺术与文化》。在这本书中，第一章就是"孔子的诗学理论与诗文化"。为了写这一章，我必须对《论语》进行集中研究，尤其是其中的诗论部分。这里要特别提出的就是《论语》中的两段话：一段是《论语·八佾》中孔子与子夏的对话；另一段是《论语·学而》中孔子与子贡的对话。这两段对话都与论诗有关。我当时使用的《论语》版本，主要是杨伯峻先生编著的《论语译注》本，也参阅了朱熹先生的集注本。我在对上述两段话进行学习与研究时，对杨、朱二版本的释义都产生了一个同样的疑问，那就是到底如何理解第一段话中的"礼后乎"三个字。先看这一段话：

子夏问曰："'巧笑倩兮，美目盼兮，素以为绚兮'，何谓也？"子

曰："绘事后素。"曰："礼后乎?"子曰："起予者商也! 始可与言
《诗》已矣。"

怎么理解这中间的"礼后乎"? 也就是说,"礼"在什么之后?

杨先生在注中说:"礼后——'礼'在什么之后呢,原文没说出。根据儒家的若干文献,译文加上了'仁义'两字。"那就是说,礼在仁义之后。对于杨先生的这个解释,我心里不踏实,于是又去看朱熹老先生的注。朱先生说:"礼必以忠信为质,犹绘事必以粉素为先。"这与杨先生的说法类似。对此,我仍然有疑问。我认为二位先生的解释、依据不可靠。仁义与忠信,是人的道德修养境界。这对于一个高品位的人来说,毫无疑问是至关重要的。孔子对学生的教育中有诗、书、礼、乐,子夏为什么要问"礼后乎"而不问其他什么"后乎"呢?这总要说出道理来呀!

我对这几句话作了一点逻辑分析:

子夏问的是这几句诗表示什么意思? 孔子回答"绘事后素"。这中间必然有逻辑关系。逻辑关系何在? 子夏所引的这三句诗,前两句说人的美,很生动,很活泼,很漂亮。后一句说的好像是画出来的美人。这中间的逻辑关系是,人的美,必须具有质地美的基础,也就是人要长得有漂亮基础,再加以装饰,才能有真正的美,才能更漂亮。孔子回答"绘事后素",从绘画理论的角度作出了回答。这与前面的问题形成了内在的逻辑关系,也就是说,要绘出美好的画卷来,必须有洁白干净的画布作基础。子夏又问道:"那么,礼在后面吗?"关键在于,子夏为什么这样问? 礼究竟在什么的后面呢? 子夏没有说,孔子也不说。师生之间的问与答,中间省略了他们之间的"心有灵犀"。然后孔子说:"子夏呀,你真是一个能够给我启发的人,可以和你一起来讨论《诗经》了。"这又让人费解。为什么子夏问了一个"礼后乎",孔子就认为他可以与自己讨论《诗经》了呢? 这中间又省略了一些只有他们师生之间才明白的内容。子夏在前面说的是《诗经》,后面突然说到礼上来了,而孔子又说,子夏是能够给他启发的人,这才可以与子夏讨论《诗经》了。这真是个"三级跳",中间隔开的距离有点远,让人很难连接上其间的联系。我总是想,这中间必然有逻辑关系。至于以"仁义""忠信"为答案,实在太勉强。我反复思考:如果说"礼"在"仁义"与"忠信"之后,那么其他的很多东西都应该在这二者之后。为什么子夏独独要把"礼"提出来呢? 这个道理很难说通。我只好又把《论语》重新仔细读了一遍,把《论语》中有关《诗经》的论述抄录下来,集中起来进行研究。我发现孔子对《诗经》的评价非常高,认为《诗经》对人的教育作用非常大,《诗经》的社

会作用非常大。在孔子的教育中，《诗经》总是被放在第一位。他认为，《诗经》的教育是对人的基础教育，是文化基础、知识基础的教育。比如"不学《诗》，无以言"，不学习《周南》《召南》就像正对着墙壁站立，寸步难行。《诗经》可以兴、观、群、怨，多识于鸟兽草木之名，温柔敦厚而不愚，深于《诗经》者也。"志之所之，诗亦至焉；诗之所至，礼亦至焉""不能诗，于礼缪"等说的都是《诗经》教育的重要性。可见，在孔子这里，《诗经》的教育何等重要。对人进行教育，首先就要进行《诗经》教育，打好文化知识的基础，然后进行其他方面的教育。所以这里的"礼后乎"说的是礼的教育应该在《诗经》的教育之后。这还有一个问题，为什么子夏要说"礼后乎"，而不说别的什么"后乎"？这是因为在孔子的教育中，礼的重要性也很高。"不学礼，无以立。"孔子治国的最高理想，就是克己复礼、以礼治国。这里只是说，与《诗经》的学习比较起来，礼的学习应该在《诗经》之后。这只是一个学习次序的先后问题，并非重要与否的问题。《诗经》的学习是为了提高人的文化知识修养，这是基础的基础。礼是行为之学，有了文化知识作基础，便为礼的学习提供了方便。这就是"礼后乎"的原因。还有，当子夏提出"礼后乎"之后，孔子为什么说"起予者商也，始可与言《诗》已矣"？这是因为子夏从孔子"绘事后素"的回答中很快就悟出了其中的逻辑关系，有"由此及彼，由表及里"的学习能力。子夏能够一下子与孔子"心有灵犀"，这就说明他的学习能力到了一个比较高的境界了。这种能力对于学生的重要性不言而喻，不是一般学生具备的。这给了孔子启发。至于是什么启发，可能是对这种能力的重要性的认识，要注重对学生进行这种能力的培养等，每个人可以有各自不同的理解。这就是我对这段话的理解。

再就是另一段与子贡的对话，孔子也说，可以与子贡讨论《诗经》了。

> 子贡曰："贫而无谄，富而无骄，何如？"子曰："可也，未若贫而乐，富而好礼者也。"子贡曰："《诗》云：'如切如磋，如琢如磨。'其斯之谓与？"子曰："赐也，始可与言《诗》已矣，告诸往而知来者。"

这段话比前一段话要好理解得多。因为那句"告诸往而知来者"，告诉我们学习要有悟性，要能够举一反三。有了举一反三的能力，就能够讨论研究《诗经》了。能够讨论研究《诗经》，学习其他学问就更不在话下了。这里面，子贡能够"告诸往而知来者"，也不容易。这中间也有一定的逻辑关系，要去探寻。"贫而无谄，富而无骄"是人的道德修养，"贫而乐，富而好礼"也是人的道德修养，但后者要比前者高一个层次与境界。要由前者的境界提高到后者的境界，这中间有一个修炼提高的过程，而这个过程并不容易。怎样才能提高？子贡听到了孔子的话，立刻就用《诗经·卫风·淇奥》篇中的"如切如磋，如琢如磨"来回答。他意识到，这中间的修炼与提高过程，有如工匠用兽骨、兽角、象牙、玉石制造出精美的艺术品，必须对这些原料进行精心细致、长时间的切磋与琢磨。子贡的这个回答用了一个比喻，但很巧妙，很精确，很生动，也很有智慧。这显示了他的学识不一般，有悟性，能够举一反三。这是学生在学习中很可贵的品质。所以孔子很高兴，夸赞他，说可以与他讨论《诗经》了。

通过对这两段话的研究，我对《论语》有了一些新的认识，觉得《论语》的学问真是博大精深，有些地方，我们的研究还真是不够，得好好学习研究。只是这一阶段我对《论语》的研究，主要是为了撰写《中国诗歌艺术与文化》这本书，把孔子有关诗歌理论的内容写成一章后，就去写其他章节了，对《论语》的研究也就告一段落。《中国诗歌艺术与文化》出版后，我原本还想写一部《中国诗论一百家》，这个工程比较大。问题是这种专业性太强的著作，现在关注的人实在太少，肯定是吃力不讨好，所以家人与朋友们都劝我放弃，我也就放弃了。这时，我偶尔看到《乌鲁木齐晚报》登了一则老年大学书法班招生广告，我就去书法班当了一名学生，一心学书法。书法学习引起了我的兴趣，我每天写作业，颇能消磨时间。有一天老伴买回一本研究《论语》的书。那时候社会上掀起了一股《论语》热，老伴也是不甘寂寞，要跟一跟这股风。我也不好落后，要赶一回时髦。我将她买的书与杨伯峻先生的书对比着看。我特别要看的是有关"中庸"的解释。这又要作一点说明。我在阅读与学习《论语》的过程中，对杨先生关于"中庸"的阐释有一点不同看法，我当时并没有仔细研究，只觉得杨先生的说法似乎不妥。我这里用"似乎"二字，是因为我自己并不能说出一个所以然来，只是存疑而已。杨先生是学术老前辈，我对他是很崇敬的。杨先生的《论语译注》对我学习《论语》的帮助很大，我不敢轻易否定杨先生的看法。现在看老伴买的这本书对这个命题的解说，似乎也没有解决我的疑虑。为了便于了解这个问题，现将杨先生的有关论述全文抄录如下：

> 中庸——这是孔子的最高道德标准。"中"，折中，无过也无不及，调和；"庸"，平常。孔子拈出这两个字，就表示他的最高道德标准，其实就是折中的和平常的东西。所谓折中，就反映出孔子是一个改良主义者；所谓平常，就反映出他希望能把这一道德标准贯彻到当时人们的一切社会生活实践中去。后代的儒家又根据这两个字做了一篇题为"中庸"的文章，司马迁说是子思所作，未必可靠。从其文字和内容看，可能是战国至秦的作品，难免与孔子的"中庸"有相当距离。

而现在我所读的这本书，也认为中庸是一种不偏不倚的平常的道理，是一种折中调和思想。这样看来，两本书对中庸的解释大致是相同的，只是文字表达上有一些不同。这让我颇迷茫。孔子说中庸是道德的最高境界，两本书都说中庸是折中。那么就是说中庸与折中可以划等号。可是，我想来想去，总觉得二者不能划等号。孔子说中庸是至德。德是什么？是道德，是为人之道。这是人的内在的品德修养，是做人的境界，主要是针对人们的主观世界而言。折中是什么？是处理问题或事物的方法。《辞源》："调和二者，取其中正，无所偏颇。"《辞海》："犹言取正，用为判断事物的准则。""使适中。"这主要是针对客观世界，是判断与处理客观事物的方法。这两个命题不在一个范畴之中。二者的区别明显，怎么能够混为一谈？所以，中庸不是折中。那么，什么是中庸？

> 子曰："天下国家，可均也。爵禄，可辞也。白刃，可蹈也。中庸，不可能也。"
>
> ——《中庸》第九章

这段话应该怎样解释？朱熹老先生说："均，平治也。三者亦知仁勇之事，天下之至难也，然不必其合于中庸，则质之近似者皆能以力为之。若中庸，则虽不必皆如三者之难，然非义精仁熟，而无一毫人欲之私者，不能及也。三者难而易，中庸易而难。此民之所以鲜能也。"

朱熹老先生的集注是权威的。他的诸多解说都是正确的，这里，我只是想作一点补充。天下国家，即天子诸侯的国土，这是天子与诸侯的命根子。但是，如果有必要，可以均分给他人来治理。也许有人会说，这怎么可能？然而，尧不是把天下禅让给舜了吗？舜不是把天下禅让给禹了吗？武王打败了商纣王，到了商的都城，还没有来得及下车，便封蓟这个地方给黄帝的子孙，封祝这个地方给帝尧的子孙，封陈这个地方给帝舜的子孙；下车以后，又封杞这个地方给夏禹的子孙，封宋这个地方给殷商的子孙。先圣贤王，就是这么做的，也正是他们仁圣的地方。这不是中庸是什么？

爵禄，是官员们的饭碗，必要的时候，可以辞去。这一点，不必多解释，孔子曾经有过不少这方面的论述。

白刃可蹈，这很难，但真正的勇者也可做到。

中庸，不可能也。对于这一句，我有点怀疑。一是既然不可能，还提这样一个命题干什么？孔子糊涂了吗？他会这么做吗？二是孔子说中庸是至高无上的品德，民鲜久矣。只是说在民间已经很少有人能够做得到了，并不是说没有人能够做到的。三是孔子说"回之为人也，择乎中庸，得一善则拳拳服膺，而弗失之矣"。既然颜回能够守住中庸不失，那么中庸就不是不能做到的。所以我怀疑这一句后面还有字，应该是"中庸不可能丢弃也"或者"中庸不可弃也"。

那么中庸到底是怎样一种至德呢？这一点朱熹老先生说得好："非义精仁熟，而无一毫人欲之私者，不能及也。"其实概括地说，就是"无私"二字。从文字上来说，我们作一个比喻：中，就是说一个人，有如一架天平，当你无私的时候，两边平衡，端端正正地立着，这是一个大写的人。人到无求品自高。一个人做到了无私，对他人没有了任何私欲要求，就不会有任何的私心邪念，就会公正，这就"中"了。这时候，"中"就化入了他的血液，成了他的本能。他处理任何问题都是"中"的，还用得着去"折中"吗？当你有一点点私心，天平就会偏，就不正了，就不"中"了，你自然也就不是一个具备"中庸"之德的人了。这时候也许就用得着"折中"了。

再说庸。庸就是平常。中和庸结合起来，就是中庸。庸其实就是对中的加强。就是说，在平平常常的任何时候，任何情况下，都能做到"中"，做到公正无私。这就是中庸。如果在任何时候，不能做到"中"，不能做到公正无私，就不是中庸了。必须一生一世都做到"中"，才是中庸。这就是它的难处。不是说你今天做到"中"，明天可以不做到"中"，或者在你的一生中的某一时刻可以不做到"中"。所以孔子说，中庸是至高无上的道德，民鲜久矣。我认为，中庸与折中不可同日而语，两者根本就不是一回事。也就是基于这样一些认识，我认为有必要对孔子的思想及《论语》谈一点自己的学习心得。实际上，我在学习与研究的过程中，对孔子的思想及《论语》也确实有一些新的体会，于是产生了写这本书的意念。这就是写这本书的动机。

在本书的写作中，我确实受到了一次深刻的教育，受到了一次灵魂的洗礼。孔子在过去的两千多年都被尊为圣人。而他"圣"在什么地方，我确实不了解。因为并没有认真系统地读过《论语》，更没有读过《孔子家语》《礼记》之类的书。但是现在我读《论语》，倒真是从内心觉得这是一部伟大的书。孔子与他的学生们说的很多话，大都是经典之言。宋朝的赵普说"半部《论语》治天下"，我认为并不夸张。只要真正把《论语》读通了，能够将其运用于做人与治国理政之中，那么，治理好国家是没有问题的。比如说，孔子在对学生的教育中最重视的就是思想道德教育。因为人的思想道德境界，决定于这个国家与民族的治理水准。因此，凡学生向孔子请教治国理政方面的问题，他都少不了对他们进行思想道德教育。内容很多，其中心，一个是忠，一个是信。其实，有了这两个字，有什么问题不能解决？忠，作为一个国民，对国家忠，对民族忠，对人民忠，这是你的本分。也许有人会说，孔子所提倡的忠，主要是对国君的忠，而国君是封建主，所以孔子所提倡的忠，是为封建王侯服务的。为封建王侯服务，值得提倡吗？问题是，在孔子那个时代，统治者就是天子王侯，他们把天下国家视为自己的私有财产。但是，他们拥有天下与国家，总还是愿意把天下国家治理好，让人民安居乐业，这样他们的统治地位才能巩固，才不至于失去他们的这一份财产，因为这是他们的命根子。这样来看，忠于天子王侯，不也就是忠于国家、忠于人民吗？如果你不忠于天子王侯，又怎样去忠于国家、忠于人民？如果犯上作乱，受害的还是人民，所以孔子最反对犯上作乱。至于天子王侯是昏君，又当别论。比如周武王征讨商纣王，孔子还是拥护与赞扬的。因为这是在拯救国家与人民，正是出于对国家与人民的忠。所以孔子提出来的这个"忠"字，对于每一个国民来说，都是最基本的道德要求。如果一个人对于国家、民族、人民不忠，那是一个什么样的人？还有信。这也是对每一个人最基本的道德要求。"人而无信，不知其可也。"一个人如果没有信誉，就不知道怎样去做一个人。现在，不讲信誉的现象实在太多了，比如那些社会骗子、电信骗子，败坏社会风气，败坏国家声誉。信，也不仅仅是信誉，还包括信仰、信心。其实，这也不只限于个人，对于一个国家、一个民族来说，信也不可缺失。一个不讲信誉的国家或民族，也许暂时能够占一点便宜，但终究不能长远。一个失去了信仰与信心的国家与民族，其后果可想而知。民无信不立，这是就忠信而言。

还有"克己复礼"，也是最受诟病的。孔子说"克己复礼为仁"。批判者认为孔子是要开历史倒车，复辟奴隶社会。这真是欲加之罪，何患无辞。"克己"不用多说，就是克制自己的私欲。这主要是对统治者而言，对官员们而言。一个"私"字害了多少人！无论古今，那些腐败分子，不就是一个"私"字作怪而导致身败名裂吗？他们既害了自己，也祸害了国家、民族与人民。"复礼"，礼是什么？《辞源》："规定社会行为的法则、规范、仪式的总称。"孔子认为，尧、舜、禹、汤、文王、武王、周公、成王，都是以礼治国，把国家治理成了大同社会与小康社会。因为他们以礼治国，有社会行为准则，有社会行为规范与仪式，所以才有了大同社会与小康社会。而孔子所处的春秋时代，各诸侯国已经局势混乱、民生疾苦。之所以会这样，就是因为"礼崩乐坏"，没有了社会行为准则，没有了社会行为规范与仪式。统治者们为了各自的利益，各行其是，什么准则、规范与仪式都不要了，想干什么就干什么，想怎么干就怎么干，因而相互攻击，弑父弑君的事都干得出来，根本不把人民疾苦放在心上。为了改变这种社会现状，孔子提出"克己复礼"，就是用礼来恢复社会秩序，让统治者以先圣贤王时代的社会行为准则、行为规范与仪式，来治理国家与社会，来建设他理想中的大同社会与小康社会。孔子招来现代人的批判也就在此，认为复礼就是开历史倒车。其实，我们客观地想一想，时代在进步，社会在发展，孔子想要开倒车，能开得了吗？他想要建设的大同社会与小康社会，还能是尧、舜、禹、汤、文王、武王、周公、成王时代的大同社会与小康社会吗？肯定只能是春秋时代的大同社会与小康社会。孔子推行"克己复礼"，从《史记·孔子世家》与《孔子家语·相鲁》的记载来看，他在鲁国"为中都宰"进而"为司空"再进而"为大司寇"的几年间，还是颇有政绩的。孔子为中都宰时，效法古代以礼治国，对民众实行教化，仅一年，"四方皆则之"，成为四方诸侯效仿的榜样。其后，他为大司寇。鲁定公十年，齐国与鲁国在夹谷这个地方举行会盟，孔子为鲁国主持会盟事宜。在会盟的过程中，齐国不按礼仪行事，孔子针锋相对，据"礼"力争，让齐景公觉得在礼仪上输给了鲁国。为了挽回面子，齐景公把侵占鲁国的郓、汶阳、龟阴之地归还鲁国。定公十四年，孔子代行宰相之职，仅三个月，便平抑物价，使民风纯厚，官风好转，男尚忠信、女尚贞顺，路不拾遗，四方来客自由来往、满意而归。这就是他推行"克己复礼"治理社会的效果。他开历史倒车了吗？复辟奴隶社会了吗？显然没有。再看一个例子：

> 孔子为鲁大司寇，有父子讼者，夫子同狴执之，三月不别，其父请止，夫子赦之焉。季孙闻之，不悦。曰："司寇欺余，曩告余曰：'国家必先以孝。'余今戮一不孝以教民孝，不亦可乎？而又赦，何哉？"冉有以告孔子。子喟然叹曰："呜呼！上失其道而杀其下，非理也。不教以孝而听其狱，是杀不辜。三军大败，不可斩也；狱犴不治，不可刑也。何者？上教之不行，罪不在民故也。夫慢令谨诛，贼也；征敛无时，暴也；不试责成，虐也。政无此三者，然后刑可即也。《书》云：'义行义杀，勿庸以即汝心，惟曰未有慎事。'言必教而后刑也。既陈道德，以先服之；而犹不可，尚贤以劝之；又不可，即废之；又不可，而后以威惮之。若是三年，而百姓正矣。其有邪民不从化者，然后待之以刑，则民咸知罪矣。《诗》云：'天子是毗，俾民不迷。'是以威厉而不试，刑错而不用。今世则不然，乱其教，繁其刑，使民迷惑而陷焉，又从而制之，故刑弥繁，而盗不胜也。夫三尺之限，空车不能登者，何哉？峻故也。百仞之山，重载陟焉，何哉？陵迟故也。今世俗之陵迟久矣，虽有刑法，民能勿逾乎？"

> ——《孔子家语·始诛》

　　孔子当鲁司寇时，有一对父子来打官司，孔子把他们关到同一间牢房里，三个月未予判决。后来父亲来请求终止诉讼，孔子就将他们释放了。季孙听说之后，很不高兴地说："司寇欺骗我。他原先告诉我说治理国家首先要倡导的就是孝。我现在处死一个不孝的人，用来教育人民尊崇孝道，不也是可以的吗？而他却把他们赦免了，这是为什么呢？"冉有把季孙的话告诉了孔子。孔子不由得叹息说：唉！上层统治者不按照礼法办事，而杀戮下层民众，这是不合道理的。不教育民众如何遵守孝道，却用不孝的名义来审判他们，这是滥杀无辜。三军被打得大败，不能因此而斩杀将士；刑事案件不断发生，不能因此而惩治老百姓。这是为什么呢？上层统治者不施行教化，罪过不在老百姓。政令法纪松弛，治罪却严惩不贷，这是戕害百姓；征收赋税没完没了，这是横征暴敛；政令法规的施行未加以宣传教育，而要求施政有成，这是暴虐行为。如果施政没有这三种情况，刑罚才可以施用。《尚书·康诰》认为：实施刑杀，要以义字当先，不能随心所欲，审理案件出现一些不顺心的事也在所难免。这就是说，要先教而化之，然后才施行刑罚。已经把遵守道德的道理讲清楚了，自己先带头执行，使老百姓信服；如果这样，老百姓不能信服，那就以贤德之人为表率，来劝勉鼓励他们。如果这样还不行，那就暂时放置起来再说。如果这样还不行，才可以用刑罚来震慑他们。这样行之三年，老百姓就会走上正道。如果还有一些不服教化的顽劣之徒，那就施之以刑罚。这样一来，老百姓就都会知道什么是犯罪行为了。《诗经·小雅·节南山》的诗句说：有太师辅佐天子，使百姓不迷惑。这样一来，就不必用严峻的刑罚来威慑百姓，因而刑法也就可以弃置不用了。当今之世却不是这样，教化混乱，刑罚繁苛，使得老百姓糊里糊涂便陷入犯罪的深渊，而官方又加以严厉制裁。这样，刑法越多，盗贼却不见减少，就有如遇到三尺高的险阻，空车也不能越过，这是为什么？因为太陡峭。一座几十丈高的山，装载重物的车子也能够翻越，为什么？因为山坡势缓。当今社会，时风世俗已经败坏太久，即使有繁法苛刑，老百姓就能不违法犯罪吗？

　　这也是孔子治国理政的实践。他使用的很显然是克己复礼的方针。克己复礼为仁。他用仁来治理社会，也是根据当时的社会实际情况来施政。他对人的处理，十分谨慎，绝不滥杀无辜。他反对繁刑苛政，以礼治国，实行仁政，认为当时社会混乱，都是由统治者造成的。克己复礼首先要从统治者自身做起。对民众，首要的是进行思想道德教化，没有思想道德的教化，仅靠苛政严刑是解决不了问题的。这种教化不能急于求成，要有耐心，要有好的方法。这是先圣帝王治国传统。结果是他在鲁国只用了很短的时间，让社会面貌有了大的改观。他所用的方法，就是以礼乐来教化民众，让民众接受思想道德教育，提高思想道德境界，从而成为遵纪守法的公民。一旦每个公民的思想道德境界都提高了，国家与社会不就好治理了吗？他提倡克己复礼，但在礼的使用中，并不是死拘成法。他清楚，夏、商、周的礼乐沿袭都有损益。所以，他在使用"礼"的时候，也根据当时社会实际，有损有益。只可惜他在鲁国实践的时间太短，而在其他国家都未能获得这样的机会。这令人遗憾。不过，这也是必然。因为那些既得利益者要乱中取栗，当然不会给他这样的机会。但是，孔子的治国主张并没有错，在今天也还是经得起考验的。

还有儒学。孔子对儒士的思想道德行为都有全面周详的规范要求。所谓儒士，也就是读书人，或者叫知识分子。孔子对儒士的道德品质与思想行为的要求非常严格。这一点，他在《孔子家语·儒行解》中说得很清楚；同时，从他的学生的表现也可以看出来。他的学生，就七十二贤来看，除了个别如宰予参与作乱之外，其他大多表现都是好的。他们能被称为贤人，思想道德品质与行为能力都应该是杰出的。也许有人会说，他们都是封建的知识分子，他们所具备的都是封建主义的思想道德品质，他们都是为封建统治者服务的。这话没错，只是中国几千年都是封建社会，其统治者都是封建统治者。朱元璋是叫花子出身，当了皇帝，还是封建皇帝。陈胜、吴广、黄巢、李自成如果起义成功，还是要当皇帝，当了皇帝之后，还是封建皇帝，还是封建统治者，而孔子的要求就是不为不好的统治者服务。比如："季氏富于周公，而求也为之聚敛而附益之。子曰：'非吾徒也。小子鸣鼓而攻之，可也。'"（《论语·先进》）鲁国的季氏，比周公还富有，而冉求还要帮助他去搜刮钱财。孔子便说，我没有这样的学生，同学们可以大张旗鼓去攻击他。其实孔子本人也是这样，如果那个国君不是他理想中的国君，孔子便会离开这个国家。他在鲁国担任大司寇，之所以离开，就是因为齐国赠送给鲁国八十名美女、一百二十匹装饰美丽的马进行艺术表演，而季桓子与鲁君为了看表演，便"怠于政事"。季桓子接受齐国的这些美女后，竟然三天不上朝理政。这让孔子很失望，便离开了鲁国。可见孔子对儒士提出的要求并不只是说说而已，而是在认真践行的。孔子对儒士提出的这些要求，除了极少部分因时过境迁已经不合时宜，绝大部分都很有见地，对于今天知识分子提升思想道德行为修养仍然具有借鉴意义。比如儒士要做到"起坐恭敬，言必诚信，行必忠正"，这样的要求，不管什么时代的读书人，都是不应该忽视的。还有"澡身浴德"，经常用道德来洗涤自己身上肮脏的东西，让自己始终做一个具有崇高德行的人。这就不仅仅是读书人应做的，所有人都应该这样去做。

总之，通过学习《论语》与孔子的有关言行，完全颠覆了我以前对孔子的认识，我真正感到孔子是一位伟大人物，是真正的圣人。以前对他的批判，似乎都值得研究。他的言行，有一些自然是因时过境迁，当今已经不适用了。有的命题，有些用词，出于时代的原因，今天看来或者不那么恰当，但内容是正确的。比如克己复礼的"礼"，孔子是要用礼来治理国家与社会，我们现今的国家与社会还能说是用礼来治理吗？现在是法治社会，是依法治理国家与社会。礼与法虽然命题不同，但是实质上很多地方是相通的。礼是社会行为法则、规范、礼仪。法不也是社会行为法则、规范、礼仪吗？孔子所处的春秋时代，礼崩乐坏，用以维护国家正常运转的行为法则规范都被破坏了。孔子提出"克己复礼"，就是要恢复维护社会正常运转的行为法则规范，把国家治理好。这与我们现在制定很多新的法律、条例、守则的目标颇为类似。只有把各个方面的法律，也就是行为法则与规范建立起来，才能把国家治理得更好。当然，二者的内容并不相同。这是必然的。孔子的时代，怎么能够制定出今天时代的社会行为法则呢？而其目标是相同的。所以，我以为我们今天学习孔子与《论语》，只要从原理原则出发就好了，至于具体内容，则不必一字一句照搬。我想赵普"半部《论语》治天下"，大概只是运用《论语》的原理原则来指导自己治国理政，也未必是一字一句照搬《论语》。《宋史》说赵普"晚年手不释卷，每归私第，阖户启箧取书，读之竟日，及次日临政，处决如流。既薨，家人发箧视之，则《论语》二十篇也"，可以看出两点：一是赵普读之竟日的书就是一部《论语》，他身为丞相，就是用这一部书来指导自己治国理政的，而且政绩显著，临政处决如流；二是他读书竟日，用所读之书来指导自己的工作，大家并不知道他读的是什么书。这是为什么？他临政处决如流时，大家却没有发现他运用《论语》的丝毫痕迹，这又是为什么？如果他是个掉书袋的人，言必称《论语》如何如何，引经据典，听他处理政务时所说之话的人，能不知道他是用《论语》来指导自己处理政务吗？可见赵普用《论语》来指导治国理政，并不拘泥于字句，只是用《论语》的精神、思想、原理原则来指导自己的思想与言行。他把《论语》的精神、思想，处理问题的原理原则，化为自己的精神、思想，化作自己治国理政的原理原则。这也说明赵普是一个善于学习的人。这又给我们以启示：读他人的书，学习他人，主要是学习他人的精神、思想、原理原则，不必拘泥于文本字句。社会不断发展，时代不断进步，有很多事物的精神与思想是相通的，语言文字表达可以随着时代的变化而变化。否则就可能出现两种倾向：一种是拘泥于字句，咬文嚼字，食古不化，生搬硬套，不会活学活用，学得再多也没用。正如孔子所说："诵《诗》三百，授之以政，不达；使于四方，不能专对。虽多，亦奚以为。"（《论语·子路》）另一种是历史虚无主义，认为古代的东西都是一些封建的东西，时代发展到今天，那些东西没有任何用处，于是一概否定。"昔傅说告商高宗曰：学于古训乃有获，事不师古，以克永世，匪说攸闻。"这是丞相傅说对殷高宗武丁所说的话。学习古训一定会有收获，办什么事情，不以古人为师，要能够保持长盛不衰，是很困难的。曾子也曾说："慎终追远，民德归厚矣。"这是就孝顺而言。其实，"追远"既是对祖先的追念，也有向祖先学习的意思。中华民族是一个有着优良文化传统的民族，之所以能够立于世界几千年不倒，就是因为我们的民族有优秀的历史文化并不断传承。而在这个传承的过程中，孔子起到了承上启下的作用。孔子学习总结先世各朝各代的历史文化，创立儒学，这是承上；又把儒学传于三千弟子、七十二贤，这是启下。他以《诗经》《书经》《礼经》《乐经》为教材，将个中知识授予弟子，又教弟子们"文""行""忠""信"。《易经》也是他传予商瞿，一代一代传下来的。试想，我们的民族文化，如果没有孔子等先贤的承上启下，今天会是什么样子？所以，我认为，我们今天无论对孔子予以何等崇高之评价，都是应该的。

　　以上就是我学习孔子与《论语》的一点体会。

　　我这个人才疏学浅，这是我的心里话，不是谦虚。现在勉强写了这么一本书，其中如有错误或者不妥之处，衷心希望读者不吝指教。

黄　钢
2023 年 10 月 8 日

《论语》人名索引

孔子：名丘，字仲尼。

有若：字子有，鲁国人，孔子学生。

子夏：姓卜，名商，字子夏，卫国人，孔子学生。

曾子：曾参，字子舆，南武城人，孔子学生。

子禽：姓陈，名亢，字子禽，陈国人，孔子学生。

子贡：姓端木，名赐，字子贡，卫国人，孔子学生。

孟懿子：姓仲孙，名何忌，鲁国大夫。

樊迟：名须，字子迟，鲁国人，孔子学生。

孟武伯：姬姓，名彘，孟懿子的儿子。

子游：姓言，名偃，字子游，吴国人，孔子学生。

子路：姓仲，名由，字子路，又字季路，卞人，孔子学生。

子张：姓颛孙，名师，字子张，陈国人，孔子学生。

哀公：鲁国国君，姓姬，名蒋。

季康子：姬姓，康氏，名肥，本名季孙肥。

林放：字子丘，鲁国人，著名学者。

王孙贾：卫闵王侍臣。

定公：鲁定公，姬姓，名宋。

管仲：姬姓，管氏，名夷吾，字仲。

公冶长：姓公冶，名苌，字子长、子芝，孔子女婿，孔子学生。

南容：南宫适，官子容，亦称南公括、南容，鲁国人，孔子学生。

宓子贱：名不齐，字子贱，鲁国人，一说宋国人，孔子学生。

冉雍：字仲弓，鲁国人，人称犁牛氏，孔子学生。

漆彫开：姓漆彫，名开，字子开，孔子学生。

冉求：姓冉，名求，字子有，别名冉有，鲁国人，孔子学生。

公西赤：姓公西，字子华，别名公西华，孔子学生。

宰予：姬姓，宰氏，名予，字子我，孔子学生。

子产：姬姓，公孙氏，名侨，字子产，又字子美。

晏平仲：名婴，字仲，齐国贤大夫。

臧文仲：姬姓，臧氏，名辰，鲁国大夫臧孙辰。

令尹子文：名子文，即斗谷于菟，楚国人。

陈文子：名须无，即田文子，齐庄公时大夫。

季文子：即季孙行父，鲁国正卿。

甯武子：姓甯，名俞，谥号武子，卫国大夫。

伯夷、叔齐：商末孤竹君的两位公子。

微生高：姓微生，名高，孔子学生。

左丘明：姓丘，名明，因其父任左史官，所以称左丘明。

颜回：字子渊，鲁国人，孔子第一贤弟子。

子桑伯子：姓子桑，名户，又名子桑伯子，鲁国人。

原宪：姓原，名宪，字子思，也称其为原思，宋国人，孔子学生。

闵子骞：姓闵，名损，字子骞，鲁国人，孔子学生。

孟之反：名侧，又叫孟之侧，鲁国大夫。

祝鮀，字子鱼，卫国大夫。

宋朝：卫国的公子朝。

南子：卫灵公夫人。

叶公：叶地方的县长，名叫沈诸梁，字子高。

桓魋：宋国的司马向魋，因为是宋桓公的后代，所以又叫桓魋。

陈司败：陈国大夫，一说是齐人，一说是陈人，

鲁昭公：鲁国国君，姬姓鲁氏，名稠。

泰伯：亦称太伯，周朝祖先古公亶父的长子。

孟敬子：鲁国大夫仲孙捷。

尧、舜、禹：中国古代三位部落首领。尧又称陶唐氏；舜又称有虞氏；禹，姒姓夏后氏，名文命，字高密，号禹，世称大禹。

文王：周文王，姬姓，名昌，又称周侯、西伯、姬伯。

太宰：官名，周代开始设此官，相当于后来的宰相。

颜路：颜渊的父亲，名无繇，字路，也是孔子的学生。

周公：周公旦，姬姓名旦，亦称叔旦，周文王之子，周武王之弟。

高柴：字子羔（高），齐国人，又称子皋、子高、季高、季皋、季子皋，孔子学生。

季子然：鲁国季氏族人，姬姓，字子然。

曾晳：或称曾点，字子晳，曾参的父亲，也是孔子的学生。

司马牛：姓司马，名耕，一名犁，字子牛，宋国人，孔子学生。

棘子成：卫国人，官为大夫。

齐景公：姜姓，吕氏，名杵臼，齐国国君。

卫公子荆：卫国大夫，名荆，字南楚，卫献公的儿子。

鲁定公：姬姓，名宋，是鲁国第二十五任国君。

孟公绰：三桓孟氏族人，鲁国大夫。

公叔文子：名拔，或作发，卫献公之孙，卫国大夫。

公明贾：姓公明，名贾，卫国人，古读为公羊高。

臧武仲：姬姓，臧氏，名纥，鲁国大夫，臧文仲之孙。

晋文公：姬姓，晋氏，名重耳，晋国第二十二任国君。

齐桓公：姜姓，齐氏，名小白，姜姓，齐国第十六位国君，姜太公吕尚的第十二代孙。

公子纠：齐国人，齐襄公之弟，齐桓公之兄。

召忽：齐国人。

大夫僎：公叔文子家臣，被公叔文子推荐为卫国大夫。

仲叔圉：孔圉，又称仲叔圉，卫国大夫。

陈成子：本名田恒，即田成子，因其家族出自陈国，也称陈恒。

蘧伯玉：名瑗，字伯玉，卫国贤大夫。

微生亩：姓微生，名亩，鲁国隐士。

公伯寮：公伯氏，名寮，一作僚，鲁国人，季氏家臣。

子服景伯：名子服何，字伯，景乃谥，鲁国大夫。

原壤：姓原，名壤，鲁国人，孔子的老相识。

史鱼：卫国大夫史鰌，名佗，字子鱼。

柳下惠：原名展获，别称和圣，字禽，一字季，鲁国人，曾为鲁国大夫，后隐居，成为逸民。

师冕：古代乐师之名称，盲人。师，乐师。冕，人名。

阳货：鲁国人，名虎，字货，鲁国大夫季平子的家臣。

公山弗扰：即公山不狃，鲁国人，鲁国大夫季平子的宰相。

佛肸：鲁国人，晋大夫范氏、中行氏的家臣，中牟县的县宰。

伯鱼：孔鲤，孔子的儿子。

孺悲：鲁国人，鲁哀公时的鲁国官员。

微子：名启，纣王的同母兄。

箕子：纣王的叔父。

比干：纣王的叔父。

季桓子：季孙斯，季平子之子，姬姓，季氏，名斯，季康子之父，鲁国三桓之季孙氏宗主兼鲁国执政。

接舆：姓陆，名通，字接舆，楚国著名隐士。

长沮：楚国隐士。

桀溺：楚国隐士。

虞仲：周部族古公亶父的第二子。

夷逸：春秋时期周大夫夷诡诸之后，隐居不仕。

朱张：逸民。

少连：逸民。

鲁公：周公的儿子伯禽。

周有八士：伯达、伯适、仲突、仲忽、叔夜、叔夏、季随、季騧。此八士的具体情况与事迹已无可考。

阳肤：曾子弟子，鲁国人。

纣：商纣王。帝辛，子姓，名受（一说受德），商朝末代君主。

卫公孙朝：卫国大夫。

叔孙武叔：鲁国诸侯国的一位司马，叔孙氏的第八位宗主，名叫州仇，谥号为武。

目　录

上　编

下　编

上　编

礼后乎

在《论语》中有这样一段话：

> 子夏问曰："'巧笑倩兮，美目盼兮，素以为绚兮'，何谓也？"子曰："绘事后素。"曰："礼后乎？"子曰："起予者商也！始可与言《诗》已矣。"
>
> ——《论语·八佾》

在这段话中，子夏问孔子，《诗经》中这几句诗是什么意思？孔子用"绘事后素"四个字作答。子夏又问："那么礼在其后吗？"听了子夏的这句问话，孔子大为高兴，称赞子夏说："你真是最能启发我的人，现在可以和你讨论《诗经》了。"

对于子夏的前一个问题，孔子作了明确的回答——"绘事后素"，而对于子夏的后一个问题却没有作出明确的回答。那么子夏所说的"礼后乎"是什么意思呢？礼到底应该在什么之后呢？对于这个问题，后来的学者作了这样的解答：

朱熹老先生在《论语集注》中这样说：

> 礼必以忠信为质，犹绘事必以粉素为先。起，犹发也。起予，言能起发我之志意。谢氏曰："子贡因论学而知《诗》，子夏因论《诗》而知学，故皆可与言《诗》。"杨氏曰："甘受和，白受采，忠信之人，可以学礼。苟无其质，礼不虚行。"此"绘事后素"之说也。

朱熹等都认为礼在忠信之后。人有了忠信的本质之后，才能学礼。但是，我认为这样的回答并不准确。忠信之后，忠信又从何而来？它与子夏的问题在逻辑上有什么样的联系呢？

再看杨伯峻先生的解答。杨先生在《论语译注》中是这样说的："子夏道：'那么，是不是礼乐的产生在仁义以后呢？'孔子道：'商呀，你真是能启发我的人，现在能够同你讨论《诗经》了。'"他在小注中又作了一点说明："礼后——'礼'在什么之后呢？原文没说出。根据儒家的若干文献，译文加了'仁义'两字。"① 杨先生认为礼在"仁义"之后。

杨先生的这个解答是根据儒家若干文献推导出来的。

我所有的其他版本《论语》都是这么说的。比如马文作先生主编的《老子·论语·孟子》就说："子夏从孔子所讲的'绘事而素'中领悟到仁先礼后的道理。"②

礼到底在什么之后呢？我与以上几位的理解有所不同。我认为礼在《诗经》之后，或者说学礼在学《诗经》之后。为什么？这个问题在孔子的理论体系中是一个非常重要的问题，是一个根本性的问题。我们有必要深入研究，把问题搞清楚。

一、《诗经》之学在孔子学说中的重要地位

我们发现，在记述孔子言论的有关著作中，讨论礼的言论比讨论诗的言论要多得多。但是我们又看到，孔子总是把《诗经》之学放在《礼经》之学的前面。让我们先看《礼记·经解》中的一段话：

> 孔子曰：入其国，其教可知也。其为人也，温柔敦厚，《诗》教也；疏通知远，《书》教也；广博易良，《乐》教也；洁静精微，《易》教也；恭俭庄敬，《礼》教也；属辞比事，《春秋》教也。故《诗》之失愚，《书》之失诬，《乐》之失奢，《易》之失贼，《礼》之失烦，《春秋》之失乱。其为人也，温柔敦厚而不愚，则深于《诗》者也，疏通知远而不诬，则深于《书》者也，广博易良而不奢，则深于《乐》者也，洁静精微而不贼，则深于《易》者也，恭俭庄敬而不烦，则深于《礼》者也，属辞比事而不乱，则深于《春秋》者也。

孔子说他每到一个国家，只要对这个国家的教化和国民素质进行一定的考察，就可以知道这个国家在国民教育中对国民进行六种经典文献教育的不同情况。我们不妨进行一个简要的比较：

---

① 杨伯峻. 论语译注 [M]. 北京：中华书局，1963：27.

② 马文作. 老子·论语·孟子 [M]. 呼和浩特：内蒙古人民出版社，2012：297.

进行了《诗经》教育的国民，温柔敦厚，也就是温柔和顺、敦厚朴实。如果《诗经》教育失当，国民就可能愚钝。而国民温柔敦厚又不愚钝，那便是《诗经》教育深入而得当。

进行了《书经》教育的国民疏通知远，能够梳理通晓远古之事。如果《书经》教育失当，国民就可能诬妄，不实事求是；国民能够疏通知远而不诬，那便是《书经》教育深入而得当。

进行了《乐经》教育的国民广博易良，心胸宽阔坦荡。如果《乐经》教育失当，国民便可能不安分而过分奢望；国民能够广博易良而不过分奢望，便是《乐经》教育深入而得当。

进行了《易经》教育的国民，洁静精微，心地纯净，洞察细微。如果《易经》教育失当，国民就可能迷信；国民能够洁静精微而不迷信，便是《易经》教育深入而得当。

进行了《礼经》教育的国民，恭俭庄敬，即行为恭顺、端庄恭敬。如果《礼经》教育失当，国民便可能行为烦琐；国民恭俭庄敬而不行为烦琐，便是《礼经》教育深入而得当。

进行了《春秋》教育的国民善于属辞比事，即善于遣词造句、叙事作文。如果《春秋》教育失当，国民便可能犯上作乱；国民善于属辞比事而不犯上作乱，便是《春秋》教育深入而得当。

对以上六种经典文献的教育效果进行阐述、比较之后，便可以发现，在孔子看来，这六种经典文献的教育，对国民的教化作用都是极其重要的，都是对人进行素质教育。只是这素质教育并不完全相同，有的侧重品质教育，有的侧重启智教育，有的侧重知识教育，有的侧重行为教育等。在这里，我们先主要讨论的是《礼经》与《诗经》教育的先后问题。很显然，《诗经》教育是在《礼经》教育之前的。

为什么《礼经》在《诗经》之后？

在孔子看来，《诗经》教育是基础教育，是启迪智慧的教育，是培养基础品质的教育，是一个人安身立命的教育。一个人如果接受了《诗经》教育，那他就会被聪明智慧武装起来，变得聪明智慧而摆脱愚钝的束缚，并且会获取温柔敦厚的内在品格。可以想象一下，一个人如果没有聪明才智，而是一个愚蠢的人，那么对他再进行其他教育，还有多少意义？所以说《诗经》的教育是最基础的教育。其他经典文献的教育，都是要在《诗经》教育获得了温柔敦厚而不愚成果的前提下来进行的。所以《礼经》的教育也很重要，它是针对人的行为的教育，能够约束人的行为，使人变得恭俭庄敬。但如果没有《诗经》的基础教育，人是愚昧的，那么《礼经》的教育便无从谈起。由此而论，《诗经》是基础教育，是启迪人的聪明才智的教育，是内在品格教育，所以在前。而《礼经》是行为教育。有了《诗经》的教育，《礼经》的教育才有了基础，所以在后。

不过，对于这个问题，我们也不能由这一段话就得出这样的结论。孔子在《论语》中关于这方面的言论还不少，不妨再抄录一段以飨读者。

> 陈亢问于伯鱼曰："子亦有异闻乎？"对曰："未也。尝独立，鲤趋而过庭。曰：'学《诗》乎？'对曰：'未也。''不学《诗》，无以言。'鲤退而学《诗》。他日，又独立，鲤趋而过庭。曰：'学《礼》乎？'对曰：'未也。''不学《礼》，无以立。'鲤退而学《礼》。闻斯二者。"陈亢退而喜曰："问一得三，闻《诗》，闻《礼》，又闻君子之远其子也。"
>
> ——《论语·季氏》

孔子的学生陈亢想了解一下孔子对儿子伯鱼的教育有没有特别之处，孔子对学生的教学是不是有所保留，或者说有没有私心，对儿子的教育内容是不是会丰富一些。伯鱼用了两个例子告诉他，没有什么不一样或保留的地方，也不存在什么私心。

第一个例子：有一天，孔子一个人站在厅堂里，伯鱼快步地从厅堂里走过，孔子问他学习了《诗经》没有，他说没有。孔子教训他，不学习《诗经》，就不会说话。

第二个例子：过了些日子，孔子又站在厅堂里，伯鱼又快速走过厅堂，孔子问他学习了《礼经》没有，他回答说没有。孔子教训他，不学礼，就没有办法在社会上立足。

从这段话中我们看出，孔子对伯鱼是否学习《诗经》与学习《礼经》很重视，认为不学习《诗经》就不会说话，不学《礼经》就无法在社会上立足。但是，在这里，有两点需要辨析：

第一，孔子先问儿子伯鱼学习了《诗经》没有，再问学习了《礼经》没有，这说明孔子是把学《诗经》放在学习《礼经》前面的。

第二，学习《诗经》的"无以言"与学习《礼经》的"无以立"，也是不同的。无以言，是不会说话，没有办法说话，无话可话；无以立，是不知道怎样站立，应该立在什么地方，应该怎样行动，应该怎样处世。两相比较，会不会说话，这是人的最基本智能。当然，这里所谓的说话并不完全是指一般的说话，而是指与他人的交流中表达自己的思想感情、意向、要求等。比方说，你如果要去求职，去经商，去做官，你不会说话，不会表达自己的思想感情，不会表述自己的意向要求，不善于与他人交流、交涉、交际，你怎么能够达到自己的目的？所以说，学习《诗经》是国人，尤其是知识分子的安身立命之学。至于《礼经》的学习，当然也很重要，不学"礼"就无法在社会上立足。因为你不知道"礼"的有关规定又怎么去行动呢？不过，如果你有了《诗经》的学识基础，再去学《礼经》，学习"礼"这样的行为规范，就容易得多了。再看：

> 子谓伯鱼曰："女为《周南》《召南》矣乎？人而不为《周南》
> 《召南》，其犹正墙面而立也与？"
>
> ——《论语·阳货》

这也是孔子强调学习《诗经》的重要性。他教育儿子：一个人如果不学习研究《周南》《召南》，就有如他正面对着高高的墙壁而立着。这意味着什么呢？《周南》《召南》是《诗经·国风》中的诗篇，是《诗经》的开篇之作。这里说《周南》《召南》实际上代表了整部《诗经》。也就是说，一个人如果不学习研究《诗经》，那么前进的道路就被挡住了，就寸步难行了，他的眼光也被挡住了，眼界也就有限了，他的前途也就可想而知了。这也可见孔子对学习研究《诗经》的重视程度了。再看：

> 子曰："兴于诗，立于礼，成于乐。"
>
> ——《论语·泰伯》

这里孔子说了知识的三个方面的内容，即诗、礼、乐。这三个方面的内容各有各的作用，都是极为重要的。诗是兴，礼是立，乐是成。对于这三个方面，朱熹在《论语集注》中是这样说的：

> 兴，起也。《诗》本性情，有邪有正，其为言既易知，而吟咏之间，抑扬反复，其感人又易入，故学者之初，所以兴起其好善恶恶之心，而不能自已者，必于此而得之。

> 礼以恭敬辞逊为本，而有节文度数之详，可以固人肌肤之会，筋骸之束。故学者之中，所以能卓然自立，而不为事物之所摇夺者，必于此而得之。

乐有五声十二律，更唱迭和，以为歌舞八音之节，可以养人之性
情，而荡涤其邪秽，消融其渣滓。故学者之终，所以至于义精仁熟，而
自和顺于道德者，必于此而得之，是学之成也。

根据朱熹的阐释，孔子的这几句话与我们前面引述的话的意思一脉相承。人
的学习成长，兴于诗。所谓兴，就是启。所谓启，就是启发、引发、激发。人的
智慧、人的知识、人的聪明才学，都是从《诗经》的学习中来的，都是由《诗
经》启发出来的，都是由《诗经》引发出来的，都是由《诗经》激发出来的。
朱熹在这里还指出《诗经》是文艺作品、抒情作品，容易激起读者思想感情的
共鸣。这当然也是正确的，是我们要在后面进一步论述的。但这里还要强调的
是，《诗经》《礼经》《乐经》三者之于人生的关系。我们可以这样说：《诗经》
是兴，是启，是"温柔敦厚而不愚"，是人的基础之学，是人生启迪之学；《礼
经》是立，是使人"恭敬辞逊""不为事物之所摇夺"，可以节度人的行为规范，
从而"卓然自立"，是人生的充实之学；《乐经》"可以养人之性情，而荡涤其邪
秽，消融其渣滓""以至于义精仁熟，而自和顺于道德者"，是人生的修养完善
之学。由此也可以看出，《诗经》《礼经》《乐经》三者对于人的修养的各自作
用，阶段不同，有先有后。

不妨再看孔子的两段话：

孔子曰："志之所至，诗亦至焉；诗之所至，礼亦至焉；礼之所至，
乐亦至焉；乐之所至，哀亦至焉。"

——《礼记·孔子闲居》

子曰："礼也者，理也。乐也者，节也。君子无理不动，无节不作。
不能《诗》，于礼缪。不能乐，于礼素。薄于德，于礼虚。"

——《礼记·仲尼燕居》

这两段话，把孔子关于《诗经》《礼经》《乐经》三者之间关系的观点说得
更清楚了。

这第一段话，陈澔在《礼记集说》中说"至，则极盛而无以复加""在心为
志，发言为诗。志盛则言亦盛，故曰志之所至，诗亦至焉。诗有美刺，可以兴起
好善恶恶之心。兴于诗者，必能立于礼。故曰诗之所至，礼亦至焉。礼贵于序，
乐贵于和，有其序则有其和，无其序则无其和。故曰礼之所至，乐亦至焉"。

"而惟其志气之充塞乎天地也。塞乎天地，即所谓横于天下也。"①

还是先来说诗。诗是志之所至。志是什么？是诗人的心志，是诗人的心智才情的表现，是诗人的内在修养的综合素质。诗人有了内在修养的综合素质，才可能有志。用现代的语言来说，就是知识基础、思想感情与激情。至于"至"，应该有两层意思。一是陈澔所谓的极盛而无以复加，就是说诗人的思想感情积蓄到极致的时候，从而激发为诗的激情、诗的语言，"志盛则言亦盛"。二是"到"的意思，就是激情来到了，便发言为诗。这就是诗的产生过程。但这里要稍作说明的是，诗人作诗，不是随时随地都可以作出的，而必须是激情被激发的时候，也就是志至的时候。志不至，诗也不会至。这是从作诗的角度来说的。而陈澔所说的"诗有美刺，可以兴起好善恶恶之心"，这是从读《诗经》的角度来说的。这正是孔子"诗教"的作用。这一点我们在后面还会论及。

再说《诗经》至，《礼经》亦至。《诗经》教育能够培养人的内在修养的综合素质，有了这个素质，人就会温柔敦厚而不愚昧。而这个基础正是学习《礼经》的基础。学了《诗经》以后，再学《礼经》，《诗经》至，《礼经》亦至。反之，《诗经》的学习失当，其失就是"愚"。一个愚昧的人能够学好《礼经》吗？这样说来就是《诗经》不至，《礼经》也不至了。至于《礼经》至，《乐经》亦至，则与《诗经》至，《礼经》亦至，是一个道理，不再赘述。

再来讨论第二段话。对于这一段话，陈澔的注文说："《乐记》言，'乐者，天地之和也，礼者，天地之序也'。此言礼者理也，乐者节也，盖礼得其理，则有序而不乱，乐得其节，则虽和而不流。君子无理不动，防其乱也。无节不作，防其流也。人而不为《周南》《召南》，犹正墙面而立，不能诗者，能不缪于礼乎？礼之用，和为贵，不能乐，则无从容委曲之度，是达于礼不达于乐，谓之素也。素，谓质朴也。忠信之人，可以学礼，薄于德者，必不能充于礼也。"陈澔这段注文，基本上已经把孔子的话解释清楚了。不过我们还是要说，孔子本来是在讲述"礼乐"，"礼也者，理也。乐也者，节也。君子无理不动，无节不作"，这已经把事情说清楚了，但后面却加进了"不能《诗》，于礼缪"这么一句，这是为什么？是因为孔子要特别强调《诗经》教育的重要性，强调学习研究《诗经》的重大作用。礼是理，君子无理不动。但是你如果不接受《诗经》教育，不学习研究《诗经》，你就不知道什么是理与礼。或者你所认为的理或礼是荒谬错误的，你一动便错。这就是《诗经》之学在孔子学说中的重要地位。

说到这里，礼后乎的道理已经说清楚了。但是还要作一点说明，就是《诗

---

① 陈澔. 礼记［M］. 上海：上海古籍出版社，1988：282.

经》《礼经》《乐经》三者在安排学习时，有先有后。《诗经》在最前，是文化基础。《礼经》在其后，《乐经》在最后。这只是学习的先后次序而已，并不意味谁的地位更重要。要说重要，三者都很重要。这三者之中，没有谁比谁更重要之分。在孔子的教育中，三者缺一不可，都是其教育的重要内容。

二、《诗经》教育的社会作用

这个问题与前面的问题是一脉相承的，或者可以说是一个问题，只不过把它分开来讨论，把研究范围扩大一些而已。

在古代，大到一个国家、一个民族的治理，小到个人的修身，《诗经》的作用都是非常之大的。

还是先看孔子的话：

> 子曰："小子何莫学乎《诗》，诗可以兴，可以观，可以群，可以怨；迩之事父，远之事君，多识于鸟兽草木之名。"
>
> ——《论语·阳货》

孔子的这段话，在中国的文学理论和诗歌理论中是经典中的经典。尤其是"诗可以兴，可以观，可以群，可以怨"这几句话，在古代浩如烟海的诗论词论中，很少有不引用的。诗论研究、诗歌评论，大多以此为理论依据。清人王夫之在《姜斋诗话》中说："'诗可以兴，可以观，可以群，可以怨。'尽矣，辨汉、魏、唐、宋之雅俗得失以此，读《三百篇》者必此也。"① 王夫之的这段话很有代表性。自从孔子这段话出来以后，大家就认为这"兴、观、群、怨"四个字把诗歌的内涵都概括进去了，无论哪朝哪代的诗歌，概莫能外。

正因如此，对这四个字，大家都只盯在诗歌理论上，从而局限了大家的目光。我们能不能从其他角度来理解呢？

关于兴，大家总是把目光集中在诗歌理论上，这是有原因的。

兴作为诗歌的一个理论命题，出现很早。《周礼·春官·大师》中，大师的职责就有"教六诗：曰风，曰赋，曰比，曰兴，曰雅，曰颂"。这六诗的意思在《周礼》中没有说明。但后来的经学家们把这六诗区分为两部分，即风、雅、颂为诗体，赋、比、兴为诗法。诗体就是《诗经》的体裁，即国风、大雅、小雅、

---

① 王夫之. 姜斋诗话［M］//王夫之，等. 清诗话：上. 上海：上海古籍出版社，1982：3.

颂。诗法就是写作诗歌的艺术手法。但是，这"六诗"的名称，《论语》中并未见到。而汉人郑众在为《周礼》"大师"作注时却说："《论语》曰：'吾自卫返鲁，然后乐正，雅颂各得其所。'时礼乐自诸侯出，颇有谬乱不正，孔子正之，曰比、曰兴。比者，比方于物也；兴者，托事于物。"这里所谓孔子的"比兴"之说，《论语》上不见，郑众的依据何来，我们就不去探究了。但对于"兴"这个理论命题，历史上经学家解释很多，而郑众"托事于物"的解释，就是从诗的艺术手法上来说的。他的这种说法很有引导作用。后来从艺术手法上来说"兴"的人大体沿用他的这种说法，如刘勰在《文心雕龙·比兴》中就说：

> 诗文弘奥，包韫六义，毛公述传，独标兴体，岂不以风通而赋同，比显而兴隐哉？故比者，附也；兴者，起也。附理者切类以指事，起情依微以拟议。起情者故兴体以立，附理故比例以生。比则蓄愤以斥言，兴则环譬以记讽。
>
> 观夫兴之托谕，婉而成章，称名也小，取类也大。
>
> 且何谓比？盖写物以附意，扬言以切事者也。

　　刘勰是文艺理论的权威，他沿用了郑众的说法，而且说得更清楚、更具体、更细致、更准确。所以，对"兴"的解说，从《诗经》的艺术手法的角度来说，是完全正确的。后来历朝历代的诗歌研究者与诗人，大都同意这种说法。但是，他们这样解释，与孔子所说的"兴于诗"及"诗可以兴"的"兴"是不是完全相符？或者说是不是全面呢？

　　我们再看经学家朱熹的解释。他在《论语集注》中说是"感发志意"，这与他在"兴于诗"中所说的基本是一个意思。他在《诗经集注》中说的是"先言他物以引起所咏之辞也"。他的这两种说法，与郑众的说法大致相似，只不过说的角度不太一样罢了。郑众是从诗歌写作的艺术手法上来说的，他的"感发志意"是从激发人的心志的作用来说的，所以两者角度不完全一样。但"先言他物以引起所咏之辞也"的说法，则与郑众的说法基本相同，当然与刘勰的说法也是相似的，都是从诗歌艺术上来说的。

　　孔子的这段话本来就是号召学生学习《诗经》的，所以，大家对他这段话中的"兴"的理解，无论经学家也好，文学家也好，历来都这么理解，也就理所当然了。

　　但是，如果把孔子一系列论诗的言论联系起来分析，以上理解则显得过于拘谨。当然，从诗歌艺术的角度来看，上述理解并没有错。诗本来就有这种作用。

前面我们讨论"兴于诗"的时候，从人的学识修养上来说，仍然采用了朱熹的意见。但是我们现在联系更多的言论来看，似乎可以把眼界放得更宽一些，把运用范围扩大一些，来理解这个"兴"字，比如运用于治理国家、振兴国家，也就是兴国兴邦行不行呢？让我们再看孔子的一段话：

> 定公问："一言而可以兴邦，有诸？"
>
> 孔子对曰："言不可以若是其几也。人之言曰：'为君难，为臣不易。'如知为君之难也，不几乎一言而兴邦乎？"
>
> 曰："一言而丧邦，有诸？"
>
> 孔子对曰："言不可以若是其几也。人之言曰：'予无乐乎为君，唯其言而莫予违也。'如其善而莫之违也，不亦善乎？如不善而莫之违也，不几乎一言而丧邦乎？"
>
> ——《论语·子路》

孔子这里说一言可以兴邦，一言可以丧邦，是指国家统治者说话不能不慎重。不过我们这里要讨论的重点不是这个，而是兴邦的"兴"。

一言可以兴邦。就是说一句话可以让一个国家振兴起来，强盛起来。那么，这个一言可以兴邦的"兴"，与"兴于诗"的兴、"诗可以兴"的兴，是不是可以作同样的理解呢？我认为是可以的。前面已经说过，孔子在《礼记》中说"入其国，其教可知也。其为人也，温柔敦厚，《诗》教也。""《诗》之失愚。""其为人也，温柔敦厚而不愚，则深于《诗》者也。"这不就说得很清楚了吗？一个国家如果《诗经》教育进行得不好，那么国人都会愚钝或愚昧。国人都愚钝或愚昧，国家不就衰败了吗？国家衰败，就可能亡国灭种。反之，《诗经》教育深入人心，国人都温柔敦厚而不愚钝或愚昧，国家不就兴旺发达起来了吗？可见这个"兴"与一言可以兴邦的"兴"是可以作相同理解的。可见在孔子的心目中，《诗经》教育的社会作用何等之大。这个观点还可以用孔子的另一段话来证明：

> 子曰："诵《诗》三百，授之以政，不达；使于四方，不能专对；虽多，亦奚以为？"
>
> ——《论语·子路》

这段话要从正反两方面来看。从正的方面来看，学习《诗经》非常重要。

学习了《诗经》，你就会温柔敦厚而不愚钝或愚昧，你就有了素质修养，你就有了知识才干，你就有了当官为政的基础。国家就会派你去执掌政务，去为政，去做官，去进行外交，去处理政务或事务。从反面来看，学习《诗经》绝不能为学习而学习，也不能死读书、读死书，而必须学以致用。如果你熟读《诗经》，授予你一定的官职，让你去治国理政，你却不能胜任；让你担任使节，你不能交涉好应处理的事务，完成出使的使命。那么即使你能把一部《诗经》倒背如流，又有什么意义呢？

这也可以看出，《诗经》教育其重大的社会意义，以及"诗可以兴"的"兴"，可以作多角度的理解，与治国兴邦的"兴"是可以作相同理解的。如果哪个国家的《诗经》教育搞好了，就可以振兴发达起来。

再说观。郑玄说是"观风俗之盛衰"；朱熹说是"考见得失"。看起来，两个人说得都对，只是郑玄似乎没能把话说得全面一些。《汉书·艺文志》中有这样一段话："古有采诗之官，王者所以观风俗，知得失，自考正也。"官府专门设置采集民间诗歌的官员，通过采集来的诗歌观察民风世俗，考知王者施政的得与失，匡正其施政的失误。这就把话说全面了。《诗经》大部分就是采诗官们采集来的民歌，反映了民风世俗，有观风俗之盛衰的作用。但《诗经》还有很多作品反映了国家和社会问题，所以朱熹说"考见得失"，则为郑玄作了补充。这考见得失的范围就很大了，有最高统治者国王的为政得失，有地方官员们的为政得失，还有其他方面的得失等。通过对得失的考见，可以汲取经验教训，无论什么样的得失，只要认真汲取经验教训，都会大有益处。这与治国兴邦有很大的关系。

再说群。孔安国认为"群"是"群居相切磋"。朱熹说"群"是"和而不流"。按照孔安国的意思，《诗经》教育可以使大家聚居在一起，研究讨论，相互学习，相互提高；或者是大家在一起讨论国家大事，议论执政者的是非得失，为执政者治国理政出谋划策，起到"观风俗，知得失，自考正"的作用。朱熹的意思则是大家学习《诗经》便会和睦相处，团结一心，同心同德，节制自己，而不至于离心离德，或者放荡不羁，给社会带来不安定因素。

再说怨。孔安国认为"怨刺上政"，就是说国王或执政者利用《诗经》来教化臣民，臣民利用《诗经》来批评国王或执政者的不良政治行为，纠正他们在执政方面的错误或不良行为。朱熹的"怨而不怒"是说对于统治者的不良政治与不良行为进行善意批评。他们都说得很对。这里，我们不妨用《毛诗序》中的一段话来进一步论述："上以风化下，下以风刺上。主文而谲谏。言之者无罪，闻之者足以戒，故曰风。至于王道衰，礼义废，政教失，国异政，家殊俗，而变风变雅作矣，国史明乎得失之迹，伤人伦之废，哀刑政之苛，吟咏情性，以风其上，达于事变而怀其旧俗者也。故变风发乎情，止乎礼义。发乎情，民之性也，止乎礼义，先王之泽也。"这段话把《诗经》"怨"的作用说得比较充分。由于国王与执政者在治国理政上出现了问题，给国家带来了损失或灾难，臣民们便利用《诗经》或者作诗来劝说其匡正失误。这就是怨的真正意义所在。这一点，自孔子提出后几乎成了我国诗歌理论的金科玉律，成了诗歌作品的重要条件。一首诗好不好，一个诗人的诗有无意义，都要看其是否"怨"。

关于《诗经》的社会作用，除了兴、观、群、怨之外，孔子还认为近可以侍候好父母也是十分重要的，万事孝为先，儿女侍奉好父母，社会才能安宁，远可以更好地为国君服务。这可以说是《诗经》教育最根本的任务。为国君服务，有两方面的意义：一是对国家来说，《诗经》教育为国家造就了有用的人才，使国家有了兴国强国的条件；二是对个人来说，接受好《诗经》教育，就培养了治国兴邦的本领，有了为国为民服务的基础和条件，当然同时也就有了治国齐家的基础与条件。而这里的家也有不同的含义，就是官员们的家与老百姓的家。不管是谁的家，都能使其和睦兴旺发达起来。最后是可以多识于鸟兽草木之名，就是说《诗经》可以用于增加知识，用知识武装头脑。这或许可以说是自我的建设。

由以上可以看出，孔子确实把《诗经》教育的社会作用看得十分重要。事实上，在先秦，《诗经》在国家事务中，在学人的著述中，确实都有着不可小视的作用。

三、《诗经》的运用

我们在先秦诸子的著作中，在先秦的历史著作中，处处可以见到《诗经》运用的记载。例如《左传》中，无论是记述各国的内政还是外交事务，很多地方都引述《诗经》中的诗篇来作论据与说词。在《礼记》中，在《中庸》中，在《大学》中，在《孟子》《墨子》《荀子》中，都引述《诗经》来说明问题。在先秦的著作中，《诗经》的引述运用是十分广泛与普遍的。孔子在论述很多问题时都要引《诗经》来作依据。我们试举一些例子，来看《诗经》在古代的运用情况。

> 君子曰："信不由中，质无益也。"
> 而况君子结二国之信，行之以礼，又焉用质？风有《采蘩》《采

蘋》，雅有《行苇》《泂酌》，昭忠信也。

——《左传·隐公三年》

　　这是《左传》记述隐公三年"周郑交质"的事。在古代，双方为了表示信用，国与国之间往往相互派出人质。但是，如果不是真正讲信用，一旦利益发生冲突，有人质也不能保证相互之间不发生冲突。这里讲的就是周平王与郑庄公互派人质的事。虽然相互派了人质，一旦利益发生冲突，关系马上破裂。所以君子说信不由中，质无益也。君子结二国之信，只要真正按照礼的要求来做，就用不着相互派出人质。为了说明这个问题，作者引用《诗经·国风》中的《采蘩》《采蘋》与《大雅》中的《行苇》《泂酌》来作证。因为这几首诗都是讲忠信的，因而用来发扬光大忠信这一优良品德。

　　　君子曰："颍考叔，纯孝也。爱其母，施及庄公。诗曰：'孝子不匮，永锡尔类。'其是之谓乎！"

——《左传·隐公三年》

　　这是《左传·隐公元年》"郑伯克段于鄢"中的事。郑庄公之弟共叔段与庄公争王位，被庄公打败了。因为其母支持共叔段，庄公因而弃其母于城颍，"而誓之曰，不及黄泉，无相见也。既而悔之"。想与母亲和好，又因其誓而面子上过不去。颍考叔给庄公出了个主意，"阙地及泉，隧而相见"，使"遂为母子如初"。因而君子赞美颍考叔"纯孝"，也引《诗经·大雅》中的诗《既醉》来赞美颍考叔。

　　　子贡问于孔子曰："赐倦于学，困于道矣，愿息而事君，可乎？"孔子曰："《诗》云：'温恭朝夕，执事有恪。'事君之难也，焉可息哉！"曰："然则赐愿息而事亲。"孔子曰："《诗》云：'孝子不匮，永锡尔类。'事亲之难也，焉可以息哉！"曰："然则赐请愿息于妻子。"孔子曰："《诗》云：'刑于寡妻，至于兄弟，以御于家邦。'妻子之难也，焉可以息哉！"曰："然则赐愿息于朋友。"孔子曰："《诗》云：'朋友攸摄，摄以威仪。'朋友之难也，焉可以息哉！"曰："然则赐愿息于耕矣。"孔子曰："《诗》云：'昼尔于茅，宵尔索绹，亟其乘屋，其始播百谷。'耕之难也，焉可以息哉！"曰："然则赐将无所息者也？"孔子曰："有焉。自望其广，则睪如也；视其高，则坟如也；察其从，则隔如也。此其所以息也矣。"子贡曰:"大哉乎死也! 君子息焉, 小人休焉, 大哉乎死也!"

——《孔子家语·困誓》

子贡向孔子问道:我对于学习已经有些疲劳,对于道的修炼也感到有些困倦,想停下学习去为君王服务,可不可以?孔子说:《诗经》(《诗经·商颂·那》)上说,温和恭顺地每天早晚去见君王,无论做什么事情,都要勤奋谨慎,为君王服务何其难也,怎么可以停止学习啊!

子贡说:要是这样的话,我就停止学习去侍奉父母吧。孔子说:《诗经》(《诗经·大雅·既醉》)上说,孝子的孝心是永远不会穷尽的,祖宗也会永远赐福给你们这些孝子们,侍奉父母也不是很容易的,怎么可以停止学习呢!

子贡说:要是这样的话,我请求停止学习去供养妻儿。孔子说:《诗经》(《诗经·大雅·思齐》)上说,要给妻子作榜样,推及自己的兄弟,然后则可以用这样的办法去治理国家,供养妻儿也不是那么容易的,怎么可以停止学习呢!

子贡说:要是这样的话,我就停止学习去结交朋友吧。孔子说:《诗经》(《诗经·大雅·既醉》)上说,朋友之间要做到互相帮助,来提升自己的形象与影响,与朋友的结交也不是那么简单的,怎么能够停止学习呢!

子贡说:要是这样的话,那我就停止学习去从事农业耕种吧。孔子说:《诗经》(《诗经·豳风·七月》)的诗篇说,白天急着去采割茅草,夜间又要忙着搓绳索,急急忙忙把房屋修理好,很快又要播种各种粮食作物了,农业耕作是很复杂的事,怎么可以停止学习呢!子贡说:这样一来,我不就没有停止学习的时候了?孔子说:有啊,你从这里去瞭望那些坟墓,多么高啊;看它们高高耸立,又填得实实的样子;再从侧面观察,又是隔开来一座一座的。这就是休息的地方。

子贡说:大事啊!死亡呀!君子在这里休息,小人也在这里休息。死亡真是一件大事呀!

这是子贡与孔子的一段对话。子贡说自己已经有些厌倦学习,想用做事来获得休息的机会。孔子认为都不可以。子贡找了很多借口,孔子一一否定。而孔子的否定,又都不是只用自己的话,或者凭主观武断来加以否定,而是从《诗经》中找出合适的诗篇诗句来加以否定。这样的否定很有说服力。让子贡无法坚持自己的意见,只好一再退让。这是一方面。从另一方面来看,子贡找了那么多借口,孔子却都一一从《诗经》中找到否定的依据,可见《诗经》的用处太大了。

孔子之郯,遭程子于途,倾盖而语终日,甚相亲。顾谓子路曰:

"取束帛以赠先生。"子路屑然对曰:"由闻之,士不中间见,女嫁无媒,君子不以交,礼也。"有间,又顾谓子路。子路又对如初。孔子曰:"由,《诗》不云乎:'有一美人,清扬宛兮。邂逅相遇,适我意兮。'今程子,天下贤士也,于斯不赠,则终身弗能见也。小子行之。"

——《孔子家语·致思》

孔子到郯国去,路上遇到了程子。两个人打开车盖子,相互交谈了一整天,很是投机。孔子回头对子路说:去取一束丝织品来送给程先生。子路很郑重地回答说:我听说,士人不通过他人介绍而相互见面,女子不经过媒人说媒而出嫁。君子是不用这样的方式来交往的。这是礼的规定。过了一会儿,孔子又对子路说了一遍。子路还是用同样的话来回答。孔子说:仲由呀,《诗经》上的诗篇(《诗经·郑风·野有蔓草》)不是说了吗,有一位美人,清秀而柔美,正巧不期而遇,这正符合我的意愿。这位程先生,是天下的贤士,你现在不把东西送他,以后就再也不会有机会遇见他了,你还是照我的意思去做吧。

孔子要送人家东西,子路不同意,而且用不符合礼的规定来拒绝。按说子路拒绝的理由是正当合理的。但是孔子还是用《诗经》中这样经典的例子来说服他,使子路也不能再拒绝了。这也显示出《诗经》的作用与用途之广泛。

昔者,文王之祭也,事死如事生,思死而不欲生。忌日则必哀,称讳则如见亲,祀之忠也。思之深,如见亲之所爱。祭欲见亲颜色者,其唯文王与!《诗》云:"明发不寐,有怀二人。"则文王之谓与。

——《孔子家语·哀公问政》

从前,文王祭祀先祖的时候,侍奉死去的人就像侍奉活着的人一样。文王想起死去的人就痛不欲生。凡到了父母的忌日,文王就哀伤不已。他一提起父母的名讳就如同见到父母。这就是文王对待祭祀的衷心诚意。祭祀时对父母深切思念,就像又见到了父母对自己珍爱的情景,在祭祀的时候就像见到父母的容颜。这样的人,大概只有文王吧!《诗经》的(《诗经·小雅·小宛》)说:天快亮了还不能入眠,只因为在怀念父母双亲,这说的就是文王吧!

这里讲到文王对祖先的祭祀、对父母的怀念,孔子也能从《诗经》中找到依据。

子夏曰:"五至既得而闻之矣。敢问何谓'三无'。"孔子曰:"无声之乐，无体之礼，无服之丧，此之谓三无。"子夏曰："三无既得略，而闻之矣，敢问何诗近之？"孔子曰："'夙夜其命宥密'，无声之乐也；'威仪逮逮，不可选也'，无体之礼也；'凡民有丧，匍匐救之'，无服之丧也。"

——《礼记·孔子闲居》

子夏说：所谓五至，自己已经知道了，请问什么是三无呢？孔子说：没有声音的音乐，不举行形体仪式的礼，不穿丧服的丧事，这叫作三无。子夏说：所谓三无，已经大略地知道了，请问哪些诗篇比较接近这三无呢？孔子说：诗篇（《诗经·周颂·昊天有成命》）说，文王、武王承天之命，昼夜辛劳，建立周朝基业，成王继之，不敢懈怠，以宽厚仁爱之政，治国安民，国泰民安，民人百姓，就像欣赏到了钟鼓管弦的音乐那样满心喜悦。文王、武王、成王之政就是无声之乐。诗篇（《诗经·邶风·柏舟》）说：仁德之人，其仪容常常是端庄郑重，自我节制，无须选择。虽然不在礼仪的仪式之上，在他人看来，其仪容却也始终在礼所规定的范围之内，这就是无体之礼。诗篇（《诗经·邶风·谷风》）说：无论他人有了多么困难的事，即便是死亡之类的灾祸，都要竭尽全力去救助，这就是无服之丧。

可以用诗篇诗意来比喻诠释深层次的抽象概念。

《诗》云："邦畿千里，惟民所止。"《诗》云："缗蛮黄鸟，止于丘隅。"子曰："於止，知其所止，可以人而不如鸟乎？"《诗》云："穆穆文王，於缉熙敬止。"为人君，止于仁；为人臣，止于敬；为人子，止于孝；为人父，止于慈；与国人交，止于信。《诗》云："瞻彼淇澳，菉竹猗猗。有斐君子，如切如磋，如琢如磨。瑟兮僴兮，赫兮喧兮，有斐君子，终不可諠兮！""如切如磋"者，道学也；"如琢如磨"者，自修也；"瑟兮僴兮"者，恂慄也；"赫兮喧兮"者，威仪也；"有斐君子，终不可諠兮"者，道盛德至善，民之不能忘也。《诗》云："於戏，前王不忘。"君子贤其贤而亲其亲；小人乐其乐而利其利，此以没世不忘也。

——《大学·传之三章》

这是曾子传《大学》"经"的第三章，诠释"止于至善"的经意。其中就引用了《诗经》中的几首诗来帮助我们理解止于至善的经义。《诗经》（《诗经·商颂·玄鸟》)说：商朝的首都，广阔千里，商王治理得很好，是至善的地方，国民选择国都定居是最佳选择。《诗经》(《诗经·小雅·绵蛮》)说：欢快地唱着歌的小鸟，都选择在山间树林最茂盛最美的地方栖息。孔子说：小鸟儿都知道选择自己最佳的栖息之处，难道人还不如鸟吗？《诗经》(《诗经·卫风·淇奥》)说：弯弯的淇水之滨，绿竹郁郁葱葱。文采斐然的仁人君子，有如切割磋磨出来的玉石，光彩照人。威武俊美的君子，光明磊落，风流倜傥，有如雕刻琢磨出来的象牙作品，永远叫人难以忘怀。文彩斐然的君子，他们的学识光彩，是不断学习、不断研讨切磋而成的。威武俊美的君子，他们的光明磊落、风流倜傥，是不断自我学习修炼而成的。严谨而威武的君子，文采斐然的君子，他们的道德修养达到了尽善尽美的最高境界，所以百姓见到他们就永远不会忘记。《诗经》(《诗经·周颂·烈文》)说：周代先王列祖列宗，建立了无比伟大的丰功伟绩，功德无量，其福祉一直荫护后代。从而君子贤能之人能够获得重用，亲人能够亲近亲人；而小人也能够获得他们应当获得的欢乐与他们应当获得的利益。伟大啊，前王无量的功德，至高无上的功德，让人永世不能忘记。

　　这就是曾子对《大学》经"止于至善"的诠释。而他的诠释，引用了《诗经》的四首诗。这或许也是因为曾子认为光凭自己的语言来诠释不够有说服力，而引述《诗经》的诗篇来作论据就更有力。这也说明《诗经》在古代运用之广与作用之大。

　　　　诸侯召其臣，臣不俟驾，颠倒衣裳而走，礼也。《诗》曰："颠之倒
　　　之，自公召之。"天子召诸侯，诸侯辇舆就马，礼也。《诗》曰："我出我
　　　舆，于彼牧矣。自天子所，谓我来矣。"

　　　　　　　　　　　　　　　　　　　　　　　　——《荀子·大略》

　　诸侯召唤他的臣子，臣子等不得穿着整齐，就要赶快出门。这是"礼"的要求。《诗经》的诗篇就是这么说的。《诗经》(《诗经·齐风·东方未明》)说：国君召唤臣子，臣子等不到把衣服穿起来，就要赶快出门。天子召唤诸侯，诸侯等不到把马牵到马车跟前，就要让人把马车推到放马的地方去，让车就马。这是"礼"的要求。《诗经》的诗篇就是这么说的。《诗经》(《诗经·小雅·出车》)说：我推着我的马车，到放马的地方去，套上车，赶到天子的宫殿，报告说我来了。

　　这段话出于《荀子·大略》，说的是诸侯召唤臣下与天子召唤诸侯的礼的要求。为了说明自己的这些说法是有根据的，荀子便引《诗经》的诗篇为据。

以上我们不厌其烦地列举了古人多处引用《诗经》的例子。在我国古代典籍中，引用《诗经》的地方太多了，真的是不胜枚举。如果我们再看一下《毛诗序》的"故正得失，动天地，感鬼神，莫近于诗。先王以是经夫妇，成孝敬，厚人伦，美教化，移风俗"，就可以看出，在古人的眼里，《诗经》的社会作用到底有多大。

四、《诗经》的艺术问题

关于《诗经》的艺术问题，在《论语》与孔子的诗论中，直接论说并不多见，但是并不能说就不存在。孔子在论及《诗经》的社会作用时，说《诗经》可以兴，可以观，可以群，可以怨，可以事父事君，《诗经》的教育可以使人温柔敦厚等。这看起来似乎只是讲其社会作用，实际上，艺术就在其中。为什么？因为诗与文章不同，文章的教育作用，是用直接的叙述或论说来实现的，而诗则是通过艺术意象含蓄委婉地实现的。比如《诗经》有兴、观、群、怨的社会作用，《诗经》的教育可以使人温柔敦厚。而这样的作用，在诗歌中是如何实现的？也正是通过"兴、观、群、怨"的艺术手段来实现的。这个问题，孔子没有具体说，但是已经提出来了，这就有赖于后来的经学家、文学家、艺术家来具体化了。

还是从《诗经》的教育作用说起。

孔子说："《诗》三百，一言以蔽之，曰'思无邪'。"（《论语·为政》）《诗经》的教育作用为什么那么大？一句话总括，就是思无邪。《诗经》的教育之所以能够使国民温柔敦厚，大概与思无邪有直接关系吧。这就有一个问题了。《书经》与《礼经》也应该是思无邪的吧？为什么不能温柔敦厚呢？比较一下，《书经》是"疏通知远"的；《礼经》是"恭俭庄敬"的。这三教中，只有《诗经》是温柔敦厚的。这是因为诗是抒情艺术类作品，《书经》《礼经》是叙事知识类作品。这两类作品，在教育中，受众接受的方式不同。抒情艺术类作品，以情动人，以艺术感人，所以这类作品对人的教育作用主要是精神方面的，是潜移默化的；叙事知识类作品，是通过直接感知教育来实现的，作用的侧重点主要在知识与行为方面。所以孔颖达在《礼记·经解正义》中对"温柔敦厚"作了这样的解说：

> 温谓颜色温润，柔谓情性和柔。《诗》依违讽谏，不指切事情，故云"温柔敦厚"是《诗》教也。

　　孔颖达把《诗经》作为艺术作品的艺术特点说出来了。这其中有两点：一是颜色温润，情性柔和；二是依违讽谏，不指切事情。这就是《诗经》中诗歌作品艺术上最基本、最重要的艺术特点。这就告诉我们，诗歌不应该是面目狰狞、锋芒毕露的，它是温润的，是以情动人的，就是在"依违讽谏"的时候，也"不指切事情"，不把有关的事情直接说出来。这就是艺术。

　　不过，这里要作一点说明的是，孔颖达是唐代人。诗歌发展到唐代，艺术上已经登峰造极。此时对《诗经》的理论研究也已经有了相当的深度，所以这样的问题早已不是问题了。但他是经学家，他是在"解经"，只能就事论事，当然应该这么说。所以，我们就要来看汉代《毛诗序》是怎么说的：

　　　　诗者，志之所之也，在心为志，发言为诗。情动于中而形于言，言之不足故嗟叹之，嗟叹之不足故永歌之，永歌之不足，不知手之舞之，足之蹈之也。

　　《毛诗序》这里没有说到孔子的诗论问题，但《诗经》是孔子编辑的，而毛氏传《诗经》，为之释义，当然就要把孔子未能直接说出来的意思说出来。《诗经》教育为什么能够温柔敦厚？因为诗是抒情的，抒情作品以情动人，以情感人，所以进行诗教时，能使人受到感染而"温柔敦厚"。再看：

　　　　故诗有六义焉：一曰风，二曰赋，三曰比，四曰兴，五曰雅，六曰颂。上以风化下，下以风刺上，主文而谲谏，言之者无罪，闻之者足以戒，故曰风。

　　这段话进一步把诗的艺术特点说出来了。诗怎么兴的？怎么观的？怎么群的？怎么怨的？那就是执政者以诗来感化下属臣民，下属臣民用诗来讽劝执政者匡正不良行为。一个是化，就是用诗来感化臣民，以情动人，以艺术感人；一个是刺，就是用诗来讽谏规劝执政者，也要以情动人，以艺术感染人。但这后一点，"主文而谲谏"，似乎只是指"怨、刺"，其实，不论是什么样的诗，都应该"主文而谲谏"，才能够做到"言之者无罪，闻之者足以戒"。

　　关于"主文而谲谏"，似乎不是孔子论诗的原话。《孔子家语·辩政》说过：

　　　　忠臣之谏君，有五义焉：一曰谲谏，二曰戆谏，三曰降谏，四曰直谏，五曰风谏。唯度主而行之，吾从其风谏乎。

　　这五种劝谏的方法，戆谏是鲁莽而刚直的方法；降谏是心平气和与低声下气的方法；直谏是不畏权威直言的方法；风谏是不直言而用隐语委婉含蓄的方法。用什么方法劝谏，要看被谏对象的情况而定。孔子主张用风谏的方法。风谏与谲谏方法相似。这是说君臣相处。诗谏又何尝不是如此。

　　主文谲谏，第一，是《诗经》客观存在的艺术特点；第二，这一艺术特点对中国诗歌形成自己的民族风格与优秀艺术传统有着极其重要的作用。

　　先说"主文"。因为诗是文学，是艺术，所以它要"主文"。所谓主文，就是以"文"为主，文质彬彬。"文"就是诗歌作品的文雅美、文采美、色彩美、装饰美、修饰美。一句话，诗应该有文采美与艺术美。《诗经》就是这样的作品。比如《诗经》的第一首诗：

　　　关关雎鸠，在河之洲。窈窕淑女，君子好逑。

　　这是一首爱情诗，写得很美，很有文采。诗的开头，写一对美丽的水鸟，在黄河中间的一块陆地上，友好地飞来跳去，唱着美丽动人的歌，倾诉着相互的爱慕。这引起了一位有文化、有道德修养的小伙子对一位美丽贤淑的姑娘的追求向往。自从在河边见到姑娘以后，小伙子就日思夜想，极力追求。当他还没有追求成功时，茶饭不香，夜不能寐。由于不懈的努力追求，终成美满幸福夫妻。

　　这是一个多么美好的爱情故事。那对美丽的水鸟，多么让人喜爱，那对可爱的青年男女，多么让人羡慕。这样的诗，多美呀。这就是诗的"主文"的美！孔子说："小辩害义，小言破道。《关雎》兴于鸟，而君子美之，取其雄雌之有别。《鹿鸣》兴于兽，而君子大之。取其得食而相呼。若以鸟兽之名嫌之，固不可行也。"（《孔子家语·好生》）孔子说，在小问题上争辩不休，会伤害大义，发表一些无关紧要的言论，会破坏大道。《关雎》这首诗，用水鸟起兴，表达了雄雌水鸟之间的纯洁相处与青年男女之间纯洁的爱情。这样的艺术方法，就是"兴"的方法，象征的方法。君子都很赞美。《诗经·小雅·鹿鸣》这首诗，用野兽来起兴，因为鹿群找到食物后能够相互打招呼，相互照应，所以君子对这样的诗都推崇。如果因为诗是用鸟兽来起兴，就嫌弃它，这是行不通的。

　　这就是"主文"，是诗歌的文采美，同时也是孔子对诗的艺术的具体评论与阐述，这十分重要，是不应被忽略的。

　　再看《诗经·小雅·鹿鸣》这首诗。

　　　呦呦鹿鸣，食野之苹。我有嘉宾，鼓瑟吹笙。吹笙鼓簧，承筐是将。人之好我，示我周行。

鹿儿在草地上吃草，这里的青草真好，鹿儿相互召唤，相互照应。这是诗用鹿鸣来起兴，以引起所咏之词。鹿在吃草的时候都能相互招呼，而人在待客的时候，就更应当以礼相待。因此当我有嘉宾来赴宴时，就要演奏音乐，鼓瑟吹笙，笙簧齐奏，献上美好的礼物和美食。客人们对我真好，教我更好地做人与做事。这也是一首很美的诗。鹿这种动物，善良美丽，令人喜爱。而主人待客，讲究礼仪礼节，主客相互尊重，和谐相欢以处。这也给人一种美感。因此孔子说，虽然诗以野兽起兴，君子也是推崇的。

这是说诗的"主文"，是诗歌的文采美，也是诗的艺术的美。

再说"谲谏"。所谓谲谏，前面已经说过了，就是孔颖达所说的"依违讽谏，不指切事情"。凡有他人做了不符合"礼"的事，尤其是执政者做了违背常理的事情，做了有害于国家与民族的事情，做了不应该做的事情，下属臣民就讽诵《诗经》中的有关诗篇，对其加以劝诫，令其觉悟、改正；或者是诗人写诗来加以规劝。但是这种劝诫不把事情直接说出来，而是用间接的含蓄的语言与方式说出来。这种间接的含蓄的方式，一般是比喻的方式，或者是象征的方式，也就是"比兴"的手法与方式。

《诗经》就是用比兴的方法，还有赋的方法，也就是主文谲谏的方式与手法，来实现"温柔敦厚""兴、观、群、怨"的作用；同时也是用这些艺术方法使我们的诗歌走上了一条特殊的艺术之路。

这里还要补充的是，后来经过经学家、文学家、艺术家、理论家对孔子诗歌理论的不断研究、不断探索、不断丰富，我们的诗歌艺术理论生发出更多新的内容，其中有艺术手法、艺术要求。手法如创造意境、意象、兴寄、象征、隐喻等；要求如风骨、神韵、气韵生动，韵外之致，象外之象，神形兼备，不着一字，尽得风流，气敛神藏等。也就是这些艺术方法的运用、这些艺术要求的实现，使我们的诗歌形成了艺术上最突出的特点，那就是"温柔敦厚"，那就是"可以兴，可以观，可以群，可以怨"，那就是含而不露，气敛神藏，含蓄多义。

诗歌的艺术问题，是一个十分丰富而复杂的问题，在我的诗论著作中都有阐述，这里就不多说了。

五、继承孔子诗学的优良传统

作为我国第一部诗歌集、第一部诗歌经典，《诗经》的历史价值、艺术价值、研究价值，直到今天仍然存在。但是如果我们今天还用孔子"入其国，其教可知也。其为人也，温柔敦厚，《诗》教也"的诗学思想来指导我们的诗歌创作、要求我们的诗歌研究，那自然是不合时宜了。孔子研究《诗经》而建立起来的诗学理论，却是不朽的。孔子提出一部《诗经》，一言以蔽之，思无邪；《关雎》乐而不淫，哀而不伤；温柔敦厚，《诗》教也；诗可以兴，可以观，可以群，可以怨，迩之事父，远之事君，多识于鸟兽草木之名，等等。这些经典的言论，对于我们今天的诗歌研究、诗歌创作，仍然具有指导作用。我们仍然应该不折不扣地继承下来，用以指导我们的诗歌创作与研究。

大家知道，我们国家在历史上是一个诗歌大国，诗歌艺术成就曾经登峰造极。诗人之多，诗人之优秀，诗歌作品之多，作品之优秀，在世界上都是无与伦比的。

我们的诗歌为什么能够取得如此成就，很重要的原因就是历代的诗人与诗论家，真诚地继承了孔子的诗学理论。孔子对《诗经》的高度评价，对《诗经》社会作用的高度重视，对《诗经》教育的高度重视与高度评价，对社会产生了巨大而深远的影响。尤其是汉代独尊儒术以后，孔子的诗学更是受到了高度推崇。这样一来，儒家子弟，以至于国人，大都以学诗为务。于是《诗经》就成了国人学诗的经典教材，孔子的诗学言论，成了诗学的金科玉律，诗学成了国学。于是，历朝历代学诗之风日炽，诗人辈出。这一点，我们先看钟嵘《诗品序》的一段话：

> 若乃春风春鸟，秋月秋蝉，夏云暑雨，冬月祁寒，斯四候之感诸诗者也。嘉会寄诗以亲，离群托诗以怨。至于楚臣去境，汉妾辞宫。或骨横朔野，魂逐飞蓬。或负戈外戍，杀气雄边。塞客衣单，孀闺泪尽。或士有解佩出朝，一去忘返。女有扬蛾入宠，再盼倾国。凡斯种种，感荡心灵，非陈诗何以展其义？非长歌何以骋其情？故曰"《诗》可以群，可以怨"。使穷贱易安，幽居靡闷，莫尚于诗矣。故词人作者，罔不爱好。今之士俗，斯风炽矣。才能胜衣，甫就小学，必甘心而驰骛焉。于是庸音杂体，人各为容。至使膏腴子弟，耻文不逮，终朝点缀，分夜呻吟，独观谓为警策，众睹终沦平钝。

钟嵘是南朝齐梁年间人，从他的这一段话中可以看出，到了齐梁时代，学诗之风何等之盛。一是在各种不同的情况下，人们都要用诗来展示自己的大义，抒发自己的情怀。二是人们以作诗为时尚，不要说世俗家庭子弟学诗的热情都极为高涨，就是小孩子刚上小学，也心甘情愿地在作诗上下功夫。至于那些富家子弟，无不附庸风雅，虽然天资平庸，也以不能诗为耻，于是终朝点缀，分夜呻吟。由此可以看出，当时的诗歌创作之风已经相当高涨、普及。这是就魏晋南北朝而言。至于汉代，诗歌研究与创作也是很发达的，从研究来说，出现了多家传《诗经》之学；从创作来说，汉乐府诗歌的艺术成就是相当可观的，而且也有了苏武、李陵这样的代表性诗人。到了魏晋，更出现了一大批杰出诗人：曹魏时有曹氏父子为代表的诗人群体；晋宋时有以陶渊明、谢灵运为代表的诗人群体。而陶渊明、谢灵运更是开创了田园山水诗派的杰出诗人，是中国诗史上有代表性的杰出诗人。那个时代，仅钟嵘《诗品》中评述的以五言诗为代表的重要诗人就达一百二十多人。到了唐代，诗歌创作更是繁盛普及，诗人辈出，诗歌格律确立，艺术已经登峰造极。宋、元、明、清仍然是诗人辈出，诗歌作品汗牛充栋。中国成了实实在在、名副其实的诗歌大国。诗文化之发达无与伦比。

中国诗歌，自孔子以来，已经达两千多年之久。而诗坛上，始终是一派繁荣景象。虽然诗歌在思想上、形式上、艺术上都发生过一些变化，比如由四言变为五言，由古体变成今体，并且在唐宋时代出现了词的形式，元代又创造了曲的形式，但是，诗歌观念与指导思想却始终变化不大，始终沿着孔子的诗歌理论发展前进。即使在某些时候出现过一些离经叛道的情况，但很快就会有人出来纠正。试看：

> 诗者，人之性情也，非强谏争于庭，怨忿诟于道，怒邻骂坐之为也。其人忠信笃敬，抱道而居，与时乖逢，遇物悲喜，同床而不察，并世而不闻。情之所不能堪，因发于呻吟调笑之声，胸次释然，而闻者亦有所劝勉，比律吕而可歌，列干羽而可舞，是诗之美也。其发为讪谤侵凌，引颈以承戈，披襟而受矢，以快一朝之忿者，人皆以为诗之祸，是失诗之旨，非诗之过也。故世相后或千岁，地相去或万里，诵其诗而想见其人，所居所养，如旦莫与之期，邻里与之游也。①

这是黄庭坚《书王知载朐山杂咏后》中的一段话。文章称赞王知载的诗好，诗学观正确，诗如其人，见诗如见人。但是黄庭坚在论述王诗时，还是从正面阐述了正确的诗歌观点，批评了错误的诗歌观点。文章虽然没有提到孔子诗歌理论的要求，但我们看出，黄庭坚的这些论述都是以孔子的"温柔敦厚"为依据的。他认为诗不能强谏争于庭，怨忿诟于道，怒邻骂坐。诗人应该忠信笃敬，抱道而居，即使情有所不能堪，其诗也应该让人读后胸次释然，有所劝勉，比律吕而可

---

① 黄庭坚. 书王知载朐山杂咏后 ［M］//陶秋英. 宋金元文论选. 北京：人民文学出版社，1999：186.

歌，列干羽而可舞，这才是诗之美。如果诗发为讪谤侵凌，引颈承戈，披襟受矢，以快一朝之忿，那便失去了诗的宗旨。

黄庭坚为什么要在这里说这些话？因为诗歌发展到宋代，诗风已经发生了变化，温柔敦厚的传统已经不那么受重视，他希望能够扭转这种风气。再看杨时的一段话：

> 作诗不知风雅之意，不可以作。诗尚谲谏，唯言之者无罪，闻之者足以戒，乃为有补。若谏而涉于毁谤，闻者怒之，何补之有？观苏东坡诗，只是讥诮朝廷，殊无温柔敦厚之气，以此人故得而罪之。①

杨时在这里直接点了苏轼的名，认为苏轼的诗直接冒犯朝廷，无温柔敦厚之气，因此得罪。苏轼在宋代是很杰出的诗人，名气很大。但在儒家看来，只要你的诗不符合儒家温柔敦厚的规范，就会受到指责。再看：

> 诗也者，矫天下之具也。而或者曰："圣人之道，《礼》严而《诗》宽。"嗟呼！孰知《礼》之严为严之宽，《诗》之宽为宽之严也欤？盖圣人将有以矫天下，必先有以钩天下之至情，得其至情，而随以矫，夫安得不从。盖天下之至情，矫生于愧，愧生于众；愧非议则安，议非众则私；安则不愧其愧，私则反议其议。圣人不使天下不愧其愧，反议其议也，于是举众以议之，举议以愧之。则天下之不善者，不得不愧。愧斯矫，矫斯复，复斯善矣。此诗之教也。②

这是杨万里论诗的话。他要发扬圣人之道。他认为圣人用诗作为矫正天下之"愧"的工具。社会上出现了"不善"的也就是可"愧"的东西，特别是可"愧"的感情，要用诗来作为矫正的工具，担当起矫正的责任，使之恢复"善"。这就是诗的教育的作用与责任。

杨万里也是在维护孔子的诗学理论。同时，他对孔子的理论也有一定的发展与丰富。再看郝经的话：

> 诗，文之至精者也。所以歌咏性情，以为风雅。故摅写襟素，托物寓怀，有言外之意，意外之味，味外之韵。凡喜怒哀乐蕴而不尽发，托

---

① 杨时文论辑录［M］//陶秋英. 宋金元文论选. 北京：人民文学出版社，1999：212.
② 杨万里论诗［M］//陶秋英. 宋金元文论选. 北京：人民文学出版社，1999：293.

于江花野草风云月露之中，莫非仁义礼智，喜怒哀乐之理。依违而不正言，恣睢而不迫切，若初无与于己，而读之者感叹激发，始知己之有罪焉。故三代之际，于以察安危，观治乱，知人情之好恶，风俗之美恶，以为王政之本焉。观圣人之所删定，至于今而不亡，诗之所以为诗，所以歌咏性情者，只见三百篇尔。①

这是郝经《与撖彦举论诗书》中的话。他这是在与后学者论诗，所以讲了一些艺术上的要求，但他强调的仍然是孔子与儒家有关诗的规则，强调学习《诗经》的重要性，强调诗要发挥社会政教作用。再看元好问的话：

唐人之诗，其知本乎，何温柔敦厚蔼然仁义之言之多也！幽忧憔悴，寒饥困惫，一寓于诗，而其厄穷而不悯，遗佚而不怨者，故在也。至于伤谗疾恶不平之气，不能自掩，责之愈深，其旨愈婉，怨之愈深，其辞愈缓，优柔餍饫，使人涵泳于先王之泽，性情之外不知有文字。幸矣，学者之得唐人为指归也。

唐人之诗为什么能够"温柔敦厚蔼然仁义之言之多"？因为唐人知诗之本。那么诗之本又是什么呢？元好问认为：

故由心而诚，由诚而言，由言而诗也。三者相为一，情动于中而形于言，言发乎迩而见乎远，同声相应，同气相求，虽小夫贱妇孤臣孽子之感讽，皆可以厚人伦，敦教化，无他道也。故曰不诚无物，夫惟不诚，故言无所主，心口别为二物，物我邈其千里，漠然而往，悠然而来；人之听之，若春风之过马耳，其欲动天地感鬼神，难矣。其是之谓本。②

唐代诗人心诚，故而他们的诗温柔敦厚，有主文谲谏的传统特色，艺术上耐人寻味。即使是小夫贱妇孤臣孽子的诗，也能起到厚人伦、敦教化的作用。如果诗人的心不诚，言无所主，心口别为二物，随心所欲，那他们写出来的诗就会让人读来有如春风之过马耳。所以，诗人的心必诚，诗才能温柔敦厚，才能厚人伦、敦教化，才能动天地、感鬼神。元好问还是全心在维护孔子的诗歌主张。再

---

① 郝经. 与撖彦举论诗书［M］//陶秋英. 宋金元文论选. 北京：人民文学出版社，1999：478.
② 元好问. 杨叔能小亨集引［M］//陶秋英. 宋金元文论选. 北京：人民文学出版社，1999：451.

看方孝儒的一段话：

> 道之不明，学经者皆失古人之意，而诗为尤甚。古之诗，其为用虽不同，然本于伦理之正，发于性情之真，而归乎礼义之极，三百篇鲜有违乎此者。故其化能使人改德历行，其效至于格神祇，和邦国，岂特辞语之工，音节之比而已哉！近世之诗，大异于古。工兴趣者超乎形器之外，其弊至于华而不实；务奇巧者窘乎声律之中，其弊至于拘而无味。或以简淡为高，或以繁艳为美，要之皆非也。[①]

以上我们引述了多人关于维护孔子儒家诗学观的论述。从他们的言论中可以看出，两千多年来，诗歌从内容到形式再到艺术都有了很大的发展与变化。

六、新诗的发展道路

前面我们所说的全部内容都只是旧体诗词，新诗不在其内。

新诗，是 20 世纪初在新文学运动中产生的。在新诗的生命因子中，是没有孔子儒家诗歌观念加入的。相对于传统诗歌来说，新诗完全是一种新的诗体。无论是诗歌观念、诗歌形式、诗歌语言、诗歌艺术，都与传统诗歌有了质的不同。

1917 年前后，《新青年》杂志先后发表了一些新诗作品。新诗所谓的"新"，一是工具的变化，就是革除文言，用自由的语言，也就是白话来写；二是诗体的变革，解放诗体。解放诗体就是破除旧体诗词的任何规矩。也就是说旧体诗词的规矩都不要了，如格律、五七言句式、相对相粘、对偶对仗、平仄押韵等。也就是有什么材料作什么诗，有什么话，说什么话，话怎么说，就怎么写。这样写出来的诗，就是新诗，也叫作自由诗。梁实秋先生曾经这么说：这就是新诗，也就是自由诗。我们不妨来看胡先生的两首新诗之一的《蝴蝶》：

> 两个黄蝴蝶，双双飞上天。不知为什么，一个忽飞还。剩下那一个，孤单太可怜。也无心上天，天上太孤单。

这是胡先生发表的第一批新诗中的一首。发表时题为《朋友》。这是一首艺术上不错的诗，但胡先生认为这不是一首真正的新诗，而是一首半新半旧的诗。

---

① 方孝儒. 刘氏诗序 ［M］//蔡景康. 明代文论选. 北京：人民文学出版社，1993：64.

说他半新半旧，是因为这样的诗仍然是用五七言来写的，仍然句子太整齐，没有用长短不齐的句子来写。再看《儿子》：

> 我实在不要儿子，儿子自己来了。"无后主义"的招牌，如今挂不起来了！譬如树上开花，花落偶然结果。那果便是你，那树便是我。树本无心结子，我也无恩于你。但是你既然来了，我不能不养你教你。那是我对人道的义务，并不是待你的恩谊。将来你长大时，莫忘了我怎样教育儿子。我要你做一个堂堂的人，不要你做我的孝顺儿子。

胡先生的这首诗，确实是新了，句子长短不一，不再整齐。但从艺术上来说，诗的味儿确实差了一点。当然思想内容确实是好的，如果说他是一篇家训，或者说是一篇遗嘱，也许更恰当。所以成仿吾先生曾批评说："这不能说是浅薄，只能说是无聊。"[①] 胡先生把诗写成这样，也难怪成仿吾先生要这么说。但这还只是诗歌形式与艺术上的一些情况。那么诗歌观念的情况又如何呢？我们来看梁实秋先生的一些话：

> 我一向以为新文学运动最大的成因，便是外国文学的影响；新诗，实际就是中文写的外国诗。
>
> 可见胡先生开始写新诗的时候，他对于诗的基本观念大概是颇受外国文学的影响的。
>
> 所以新诗运动最早的几年，大家注意的是"白话"，不是"诗"，大家努力的是如何摆脱旧诗的藩篱，不是如何建设新诗的根基。
>
> 经过了许多时间，我们才渐渐觉悟，诗先要是诗，然后才能谈到什么白话不白话，可是什么是诗？这问题在七八年前没有多少人讨论。这原因在哪里？我以为就在：新诗运动的起来，侧重白话一方面，而未曾注意到诗的艺术和原理一方面。
>
> 志摩，你和一多的诗艺术上大半是模仿近代英国诗，有时候我能清清楚楚的指出哪一首是模仿哈地，哪一首是模仿吉伯龄。你们对于英国诗是都有研究的，你们的诗的观念是外国式的，你们在《诗刊》上要试验的是用中文来创造外国诗的格律来装进外国式的诗意。我恐怕这几

---

① 成仿吾. 诗之防御战［M］//刘匡汉，刘福春. 中国现代诗论：上. 广州：花城出版社，1985：71.

年来你们努力的方向都是在这一点上。①

这是梁实秋先生写给徐志摩先生信中的一些话。这封信发表在 1931 年 1 月 20 日《诗刊》创刊号上。梁先生在信中谈的主要是新诗的艺术问题，包括诗的形式，语言运用、音节等，但这中间几次提到了诗的观念问题。我认为这其实是最重要的问题。因为新诗，首先你的名称是诗；其次，你是用汉语写作的；最后，你是中国人写的中国诗。那么我们就有理由要求诗的观念必须是中国的。

中国的诗歌观念是什么？当然首先就是"诗言志"。这是我们的老祖宗舜提出来的，是我们不能不遵循的。其次就是孔子提出来的一系列要求。这一点，从当时的情况来说，我们不宜过于要求。但是中国旧体诗歌，不仅仅有《诗经》和孔子对诗歌的要求，而是几千年来经过无数诗人与诗论家不断探索创造而形成的，有自己独特的诗歌观念、诗歌艺术、诗歌作风、诗歌气派。比如温柔敦厚、思无邪、乐而不淫、哀而不伤、主文谲谏、含而不露、言外之意、韵外之致、气敛神藏、严整格律，等等，这是我们诗歌的精髓。新诗把传统诗歌的这些诗歌观念、艺术精髓都抛弃了，而把外国的诗歌观念搬过来，那怎么能够成为真正的中国诗呢？又怎么能获得中国人的喜爱呢？又怎么会受人欢迎呢？

说到这里，我们又不得不说起艾青先生的一篇文章《诗的散文美》。他在这篇文章中说：

> 由欣赏韵文到欣赏散文是一种进步，而一个诗人写一首诗，用韵文写比用散文写要容易得多……
>
> 有人写了很美的散文却不知道那就是诗；也有人写了很丑的诗，却不知道那是最坏的散文。
>
> 我们嫌恶诗里面的那种丑陋的散文，不管它有韵与否；我们却酷爱诗里面的那种美好的散文，而它却常是首先就离弃了韵的羁绊的。
>
> 我们既然知道把那种以优美的散文完成的伟大作品一律称为诗篇，又怎能不轻蔑那种以丑陋的韵文写成的所谓'诗'的东西呢？
>
> 自从我们发现了韵文的虚伪，发现了韵文的人工气，发现了韵文的雕琢，我们就敌视了它；而当我们熟视了散文的不修饰的美，不需要涂抹脂粉的本色，充满了生活气息的健康，它就肉体地诱惑了我们……
>
> 散文是先天的比韵文美……

---

① 梁实秋. 新诗的格调及其他［M］//刘匡汉，刘福春. 中国现代诗论：上. 广州：花城出版社，1985：141.

而口语是最散文的。

我在一家印刷厂的墙上，看见一个工友写给他同伴的一张通知：

"安明！

你记着那车子！"

这是美的。而写这通知的应是有着诗人的禀赋。这语言是生活的，然而，却又是那么新鲜而单纯。这样的语言，能比上最好的诗篇里的最好的句子。①

艾青先生是杰出的新诗诗人。他的这篇文章写于 1939 年。我认为他的这篇文章是针对当时新诗用韵与否的争论而作的。当时的人看这篇文章可以理解。但时过境迁，后来的人再来看，就很难接受了。首先就是诗与散文的概念问题。诗与文是两种不同的文体，是不应该混淆的。如果将诗与文的概念混淆，那么这两种文体还怎样区分呢？清人吴乔在《答万季野诗问》有一段关于诗与文章区别的话，值得我们注意：

二者意岂有异，唯是体制与辞语不同耳。意喻之米，文喻之炊而为饭，诗喻之酿而为酒；饭不变米形，酒形质尽变。

吴乔说得非常好，诗与文体制不同。就是说，诗是诗，文是文，文体不同，所以辞语也不同。这里辞语不同，就是写作方法不同。文比方是用米煮饭，不变米形。诗是用米酿酒，形质尽变。所以诗与文，或者说诗与散文，是两种不同文体，形式不同，艺术不同，审美特点不同，作法也不同。所以艾青先生"诗的散文美"这个理论命题就不成立。诗必须具备诗的美，才能被称为诗；散文也必须具备散文的美，才是散文。散文写得再好也只是散文，不是诗。诗写得再坏，也还是诗，不是散文。这是无法改变的。

还有，"散文是先天的比韵文美"这个说法也是不能成立的。在我们国家，几千年来，产生了无数的好韵文，也产生了无数的好散文。这都是我们的国宝。《诗经》是韵文，《楚辞》是韵文，陶渊明、谢灵运的诗是韵文，李白、杜甫的诗是韵文。这些都是我们的国宝。先秦诸子的著作是散文。司马迁的《史记》也是散文，唐宋八大家的文章也是散文，这都是我们的国宝，我们能够说散文就先天地比韵文美吗？

---

① 艾青. 诗的散文美［M］//刘匡汉，刘福春. 中国现代诗论：上. 广州：花城出版社，1985：368.

还有，认为韵文虚伪、人工气、雕琢，便敌视了它；认为散文有不修饰的美，不需要涂脂抹粉的本色，充满了生活气息的健康，就肉体地诱惑了我们。这些说法都是不妥当的。传统的诗词歌赋都是韵文，难道都虚伪，都有人工气，都有雕琢？而散文就都不要修饰，都不要涂脂抹粉？如果散文都不修饰，那么散文也就不必"创作"了。

我们之所以要在这里梳理这些不妥的新诗理论，就是因为我们的新诗是在一些不妥的理论指导下进行创作的，以至于新诗始终没有找到一条正确的发展道路。有些人总是要把外国的、西方的诗歌理论引进来指导新诗创作，结果是使得新诗始终很难成为我们中国的新诗。新诗，一要是诗，二要是中国诗。把一些散文不像散文、诗不像诗，什么都不像的东西，拿来作诗，让人如何接受？1997年，《星星》诗刊第2期刊发了新疆诗人周涛先生的文章，他在文章中对新诗提出了13问。他问道：

> 新诗是怎样诞生的？这个婴儿有没有连结于民族文化之母的脐带？随着它渐渐长成少年，人们是不是发现它越来越像异国人？

周先生是新诗诗人，连他都提出这样的问题，可见新诗在中国化、民族化的问题上确实值得我们深思。周先生还认为新诗是"在一个错误的发展方向上"，新诗"会不会是一个延续了近百年的大误会"？

从周先生提出的这些问题，我们可以看出，周先生似乎对新诗作了全面的否定。由此我们也看出，新诗从其诞生近百年来，并没有找到一条正确的道路。其实这并不奇怪，我们前面已经说过，新诗的产生，是受外国文学的影响，而且新诗诗人们在创作中都千方百计摆脱传统诗歌的藩篱，诗论家们又总是用一些西方的诗歌理论来指导与批评新诗，以至于新诗诗人们更是把中国的新诗当作外国诗来写，所以他们就只能像外国人了。这里我还想引述孙绍振先生的一段话：

> 当前中国新诗显然是处于危机之中。主要表现是在于两个方面。首先是，有追求的诗人陷入理念化。他们叛逆新诗和朦胧诗的全部理论基础是照搬西方的。西方当代诗歌，尤其是后现代的诗歌，其基本理论都是以诗歌表现某种西方文化哲学的理论为最高境界的。这种表现文化哲学的追求本身就与诗歌的艺术本性发生矛盾。从中国新诗的历史来看，把诗歌作为任何一种理念的图解都曾付出了惨重的代价。不管是图解革命的概念还是图解西方某种意识形态的概念，都是与诗作为一种艺术的

内在机制不能相容的。其次，由于把表现理念作为新诗的根本任务，就必然导致新诗的艺术准则发生了混乱。既然诗歌的任务就是表现某种文化哲学理念，就必然与诗歌的一切的传统的艺术成就彻底决裂。每一个诗人都可以有自己独创的准则，这就不但使读者而且使作者陷入了艺术的无政府状态，其实就是把任意性当作艺术，其结果是无准则，不是有人公然提出了"反艺术"的口号吗？他们本来也许以为我反了一切传统的艺术，会建构起最新的艺术来的。但是艺术并不是在空地上能够建立得起来的。一些艺术的败家子至今还不清醒。哀哉！在可以预见的未来，我们八九十年代的后新潮诗歌，必然受到历史的嘲笑。

孙先生的这段话发表在《诗刊》1998 年第 1 期的文章《后新潮诗的反思》中。孙先生文章中的话说得很明确，我们用不着解释。他是批评后新潮诗的，其实我们各个时期的新诗，不都应该反思吗？新诗初期不也是一样吗？以为把西方诗歌观念引进来，与中国传统诗歌艺术决裂，就可以创造出一种新的诗歌艺术来，岂知这是违背艺术规律的。孙先生认为至今还有一些人不清醒。其实，他们是不可能清醒的。为什么？

首先，自从新诗产生以后，旧诗渐渐衰落，旧诗的理念也就衰落了。新诗的诗人们，头脑中只有新诗的概念，而这概念又多是外国的哲学概念。几十年前，冯文炳先生就批评过，他说：

> 实在新诗这样写下去已经渐渐走到死胡同里去。后来有些新诗，我们读着觉得非常之刺眼，这些做新诗的人，与旧诗的因缘少了，他们写出来的东西虽也不会是"诗余"，也不会是新诗的古乐府，他们不是如胡适之先生所说缠过脚再来放脚的妇人，然而他们运用文字的功夫又不及那些老手，结果他们做出来的白话新诗，有点像"高跷"下地，看的人颇难以为情。……老牌的《尝试集》表面上是有意做白话诗，而骨子里同旧诗的一派结了不解之缘，后起的新诗作家乃是有心做"诗"了，他们根本上就没有理会旧诗，他们只是自己要做自己的诗。[①]

这是冯先生 20 世纪三四十年代在北京大学讲课时讲义中的话。他揭示了当

---

① 冯文炳. 谈新诗 [M]. 北京：人民文学出版社，1984：22-24.

时新诗坛的现状。老牌的新诗人，有旧诗的根基，虽然是在写新诗，但旧诗的修养不时会流淌到新诗中来，所以他们的新诗，有许多都是很好的诗。试看沈尹默先生的一首新诗：

> 霜风呼呼的吹着，
> 月光明明的照着。
> 我和一株顶高的树并排立着，
> 却没有靠着。

　　这是一首真正的新诗，自由，白话，也是一首绝好的诗。诗只有四句，却为我们创造了一种特殊的艺术境界，塑造了一个独立高大的巨人形象。霜风呼啸的月夜，环境严峻，有一棵顶高的大树可以作为依靠，但"我"却不愿意去依赖，而巍然屹立。诗人在"我"身上寄托了无限情怀。通过这个"我"，我们读到了一种巨大的人格力量。一个人要自立，一个民族要自立，一个国家要自立，才有希望，才有未来。这样的新诗才是真正的中国诗！这样的诗才是"温柔敦厚"的诗，才是"可以兴，可以观，可以群，可以怨"的诗，才是"主文谲谏"的诗，才是"言有尽而意无穷"的诗。

　　沈先生是杰出的擅写旧诗的大家，传统诗词学识根基深厚，所以写出来的新诗仍然是好诗，仍然是"中国"诗。而那些后来的新诗诗人，不理会旧诗，没有旧诗的根基，更不在乎传统诗歌理论，当然就写不出有中国特色的新诗来了。这样的诗人能"清醒"吗？

　　其次，新诗的理论来自西方。新诗是在西方的诗歌理论指导下产生、形成与发展起来的。我们的新诗理论界、新诗理论家，掌握的是西方理论，他们评论新诗的理论标准是西方的。每当一种新的新诗思潮出来，每当一种新的新诗流派出来，不管他们表现如何，即使是离经叛道，新诗的理论家们都会为之鼓掌，都会为之找出充分的理由来加以肯定。在这样的情况下，在这样的环境气氛中，诗人们能够"清醒"吗？所以我们的新诗离中国诗歌理念、中国作风、中国气派只能越走越远。

　　让我们也来看几首"绝妙好诗"：

> 毫无疑问/我做的馅饼/是全天下/最好吃的
> 　　　　　　　　　　　　——《一个人来到田纳西》

我坚决不能容忍/那些/在公共场所/的卫生间/大便后/不
冲刷/便池/的人

　　　　　　　　　　——《傻瓜灯——我坚决不能容忍》

赵又霖和刘文源/一个是我侄子/七岁半/一个是我外甥/五
岁/现在他们两个出去玩了

　　　　　　　　——《我爱你的寂寞如同你爱我的孤独》

筱麦菜还小/就可以吃了/后来丝瓜结了/可以每天去摘

　　　　　　　　　　　　　　　　　　——《巴松错》

我说到做到/再不反悔

　　　　　　　　——《我发誓从现在开始不搭理你了》

诗人们相约去北京西郊摘桃子/问我去不去/我说要是研讨
我就不去了/但摘桃子好玩/远胜过赏花

　　　　　　　　　　　　　　　　　——《摘桃子》

张无忌/和他太师父/张三丰/学过一些/太极功夫/接着练
会九阳真经/和乾坤大挪移/他研习圣火令上的武功/用了一天
一夜/后来他又得到了/武穆遗书和九阳真经

　　　　　　——《武侠题材的系列组诗〈张无忌〉（一）》

张无忌和赵敏接吻/赵敏把张无忌的嘴唇/给咬破了/有关
这一吻/电视上处理得比较草率

　　　　　　——《武侠题材的系列组诗〈张无忌〉（二）》

　　这些诗是我在《新疆都市报》2007年1月3日的《文化观察》栏目上看
到的。

　　这是一位杰出诗人、国家一级作家的杰作。

　　对于这些诗，有人怀疑它们是不是诗。诗人斩钉截铁地说："当然是。"诗
人说，这些诗是2002年左右的作品。当初写那些诗的时候，她非常不喜欢八股
式的流行风格，便借鉴当时网络文学的一些风格，不再追求复杂和深度。她还

说，文无定法，诗歌本来就是人人都可以写的。她说她的一些诗看起来简单，其实也有深意，如网友讽刺的《一个人来到田纳西》其实是对著名美国诗人史蒂文森《田纳西的坛子》的一种解构。

这些诗与诗人的言论告诉我们，我们的新诗坛，现在就是处于一个群龙无首的状态，处于一个各自为政的时代，就是一些最基本的问题都没有任何的共识，比如什么是诗，诗人完全可以根据自己的理解为准则。你说是诗，我说不是诗；你说是好诗，我说不是好诗；你说是规范的诗，我说是八股式的流行风格，不喜欢，便用一种新的形式来写。反正我写出来的东西，以什么理论为指导，以什么观念为依据，都无所谓。只要我认为是诗，就是诗。我认为是好诗，就一定是好诗。他人怎样认为，无关紧要。他们根本不管什么中国传统、中国作风、中国气派，其基本观念就是不要中国传统，以西方的东西为时髦。反正"文无定法"，诗歌本来就是人人都可以写的，写成什么样，便是什么样。是诗不是诗，只有诗人自己说了算。别人的意见根本不用去理会。这样也好，在诗坛，大家都自由了。诗人有写诗的自由，读者有不读的自由。诗人可以高戴桂冠，读者可以敬而远之。大家各走各的路。只是这样的新诗还能走多远？

最后，我还是想多说一句"废话"，新诗要走上中国道路，还是去学习一下孔子有关诗的理论要求，学习一下我们的老祖宗舜"诗言志"的教导，学习一下传统诗歌艺术，诗人们不要不理会旧诗。其实孔子的诗学理论很多都体现了正能量，"诗言志"是永远的经典理论。

温故而知新，可以为师矣

孔子在《论语·为政》中说："温故而知新，可以为师矣。"这是孔子非常有名的一个论断，也是一个非常重要的论断。一个人，只要能够做到温故而知新，就可以当老师了。反过来说，如果你不能够做到温故而知新，就不具备当老师的资格。温故而知新，说起来简单，但实际做起来，却非常不容易。我们分两个方面来讨论。

一、读书学习是温故知新的首要条件

先来讨论温故。

所谓温故，就是要不断地重新阅读以往读过的书，反复学习原来学习过的知识。

孔子是个大学者，他所掌握的知识非常广博，这从他的著作和许多典籍对他的言论的引述中都可以看出。他的知识之所以这么丰富，这么广博，就是因为他对于学习、读书有一种特殊感受与体验。这是我们一般人很难做到的。

先看《论语》开篇的第一段话：

> 子曰：学而时习之，不亦说乎？有朋自远方来，不亦乐乎？人不知而不愠，不亦君子乎？

对这段话，我们过去的理解似乎不够全面。这段话一共三句，说的是一个整体内容。第一句话是说，我们在读书学习过程中，不断地重新阅读以往读过的书籍，反复学习原来学习过的内容，是一件非常令人高兴、非常有趣味、非常幸福的事，因为从中能够获得新的知识、新的体会、新的感受。这种体会与感受只有善于学习与阅读的人才会有。那些不善于读书与学习的人，就是把原来读过的书再多读几遍，也难有什么新收获，因此也难有什么幸福感。第二句话是说，我们在读书学习的时候，有朋友从远方来与我一起学习讨论，切磋学问，交流读书学习的心得体会，分享读书学习的快乐与幸福，那不是一件非常令人快乐和幸福的事吗？这里的"朋"，我认为主要是喜欢读书学习的朋友，当然也包括其他朋友。但主要是学界朋友，以学会友。孔子15岁时就立志做学问，30岁时就建立了自己的学说，成为一个很有成就的学者，因此特别欢迎远方的朋友们来和自己一起切磋学问。第三句话是说，我虽然已经有了学问，有了很好的学习方法，学习成绩突出，收获很大，已经培养了很好的人格素养，具备了很强的修身、齐家、治国、平天下的能力，却没有被他人了解，我也不会生气。这不正是君子应该具备的品格吗？读书学习是提升自我修养，用知识武装自己的事，为什么非要别人知道呢？

孔子的这些话是对他的学生说的，也是他读书学习的经验之谈，是他对读书学习的态度和人格品德的表现。从这些话中我们可以看出孔子对读书学习的态度和他的学习方法。他热爱读书，重视学习，所以他读的书很多。这一点，从他有关这方面的言论中都可以看出。这又告诉我们，温故是一种非常好的读书与学习的方法，能够巩固学习成果，巩固学过的知识，悟出新的知识。但也提醒我们，温故不是一件简单的事情，是有条件的。这个条件就是：要温故，先要有故可温；要有故可温，就要先学习；要不断地学习，就要先读书，读大量的书。所以，孔子不仅自己特别重视学习，提倡读书，重视读书，也要求学生读大量的书。如果不读书，读的书少，要温故，也无故可温，或者只有那么一点点故可温，那么收获也就可想而知。因此，无论你是要提高自己的品德，还是增加自己的知识，提高自己的学识品位，或者避免受到一些伤害，都必须读书学习，多读书学习。这是至圣先师对我们的教导。

> 子曰："由也，女闻六言六蔽矣乎？"对曰："未也。""居，吾语女。好仁不好学，其蔽也愚；好知不好学，其蔽也荡；好信不好学，其蔽也贼；好直不好学，其蔽也绞；好勇不好学，其蔽也乱；好刚不好学，其蔽也狂。"
>
> ——《论语·阳货》

孔子教导子路人所应该具备的六种品德，如果不认真读书学习，也容易产生一些弊病，甚至走向事物的反面。爱好仁慈的品德，如果不喜好读书学习，就不知道应该怎么样去做仁德的事，反而容易去做一些愚蠢的事；爱好聪明智慧，却不喜好读书学习，就不能获得真正的聪明才智，而容易去耍小聪明，做一些放荡不羁的事；爱好诚信，却不喜好读书学习，就容易上当受骗，反而使自己受到伤害；爱好耿直，却不喜好读书学习，就不能获得善于交流的方式方法，而是说话尖刻伤人；爱好勇敢却不喜好读书学习，就可能把勇敢用不到正当的地方，而容易做出一些出格的事来，甚至犯上作乱；喜好刚强却不喜好读书学习，就可能不善于收敛自己，而刚愎自用、狂妄自大。

这使我想起了《红楼梦》里的王熙凤。这个人在小说中是个绝顶聪明的人，但她又是一个没有读过什么书的人，是一个不爱读书学习的人。所以，她只能凭着自己的聪明而玩弄所谓的聪明，除了在贾府呼风唤雨以外，还勾结官府，弄权害人。她靠自己的所谓聪明，得了势，弄了权，害了人，赚了钱。最后的结果怎么样呢？"机关算尽太聪明，反误了卿卿性命。""哭向金陵事更哀。"王熙凤的这个下场可以说是她没文化、不爱学习的必然结果吧。我们中国人有句俗话，叫作聪明反被聪明误。一个人聪明，这不是坏事，但如果不读书学习，就不知道什么才是真正的聪明，就不知道什么事可以做，什么事不可以做，因而也就容易走向聪明的反面。试想，如果王熙凤是一个读过书、爱读书、爱学习的人，是一个知书懂礼守法的人，还会去干那些令人不齿的事吗？由此，大家看到，孔子的这些话告诉我们，要具备一种好的品德，就要认真读书学习。只有多读书，多学习，多读好书，才能把这些品德的内涵和意义搞清楚，才清楚如何去培养优秀的品德，从而正确运用这些好的品德，发挥这些好品德的作用，而不至于造成相反的结果。世界上聪明的人很多，有小聪明的人更多，其中的不少人，就是因为不读书，不学习，把自己的聪明浪费了；或者耍小聪明，欺世盗名，最终身败名裂。

> 陈亢问于伯鱼曰："子亦有异闻乎？"对曰："未也。尝独立，鲤趋而过庭。曰：'学《诗》乎？'对曰：'未也。''不学诗，无以言。'鲤退而学《诗》。他日，又独立，鲤趋而过庭。曰：'学《礼》乎？'对曰：'未也。''不学《礼》，无以立。'鲤退而学《礼》。闻斯二者。"陈亢退而喜曰："问一得三，闻《诗》，闻《礼》，又闻君子之远其子也。"
>
> ——《论语·季氏》

孔子的学生陈亢问孔子的儿子伯鱼，想知道他有没有从他父亲那里听到与大家不一样的学习内容。伯鱼说没有。孔子让他学习《诗经》和《礼经》，认为不阅读《诗经》，不研究《诗经》，就不会说话，就没有说话的资本，就不知道用什么和他人说话；不学《礼经》就不知道怎样在社会上活动，无法在社会上立足。

　　陈亢本来是想了解一下孔子教授给学生的内容与教授给自己的儿子的内容有没有不一样的地方，也就是想看一看孔子在教学上有没有私心。结果是问一得三，非常高兴。但我们却从这里看到了孔子对读书与学习的重视。他要求自己的儿子学习《诗经》与《礼经》，也要求学生学习《诗经》与《礼经》。同时，这里还要对陈亢点个赞，他本来只是想看一看孔子对自己的儿子与对学生的教学是不是一样，结果是问一得三。这问一得三，就是陈亢善于学习的表现。他从伯鱼的回答中学到了为什么要学习《诗经》与《礼经》的道理，知道了学习《诗经》与《礼经》的重要作用，从而也受到了如何学习《诗经》与《礼经》的启发。这就是他有悟性，能够举一反三的表现。有悟性，能够举一反三，其实就是温故知新的重要条件。

　　　　子谓伯鱼曰："女为《周南》《召南》矣乎？人而不为《周南》《召南》，其犹正墙面而立也与？"

　　　　　　　　　　　　　　　　　　　　　　　　——《论语·阳货》

　　前面说要学习《诗经》，这里又特别强调学习《诗经》中的《周南》《召南》。如果不读《周南》《召南》，有如站立于高墙面前，不能再前进一步了。这也是强调学习《诗经》的重要性。只有不断地学习研究《诗经》这样的经典，才能不断用知识来武装自己，充实自己，才能使自己打开眼界，不断前进。孔子还对他的学生们说：

　　　　"小子何莫学乎诗。诗可以兴，可以观，可以群，可以怨；迩之事父，远之事君，多识于鸟兽草木之名。"

　　　　　　　　　　　　　　　　　　　　　　　　——《论语·阳货》

　　这段话是孔子关于诗歌理论与文学理论最重要、最具影响力的经典之论。我们在其他文章中已多次引述。

　　孔子特别强调学生学习《诗经》，是因为他认为学习《诗经》可以启迪心志，可以看到社会的各种状态，学会与他人相处，学会讽劝，学会事父事君，为立足社会建立知识基础，为将来为政做官创造条件，还可以学到许多自然知识，认识许多鸟兽草木的名称。

　　这是说孔子要求学生读书学习。至于他自己，前面已经说到他学而时习之，即不断读书，时常复习。他真正是一个"学而不厌"的人。他说："学如不及，犹恐失之。"（《论语·泰伯》）像他这样一个饱学之士，学习的时候还总是像怕赶不上什么东西，就是能赶上，也总怕丢失掉一样。所以，他总是全心全意地学，不间断地学，全力以赴地学。他还说："吾尝终日不食，终夜不寝，以思，无益，不如学也。"（《论语·卫灵公》）他整日整夜苦苦地思索，废寝忘食地思考，但总是收益不大，不如读书的收获大。这是为什么呢？因为每一本书都是作者知识的结晶，作者对前人知识的传承、对问题的理解、对新知识的发现，都会在书中体现。读书越多，获得的新知识就越多。如果在读书的基础之上再加上多思考、认真思考、深入思考，那一定会收获良多。所以孔子一再强调读书学习，认为读书学习比日夜废寝忘食地思考收获更大，就是这个道理。朱熹有一首诗《观书有感》："半亩方塘一鉴开，天光云影共徘徊。问渠那得清如许，为有源头活水来。"这首诗就说了这么一个道理。书本就有如源头活水，多读书，就会不断地有新的知识充注到头脑中来，收获当然大。思考如果没有读书作前提，那便很可能成为无源之水，成为空想。所以孔子又说："学而不思则罔，思而不学则殆。"（《为政》）这样讲就更全面、更辩证了。如果光读书而不加思考，不对书中的内容加以分析、研究、理解，那就是死读书，就不能真正地掌握书中的知识，不会有真正的收获。这样读书也可能走向反面，越读越蠢；反之，如果只是思考，或者只是冥思苦想，而不读书，那就是空想，那只是无源之水、无本之木，只会把人引入死胡同。读书学习与思考是对立的统一。当然，读书还应该是前提。对于"想"，孔子确实比较节制。"季文子三思而后行。子闻之，曰：'再，斯可矣。'"（《论语·公冶长》）他听说，季文子做什么事情都要经过多次思考才去实行，就说，思考两次也就可以了。这说的虽不是读书，但做事也一样，行动之前过多地思考，犹豫不决，就可能失去最好的行动时机。

孔子以上所讲都是强调读书学习的重要性。只有多读书，知识才多，知识面才广。他还讲过这样一段话："十室之邑，必有忠信如丘者焉，不如丘之好学也。"（《论语·公冶长》）这是说，就是在一个只有十户人家的小地方，也必然会有像孔子一样讲忠信的人，只是他们不如孔子这样喜好读书学习罢了。由于读书学习的情况不一样，原本情况大致相同的人，其结果却大为不同。在孔子看来，他原本也与十室之邑那些讲忠信的人一样，就因为他爱好读书学习，变成了大学者、大学问家，是读书学习改变了自己，成就了自己。这也体现出读书学习对一个人的重要性。其实，在现实生活中也是如此，有很多人都因为读书而改变了命运。这样的例子很多，不必再说。现在让我们回到题目上来，要温故，首先要有故可温。要有故可温，就必须读大量的书。读书是温故的前提。

二、知新的条件是有悟性，能举一反三

现在来讨论知新。要做到温故而知新，也不是一件容易的事。一个人即使读了很多的书，已经是有故可温了，或者说，他对许多读过的书都很熟悉，甚至能倒背如流，但他却读死书，死记硬背，没有悟性，没有举一反三的能力。很可惜，他仍然不可能有温故知新的能力。这样的读书人，在历史上和现实中不是没有。有的人在学校读书的时候，成绩并不坏，靠死记硬背，考试总能得高分，只是到了工作岗位以后就不行了。原因就在于他们没有悟性，没有举一反三的能力，很难知新，很难有所创造，更难有创新能力，所以知新也是有条件的。来看孔子是怎么说的：

> 子夏问曰："'巧笑倩兮，美目盼兮，素以为绚兮'，何谓也?"子曰："绘事后素。"曰："礼后乎?"子曰："起予者商也。始可与言《诗》已矣。"
>
> ——《论语·八佾》

关于这一段话，我已经写了一篇很长的文章《礼后乎》，这也是我写这本书的起因，所以这里不得不反复说。子夏问道：《诗经》上的诗句"脸上长着酒窝笑起来多美呀，眼珠黑白分明的眼睛顾盼神飞多妩媚呀，有如洁白的底色上描绘着绚丽的鲜花呀"是什么意思? 孔子回答说："先有白色的背景，然后绘制彩色的图画。"子夏又问道："那么学习礼后于学习《诗经》吗?"孔子高兴地说："商啊，你真是一个能够给我启发的人呀，现在能够和你一起讨论《诗经》了。"

《诗经》是孔子教育学生的基本教材。在他看来，对学生进行《诗经》教育是极为重要的。这一点，前面已经讨论过了。所以，他所有的学生可能都受过《诗经》教育。但是，我们看到，并不是所有的学生都可以和他讨论《诗经》，只有像子夏这样的学生，才能共同讨论《诗经》。这是为什么呢? 因为只有像子夏这样有悟性的学生，才能够举一反三。当他读到以往学过的东西时，能够把一些看起来并不十分相关的事物联系到一起，悟出新的东西来，这就是知新的条件。上面的例子就很典型。

子夏问《诗经》上那几句诗是什么意思? 孔子并没有直接解释那几句诗的意思，而是用"绘事后素"四个字来作答。子夏听了老师的话，立刻以反问的方式说出答案。那么就是学习礼应该在学习《诗经》的后面了? 孔子听了子夏

的答案十分高兴，认为子夏悟性真好，不但回答了问题，还给老师以启发，因此可以与自己讨论《诗经》了。

那么子夏的问题、孔子的回答，以及子夏的以问作答，三者之间的关系是怎样得出来的呢？

《诗经》上的这三句诗，前两句见《诗经·卫风·硕人》的第二章，第三句的出处不得而知。《诗经·卫风·硕人》这首诗是赞美卫庄公的夫人庄姜的。这三句诗，前两句描绘美人的美，后一句形容美人有如在洁白的背景上画出来的。所以孔子回答绘事后素，先要背景干净底色好，才能画出好的图画来。这也是说，庄姜的美，不仅只是外表的美，还有内在的美、本质的美。子夏从这里领悟到，要做好什么事情，先要打好基础。就像学习，要学好礼，先要学好《诗经》。学习《诗经》是学习知识的基础，是做学问的基础，而礼应该是行为学方面的学问，所以学习《诗经》在学习礼的前面。这就是子夏与孔子相互问答内在的逻辑关系。如果搞不清这样的逻辑关系，"礼后乎"的结论就很难得出，但子夏很快得出来了。这说明子夏《诗经》学得好，悟性好，能够举一反三。所以孔子说可以与他讨论《诗经》了，并赞扬子夏对他这个当老师的也有启发。

这就是子夏的不同凡响之处。

而有的学生就不一样了，他们学习了《诗经》，并不能像子夏一样，学了就会运用，学了就会举一反三。所以孔子说：

> 诵诗三百，授之以政，不达；使于四方，不能专对，虽多，亦奚以为。
>
> ——《论语·子路》

在孔子看来，读书学习都是为了运用，绝不能为学习而学习，为读书而读书；也并不完全只是为了做学问，更包括指导实际工作。学习《诗经》，不只是掌握《诗经》的学识就行了，还必须要能够替国家办事，替政府办事，这就是学习的意义与作用，比方让你去为政一方、让你去当外交官。你《诗经》读得很熟，看起来似乎学得不错，而让你去政府部门办事，你却不能独当一面，制定不出有力的政策，拿不出好的主张，解决不了工作中的实际问题，不能克服困难；让你去当基层干部，你却没有魄力，驾驭不了局面，不能带领大家向正确的方向发展进步；让你去当外交官，你不知道怎么处理外交事务，不能维护国家尊严，不知怎样搞好和其他国家与地区人民的关系，不能代表国家争取最大利益。这样的人，学了不会运用，学得再多，又有什么意义呢？再看一个例子：

子贡曰："贫而无谄，富而不骄，何如？"子曰："可也；未若贫而乐，富而好礼者也。"子贡曰："《诗》云：'如切如磋，如琢如磨'，其斯之谓与？"子曰："赐也，始可与言《诗》已矣，告诸往而知来者。"

——《论语·学而》

这个例子和上面子夏的例子一样。孔子之所以认为能够和子贡研究《诗经》了，就是因为子贡有悟性思维，在学习上已经有了举一反三的能力。

现在来看子贡的悟性是怎么体现出来的？

子贡问老师，贫穷的人见了富有的人而没有谄谀的姿态，富有的人见了贫穷的人而不显骄纵之态，这样的人怎么样？孔子说，人能做到这样就不错了，不过，还是不如贫困的人贫而乐道、富有的人富而好礼好。听了老师的话，子贡马上就说，《诗经·卫风·淇奥》中说，要像对待骨、角、象牙、玉石一样，精细地去切磋它、琢磨它，是这个意思吧？孔子高兴地说，赐啊，现在可以开始和你讨论《诗经》了，因为你已经能够从学习过的东西中得到启发而悟知没有学过的东西了。

那么，子贡又是怎么由此及彼的呢？

"贫而无谄，富而不骄"与"贫而乐道，富而好礼"是人的两种不同层次的精神境界，而且是两种较高的精神境界。有句俗话叫"人穷志短，马瘦毛长"，对于一般的穷苦人来说，为了生存，有时候又不得不低下自己的头。当然，这样的行为常常是会受到指责的。比如朱柏庐在他的《治家格言》中就说："见富贵而生谄容者，最可耻；遇贫穷而作骄态者，贱莫甚。"但是，一些暴发户骄横跋扈的丑态还少吗？所以，一般说来，一个人能够达到"贫而不谄，富而不骄"这样一种精神境界就可以了。而孔子却要求人们达到一种更高层次的精神境界，那就是"贫而乐道，富而好礼"。只是从"贫而无谄，富而不骄"的境界到达"贫而乐道，富而好礼"的境界，是要有一个过程的。这个过程不是一蹴而就的，而是一个艰苦的修炼过程。由此，子贡就与《诗经》中的诗句"如切如磋，如琢如磨"联系起来。子贡能够迅速地把这两者联系起来，这是他的不同凡响之处。这既说明他学习过《诗经》，而且学得很好，对《诗经》十分熟悉，又说明他很有悟性思维，能够由此及彼，举一反三，能够告诸往而知来者。所以孔子说可以和他讨论《诗经》了。

以上我们用了两个例子，来论述孔子对温故知新的重视，对悟性思维与举一反三的重视。的确，孔子对悟性思维、举一反三的能力非常看重。

子曰："我与回言终日，不违，如愚。退而省其私，亦足以发，回
也不愚。"

——《论语·为政》）

颜回是孔子第一号得意门生。他对颜回的赏识与喜爱有很多方面，首先当然是颜回的人品好，但也不能否认，很大程度就是因为颜回天资聪慧，学习刻苦努力，善于学习，有悟性，能够举一反三。他给颜回讲学一整天，颜回只静静地听着，不发问，不提不同意见，就像一个愚笨的人一样。但是，孔子注意到，颜回回去之后，却能够认真研究他讲授的东西，有足够的发挥，有新的发现。这就是颜回不同于其他学生的地方。其实颜回是个聪明的人。

子谓子贡曰："女与回也孰愈？"对曰："赐也何敢望回？回也闻一知十，赐也闻一知二。"子曰："弗如也，吾与女弗如也。"

——《论语·公冶长》

前面说过，子贡在孔子的学生中，也是一个学得相当好并受到孔子夸奖的学生，但是在孔子的心目中，他和颜回比起来还是有相当大的差距。两人差在什么地方？主要就差在悟性上，差在能不能举一反三上。因此，每当说到颜回的学习，孔子总要发出由衷的赞美。就如与子贡在一起时，孔子竟让子贡自己与颜回作比较，两个人谁更强一些。子贡回答说，我哪里敢与颜回比呀，颜回学习一件事，能够悟知十件事，我子贡学习一件事，顶多能够悟知一两件事。听了子贡的回答，孔子当即明确表示，我同意你的意见，你我确实都赶不上颜回。

孔子把子贡与颜回在学习上的差距定在悟性思维上，就定在举一反三的能力上。其实，孔子在衡量一个人的聪明才智时，或者说衡量一个人有没有可造就的前途时，也大致是以此为标准的。

子曰："不愤不启，不悱不发。举一隅不以三隅反，则不复也。"

——《论语·述而》

孔子说，教导学生，要用启发式的方式方法。遇到问题，不到他想要弄明白而实在弄不明白的时候，就不去开导他；不到他想说出来而实在说不出来的时候，就不去启发他。教给他一个方面的知识，他却悟不出其他方面的知识来，就不再去勉强他了。

这是孔子的教学方法。他教学生时，强调用启发式的教学方法，尽可能启发学生自己解决学习中的问题，而不是揠苗助长。但是，对于那些只会死读书、读死书而没有一点悟性的学生，孔子也不过于勉强。这就更进一步说明孔子对悟性思维与举一反三能力的重视，也更看出其教育方法的高明。

我们一再强调孔子对悟性思维的重视、对举一反三能力培养的重视，其实也正是强调孔子对于温故知新的重视。温故要知新，就必须有悟性思维的能力，必须有举一反三的能力。这是温故知新的最重要的条件。如果没有悟性，就很难有举一反三的能力，也就不可能有温故而知新的能力。温故而不能知新，那么，温故就只能知故。一个只能温故知故的人，那一定只能是死读书、读死书的人。那样的人，当然很难当好一个老师了。要当一个好老师的人，就应该是一个温故知新的人。所以，要当一个好老师，就必须多读书，培养温故知新的能力。

温故知新能力、悟性思维能力、举一反三能力，也是创造发明、创新发明不可或缺的条件。

中庸之为德也，其至矣乎

在孔子的儒家学说中，有一个非常重要的学术命题，那就是"中庸"。

孔子认为中庸是一种美德，而且是一种最高境界的美德，是一种人们非常不容易做到的美德。他说："中庸之为德也，其至矣乎，民鲜久矣。"（《论语·雍也》）中庸这种美德，因为它的境界太高，人们很难做到，所以，很久以来，在国民中根本就看不到了。那么，什么是中庸呢？中庸的表现形态又是怎样的呢？这一点，我们在孔子诸多的言论中都没有看到具体明确的回答。就是在后来子思所作的《中庸》中，或者在大儒们对儒家经典所作的经解中，我们也没有看到一个具体的定义。由此，我认为我们真有必要对这个命题作一个较为深入的研究。

一、什么是中庸

朱熹老先生在《论语集注》中是这样说的："中者，无过无不及之名也。庸，平常也。"程子曰："不偏之谓中，不易之谓庸。"中者天下之正道，庸者天下之定理。朱熹在《中庸集注》中对这两个字的注也大致如此。他说："过则失中，不及则未至，故惟中庸之德为至。然亦人所同得。初无难事，但世教衰，民不兴行，故鲜能之，今已久矣。"朱熹与程子的解释有代表性。他们的解释当然也是正确的。也许是因为注解篇幅有限，他们大体都只从文字与理性上作了解释，而未能在具体形态上有更详细的阐述，这让人理解起来仍有一定困难。我们再看孔子的一段话：

> 子曰："道之不行也，我知之矣，知者过之，愚者不及也。道之不明也，我知之矣，贤者过之，不肖者不及也。人莫不饮食也，鲜能知味也。"
>
> ——《中庸》第四章

　　朱熹对这一段话的解释是："道者，天理之当然，中而已矣。知、愚、贤、不肖之过不及，则生禀之异而失其中也。知者知之过，既以道为不足行。愚者不及知，又不知所以行。此道之所以常不行也。贤者行之过，既以道为不足知。不肖者不及行，又不求所以知，此道之所以常不明也。"

　　先说孔子的话，道不能够在国家的治理中推行的原因，我已经知道了。聪明的人聪明过了头，并不能掌握道的真谛。愚钝的人又智力不足，更不能认识到道的本质。道的真正内涵不能彰显，我已经知道了，贤能的人做过头了，那些能力差的人又做不到。这就像每个人都要吃饭，真正能够品出饭菜真味的人又有几个呢？也就是说，真正能够理解"道"的真谛的人又有几个呢？真正能够具备中庸之德的人又有几个呢？

　　再说朱熹老先生的诠释：道是什么？道是天体自然运行的规律，就是中庸之德。聪明的人、愚钝的人、贤能的人、能力差的人，他们行道的过度与不及，都是天生的素质不同而不能具备中庸之德。聪明的人聪明过头了，便认为道不足以实行；愚钝的人又没有那一份智慧，不知道应该如何去实行。这就是道之所以常常不能够实行的原因。贤能的人做得过了头，便认为道没有必要加以彰显；那些能力差的人，根本就没法去实行，根本就不可能去彰显。这就是道常常不能够彰显的原因。

　　朱熹老先生的诠释是完全正确的。只是有必要用现今的语言再说得清楚一些。

　　道是什么？道就是天体自然运行的规律，也就是先圣先贤们制定的治国理政的礼法制度。因为治国理政的礼法制度，就是根据天体自然运行的规律来制定的，是最能反映中庸之德的，所以只有具备中庸之德的人才能够正确地推行先圣先贤们制定的治国理政的礼法制度，也就是所谓的道。那些聪明过度的人，又没有真正具备中庸之德，却往往自作聪明，认为先圣先贤们制定的治国理政之策，还不如自己心目中的治国理政的方略，于是便自作聪明地按照自己认为最好的"道"来治国理政，结果便是过之。那些愚钝的人没有那一份智慧，他们搞不清什么是道，更是搞不清什么是中庸之德，因而也就根本不可能用先圣先贤的道来治国理政，只能用一些愚钝的办法来推行愚蠢的道，那当然就不及了。孔子认为，要正确地推行先圣先贤制定的治国理政之道，就必须具备中庸之德。聪明过头的人不行，愚钝的人也不行。聪明过头的人要去掉过头的聪明，修炼中庸之德；愚钝的人必须加强学习修炼，让自己成为具备中庸之德的人。这样，"道"才能在治国理政中顺利推行。

　　再看杨伯峻先生《论语译注》中的解释：

中庸——这是孔子的最高道德标准。"中"，折中，无过，也无不及，调和；"庸"，平常。孔子拈出这两个字，就表示他的最高道德标准，其实就是折中的和平常的东西。所谓折中，就反映出孔子是一个改良主义者；所谓平常，就反映出他希望能把这一道德标准贯彻到当时人们的一切生活实践中去。①

杨先生的解释似乎稍微有点简单。孔子既然把中庸视为一种最高的道德标准，那么这个最高道德标准就不是那么容易达到的。这中间必有一个艰苦的学习与修炼过程，所以"民鲜久矣"。如果只是一个折中就能解决问题，那也就太容易了。但这无过无不及却是其重要内涵。人们做任何一件事，要做到无过无不及，那也是极不容易的。这一点，我们后面还要深入讨论。

让我们来看范文澜先生在《中国通史简编》中的论说：

孔子学说全部贯注着"中立而不倚"的中庸思想。他赞叹中庸是至高极难的一种美德，他说："中庸之为德也，其至矣乎，民鲜（少有）久矣。"（《论语·雍也篇》）中庸应用在人伦上，是父慈，子孝；兄良，弟悌；夫义，妇听；长惠，幼顺；君仁，臣忠。中庸应用在政治上，是"民以君为心，君以民为体"（《礼记·缁衣篇》）。中庸应用在行为上，是"过犹不及"（《论语·先进篇》），"无可无不可"（《论语·微子篇》）。中庸应用在教育上，是"求（冉求）也退（性好谦退），故进之；由（子路）也兼人（性好胜人），故退之"（《论语·先进篇》）。一切都得合于中庸之道，而中道所在，要依据情况随时移动。②

范文澜先生关于中庸的文字叙述还很长，我们不便全录下来，但从范先生以上这些话中，我们看到了中庸在孔子学说中诸多方面的具体运用。这对我们理解中庸是大有帮助的。孔子把中庸视为道德的最高规范，其实，从本质上来说，道德就是一种修养，是人的一种内在品格的修养，是人的一种精神境界的修养。这种修养达到了最高境界，或者说达到了最高峰值，就化为人的一种道德，而这种道德又会化为人的智慧，一种人类最高智慧。而这种智慧，就会让人具备正确驾驭世间万事万物的能力。也就是说，它能让人产生最为正确的判断力，从而正确

---

① 杨伯峻．论语译注［M］．北京：中华书局，1963：69.
② 范文澜．中国通史简编：第一编［M］．修订本．北京：人民出版社，1964：202.

地判断世间的万事万物，正确地选择处理事物与问题的方式方法，正确地处理事物与问题。就如孔子，因为他具备了那种"德"，具有了那种智慧，所以就有了正确处理问题与事物的最佳角度与方式方法。比如在人伦上的"父慈子孝"，在行为上的"过犹不及"，在教育上的"进"与"退"等。这些事情，看起来很简单，而处理起来并不容易，是需要很高的修养与智慧的。孔子在《论语·为政》中谈到自己的学习与修养过程时就说过："吾十有五而志于学，三十而立，四十而不惑，五十而知天命，六十而耳顺，七十而从心所欲，不逾矩。"从这些话，我们看出，孔子的学习与修养过程有几个阶段。不同的阶段，学养的境界是不一样的。十五岁就立志学习；三十岁就能够有所成就；四十岁就已经能够遇事而不至于迷惑了；五十岁便掌握了天地间的自然规律，能够驾驭自然规律了；到了六十岁，听到什么事情都能够分清是非曲直；而到了七十岁则是随心所欲了，想做什么，就做什么，想怎么做，便怎样做，不论做什么，怎么做，都是正确的，都不会超越规矩。而这个规矩，当是人们普遍认为最高的道德行为准则。一个人的学养，到了这个程度，就是至善至美了，就应该说是到了"中庸"之境了。而这中庸之境，不已经化为人的至善至美的"德行"了吗？有了这样的德行，人不已经进入大智大慧的境界了吗？但是，要达到这样的境界，谈何容易，连孔子都到了七十岁才达到这个境界。而且，还有一点必须指出，那就是人的学习修养，必须有一个正确的方向，沿着一条正确的道路前行，才能到达正确的终点。如果方向道路错了，那就会堕入歧途。

这里还有一点应该稍作说明。中庸作为一种最高道德境界，其修炼的时间很长，连孔子都修炼到了七十岁。这时间不显得过长了一点吗？不过，孔子修炼的几个不同的阶段，也是几种不同的境界。而这几种不同的境界，也有不同的作用。比如不惑。你具备了不惑境界，在处理问题时，就有了一定的判断力，就会选择一个正确的方向，作出正确的判断，进行妥善处理。

再来看宗白华先生的一段话：

> 宇宙是无尽的生命、丰富的动力，但它同时也是严整的秩序、圆满的和谐。在这宁静和雅的天地中生活着的人们却在他们的心胸里汹涌着情感的风浪、意欲的波涛。但是人生若欲完成自己，止于至善，实现他的人格，则当以宇宙为模范，求生活中的秩序与和谐。和谐与秩序是宇宙的美，也是人生美的基础，达到这种"美"的道路，在亚里士多德看来就是"执中""中庸"。但是中庸之道并不是庸俗一流，并不是依违两可、苟且的折中。乃是一种不偏不倚的毅力、综合的意志，力求取

法乎上，圆满实现个性中的一切而得和谐。所以中庸是"善的极峰"，而不是善与恶的中间物。大勇是怯弱与狂暴的执中，但它宁愿近于狂暴，不愿近于怯弱。青年人血气方刚，偏于粗暴。老年人过分考虑，偏于退缩。中年力盛时的刚健而温雅方是中庸。它的以前是生命的前奏，它的以后是生命的尾声，此时才是生命丰满的音乐。这个时期的人生才是美的人生，是生命美的所在。①

宗先生是杰出的美学家，他的这篇文章本是研究哲学与艺术，阐述希腊哲学家的艺术理论的，但在这一段话中，他却非常形象而深刻地把"中庸"的美的特色表现出来了。

中庸的美是怎么样的？

它像宇宙一样，有无尽的生命、丰富的动力，严整的秩序与圆满的和谐。

人生若欲完成自己，止于至善，实现他的人格，则当以宇宙为模范，求生活中的秩序与和谐。

和谐与秩序是宇宙的美，也是人生美的基础。这也就是中庸之美。

中庸之道不是庸俗一流，并不是依违两可的、苟且的折中。

中庸是一种不偏不倚的毅力，综合的意志，力求取法乎上，圆满实现个性中的一切而得和谐。

中庸是"善的极峰"，而不是善与恶的中间物。

大勇是怯弱与狂暴执中，但它宁愿近于狂暴，不愿近于怯弱。——不取折中。

青年人血气方刚，偏于粗暴。——不是中庸。

老年人过分考虑，偏于退缩。——不是中庸。

中年力盛时的刚健而温雅方是中庸。此时才是生命丰满的音乐。这个时期的人生才是美的人生，是生命美的所在。这里有一点值得注意，中年力盛时，光有刚健不是完美的中庸，光有温雅也不是完美的中庸，只有刚健和温雅并存才是中庸。

宗先生对中庸应该说是作了一个比较准确又清晰明白的解答。尤其是他明确指出，中庸不是庸俗一流，并不是依违两可的、苟且的折中。这是最有见地的。

但是在这里，我想深究一步。孔子说：中庸之为德也，其至矣乎，民鲜久矣。就是说，中庸作为一种德，是至高无上的德。在民间已经很久、很少存在

---

① 宗白华. 艺境［M］. 北京：北京大学出版社，1989：69－70.

了。这里首先要明确的是，中庸不是一般的德，是至德，是德的最高境界的一种。不过，孔子又说："德不孤，必有邻。"这个孤字，可以从两个方面来理解：一是说，有德的人不会孤独，一定会有人和他志同道合。毕竟有德的人不会少。二是说德不是孤立的，是多种多样的。比如仁，在孔子那里，也是一种高境界的德。孟武伯问孔子：子路、冉求、公西赤是不是仁？孔子回答是说他们各有各的特点，各有各的长处，都可以去做官。至于他们仁不仁，他不知道。这就是说，仁作为一种德，境界很高，不可以任意赋予人。像子路、冉求、公西赤虽然都是孔子弟子中比较突出的，孔子并不将仁德赋予他们，可见仁德不是一般人都具备的。"人而不仁，如礼何？人而不仁，如乐何？"一个人如果不具备仁德，礼乐制度对于他们来说，又有什么意义呢？可见这种仁德对人来说多么重要。仁德的境界很高，只有少数人具备。孔子认为殷有三仁：微子、箕子、比干。还有伯夷、叔齐，求仁得仁。以这几位仁人为例，仁德的要求何其高！其实，仁的最高境界，可以用一句话来概括：那就是用自己的生命来殉自己的理想与事业。比如为国捐躯，为革命献身，为了国家的强大与安全、为了人民的幸福而不懈奋斗与无私奉献，等等。这样看来，仁的标准虽然很高，但毕竟还是有一些具体标准作参考。而中庸这种德呢，至高无上，孔子并没有指出一个具体的人具备中庸之德。孔子曾经说过颜渊有时有仁与中庸之德，但也只是有时有，一是没有肯定他是一个完全具备中庸之德的人，二是没有说出其具体表现。所以这个中庸之德到底是什么样子，仍然让人费解。范文澜先生列出了孔子所认为的中庸的表现，但这总还是让人觉得很难说清楚。为此，我翻来覆去地想，但也没有想出一个具体结论来，于是只好从文字着眼，试着作一点解释。

　　德是什么？应该是人的一种道德操守，是人的道德操守的一种境界。但是德不是孤立的，其内容很宽泛。比如"积善成德"，善事做得多了，积累起来就成了一种德操。这里还要附带着说一点，关于德，在孔子那里，范围比较宽泛。比如仁、善、忠、孝、节、义等都被称为德。而中庸却是境界最高的德。这是为什么呢？这可以从文字来分析。先说"中"。"中"有如一架天平，两边重量平衡才是中，才能中。如果某一边增加一点点重量，天平就不平衡了，就会偏斜，因而也就不中了。联系到人来说，一个人立在那里，不偏不倚才是中。如果偏倚到某一边，就不中了。那么怎样才能做到中呢？依我看，只有两个字：无私。

　　说到"无私"，我们不能抹杀朱熹老先生的功劳。他在《中庸》第九章注中说到中庸时说"然非义精仁熟，而无一毫人欲之私者，不能及也"。"义精仁熟"，就是说，义德与仁德的境界都达到了至高的境界。而无一毫人欲之私，就是无私。其实简而言之，也就是"无私"二字。人做到无私，就一切都平衡了，公平了，都"中"了。就自身而言，就没有了任何私心杂念，就不会再有贪占、侵害国家或他人任何利益的念头了。既然能够做到不再贪占与侵害国家与他人利益，那还有什么不"中"？那就是一个立得直、坐得正的顶天立地的大写的人了。

而就其对待他人来说，人到无求品自高。对别人没有了任何利益诉求，无论再去做什么，就再没有私念作怪了，就再不必去徇私舞弊了，就会做到公平公正了。仔细想想，社会不公，贪赃枉法行为不都是产生于一个私字吗？有了私念，就会产生邪念，就会产生占有欲，见到非自己的东西，就想去占有，这才产生了贪官污吏。话说到这里，可能有人会说，人本来就是逐利的，无利不起早。比如商人，就是为了商业利益才去经商。如果不为利益，谁会去经商？没错。经商也是一种劳动。劳动就必须有报酬。商业还要有投资，投资必须有回报，但是这种报酬与回报必须是合理的。按照商业规则，你应该得到多少利益，就获取多少利益。不抬高物价，不投机倒把，不囤积居奇，不追逐暴利，一句话，不侵害国家利益和别人的利益，就是一个有道德的商人了。反之，就是一个无良商人，缺德商人。这样的商人，还怎么"中"？

再来说庸。庸就是平常的意思。这太有意思了。把一个极为平常的词"庸"与一个并不罕见的"中"字组合成一个新词，就成为"中庸"，一个新的概念。初看起来，这个概念太平常了。我多次看这个词，都是一带而过，根本没有注意，反复深究以后，才知道这是一个多么高大上的概念。就从这一点来看，孔子实在是太伟大了！他就用这样两个平平常常的字，创造了一个极不平常的概念。换句话说，也就是用极平常的两个字，为我们出了一道高大上的难题。在通常情况下，也就是无论何时何地，都要做到无私，这真不是容易做到的。俗话说，平平常常才是真。这是什么意思？在平平常常的情况下，那是人的本色，那才是一个本真的人。问题是平平常常，是经常，是长年累月，是一生。如果一生都能"中"，这个难度有多大？所以这才是至德。如果是在非平常的情况下，比如说几天、几个月，做到"中"，那很多人也许可以咬紧牙关坚持一下。而有些人也可能逢场作戏，装假，想办法粉饰自己，把自己装扮成一个高大上的正面角色。那些腐败分子不就是这样吗？在大庭广众之中，在作报告的台子上，他们装得多么高大上，似乎就是大圣人。只有通过反腐工作把他们揪出来以后，才真相大白，原形毕露。所以，孔子选择一个"庸"与"中"来组合成"中庸"，真是高明之至。开始读到这个词的时候，谁都会不以为然。尤其是大家都以中庸为折中，这不就把中庸看得普通而又普通了吗？现在这样来理解中庸，那真不就是高大上了？这就真正显示出孔子的伟大与高明之处——他把这样普普通通的字，集成了这样极不普通的概念。

中庸，在任何情况下，都能够做到无私。这确确实实是一种最高境界的美德，所以，孔子说民鲜久矣。其实，说是"民鲜久矣"，也未必准确，在很多时候，很多地方，那些英雄模范，公而忘私，舍己为人，那些为国家为人民而英勇献身的英烈，也可以说是具备中庸之德的人了。

二、中庸与折中

我们为什么要讨论这个问题？因为不少研究者都认为中庸就是折中。

当然，宗白华先生已经明确地说了，中庸不是苟且的折中。我是完全同意这个观点的。不过这是一个非常复杂的问题，不是一句否定的话就可以解决的。

而这里还有一点要说的是，宗先生在折中之前用了"苟且"二字。这苟且二字，对折中本身就已经有点不恭敬了，而中庸却是最高的道德境界，把折中与中庸放在一起，似乎是很不相配的。当然这不是一个本质的问题。

现在先要搞清楚到底为什么中庸不是折中？这还是要先从中庸说起。

这里，还要先强调一下孔子的话：中庸之为德也，其至矣乎。中庸是德的最高境界。在讨论中庸的时候，都不能忘掉这一点。

前面说到，《论语》中记载孔子有关中庸的言语并不多，范文澜先生基本上都列举出来了。不过在子思所著的《中庸》中，还有很多有关中庸的论述，记载了孔子的不少有关言论。我们不妨摘录一些，加以讨论。

> 子曰："天下国家，可均也。爵禄，可辞也。白刃，可蹈也。中庸，不可能也。"
>
> ——《中庸》第九章

这一章，朱熹的集注中是这样说的："均，平治也。三者亦知仁勇之事，天下之至难也，然不必其合于中庸，则质之近似者皆能以力为之。若中庸，则虽不必三者之难，然非义精仁熟，而无一毫人欲之私者，不能及也。三者难而易，中庸易而难。此民之所以鲜能也。"

从文字上来理解，朱熹老先生的理解自然是正确的。但对于朱熹对这一章的解释，我有一点不同的理解。孔子的原意应该是说中庸之道之难、中庸之道之宝贵、中庸之道之不可弃。所以，为了说明中庸的重要性，孔子用了几种人们认为最重要的东西来作比较。

一是"天下国家，可均也"。朱熹老先生认为：均是"平治"。我则认为这个均是可以均分给他人的。一般来说，天子、诸侯的土地是最珍贵的，是神圣不可侵犯的，怎么能够分给他人呢？但是，如果别人比我治理得更好，对国家对人民更有利，又有什么不可以均呢？尧不是把天下禅让给舜了吗？舜不是把天下禅让给禹了吗？所以，如果是一个大公无私的人，一个聪明智慧的人，把天下与国家分与他人一起治理有什么不可以呢？这是智慧的表现。可惜禹起了一个坏头，把帝位传给了儿子，把"天下为公"变成了"天下为家"。这就已经没有了中庸之德了。后来人们为了给禹辩解，说是因为禹实在找不到比自己的儿子更适合做国君的人，才选择了自己的儿子做接班人。对这样的解释，我是表示怀疑的。

二是"爵禄，可辞也"。高官厚禄，对于人们来说是求之不得、最应珍视的，但在某种特殊情况下，在自己认为不再应该有这一份爵禄的时候，是可以辞去的，是应该辞去的。这是仁德的表现。孔子在这方面的论述很多，不再重复论述。

三是"白刃，可蹈也"。锋利的刀刃，对人来说是最危险的，是致命的，但必要的时候可以踏上去。这是勇者的表现。

四是"中庸，不可能也"。这一句实在让人费解。这"不可能"三个字是什么意思？如果是不可能做到，不可能实现，那还把中庸提出来做什么？既然把中庸提出来，就应该是可以做到的。即使"鲜"，也还是有吧。我认为，这应该是指中庸之德比智慧、仁德、生命三者还重要，是德的最高境界，所以是任何时候、任何情况下都不能够抛却的，要为中庸而奋斗。所以我认为这"不可能"应该是"不可能弃也"。

关于后一句话，我这样理解，这样诠释，可能有人会提出质疑。原文"不可能"的后面并没有否定之词，这样理解以何为依据？我认为应该从逻辑上来理解。如果中庸真的不可能，那么把它提出来还有什么意义呢？孔子有"民鲜久矣"的说法，那也只是说中庸之难于达到，很长时间以来很少有人能够做到了。如果按朱熹那样理解，"非义精仁熟，而无一毫人欲之私者，不能及也"，那也还是说中庸是有人能及的，不是绝对不能做到的。另外，从语言逻辑上来讲，前面说天下国家可均，爵禄可辞，白刃可蹈，后面却来一句中庸不可能，这怎么能够成立呢？这在逻辑上讲不通，或者说逻辑上缺少内在联系，反映不出中庸在孔子心目中的重要性。只有按我们现在的理解，才更合乎逻辑。是不是像我们前面所说，原文"不可能"的后面脱了什么字呢？我们不得而知。可能先秦的人们在说话时就有这样的特点。在《论语》中确实有这样的半截话，比如"礼后乎"，礼在什么之后？没有后文。

对于这句话，也有人理解为不能长期坚持，这也有一定道理。只是不能长久坚持，毕竟还是能够做到，只是坚持的时间长短而已。

再看孔子的另一段话：

> 子曰："回之为人也，择乎中庸，得一善则拳拳服膺，而弗失
> 之矣。"
>
> ——《中庸》第八章

孔子说：颜回这个人呀，他做人处事，总是以中庸之德为准则，识得一点符合中庸之道的善行，便诚诚恳恳地牢记在心上，诚心诚意地奉行，而绝对不让其丧失掉。

从这一段话来看，中庸也并非不可能做到。只能说做到中庸极难。中庸是德的最高境界，一般人不可能修炼到，当然就更是难于奉行。但颜回例外。他有高境界的道德修养，识得中庸之道，"得一善则拳拳服膺"，久而久之，积善成德，久久为功，终成能够守住中庸之道的人。从孔子对颜回能够守望中庸之道的称赞来看，也只能说中庸是可能做到的，不是不可能做到的。所以，我们从"中庸是不可丢弃的"的角度来理解是更合乎原意与逻辑的。再看：

> 子曰："舜其大知也与。舜好问而好察迩言，隐恶而扬善，执其两
> 端，用其中于民，其斯以为舜乎！"
>
> ——《中庸》第六章

舜在我国历史上是圣明君主，是圣人。孔子认为他是具有最大智慧者。他的最大智慧体现在什么地方呢？他既善于调查研究又善于考察分析浅近的言辞，把那些不好的东西与过分过头的东西隐藏起来，大力宣扬好的、善的东西，这不正是中庸之德吗？舜就是把那些符合中庸之道的东西用来治理国家与教育臣民的。舜作为圣明之君的伟大与圣明之处，就在这里。

这里，有两点值得我们注意：

一是仍然肯定中庸是"可能"的，舜就是用中庸之道来治理国家与教育臣民的。

二是孔子赞美舜具有大智慧。其表现就是好问好察而识言，隐恶扬善，执其两端，用其中于民，也就是用中庸之德来治国育民。这里，执其两端，用其中于民。这"其中"二字，是不是折中？当然也不是。因为他是把不好的与过头的东西抛弃掉，而用最好的东西于民。这如何来折中呢？所以这只能说是中庸之德，也就是中庸的智慧。这又告诉我们，中庸与大智大慧是分不开的，所以并不

是很多人能够获得中庸之德、守卫中庸之德。只有那些具备大智大慧的人、大公无私的人，才会得中庸之德，才会运用中庸之德，所以民鲜久矣。其中舜是大智大慧、大公无私的圣人，颜回也是大智大慧、大公无私的人，所以他们是具备中庸之德的人。再看：

> 子曰："不得中行而与之，必也狂狷乎。狂者进取，狷者有所不为也。"
>
> ——《论语·子路》

孔子说：找不到具备中庸之德的人与之交往，那也必须和那些或者具有狂的品德的人或者具有狷的品德的人交往。具有狂的品德的人敢于进取，具有狷的品德的人不会去做坏事。

孔子这里说了三种不同品德的人的情况。一种是具备了中庸之德的人，这是品德境界极高的人，这种人"民鲜久矣"。一种是具备狂的品德的人，这种人有敢于进取的特点。一种是具备狷的品德的人，这种人进取心不强，但也不会去做坏事。这三种人中，只有像舜那样的人才具备中庸之德，当然孔子也是其中之一。而像舜与孔子这样的人，世间又能有多少呢？这样的人，只具备进取心的人是算不上的，不会去做坏事的人也是算不上的。问题是，狂者也好，狷者也好，要成为具备中庸之德的人，还有很长的修炼之路要走，并不是折中一下就可以实现的。如此，不妨再看一段相关的话：

> 子曰："古者民有三疾，今也或是之亡也。古之狂也肆，今之狂也荡；古之矜也廉，今之矜也忿戾；古之愚也直，今之愚也诈而已矣。"
>
> ——《论语·阳货》

孔子说：古时候的人有三种毛病，现在的人连这样的毛病也变味了。古时候狂傲的人只是有点放肆，现今狂傲的人变得放荡不羁了；古时候矜持的人还能自我克制，现今矜持的人变得蛮不讲理了；古时候愚笨的人还直率，现今愚笨的人变得奸诈起来了。

在孔子看来，古代的人所犯的毛病，到了现代都变味了。比如狂傲的人，在古代虽然有缺点，但还有进取精神，到了现今，狂傲就变成放荡不羁了。可以说，狂傲、进取精神，离中庸之德还近一点，而放荡不羁，则已经与中庸之德背道而驰了。其他两种情况也同样，比如矜持，可以说是缺点，但能够自我克制，也还算是不错，一旦变成了蛮不讲理，那就离中庸之德远而又远了。还有愚笨，由直率变成了奸诈，这也是背道而驰的。这样的情况，中庸之德与折中，实在是不搭界，何谈折中就是中庸。再看：

> 子曰："素隐行怪，后世有述焉。吾弗为之矣。君子遵道而行，半途而废，吾弗能已矣。君子依乎中庸，遁世不见知而不悔。唯圣者能之。"
>
> ——《中庸》第十一章

深索隐僻之词，而行怪异之事，这样的情况，后世有人称述过，而我是不会这么做的。君子遵循礼乐之道而行，却又半途而废，这样的事我是不会去做的。君子遵循中庸之德行事，即使被埋没而不被世人知晓，也不后悔。这种情况，只有圣人才能做到。

什么是中庸之德？不去做索隐行怪的事，按照礼乐道义行事，绝不半途而废。遵循中庸之德做人做事，即使被世道埋没，也不后悔。这就是中庸之德！这样做人做事，一般人是做不到的，只有圣人能够做到。那些非中庸之道的事，孔子不会去干。那就是说，孔子自己是依乎中庸而行的。那么，他当然也就是圣人了。再看子思的一段话：

> 喜怒哀乐之未发，谓之中。发而皆中节，谓之和。中也者，天下之大本也。和也者，天下之达道也。致中和，天地位焉，万物育焉。
>
> ——《中庸》第一章

引述这一段话，是想进一步强调中庸的高难度与重要性。

子思在这里提出了"中和"的概念。他说"喜怒哀乐之未发，谓之中"。未发是什么意思，就是尚未发动，处于自然阶段，也就是"天命之谓性，率性之谓道"阶段。这个阶段，人的性情是天然的、自然的、率性的、没有波澜起伏的，所以是"中"。有如天体宇宙的运行，休养生息，春种夏锄，秋收冬藏，循环往复，循其规律，这就是天道。人的情感一旦发动起来，便波澜壮阔。这时候"修道谓之教"，需要经过教育修炼而得道，一旦得道，便发而中节，便有了"和"。这就像乐器的声音，当它未形成曲调、未形成和谐的旋律时，其声音还处于单调或混乱不堪的境地。而它一旦形成音乐旋律，便"和"了。"中也者，天下之大本也。"这就是宗白华先生所说的"宇宙是无尽的生命、丰富的动力，但它同时也是严整的秩序、圆满的和谐"的境界。这也就是"中"的境界。这个"中"是极为重要的,没有中就不可能有和。就像天平一样,只有两头的砝码都一样,才中,才和。如果某一边失衡,整个天平就失衡了,也就失平了,失和了。所以这个中、这个和也是最难的。不及不是中庸,过也不是中庸。所以,这个中是天下之大本,天体宇宙的本来面目。"和也者,天下之达道也。"用宗先生的话来说:"在这宁静和雅的天地中生活着的人们却在他们的心胸里汹涌着情感的风浪、意欲的波涛。但是人生若欲完成自己,止于至善,实现他的人格,则当以宇宙为模范,求生活中的秩序与和谐。和谐与秩序是宇宙的美,也是人生美的基础。"这就是和,通往天下的康庄大道。"致中和,天地位焉,万物育焉。"中和,按历来人们的理解,也就是中庸。而子思的这些话,本来就是讲"中庸"的。这就是说,如果达到了中和的高境界,也就是中庸的境界,天地之间的正常秩序就完全建立起来了,万事万物生长发育的条件也就完全具备了、成熟了。或者可以这样说,只要你修炼到了中庸之道,你处理任何问题都不会产生什么大错误了。孔子说他七十而从心所欲,不逾矩,就是这个境界。这里,这个矩是最重要的。矩就是中,就是天道。人一旦真正掌握了矩,能够真正地驾驭好矩,就是达到了中庸的境界。

按照上面的这些话来理解,中庸之道就真正是至高无上之道了,所以孔子才会说"其至矣乎,民鲜久矣"。我想,我们理解"中庸"这个命题,是不应该忘记这几个字的。要不孔子为什么要这样说呢?但是,我们在讲解这个命题时,往往就把孔子的这几个字给忘了。所以我们在讲到中庸时,往往就认为这只不过是折中调和而已,从而把中庸与折中调和混为一谈了,于是就认为"在任何情况下都讲中庸,讲调和,就否定了对立面的斗争与转化"。问题是,孔子既然把中庸称为至德,舜就用来治理天下,把天下治理得大同一统。用现代的话来说,中庸也就应该是放之四海而皆准的真理。那就应该是,在任何时候、任何情况下,只要掌握了中庸之德,就能够处理好一切事物、一切问题。这就又出现了一个问题,就是折中是不是像中庸一样,有中庸那样的特质呢?或者说折中也是大智大慧吗?所以说,折中调和是不能够和中庸同日而语的,所以把折中调和与中庸等同起来,便有点过于简单了。

所以,宗白华先生说中庸"并不是依违两可、苟且的折中"。我认为宗先生的话,实在是说得很好,很准确。我们可以从以下三方面来分析。

第一,在某种情况下,某些事物确有中庸的特点,也有折中的特点。这是折中的特点在这种情况下符合了中庸的特点。比如说"无过,也无不及"。这有中庸的特点,也有折中的特点。如果在实践中,能够准确地做到无过无不及,那就符合了中庸之道,也实现了真正的折中。只是,要做到无过无不及,又是何等的不容易。

第二，就是宗先生所说的"依违两可、苟且的折中"。所谓依违两可、苟且的折中，就是有依有违，或依或违，勉强的折中，不正当的折中，有偏颇的折中，也就是说不是真正的折中。这样的折中，本来就是假折中，当然就更谈不上什么中庸了。

第三，折中与中庸并不是一个层次的概念。折中只是对某种不和谐的事物进行调和，而中庸则是事物的完美体现。

第四，中庸是大德，是大智慧。作为一种大德、大智慧，在处理某些事物或问题的时候，人们会选择一个最佳角度、最佳方向、最佳方面、最佳方式着手。而结果当然也是最佳的。这时候，它并不存在折中的问题、调和的问题，而是一种最为智慧的驾驭事物的才能与素质。来看一段有子的话：

> 有子曰："礼之用，和为贵。先王之道，斯为美。小大由之。有所不行，知和而和，不以礼节之，亦不可行也。"
>
> ——《论语·学而》

有子说：礼的运用，以能够最为恰当地把任何事情都处理好为可贵。先前圣明君王治理国家的方略国策，最好的地方就在这里。不论是大事小事，都是这样做的。不过，如果有什么行不通的地方，只为着所谓的恰当而恰当，不用方略国策来节制，也是不好的，行不通的。

关于"和"，我们前面已经有过详细的阐述。和，也就是中庸之德最可贵的地方。先王之道最好的地方，也就体现在一个"和"字上。什么事情都按照一个"和"字去做，就没有做不好的。但是，如果过分地为和而和，也就不是真正的和了，中庸之德也就不存在了。这时候，就要用国家的方略国策来节制了。有子这里所强调的和，也就是中庸之德。这个"和"字，如何折中？这也说明中庸与折中，根本不是一回事。再有就是用"礼"来节之。为什么？因为礼是先圣先贤制定出来的行之有效的中庸之道。这里不用多说了

现在我们有的人考虑问题，有的时候总是不切合实际。比如一个最普遍的问题，就是望子成龙，望女成凤。这本是人之常情。但这也要从实际出发。比如考大学，如果自己的子女成绩还不错，总希望他们能够考上清华北大。至于清华北大是否符合他们的志趣，是不是真正就是他们的最佳选择、最智慧的选择，就很少关注了。有这样一个例子：

> 2014年11月22日的《文摘报》上有一篇文章《弃北大读技校 周浩的别样人生》。说的是2008年青海省高考生周浩考了660多分，本人想报北京航空航天大学，因为他认为北航可能比较符合他喜欢动手的

兴趣。但家长与老师认为这么高的分不考清华北大，简直就是浪费。他无奈考入了北大生命科学专业。但是周浩在北大感到学习上很不适应。到了第二学期，更是感到学习上与专业相互不来电。他觉得没有兴趣的专业，让他痛不欲生，每天接受纯粹的理论让他头脑发胀，对未来也变得迷茫。于是他的学习变得不那么积极了，连作业也敷衍了事。同学们劝他去听工科院系的课程。于是他去听北大和清华工科院系的课，并谋划转院。但转院的路在北大无法走通。第二学年他决定休学一年。在休学时他尝到了一些人间冷暖，希望能够调节自己的情绪。但复学后却更不适应。他只好试图转校。他要去学数控技术。他选择了北京工业技师学院。这自然遭到强烈反对。他艰难地说服了父母，2011 年冬天转学来到了北京工业技师学院，受到学校的热烈欢迎。学校让他直接进入技师班，小班授课，面对面与老师交流，他找到了很强的归属感。他重新找回了学习热情。实验室十几台瑞士进口的数控机器，在老师面对面的指导下，亲自上机器操作，这让他兴奋不已。他学得格外认真，很快他便成了小班里项目完成速度最快、质量最好的学生。他渐渐朝着自己努力的技能复合型人才的道路发展。他成了学校最优秀的学生之一。很多企业已经向他伸出了就业的橄榄枝，但周浩决定继续对数据技术进一步深造。11 月 4 日，他参加了第六届全国数控技能大赛决赛。

周浩的这种选择，很多人不理解、不愿意接受，但对于周浩来说却是最智慧的选择。他没有斤斤计较于得失，或者是表面上的荣辱。只考虑能发挥自己的特长。在我看来，这就是符合中庸之道的选择。因为这样的选择能够最大程度地发挥他的才华。也许将来他能为国家做出自己最大的贡献。当然，我们如果设想，他与自己的理想意志折中调和，勉强在北大学习，混一张毕业证，然后混一个职业岗位，庸庸碌碌混上一辈子，也未尝不可，可是那就浪费了一个人才。这无论是对于国家和个人来说，都是很大的损失。再看一个例子：

2015 年 5 月 1 日的新疆《老年康乐报》第 15 版有这样一篇文章《做一名电工——清华博士生的选择》。这篇文章不长，不妨全录在这里：

谢邦鹏用了 11 年时间，把自己打造成一个不折不扣的清华人。令周围人大跌眼镜的是，博士毕业之后，谢邦鹏竟放下博士身段，默默选择到网电上海浦东供电公司基层某单位，当了一名工人。搞电力研究的谢邦鹏博士早已名声在外，还没毕业，他就收到两个含金量很高的工作邀请。但谢邦鹏想，再好的单位充其量也就是搞搞研究，或者当个小领导。如果理论不能用于实践，研究再深有什么用？知道自己真正需要什么的谢邦鹏，做出了"到基层去工作"的决定。在工厂工作了3年，积累了丰富的实践经验之后，谢邦鹏才感到自己羽翼渐丰、心里不空了。在一线基层，他找到了许多大显身手的机会，将高深的理论知识，转化到实践中去运用，去解决问题。近3年，谢邦鹏主导完成了27项发明，涉及管理、研究、实操各个领域；发表了8篇中英文论文。他特别得意于那些实用性很强的小发明。比如，谢邦鹏用电力控制理论研究出一套能准确计算线路损耗的方法。之前工人们都是用"毛估"的方法，自然不准确。再比如，谢邦鹏研究出了一种远距离遥控投退闸，省了工人们到实地投入退出来回跑的麻烦。最被一线工作的同事称道的是，谢邦鹏开发了一套为工人量身定制的电器拆卸工具，同事们说这套工具用起来顺手多了。谢邦鹏认为："实用性最强的小发明，才是最有生命力的创新。"得知谢邦鹏不断获奖的消息，在电力总公司表彰大会上，谢邦鹏的博导、中科院院士卢强，以现场录音的方式，力挺自己的弟子。

谢邦鹏的选择，对于很多人来说，也是很难接受的。一个博士，搞理论研究，或者当一个小领导，那是理所当然，很正常的。而去当工人，却并不正常。然而，谢邦鹏却做出了他认为是最智慧的选择、最优的选择。事实也证明，他做出的是最智慧的选择、最优的选择。他在自己选择的工作岗位上做出了骄人的成绩，为工作做出了重大的贡献。我们可以认为，他将在自己的工作岗位上，做出更为杰出的贡献。而这些成绩与贡献，或许在研究室、在小领导的岗位上，并不一定能做出来。所以，他的选择是符合中庸之德的。当然，我们还要强调，这样的选择，只有具备这样智慧的人，或者说只有具备中庸的智慧与中庸之德的人，才能做出。

人而无信，不知其可也

孔子在《论语·为政》中说："人而无信，不知其可也。大车无輗，小车无軏，其何以行之哉？"孔子认为，对于一个人来说，讲究信誉、讲究诚信是极为重要的。如果一个人不讲诚信，没有信誉，那怎么做一个人呢？就好像大车没有輗，无法用来驾牛，小车没有軏，无法用来驾马。而大车没有牛来拉，小车没有马来拉，那车怎么能够行走呢？所以人是不能没有诚信的。诚信，是每一个人做人的基本准则。所以，孔子在《论语》中多处讲到做人要讲信用。从修身、齐家、治国到平天下，都不能不讲诚信。

一、诚信的重要性

诚信的重要性是一个不言而喻的问题，可以说每个人都能回答。做人要讲诚信，做事要讲诚信。不讲诚信，就做不好人，更做不好事。那么什么是诚信呢？这也是一个非常简单的问题，人人都能回答。诚就是真诚、诚实。信就是信实、诚信，讲求信誉。但是，说起来简单，具体到行动中就不是那么简单了。孔子在《孔子家语·哀公问政》中这样说：

> 诚者，天之至道也；诚之者，人之道也。夫诚，弗勉而中，不思而得，从容中道，圣人之所以体定也。诚之者，择善而固执之者也。

所谓诚，是天道的最高准则、最高境界。诚的准则，是做人必须遵从的准则。如果一个人真正做到了诚，那么不用勉强自己，就能够做到行事合理，不用多加思考，便能够获得正确的结论，因而在自己的行动中能够自然而然地符合道的要求。这就是圣人之所以能够自然而然地按照规矩行事的道理。按照诚的准则去行事的人，就选择道的最高准则坚定不移去执行。

这段话是孔子在回答鲁哀公问政时所说的。孔子说，诚是天道的最高准则与境界。什么是天道？用现代的话来说，就是天体自然运行的规律。"天道"，即天体自然的运行，这确实是最为真诚、什么时候也不会欺人的规律。一年四季，寒暑交替、春种、夏锄、秋收、冬藏；一年三百六十五天，一天二十四小时，日出日落，月缺月圆，循环往复。这不正是诚吗？所以孔子说，做人要按照诚的准则去做，这也是做人必须遵循的准则。的确，一个心地真诚的人，只要按照这个诚字去做，就会做到行事合理，就会得到他人的信任。诚不欺人，诚也不会欺人。只要坚守一个诚字，久久必功，这是必然的。

孔子在说这些话之前，还有一些话：

> 治天下国家有九经，其所以行之者，一也。凡事豫则立，不豫则废，言前定则不跲，事前定则不困，行前定则不疚，道前定则不穷。在下位不获于上，民弗可得而治矣。获于上有道，不信于友，不获于上矣；信于友有道，不顺于亲，不信于友矣；顺于亲有道，反诸身不诚，不顺于亲矣；诚身有道，不明于善，不诚于身矣。

治理天下与国家有九种常道，而用来施行这些道的方法只有一个，那就是真诚专一。无论做什么事情，只要事先考虑好，作好准备，就会把事情做好。反之，如果不事先考虑好，不作好准备，就会失败。在发言之前，把要说的话都预先想好，到时候就不会出现纰漏。办事之前作好准备，到时候就不会出现困窘。行动之前确定好方向，半途就不会忧心。决策前作好准备，执行起来就不至于困难重重。处在下位的官员得不到上司的信任，就不可能很好地治理。如果你有办法获得上司的信任，却不能够获得朋友的信任，仍然得不到上司的信任。你有办法获得朋友的信任，却不能孝顺父母，也还是不能得到朋友的信任。你有办法做到孝顺父母，轮到自己却不能够做到诚实守信，这仍然不是真正地孝顺父母的。你有办法让自己诚实守信，却不知道如何施行善道，那仍然不能使自己真正做到诚实守信。

在这一段话中，孔子强调的就是一个"诚"字。你不讲诚信，就得不到上级的信任。你即使一时得到了上司的信任，但是朋友不信任你，你仍然得不到上司长久的信任。你一时获得了朋友的信任，而你不孝顺父母，朋友们也仍然不会信任你。你有办法对父母尽孝，但你本身不能够真正做到讲诚信，也不可能真正做到孝顺父母。你有办法做到自身诚信，但没有善心，仍然不能做到自身真正讲诚信。

这里，孔子又强调了一个"真"字，就是要做到真正的诚信。如果你只是想办法让自己做到诚信，这只是取巧，这不可能是真正的诚信，只能是虚假的诚信。虚假的诚信，即使一时获得了诚信的名义，也仍然不可能真正获得他人的信任。要获得他人的信任，自身就必须是一个真正诚信的人。

怎样才能成为一个真正诚信的人？那就是要"明于善"。就是说，你必须明白做人为善的重大意义，必须心存善意。无论做什么事情，都要从善意出发。有了善心，就会自然而然诚实守信，就不会自己欺骗自己，更不会去做欺诈别人的事。有的人未存善心，所表现出来的诚大都是伪装的、自欺欺人的。所以，曾子在《大学·传之六章》释诚意时这样说：

> 所谓诚其意者，毋自欺也。如恶恶臭，如好好色，此之谓自谦。故君子必慎其独也。小人闲居为不善，无所不至，见君子而后厌然，掩其不善，而著其善。人之视己，如见其肺肝然，则何益矣！此谓诚于中，形于外，故君子必慎其独也。曾子曰："十目所视，十手所指，其严乎！"富润屋，德润身，心广体胖，故君子必诚其意。

什么叫诚其意？诚其意就是不自己欺骗自己。就是要像讨厌恶臭那样厌恶不诚实的行为，要像喜好美女那样喜好诚实的行为，这就叫作自我心满意足。因而君子在自己独处的时候一定要十分谨慎，小人在独处的时候总要去做坏事。一旦遭遇见到君子便遮遮掩掩，掩盖他们所做的坏事而突出宣扬自己所做的好事。别人观察你这个人，能够看透你的五脏六腑，你这样遮遮掩掩又有什么好处呢？这就叫做真诚在你心中，必然在你的行为中表露出来。因此，君子在独处的时候一定要谨慎，要严格要求自己。曾子说：有无数双眼睛在盯着你，有无数双手在指着你，这种监督多么严厉！财富能够把房屋装饰得很漂亮，德操可以让你的身心修养得很健美。心地宽广，心身轻松愉快，身体才会健壮。这就是君子必须诚其意的原因。

曾子这里强调的诚，首要的就是不要自己欺骗自己。这真正是真理之言。因为你没有一颗真诚的心，你就不可能有真诚的行动，你就不可能去做任何一件真诚的事。你自己本身就不真诚，怎么能够真诚地对待别人呢？你不能够真诚地对待别人，别人又怎么会真诚地对待你呢？或许你一时能用假真诚获得他人的信任，但终究你的假真诚是会暴露的，是不可能真正获得别人的信任的。你不能获得别人的信任，又怎么能够在社会上立住脚呢？其结局是可想而知的。有的人，表面上或许能够伪装成一个诚实的人，做一些冠冕堂皇的事，说一些冠冕堂皇的话，暗地里却尽做一些肮脏事、残害别人的事。他们以为只要善于伪装，就可以冠冕堂皇地做人。但是，曾子说得好，别人观察你的时候，能够看透你的五脏六腑。做了坏事的人，终究逃不过众人的眼睛，终究是要败露的。《礼记》上有这样的话：

> 先王之立礼也，有本有文。忠信，礼之本也。义理，礼之文也。无本不立，无文不行。
>
> ——《礼记·礼器》

先代的国君，制定"礼"，也就是制定治国理政的方针政策的时候，有其根本与文字表达。忠信，是治国理政方针政策的根本；意义与条理，是治国理政方针政策的文字表达。没有忠信这个根本，治国理政的方针政策就无法成立；没有文字表达，治国理政的方针政策就无法推行。

这段文字很短，却讲了一个非常重要的问题：先王以什么立国？就是"忠信"二字。一个国家，如果国人都无忠信，就没有了信念。没有了信念，就没有了凝聚力。没有凝聚力，国家就是一盘散沙。一个国人如散沙的国家，无论从什么角度来说，都是不可能有所作为的。从经济建设来说，如果大家都不讲忠信，各人为各人的经济利益而奋斗，没有人把国家利益放在心上，国家还有什么力量来进行公共设施建设？那么这个国家会是什么样的形象？同时，大家都只为了自身的经济利益，有的人就会去做坑蒙拐骗的勾当，或者去做各种各样的坏事，社会就会一片混乱。从国防建设来说，国家没有经济力量，就不可能建设巩固的国防，国民又是一盘散沙，这样的国家，一旦外敌入侵，就只能任人宰割，以至于亡国了。这就是忠信对于一个国家的重要性。

现在有的国家，没有一点信誉，国与国之间交往，为了一己利益出尔反尔，今天签订的合同，明天就可以撕毁，今天签订的条约，明天就可以退出。它们的信仰，只有"利益"二字。它们的所思所为，就是割他人的"韭菜"。不管你与它们有多么亲密的关系，它们在割韭菜的时候是一点情面都不讲的。这样的国家，或许一时可以占到一些便宜，但是能够长久下去吗？下次他国还会上你的当吗？这样的国家，从长远的利益来考虑，终究是要吃亏的。

《礼记》上还有几句话，值得我们重视：

> 讲信修睦，谓之人利。争夺相杀，谓之人患。故圣人之所以治人七情，修十义，讲信修睦，尚辞让，去争夺，舍礼何以治之。
>
> ——《礼记·礼运》

这几句话讲的是先圣以礼治国。培养国人讲究信誉，建设和睦的邻里关系，就能给人带来利益。相互争夺，相互杀戮，这叫作人的祸害。这就是圣人之所以要疏导人的七情、倡导学习十义、培养国人讲究信誉、崇尚相互辞谢谦让、制止相互杀戮的原因。而要做到这样，不用礼来治理还能用什么来治理呢？

这是先圣以礼治国的思想。以礼治国，就是要培养国人讲究信誉的品德，建设和睦的邻里关系。在这里，培养国人讲究信誉的品德是第一位的。只有大家都具备了讲究信誉的品德，才能更好地建设和睦的邻里关系。如果大家没有相互信任，而是相互猜忌，又怎么能够建立起和睦的邻里关系呢？如果大家都能够讲究信誉，相互信任，邻里之间和谐相处，这就是理想的和谐社会。因此，先圣先贤以礼治国，用礼来疏导国人的七情，引导国人学习十义。所谓七情，是喜、怒、哀、惧、爱、恶、欲。所谓十义，是父慈、子孝、兄良、弟悌、夫义、妇听、长惠、幼顺、君仁、臣忠。如果七情得以疏导，十义得以理顺，那么国人的诚信品德就培养起来了，相互信任的关系也就建立起来了。邻里关系相处自然也就和谐了。于是大家都崇尚辞谢谦让，消除了相互争夺与杀戮。这是多么美好的社会！

这就是诚信的力量，也正是诚信的重要所在。正是因为这样，孔子才在他的教育中把诚信放到了相当重要的位置。

> 子以四教，文、行、忠、信。
>
> ——《论语·述而》

这四项就是孔子教育学生的主要内容。

一项是文。文，一般来说，就是文化。文化的内涵范畴很广。孔子用以教育学生的主要是历史上的文献资料与典籍，这是国家历史事件的记载与典藏。这既是文化，又是最重要的知识与优良传统。文化是基础。没有文化这个基础，其他知识的学习都是空中楼阁。所以用文化知识来武装学生的头脑，是必须的。继承先祖的优良传统，是不可或缺的。

一项是行。行就是实践，也就是所谓的格物。学生们光学文化知识、文献资料是不够的，还必须与实践结合起来。孔子就是一个很注重实践的人。

一项是忠。忠就是对国君的忠、对国家的忠。在古代，对国君的忠，就是对国家的忠。一个人如果没有对国家的忠诚，当外敌入侵的时候，或者当国家遇到重大灾难的时候，就可能成为卖国贼、叛徒、国奸，成为国家的罪人。

一项是信。信就是诚信，就是信用，就是信誉，就是信念。前面已经说到，一个人不能没有信誉，也不能没有信念。朱熹在集注中引用程氏兄弟的话说：

"教人以学文修行而存忠信也。忠信，本也。"孔子教学生学文修行，都是为了存忠信。忠信，是做人的根本。孔子在大多数情况下都是把忠信放在一起的。一个人没有忠，又哪里会有信，没有信，就更不会有忠。确实，孔子把忠信视为人之根本、重中之重，是十分有道理的。这也正是信的重要性所在。

二、为官之信

不论是大官还是小官，哪怕是天子与国君，如果没有了信誉，失去了国人对他的信任，那么这些官员离倒台也就不远了。这是历史的教训，不用多说。

来看孔子与他的学生子贡的一段对话：

> 子贡问政。子曰："足食，足兵，民信之矣。"子贡曰："必不得已而去，于斯三者何先？"曰："去兵。"子贡曰："必不得已而去，于斯二者何先？"曰："去食。自古皆有死，民无信不立。"
>
> ——《论语·颜渊》

子贡向老师请教治国理政的事。孔子回答说：要有充足的食物，充足的军队与军备，老百姓对统治者的充分信任。子贡说：如果在迫不得已的情况下，在这三者之中要舍去一项呢，先去哪一项？孔子说：那就先去军备。子贡说：如果在迫不得已的情况下，在食物与老百姓的信用这二者当中还要舍去一项，该舍去哪一项呢？孔子说：舍去食物。自古以来，人都是要死的。没有了食物，人不过一死。如果老百姓对统治者失去了信任，没有了信心，没有了信念，那这个国家就再没有立国的基础了。

在孔子的眼里，一个国家立国最重要的东西是什么？一个是食物，一个是军备，一个是国人的信任。

先说食物。这是每一个人存活的基本条件。民以食为天。没有了食物，人就没有了生存的条件，就没有办法活下去。

再说军备。这是抵御外来侵略的必备条件，也是国家维持社会安定、保障人民生命财产安全、保障人民安居乐业的必备条件。如果没有了军备，当国家发生灾难的时候，当外敌来侵犯的时候，由谁来维持社会的稳定、保障人民的生命财产安全？当国家遭遇外来侵略的时候，没有军队的抵御，那就只有任侵略者来宰割与蹂躏了，甚或亡国灭族。

还有就是人民的信任。一个国家的统治者，或者说是领导者，如果失去了人民的信任，人民对统治者丧失了信心，统治者就没有了根基。水可以载舟，也可以覆舟。人民的信任当然是统治者或者领导者最宝贵的东西。

这三者，对于治国理政都是极为重要的，都是不可或缺的。但是在特殊情况下要作出选择，应该如何选择呢？孔子一开始就说这三者都是治理国家最重要的东西。但是这三者比较起来，哪一项更重要呢？孔子的选择是：宁可舍去食物与军备，而留下人民的信任。可见，在孔子的心目中，人民的信任才是最重要的。这是治国理政的根本。孔子的眼光确实不一般。虽然食物与军备很重要，但比较起来，人民对领导者的信任更重要。我们设想，一个国家如果有了好的领导者，有了老百姓可以充分信赖的领导者，那么人民无论在任何困难的情况下，都会充满信心，建立必胜的信念。没有食物，可以自力更生，生产出来。没有军备，可以想办法制造，或者舍命从敌人手中去夺。

我国的抗日战争就是很好的例子。

中国共产党领导的八路军和新四军，和人民站在一起，不怕流血牺牲，打击日本侵略者；同时，自己的生活再困难，还是先要帮助百姓克服困难，因而在人民群众中获得了信任。那时虽说中国共产党所领导的八路军和新四军极其困难，缺少粮食，缺少武器，但是有了人民群众的信任，得到了人民群众的支援，就建立起了必胜的信念，就克服了一切困难，有力地打击了侵略者，获得了抗日战争最后的胜利。这就充分说明，人民群众的信任，对于领导者来说，是何等的重要。后来的解放战争，解放军不正是在人民群众中建立了信任，获得了人民群众的支援而取得了最后胜利吗？这是最可贵的经验！从这里我们也看出孔子重视诚信的重要意义。再看：

> 子曰：道千乘之国，敬事而信，节用而爱人，使民以时。
>
> ——《论语·学而》

这也是在讲信用对于治理国家的重要性。孔子告诉每一个统治者，治理一个拥有一千辆兵车的国家，应该怎样施政。

第一是一定要严肃认真地对待国政事务的治理，不能有任何的懈怠与疏漏。用现在的话来说，就是要忠于职守。即使你是皇帝，也应该忠于职守。如果国君是一个不务国政、荒淫无道之徒，那国家就一定离灭亡不远了。这样的国君或是整天沉迷于酒色，不理朝政；或是沉迷于玩物而荒废朝政，结果都以灭亡为代价。

第二就是要严守信用。如果国君或官员忠于职守，就不能够言而无信，失信于人。如果身为国君或官员，却说话不算话，失信于民，或者政令没有连续性，朝令夕改，或者说一套做一套，让臣民无所适从，那也不会有好结果，不能在政绩上造假。某些官员为了显示自己的政绩，向上级邀功，便谎报政绩，在政绩上造假，搞政绩工程，劳民伤财。这也是不讲信誉的表现。这些人可能一时得逞，但终究是要失败的。

第三是要节约国务开支，不能奢侈浪费，用好国家财物。

第四是爱护怜惜下属臣民，让下属大臣、官吏能够尽心尽力，为国家服务。

第五是役使老百姓一定不要误了农时，让老百姓能够按时耕种收获，这样才能让老百姓正常休养生息。

在这里，我们把孔子要求国君治理国家的要点分为五项。统治者要讲信用，就是这五项其中之一。在这五项之中，信用又被列于第二位，仅次于敬事。可见在孔子的心目中，信用对于治国的重要性。其实，忠于职守与讲信誉是一致的，没有忠于职守，何来信誉，没有信誉，又何来忠于职守？

> 樊迟请学稼，子曰："吾不如老农。"请学为圃。曰："吾不如老圃。"樊迟出。子曰："小人哉，樊须也。上好礼，则民莫敢不敬；上好义，则民莫敢不服；上好信，则民莫敢不用情。夫如是，则四方之民襁负其子而至矣，焉用稼？"
>
> ——《论语·子路》

这段话中孔子讲为官治国的道理，也强调了信用的重要性。

樊迟向孔子请教种庄稼的学问，孔子说，我不如有经验的老农民；又请教种蔬菜的学问，孔子说，我不如有经验的老菜农。樊迟出去了，孔子说，这个樊迟呀，真是个不明事理的小人！国君与为官者崇尚礼，老百姓谁敢不敬重。国君与为官者崇尚义，老百姓谁敢不听从指挥。国君与为官者做到诚信，老百姓谁能不动情而心悦诚服。如果国君与为官者都能这样做，那么四面八方的老百姓都会拖儿带女地投奔到你这里来，哪里用得着自己去种庄稼呢！

孔子的这一段话，从一般的常理来说，确实有一定的局限性，有轻视农业劳动者之嫌。君子就不应该懂得农业生产知识吗？学习农业生产知识就是小人吗？这是不公平的。从治国理政的角度来说，国君或为官者，懂一点农业生产知识，也没有什么坏处。不过，从另一角度来说，国君与为官者，重心还是应该在治国理政上。而治国理政的关键还在于正确执行治国的方针政策，也就是崇尚"礼"。按照礼来行政，老百姓就会敬重执政者；如果执政者崇尚义，按照道义行政，那么老百姓就一定会听从指挥；如果执政者能够崇尚诚信，那么老百姓就一定会心悦诚服地拥护你。如果能够做到如此执政，不但本国本地的老百姓拥护你，爱戴你，就是四面八方的老百姓，也会闻风拖儿带女地投奔到你这里来。

孔子认为执政者治国理政要做到三点，其中之一就是诚信。而诚信就是你要用真情实感来对待老百姓，因而诚信能够让老百姓动感情。如果你对老百姓不讲诚信，常常对老百姓说假话、许假愿，用假话来搪塞他们，一次两次或许还能骗过去，时间一长，人家还会信任你吗？在实际生活中，情感最重要。大家常说，要以情动人。一旦老百姓对你动了真感情，那就会真心实意地拥护你。一旦对你失去了信任，失去了信心，你在他们心中就一文不值了。

《诗》云：穆穆文王，于缉熙敬止。为人君，止于仁；为人臣，止于敬；为人子，止于孝；为人父，止于慈；与国人交，止于信。

——《大学·传之三章》

《诗经·大雅·文王》这首诗说，伟大肃穆的文王，光芒四射继世长。作为一国之君，最高的道德境界就是有仁德。作为人臣，最高的道德境界就是要有崇敬之心。作为儿子，最高的道德境界就是要有孝心。作为人父，最高的道德境界就是要慈爱子女。与国人交往，最高的道德境界就是讲究诚信。曾子在这里引用了《诗经》上赞美文王的诗。孔子和曾子都认为文王是崇尚道德的最高典范。文王，无论是为君，还是为臣、为父、为子，或者是与国人交，在道德规范上，都站在最高的制高点上，都是做得最好的。这就是说，大家都应该以文王为典范，像文王那样去做。而这里要强调的是"与国人交，止于信"。就是说，文王作为一国之君，对待全国臣民的最高道德准则就是诚信。这一点确实最重要，这确实是对一个国家统治者的严峻考验。因为"与国人交"这四个字，既不是一次次的，也不是只在某些方面或者某一部分人中实行的，而是国策，是全面的、长期的、永久的面对全国人民的国策。只要在某一项国策或者某一件事情上失信于民，都会引起大家的不满。如果多次失信，甚至长期失信，那就会民怨沸腾。这个政权或者这个统治者，还能否存在或统治下去，都要打个问号。这就是"与国人交，止于信"的重要意义。

子夏曰："君子信而后劳其民，未信，则以为厉己也。信而后谏，未信，则以为谤己也。"

——《论语·子张》

子夏说：君子得到了老百姓的信任以后才能去动员他们为社会付出劳动，没有得到他们的信任，就去征用他们，他们会认为你是在虐待他们；得到上司的信任，才能去对他们进谏，没有得到他们的信任，就去对他们进谏，他们会以为你是在诽谤他们。

这里的君子显然是对官员而言。这也是讲作为官员诚信的重要性。作为官员，你要去动员老百姓为国家、为社会付出劳动，就必须先得到他们的信任，让他们相信，你是在为国家、为社会做好事，为他们自己做好事，而不是在欺骗他们、奴役他们、虐待他们，他们才会心甘情愿地去付出劳动。对上司的劝谏也同样，劝谏之前，必须获得上司的信任，让他相信你是在帮助他，不是在诽谤他，这样才能获得劝谏的效果，否则将适得其反。这样的事情，反映的似乎是做事方法问题，实质上反映的却是官员们的品质问题。

三、为人之信

文章一开头，我们就引述了孔子的话，人而无信，不知其可也。就是说，作为一个人，没有信用，怎么能够做好一个人呢？也就是说，诚信是做人的起码条件，也是首要条件。不具备这个首要条件，就没法做人了。那么为人怎样才能做到有信用呢？

> 古之欲明明德于天下者，先治其国。欲治其国者，先齐其家。欲齐其家者，先修其身。欲修其身者，先正其心。欲正其心者，先诚其意。欲诚其意者，先致其知。致知在格物。物格而后知至。知至而后意诚。意诚而后心正。心正而后身修。身修而后家齐。家齐而后国治。国治而后天下平。自天子以至于庶人，壹是皆以修身为本。其本乱而末治者，否矣。其所厚者薄而其所薄者厚，未之有也。
>
> ——《大学·经一章》

朱熹在集注中认为这一段话是"孔子之言，曾子述之"。那就是说，这段话本来就是孔子说的，是学生曾子记下来而使其流传下来的。

这段话，孔子是讲"明明德"。所谓"明明德"，明，自然是明白的意思。那么什么明德呢？朱熹在集注中说："明德者，人之所得乎天，而虚灵不昧，以具众理而应万事者也。但为气禀所拘，人欲所蔽，则有时而昏。然其本体之明，则有未尝息者。故学者当因其所发而遂明之，以复其初也。"按照这个说法，明德就是"天德"，亦即人的天性。人的天性是人人具备的。这种天性，是人天生的聪明才智。有了这种聪明才智，就能够掌握天地间的各种规律，应对世间的万事万物。只是各人的气质禀性不同，被其贪欲所蔽，导致其聪明才智被埋没，造成一时的昏庸。但其人的天性还在，只要用教育学习来启发，便可以使其恢复。在这里，可以说朱熹给孔子作了一点小小的补充。就是说，人的天性有时可能被"人欲所蔽"，要用教育来恢复。

那么，想要让天下的人都明明德，要怎样做呢？孔子认为，那就先要把诸侯国治理好。要治理好诸侯国，就要先治理好大夫们的封邑。要大夫们治理好其封邑，就要士与庶人百姓先把自身修养好。要士与百姓自身修养好，就要先让他们纯正自己的心胸，使其心没有歪思邪想。而要使其心地纯正，则要先使其心意诚实无欺。要使其心意诚实无欺，便先要使其获得知识，获得无穷无尽的知识、无所不知的知识。而要获取广博的知识，其方法就是实践。在实践中，不断地认识事物，认识世界，掌握世间万事万物发展与变化的规律。只有通过实践，认识了世间的万事万物，认识了世界，理解了世界，掌握了事物的发展变化规律，才能驾驭事物的发展变化规律。所以物格而后知至，这也就是实践出真知的道理。

所以孔子又告诉我们，有了真知灼见，而后意诚。其实，这一点是很重要的。为什么呢？朱熹说："心者，身之所主也。诚，实也。意者，心之所发也。实其心之所发，欲其一于善而无自欺也。"心是身之所主。身体是由心来支配的，人要做什么，都由心之所指使。但是，意者心之所发也，心又是由意来发动的，心要受意所支配，而意则必须要诚。诚是实，也就是诚信实在，因而意诚而后心正。只有意诚了，心才会正；意不诚，心就不能正。心不正，人就不可能一心向善。这里的善，不仅是善良的善，而应该是完美的意思。所以心正而后身修。心不正，身就不修，其人就不是一个有修养的人。人没有修养，就不可能成为一个正派人，就有可能滑到歪门邪道上去。

从以上论述来看，对于一个人来说，修身确实十分重要。所以孔子要说，自天子以至于庶人，壹是皆以修身为本。就是说，不管你是天子国王，还是老百姓，都要以修身为本。而这个修身的过程中，又以意诚为核心。意是支配心的，意诚才能心正。没有意诚就没有心正。只有意诚，才能"无自欺"，才不会自己欺骗自己。这一点我们在前面也说过。有些人往往自己欺骗自己，本来自己所做的事是不诚实的，却要找一些借口来为自己辩护，来为自己开脱，其根源就是意不诚。一个人一旦自欺，就必然去欺人。而一个自欺欺人的人，还有什么诚信可言呢？

所以意诚对于人的修养，对于人的人格培养，实在是太重要了。只有一个意诚的人，才会是一个诚实的人，才能成为一个心正的人。心正才能身修。一个修身的人，才可以说是一个堂堂正正的人。所以，孔子把修身作为人的根本，不论是天子还是普通老百姓，都是一个道理，没有例外。有了这个根本，人人心都正了，人人都成为堂堂正正的人，社会风气就正过来了，再不会有人去搞歪门邪道，再不会有歪风邪气。这样，家当然也就齐了。家齐当然国也就治了。国治然后当然天下也就太平了。

这就是孔子提倡人而有信、人人要讲诚信的道理。孔子作为圣人，他所讲的这一番道理，确实值得我们深思。他要求我们每一个人，不论是天子还是庶人，都以修身为本。修身又以正心为先，正心又以诚意为核心。这真是一个十分深刻的道理。

关于诚信方面，孔子与其弟子还有不少言论，我们不妨再引述几段。

> 子路问事君。子曰："勿欺也，而犯之。"
>
> ——《论语·宪问》

子路向老师请教怎样为国君服务。孔子说，遇到什么事情，要把真实的情况告诉他，不要欺骗他，但可以直接劝谏他，直言不讳地与他争辩。在如何为国君服务这样重大的问题上，孔子坚持把说真话放在第一位。为了说真话，哪怕与国君进行争辩，也在所不惜。就从这一点可以看出孔子为人的高尚人格。有的人为了讨好国君，或者讨好上级，总是拣好的说，报喜不报忧，甚至说假话，编造一些假情况，骗取上级信任，使国君或上级作出错误决策，祸国殃民。

> 子张问行。子曰："言忠信，行笃敬，虽蛮貊之邦，行矣。言不忠信，行不笃敬，虽州里，行乎哉？立，则见其参于前也，在舆，则见其倚于衡也，夫然后行。"子张书诸绅。
>
> ——《论语·卫灵公》

子张向老师请教，怎样才能让自己的行为正确。老师说：言语要忠诚老实，讲究信用，行动要笃实忠厚，尊重他人，这样你即使到了落后还不开化的地方，也能通行无阻；语言欺诈不实，不讲信用，行为不踏实，狂妄自大，不尊重人，就是在本乡本土，能行得通吗？所以，当你站着的时候，眼前永远像摆放着忠信无欺、严肃笃敬的大字，告诫你不能忘怀。坐车的时候，也好像这些文字永远刻在前面的横木上，让你牢记。这样，你便能够到处通行无阻了。子张觉得老师的话太好了，真是金玉良言，立刻把它写到自己腰间的大带子上。

孔子的这段话告诉我们，一个人，无论你是什么人，要在社会上坐得正、立得直、行得通，无论是什么时候，在什么地方，都必须坚守"言忠信，行笃敬"的信条。要把这样的言行要求刻在自己的大脑里，融入自己的血液中，让其成为自己一生的信仰与坚强的信念，坚信无疑，坚守不懈。

> 子张问仁于孔子。孔子曰："能行五者于天下为仁矣。""请问之。"曰："恭、宽、信、敏、惠。恭则不侮，宽则得众，信则人任焉，敏则有功，惠则足以使人。"
>
> ——《论语·阳货》

子张问老师：做一个仁人，要怎样做？老师告诉他：时时处处能够实行五种品德就可以是一个仁人了。子张请老师说得详细一点。老师说：这五种品德就是庄重、宽厚、诚信、勤敏、慈惠。为人庄重就不会遭受别人的侮辱，宽厚就会得到大家的拥戴，诚信则别人喜欢任用你、使用你，勤敏便会有很高的工作效率，慈惠则别人愿意与你共事。

孔子是一个十分注重仁德的人。在他的意识中，仁是道德的最高境界。他希望大家都能成为仁人。但是孔子认为，要成为一个仁人是不容易的，条件很多、很高。他提出了五种品德，也就是五个条件。必须是具备了这五种品德的人，才能配得上仁人的称号。同时，仅仅自己具备了这五种品德还不够，还要能够把这五种品德向天下推行。在这五种品德中，诚信就是其中之一。那就是说，要做一个具备仁德的人，诚信的品德是不可或缺的。可见，诚信是成为仁人的重要条件。

> 子张问崇德，辨惑。子曰："主忠信，徒义，崇德也。爱之欲其生，恶之欲其死，既欲其生，又欲其死，是惑也。'诚不以富，亦祇以异。'"
>
> ——《论语·颜渊》

子张向老师请教，怎样才能做到崇尚德行而辨别迷惑。孔子说，随时随地都以忠信为主，见义即为，这就是崇德。对人产生喜爱感的时候，就只想让他好好活着，对人产生厌恶感的时候，就只想让他死去。既想他活着，又想让他死去，这就是迷惑。

子张提出了一个品德修养的问题。怎样才能提高人的品德修养，达到具备高水平品德修养的标准呢？孔子的答案是：崇德、辨惑。

先说崇德。所谓崇德，孔子认为主要的就是讲究忠信。忠，《汉语词典》说是"竭诚，尽己之心"。这就是说，要做到忠，不论对什么人，做什么事，都要竭诚而为，尽心尽力，不遗余力地去做好；就是做人做事都忠贞不二。信，《辞海》说是"诚信，无欺"。这就是说，做人做事，都要做到诚信无欺。而孔子在说到人的修养时总是把"忠信"二字放在一起，其实这两个字很难分开。忠不能离信，信不能离忠。一个不讲诚信的人，他的心中不存诚信，以欺骗他人为能事，还能做到忠吗？同样，一个不忠的人，心中想的只有自己，还会去讲诚信吗？所以二者是不能分离的。这就是忠信的重要性。怎样去修养忠信呢？徙义。就是见义便行，见义即为。什么是义？《汉语词典》列了几点：行事得宜者；善；正理、正义；公正慷慨，乐助好施；用以济众者，如义学义仓；死节，如英勇就义等。上述这些都是义的含义。那就是说，如果去做上述内容的事，那就是行义。而徙义，就是凡遇到上述这样的事，力所能及，就应该立刻去做。如果坚持这样做了，就走上了崇德之路。用一句通俗的话来说，那便是积善成德。

再说辨惑。要辨惑，先要明确什么是惑。孔子认为爱之欲其生，恶之欲其死，既欲其生，又欲其死，那便是惑。应该怎么来理解这个问题？这是一个理智与感情的问题。爱之欲其生，恶之欲其死，这是人的感情问题。

> 有子曰："信近于义，言可复也。恭近于礼，远耻辱也。因不失其亲，亦可宗也。"
>
> ——《论语·学而》

有子说：做到了诚信就合于道义，说出来的话就做得到；做到了恭顺肃敬，就合乎了礼的要求，言行举止就会远离耻辱。接近的都是亲近的人，也就可以和睦相处了。

有子的这几句话，很有道理，作出了正确的判断。一个人只要真正具备了诚信的品德，那他说出来的话就一定诚实可信，因而一定合乎道义，一定能够说到做到。这是人的品德所决定的。如果是一个没有诚信品德的人说出来的话，就可能加入一些虚浮的成分，当然就不会合乎道义，就不可能诚实可靠，因而也就不可能说到做到。同样，一个人的言语行动都能够做到彬彬有礼，他的言语行动还会受到侮辱吗？当然不会。这就体现出了人的品德修养的重要性。

> 子曰："狂而不直，侗而不愿，悾悾而不信，吾不知之矣。"
>
> ——《论语·泰伯》

孔子说，狂妄而不正直，幼稚而不老实，看似诚恳而不讲信用，我不知道这是一些什么样的人。

这是讲一个人如何做人的问题。一般说来，那些狂妄的人，总以为自己了不起，然而又不是一个正直的人，这样的人，自然更让人讨厌。同样，一个幼稚的人，本应该是一个老实的人，但其幼稚却又不老实，这也更让人瞧不起。至于那看似诚恳而又不讲诚信的人，我们就要警惕了。他们看似诚恳，这就很容易迷惑人，以为他们老实可靠，而实质上又是一个不讲诚信的人，这就很容易让人上当受骗。孔子说，我不知道这是一些什么样的人。言外之意，就是说，这样的人，还怎样做人？这样的人，还是人吗？

在这段话中，孔子提倡做人不要狂妄，而要正直；即使幼稚，也要老实；要真正诚恳，还要诚信。这也可以说是孔子提出的做人的几个起码条件。这其中诚信不可或缺。这也说明诚信对于做人的重要性。

> 孔子自卫反鲁，息驾于河梁而观焉。有悬水三十仞，圜流九十里，鱼鳖不能导，鼋鼍不能居。有一丈夫，方将厉之。孔子使人并涯止之，曰："此悬水三十仞，圜流九十里，鱼鳖鼋鼍不能居也，意者难可济也。"丈夫不以措意，遂渡而出。孔子问之，曰："子巧乎？有道术乎？所以能入而出者何也？"丈夫对曰："始吾之入也，先以忠信；及吾之出也，又从以忠信。忠信措吾躯于波流，而吾不敢以用私，所以能入而复出也。"孔子谓弟子曰："二三子识之，水且犹可以忠信成身亲之，而况于人乎？"

> ——《孔子家语·致思》

孔子从卫国返回鲁国的路上，在一条河的桥上停车休息，观赏河上的风光。河上有一道瀑布，有三十仞（古时七尺或八尺为一仞）高，河水的急流漩涡达九十里长，在这个地方，鱼鳖不能游动，鼋鼍不能停留。有一位男士，正准备从这里涉水过河。孔子忙派人过去劝阻说：这里的瀑布有三十仞之高，急流漩涡达九十里之长，连鱼鳖鼋鼍都不能在这里停留，要涉水渡过去看起来是很危险的。那位男士却并不把这话放在心上，便涉水渡河到达对岸。孔子问他说：您是有什么绝技，还是有什么法术？能从这边潜进去又能从那边钻出来，靠的是什么呢？男士回答说：我开始潜入水中就是凭着一颗忠信之心，钻出水来还是凭着一颗忠信之心，是忠信的信念让我奋力在急流漩涡中穿行，我不敢有任何一点私心杂念，这就是我能够安全地潜入水中又能安全地回到岸上的原因。孔子对学生们说：你们都要记住了，人一旦修炼成了一颗忠信之心，尚且能够在急流漩涡的水流中自在遨游，那么与人的亲近相处就更不在话下了。

通过这个故事，孔子告诉我们，一个人修炼成一颗忠诚信实的心的重要性。你有了一颗忠诚信实的心，干什么事都会有一个忠诚信实的信念。有了这个信念，就不会有任何的私心杂念，就能够集中心力，去克服一切困难，做好每一件事情。这位男士就是一个最好的范例。在高达几米的瀑布之下，在急流漩涡几十里的河水之中，要涉水渡过河去，对于一般的人来说，实在是一件不可想象的事情。但是这位男士，就凭着一颗忠信之心、一个忠信的信念，潜入急流漩涡的河水之中，渡过河去。这就是忠信的信念给人的巨大力量。当然，我们并不是说，凡有了忠信之心的人，都可以去涉急流漩涡几十里的河流，都可以去冒任何的险。只是说，一个人修炼一颗忠信的心存在必要性，忠信能够给每一个人潜在的巨大力量。

四、为友之信

我们每个人在生活中，一定都会交一些朋友，但是怎样交朋友，交什么样的朋友呢？在古代可是很讲究的。

> 子曰："君子不重，则不威。学则不固。主忠信，无友不如己者。过，则勿惮改。"
>
> ——《论语·学而》

孔子说，作为一个君子，如果不庄重，便显得不认真、不威严。即使是去读书学习，所学到的知识也不会巩固。要以忠诚信实作为人的根本，不要和自己志不同道不合的人交朋友。有了过错，就不要怕改正。

孔子的这一段话，是说给君子听的。他认为，作为一个君子，必须注意三个方面：

第一要庄重。比方说，你面不修，衣不整，不修边幅，或者整天油头粉面，装模作样，行不端，坐不正，说话不严肃正经，做事不认真踏实，人家一看，就觉得你不是一个正经人。这样的人，没有一点庄重的样子，人家还会认为你是一个君子吗？你在人前还有一点威信、还有一点威严吗？一个不严肃认真的人，读书还会认真吗？读书不认真，学习的知识还能牢固吗？

第二是主忠信，无友不如己者。作为一个君子，首先必须以忠贞诚实作为自己德操道义的支配意识，做一个忠信诚实的人。交朋友，首先自己必须忠实守信，然后选择那些忠实诚信、与自己志同道合的人做朋友。不要与那些没有忠信品德、与自己志不同道不合的人交朋友。因为与这样的人做朋友，自己就可能受到不好的影响，使自己也失去君子的品德，变成一个非君子，所以孔子对于交朋友还提出过要求。孔子曰："益者三友，损者三友。友直，友谅，友多闻，益矣。友便辟，友善柔，友便佞，损矣。"（《论语·季氏》）与正直的人交朋友，与信实的人交朋友，与见多识广的人交朋友，有益。与谄媚逢迎的人交朋友，与两面三刀的人交朋友，与巧舌如簧的人交朋友，有害。在讲到快乐的时候，也讲到要交贤德的朋友。孔子曰："益者三乐，损者三乐。乐节礼乐，乐道人之善，乐多贤友，益矣。乐骄乐，乐佚游，乐宴乐，损矣。"（《论语·季氏》）有益的快乐有三种：以能够用礼乐来调节自己的生活为快乐，以能够宣扬别人的好处为快乐，以能够结交众多贤德的朋友为快乐。有害的快乐有三种：以骄奢为快乐，以淫逸荡游为快乐，以饮宴放浪为快乐。这有益的三乐中，也有以能够结交众多贤德朋友为快乐。可见交朋友也有讲究。

第三是过则勿惮改。如果有了过错，就不要怕改正，一定要改正。比如有了不庄重的行为，做了不讲忠信的事，结交了不讲忠信、与自己志不同道不合的朋友，就一定要纠正。这里，还要强调一句的是，要结交到好的朋友，首先自己要是一个庄重的人、一个主忠信的人。如果自己是一个不庄重、不主忠信的人，那些庄重、主忠信的人会与你交朋友吗？即使暂时交到了这样的朋友，由于你的不庄重、不主忠信，人家也未必与你长久保持情谊。所以，孔子告诫大家，主忠信是交朋友及交到好朋友的基本条件与准则。下面来看曾子的一段话：

> 曾子曰：吾日三省吾身：为人谋而不忠乎？与朋友交而不信乎？传不习乎？
>
> ——《论语·学而》

曾子是孔子最出色的学生之一。这是他每天对自己严格要求反复省察的几件事。从曾子每天反省自己的三件事来看，他对自己的要求是多么严格。这三件事，归根结底来说就是一点，即正心诚意，就是讲诚信。这是人修身的核心。曾子是最注重个人修身的人，这也正是他后来在《大学》中专门阐述的一个中心问题。一个人，只要做到了心正意诚，就会时时、处处、事事讲究诚信。所以，他每天都要反省三件事，看这三件事中有没有做得不好的。

为人谋而不忠乎？就是为他人谋划什么事情，或者为他人做什么事情，是不是做到了全心全意、尽心竭力。也就是说，为他人谋划或者做什么事情，不能有丁点的马虎，不能有丝毫的敷衍塞责，更不能做坏事去坑人。

与朋友交而不信乎？就是与朋友交往，要诚心诚意，实实在在，有一是一，有二是二，能行的事就行，不能做的事就不做，能够办到的事就答应，做不到的事就不要答应。不能口是心非，不能因为是朋友，做事说话就可以不讲原则，不按原则办事；说话做事就可以打折扣，就可以随随便便，信口开河；就可以不要原则，不负责任地随便许诺，许诺了又不去办，或者根本就办不到；更不能伙同朋友去干坏事。不讲原则，不加选择，不讲诚信，肯定结交不到好朋友。即使暂时结交到了好朋友，也不可能长久，终将被人家疏远，最终绝交。

传不习乎？学习求知，对老师传授的学问，要反复复习，温故知新。要做到知之为知之，不知为不知。在温习的过程中，要把不懂的东西搞懂，不能一知半解，不懂装懂。要巩固学过的知识与学问，对自己也要诚实守信，不能自己敷衍自己，明明自己并没有学懂的东西，或者只是一知半解的东西，并不深究，并不想真正搞懂，这都只不过是自己敷衍自己而已，不会有什么更大的成就。

曾子讲了自我修身的三件事，其中就有一件是交友之信。可见交友之信在曾子心目中的重要地位。实际上，在我们的生活中，交朋友是很平常的事，但又确实是很有学问的。朋友之间，必须志同道合，诚信无欺，才能成为真正的朋友。三国时候刘关张的故事是大家都耳熟能详的。桃园三结义，只因志同道合，肝胆相照。这种真诚的友谊，生死之交，始终如一，没有任何改变，更没有任何背叛。关羽在迫不得已的情况下投降曹操，但条件是如果得到了刘备的消息，他要立即回到刘备身边。曹操给了关羽极高的礼遇，赠与他最好的战马，赠与他诸多金银财宝，用以收买他的忠心，但是关羽仍然是"身在曹营心在汉"，打听到刘备的消息后，立刻"封金"离开曹营，回到了刘备身边。这样的友谊，才是真正的友谊。这样的诚信，才是真正的诚信。再看：

> 子夏曰："贤贤易色；事父母，能竭其力；事君，能致其身；与朋友交，言而有信。虽曰未学，吾必谓之学矣。"
>
> ——《论语·学而》

子夏以人的实践行为，来衡量其受教育与所具有文化品格的水准。一个人能够尊重、重用贤能的人才；能够正确对待家眷；能够竭尽全力孝敬父母，侍奉父母；能够尽心竭力甚至不惜用生命来为国君服务；与朋友交往，能够言而有信。这样的人，虽说没有上过什么学，但我也认为他是一个有文化学养的人。

子夏对具有文化学养的人提出了几个具体条件。这里我们只说其中的一点，就是交朋友要言而有信。按照子夏的说法，与朋友交，言而无信，不是一个具有文化学养的人应该拥有的品格。反过来说，一个与朋友交往言而无信的人，绝不是一个有文化学养的人。这里我想再演绎一下：子夏说，与朋友们交，言而有信，虽曰未学，吾必谓之学矣。那么，反过来说，与朋友交，言而无信，虽曰或学，吾必谓之未学矣。从《论语》来看，孔子教学就首先教人。请看：

> 子曰："弟子入则孝，出则弟，谨而信，汎爱众，而亲仁。行有余力，则以学文。"
>
> ——《论语·学而》

孔子教书，首先教人。他说，年轻人，回到家，就要孝敬父母；出门在外，便遵从兄长；言语行动，要谨慎行事，与人交往，要讲信誉；要广泛地接近社会大众，热爱社会大众，多亲近那些具备高尚品德的仁人志士，多做仁义道德的事。上述这些事都做好了，做充分了，还有多余的精力，那就用来学习文献资料与文化知识。这就是孔子的教育思想。要学文化知识，就要先学做人。学做有孝心的人，学做谨慎而讲信誉的人，学做热爱社会大众的人，学做亲近仁德的人。只有学好了做人的美德，健全了人格，才能去学文献资料，学文化知识。只有这样具备了高尚仁德、健康人格，而又学习了文化知识、科学技能的人，才是一个品学兼优的人。现在我们的教育，往往重视知识技能的教育而忽视了健全人格的教育，所以，有些人虽然上了很多年的学，学了很多人文知识、科学知识，却没能成为一个具有健全人格的人。他们的人文知识、科学知识未能化为健全、健美的人格。在他们那里，知识与人格是脱节的。他们有知识，却没有健全健美的人格，仍然是一个品格低下的人。这也就是子夏所谓的学与未学的问题。有些人上了学，学了不少的人文知识、科学知识，但是未能让这些知识化为自己的人格力量，没有变成一个真正有文化学养的人。有的人虽未能上过很多年学，但在传统美德的滋润下，潜心修养，具备了子夏所谓的"贤贤易色；事父母，能竭其力；事君，能致其身；与朋友交，言而有信"的高尚品德，那也是很有学养的人。

五、为商之信

关于为商之信，孔子与弟子均涉及不多，我们只好用他们从做人的角度所说的一些话，来对这个问题加以讨论。

　　子曰："富与贵，是人之所欲也，不以其道得之，不处也。贫与贱，是人之所恶也，不以其道得之，不去也。君子去仁，恶乎成名？君子无终食之间违仁，造次必于是，颠沛必于是。"

——《论语·里仁》

　　这段话在讲君子时已经提过。因为与财富有关，所以要再说一说。孔子说，富足与高贵，是人人都想获得的，如果不用正当的途径获得，就不得占有。贫穷与卑贱，是每一个人都厌恶的，如果不是以正当的办法避开它，就不避开它。君子离开了仁德的品格，怎么能够成就自己的名望呢？君子不会有一顿饭的时间而离开仁德的，匆忙仓促的刹那间是这样，颠沛流离的时候也是这样。

　　孔子强调一个人坚守仁德品格的重要性。对待富与贵、贫与穷的态度，是测定一个人是否坚守仁德品格的试金石。在世间，没有人不希望自己能够富裕与尊贵，但是以什么样的途径与手段获得，各人各不相同。有的人通过自己辛勤劳动、艰苦奋斗，光明正大获得；有的人却是通过不正当的途径甚或是歪门邪道得来。如果是通过正常途径，光明正大获得的，那么理所应当享有。如果是通过不正当的途径甚或是歪门邪道而获得的，还要去占有，甚至是理直气壮、堂而皇之去占有，那就不是君子所为，而是缺德的表现。所以，不管是求取财富，还是求取尊贵，首先要考虑的是只能走正道，不能走歪门邪道。

　　子贡问曰："有一言而可以终身行之者乎？"子曰："其恕乎。己所不欲，勿施于人。"

——《论语·卫灵公》

　　子贡问老师：有没有一句这样的话，能够让一个人终身来实行的？孔子说：那就是一个"恕"字吧。自己所不想要的东西，就不要拿给别人。

　　这段话在其他地方已多有论述，但这里还有必要稍加讨论。

　　显然，这段话需要我们每一个人来实行。对于每一个人来说，这句话都应该是一条铁的准则。无论什么时候，都要记住一个恕字，推己及人。你自己都不想要的东西，那肯定不是什么好的东西，你怎么可以硬拿给别人呢？

　　儒有不宝金玉，而忠信以为宝；不祈土地，而仁义以为土地；不求多积而多文以为富。难得而易禄也，易禄而难畜也。非时不见，不亦难

得乎？非义不合，不亦难畜乎？先劳而后禄，不亦易禄乎？其近人情有
如此者。

——《孔子家语·儒行解》

这段话是孔子回答鲁哀公有关儒家的问题的话。孔子说，作为儒家的成员，
他们与一般人的观念是不同的。他们不认为金银玉器是最宝贵的东西，而认为忠
信是最宝贵的财富。他们不希望占有土地，而以培养仁义作为土地。他们不希望
积累更多的财富，而以具有更多的文化为财富。虽然要获得俸禄并不容易，但是
他们并不很看重俸禄。既然不看重俸禄，那么要有财富和积蓄就不容易了。当他
们认为不适宜出来为官治国理政的时候，就不会出来，所以要获得俸禄不是很难
吗？不是以道义获取的财富，他们是不取的，所以他们不容易有什么财富积蓄。
他们先勤劳奉献而后获得俸禄，所以不把俸禄看得那么重。这就是他们与一般人
的人情不同的地方。

以上就是孔子儒家对官职俸禄与财富的看法。在孔子那里，忠信、道义、文
化是最为重要的东西。为什么呢？因为忠信、道义、文化是内在的东西，是人的
品德的表现，是人的品德的基础，是做人的基础。对于每一个人来说，有了好的
品德，其他的东西才有意义，所以忠信、道义、文化，比什么都重要。面对金钱
财物，必须以忠信、道义为先。所以人们总是说，要学会做事，先要学会做人。
同样，要学会经商，也必须先学会做人。学做人，学什么呢？就是学习忠信、道
义、文化品德的培养。现在有些商人，口口声声说自己是儒商。可是你知道什么
样的商人才是儒商吗？要做儒商，首先就要讲忠实，讲诚信，讲道义，有文化。
这个文化并不仅仅是说你读了几年书，上了多少学，而是让文化融入人的血液
中，化为忠信道义的优秀品质。所以一个儒商，首先必须是一个讲忠信、有道义
的人，不能有任何的商业欺诈行为。有的人为了发财，什么卑鄙的事都干得出
来，什么伤天害理的事都干得出来，连做一个起码的人的底线都守不住，真是玷
污了儒商这个名号。

儒有委之以财货而不贪，淹之以乐好而不淫，劫之以众而不惧，阻
之以兵而不慑。见利不亏其义，见死不更其守。往者不悔，来者不豫，
过言不再，流言不极，不断其威，不习其谋，其特立有如此者。

——《孔子家语·儒行解》

　　孔子说，作为一个儒家人士，有人将财产货物委托于他，他绝不会起贪财的念头；他们爱好玩乐却不会过分沉湎其中；在大庭广众之中，受到众多人的威胁会无所畏惧；遇到军队的武力阻隔，不会害怕；他们不会因为利益而去损害道义；即使面临死亡的威胁，也不放弃他们的道德操守；凡做过的事情，就不后悔；对于未来要做的事情，不会犹豫不决；说过的错话，不说第二次；听来的流言蜚语，不作深度追究，始终保持自己的威严信誉，不去学习那些谋略权术。他们特立独行的品格就是这样的。

　　这话是接着上一段话说的，仍然是阐述儒家人士为人的道德操守。首先还是说儒家人士对待财产货物的态度。在他们那里，君子爱财，取之有道，不义之财，分文不取。就是有人委托他们打理什么财产货物，也不会起任何贪欲之念。这就是古代儒家人士的高风亮节。前面说过，对待财富的态度，是对每个人的品德最好的考验。这个人能不能守住自己的道德底线，就是看其在不义之财面前，是伸手还是不伸手。如果不伸手，他就守住了自己的道德底线，是一个道德高尚、襟怀诚信的人。反之，如果把手伸了出去，他的道德底线失守，就滑向了不道德泥沼。所以说，面对财富，是考验一个人道德水准的试金石。在这一点上，孔子所说的儒家人士高尚的道德操守，见利不忘其义，实在是值得我们今天的商界人士学习，当然也值得所有的人学习。除了对待财富的态度之外，孔子还说到了儒家人士在其他方面高尚的道德操守，比如爱好玩乐而不沉湎其中、临危不惧、临死不变更其操守等，都是值得我们学习的。只是这里主要讨论的是为商之信，还是回到这一点来。

　　身处商业战线的每一个人，是不应该违背忠信与道义的。商人经商要获取利润，谁也不会反对商人获得正当的商业利益。谁也不会反对商人通过正常渠道成为亿万富翁。国家提倡勤劳致富，但君子爱财，取之有道，这应该是为商者的一条铁律。现在大家提倡换位思考，为商之人最应该换位思考。比方说，你是一个农民工，要回家过年了，用自己辛辛苦苦挣来的钱，买一点礼品给父母，在商店却买到了一些假货，你会是什么心情？又比如，你的亲人患了重症，去药店买救命的药，买回来的却是一些假药，你又是什么心情？现在社会上不讲诚信、缺乏道义的人实在是不少，如不少娱乐圈日进斗金的演艺明星们偷税漏税。好在党和政府已经注意到这个问题，并严格治理。我们希望，经过治理，能还社会一个诚信的全新面貌。

克己复礼，天下归仁

克己复礼，天下归仁。在孔子的思想理论中，其最核心部分一个是礼，一个是仁，内容都极其丰富。这两个命题，在我国的传统思想理论中，影响都极为广泛深远。两千多年来，我国人民的思想，基本上就是用这两个字来修养、来传承的。人们常说，我们的国家是礼仪之邦，我们的军队是仁义之师，我们的人民仁慈善良。这些无疑都是礼与仁的传承的表现。虽然，随着时代的发展变化，礼与仁的内容，与我们当今的社会生活不完全相适应了，但其基本内涵对我们当今的精神文明建设还是起着促进作用。当然，随着社会的发展、科学的进步，有许多事物是传统的礼与仁无法解决的，要靠现代的科学与法律来解决。所以我们有必要对这两个理论命题进行深入研究，区分精华与糟粕，以那些优秀的内容，来为我们的社会主义精神文明建设服务。

一、什么是礼

先看一段话：

> 颜渊问仁。子曰："克己复礼为仁。一日克己复礼，天下归仁焉。为仁由己，而由人乎哉？"颜渊曰："请问其目。"子曰："非礼勿视，非礼勿听，非礼勿言，非礼勿动。"颜渊曰："回虽不敏，请事斯语矣。"
>
> ——《论语·颜渊》

颜回问老师：什么是仁？怎样做才能是仁？孔子说：做到了克己复礼就是仁。一旦大家都做到了克己复礼，那么，普天下就都归属于仁了。一个人要做到仁，只能靠自己努力，难道还能由别人来左右吗？颜回说：请问老师，能说说具体怎么做吗？孔子说：不合于礼的行为不要去看，不合于礼的言论不要去听，不合于礼的话不要去说，不合于礼的事不要去做。颜回说：我虽然不聪明，但也要按照您的话去行动。

这里，有几点值得注意：一是"克己复礼"。一是克己，一是复礼。只有克己，才能复礼。为什么要克己？因为有人不克己。所以孔子在后面要说："为仁由己，而由人乎哉？"就是说，要实行礼，就要克己。而克己只能由自己去努力实行，不能借助外来力量。有的人不克己，尤其是那些高官贵人，他们不克己，外人很难左右他们。另一个是复礼，孔子用了复礼二字。为什么是复礼？因为礼是原本就有的，老祖宗唐尧、虞舜、周文王、周武王本来就是用礼来治国的，只是后来礼崩乐坏，私欲横行，就不是用礼，而是用力来治国了。现在要实行以礼治国，就必须克制自己的私欲，从而恢复以礼治国。二是"天下归仁"。为什么是"归仁"？这个"归"字，可以作两重理解。一是天下总归于仁；一是天下重归于仁。这里的理解应该是后者。因为唐尧、虞舜、周文王、周武王时代，天下是总归于仁的。以礼治国，天下大治。而礼崩乐坏之后，天下也就失仁了，天下大乱。要回到天下大治，就必须回归到以礼治国，才能回归到仁的天下。

这是我们对孔子这一段话的理解。要天下大治，就要天下归仁；要天下归仁，就要克己复礼。

现在来讨论什么是礼。

礼在中国可以说是中华文化的代名词。中华文化很大程度是以礼为基础的。实际上，在中国古代，礼是维护国家秩序的规范，是维护国家行政秩序的规范，是维护社会秩序的规范，是维护家庭伦理秩序的规范，等等。

中国现存的记述"礼"的著作主要有三部，就是《周礼》《仪礼》《礼记》。

首先来看《周礼》。这是一部记载周朝政府行政体制与机制的经典。从这部经典来看，周朝的国家机器、行政组织结构与布局是相当完备与周密的，令人十分惊叹。全书分为六个部分，即天、地、春、夏、秋、冬"六官"。每一部分记载一个政府行政部门的组织结构与职能情况。比如："天官冢宰，使帅其属而掌邦治，以佐王均邦国"；"地官司徒，使帅其属而掌邦教，以佐王安扰邦国"；"春官宗伯，使帅其属掌邦礼，以佐王和邦国"；"夏官司马，使帅其属而掌邦政，以佐王平邦国"；"秋官司寇，使帅其属而掌邦禁，以佐王刑邦国"；冬官司空，这一部分原文丢失，后人用《考工记》增补。综观这六个部分，其设计非常细致详备，对每一个部门的官属与官员的名称、单位的编制与分工、官员的岗位职责、为官的纪律等都作了明确细致的规定，这就使国家的行政与政治治理有了依据与规范，从而使国家治理有了秩序，使国家机器能够正常运行。

《周礼》也叫《周官》。这部书讲的都是有关国家体制的内容，从实质来讲，用《周官》之名应该说更贴切一些。为什么要用《周礼》呢？因为周朝依礼治国，而这部书就是其治国的依据，当然就应该名之为《周礼》了。

《周礼》告诉我们，我们的祖先何等伟大，何等英明，何等有智慧，何等有创造性！我们的国家何等伟大，何等先进，何等令人骄傲与自豪！就是现代，我们也可以因为有《周礼》这样的经典而傲视世界！两千多年以前，世界上哪个国家有我们《周礼》这样的治国方略？

就《周礼》这部著作而言，确实是一部极为伟大的著作。它把周朝的国家体制、治国方略、政治体制与行政体系记载下来。一是证明我们国家历史的悠久与伟大；二是为我国后来历朝历代的国体、政治体制与行政体系的建制奠定了基础。《周礼》是我国最重要的文化遗产，是我国经典中的经典。但是这部经典却不在"五经"之列。为什么？孟子说它是"诸侯恶其害己也，而皆去其籍"。这也可见这部著作的可贵之处与重要价值。东周后期，朝廷已经衰败，诸侯私欲膨胀，而《周礼》却约束着他们的欲望，于是他们便冲破《周礼》的约束，各行其是。他们弑君废王，相互攻伐，从而出现孔子所谓的"礼崩乐坏"的局面，因而孔子要"克己复礼"。

再说《仪礼》：

《仪礼》记述的主要是先秦历代形成的各种典礼仪式的礼节形式。全书十七篇，包括士冠礼、士婚礼、士相见礼、乡饮酒礼、聘礼、士丧礼等。每一篇都记述了一种典礼的礼仪形式与过程。如士冠礼，就是青少年举行成年礼的仪式。小孩子经过各种学习、成长阶段，掌握了各种知识与技能，到了二十岁，就属于成年人了，要为他们举行一个成年礼，也就是士冠礼的仪式。再如婚礼，就是青年男女结婚的礼仪形式。在古代，这个仪式有一个相当复杂的过程。从订婚到结婚，从男女双方的选择与确定，比如家庭是否门当户对、生辰八字是否相合等，再到双方的各种要求的商定，再到订婚、结婚仪式的过程与规模等，过程相当复杂。

一般说来，《仪礼》所阐述的是社会礼仪方面应酬的学问，是各种典礼仪式与各种礼节的规范与依据。用我们现在的眼光来看，有些东西当然是过时了。再说《礼记》：

《礼记》是一部重要的经典大著，是中国文化的精髓。现在通行的《礼记》是汉代戴圣编定的。全书四十九篇，主要记述了先秦礼制礼仪及儒家治国修身做人的准则。其内容十分广博而丰富，门类繁多，涉及政治、法律、社会、道德、哲学、历史、地理、教育、文化、音乐、文艺、历法、医药、卫生、日常生活等诸多方面，几乎包罗万象，集中体现了先秦儒家的政治、哲学和伦理思想以及社会理想与社会形态。《礼记》中记述或论述的内容，都以礼为中心。试看《礼记·仲尼·燕居》中的一段话：

　　子曰：礼也者，理也。乐也者，节也。君子无理不动，无节不作。
不能诗，于礼缪，不能乐，于礼素，薄于德，于礼虚。

　　孔子说，礼就是理，乐就是节。关于礼与乐，《乐记》中是这样说的："乐
者，天地之和也。礼者，天地之序也。和故百物皆化，序故群物皆别。乐由天
作，礼以地制。过制则乱，过作则暴。明于天地，然后能兴礼乐也。"
　　按照《乐记》中的说法，音乐，是天地之和。这也就是说，天地融化，和
谐以处，因而音乐的旋律就是仿效天地运行之和谐而兴起的。礼者，天地之序。
这就是说，天地的运行是很有规律的，是不会紊乱的。礼就是依据天地运行的规
律来制定的。有了音乐之和，故世间的万事万物都能和谐相处。有了礼之秩序，
世间的万事万物都有了区分。乐依天之有序运行而兴起，礼因地之势不同而制
定。礼如果失势便会混乱，乐如果失序便会不和谐。只要全面掌握了天地运行的
规律，礼乐的制作也就不成问题了。
　　再说礼就是理，理便是道理、条理、秩序。乐就是节，而节则是节律、旋
律。君子无礼不动。君子，本是道德节操高尚的人，无理的事即不合礼的事，当
然不能去做。无节的乐，没有节奏，没有旋律的音乐当然就演奏不起来。后面
"不能诗"等句，因在其他地方会讲，这里就不再多说了。
　　再看《礼运》中的一段话。这段话是孔子在鲁国作为傧相参加腊祭之后，
与其学生子游出来散步时发出的感叹。他为自己未能赶上"大道之行"与"三
代之英"的时代而叹息。他说自己有志于这样的时代的社会建设。他想实现的社
会理想是怎样的呢？就是以礼治国。

　　大道之行也，天下为公。选贤与能，讲信修睦。故人不独亲其亲，
不独子其子，使老有所终，壮有所用，幼有所长，矜寡孤独废疾者，皆
有所养。男有分，女有归。货恶其弃于地也，不必藏于己。力恶其不出
于身也，不必为己。是故谋闭而不兴，盗窃乱贼而不作。故外户而不
闭。是谓大同。今大道既隐，天下为家，各亲其亲，各子其子，货力为
己，大人世及以为礼，城郭沟池以为固。礼义以为纪，以正君臣，以笃
父子，以睦兄弟，以和夫妇，以设制度，以立田里，以贤勇知，以功为
己。故谋用是作，而兵由此起。禹汤文武成王周公，由此其选也。此六
君子者，未有不谨于礼者也。以著其义，以考其信，著有过，刑仁讲
让，示民有常。如有不由此者，在执者去，众以为殃。是谓小康。

这就是孔子理想中的社会。这两个理想社会的概念：一个是大道之行的大同社会；一个是大道之隐的小康社会。无论是大同社会还是小康社会，都是以礼治国的社会。

所谓大同社会，是上古五帝之道畅行时候的社会。五帝时代，天下归公众所有。天下不是皇帝一家所有的天下。那时候的社会，选出有贤德与有才能的人来治理国家，为人都讲信誉，与邻居和睦相处。故而人们都不只是把自己的亲人当作亲人，而是把所有的人看作自己的亲人；不只是把自己的子女当作子女，而是把所有的年轻人都当作自己的子女；使所有的老年人都得到很好的养老送终；使所有的壮年人都有用武之地；使所有的小朋友都能够茁壮成长；让所有鳏寡孤独与身有残疾的人都能得到很好的赡养。男人在士农工商中都能获得适当的职位，女人则能够嫁入一个很好的家庭。大家都很珍惜食品，不会弃置而不管，但也不会私藏起来占为己有。大家都自觉出力做好各种事务，只怕自己未能尽力。但做这些事并不是为一己之私。这样一来，社会上歪门邪道都被杜绝，歪风邪气兴不起来，强盗窃贼，乱臣贼子，皆无产生，形成了路不拾遗、夜不闭户的良好社会风气。这就是大同社会。这就是五帝用其"道"也就是其"礼"来治国的时代的社会。

所谓小康社会，是指上古五帝时代的方略国策不被重视了，天下变成了皇帝一家的私有财产。各人都只亲近自家的亲戚，只视自己的儿子为儿子，各种物资财富都占为己有，出力做事都只为自己。皇帝国君之大位，或传于子，或传于兄，不传于他人。这就是这个时代的礼法制度。国都修筑城墙楼廓，挖掘沟壑池渊来巩固防御屏障。以礼义作为纲纪，用来端正君臣关系，笃实父慈子孝，使兄弟和睦、夫妇和顺；用礼义来建设纲纪制度，划定官员们的封地与居所；以智勇来衡量官员们的贤能，以建立功业来为自己谋利益。各种谋划由此而兴起，兵戈征伐由此而发动。禹、汤、文王、武王、成王、周公也因此而选定。这六位君子立国兴邦，没有不谨慎严肃地运用礼的。以礼来彰显其义，来成就其信誉，来指明其过错，阐明法纪仁爱之则，讲说谦逊仁让之道。告知臣民，凡此五事，乃为常则。天下之君王，如有不以礼而行以上五事者，则天下之人，便可以认为是祸国殃民之主，从而废黜之。这就是小康社会，也就是禹、汤、文王、武王、成王、周公谨慎严肃地用礼来治理国家的社会。

无论是大同社会还是小康社会，都是孔子所向往的理想社会。他遗憾自己未能赶上那样的时代，但他有志建设那样的理想社会，所以提出克己复礼。

以上对三部礼学著作进行了简单的介绍。这三部著作所记述的都是所谓的礼的内容。礼的内容极为丰富，孔子在《论语》与《礼记》中谈论的地方还很多，我们在后面还将涉及。

二、礼的重要作用

礼的作用，上一节已经有了相当多的论述，此节更具体地加以讨论。

孔子认为，礼是一切行为的依据。"非礼勿视，非礼勿听，非礼勿言，非礼勿动。"就是说，每个人，不管你是什么人，皇帝也好，达官贵人也好，庶民百姓也好，所有的言行都必须合乎礼。凡不合乎礼的事，就不要去做。所以，礼是大家的行为规范与准则。

> 孔子曰：夫礼，先王以承天之道，以治人之情。故失之者死，得之者生。诗曰：相鼠有体，人而无礼，人而不礼，胡不遄死。是故夫礼，必本于天，淆于地，列于鬼神，达于丧、祭、射、御、冠、昏、朝聘。故圣人以礼示之，故天下国家可得而正也。
>
> ——《礼记·礼运》

孔子说，礼是我们的祖先圣人们按照天理运行的规律而制定，用来理顺人情事理的。因此，掌握了礼，就能很好地生存下去，反之，如果丢失了礼，就无法生存下去。《诗经·鄘风·相鼠》上的诗句说，看上去鼠都有其体，而人却无礼；人而无礼，为什么不快点死去。因此，礼是根植于天，效法于地，用于鬼神，在丧、祭、射、御、冠、婚、朝、外交出使等方面的仪式典礼上普遍运用。故而帝王们用礼来昭示天下臣民，让大家都依礼来行事，从而使国家能够走上依礼治国的正道。

从这些话可以看出，在孔子的心目中，礼的分量是何等重，其作用是何等重大。礼根植于天，效法于地，导通人情，得之者生，失之者亡。人们的日常生活离不开礼，人们的生死存亡离不开礼，天下国家的治理也不能离开礼。这样一来，还有什么能离开礼呢？

> 故礼义者也，人之大端也。所以讲信修睦而固人之肌肤之会，筋骸之束也。所以养生送死，事鬼神之大端也。所以达天道顺人情之大窦也。故惟圣人为知礼之不可以已也。故坏国丧家亡人，必先去其礼。
>
> ——《礼记·礼运》

礼义，是做人最基本的要求。要用礼义培育忠信诚让、和睦亲善的品德。这就像加固肌肉与皮肤、骨骼与筋键之间的牢固度一样。不遵循礼义，人就可能失去忠信诚让、和睦亲善的品德，就无法在世界上生存下去。人的休养生息、死亡丧葬、敬奉鬼神，都要依礼来行事。礼义是人们掌握天理运行、理顺人道情愫的最通畅的大道。因此，只有圣人最知晓礼是不可或缺的。因此，国家衰亡、诸侯沦丧、人的非正常死亡，都是离开了礼而导致的恶果。

孔子强调了礼的重要性。治国兴家修身平天下，都不能离开礼。再看：

> 子曰："礼者何也？即事之治也。君子有其事，必有其治。治国而无礼，譬犹瞽之无相与？伥伥乎其何之？譬如终夜有求于幽室之中，非烛何见？若无礼，则手足无所错，耳目无所加，进退揖让无所制。是故以之居处，长幼失其别，闺门、三族失其和；朝廷、官爵失其序；田猎、戎事失其策，军旅、武功失其制；宫室失其度；量鼎失其象；味失其时；乐失其节；车失其式；鬼神失其飨；丧纪失其哀；辨说失其党；官失其体；政事失其施；加于身而错于前。凡众之动失其宜。如此则无以祖，洽于众也。"

> ——《礼记·仲尼燕居》

孔子说，礼是什么？礼是治理一切事务的依据。君子有了什么事，就必然要去做。以治国而言，如果治国者没有礼作依据，就像是瞎子没有人牵着他的手而找不到方向，四处乱撞，他会走到什么地方去呢？也就是说，会把国家引向何方，治理成什么样呢？也好比整个夜晚在黑暗的房间里要寻找什么东西，没有蜡烛的光亮照明，怎么能找得到呢？假若没有礼，我们就手足无措，我们的眼睛就不知道往哪里看，耳朵往哪里听，进退揖让就不知道应该如何处置，如何来制定规则。因此，不依礼的规定行事，那就没有办法来区分长幼辈分了；没有办法让内室女眷、家族子弟和睦相处；在朝廷，官员的职位与爵禄品级序列无法排定，狩猎、进行军事行动就不好筹划；军队、武装无法控制；宫室的设置与用度安排的度很难定准；量鼎之类器具之形式状态也难以设定；不知道什么季节进食什么味最适宜；音乐的创作与运用则无法安排合适的旋律；车辆前面扶手横木的安装失去了依据，乘车人难以施行正常的礼节活动；鬼神会失去祭祀的享用；办理丧事失去哀伤；参与辩论找不到相同观点的人；为官没有了体制与规矩；为政没有了施行的依据；轮到自己去做事之前，就已经有了错。凡是人们的行动都不会做得恰到好处。如此一来，凡事都无所适从，无法让大家思想融洽，行为趋于一致。

孔子从反面把礼的作用说得很是周备。就是说，没有礼作依据、作指导，什么事情都无法进行。其实，在这一段话之前，他已经从正面说了礼的作用。他说"礼所以制中也"，就是说礼就是中庸之道。掌握了礼，什么事情都可以处理好，都会做到恰如其分。他说："明乎郊社之礼，禘尝之义，治国其如示诸掌乎。"只要你明确了祭祀天地、祭祀宗庙等各种祭祀的意义，治理国家就会运筹于指掌之间。所以，只要依据礼来处理事情，世间的一切问题就都能处理好，包括修身、齐家、治国、平天下。至于长幼辨，三族和，官爵序，戎事闲，武功成，宫室得其度，量鼎得其象，味得其时，乐得其节，车得其式，鬼神得其飨，丧纪得其哀，辩说得其党，官得其体，政事得其施，自然都不在话下，都一定是凡众之动得其宜。

> 是故礼者，君之大柄也，所以别嫌明微，傧鬼神，考制度，别仁义，所以治政安君也。故政不正，则君位危。君位危则大臣倍，小臣窃，刑肃而俗敝，则法无常。法无常而礼无列，礼无列则士不事也。刑肃而俗敝，则民弗归也。是谓疵国。
>
> ——《礼记·礼运》

这段话是孔子讲了古代礼的运用情况后讲的。他认为礼是国君治国的把手，也就是今天所谓的抓手。有了礼为依据，国君就可以辨清有嫌疑的问题，明辨一些微小的是非，也能够有礼貌地迎送鬼神，考究制度的是非优劣而正之，辨别行事是否符合仁义。所以礼是用来治理国家和巩固君王地位的。如果一个国家的政治不正规，那么国君的地位就不稳当；国君的地位不稳，大臣就不顺从，小臣就不安分守己。这时候国家的法律就被紧急严峻地运用，而民俗也就败坏起来，因而法律的运用也就会失常，法无常礼也就没有正常的秩序了。这样就名不正言不顺了，因而士子们也就不愿意为之服务了。如果一个国家的法律严苛而无定，民俗败坏，那么老百姓就不会归顺。这样的国家就是很有问题的国家。

这就是礼对国君的作用。再看：

> 夫礼者，所以定亲疏，决嫌疑，别同异，明是非也。
> 道德仁义，非礼不成。教训正俗，非礼不备。分争辩讼，非礼不决。君臣上下，父子兄弟，非礼不定。宦学事师，非礼不亲。班朝治军，莅官行法，非礼威严不行。祷祠祭祀，供给鬼神，非礼不诚不庄。是以君子恭敬撙节退让以明礼。鹦鹉能言，不离飞鸟，猩猩能言，不离

禽兽。今人而无礼，虽能言，不亦禽兽之心乎？夫惟禽兽无礼，故父子
聚麀。是故圣人作，为礼以教人，使人以有礼，知自别于禽兽。

——《礼记·曲礼上》

这段话所讲的作用和上面所讲的有些类似，但更贴近人间世俗的具体问题。

人伦的亲与疏，要用礼的规范来确定。遇到心存疑虑、不容易确定的事物或问题，要用礼来辨析。有些似是而非、异同难定的东西，要用礼来区分。

道德仁义，这是人最应该具备的美德。而道德仁义这样的美德，要依据礼的规范来修养，没有礼的规范作为依据，如何进行修养呢？比如君臣关系，这是伦理关系中最基本的一种关系。君臣关系应该如何处理？君使臣以礼；国君命令臣下，必须尊重臣下，依礼的规定行事；臣事君以忠；臣下为国君服务，一定要忠贞，不能有奸诈的行为。所以，国君视臣下如手足，那么臣下就视国君如心腹。如果国君视臣下为犬马，臣下就视国君如国人，也就是路上相遇的陌生人；如果国君视臣下如土芥，那么臣下就会视国君如寇仇。可见人们之间的关系如果不以礼来规范，即使是君臣之间，也是你不仁我就不义。那么对于其他人来说，不以礼来规范的关系就一定更为不堪。所以，只有在有礼来作规范、作依据的时候，人们之间才能正常相处，正确处理关系；反之，就会造成社会混乱。

或曰："以德报怨，何如？"子曰："何以报德？以直报怨，以德
报德。"

——《论语·宪问》

有人对孔子说：用恩德来回报怨恨，怎么样？孔子说：如此，拿什么来报答恩德呢？只应用公平正直来对待怨恨，用恩德来报答恩德。

这也告诉我们，道德仁义，非礼不成。礼者，理也。不按礼，也就是理的规范去施行道德仁义，是不会成功的。

教训正俗，非礼不备。要教育臣民百姓，懂得民间正确的风俗习惯，也要依据礼的规范来进行。如果离开礼的规范，就可能因不完备而造成缺失。比如忠信，比如孝悌，都是我们的民族几千年流传下来的很好的道德，后来上升为礼的重要内容。就孝而言，孔子有很多教导，内容极其丰富。还有《孝经》，内容更是完备。但时间长了，一些内容逐渐被世俗遗忘，所以对臣民百姓进行正俗教育的时候，要依礼的规范来进行，才不至于有所缺失。

分争辩讼，非礼不决。这一点最为重要。在我们的现实生活中，无论是国家

大事、社会民生、邻里相处、家庭伦理，相互之间都可能产生各种不同的分歧、争论、辩解、诉讼。在很多情况下，都会各说各的理，各持己见，互不相让，很难决断。在这种情况下，在古代就只能依据礼的规定来作出裁定。如果不依礼就得不到正确的决断。当然，时代不同了，在现代我们有各种各样的法律，有各种各样的政策规定，还有党纪党规，这就是我们现代的礼。如果是与国法有关的内容，就由国法来裁定；与政策法规有关的内容，就用政策法规来裁定；与党员或党组织有关的内容，就用党纪党规来裁定。还有一些是理论问题，是不能用法律或行政规定来解决的。只能通过讨论，来加深认识，来统一认识。

这就是分争辩讼，非礼不决的重要性。非礼，也就是无礼。没有礼，在现代也就是没有法律，没有政策，没有党纪党规作处决的依据，如何能作出处决？凭主观意志去决，很难避免不错决的。

君臣上下，父子兄弟，非礼不定。这是讲君臣父子之间的关系要依礼来确定。关于这个问题，《论语·子路》中有一段话可以帮助我们理解。

> 子路曰："卫君待子而为政，子将奚先？"子曰："必也正名乎！"子路曰："有是哉，子之迂也，奚其正？"子曰："野哉，由也！君子于其所不知，盖阙如也。名不正，则言不顺；言不顺，则事不成；事不成，则礼乐不兴；礼乐不兴，则刑罚不中；刑罚不中，则民无所措手足。故君子名之必可言也，言之必可行也。君子于其言，无所苟而已矣。"

子路对孔子说：如果卫国的国君请您去治国理政，您将从什么事情做起？孔子说：那当然是确定名分呀。子路说：竟有这样的事，老师您真是有点迂阔啊，这名有什么可正的！孔子说："真是缺少教养呀，仲由！君子对于他所不知道的事情，都会持不知为不知的态度。如果名分不正，那么说话便就没有分量，就没有人听。说话没有分量，没人听，那事情就办不成。事情都办不成，那还怎么能够让礼乐树立起威信来。礼乐没有威信，刑罚就不会恰如其分。刑罚不恰如其分，那么老百姓就不知道应该如何行事了。因此，君子所确立的名分，是他说话的依据。他所说的话也就行得通了。君子对于自己的言语，是不会有一点马虎随便的。"

孔子在这里特别强调了正名的重要性。就是因为只有名分正了，才能确定各人的位置，才好说话，才能处理好相互之间的关系。也就是说，只有名分正了，为君的知道自己是君，就按为君的名分来要求自己，按照为君的礼来对待臣民。为臣、为父、为子也一样。比如从礼的角度来说，要求君敬臣忠，父慈子孝，兄友弟恭，朋义友信。如果名不正，君不像君，臣不像臣，父不像父，子不像子，兄不像兄，弟不像弟，那么相互之间的关系就会造成混乱。或者说，大家都不按照礼来行事，君不敬重臣，臣不忠于君，父不慈爱子，子不孝顺父，兄不友爱弟，弟不恭顺兄，朋不义于友，友不信于朋，那么，社会的乱象可想而知。在春秋时期，臣弑其君、子弑其父的现象，并不少见。《孟子·离娄下》中说："君之视臣如手足，则臣视君如腹心；君之视臣如犬马，则臣视君如国人；君之视臣如土芥，则臣视君如寇仇。"所以，君臣上下，父子兄弟，非礼不定。

宦学事师，非礼不亲。官宦或者学生，都与老师有师承关系。在我们国家，一直有尊师重教的优良传统，在人们的心目中，老师是很受尊敬的。一日为师，终生为父，这虽有点夸张，但老师的地位，确实几乎与天地君亲相等。除了上天、大地、君王、父母双亲以外，最尊贵或者说是最受尊敬的就是老师了。以孔子为例，孔子有弟子三千，贤人七十二。他的不少学生都跟着他走南闯北，同甘共苦，情同父子。不少学生虽然都当了官，但对老师仍然十分尊敬，经常回来看望老师，向老师请教。学生犯了错，孔子仍然毫不客气地加以指责。就是这样，学生们仍一如既往，与老师亲密无间。就是孔子去世以后，还有学生为他守孝三年。这样的师生关系，何等地亲密。这是为什么？这种关系就是以礼来维系的。我们知道，孔子教育学生的重要内容之一，就是礼。他的学生都受过礼的教育，所以他们都懂礼，都守礼。这就是礼的作用。

班朝治军，莅官行法，非礼威严不行。在朝廷上，统率军队，在官位上，执行法纪，不按照礼法行事，就没有威严。军官发出的军令，就行不通，就没有人执行，或者执行不畅。官府的官员，不依礼执法，就没有威严，就可能有令不行。这些问题，前面已经涉及。孔子提倡正名。名不正，言不顺，事不成，礼乐不兴，刑罚不中。

祷祠祭祀，供给鬼神，非礼不诚不庄。向祖宗祭奠、祷告，向鬼神上贡，进献贡品，不依礼行事，就不能显示诚意与庄重。祖宗与鬼神是不接受的。关于祭祀的典礼礼仪，《仪礼》与《礼记》上都有明确而细致的规定规范，必须依礼而行。是以君子恭敬撙节退让以明礼。基于以上礼的重要性，作为君子，要明礼，要依礼修身养性，要恭敬从事待人，抑制自己的欲求，待人处事要节制退让。

"鹦鹉能言，不离飞鸟。猩猩能言，不离禽兽。今人而无礼，虽能言，不亦禽兽之心乎？夫惟禽兽无礼，故父子聚麀。是故圣人作，为礼以教人，使人以有礼，知自别于禽兽。"这一段话，是说人与禽兽之别就在于有礼与无礼。鹦鹉学舌，能够说话，因为无礼之修养，始终只能是禽鸟。猩猩也有说话的能力，也因无礼，终究只能是野兽。假若一个人而不懂得礼，虽然会说话，那也不是与禽兽一样，安着一颗禽兽的心吗？因为禽兽没有礼，所以它们不懂得人伦关系，无人伦关系，父母子女之间，常常乱伦。因此，产生了圣人以后，圣人创造了礼，用礼来教育人，使人懂得了礼，用礼来修养人，这就使人脱离了禽兽，有了人的文化本质。

古代典籍中，关于礼的重要作用的论述还很多，就孔子而言，也还有许多。其他如《左传·隐公十一年》："君子谓郑庄公于是乎有礼。礼，经国家，定社稷，序民人，利后嗣者也。"君子认为礼是治理国家，安定社稷，维持士农工商各界人们的秩序，保持社会稳定的重要依据，也有利于后人继承前人的事业。这就是礼的重要作用。

三、春秋时期的违礼现象

到了东周时期，王室已经衰微，虽然周天子名义上还存在，但政教不兴，政令不行。而五霸七雄，各称雄一方，相互征战，攻城掠地，杀伐无常。天下无道，礼崩乐坏，臣弑其君，子弑其父。就孔子所著《春秋》的二百四十二年间，弑君三十六，亡国七十二，天下违礼乱象可想而知。对于这种天下违礼的乱象，孔子极为不安，对违礼现象提出了严厉的批评。

> 孔子曰：天下有道，则礼乐征伐自天子出；天下无道，则礼乐征伐自诸侯出。自诸侯出，盖十世希不失矣；自大夫出，五世希不失矣；陪臣执国命，三世希不失矣。天下有道，则政不在大夫。天下有道，则庶人不议。
>
> ——《论语·季氏》

孔子说，天子执政的国家，国家机器正常运转的时候，礼与乐的制作与征伐作战命令的发出，都只能由天子做主。天子执政的国家，国家机器运转不正常的时候，礼乐的制作与征伐作战命令的发出，便由诸侯做主。由诸侯做主发出，很少有传到十代而不失去的；由大夫做主发出，很少有能传到五世而不失去的。如果由大夫的家臣把持国家政务，到第三代就很少有再能传下去的了。天子的政权正常运转，就不会有大夫把持政务的现象；天子的政权正常运转，老百姓就不会议论纷纷。

在孔子看来，一个统一的国家，礼乐制度只能由天子制定发出。也就是说，只能由天子统一发号施令，其诸侯国都应该在天子的统一号令下施政。如果诸侯不按照天子的号令行事，那就是违礼的行为。而在东周，这种违礼现象是普遍的。但孔子认为，如果违礼，那就是名不正言不顺，那就不能长久。实际上，孔子作出这样的结论，不是没有根据的。考察历史，齐桓公、晋文公称霸一时，其国维持都不过十世。还有鲁国，孔子在《论语·季氏》中说："禄之去公室五世矣，政逮于大夫四世矣，故夫三桓之子孙微矣。"鲁国的政权旁落，已经五代，大夫专权也已经四代，所以桓公的三代子孙衰微了。这都是违礼的结果。其他称王称霸者，也都大致如此。

> 陈成子弑简公，孔子沐浴而朝，告于哀公曰："陈恒弑其君，请讨之。"公曰："告夫三子。"孔子曰："以吾从大夫之后，不敢不告也。君曰：告夫三子者。"之三子告，不可。孔子曰："以吾从大夫之后，不敢不告也。"
>
> ——《论语·宪问》

陈恒杀了齐简公，孔子斋戒沐浴之后，去朝见鲁哀公，向鲁哀公报告说，陈恒杀了他的君王，请您派兵去讨伐他。哀公说，你去向那三位大臣报告吧。孔子退出来自言自语说，自从我当过大夫以后，就不敢不报告，而君王您却让我去向那三位大臣报告。孔子向那三位大臣报告，得到的答复却是不发兵。孔子说，因为我曾经是大夫，不敢不来报告啊。

陈恒杀了自己的君王，这样的事情，在孔子看来，是最严重的违礼，是不能原谅的，必须加以惩处，派兵讨伐。所以，当他得到这个消息以后，便去向鲁哀公报告，请求鲁哀公派兵讨伐。然而当时已经是礼崩乐坏的时代，臣弑君这样违礼的现象，已经不是什么新鲜事。就是在鲁国，鲁哀公也已经是大权旁落，实权都在大臣季孙、叔孙、孟孙手中，所以鲁哀公让他去向三位大臣报告。而三位大臣在鲁国本身也是违礼的突出代表，当然也不会为此出兵。

> 子曰："管仲之器小哉！"或曰："管仲俭乎?"曰："管氏有三归，官事不摄，焉得俭?""然则管仲知礼乎?"曰："邦君树塞门，管氏亦树塞门，邦君为两君之好，有反坫，管氏亦有反坫。管氏而知礼，孰不知礼?"
>
> ——《论语·八佾》

孔子说，管仲这个人的气量真小呀！有人便问道，他是不是太节俭了啊？孔子说，管仲拥有三归，他手下的办事人员，也都是一人一职，而不用兼差，岂能说他是节俭呢？那么，管仲懂得礼吧？那人又问道。孔子说，国君在宫殿的门前立一面塞门，管仲在自己的房屋门前也立一面塞门。国君在宴请外国国君时，要在堂上放置酒器设备，管仲也按国君的规范做。如果说像管仲这样的人谓之懂礼，那还有谁不懂得礼呢？

对于管仲，孔子对他的评价本来还是很高的，认为他辅佐齐桓公多次主持诸侯盟会，消除了不少战争，给人民带来了很多好处。但是在这里，因为管仲做了一些僭越、违礼的事，孔子便对他进行了严厉的批评。孔子认为，只有君王能做的事，为臣的是不能够做的，只有君王能够享受的礼遇，为臣的是不能够僭越的。

　　孔子谓季氏"八佾舞于庭，是可忍也，孰不可忍也"。

——《论语·八佾》

孔子在谈及季氏的时候说，季氏这样一个大夫，在庭院里举办歌舞仪式的时候，竟敢用八八六十四个人的歌舞队伍。这个人这样违礼的事情都干得出来，还有什么更违礼的事干不出来呢？孔子认为，按照礼的规定，只有天子才能用八佾的规格举办歌舞仪式。诸侯只有资格用六佾，大夫只有资格用四佾，而季氏只不过是个大夫，只有使用四佾的资格，却用了八佾，这显然是严重的僭越、严重的违礼，所以是无法容忍的。

　　三家者以雍彻。子曰："'相维辟公，天子穆穆'，奚取于三家之堂?"

——《论语·八佾》

鲁国的孟孙、叔孙、季孙三家大夫在祭祖的仪式上撤除祭品的时候，也演唱《雍》这首诗。孔子说《雍》诗上的那两句诗的意思是：助祭的傧相是诸侯，天子严肃静穆地立在那里主祭。你这三家在祭祖的时候，有什么资格演唱这首诗撤除祭品呢？

鲁国的三家大夫这样的做法当然也是严重违礼的。对于这样严重的违礼行为，孔子当然不能容忍。

　　季氏旅于泰山。子谓冉有曰："女弗能救与?"对曰："不能。"子曰:"呜呼,曾谓泰山不如林放乎?"

——《论语·八佾》

季氏要去祭祀泰山。孔子对冉有说,这件事你不能挽救一下吗?劝他不要去。冉有说,不能。孔子叹息着说,这真是,难道说泰山之神还不如林放这个人懂礼而去接受这样的祭祀吗?

依古代之礼,像泰山这样的名山,只有天子诸侯那样的君王才有资格去祭祀,季氏只不过是个大夫,去祭祀泰山是严重的违礼行为。当时,孔子的学生冉有在季氏的手下做事,孔子就想让冉有去说服季氏,不要去祭奠泰山。但是冉有说无法劝阻。于是孔子大为叹息说,难道泰山之神还不如林放那么懂得礼节吗?林放是鲁国人,曾经向孔子请教礼的根本是什么。孔子告诉他,礼的仪式,与其讲排场、铺张奢侈,不如诚心诚意、朴素节俭。如果是丧礼,与其把仪式搞得那么隆重周备,不如在内心深处对逝者怀有真正的哀伤。在孔子看来,林放这个人能够提出这样的问题,是一个真正懂礼的人。而泰山这样的名山之神,当然更懂礼,所以,即使季氏去祭泰山,泰山之神也不会接受其祭品。

季氏将伐颛臾。冉有季路见于孔子曰:"季氏将有事于颛臾。"孔子曰:"求,无乃尔是过与?夫颛臾,昔者先王以为东蒙主,且在邦域之中矣,是社稷之臣也。何以伐为?"冉有曰:"夫子欲之,吾二臣者皆不欲也。"孔子曰:"求,周任有言曰:'陈力就列,不能者止。'危而不持,颠而不扶,则将焉用彼相矣?且尔言过矣,虎兕出于柙,龟玉毁于椟中,是谁之过与?"冉有曰:"今夫颛臾,固而近于费。今不取,后世必为子孙忧。"孔子曰:"求,君子疾夫舍曰欲之而必为之辞。丘也闻有国有家者,不患寡而患不均,不患贫而患不安。盖均无贫,和无寡,安无倾。夫如是,故远人不服,则修文德以来之。既来之,则安之。今由与求也,相夫子,远人不服,而不能来也,邦分崩离析,而不能守也,而谋动干戈于邦内。吾恐季孙之忧,不在颛臾,而在萧墙之内也。"

——《论语·季氏》

季孙准备去攻打颛臾,孔子的学生冉有与子路去谒见孔子,说道:季孙准备要对颛臾用兵了。孔子说:冉求呀,这难道不应该责备你吗?颛臾,周天子曾经授权他主持东蒙山的祭祀,它的国土本来就在我们国家的疆域之内。这便与我们一样，是周天子属下的藩臣，为什么要去征讨它呢？冉有说，这都是季孙要这么干，我们两个本是不同意这么干的。孔子说，冉求，周任说过这样的话，能够发挥自己的作用就去任职，如果不能够发挥作用，就不去担任那个职务。人遇到了危险，却不能去帮扶一把，人跌倒了，而不能去扶起来，那还要你这个辅佐的人干什么用？并且你的话说得不对。你认为老虎与犀牛从兽圈里跑了出来，龟甲与宝玉在盒子里损坏了，是谁的过失呢？冉有说，现今颛臾的城墙很坚固，而且距离季孙的封邑费那个地方又很近，现在不去把它夺过来，将来一定会给子孙后代留下后患。孔子说：冉求呀，君子最讨厌就是那种自己想要得到而又不想实说出来却找借口付诸行动的行为。我也曾听说过，无论是诸侯还是大夫，不忧心财富不够多，而忧心财富分配不平均；不忧心境内人口太少，而忧心境内社会不安宁。如果财富分配平均，就不会出现贫穷，境内安定团结，就不必忧虑人口太少。境内安定团结，就不会有倾覆的危险。如果做到这样，还不能使远方的人们归顺，那就再进一步实行仁、义、礼、乐来招揽他们。等到他们来了，便让他们安定地居住下来。如今仲由与冉求，你们两个人辅佐季孙，远方的人们既不归顺，又不能修文德去招揽他们。国内分崩离析，却没有办法保全，反而谋划要在国内动刀动枪。我想季孙的危机不在于颛臾，而在鲁国内部吧。

季孙要去攻打颛臾，在孔子看来，这当然也是违礼的行为。既然违礼，孔子当然要进行劝阻。在孔子生活的时代，在孔子的眼中，违礼的现象太多，这就是孔子要克己复礼的原因。

四、礼的建设

前面说到，孔子所处的时代，已经礼崩乐坏。而孔子作为一代政治家、思想家，当然不愿意看着这样的局面继续下去，所以提出复礼，也就是说要重新恢复以礼治国。而要以礼治国，当然要恢复和加强礼的建设。而要恢复以礼治国，加强礼的建设，就要搞清楚礼为什么会崩，乐为什么会坏？礼之所以崩，乐之所以坏，就是因为那些当政者的私欲膨胀。他们为了满足自己的私欲，就要去争权夺利。为了争权夺利，他们必然就再不会顾及礼的约束。前面列举了统治者很多违礼的现象，从违礼举办各种礼义仪式，到违礼争夺各种权利，甚至为了争夺权利而弑父弑君。而所有这些违礼的行为，都是统治者私欲无限膨胀的结果。我们举一个例子。《左传》中讲述了一个郑庄公与其弟共叔段相互争斗的故事：

初，郑武公娶于申，曰武姜，生庄公及共叔段。庄公寤生，惊姜氏，故名曰寤生。遂恶之。爱共叔段，欲立之。亟请于武公，公弗许。
及庄公即位，为之请制。公曰："制，岩邑也，虢叔死焉，他邑唯命。"
请京，使居之，谓之京城大叔。祭仲曰："都城过百雉，国之害也。先
王之制，大都不过参国之一，中，五之一；小，九之一。今京不度，君
将不堪。"公曰："姜氏欲之，焉辟害？"对曰："姜氏何厌之有，不如
早为之所，无使滋蔓，蔓，难图也。蔓草犹不可除，况君之宠弟乎！"
公曰："多行不义必自毙，子姑待之。"既而大叔命西鄙、北鄙贰于己。
公子吕曰："国不堪贰，君将若之何？欲与大叔，臣请事之，若弗与，
则请除之，无生民心。"公曰："无庸，将自及。"大叔又收贰以为己
邑，至于廪延。子封曰："可矣，厚将得众。"公曰："不义不昵，厚将
崩。"大叔完聚，缮甲兵，具卒乘，将袭郑。夫人将启之。公闻其期，
曰："可矣！"命子封帅车二百乘以伐京。京叛大叔段。段入于鄢。公
伐诸鄢，五月辛丑，大叔出奔共。

共叔段之所以败绩，就是因为私欲膨胀，想要夺取其兄的王位。为了夺权，他多次扩充自己的势力，无限制地扩大都城的建制，不断地抢占地盘，不断地扩充自己的势力范围，大力扩军备战。庄公一忍再忍，他仍不知道收敛，最后终于落了个彻底失败的下场。当然，这中间有其母亲的支持与怂恿，也有庄公的欲擒故纵，但归根结底还是其私欲膨胀的结果。

凡"违礼"妄行的人，都是私欲膨胀的结果。所以孔子提出克己复礼。在这里，克己与复礼是对立统一的。要克己就要复礼，而要复礼，就必须克己。如果人们都不能克制自己的私欲，让自己的私欲无限制地膨胀，那还有谁去遵守法纪制度、遵守礼呢？反过来，如果没有了法纪制度，或者法纪制度都被破坏，人们就会无所适从，那又依据什么去克己呢？所以，要克己，就要复礼，让人们有克己的依据。而要复礼，就要加强礼的建设。

对于礼的建设，孔子在《礼运》中讲过礼的重要性之后说："故人情者，圣王之田也，修礼以耕之，陈义以种之，讲学以耨之，本仁以聚之，播乐以安之。故礼也者，义之实也，协诸义而协，则礼虽先王未之有，可以义起也。"

孔子讲这些话之前，讲了礼义是做人的基本准则。做人就要讲究礼义，修炼诚信和睦的品格。比如人的肌肤与筋骨，如果不加强营养，不加强锻炼，就可能衰退松弛而损害健康。人的品格就是这样，不加强礼义修养，就很难克己奉公，就可能走上腐败犯罪的道路。同时，修养礼义，也是人们养生送死侍奉鬼神的准则。故依礼义为人，就能够顺利遵循天地间大自然的规律行事，也能够最恰当地

处理好人情伦理世故。因而只有圣人最知道礼的重要性，不能让礼崩败。而一个国家的崩溃与衰亡，一个人的身败名裂，必然是弃礼不遵而胡作非为的结果。因此，孔子认为，礼对于人来说，就像酿酒需要有酒曲子一样，礼就是做人的酒曲子。造酒要有酒曲子才能酿出酒来，做人也一样，必须懂礼循礼才能成为一个合格的人。故君子知礼重礼遵礼，所以成为君子；小人不知礼不重礼不遵礼，所以只能是小人。所以，圣明的君王总是阐明道义的根本与应遵循的礼义法度，用以理顺国人的心理情愫与为人之道，使国人都能懂得应当怎样做人、如何处事。因此，人情好比圣王的田地，要处理好人情，就要像种田那样，精耕细作。用义来教导臣民，有如向田地中撒下人情的种子，让田地中长出人情的苗来，也就是要用修礼来耕种。一旦田地中长出了人情之苗，还要教导大家用礼来培育。除去杂草，让苗儿茁壮成长。同时还要以仁为本，把多种多样的美德聚集起来，充实国人，让国人都能具备仁人君子的品格。同时还要用音乐来进一步陶冶国人的情操，使国人保持安宁平和遵礼而行的心态。因此，礼是义在现实生活中的体现。如果现实生活中的义的要求与礼的要求一致，那么即使先王没有制定出这样的礼的条文，也会因为现实中的义的存在而产生出礼来。所以礼的建设最根本之点，还在于当局领导人的重视。

孔子有关礼的建设的言论很多，后面还将不断地涉及。这里还要强调的是，孔子有关礼的内容，今天并不完全适用了，只能择其善者而用之。而他讲的这些道理，对我们还是有益的。

我们的国家，现在是社会主义社会，是法治社会，就要加强法制的建设。国有国法，党有党规。现在，不论是国法还是党规，都已经逐渐建立起来，并且已经在不断的建设与完善之中。大家的行为已经有法可依，有纪可从。只要大家依法依规行事，我们的社会生活就会正规和谐地发展前进，前途光明远大。我们的国家一定能够建设成一个强盛而伟大的社会主义国家。当然，从另一个角度来说，法律之外，还有很多道德方面的行为，比如尊老爱幼、孝敬父母、尊师爱生、相互礼让、克己奉公、以邻为友等，都要用礼、义、道德来规范。所以，即使在今天的社会，礼的建设也是不可或缺的。现在提出的社会主义核心价值观，"富强、民主、文明、和谐、自由、平等、公正、法治、爱国、敬业、诚信、友善"就可以说是很好的"礼"的建设。如果国家的公民都能够遵纪守法，都能够用社会主义核心价值观来规范自己的行为，那么也就能够实现孔子"克己复礼，天下归仁"的社会理想了。

五、仁的概念

前面讨论的主要是克己复礼的内容，现在来讨论天下归仁。首先是仁，这个概念也是孔子理论中最基本、最重要、讨论得最多的内容，有必要加以深入研究。

什么是仁？在孔子的言论中，实在是太多了，先摘录一部分。

> 颜渊问仁。子曰："克己复礼为仁。一日克己复礼，天下归仁焉。为仁由己，而由人乎哉？"颜渊曰："请问其目。"子曰："非礼勿视，非礼勿听，非礼勿言，非礼勿动。"
>
> ——《论语·颜渊》

这一段话前面已经有了详细解说，这里再一次摘引，只是为了与下文作比较。

> 仲弓问仁。子曰："出门如见大宾，使民如承大祭，己所不欲，勿施于人。在邦无怨，在家无怨。"仲弓曰："雍虽不敏，请事斯语矣。"
>
> ——《论语·颜渊》

这两段话，是孔子对两个学生关于仁问题的回答。前一段话，他说克己复礼就是仁，一旦大家都做到了克己复礼，就天下归仁了。后一段话，他认为一个具备了仁德的人，出门在外，无论何时何地，做什么事情都会十分谨慎，就好像是去接待贵宾，不敢有丝毫的懈怠，更不敢出任何差错。动员民众做事的时候，要像去承担祭祀的任务一样。而祭祀是非常隆重而严肃的事情，不能有任何不郑重、不恭敬的地方。这就是具备了仁德品格的人做事用人的行为准则。还有就是自己不愿意做的事情，自己认为不能做的事情，就不能让别人去做，自己不要的东西或者不想要的东西，也不要施舍给别人，更不能强加于人。在为国家政府服务的时候，不要有怨言，就是在为大夫服务，或者在家里的日常生活中也不要有什么怨言。

这两段话，孔子虽然说法不太一样，但实质内容是大致一样的，就是对人的品格的自我修养、自我完善的严格要求。人活着，尤其是一个具备仁德的人，心中始终装着法纪观念，始终怀着一颗仁慈的心，一切行为都要多为国家着想，多为社会着想，多为他人着想，"非礼勿视，非礼勿听，非礼勿言，非礼勿动"。

> 樊迟问仁。子曰："爱人。"问知。子曰："知人。"樊迟未达。子曰："举直错诸枉，能使枉者直。"樊迟退，见子夏曰："乡也吾见于夫子而问知，子曰'举直错诸枉，能使枉者直'，何谓也?"子夏曰："富哉言乎! 舜有天下，选于众，举皋陶，不仁者远矣。汤有天下，选于众，举伊尹，不仁者远矣。"

——《论语·颜渊》

在这段话中，孔子说仁就是爱人。为什么爱人就是仁呢? 且看孔子对智的看法。孔子认为智就是知人，就是把正直的人推举出来放到不正直的人的前面，这样就能使不正直的人向正直的人学习，从而也变成正直的人。这里，这个"直"不能仅仅理解为"正直"，而应该是德才兼备、德高品优的贤能之人。对此，子夏进一步解释说：舜掌管了天下，从众多的人当中选拔人才，选出了皋陶来主持国家政务，那些不具备仁德品格的人就远离了政府的政务中心。汤掌管了天下，从众多的人当中选拔人才，选出了伊尹来主持国家政务，那些不具备仁德品格的人便远离了政府的政务中心。舜与汤，都是我国古代的圣君，其身处的时代被孔子称为大同之世。舜作为一代圣君，宽厚待人，孝顺父母，慈爱兄弟，为政仁和。他仁爱百姓，在他的治理下，九族和睦，民风质朴。这就是仁爱治国的力量。加之他善于"举直错诸枉"，选择了仁爱之士皋陶来辅佐政务，使非仁爱之士也仁爱起来，终使其朝成为大同之世。还有汤，他把自己的厨师伊尹拜为宰相，在伊尹的辅佐下，打败了夏桀，建立了商朝。他们以仁爱治国，对内励精图治，轻赋薄敛，对外交好四方，使夏朝的诸侯都归于商。这也是仁爱的力量。这就告诉我们，所谓的仁德品格，是从爱出发的。这里，还应该看到，舜与汤本身就是仁爱之君，"举直"是对仁爱之士的一种爱，"错诸枉"其实也是对非仁爱之士的一种爱护。整体而言，这一切都是从爱出发，都是对人的爱，所以，不论是具备仁德的人，还是未具备仁德品格的人，或者是好人，不好的人，或者是坏人，或者是恶人，都是从爱出发，只不过爱的方法途径不同罢了。这里我想再说几句。其实，孔子对于"举直错诸枉"这一点是非常重视的。有一次他回答鲁哀公的问话时也说过这样的话。哀公问曰："何为则民服?"孔子对曰："举直错诸枉，则民服。举枉错诸直，则民不服。"哀公问孔子怎样做才能使老百姓服从领导。孔子的回答就是"举直错诸枉"。这里还可以再看孔子的一段话：

孟武伯问子路仁乎。子曰:"不知也。"又问,子曰:"由也,千乘之国,可使治其赋也,不知其仁也。""求也何如?"子曰:"求也,千室之邑,百乘之家,可使为之宰也,不知其仁也。""赤也何如?"子曰:"赤也,束带立于朝,可使与宾客言也,不知其仁也。"

——《论语·公冶长》

在这段话中,孟武伯问孔子,子路、冉求、公西赤这三个人是不是具备了仁德的品格。孔子没有作出肯定回答,既不说仁,也不说不仁。他说,我不知道。但是他说,子路这个人呀,如果在一个有一千辆兵车的国家,可以让他担任治理军事工作的负责人,也就是军事工作的统帅;冉求这个人,如果在一个有一千户人家的县或者有一百辆兵车的封地,他可以担任县长或封地的总管;公西赤这个人,可以在一个国家的朝廷上,穿上礼服,接待来宾,办理外交事务。

从孔子对他的这三个学生的评价来看,他虽然没有从正面作出仁与不仁的回答,但他对三个学生的评价是正面的。从他对樊迟问仁的回答来看,他认为这三个学生是具备了仁的品格基础的。他认为仁就是爱人,智就是知人。而仁与智其实是不能分割的。仁者必智,智者必仁。也许有人会说,智者不一定仁,有些智者也就是聪明的人,却做出了不仁的事。但是我要说,一个能做出不仁的事的人,他就不是一个真正的智者,而只能是一个不智的人。这一点这里不细说。孔子既然认为仁者与智者,就是能够"举直错诸枉"的人,现在孔子对其学生的评价,也就是对他们的推举。当然,从孔子对子路一贯的评价来看,子路确实存在一些缺点,但孔子对子路,从大的方面,从本质上来看是肯定的。现在既然老师推举这些学生去担任重要职务,那也就应该是"举直"。既然是举直,那也就说明这三位学生是具备了仁德品格基础的人。既然把他们推举出来,那也就是"错诸枉",让他们以自己的仁德品格来影响教育那些未具备仁德品格的人,使那些人也变成具备仁德品格的人。这也正是仁者爱人的具体体现。不过,要说明的一点是,孔子对仁的要求很高,他从来不轻易认定某人具备了仁的品格。这里子路等三人虽具备了仁的品格基础,但是孔子毕竟没有从正面肯定这三个人具备了仁的品格。再看:

是故仁者莫大乎爱人,智者莫大乎知贤,贤政者莫大乎官能。

——《孔子家语·王言解》

这段话出自孔子与曾子的对话。在这段对话中,孔子讲了"七教三至"王道政治的内容。而这段话是孔子解释"三至"后得出的结论：圣明的君王实行仁德的最高境界就是爱人，君王最高的智慧就是知道贤能的人，贤明的当政者的最高智慧就是能够选择能干的人来当官治理国家。其实，这三者的共同点归根结底都在"爱人"二字上。知贤、任贤、官能，既是对贤人的爱，也是对百姓的爱。如果君王不能够知贤，就不能任贤，不能任贤，当然也就没有"官能"，没有贤能的官员来治理国家，当然也就没有对老百姓的爱护。

孔子从王道政治出发，主张以仁德治国，其仁的内容核心很显然就是爱人。他回答樊迟的仁与在这里所说的仁，虽然面对的对象不同，其说法也不完全一样，但本质是一致的。再看：

> 子曰："刚、毅、木、讷，近仁。"
>
> ——《论语·子路》

> 司马牛问仁。子曰："仁者，其言也讱。"曰："其言也讱，斯谓之仁矣乎？"子曰："为之难，言之得无讱乎？"
>
> ——《论语·颜渊》

> 樊迟问仁。子曰："居处恭，执事敬，与人忠。虽之夷狄，不可弃也。"
>
> ——《论语·子路》

> 子张问仁于孔子。孔子曰："能行五者于天下为仁矣。""请问之。"曰："恭、宽、信、敏、惠。恭则不侮，宽则得众，信则人任焉，敏则有功，惠则足以使人。"
>
> ——《论语·阳货》

> 樊迟问智。子曰："务民之义，敬鬼神而远之，可谓智。"问仁。曰："仁者先难而后获，可谓仁矣。"
>
> ——《论语·雍也》

孔子的这几段话，都是阐述仁的内涵要义的，但其说法却不一样。

第一段"刚、毅、木、讷近仁"。刚是刚直、刚强、刚健；毅是毅然，是果断、果决、果敢；木是质朴、质实、质实无华；讷是慎言、出言谨慎。具备了这样品格的人，接近于仁。孔子为什么这样认为？刚毅与木讷看起来似乎有些矛盾，其实是一种高度的统一。一个人要做到刚毅，并不容易，必须有胆有识，内心充盈着正气与正义感。比如刚，你要能做到刚直、刚强、刚健，就不能软弱，"该出手时就出手"，要敢于亮剑。但是，什么时候该出手，什么情况下该亮剑，应不应该出手，应不应该亮剑，不能鲁莽，也不能刚愎自用。出手与亮剑是正气与正义感的表现，如果一味逞强，出错了手，亮错了剑，那还近仁吗？有时候，忍让也是一种必要，它并不是软弱，而是一种刚强的表现。因为忍让并不容易，它既是一种见识的表现，也是一种力量的表现，更是一种仁德素质修养的表现，对于对方有更强的震撼作用。再说毅。一个人要做到果敢决断也不简单。因为世间的事物都不简单。遇到一件应该果敢行动的事的时候，果敢行事，那是正确的，但并不等于每一件事都要这样行事。有些事在处理时要十分慎重，如果有一点草率，把草率当成了果敢，那么所谓果敢行事，就可能适得其反。果敢变成了草率，行仁变成了鲁莽。所以，果敢决断的前提是有很高的品德修养与学识修养，对其所行之事首先要有正确判断。孔子就曾对子路的鲁莽进行了严肃的教育，而子路接受了孔子的教育，后来也成就了自己的杀身成仁，这是后话。再说木与讷。木是质朴，是质实无华，绝不是麻木不仁。所以要做到质实无华，是要有强大的内在修养的。讷是谨慎言辞，并不是不善言辞。木讷之士，是修养的高度内敛之士，他们气敛神藏，看似木讷，实则藏而不露，内心极其强大。这就是孔子认为刚、毅、木、讷近仁的道理。

第二段司马牛问仁，孔子说仁就是"其言也讱"。司马牛说，其言讱就是仁了吗？孔子说，做什么事情都很难，说话不需要讱吗？这里的"讱"，就是说话要谨慎，要郑重，要善于忍耐，不要多嘴多舌，随便说话。据司马迁《史记·仲尼弟子列传》说，"牛多言而躁"，意思是司马牛为人急躁、多嘴多舌，所以孔子针对司马牛多言而躁的毛病告诉他，要培养仁的品德，首先就要改掉急躁、多嘴多舌的毛病。试想，如果一个人在他人面前总火烧火燎、多嘴多舌，那会给人一种什么样的印象？所以孔子教育他的学生，想要成为一个具备仁德品格的人，首先要做到其言也讱。这和前面"木讷"的要求是同一个意思。同时，从孔子对司马牛的回答也可以看出，孔子对学生提问的回答都不是随随便便的，而是有很强的针对性，都是针对学生的特点回答的。

第三段樊迟问仁的"居处恭，执事敬，与人忠"，与前面所说的仁的内容也大致相似，但有不同的侧重。居处恭，是说平时在家，要规规矩矩，端庄严谨；执事敬是说做事情要严肃认真，以一种虔诚庄敬的态度来完成；与人忠是说与人交往要忠心诚意。孔子告诉樊迟，这几种行事品质，都是仁德品质的表现，就是到了未开化的地区，也要这么做。

第四段子张问仁，孔子说能行恭、宽、信、敏、惠五者于天下为仁。恭则不侮，宽则得众，信则人任焉，敏则有功，惠则足以使人。孔子为仁提出了五方面的内容：一是恭顺肃敬，二是宽松厚道，三是诚信实在，四是机敏勤奋，五是慈惠和顺。孔子认为，只要你时时、事事、处处能够按照这五个方面的要求去做，就是具备了仁德品格的人了，同时也就会为你的为人行事带来方便与效益。如果能够恭顺肃敬行事，就不会受到欺负侮辱；能够宽松厚道待人处事，就会获得大家的爱戴；能够诚信实在地待人处事，就能够获得他人的信任和任用；能够机敏勤奋做事，就可以把事情做好，提高工作效率；能够慈惠和顺地和人交往，大家就会高兴地来为你做事，衷心地听从你指挥。

第五段樊迟问智与仁。关于智，孔子说，一心一意把老百姓需要做的事情做好（用现在的话来说，就是要全心全意为人民服务），敬仰鬼神但不要去依赖鬼神，这就是聪明人。关于仁，孔子说，遇到难做的事情，抢在他人前面去把它做好，遇到有利可图的事，就让他人先得，自己最后再得。

这第三段话与第五段话是樊迟之问，第四段话是子张所问，孔子对两人的回答，内容都是仁，但对仁的层次的要求并不一样。对樊迟，孔子要求的层次要稍低一些。因为在孔子看来，樊迟的志向不是很高远，其表现在"樊迟请学稼"。孔子认为他只在学习种田种菜上用功，而不在治国理政上下功夫，是没有大的志向，是"小人"。而子张就不一样了，子贡在《孔子家语·弟子行》说他"美功不伐，贵位不善，不侮不佚，不傲无告"。孔子说他"其不伐，则犹可能也，其不弊百姓，则仁也"。这是说子张具备了仁的品德。可见在孔子眼里，樊迟与子张的品位是不同的，所以对问题的回答也不一样。对子张的要求要高一些，对樊迟则低一些。其实，对司马牛的回答也一样，分寸不同。仔细体味一下孔子的不同回答，就可以看出孔子的用心良苦。

在这里，孔子虽然用不同的言辞对不同的学生作了回答，标准不尽一样，所提出来的要求也不一样，但都是仁最核心的内涵，只是说法不尽一致。其实，孔子在这里所说的仁，不论高与低，看起来似乎很简单，说起来也许比较容易，做起来确实是最难得的。我们在很多时候，都能看到知难便退、见难便逃、见利便趋、见利便抢、见利忘义的现象。难怪孔子要对司马牛说"其言也讱"了。

孔子以上五段有关定义仁的话，可以说都涉及了仁的核心内涵，只是各自的说法不太一样，要求的高低、难易程度也不太一样，或者说各有侧重，但总的来说，都很重要，当然也可以互为补充。整体来看，高也好，低也好，难也好，易也好，更为全面。再看他的有关论述：

　　子贡曰："如有博施于民而能济众，何如？可谓仁乎？"子曰："何事于仁，必也圣乎！尧舜其犹病诸。夫仁者，己欲立而立人，己欲达而达人，能近取譬，可谓仁之方也已。"

——《论语·雍也》

　　子贡对老师说：如果有这样的人，他能够普遍地给广大的老百姓做很多好事，又能够让他们过上幸福美满的日子，怎么样，能称得上有仁德的人吗？孔子说：那何止是具备仁德品格的人，那一定就是圣人了。就是尧舜这样的圣人，做起来都有很大的困难呢！所谓具备仁德的品格的人，自己要获得成功，先帮助别人获得成功，自己想一路顺风也让别人能够一路顺风。从身边的人和事做起，就是修炼仁德品格最好的办法。

　　这一段话，和前面的那一段话都强调先人后己。确实，先人后己，是仁德品格最核心的内容，也是最基本的内容。一个人如果遇到什么事情，总是先为自己着想，总怕自己吃亏，锱铢必较，见利忘义，在蝇头小利面前，把父母的养育之恩、兄弟姐妹的手足之情、亲戚朋友的交往之义，都忘得干干净净，还能有什么仁德品格可言吗？

　　温良者，仁之本也；敬慎者，仁之地也；宽裕者，仁之作也；孙接者，仁之能也；礼节者，仁之貌也；言谈者，仁之文也；歌乐者，仁之和也；分散者，仁之施也。儒皆兼此而有之，犹且不敢言仁也，其尊让有如此者。

——《礼记·儒行》

　　温和善良是施行仁德的根本；谨慎庄敬是施行仁德的基础；宽宏大量是施行仁德的开始；谦逊庄敬地待人接物是施行仁德应有的表现；注重礼节是施行仁德力量的表现；言辞谈吐是施行仁德的文明表现；音乐歌舞是施行仁德表现出来的身心和谐；乐善好施是施行仁德的实际行为。作为一个儒士，即使兼有以上诸多美德，即使把这些施行仁德的方面都做到了，仍然不敢说自己已经真正具备了仁德的品格。这就是儒士所具有的谦恭谨慎的品格。

　　孔子的这段话，本来是从儒士的品格特点来说的，却从各个方面把仁的表现特征都揭示出来了。这与前面对仁的内涵揭示比较起来，则更全面，更具体，更明确，这就能够让人更好地去实施。但是，这些要求也让人感到做一个儒士的不容易与实施仁德的艰难。所以，要成为一名儒士，或者是一名具备仁德品格的人，是多么不容易，这是要有一个艰苦的修炼过程的。我们或许在理论上知道了做一名儒士或者施行仁德的条件要求，但实行起来，只要有一点私心，或者有一点对自己放松要求，就会走样，就不可能成为一个真正的儒士，或者是一个真正具备仁德品格的人。这是对每一个要想成为儒者或者仁人的考验。再看：

> 子路曰："桓公杀公子纠，召忽死之，管仲不死。"曰："未仁乎？"子曰："桓公九合诸侯，不以兵车，管仲之力也。如其仁！如其仁！"
>
> ——《论语·宪问》

> 子贡曰："管仲非仁者与？桓公杀公子纠，不能死，又相之。"子曰："管仲相桓公，霸诸侯，一匡天下，民到于今受其赐，微管仲，吾其被发左衽矣。岂若匹夫匹妇之为谅也，自经于沟渎而莫知之也！"
>
> ——《论语·宪问》

这两段话都是孔子对管仲的评价。

其实，孔子对管仲的评价，还有一段话，前面已经引述过。在那段话中，孔子对管仲的评价是负面的。一是认为他器量狭小；二是说他生活不节俭；三是认为他不知礼。而这两段话对他的评价则都是正面的。在第一段话中，子路认为齐桓公为了获取政权，逼迫鲁国杀死了他在鲁国避难的亲哥哥公子纠。公子纠的辅臣召忽因此而自杀以殉，但是同为公子纠的辅臣管仲，却不能去殉死，这应该说是不仁的行为吧？但孔子却说，齐桓公多次主持各国诸侯会盟，使各国之间休兵息战，都是因为管仲之力。这就是管仲的仁德！

第二段话里子贡说，管仲这个人不是一个仁德的人吧？齐桓公杀害了公子纠，他作为公子纠的辅臣，不仅不能为其主去殉死，反而去臣服敌对的齐桓公，做了齐国的国相。孔子说，管仲去当齐桓公的国相，使齐桓公成为诸侯的霸主，从而一举匡正天下，广大的民众百姓直到如今还享受着他所带来的恩惠。假使没有管仲之力，我们大家可能还像不开化的民族一样披散着头发、穿着衣襟向左开的衣服哩。难道要让管仲也像普通男女百姓一样，拘泥于一般的诚信，自尽于山野的沟壑之中，而没有人知道他的一点声息吗？

由此看来，孔子对管仲的越礼做事很不满意，其越礼行为不可接受。而公子纠被桓公所杀，管仲未能殉死，不仅如此，还去对方阵营服务，成为对方的重臣。这种情况，按一般常理，是一种背叛行为，当然也违礼，会受到指责。然而，对于管仲这一次的作为，孔子不但没有指责，反而予以肯定，并给予极高的评价，认为管仲这是在行仁德。第一，管仲相桓公，辅佐桓公多次主持诸侯会盟，使各诸侯国之间休兵息战，使各诸侯国的人民少受战乱之苦，使各国的士兵在战争中减少死亡。第二，管仲相桓公，在齐国整顿国政，制定一系列新的富国强兵政策，使得齐国数年之间国富兵强，从而让桓公成为各诸侯之间的霸主，一匡诸侯，不以兵车，使诸侯联合起来，避免战乱。同时，作为霸主，齐桓公曾救助邢、卫、北燕诸国，抵御戎狄侵袭，避免了异族的统治，保护了华夏民族文化，避免了"披发左衽"的悲剧。从这样的角度来看，管仲相桓公，确实给广大人民做了最大的好事，确实应是为仁的突出体现。所以，在这里，孔子并未对管仲相桓公加以指责，反而充分肯定了管仲相桓公的选择。这也是实事求是的。

以上我们列举了孔子从多个方面，回答学生或其他人关于仁这个概念的论述。孔子针对不同的对象以及不同对象的个性特点，作了不同的回答。我们仔细体会孔子的不同回答，都可以归结到一个核心，那就是"克己"二字。只有克己，才能复礼；只有克己，才能做到己所不欲，勿施于人；只有克己，才能爱人；只有克己，才能做到刚、毅、木、讷；只有克己，才能居处恭、执事敬、与人忠；只有克己，才能做到恭、宽、信、敏、惠；只有克己，才能先立人，先达人；只有克己，才能先难后获，等等。但是如果我们再深入一步推究，克己的落脚点又在"爱人"二字上。所以孔子仁的最后核心就是"爱人"。这一点，我们在孔子的言论中都能找到其内在联系。

六、非仁的表现

也许有人会认为非仁是一个假命题。因为除了仁，不就是非仁吗？其实不然。有些情况确是似仁而非，不如来看孔子是如何判定的。

> 子张问曰："令尹子文三仕为令尹，无喜色，三已之，无愠色。旧令尹之政，必以告新令尹。何如？"子曰："忠矣。"曰："仁矣乎？"曰："未知，焉得仁？""崔子弑齐君，陈文子有马十乘，弃而违之。至于他邦，则曰：'犹吾大夫崔子也。'违之。之一邦，则又曰：'犹吾大夫崔子也。'违之。何如？"子曰："清矣。"曰："仁矣乎？"曰："未知，焉得仁？"

> ——《论语·公冶长》

子张问老师说，楚国的令尹子文多次担任宰相，没有看到他有喜悦的表情，又多次被免去了宰相的职务，也没有看到他有不高兴的表情。他每一次去职的时候，总要把自己当宰相时执行政务的一切做法无保留地告诉新接任的宰相。这个人怎么样？孔子说，这算得上尽忠尽责了。子张说，他这个人算得上是仁了吧？孔子说，不清楚，这怎么能说是仁呢！

齐国的大夫崔杼杀害了自己的国君齐庄公。同是齐国的大夫陈文子，舍弃了家里的四十匹马，离开了自己的国家，到了另一个国家。在这个国家，他说，这里的执政者与我们齐国的崔杼差不多，便又离开了。去到另一个国家，他看到这里的情况，又说道，这里的执政者还是与我们国家的崔杼差不多，便又离开了。陈文子这个人怎么样？孔子说，这个人能够洁身自好，是一个清醒的人。子张说，算得上仁了吗？孔子说，不清楚，这怎么能说是仁呢！

令尹子文作为一个身居高位的人，对于履职与去职，既不喜也不忧，显得那么超脱，而且还能把自己执政的政策与做法告诉来接替的人，这也很难能可贵了。但孔子只认为他有忠的品德，而不承认他有仁的品德。这是为什么？我认为，从这一角度来看，令尹子文确实做得不错，值得称道。但是，如果从"举直错诸枉，能使枉者直"的这个角度来看，或者就有值得讨论的地方了。令尹子文多次当宰相，又多次去职，为什么？一次二次去职无愠色，是可以接受的，而一旦多次履职而又多次去职，就值得讨论了。这就与"举直错诸枉"有所矛盾了。孔子说"为仁由己，而由人乎哉"，这就是说，你要去做仁德的事，是要由自己做主，有时候是要去争取的。如果一再忍让，反而让非仁的人去做非仁的事，这就不符合仁者爱人的要求了，同时"当仁不让于师"（《论语·卫灵公》）。这也告诉我们，当你真要去做施行仁德的事时，就是自己的老师也不能相让的。所以，从这个角度来说，令尹子文的做法就值得考虑了。因而孔子说他焉得仁。

陈文子见自己的同僚崔杼杀了国君，不与其同流合污，而放弃自家四十匹马的财产，到他国去，这也是难能可贵的。到了他国，见到执政者也与崔杼的品德差不多，便又离开而去他国，多次这样做，做到了洁身自好，是个清醒的人，可见此人的品格也是值得肯定的。但是，对于陈文子，孔子也只认为他是"清"，而不认为是"仁"。这又怎么解释呢？且看：

> 陈成子弑简公，孔子沐浴而朝，告于哀公曰："陈恒弑其君，请讨之。"公曰："告夫三子。"孔子曰："以吾从大夫之后，不敢不告也。君曰告夫三子者。"之三子告，不可，孔子曰："以吾从大夫之后，不敢不告也。"
>
> ——《论语·宪问》

齐国的陈成子杀了齐简公。孔子斋戒沐浴之后，郑重其事地去报告鲁哀公说：陈恒杀害了他的国君，请您派兵去讨伐他。哀公回答说：你去向季孙、叔孙、孟孙那三个大臣报告吧。孔子退出来自言自语地说：自从我身为大夫之后，遇到这样的事，是不敢不来报告的，但是您作为国君却让我去向那三个人报告。孔子去报告了那三位大臣，但他们都不同意出兵。孔子说，自从我担任过大夫之后，就不敢不来报告了。

陈文子与孔子面对的都是臣弑君的事。不过陈文子面对的是本国的大臣杀了本国的国君，孔子面对的是邻国的大臣杀了邻国的国君。按照礼的要求来说，臣弑君是大逆不道，是不能容忍的，是必须诛伐的。而陈文子，面对自己同僚杀害了自己的国君，却采取了逃避的态度。虽然他做到了洁身自好，放弃了四十匹马的财产，去到他国，并且在他国见到执政者似崔杼时，便又出走他国。这种洁身自好，不与坏人同流合污的做法，是值得肯定的。但是相较于孔子的做法，形成了鲜明的对比。孔子面对的情形是邻国的大臣杀了邻国的国君。对于这样的情况，本可以不加理会的。但是孔子并没有这样，他亲自去请求国君派兵去邻国讨伐犯罪者。虽然当时孔子已经是退休官员，但仍不忘自己作为大夫的责任，向国君报告邻国发生了臣弑君的情况，并请求派兵讨伐。鉴于鲁国当时的特殊情况，国君被大臣架空，大权被三家权臣操控，孔子派兵邻国讨伐的计划未能实现，但孔子与陈文子不同的人格素质却是一目了然。由此看来，孔子只认为陈文子是"清"，而不认为是"仁"，也就有道理了。再来看孔子的几段话：

> 宪问耻。子曰："邦有道，谷；邦无道，谷，耻也。""克、伐、怨、欲不行焉，可以为仁矣？"子曰："可以为难矣，仁则吾不知也。"
>
> ——《论语·宪问》

> 子曰："巧言令色，鲜矣仁。"
>
> ——《论语·学而》

> 或曰："雍也，仁而不佞。"子曰："焉用佞？御人以口给，屡憎于人。不知其仁，焉用佞。"
>
> ——《论语·公冶长》

> 子曰："好勇疾贫，乱也。人而不仁，疾之已甚，乱也。"
>
> ——《论语·泰伯》

子曰："不仁者不可以久处约，不可以长处乐。仁者安仁，知者利仁。"

——《论语·里仁》

宰予问曰："仁者，虽告之曰'井有仁焉'。其从之也?"子曰："何为其然也? 君子可逝也，不可陷也；可欺也，不可罔也。"

——《论语·雍也》

原宪问老师，什么叫作可耻。孔子说：国家政治清明，国泰民安，为官的人获取俸禄，理所当然。国家的政治黑暗，民不聊生，为官者还心安理得地获取俸禄，这就是耻辱。原宪说：不做争强好胜、自我夸耀、怨天尤人、私欲膨胀的事的人，可以说是仁人了吧? 孔子说：可以说是难能可贵了，至于是不是仁嘛，我不知道。

这里，孔子说到什么是耻，似乎与我们讨论的仁没有什么关系，但细想起来还是有些关系的。孔子认为国家政治清明、国泰民安的时候，为官的人获得俸禄，这是应该的，当然毫无疑问。问题是孔子这里说的"谷"，是正常来说你应得的那一份报酬。如果你获得的是非正常非应得的"谷"，那就不是"谷"了，当然就更不是"仁"了，而是"不仁"了，是"耻"了。我们再看孔子有关论耻的一段话。

子曰："笃信好学，守死善道。危邦不入，乱邦不居。天下有道则见，无道则隐。邦有道，贫且贱焉，耻也；邦无道，富且贵焉，耻也。"

——《论语·泰伯》

孔子说，坚定自己的信念，努力致学上进，在为善的道路上坚定不移。遇到政局危困的国家不要进入，不定居在战乱不定的国家。天下太平的时候就出仕做官，天下不太平的时候，就归隐山水田园之间。国家政府风清气正、国泰民安的情况下，你还处于贫困且低贱的处境，那是为人的耻辱。国家政治黑暗、风气腐败的时候，你却处于富贵之中，这也是可耻的。

在这里，孔子从两个方面表达了对为人可耻的看法。一是在国家政治清明、国强民富的时候，你却还处在贫穷低贱的处境，这说明什么呢? 说明你这个人无能、不努力、不上进、懒惰，无可救药，所以这是可耻的。二是国家政治黑暗、官场腐败的时候，你却富且贵，这又是为什么? 这只能说明你这个人与政坛上为非作歹之徒同流合污，或者拍马钻营，获取官位而贪污腐化，搜刮民脂民膏，从而富且贵起来；或者官匪勾结，官商勾结，独霸一方，欺压百姓，强取豪夺，从而富且贵起来。这样的富贵，当然是可耻的！这样的人，不用说是非仁，而且是可耻至极了。

现在我们再接着前面的话来说。历朝历代官场上，就是在国家政治清明、国泰民安的时候，也总有那么一些官员，除了去获得那一份正当的"谷"以外，还要去寻求非正当的"谷"。那就是受贿、贪污、盗窃、卖官等。这就是孔子所指责的"耻"。

这是说"邦有道"的时候。至于国家政治黑暗、民不聊生的时候，孔子认为这样的时候，你还去当官，还去领取那份俸禄，就是耻辱。为什么？因为邦无道的时候，你还去"谷"，那就是和"政治黑暗"同流合污，去残害人民，那当然是"耻"了。不过在那样的时候，如果去当官是为了和黑暗做斗争，那又该另当别论了。只是在这样的情况下，你还是去"谷"，去升官发财，那么去与黑暗做斗争，也就是假的了。

现在来说克、伐、怨、欲与仁的问题。

原宪说不行克、伐、怨、欲可以称为仁了。孔子说，这不能算是仁，只能说是难。就是说，不行克、伐、怨、欲与仁还有一定的距离。这不难理解。孔子说过能行恭、宽、信、敏、惠五者为仁，又说刚、毅、木、讷近仁。这刚、毅、木、讷还没有全许为仁，只是近仁。这样比较起来，克、伐、怨、欲确实还未达到仁的高度。这样是说，做到克、伐、怨、欲已经是难能可贵了，但要做到仁，还需要更进一步，作更大的努力。

孔子说，巧言令色，鲜矣仁。就是说，一个人花言巧语，把自己打扮成一副正人君子的样子，这样的人，是不会有多少仁德的品格的。也就是说，仁德的品格，不是花言巧语、巧舌如簧的人所能够具备的，也不是把自己装扮成正人君子的人能够具备的。孔子一贯提倡语言谨慎，反对多嘴多舌；提倡质朴无华，反对巧言令色。他说仁者，其言也切。而木讷也在他的近仁范围之内。可以说，巧言令色正是非仁的表现。

有人说冉雍这个人具备了仁的品德，却没有能言善辩的口才。孔子说，要什么能言善辩的口才，在人家面前多嘴多舌，常常会让人烦，让人讨厌。冉雍这个人，具备了仁德的品格，要什么能言善辩的口才啊。孔子的这些话，表达了与前面的话相同的意思，那就是能言善辩的口才并非仁的必备条件。

孔子说，那些喜欢逞勇而怨恨自己贫穷的人，容易在社会上制造乱局。对于不具备仁德品格的人，过于指责他，他也会在社会上制造乱局。孔子这是告诉我们，好勇疾贫是非仁的表现，疾不仁者过度，也是非仁表现。那么，这样的人要怎么对待呢？孔子有一段话，对我们很有启发。子曰："民可使，由之；不可使，知之。"（《论语·泰伯》）也就是说，当老百姓能够服从调遣与支配的时候，就让他们按照自己的意愿自由发展，自由生活；当老百姓不服从调遣与支配的时候，就要教育他们，引导他们，让他们知道领导者的意图，从而服从调遣与支配。对于那些"好勇疾贫""人而不仁"的人，那就要教育他们，引导他们，让他们自觉地安分守己。

那些不具备仁德品格的人，不可能安于长久处于贫穷困顿的环境约束之中，也不会安分长久地处于安乐的环境之中，这是非仁者的必然表现。长久贫困，他们就会通过非仁的途径与手段，为非作歹来冲出贫困的环境。长久安乐，他们就会通过非仁的途径或手段，玩出一些新花样来，比如骄奢淫逸、玩世不恭等。只有具备仁德的人，才会守住仁的底线，贫贱不移，富贵不淫，威武不屈。而那些所谓聪明的人，并未具备仁德品格的人，会用仁来谋取利益，这当然也是非仁的表现。

宰予问孔子说，具备仁德品格的人，有人告诉他井里掉下去一个有仁德的人，他是不是应该跟着下去呢？孔子说，为什么要这样做呢，对于君子，你可以让他离开，不要去陷害他，可以蒙骗他，不可以诬陷他。

这一段话理解起来比较费力。按照一般的理解，宰予的意思是说，一个仁人掉进了井里，另一个仁人听说了，是必须下去救的，否则还怎么是仁人呢？但是孔子不同意这样的做法。为什么？孔子说："志士仁人，无求生以害仁，有杀身以成仁。"（《论语·卫灵公》）凡志士仁人，他们有一个共同的特点，都会坚守仁的阵地，他们不会因为求生而去损害仁的德操，在生死关头，不会苟且偷安，袖手旁观，宁愿牺牲生命来成就自己的仁的品格。所以孔子不同意让一个仁人下井去救人。一旦这个仁人下去救人，无法把人救上来，必然两人双双遇难。这不是同时害了两个人吗？这不是成仁，而是害仁。所以孔子认为，宁愿让这个仁者离开而不让他知道这件事，而不可以去陷害他；宁可找一个理由去欺骗他，也不可以去诬陷他。也就是说，在这种情况下，让这个仁人去救人，也是非仁的做法。

宰予问："三年之丧，期已久矣。君子三年不为礼，礼必坏。三年不为乐，乐必崩。旧谷既没，新谷既升，钻燧改火，期可已矣。"子曰："食夫稻，衣夫锦，于女安乎？"曰："安。""女安，则为之。夫君子之居丧，食旨不甘，闻乐不乐，居处不安，故不为也。今女安，则为之。"

宰我出。子曰："予之不仁也，子生三年，然后免于父母之怀。夫三年之丧，天下之通丧也，予也有三年之爱于其父母乎？"

——《论语·阳货》

宰予问老师，为父母守孝三年，为期实在太久了。君子三年不去参加礼仪活动，礼仪活动便会被荒废了。三年不去参加音乐演奏活动，音乐演奏的艺术技巧也就生疏了。陈年的谷子已经吃完了，新产的谷子已经收获了，钻木取火的材料也轮换一个周期了，所以守孝的时间一年也就可以了。孔子说，只守孝一年，你吃新产的大米饭，穿锦缎做的衣服，你就心安？宰予说，心安。孔子说，你既心安，那就那样去干吧。作为君子，在守孝的时候，吃肥美的食物不香甜，听优美的音乐不欢乐，居住在家里不感到舒服，因此不去那样做。你现在认为心安，就那样去干好了。宰予走出去以后，孔子说：宰予真是不仁呀！儿女出生三年，才能离开父母的怀抱。为父母守孝三年，这是天下的通例。宰予你生下来没有在父母的怀抱里接受过父母的抚爱吗？

孔子认为，为父母守孝三年，是天下的通例。宰予试图废弃三年守孝的通例，引得孔子极为不满，斥责他是不仁的人。在孔子眼里，天下孝为先，不孝那是不可容忍的。为父母守孝三年，天经地义，是仁的重要标识，是仁的品德的重要组成要素。

孔子的眼里，非仁表现的内容很多，这里不再一一列出了。

七、仁的修炼

仁德品格的具备不是一蹴而就的，有一个艰苦的修炼过程。修炼的内容很多，必须经过长期的不断的修炼，才能成正果。这方面，孔子也有很多论述。

子曰："仁远乎哉？我欲仁，斯仁至矣。"

——《论语·述而》

孔子说，仁离我们难道很远吗？我想要具备仁，仁就会来到。孔子这句话讲得似乎很简单，也很轻松。但这真不简单，也不轻松。他这是说，仁的修炼，是一个自我修炼的过程，是谁也不可能替代的。在颜回问仁时他就说过"为仁由己，而由人乎哉？"所以，仁的修炼，只能由自己做主，由自己主观努力，别人很难帮上忙。他主张"克己复礼"，尤其是克己，是成仁的核心要素。一个人要做到真正的克己，是最难的，是最需要意志力的。只有意志力很强的人，才能真正做到克己，才能成仁。所以孔子一再强调为仁由己的重要性。同时孔子说，我欲仁，斯仁至焉。这样的话，也只有孔子这样的人能够说。因为孔子已经有了长期的修炼，已经有了仁的品格。他在谈到自己学习成长过程时说："吾十有五而志于学，三十而立，四十而不惑，五十而知天命，六十而耳顺，七十而从心所欲，不逾矩。"这虽说是他治学的过程，其实也是他为人的修炼过程，当然也是他修炼仁德品格的过程。他到四十岁时就遇事不惑，作出正确的选择；五十岁已经掌握了天地间的自然发展规律，当然也就能够驾驭自然规律；六十岁听了他人的话就能辨别事物的真假、是非、好坏，作出正确的判断；到了七十岁便从心所欲，想做什么事情，就做什么事情，想怎样做就怎样做，无论怎样做都不会超越应当遵守的规矩。这是何等的修炼高度。这样的人，当然是"我欲仁，斯仁至焉"。而对于其他人来说，就只有去不断地修炼了。

> 子夏曰："博学而笃志，切问而近思，仁在其中矣。"
>
> ——《论语·子张》

这是子夏学习知识、修炼仁德的深切体会。他认为要培养、修炼仁的品德，就要博学，就要笃志，就要切问，就要近思。仁的修炼的学问就在这中间了。先来解读这四个词。

所谓博学，就是知识渊博。而要知识渊博，就要广泛地学习，深入地学习，多途径地学习。这里，不妨看他的另一段话：子夏曰："日知其所亡，月无忘其所能，可谓好学也已矣。"（《论语·子张》）每天都要学习还没有掌握的知识，那就是每天都要学习新的知识，增加新的知识。每月都要复习已经掌握的东西，不能忘记已经掌握的东西。这样做了就可以说是好学了。他的这段话可以作为其博学的注解。每天增加新知识，日积月累，再加上每月复习，不忘记所学过的东西，久久为功，这样不就知识渊博而博学了吗？还有，所谓博学，学习的内容也很重要。子夏是孔子的学生，他所强调的博学，其内容除了各种知识以外，也一定离不开孔子学说的内容。"吾闻孔子之施教也，先之以《诗》《书》，而道之以孝悌，说之以仁义，观之以礼乐，然后成之以文德。"（《孔子家语·弟子行》）这是卫国的将军文子概括孔子教育学生的内容。而博学者学习了包括孔子教学的这些内容，自然就"仁在其中"了。

所谓笃志，这是说学习者要有坚定正确的学习志向与坚忍不拔的意志精神。所谓正确的学习意向，就是要明确学习目的，端正学习态度。学习除了增长知识以外，更是为了修炼自己，提高自己的思想境界与品格，其中当然也包括向善向仁。所谓坚忍不拔的意志与精神，就是在学习中要严格要求自己，坚持不懈，精益求精。如果学习的志向与意志不坚定，对自己的要求不严格，没有刻苦学习的精神，遇到困难就低头，一曝十寒，是不可能做到日知其所亡与月无忘其所能的。没有每天增加新知识的日积月累，没有每月复习巩固旧知识，要想知识博学有可能吗？当然"仁在其中"也就无从谈起了。所以"笃志"是博学的关键，也是实现"仁在其中"的关键。

所谓切问，就是遇到不懂的事物或问题，就及时发问，问老师，问同学，问朋友，问身边的人；求教于一切可以求教的人，也还可以求教于书本，直到问题解决为止。问题解决了，便增加了新的知识。这也是学习、积累知识的好方法。不过，这中间还有一点应该具备，就是善于发现问题。读别人的书，看别人的文章，听别人讲话，都要注意这其中有无问题或疑问，有没有自己没有搞懂的地方？只有发现了问题，才能切问。问就是扩大知识面的好方法。如果读书、看文章、听讲演都只是囫囵吞枣，以为别人说的都对，那就只能拾人牙慧，很难有真正的收获。

所谓近思，就是在学习中，遇到疑问要善于思考。所谓善于思考，就是在思考中要开动想象与联想，让自己的思维活跃起来，发动创造性思维，这样就可能产生新的灵感，悟出新的东西来。在《论语》中，孔子是很重视学生的悟性的，他非常强调学生举一反三的能力。所以，近思，开动脑筋想问题，也是学习的重要方法。

总的来说，子夏的这段话讲出了仁的品格修炼的方法与途径的一个重要方面。再看孔子的话：

> 子曰："富与贵，是人之所欲也，不以其道得之，不处也。贫与贱，是人之所恶也，不以其道得之，不去也。君子去仁，恶乎成名？君子无终食之间违仁。造次必于是，颠沛必于是。"
>
> ——《论语·里仁》

孔子说，富裕与显贵，是每个人都希望得到的。如果不是从正当的途径获得，就不会去占有它。贫穷与低贱的处境，是每个人都厌恶的，如果不是用正确的方法摆脱它，就不会去摆脱它。作为一个君子，如果离开了仁，还怎么能够成就其君子的名称呢？君子没有一餐饭的时间里能够违背仁，即使在仓促须臾之间或者颠沛流离之间，也必须这样做。

对待财富与荣誉地位的态度，是考验每个人的人品的试金石。正确处理好如何对待富与贵的态度，也是仁德品格修炼的重要方面。

　　一般说来，想富贵，想发财，想发家致富，想过好日子，想高贵，想有较高的名誉地位，这都是人之常情。所以，任何一个人，都会想过富裕一点的生活，都不想长期处在餐风宿露、颠沛流离之中，都想生活在有尊严而不是被人鄙视的地位和环境之中。但是如何摆脱困境，如何致富致贵，人们的做法却不大一样。这就是对人的大考验。仁与不仁的品格在这里就测试出来了。我们看孔子和他的学生是怎么做的。

　　　　孔子见齐景公，公悦焉。请置廪丘之邑以为养。孔子辞而不受。入谓弟子曰："吾闻君子当功受赏。今吾言于齐君，君未之有行，而赐吾邑，其不知丘亦甚矣。"于是遂行。

　　　　　　　　　　　　　　　　　　　　——《孔子家语·六本》

　　孔子觐见齐景公。齐景公非常高兴，于是就想把齐国的廪邑这个地方送给孔子作为食邑。孔子推辞，不肯接受。回来以后对弟子们说：我听说君子要根据自己的功劳来接受适当的奖励，如今我向齐国的国君进言，他却并没有采取任何的实际行动，就要把城邑赐予我，他也太不了解我的为人了。于是孔子就离开了齐国。

　　这就是孔子对待财富的态度。无功不受禄。如果是其他一般的人，受到国君的馈赠，还不知要高兴成什么样呢。而且这是国君主动馈赠，又不是索要的。再说孔子已经向景公进言，也应说是有了付出，即使接受馈赠，又有何不可呢？但孔子却坚决不接受，而且认为景公太不了解他的为人，很有受辱的感觉。这就是君子的典范。

　　　　曾子弊衣而耕于鲁，鲁君闻之，而致邑焉。曾子固辞不受。或曰："非子之求，君自致之，奚固辞也？"曾子曰："吾闻受人施者常畏人，与人者常骄人。纵君有赐，不我骄也，吾岂能勿畏乎？"孔子闻之曰："参之言，足以全其节也。"

　　　　　　　　　　　　　　　　　　　　——《孔子家语·在厄》

　　曾子穿着破旧的衣服在鲁国的田野里耕作劳动，鲁国的国君听说了以后，便要馈赠给他一块封地。曾子坚决推辞，不肯接受。有人对曾子说，这又不是你要求的，而是国君主动馈赠给你的，为什么要坚决推辞呢？曾子说：我听说受人施舍就会常常畏惧人，馈赠给别人东西的人常常会在他人面前显现骄态。就是国君赐予我封地，不会在我面前显现骄态，我又岂能没有畏惧的心理。孔子听说了这件事之后说：就这句话，曾参就足以保全一生的节操了。

这就是曾子对待财富的态度。他绝不随意接受他人的馈赠，为了保全自己的尊严，就是国君送给自己东西也坚决不接受。这就是君子之风。在这一点上，孔子与曾子也为我们树立了榜样。

我们提倡勤劳致富，知识致富。人们通过勤劳而致富，通过知识而致富，通过勤奋智慧而改变自己的处境与地位，这是修炼仁德的正确道路。君子爱财，取之有道。但是有的人不是这样，他们总是通过不正当的方法与途径，或者是通过歪门邪道获得财富，改变处境与地位。所以孔子告诉我们，要获得仁德的品格，要致富致贵，只能通过正确的方法与途径获得，绝对不能搞歪门邪道。自己要修炼仁德品格，就要时时刻刻记住克制自己，不要有不仁的念头；即使是最困难的时候，也应如此。

> 曾子曰："士不可不弘毅，任重而道远。仁以为己任，不亦重乎？死而后已，不亦远乎？"
>
> ——《论语·泰伯》

曾子说，作为一个士，不能不刚强而有毅力。因为他肩负着重大的责任，前面要走的路很远很远。他要以在天下推行仁德作为自己的责任，他肩上的担子不是很重吗？他要终生为实现这个理想而努力，这个道路不是很远吗？

对于一个士来说，肩上的责任就是要把仁德这种品格推广到全社会。但是要完成这样的责任，既不可以一蹴而就，也不可以半途而废，而要终生奋斗不止。所以，士要担负这样的重任，就要有刚强的性格与顽强的毅力。否则，你如何担得起这样的责任？所以，要能够以推广仁为己任，首先就要修炼坚韧的性格、顽强的意志。

> 子曰："知及之，仁不能守之，虽得之，必失之。知及之，仁能守之，不庄以莅之，则民不敬。知及之，仁能守之，庄以莅之，动之不以礼，未善也。"
>
> ——《论语·卫灵公》

孔子说，用自己的聪明才智能够获得的东西，如果你不能用仁德来保住它，虽然你暂时拥有了它，也必然会失去的。用聪明才智能够获得，也能够有仁德守住它，但如果不能用严肃庄重的态度在老百姓当中推广运用，那么老百姓也不会真心拥护。即使用聪明才智而获得了，其仁德品格也将其保持住了，如果不能用合乎礼的行为规范在老百姓当中推广应用，也还不是最好的办法。

孔子对仁人志士的修养提出了更高的要求。你具备了足够的智慧，还要具备崇高的品德。具备了仁德的崇高品格，还要有庄重严肃的态度。如果要在老百姓中间推广运用什么好的方针政策，没有庄重严肃的态度，老百姓也不会真心实意地去接受、执行。即便你的态度严肃认真，但这方针政策不符合礼的规范，或者你不是行之以礼，老百姓也不一定会买账。所以，一个仁人志士的修炼，必须是全面的，智慧也好，品质也好，态度也好，方式方法也好，必须全面发展。有一点做得不好，老百姓也不会买账。

> 子贡问为仁。子曰："工欲善其事，必先利其器。居是邦也，事其大夫之贤者，友其士之仁者。"
>
> ——《论语·卫灵公》

子贡向老师请教怎样才能修炼好仁的品德。孔子说：工人要想很完美地做好活就先要把工具打磨锋利。你居住在一个国家，就去贤德的大夫那里服务，与仁德之士做朋友。

孔子用一个比喻告诉子贡，要想修炼好仁的品德，首先要有充分的准备，也就是要在品德修炼方面打好基础。磨刀不误砍柴工。准备工作做好了，修炼的过程就会提高功效。如何修炼？那就是居住在某一个国家，你要去有贤德的大臣那里工作、服务，与那些仁德之士做朋友。孔子的这个回答，完全是针对子贡的特点给出的。因为孔子认为"赐也好说不若己者"（《孔子家语·六本》）。所以，如果你不去有贤德的大夫那里服务，而去一个奸臣那里做工作，那就是"附逆"，那还能学到什么仁德吗？时间长了，你或许就成了为虎作伥的人。同样，你应该和仁德之士做朋友。近朱者赤，近墨者黑。你能与仁德之士做朋友，就能受到好的影响；你与那些非仁德之士做朋友，即便不同流合污，也可能受到不好的影响，当然也就谈不上去接受仁德修炼的帮助了。关于交朋友，孔子也有明确的要求。孔子曰："益者三友，损者三友。友直，友谅，友多闻，益矣。友便辟，友善柔，友便佞，损矣。"（《论语·季氏》）有益处的朋友有三种：即正直的人，诚信的人，见多识广的人。有害处的朋友有三种：即谄媚逢迎的人，台上握手、台下踢脚的人，花言巧语的人。所以交朋友不可以不谨慎。这也是孔子要向子贡特别嘱咐的。这样的经验教训太多了。孔子的这些话，今天仍然值得我们警醒。

　　子曰："我未见好仁者，恶不仁者。好仁者，无以尚之，恶不仁者，其为仁矣，不使不仁者加乎其身。有能一日用其力于仁矣乎？我未见力不足者。盖有之矣，我未之见也。"

——《论语·里仁》

　　孔子说，我没有看到过爱好仁德的人，讨厌不仁德的人。爱好仁德的人是崇高不过的了。他们之所以不喜欢不具备仁德的人，是因为他们要修炼仁德，不能让不仁的东西沾染到自己的身上来。有没有一日之间，用自己的力量就修炼成具备仁德品格的人呢？我没有见到过，是因为力量够不上。大概是有的吧，只是我没有见到过他罢了。

　　孔子一再强调人人都应该向仁，一心修炼仁的品格；同时也强调，在修炼的过程中的自我努力，特别强调克己，自我修养。有仁德的人之所以与那些仁德差的人接触少，是怕沾染一些影响仁的修炼的不好的东西。这里再看他的一段话：子曰："里仁为美。择不处仁，焉得知？"（《论语·里仁》）他认为人们选择居住的地方，应该是仁德之所，这才是明智之举。住在仁德之所，有好的仁德修炼氛围，能够促进仁德品格的修炼；反过来说，如果你选择非仁德之所居住，那就不明智。因为这样的环境氛围，非仁的因素多，可能影响到仁的修炼。这也正是他主张的大家远离非仁之人。他一再强调修炼仁德品格要有一个过程，非一日之功。因此他说，他没有见过一天之内就修炼成仁德品格的人。因为这不是某个人的力量能够达到的。或许有这样的人，但他从来没有见到过。如果是"放下屠刀，立地成佛"者，也许就是了吧。

　　子曰："民之于仁也，甚于水火。水火，吾见蹈而死者矣，未见蹈仁而死者矣。"

——《论语·卫灵公》

　　孔子说，老百姓需要仁道，比需要水火还迫切。跳进火中，蹚入水中的人，我看见过烧死的，也看过淹死的，却从来没有看见过在实行仁道或修炼仁德的道路上而死亡的。

　　在孔子看来，仁道的重要性甚于水火，因而老百姓需要仁道更为迫切。他极力鼓励大家修炼仁德，实践仁道。"苟志于仁者，无恶也。"（《论语·里仁》）假使你坚定地去实行仁道，或修炼仁德，是绝对不会有什么坏处的。但是"如有王者，必世而后仁"（《论语·子路》）。实行人道，并不容易，非一日之功。如果由实行王道的国君来治理国家，也要有三十年的时间，才能实现以仁道治国。要实行仁道，也是要有一个过程的。

> 子曰："知者乐水，仁者乐山。知者动，仁者静。知者乐，仁者寿。"
>
> ——《论语·雍也》

孔子说：具备聪明智慧的人喜欢水，具备仁爱品德的人喜欢山。聪明智慧的人好动，仁义博爱的人好静。聪明智慧的人活得快乐，仁善博爱的人长寿。

孔子认为，修养不同的人，喜好不同，行为不同，结局也不一样。这既是孔子对人生的观察的结论，也是自我修养的体会。

智者为什么乐水？

> 孔子观于东流之水。子贡问曰："君子所见大水，必观焉，何也？"孔子对曰："以其不息，且遍与诸生而不为也。夫水似乎德，其流也，则卑下，倨邑必修其理似义；浩浩乎无屈尽之期，此似道；流行赴百仞之嵚而不惧，此似勇；至量必平之，此似法；盛而不求概，此似正；绰约微达，此似察；发源必东，此似志；以出以入，万物就以化洁，此似善化也。水之德有若此，是故，君子见必观焉。"
>
> ——《孔子家语·三恕》

孔子在观看东流之水，子贡问道：老师每次见到大江大河之水，都要停下来观看，这是为什么呢？孔子回答说：是因为水奔流不息，没有休止的时候，而且它无私地施惠于万物而不索取任何回报。大水就像德泽一样，当它流动的时候，总是向下游低洼的地方流去。即使遇到弯弯曲曲的地形，也仍然会沿着既定的方向而下行。这种情况的特点，就像在行义；浩浩荡荡奔流不息而没有穷尽的时候，像在行道；即使从八九十丈高的高处，飞流直下而入之溪，也毫无畏惧，有似于勇；注入容器之中，水面必然平整，不会出现倾斜凹凸之状，有公正无私的法律；充注容器之中，不用测量仪器测量，水也不会满而溢出，有如公正；水流秀美柔弱，却能到达细微的点，有如明察；从发源地出发，始终向东流去，有如意志坚定；水流有出有入，能够让万物变得清洁卫生，有如人间教化。水具有如此之多的美德，因此，君子见了都要停下来观看。

水在一般人的眼里，只不过是水，或者是流动的物体而已，而在孔子的慧眼之中，却具有如此之多的美德。这也就是聪明智慧的人与一般人不同的地方。的确，细细想来，水浸润滋养着世间万事万物，包括人类。如果世间没有水，那么整个世界都只能是一个死亡的世界。水给世界带来了一片勃勃生机，却没有任何私念，不向这个世界索取任何回报。用伟大、崇高等形容词来形容，也不为过。这就是君子见水都要驻足观看的原因。如果某一个人，具备了水一样的美德，那是何等伟大崇高的人！孔子把多种象征美德的特点赋予了水，仔细体味，并不为过。难得孔子观察得如此细致深刻入微。这与他对社会生活、对自然现象的智慧理解有关。只有对社会、对自然有深刻理解的人，才会把水的特性与社会生活联系得这么紧密。这或者也可以说是智者乐水吧。另外，智者动，是不是与水的动有关？流水不腐，智者受水的启示，所以喜欢动。

> 子张曰："仁者何乐于山？"孔子曰："夫山者岿然高。"子张曰："高则何乐尔？"孔子曰："夫山，草木植焉，鸟兽蕃焉，财用出焉，直而无私焉，四方皆伐焉。直而无私，兴吐风云，以通乎天地之间；阴阳和合，雨露之泽，万物以成，百姓咸飨。此仁者之所以乐乎山也。"
>
> ——《孔丛子·论书》

子张向孔子请教说：仁德之人为什么喜欢山呢？孔子说：因为山岿然高大。子张说：山高，有什么可喜欢的呢？孔子说：山呀，草木在那里生长，鸟兽在那里生养繁殖，财物用度在那里产出。山正直而无私欲，天下四方的人无不称扬。正直而无私欲，兴风布云，充乎天地之间而无阻遏。山间的阴阳之气相合，形成雨露，泽润大地，万物生长成熟，老百姓都能得到食物恩赐。这就是仁德之人之所以喜欢山的原因。

具有仁德的人为什么特别喜欢山呢？与水一样，山也具有无私奉献的特点。山上长满了花草树木，为各种鸟兽提供了生养繁殖的环境与条件。山间产出无尽的物质财富，供人们享用。但它不向人们索取任何回报。更重要的是，山间湿润的空气能够兴风布云，在天地间形成雨露，滋润大地，让万物生长，收获各种食物，供人类享用，赐予人类无穷恩惠。山的这种特性，只赐予，不索取，不也正是一种崇高的品德吗？这种品德也正是仁人所追求的品德，也正是仁人志士一生所学习修炼的目标。所以仁者之所以乐山，根本点在于山的崇高品德。仁者静，因为仁者乐山，那些隐士们不都隐于山林吗？那是仁者修炼环境的最佳选择。

> 哀公问于孔子曰："智者寿乎？仁者寿乎？"孔子对曰："然。人有三死，而非其命也，行己自取也。夫寝处不时，饮食不节，逸劳过度者，疾共杀之；居下位而上干其君，嗜欲无厌而求不止者，刑共杀之；以少犯众，以弱侮强，忿怒不类，动不量力者，兵共杀之。此三者死非

命也，人自取之。若夫智士仁人，将身有节，动静以义，喜怒以时，无害其性，虽得寿焉，不亦可乎？"

——《孔子家语·五仪解》

　　鲁哀公问孔子：聪明智慧的人长寿吗？具备仁德的人长寿吗？孔子回答说：是的。人的死亡可以分为三种情况，但都不是命运决定的，而是自己的不当行为导致的。第一种情况是生活不注意规律，睡眠起床没有一定的时间，饮食不加节制，暴饮暴食，或者劳累过度，或者懒惰而过于散漫，这样的人一般都会因疾病而死；第二种情况是处于下位却要去冒犯君王，嗜好欲望贪得无厌，永远没有满足的时候，这样的人往往犯罪而导致刑罚而死；第三种情况是以少数去冒犯多数，自己本身是弱者，却要去欺侮比自己强的人，愤怒发泄到不应该被发泄的对象身上，行动不自量力，这样的人会遭到战争杀害。这三种人的死，都属于非正常死亡，都是自己的不当行为所致。如果是仁人志士，做什么事情都能够约束自己，动与静都能以礼义为准则，欣喜也好，愤怒也好，都能够控制在适当的程度上，不至于有违于自己的道德本性。这样的人，即使长寿，不也是应该的吗？

　　孔子在前面说的是智者乐、仁者寿，而这里却认为仁者与智者都会长寿。其实，如果是真正的智者与仁者（这里强调"真正"二字，不是所谓的智者与仁者）都是会长寿的。我们在其他文章中说过，智者与仁者其实相辅相成。智者如果不是仁者，岂能是真正的智者。智者如果去做不仁的事，那还是真正的智者吗？同样，一个缺乏智慧的人，能够成为一个真正仁德的人吗？真正的智者与仁者，都有一个长期的修炼过程，都是长期修炼的结果。因此，他们都一定能够依礼法行事，都不会去做违礼违法的事情，都不会鲁莽行事，都不会违背生活常识，因此也都不至于死于非命，当然也就能长寿，同时也会活得快乐。至于行仁得仁者，即使牺牲在青少年时代，那也死得其所，死得光荣，死得伟大。

　　关于仁，孔子的论述还有很多，暂时先说到这里，其他文章中还将论及。

君子与小人

人们总是喜欢用君子与小人来衡量某一个人的为人处事的表现：遇到好人好事，就会说一声君子；遇到坏人坏事，就会骂一声小人。到底什么样的人才是君子，什么样的人才是小人，要下一个准确的定义，恐怕又都不一定能准确。恰好，这两个概念在孔子的言论中也是出现次数最多的两个概念。同时，这两个概念在孔子的眼中也相当复杂。就君子而言，因其各自的地位不同，表现不同，有各种各样的君子。但就其品德人格而言，又大都有一定的共性，当然也有一些各自的个性特点。小人也一样，虽然都是小人，但其特点也不完全一样。因此，我们不妨把孔子对君子与小人的有关言论集中起来，进行研究，把孔子眼中的君子与小人的形态特点展现出来，以便更好地认识君子与小人。

一、君子

什么样的人是君子？

> 颜回问于君子。孔子曰："爱近仁，度近智，为己不重，为人不轻，君子也夫。"回曰："敢问其次。"子曰："弗学而行，弗思而得，小子勉之。"
>
> ——《孔子家语·颜回》

颜回向老师请教什么样的人是君子。孔子告诉他：具有爱心，接近于仁德，能够节制自己，接近于智慧，不要过分高看自己，不要轻视别人。这就可以说是君子了。颜回问其次，孔子说：不要不学习就去行动，不要多考虑自己的得失。你好好努力吧。

孔子认为，要成为一个君子，最根本的是要好好修炼自己的道德品质：一是要具备爱心，具有爱心才能培育自己的仁德；二是要能够节制自己，不过高地估量自己，也不低估别人，这才是聪明的表现，虚心使人进步。如果再放低一点要求，那就是要加强学习，学习之后再去实践，再去行动，不要冒然地去行动，这样容易发生错误，也不要考虑自己的得失。

　　颜回问："朋友之际，如何？"孔子曰："君子之于朋友也，心必有非焉，而弗能谓，吾不知其仁人也。不忘久德，不思久怨，仁矣夫。"
　　　　　　　　　　　　　　　　　　　　　　——《孔子家语·颜回》

　　颜回向老师请教朋友之间如何交往。孔子说：君子对于朋友，心中知道他有不妥当的地方，而不去告诉他。我不认为这是具有仁德的人。不忘怀别人对自己的德泽，即使是很久之前的事；不总是记恨别人曾经给自己带来的怨恨。这就是仁的表现。
　　颜回问如何与朋友交往。孔子回答：君子如何与朋友交往？一是朋友之间要襟怀坦白，知道朋友有了缺点与不妥之处，就要及时告诉对方。如果对方明显存在缺点或错误，自己心知肚明却不告诉对方，这不是君子应有的行为，不是仁的表现。二是对于他人曾经给予自己的德泽，是永远也不能忘记的，滴水之恩当涌泉相报。而对于别人曾经带给自己的不愉快，不要老是记恨在心中。相逢一笑泯恩仇，这才是君子的行为。

　　子贡问君子。子曰："先行其言而后从之。"
　　　　　　　　　　　　　　　　　　　　　　——《论语·为政》

　　子贡请教老师：怎样做才能成为君子？孔子说：先把自己要说的话付诸行动，然后再说出来，这也就算是君子了。
　　孔子强调的是要做一个君子，要先做后说。说得好不如做得好。先把事情做好了再说出来，更有说服力，更能让人信服，更能让人信任。也就是说，要多做实事，不说空话。

　　子路问君子。子曰："修己以敬。"曰："如斯而已乎？"曰："修己以安人。"曰："如斯而已乎？"曰："修己以安百姓。修己以安百姓，尧舜其犹病诸。"
　　　　　　　　　　　　　　　　　　　　　　——《论语·宪问》

　　子路向老师请教：怎样做才能成为一个君子？孔子说：好好修炼自己的品

德，谦恭虔敬地对待一切事物。子路说：这样做就够了吗？孔子说：好好修炼自己的品德，使自己周围的人都能安居乐业。子路说：做到这些就够了吗？孔子说：修炼好自己的品德，使所有的老百姓都安居乐业。使所有的老百姓都安居乐业，恐怕连尧舜都难完全做到。

孔子眼中的君子，首先是要好好地修炼自己的品德。这一点，是做君子最重要的条件，也是最起码的条件。如果一个君子，不把自己的品德修炼好，不是一个谦恭谨慎的人，没有一心为他人的精神，怎么能够恭恭敬敬、认认真真地对待一切事物，全心全意地为他人服务，让所有的老百姓都安居乐业呢？当然，这么高的条件，尤其是最后一条，让所有的老百姓都安居乐业，孔子说连尧舜也难完全做到。但是，可以肯定地说，如果谁是一个自私自利的人，那他一定不可能成为一个君子。

> 司马牛问君子。子曰："君子不忧不惧。"曰："不忧不惧，斯谓之君子已乎？"子曰："内省不疚，夫何忧何惧？"
>
> ——《论语·颜渊》

司马牛向老师请教：什么样的人才能被称为君子？孔子说：君子没有什么可忧虑的，没有什么可畏惧的。司马牛说：没有忧愁，没有恐惧，就是君子？孔子说：一个人经常反省自己，从来没有做过任何令自己感到内疚的事情，那还有什么可忧虑与恐惧的呢？

没有忧虑，没有恐惧，就是君子。表面上看起来，似乎对君子提出来的条件不是那么高。实际上，细想起来，还真是那么回事。一个人之所以没有忧虑、没有恐惧，那就是因为他从来没有做过令自己感到内疚的事。也就是说，他从来没有做过什么坏事，没有做过什么错事，没有做过任何亏心的事。而这样的人，便能让自己内心平和、安定，不感到内疚。这样的人，必然是一个品德优秀的人、心地善良的人、人格高尚的人。所以，这样的人当然是君子了。

> 司马牛忧曰："人皆有兄弟，我独亡。"子夏曰："商闻之矣：死生有命，富贵在天。君子敬而无失，与人恭而有礼。四海之内，皆兄弟也。君子何患乎无兄弟也。"
>
> ——《论语·颜渊》

司马牛忧愁地说：其他的人，人人都有兄弟，唯独我没有。子夏说：我听说过这样的话，人的生与死，是由命运来决定的，富与贵是由上天来安排的。作为一个君子，只要自己行事严肃认真，没有什么过失，与人交往恭顺有礼，那么四海之内，大家便都是兄弟。君子又为什么要发愁没有兄弟呢？

这是子夏与司马牛的对话。司马牛忧虑自己没有兄弟。子夏说，只要你是一个君子，按照君子的要求去做，自己行事严肃认真，不要造成什么过失，与别人交往，不狂妄自大，恭顺有礼，这样一来，你无论到什么地方去，大家都会把你当作兄弟，怎么会发愁没有兄弟呢。这里，子夏其实也提出了做一个君子的条件与要求，就是君子一定要严格要求自己，做什么事情都要严肃认真，不要有什么过失。而对待别人，一定要以诚相待，恭顺而有礼貌，不要狂妄自大，盛气凌人。这才是一个真正的君子。

> 公曰："何谓君子？"孔子曰："所谓君子者，言必忠信而心不怨，仁义在身而色无伐，思虑通明而辞不专，笃行信道，自强不息，油然若将可越而终不可及者。此则君子也。"
>
> ——《孔子家语·五仪解》

鲁哀公问孔子：什么样的人可以被称为君子？孔子说：所谓君子，他说话一定是恪守忠诚信义的，心中绝不存怨愤；自己具备仁义的品格，没有一点夸耀的神色；考虑问题思路清晰，认识正确，但并不强词夺理，坚定不移地践行自己所信奉的道义而自强不息。他们从容自若、不急不迫的样子，好像很快就要被人超越，但始终也没人能赶得上。这样的人就是君子。

以上是孔子回答几个人关于什么样的人是君子的问题的答案。什么样的人才是君子，面对不同的提问者，孔子回答的侧重点并不一样。这是有针对性的，是根据各人的不同性格特点与地位来回答的。比如子贡比较喜欢表现自己，所以告诉他君子要先做后说；子路比较鲁莽，所以告诉他君子要修己以敬；而司马牛，孔安国说："牛兄桓魋将为乱，牛自宋来学，常忧惧，故孔子解之也。"司马牛的哥哥准备作乱，司马牛从宋国到孔子这里来学习，总怀有忧虑与畏惧心理。所以孔子这样来开导他：你内心反省自己，没有做过什么坏事，没有什么可忧惧的，就可以说是君子。至于鲁哀公，是一国之君，更强调的是自我约束。不能因为是一国之君，就可以不讲道义，就可以放肆，就可以盛气凌人。由此看出，孔子有关君子的答案，对不同的人，各有偏重，但总体上来看，都是君子所应具备的品德。

孔子有关君子的论述还有很多：

子曰："质胜文则野，文胜质则史，文质彬彬，然后君子。"

——《论语·雍也》

孔子说：人的表现过于质朴，而少了一点文采，就会让人感觉不那么斯文，不那么文明；如果表现过于斯文，少了一点质朴，又会让人感觉有点虚浮。只有把文采与质朴有机地融会一体，文质兼备，文质彬彬，才是一个君子的真实面貌。

这是从人的内质与外表来说的。一个人如果有较好的本质，品德纯正，而缺少一点应有的文化修养，人们会认为他是个好人。或许因为其乡土气息比较浓，文化修养稍微有点欠缺，其言语行为比较粗糙，少了一点斯文，而让人感觉有点遗憾。要是他再有点文化修养该多好！反之，如果一个人学了一些文化，却矫揉造作，故意卖弄，让人感觉虚有其表，不朴实。这样的人，会让人感觉不舒服，甚至厌恶。所以，一个质朴的人，应当用文化素养把自己武装起来，让自己文质兼备，成为文质彬彬的君子。一个有些文化的人，一定要让自己提高品德修养，一定要让文化把自己"化"成文质兼备、表里如一的人，成为一个文质彬彬的君子。

子曰："君子义以为质，礼以行之，孙以出之，信以成之。君子哉！"

——《论语·卫灵公》

君子行事都要以义为出发点，按照礼的规定来行动，用谦逊的言词把它表达出来，用诚实可信的承诺来完成它。这就是君子的行事准则。

君子的行事应该以义为准则，为根本。义是什么？义者，宜也。义就是适宜，合理。所谓合理，就是合乎天理。所谓天理，就是自然之理。天体的自然运行，一年四季，寒暑交替，一天之内，日出日落，循环往复。这就是天理。只有按照自然运行的规则来行事，春种夏锄，秋收冬藏。这就是宜，也就是义。以礼行之。礼是什么？礼是法纪制度，道德规范。作为君子，要干什么事，要按照法纪制度的规定、道德规范的要求来行动。要用谦逊的态度与语言说出自己的想法与要求，让大家明确并接受，用诚实笃信的承诺来完成。这才是君子的行事风格。从这一角度来看，作为一个君子，对其道德修养与知识修养的要求都是非常高的。

博闻强识而让，敦善行而不怠，谓之君子。君子不尽人之欢，不竭
人之忠，以全交也。

——《礼记·曲礼上》

博闻强记，知识丰富，见多识广而谦虚谨慎，全心全意行善而不懈怠，这就叫作君子。君子不尽人之欢，不竭人之忠。这主要是对君王或上级官员而言，当然也适用于一般朋友的交往。就是说对你的下级或朋友的要求不能过于苛刻，不能要求人家把百分之百的心思与好处都用在你的身上，也不能要求人家对你百分之百的尽心尽力。这样才能继续长期交往下去。从这里可以看出，作为君子，最根本的还在于加强自我修养，无论是文化修养还是品德修养，都要高标准，严要求，要严以律己，宽以待人。可见《礼记》也好，《论语》也好，对君子的要求都在高品位上。

孔子曰：“君子有三戒：少之时，血气未定，戒之在色；及其壮也，血气方刚，戒之在斗；及其老也，血气既衰，戒之在得。”

——《论语·季氏》

孔子说，君子有三样事情要提高警惕，加强戒备：青春年少的时候，血气还未成熟稳定，要警惕过于把精力放在声色犬马上，玩物丧志；等到成长为壮年了，那时已经血气方刚，精力旺盛，要警惕与人争强斗狠，打架斗殴；等到年纪大了，血气衰微，已经有气无力，力不从心，则要警惕贪心，贪得无厌。

从孔子所说的这三戒看，我们不得不佩服孔子眼光的锐利准确。对于每一个人来说，要想成为君子，这三戒都是必须十分警惕的。对于青春年少的人来说，正是长身体的时候，如果一味把心用在声色犬马上，一定会影响其身心健康成长。这是其一。玩物丧志，把精力都耗费在声色犬马上，让自己的上进心都消磨在这上面，那一定是少壮不努力，老大徒伤悲。这是其二。青壮年血气方刚，正是成就事业的好时候，但年轻气盛，很容易暴躁，遇事不冷静，容易冲动，争强好胜，忍不得一时之气，动手斗狠，伤人伤己，带来的是无限之忧，甚至尽丧前程，可惜之至。这是其三。至于老年人，气力衰微，已经到了日薄西山的境地，应当是安度晚年的时候了。但有些人还不安分守己，贪得无厌，结果是晚节不保，铸就千古之恨。由此而论，孔子所谓的三戒，不仅对君子是一剂不可多得的良药，对每一个人也是一个警钟。

孔子曰："君子道者三，我无能焉。仁者不忧，知者不惑，勇者不惧。"子贡曰："夫子自道也。"

——《论语·宪问》

孔子说：君子所应具备的三种素质修养，我都未能具备。具备仁德品格的人没有忧虑；具备聪明睿智的人遇事而不迷惑；具备勇敢素质的人无所畏惧。子贡说：这是夫子自谦的说法。

作为君子，都应当具备三种品德素养，即仁、智、勇。仁者不忧，智者不惑，勇者不惧。君子为什么能够有这样的品德呢？孔子告诉我们："天下国家可均也，爵禄可辞也，白刃可蹈也。"（《中庸》第九章）这几句话在讲"中庸"时已经讲过。

天下国家都可以分给他人去管理。对于这一点，有些人可能不肯接受。天下国家怎么可能分给别人去管理？其实，这又有什么不可以呢？如果有人比自己贤能，能够把天下国家治理得更好，就让贤吧。历史上尧不是禅让予舜了吗？舜不是禅让予禹了吗？周公在成王年幼时，代理成王治理天下国家，把国家治理得那么好，当成王成年后，周公不是把治理天下国家的权力还给了成王吗？这就是君子的胸怀。有了这样广阔的胸怀，还有什么可忧虑的呢！

必要的时候，爵禄也可以辞去。这里说必要的时候，就是说这个爵禄的位置不再值得你留恋的时候，你主动辞去，这正是你聪明的地方。如果你舍不得这个爵禄之位，等到别人来把你撵走，那就脸上无光了。或者一旦发生重大变故，其后果是很难说清楚的。所以，能够舍弃爵禄的人，正是智者智慧的表现。有了这样的智慧，还有什么可迷惑的呢？

锋利的刀刃，要光着脚踩上去，这是对勇者的严峻考验。如果勇者能够踩上去，这说明这位勇者有勇气有胆量。有了这样的勇气与胆量，还有什么可畏惧的呢？所以，作为君子，要有宽广的胸怀、睿智的头脑、无所畏惧的勇敢这三种品质。孔子说这三者，他没有做到，其实也不完全是谦虚。

子曰："君子食无求饱，居无求安，敏于事而慎于言，就有道而正焉，可谓好学也已。"

——《论语·学而》

孔子说：君子对于食物不要求丰足，居住条件不要求舒适，对待工作勤奋迅捷，而说话则很谨慎，经常到有道德修养的人那里去，纠正自己的缺点错误，这就可以说是爱好学习的人了。

　　一个贪图物质享受的人，肯定不是一个真君子。我们去看那些科学家，那些对事业有高目标追求的人，有几个是追求物质享受的人？他们没有时间，没有精力，更没有心思去追求物质享受。这些人是真正的君子。而有些人，本事不大，官位不高，或者表面光鲜，不知道天高地厚，整天在车子、房子、票子上下功夫。这些人有一个配得上"君子"二字吗？他们是些什么人，让他们自己去评价吧。而孔子认为，君子不要追求物质享受，从饮食的角度来说，有一些吃的、不挨饿就行了，不要追求丰足；从居住条件来说，只要有住的地方就行了，不要追求舒适。而对待工作则应该勤奋努力，不推诿拖拉，不怠惰耍滑。至于说话，则要谨慎，要负责任，不要多嘴多舌，尖嘴利舌，不负责任地随便乱说。对于自己的品德修养，要多接触有道德修养的人，学习人家的优良品德，改正自己的缺点错误。这是君子好学的表现。孔子的这些教导对那些追求虚荣的人会不会有一点教育作用呢？

　　　　子曰："君子欲讷于言而敏于行。"

　　　　　　　　　　　　　　　　　　　　——《论语·里仁》

　　孔子说：君子说话要谨慎收敛，做事行动要果断敏捷、雷厉风行。
　　这句话与前面的话的意思一致，指的是君子修养必备的条件。

　　　　子曰："君子耻其言而过其行。"

　　　　　　　　　　　　　　　　　　　　——《论语·宪问》

　　孔子说：君子以说得多做得少为耻。
　　这也是孔子的一贯主张。孔子最不喜欢的就是说得多做得少的人，或者光说不做、言行不一致的人。这里，不妨再看孔子的另一段话：宰予昼寝。子曰："朽木不可雕也，粪土之墙不可杇也，于予与何诛？"子曰："始吾于人也，听其言而信其行；今吾于人也，听其言而观其行。于予与改是。"（《论语·公冶长》）宰予大白天睡大觉。孔子说：腐朽了的木头是不可以用来雕刻的，用粪土筑起来的墙是无法粉刷的，对于宰予这样的人，还有什么好责备的呢？孔子说：起初的时候，我对于他人，听了他说的话，就相信他言行一致；从现在起，我对于他人，听了他的话，还要看他是不是按照他的话去做了。我的这个改变，是从宰予大白天睡大觉这件事开始的。

关于宰予，《史记》上有他的小传，说孔子以有他这个学生为耻。

他尖嘴利舌，企图改变三年之丧，讲出了一大通道理，惹孔子骂他"不仁"。他向孔子请教五帝之德，孔子认为他是个不配问这个问题的人。孔子还说："吾以言取人，失之宰予。"像宰予这样的人，当然不配君子的名号。

> 子曰："君子不重则不威，学则不固。主忠信，无友不如己者。过则勿惮改。"
>
> ——《论语·学而》

孔子说：君子不庄重就没有威信，没有威严，学问上也不可能有大的作为。要以忠诚信誉为品德根本，不要与自己信念不相同的人交朋友。有了过错，就要勇于改正。

此话在其他地方引述过。一个君子说话或者行为不严肃稳重，说了话又不算数；或者嬉皮笑脸，说话不负责任；或者做事拈轻怕重，怕苦怕累；或者根本就不想做事，怕负责任，等等。这样不庄重的人，还能够要求他在别人面前建立威信吗？这样作风散漫的角色，在学问上还会有大的作为吗？所以要想成为一个君子，就要养成庄重的人品，要建立忠诚信誉的品德根本，交朋友要慎重，不要和那些不三不四的人交朋友，以免受到不利的影响。有了错误，不要掩饰，要勇于改正，要做一个诚实的人。

> 子曰："君子病无能焉，不病人之不己知也。"
>
> ——《论语·卫灵公》

孔子说：君子只害怕自己没有能耐，不担心别人不知道自己。

作为一个君子，最要紧的是要尽可能用知识把自己武装起来，让自己成为一个德才兼备的谦谦君子，而不是像有些人那样，有了一点点本领或成绩，就大吹大擂，生怕他人不知道。俗话说，酒香不怕巷子深，会叫的鸟没肉。你有了真正的才华，是不会被埋没的；你没有真本领，叫得再响也是轻飘飘的，不会有什么用。

> 子曰："君子疾没世而名不称焉。"
>
> ——《论语·卫灵公》

　　孔子说：君子最害怕的就是临死了还名实不符。就是说，本身的名望与实际上为社会所作的贡献不相称，名望太高而贡献太少。作为君子，应该名实相符。这也是君子品质最可贵的地方。现在的某些人恰恰与此相反，就怕名望不高，影响不大，极力宣扬自己，做了一个鸡蛋大的成绩，一定要吹成一座山那么大，就像吹肥皂泡一样，越吹越大，吹得越大越好，自己一点也不脸红，这些人，已经不知道君子是何物了。

　　　　子曰："君子慎以辟祸，笃以不掩，恭以远耻。"

　　　　　　　　　　　　　　　　　　　　——《礼记·表记》

　　孔子说：君子谨言慎行，可以避免灾祸；笃实真诚，就不会被埋没；恭敬礼让，就会远离耻辱。这是君子自我修养的要求，也是君子自我修养应该具备的品格，从而也使君子获得了安身立命应有的基础与尊严。

　　　　子曰："君子庄敬日强，安肆日偷。君子不以一日使其躬儳焉，如不终日。"

　　　　　　　　　　　　　　　　　　　　——《礼记·表记》

　　孔子说：君子如果能够做到庄重恭顺，就会使自己的修养不断地强健起来，使自己的品德不断地完善起来。反之，如果肆意贪图安逸，就会使自己逐渐怠惰，自暴自弃，苟且偷安，不断地堕落下去。因此，君子不能使自己有一天的怠惰，有一天的浑浑噩噩，有一天的苟且偷生。如果有了这样的情况，就会整天惶惶不可终日。

　　　　子曰："君子矜而不争，群而不党。"

　　　　　　　　　　　　　　　　　　　　——《论语·卫灵公》

　　孔子说：君子为人庄重，不会引起与他人的纷争，善于与大家和谐相处，但不拉帮结派、结党营私。
　　这也是君子最可贵的品质。自重，洁身自好，不与别人挑起纷争，也不卷入与别人的纷争；善于与人友好相处，但君子之交淡如水；绝不与人拉帮结派、结党营私。凡拉帮结派、结党营私者，没有一个是做好事的，没有一个是真正的君子。

子云："君子辞贵不辞贱，辞富不辞贫，则乱益亡。故君子与其使食浮于人也，宁使人浮于食。"

——《礼记·坊记》

孔子说：君子可以辞谢尊贵的地位，但不辞谢贫穷的处境，这样一来，犯上作乱的情况就会更加减少。故而君子与其做能力薄弱而享受很高俸禄的人，宁愿做能力强而享受俸禄低的人。

这也表现出君子为人的高风格、高品德、高节操。作为一个君子，自己的工作能力并不是非常强，却占据着崇高的地位，享受着丰厚的俸禄，这会让人不服，因而给社会带来混乱与不安定。反之，君子如果品位高，能力强，却处在比较低的地位和比较贫穷的处境，并且不通过不正当的手段与途径去改变这样的处境，这会让人尊敬与同情，同时也会让人感觉社会比较公平。因此，君子宁愿以自己较高的品德与较强的工作能力而享受较低的地位与较少的俸禄。这是君子的高风亮节，也是检验君子的试金石。现实中有的人能力很差，却占据着很高的地位，享受着很高的工资待遇，还不满足，千方百计削尖了脑袋往上爬，或者靠打击别人，踩着别人的肩膀往上爬。他们不以此为耻，反以此为荣。至于金钱，则更是贪得无厌，贪污盗窃，索贿受贿，化公为私，无所不为。这样的无耻之徒，当然与君子的尊号无缘。

子贡曰："君子亦有恶乎？"子曰："有恶。恶称人之恶者，恶居下流而讪上者，恶勇而无礼者，恶果敢而窒者。"曰："赐也亦有恶乎？"曰："恶徼以为知者，恶不孙以为勇者，恶讦以为直者。"

——《论语·阳货》

子贡问孔子：老师也有厌恶的事情吗？孔子说：有厌恶的事情。厌恶喜欢散布别人坏处的人；厌恶身居下位总爱诽谤上司的人；厌恶逞勇而无礼的人；厌恶果敢行动却只认死理而不善变通、死钻牛角尖的人。孔子问子贡：你也有厌恶的事情吗？子贡说：厌恶抄袭他人学术成果而自作聪明的人；厌恶把死不谦虚当作勇敢的人；厌恶刺探散布别人隐私而自以为是直率的人。

孔子与子贡所厌恶的都不应是君子所为的事情。社会上总会有这么一些人，他们总是喜欢以散布别人的坏处来发泄自己的阴暗心理；或者因为自己地位低下而总是嫉妒上司，因而总是以诽谤上司来发泄自己的不满；或者喜欢逞勇，用无理取闹来炫耀自己的勇敢；或者总以认死理、不善变通、钻牛角尖为果敢。所有这些人一般都是自作聪明，或者是其阴暗心理作祟，或者是其有了心理疾病，因而做出了被君子厌恶的事。还有一些是子贡所厌恶的人。他们所做的事也不是君子所应为。

子曰："君子谋道不谋食。耕也，馁在其中矣；学也，禄在其中矣。君子忧道不忧贫。

——《论语·卫灵公》

孔子说：君子主要致力于锻造自己的学识才能，而不在谋求饭碗上下功夫。耕田种地，也有吃不饱饭的时候；致力于学业，则常常能谋得一官半职，获得俸禄供给。所以，君子忧虑的是自己的学识造诣不够深，而不忧虑自己贫困的处境。

孔子的这些话，就当时的情况而言，当然是对的。因为在那个时代，有了学识才能够成为士，成为大夫，甚至成为卿相。有了这样的地位，就有了相应的俸禄。俸，用现在的话来说，就是工资。禄，就是爵位享有的固定产业。自然，这样的人还用得着去谋食吗？但是话又说回来，就是在那个时代，恐怕也不是所有的读书人都能当上官，都能获得爵位，都能禄在其中。就是孔子的学生，号称弟子三千，而贤人也才七十二。这七十二贤人，当然可以不谋食，还有那两千多人，恐怕就不是人人可以不谋食了。只是我们现在无法考证那两千多人的情况，我想或许他们中间还是有人要谋食的。

再说道与食这两个概念。其实这两个概念应该是统一的，但是孔子把它对立起来了。谋道不谋食。实质上是食在道中，道深食足，无道则无食。孔子强调道是对的。但是道这个概念的内涵很宽泛，不同的人可以有不同的道。就说"耕"吧，又何尝没有道，又何尝不是道。只是孔子把耕排除在道之外。这是孔子认识上的历史局限性。实质上，如果"耕道"学好了，则食也在其中了，禄也在其中了。如果没有高深的"耕道"，俸又何来？禄又何来？我国古代本来就是农耕社会，没有耕道，俸禄也就无从说起了。当然，这是我们用现代人的观点来看这个问题。而孔子是古人，我们是不能用现代人的观点来要求古人的。只是我们又不能不对这个问题作一点辨析，来避免一些不必要的误解。

孔子曰："君子有九思：视思明，听思聪，色思温，貌思恭，言思忠，事思敬，疑思问，忿思难，见得思义。"

——《论语·季氏》

孔子说：君子有九件要认真思考的事情：看什么事物的时候，要考虑看清楚了没有；在听什么事情的时候，要考虑听明白了没有；对于自己的脸色，要考虑是否和蔼可亲；对于自己的容貌，要考虑是否谦恭庄重；对于自己的言论，要考虑是否诚恳真实；自己做事的时候，要考虑是否尽职敬业；有了疑问，就要考虑向他人咨询请教；遇到了令人愤怒的事情，要考虑会带来什么严重的后果；遇到可以获利的事情，要考虑是否符合道义，自己该不该得。

看了这九思，我觉得要做一个君子真不容易。但是不按照这九思去做，又真是很难说自己是一个真正的君子。可以说这九思是君子言行方面的规范准则，又是君子道德与学识修养的高境界。如果大家的言行举止都能按照这九思去做，那真可以说是完美无缺的君子了。问题是，真的能够做得到吗？比如看，世间万事万物何其多，要都能看得清，看得透彻，又何其难？没有相当高尚的道德修养与广博高深的学识修养，是办不到的。再如见得思义，没有很高的道德品质修养就更难做得到了。所以要做到这九思，归根结底，还是道德品质修养与学识修养的问题。没有高境界的思想道德修养与高深的学识修养，要想成为一个真正的君子也是很困难的。所以，如果谁要自命为君子，就对照一下，看是否符合条件。当然也不要太苛刻，大致上做得差不多也就可以了。

> 孔子曰："不知命，无以为君子也；不知礼，无以立也；不知言，无以知人也。"
>
> ——《论语·尧曰》

孔子说：不掌握天命，就不能成为君子；不掌握礼，就没有办法在社会上立足；不能够识别他人的言辞，就没有办法识别人。

这是《论语》的最后一段话，孔子提出了君子的三个条件。一是掌握天地间的自然规律，驾驭自然规律，这是学识修养。二是懂礼。礼是法纪制度和行为准则，要立足于社会，这是不可或缺的条件。三是知言，也就是耳顺，能够分辨他人言辞的是非善恶。如果做不到这三点，就当不起君子的名号。看来，君子的这三个条件，也实在不容易具备。

> 子曰："君子之于天下也，无适也，无莫也，义之与比。"
>
> ——《论语·里仁》

孔子说：君子对于天下要做的事情，没有一定要怎样做，或者一定不能怎样做，其言行准则就是义，只要按照义去做就行了。

　　义就是君子的言行准则，当然也是君子处理天下一切事务的准则。什么是义？《礼记·礼运》说："父慈，子孝，兄良，弟悌，夫义，妇听，长惠，幼顺，君仁，臣忠。十者谓之人义。讲信修睦，谓之人利。争夺相杀，谓之人患。"这十者也是孔子一贯提倡的。按照人义的十者去做，去处理一切事务，又讲信修睦，这对人民来说，是最大的利益；如果争夺相杀，那就是对人民最大的祸患。所以君子一定要按义的规范来行事，让大家和睦相处，反对相互争夺相杀。

　　　　子曰："君子贞而不谅。"

　　　　　　　　　　　　　　　　　　　　——《论语·卫灵公》

　　孔子说：君子忠贞一致，守志不移，但不固执。这也是对君子的品格的要求。一个君子必须坚守自己的道义志向，品德节操，做到忠贞一致，守志不移；但又不固执己见，做到"见贤思齐""就有道而正焉"。

　　　　子谓子产，有君子之道四焉，其行己也恭，其事上也敬，其养民也惠，其使民也义。

　　　　　　　　　　　　　　　　　　　　——《论语·公冶长》

　　孔子称赞子产有四方面的行为符合君子的道义准则，他自己的言行端庄谨慎，为君王服务忠心耿耿，管理社会施惠于民，差使百姓依据道义。

　　孔子对子产一直赞不绝口，认为子产是君子行事的榜样。

　　　　子曰："君子不以言举人，不以人废言。"

　　　　　　　　　　　　　　　　　　　　——《论语·卫灵公》

　　孔子说：君子不只依据一个人的言论而推荐他，也不因为他做了错事就将其对社会有好处的主张也废弃不用。

　　考察一个人不能够只听其言，还要观其行。有些人对上司总是投其所好，专门说好听的话、恭维的话、讨好的话，甚至把坏事说成好事，把坏主意装扮成好主意说出来。而上司听了这样的话，也信以为真，于是便对其倍加信任，推荐提拔。一旦他们的目的达到了，就会翻脸不认人。这对那些只爱听好话与奉承话的人，或者轻信好话与奉承话的人，是个很好的警告。吃一堑长一智，那些只爱听好话的人，也要好好反省一下，自己所行的是不是君子行为。孔子说"不以人废言"，对于那些犯过错误的人所发表过的言论，不要轻易否定，应该认真分析辩证。有用的话、对社会有好处的主张，为什么要抛弃呢？人们常说慧眼识珠，君子应该有一双慧眼。

> 子曰："论笃是与，君子者乎？色庄者乎？"
>
> ——《论语·先进》

孔子说：一个人的言论是不是真诚笃实可信，要看他是个真君子，还是一个善于伪装庄重的伪君子。这和前面那段话的意思一样，考察一个人，不能只听其言，还要观其行。

> 子曰："君子不器。"
>
> ——《论语·为政》

孔子说：君子不是器具。这是说，君子有君子的特点，君子必须具备君子的条件。从学识来说，君子是具有较高学识素质的；从品德来说，君子应当是德高望重的；从作用来说，君子应该是能够担当重任的。所以，君子不能像器物一样，只能让人被动使用，而必须具有主观能动性，必须能承担起修身齐家治国平天下的某些方面的重任。

> 孔子曰："行己有六本焉，然后为君子也。立身有义矣，而孝为本，丧纪有礼矣，而哀为本；战阵有列矣，而勇为本；治政有理矣，而农为本；居国有道矣，而嗣为本；生财有时矣，而力为本。置本不固，无务农桑；亲戚不悦，无务外交；事不终始，无务多业；记闻而言，无务多说；比近不安，无务求远。是故反本修迩，君子之道也。"
>
> ——《孔子家语·六本》

孔子说：为人立身处世有六大根本，做到这六大根本，然后才能称其为君子。立身要合乎义的要求，就要以孝道为根本，办理丧事要合乎礼节，要以孝子的哀情程度为根本；作战时要能排列好队伍，要以自己勇猛的程度为根本；办理政务要有条理，必以农事为根本；治理国家要有道义，以大家都有后嗣为根本；发家致富要有好的时机，以奋力劳作为根本。如果立身处世的根本树立不牢固，就不要去从事农桑工作；如果连自己的亲戚朋友都不能使他们高兴起来，那就不要去从事外事活动；做什么事情不能有始有终，就不要去从事更多的行业；道听途说的传闻，不要出去散布；自己周边的人们还未能使之安居乐业，不要奢求让更远处的人们安居乐业。因此，返回根本，从身边的事做起，这才是君子立身处世之道。再如发家致富，以君子安身立命，立身处世，要从修炼自身的根本做起。但什么是根本？孔子提出了六点。这六点，大多都是从身边事出发，没有说更多高不可攀的事，也没有说更多高深的理论。但是深究起来，又有深刻的道理。比方立身以孝为本。子女对父母连一个孝字都做不到，又如何去安身立命？像办理丧事，父母去世，这是与父母的永别，以后再也见不到父母了，对子女来说，这是多么令人哀痛的事。办理丧事时，子女并没有多么哀伤，却花很多钱来替代。这一点合乎君子所为吗？再如发家致富以奋力劳作为本。这是最朴素的真理。发家致富而不愿奋力劳作，只想靠投机，不劳而获。这是君子所为吗？虽然富了，却让人不齿。所以，孔子教导我们，只有自己的根本树立起来了，牢固了，才能成为一个真君子，才能成就自己的事业。

> 孔子曰："君子有三患：未闻之，患不得闻；既得闻之，患弗得学；既得学之，患弗能行。有其德而无其言，君子耻之；有其言而无其行，君子耻之；既得之，而又失之，君子耻之；地有余，民不足，君子耻之；众寡均而人功倍己焉，君子耻之。"
>
> ——《孔子家语·好生》

孔子说：君子最为担心的有三件事：没有听到过的知识，担心自己没有机会能听到；听到了以后，又担心自己没有机会学习到；学习到了以后，又担心自己不能够去实践运用。有了德的品行而不能用言辞表达出来，君子以此为耻；有了德行已经用言辞表达出来，而不能付诸行动，君子以此为耻；已经获得了的德行，却又丢失了，君子以此为耻；管理的土地很富余，而老百姓的衣食却得不到满足，君子以此为耻；大家所用的人力和物力一样多，但是别人的收获却比自己多好几倍，君子以此为耻。

这是君子对自己的严格要求。第一个是知与行。君子最担心的就是自己不能获得知识。而获得知识之后，就要学以致用。不能学以致用，即使获得的知识再多，都只能停留在口头上，那又有什么用？第二个是言与行。君子有言就要有行，说出来的话，就要去做，就要去实行，不能说空话，说空话实质上就是欺骗行为。第三个是得与失。君子所得到的东西，包括品德、知识、才能、工作经验、贤能人才等，得到以后就要能保持住，将其化为社会财富、老百姓的福祉，不能让其得而复失。得而复失，说明自己修炼不到境界。第四个是君子的耻辱观。有些事情在一般人看来，可以不以为意，在君子看来却是自己的无能与耻辱。比如有言无行，就是光说不做，或者光会说，不会做，这在君子看来，就是耻辱。所以，君子与一般人的不同之处，就在于经常找到自己的不足之处，严格要求自己，不断地修养自己，完善自己。

> 孔子曰："君子有三恕：有君不能事，有臣而求其使，非恕也；有亲不能孝，有子而求其报，非恕也；有兄不能敬，有弟而求其顺，非恕也。士能明于三恕之本，则可谓端身矣。"
>
> ——《孔子家语·三恕》

孔子说：君子有三种恕道：有君主而不能去为他服务，却要驱使自己的下属来为自己服务，这不合乎恕道；有父母亲而不能去为他们尽孝，却要求子女来为自己尽孝道，这不合乎恕道；有兄长而不能去尊敬，却要求弟弟来尊敬自己，这不合乎恕道。作为一名士，如果能够搞清楚这三种恕道的根本是什么，也就能够端端正正做人了。

什么是恕道？就是"己所不欲，勿施于人"。孔子一生所修炼的"道"，就是"忠恕"二字。忠是什么意思，大家都知道，不用多说。恕就是自己不想要的东西，不强加给别人，自己不愿意做的事情，不强迫别人去做。这话说起来简单，做起来谈何容易。有一些人就是这样，自己只愿意为自己服务，不愿意为别人做一点什么，却要求别人全心全意为他服务。其根本点在于一个私字在作怪。这个问题，在其他文章中已有详细阐发，这里不再多说。

> 孔子曰："君子有三思，不可不察也。少而不学，长无能也；老而不教，死莫之思也；有而不施，穷莫之救也。故君子少思其长则务学，老思其死则务教；有思其穷则务施。"
>
> ——《孔子家语·三恕》

孔子说：君子有三件事情是不能不认真思考清楚的。少年时代不学习，长大后就会变成没有能耐的人；老年的时候不去做一些教导人的事情，死了以后就没有人再思念你了；富有的时候，不能去做一些公益捐献帮助别人的好事，一旦自己贫困了，就没有人来救助你了。因而君子少年时代考虑成人以后的作为，就努力学习；年老的时候考虑死去还有人思念，就多去做一些教育帮助人的工作；富有的时候考虑贫穷以后还会有人来周济自己，就多做一些捐助别人的好事。

这三思，说起来真不是什么深刻的道理，但又是人们不能不深思的问题。少壮不努力，老大徒伤悲。一是不趁着青春年少，精力旺盛、接受能力强，好好学习，多掌握一些知识、技能，长大后想有大一点的成就就很困难；二是工作压力大，家庭负担重，想学习也来不及了。至于老年人，有精力，身体条件允许，多做一点教育帮助工作，或者其他公益，何乐而不为？既能让自己身心愉快，又帮助了他人，两全其美。当然也要量力而为，不能勉强。而富有的人，钱多了，多做一点公益事业，当然是好事。用老话来说，那是积德行善。良田万亩，夜眠八尺。人死了，如果需要一块墓地，也不过几个平方，其他的钱都只不过是一堆废纸罢了。活着的时候，把多余的钱贡献出来，为社会多做好事，那是最有价值的。

曾子曰："可以托六尺之孤，可以寄百里之命，临大节而不可夺也。君子人与？君子人也。"

——《论语·泰伯》

曾子说：可以把幼小孤儿托付给他，可以把国家的命运托付于他，面临生死存亡的关键时刻而不屈服，仍能坚持自己的节操。这样的人，是君子吗？是真正的君子。

这是曾子的君子观。什么样的人才是真正的君子？这就是真正的君子。无论在什么样的情况下，都能托孤于他，都能以国家的命运相托，以人的生死命运相托。在任何艰难困苦的情况下，就是刀架到脖子上也不变节。在我们国家，无论是古代，还是现代，这样的君子，不在少数。许多共产党人，民族英雄，在敌人的屠刀面前，昂首挺胸，高呼口号，英勇就义，这就是真正的君子。

子夏曰："君子有三变：望之俨然，即之也温，听其言也厉。"

——《论语·子张》

子夏说：君子的表现给人三种不同的印象：远远地望去，矜持庄重，和他一接触，和蔼可亲，听他的讲话，严肃认真。

这是在子夏的意识中，君子给人应有的印象。

子贡曰："君子之过也，如日月之食焉，过也，人皆见之，更也，人皆仰之。"

——《论语·子张》

子贡说：君子犯错误，就好像是日蚀与月蚀一样，有了过错，人人都会看着他，改正了错误，人人都会敬仰他。

这是君子对犯错误的态度。你犯错误的时候，大家都会盯着你，看你如何对待，改还是不改。如果你认真改正了，那么大家都会敬仰你。所以，君子一旦有了错误，就要"过则勿惮改"。君子应当有这么一个胸怀。君子心胸坦荡，有了错误，遮遮掩掩的不是真君子。

> 陈司败问昭公知礼乎？孔子曰："知礼。"孔子退。揖巫马期而进之，曰："吾闻君子不党，君子亦党乎？君取于吴，为同姓，谓之吴孟子。君而知礼，孰不知礼？"巫马期以告。子曰："丘也幸，苟有过，人必知之。"
>
> ——《论语·述而》

陈司败问孔子：鲁昭公是不是懂得礼？孔子说：懂得。孔子出去以后，陈司败向巫马期作了一个揖，然后走向巫马期，说道：我听说君子是不偏袒人的，难道君子也偏袒人吗？国君娶了一位吴国的女子作夫人，称之为吴孟子。吴国与鲁国是同姓国家，同姓是不能通婚的。如果说鲁君懂礼，还有谁不懂礼呢？巫马期把陈司败的话如实告诉了孔子。孔子说：我孔丘是一个幸运的人呀，假如有了什么过错，一定会有人知道。

在陈司败看来，君子是不应该有什么偏袒的。鲁国的国君，娶了同姓国家吴国的女子做夫人，这是不合乎礼的要求的。鲁君明知这样做不合乎礼的要求，所以不称其夫人为吴姬，而称其为吴孟子。孔子作为君子，却说鲁君知礼，这无疑是偏袒了鲁君。这样做有损于君子的声誉。孔子只好赶快承认自己这样做的错误，而且说自己有幸，一旦有错，人家就会指出来。这样的情况，或许算不了什么大事，但对于君子来说，也是不能原谅的。

关于什么样的人是君子，孔子及其弟子的论述很多，这里用了大量的篇幅将其列举了出来，从各个方面说明了君子的特点。把这些特点集中起来，君子的面貌也就很清晰了。还有未能列出的，也就不赘述了。

二、小人

什么样的人是小人？孔子单独论及小人的地方不太多，但也有一些。在孔子的定义中，小人与君子是相对立的两种人。但是小人与小人的内涵并不完全一样。有的小人是品德低下或者品德恶劣的人，有的小人只是志向不太高远的人，或者是一些普通人。

> 颜回问小人。孔子曰："毁人之善以为辩，狡讦怀诈以为智，幸人之有过，耻学而羞不能，小人也。"
>
> ——《孔子家语·颜回》

颜回问老师：什么样的人是小人？孔子说：以诋毁别人的善行，作为自己的能言善辩；以狡猾、发人隐私、欺骗作为自己的聪明才智；因别人有过失而幸灾乐祸；以向别人学习为耻，却耻笑别人的能力不及自己的人。这就是小人。

这类小人，就是品德低下且恶劣的人。他们往往心术不正，且自作聪明，容不得别人比自己好，因而看到别人的好处、善行，就要去诋毁，还以为这是自己能言善辩，把自己的满肚子坏水当作聪明才智；心理阴暗，遇事狡诈，以揭别人隐私为乐事；对待别人，总是幸灾乐祸，常常以别人的正直忠诚为愚昧，以自己的无耻为聪明。

> 樊迟请学稼。子曰："吾不如老农。"请学为圃。曰："吾不如老圃。"樊迟出。子曰："小人哉，樊须也。上好礼，则民莫敢不敬；上好义，则民莫敢不服；上好信，则民莫敢不用情。夫如是，则四方之民襁负其子而至矣，焉用稼。"
>
> ——《论语·子路》

这段话在其他文章中已有过引述，不再译说。

说老实话，每当我读这一段话，总有一点为樊迟不平。学生只不过想向老师请教种庄稼种菜的学问，就被老师斥为小人，这是不是有点不公平？学种庄稼种菜便成了小人？当然，这是用现代人的观点来看问题，而孔子毕竟是古人。在孔子的眼里，他的学生应当有更高的理想，更远大的志向，更大的格局，应当去学做官。在他看来，只有具备更远大理想、更高志向、更高格局、更高层次的人，或者是做官的人，才是君子。这就是他的君子观。我们当然不能用现代的观点来要求古人。如果用现代观点来看，做官的人就都是君子吗？就是在古代，做官的人，包括国王、诸侯，小人又何其多，为了争权夺利，同类相残、弑父弑君的人又何其多！他们配做君子吗？至于现代，就更不用说了，贪官污吏何其多，他们配做君子吗？他们才是真正的小人。还有，种庄稼种菜的学问就不是学问？种庄稼种菜的人不是君子？这当然是错的。像水稻专家袁隆平，为国家为人民做出了何等重大的贡献，这才是真正的君子！不过，在这里我们并没有指责孔子的意思，也不能用今天的观点来要求古人。而小人毕竟还是有的，只不过对小人的定义有必要进一步厘清罢了。孔子在这里所指的小人，只是从地位与理想，或者对学问的追求来说的，并非从人的品德来说的。而在其他地方，一般都是把品德卑劣的人界定为小人。

> 子云："小人贫斯约，富斯骄，约斯盗，骄斯乱。礼者，因人之情而为之节文以为民坊者也。故圣人之制富贵也，使民富不足以骄，贫不至于约，贵不慊于上，故乱益亡。"
>
> ——《礼记·坊记》

孔子说：小人贫穷便都困顿，一富便骄纵起来，困顿便都去行窃，骄纵便去犯上作乱。礼，就是依人之常情来制定，而用以节制老百姓的行为规范的礼法规定。因此，圣人在制定礼法规定时，对于富贵的规定是，使老百姓能够过上富裕的日子，又不至于骄纵起来；贫穷而不至于贫困得活不下去；贵则不至于造成对上司不满。因此，社会混乱的情况就会消除了。

这是孔子给小人画的像。在孔子看来，人们对于贫困的态度是不一样的。君子贫穷能够守住自己的节操，小人就不行了。小人一旦贫困就会去行盗，去偷窃，一旦富裕起来便会骄纵淫逸，甚至犯上作乱。事实上也是这样。那些小人，总是不会安分的。所以孔子说："鄙夫可与事君也与哉？其未得之也，患得之。既得之，患失之。苟患失之，无所不至矣。"（《论语·阳货》）像那些鄙夫，你能够与他们一起为国家服务吗？当他们尚未获得一定的职位时，他们最害怕的就是得不到职位，所以就会千方百计、削尖了脑袋去钻营，去谋取一个职位。当他们获得了一定的职位，又最害怕失去那一份职位。假如他们到了害怕失去那份职位的时候，为了保住那份职位，就会什么坏事都做得出来，就会什么卑鄙无耻的手段都使得出来。所以你能和这样的人一起工作吗？

孔子这里所谓的小人，只是指那些品德卑下恶劣的人。不管穷人富人，地位高的人，地位低的人，只要是品德卑劣的人，就是小人。这样的小人，穷人中有，富人中有，地位高的人中有，地位低的人中有。不要以为那些富人、地位高的人都是君子，他们之中小人也不少。而穷人、地位低的人之中，君子也很多。

> 子夏曰："小人之过也必文。"
>
> ——《论语·子张》

子夏说：小人有了过错，也一定会用优美的理由或文辞把它粉饰起来。这是小人的品质所决定的。这可以与前面孔子的话联系起来看。小人就是这样一种人，什么事都会患得患失，一旦有了过失，就会担心对自己不利。所以小人一定会想尽一切办法，逃避责任，保护自己的利益。

> 子曰："色厉而内荏，譬诸小人，其犹穿窬之盗也与？"
>
> ——《论语·阳货》

孔子说：那些从表情上看起来很严厉，实际上内心却很懦弱的人，如果要用小人来作比喻，不就像是打洞跳墙偷盗的贼吗？

小人与小偷一样。那些小偷，在不行窃的时候，站在那里，也还人模狗样。一到偷盗行窃的时候，就只能是猥琐窬墙的鼠类了。

孔子关于单独描述小人的论述不太多，下面来看君子与小人的不同。

三、君子与小人

> 颜回问于孔子曰："小人之言有同乎君子者，不可不察也？"孔子曰："君子以行言，小人以舌言，故君子于为义之上，相疾也，退而相爱；小人于为乱之上，相爱也，退而相恶。"
>
> ——《孔子家语·颜回》

颜回向孔子请教说：小人所说的话，有些是与君子所说的话相同的，不可以不加以考察吧？孔子说：君子用行动说话，小人用舌头说话，因为君子崇尚道义活动，行义时相互之间争先恐后，退下来以后便友好相处，难舍难分；小人不同，他们以扰乱社会为能事，行动时亲热无比，难舍难分，退下来以后便相互厌恶，有如仇敌。

小人与君子，有时候说的话可能一样，但行动表现很不相同。君子总是用行动来说话，小人表现在嘴上，说得好听，有时会说得天花乱坠。君子与小人的最大区别在哪里？主要是在道德品格上。君子崇尚行义，以义为先。因此在行义的时候，总是争先恐后，互不相让，唯恐落在他人后面，但行动之后，大家在一起相处又亲切友好，难舍难分。小人不一样，他们唯恐社会不乱，只有扰乱社会，他们才能乱中取利。在这一点上，他们的利益是一致的。因此，在行乱的时候能够相互配合，亲如一家，难舍难分。退下来以后，在捞取利益时，就会你争我夺，相互厌弃，有如仇敌。

　　子曰："君子而不仁者有矣夫，未有小人而仁者也。"

　　　　　　　　　　　　　　　　　　　——《论语·宪问》

　　孔子说：君子里面没有仁德的人也是有的，却不会有小人而有仁德的人。
　　孔子这话看起来似乎有些矛盾。君子之所以名为君子，就必须具备仁德品格，否则是不能称其为君子的。但是仔细想来，这话并不错。孔子是把那些在上位的人，比如国君、上卿、大臣等都称为君子的。而实际上，那些人当中，不仁的人并不少。那些弑君弑父的人就不用说了，而那些鱼肉百姓、视百姓如草芥的人，他们有一点仁德之心吗？所以，从这一角度来说，君子之中有不仁的人，这一判断完全正确。但是，从另一角度来看，君子就应当都是有仁德品格的人。那些不具备仁德品格的人就不是真正的君子，他们只能说是伪君子。至于小人，主要指那些品德低劣的小人，那确实是不会具备仁德品格的人。从这一角度来看，君子与小人的重要分水岭就在于仁与不仁。

　　子曰："君子泰而不骄，小人骄而不泰。"

　　　　　　　　　　　　　　　　　　　——《论语·子路》

　　孔子说：君子心平气和而不骄纵无礼，小人骄纵无礼而趾高气扬。
　　从心理上来看，君子的心态安详舒泰，心平气和；小人的心态则是不能安分守己而趾高气扬。从行为上来看，君子彬彬有礼而不盛气凌人；小人则傲慢无礼而盛气凌人。这也是君子与小人不同的人格修养所致。君子就是君子，小人就是小人，一目了然，这是不会混淆的。

　　子曰："君子易事而难说也。说之不以道，不说也。及其使人也，器之。小人难事而易说也。说之虽不以道，说也。及其使人也，求备焉。"

　　　　　　　　　　　　　　　　　　　——《论语·子路》

　　孔子说：在君子的手下办事比较容易，要取悦于他却不容易。你不以正当的方式去取悦他，他是不会高兴的。但到他使用人的时候，能量才使用。在小人手下办事，是很不容易的，但很容易取悦于他。即使你用不正当的方式去博取他的欢心，他也会很高兴地接受。等到他使用人的时候，便会百般挑剔，求全责备。

这也是君子与小人的不同特点。孔子对人的观察是很细致而准确的。一般来说，君子总是严以律己，宽厚待人，所以在他们的手下服务比较容易。但他们处事又是很严谨的。你想取悦他们，必须以你对人的真诚与办事的效率来说话。想用阿谀奉承、溜须拍马等歪门邪道来取悦他们，只会引起他们的反感。而在用人方面，君子最是爱惜人才，他们选贤用能，尽可能发挥人才的作用，因而能够量才使用。小人不同，在他们的手下办事，他们总是会用小人的伎俩，狐假虎威，狗仗人势，要求苛刻严厉，鸡蛋里面挑骨头，让你无所是从，所以非常难。但要取悦他们很容易。他们总喜欢手下对他们阿谀奉承、溜须拍马，因而用小人对小人的办法，最能博得他们的欢心。在用人方面，他们也会用小人的眼光，十分挑剔，求全责备，尽可能挑选与他们气味相投的人。真正贤能的人才、正人君子，在他们那里是绝对不会有市场的。

子曰：“君子和而不同，小人同而不和。”

——《论语·子路》

孔子说：君子追求和谐相处，但不要求意见完全一致；小人只求意见一致，而不追求是否和谐。

这也是孔子对于君子与小人的正确判断。对于君子来说，希望大家能够和谐相处，但意见可以不完全一致。用现在的话来说，就是求同存异。大家和谐相处，可以避免一些不必要的争斗与消耗。但是，君子的和谐相处是有原则、有是非标准的，而非大家不讲原则、不分是非、一团和气，或者遇到坏人坏事，大家沆瀣一气。小人则不一样，他们以自我利益为原则，只要你服从我的利益，便可以你好我好大家都好；一旦发生利益冲突，便分道扬镳，或者拳脚相加，甚至刀枪相见，你死我活。

子曰：“君子周而不比；小人比而不周。”

——《论语·为政》

孔子说：君子忠诚团结而不相互勾结；小人相互勾结而不讲忠诚团结。

这可与前面的话联系起来看。君子就是君子，小人只是小人。君子与小人的品德不同，行事风格也不同。君子与人相处，讲究忠诚信实，讲究团结，但绝不相互勾结，结党营私；小人与人交往，不讲忠信，不注重团结，只为追逐私利而相互勾结。

子曰："君子上达，小人下达。"

　　　　　　　　　　　　　　——《论语·宪问》

　　上达与下达到底是什么意思，历来学者解读有所不同，很难说清楚。本人认为，孔子最重视的就是人的品德道义修养，这个上达与下达大致也不应该出乎品德道义修养。如果是这样，那么君子上达就是其品德道义修养日趋完善，最终达到崇高境界；而小人的品德道义日趋堕落，其结局将走向地狱。

子曰："君子求诸己，小人求诸人。"

　　　　　　　　　　　　　　——《论语·卫灵公》

　　孔子说：君子严格要求自己，小人严苛要求别人。
　　这两句话可以从两个方面来理解。一方面是君子与小人对自己的要求不同。严格要求自己，严以律己，是君子品质的本质特点。他们遇到事情，总是先检查自己的言行，是不是符合君子应当具备的品德，所以他们能够做到"见贤思齐焉，见不贤而内自省也"。（《论语·里仁》）见到贤能的人，就向他们学习，力求赶上他们。见到不贤的人，就检查自己，看自己有没有和别人一样的毛病，从而改之。所以，君子遇到了问题，绝对不把责任推到别人头上，只在自己身上找毛病。小人则不同，他们对自己是放纵的，而对别人的要求则是严苛的，吹毛求疵。所以有了什么问题，先找别人的不是，把责任推给别人，事事处处总是自己做得对、做得好，处处都是别人的不是。用一句话来概括，好处都是自己的，坏处都是别人的。另一方面是，当君子与小人遇到困难或问题的时候，处理的方法与途径不同。君子总是把困难与问题留给自己，力求自己解决；小人则把困难与问题推给别人，依赖别人解决。

子曰："君子喻于义，小人喻于利。"

　　　　　　　　　　　　　　——《论语·里仁》

　　孔子说：君子懂得的是义，办什么事情都从义字出发；小人懂得的是利，办什么事情都从私利出发，唯利是图。
　　在孔子看来，君子与小人的根本不同点就在于如何对待义与利两个字上。君子办事从公义出发，小人办事从私利出发。这里我想引述《孟子》中的一段话：

孟子见梁惠王。王曰："叟不远千里而来，亦将有以利吾国乎？"孟子对曰："王何必曰利？亦有仁义而已矣。王曰'何以利吾国？'大夫曰'何以利吾家？'士庶人曰'何以利吾身？'上下交征利，而国危矣！万乘之国，弑其君者，必千乘之家。千乘之国，弑其君者，必百乘之家。万取千焉，千取百焉，不为不多矣。苟为后义而先利，不夺不餍。未有仁而遗其亲者也，未有义而后其君者也。王亦曰仁义而已矣，何必曰利？"

这是《孟子》开篇的一段话。从这一段话来看，梁惠王作为一个国王，见到孟子的第一句话便是：老人家，您千里迢迢到这里来，也将会给我的国家带来很大的利益吧？开口就是一个利字。而孟子的回答是：君王呀，您为什么一开口便要说到利益呢？大家讲讲仁义就好了。如果君王您说"怎样才能对我的国家有利呢？"，大夫说"怎样才能给我的封地带来利益呢？"，那些士与百姓们就会说"如何才能给我们这些个人带来利益呢？"。这样一来，大家互相追逐的都只有私利，国家就会有危险了。在一个有一万辆兵车的国家里，去杀害其国君的，一定是拥有一千辆兵车的大夫。在有一千辆兵车的国家，去谋杀其国君的，一定是拥有一百辆兵车的大夫。国王有一万辆兵车，大夫就有一千辆兵车，国王有一千辆兵车，大夫就有一百辆兵车。这些大夫的家产不能算少了呀。但假如大家都只先为私利着想，而后才去讲公义，那么，那些大夫不把国王的家产都夺过去是不会满足的。所以，没有具备仁的品德的人，会遗弃他们的父母亲，也不会有具备义的品德的人，会把君王的利益放在自己的利益后面。因此，君王您也只要讲仁义就行了，何必要去讲利呢。

结合孔子前面的话来看孟子的这一段话，可以看出，君子与小人，其区分在于人的品德，在于对待义与利的不同态度。不管其地位有多高，是君子还是小人，并不以其地位而论。如果是小人，地位再高仍然是小人；如果是君子，地位再低也仍然是君子。国王，其地位至高无上，其财富也至多无上。而大夫，其地位虽比国王低，也仍在高位，其财富也是如此，或者比国王少，也不会太少。但如果品德低下，私心太重，私欲膨胀，一旦时机成熟，便会弑父弑君，或者去侵略他国，滥杀无辜，以获得最大利益。这样的国王或大夫，是君子还是小人？当然只能是小人。人们常说小人得志，那是不得了的事。一旦小人得志，他们便会目空一切，唯我独尊，视他人如草芥。对待财富，那便我的是我的，你的也是我的。君子就不同了。孔子对尧、舜、禹就赞叹不已。

子曰：“巍巍乎，舜禹之有天下也，而不与焉。”

——《论语·泰伯》

孔子说：舜和禹，多么崇高啊！他们贵为天子，广有天下，却不为自己谋取丝毫私利。

子曰：“大哉尧之为君也。巍巍乎！唯天为大，唯尧则之。荡荡乎，民无能名焉。巍巍乎，其有成功也，焕乎其有文章。”

——《论语·泰伯》

孔子说：尧作为天子，真正是伟大呀，崇高呀！世界上只有天最为伟大崇高，只有尧的功绩能够与天的崇高伟大相称。他给人民带来的恩惠真是太多太多，让老百姓真的不知道如何形容才好。他的伟大功绩真是多姿多彩，光芒万丈。

子曰：“禹，吾无间然矣。菲饮食而致孝乎鬼神，恶衣服而致美乎黻冕，卑宫室而尽力乎沟洫。禹，吾无间然矣。”

——《论语·泰伯》

孔子说：对于禹这样的君王，我实在挑不出他任何瑕疵。他自己的饮食很简单，却把祭祀鬼神的贡品准备得很丰盛；他平时穿着很朴素，而祭祀时穿戴的衣冠却很讲究；他住的宫殿很简陋，却把精力全用在兴修水利上了。禹这样的君王，真是没有什么缺点可挑剔。

尧、舜、禹这样的君王，他们地位高，权势大，却一心为公，一心为民，胸怀一个义字。有了义，而又不谋任何私利，所以他们才是真正的君子。而小人则相反，虽然地位高，财富也多，小人得志，但因利字当先，利欲熏心，总没有满足的时候，所以争权夺利，“不夺不餍”。

义与利二字，是君子与小人的试金石。在义与利的面前，是君子还是小人，都会现出自己的原形。君子胸怀一个义字，见义勇为，见利思义，绝不越雷池半步；小人心里埋藏着一个利字，见利忘义，在利字面前，绝对是六亲不认。所以，在义与利的面前，不论地位高低，财富多寡，君子与小人，让人一目了然。

子曰：“君子坦荡荡，小人长戚戚。”

——《论语·述而》

孔子说：君子心胸开阔，坦坦荡荡；小人永远愁眉苦脸，不得开心。

这是为什么呢？人到无求品自高。此话只适宜于君子。君子常怀仁心，义字当先，与人为善，不做不仁之事，不发不义之财，不怀不仁之思，所以无所畏惧，因而心胸坦荡。小人则因为患得患失，利欲熏心，一心只想着怎样能够多捞钱，永远没有满足的时候，所以长戚戚。这一点，下面一段话更能清楚地说明问题。

> 子路问于孔子曰："君子亦有忧乎？"子曰："无也。君子之修行也，其未得之，则乐其意，既得之，又乐其治。是以有终身之乐，无一日之忧。小人则不然，其未得也，患弗得之，既得之，又恐失之。是以有终身之忧，无一日之乐也。"
>
> ——《孔子家语·在厄》

子路问老师，说：君子也有忧虑的时候吗？孔子说：没有。君子修炼自己的优秀品德，或者想做成一件事情，在还不曾达到预期目的的时候，则以能想做这样的事情为快乐。当这样的事情做成而达到预期效果的时候，又以能够做成这样的事情而快乐。因此，君子有终身的快乐，没有一天不快乐。小人就不是这样了。他们想要得到什么东西，没有得到的时候，总是为如何能够得到而千思万想，为得不到而担心受怕；一旦得到了，又要为如何保有而苦思苦想，为一旦再失去而担惊受怕。如此，小人有终身的忧患，而没有一天能够得到快乐。

这就是君子坦荡荡、小人长戚戚的原因。

> 子曰："君子不可小知而可大受也；小人不可大受而可小知也。"
>
> ——《论语·卫灵公》

孔子说：君子不应该只发挥他的小智慧，而应当去担当重大责任；小人则不能担当重要责任，只能利用他的小智慧。

对于国家与社会来说，运用贤能君子，为社会服务，是社会治理最有力的手段与方法。君子与小人的不同，在于品德。君子可以担任重要职务，担负重大责任，是因为他们没有私心，能够以其职务为社会服务，为百姓办事。小人则不同，他们私心太重，一旦有了权力与条件，就会利用权力与职务去为自己谋私利，去坑害百姓，危害社会。当然，对于小人，也可以发挥他们的作用，利用他们的小智慧，来为社会做些小事，使他们安定下来，不至于给社会带来大的危害。

子曰："君子怀德，小人怀土。君子怀刑，小人怀惠。"

——《论语·里仁》

孔子说：君子胸怀着德操，小人胸怀着乡土财产。君子胸怀着国家的法纪规定，小人胸怀着得到恩惠的盘算。

君子心中想着的是如何培养自己的德操，时刻用自己高尚的德操来指导自己的言行。所以，凡符合道德操守的事他们才会去做，不符合道德操守的事就绝对不去做。小人不同，他们心中装着的是他们占有的土地财产，盘算着如何从乡间土地上获得更多的利益。君子心中装着国家的法纪规定，一切言行都遵守法纪，处处事事做遵纪守法的模范。小人心中装着恩惠，时时刻刻想着如何才能获得更多的恩惠。

子曰："君子成人之美，不成人之恶。小人反是。"

——《论语·颜渊》

孔子说：君子成全他人的好事，不促成他人的坏事。小人与此相反。

君子与小人的道德标准不同，其心地也不一样。君子道德高尚，善良，总是希望别人都好，所以见到别人有好事，就会去促进它、成全它。见到别人可能出现坏事、出现危险，就去阻挡它、消除它，不让它带来危害。小人存心不良，对别人总会怀着一种阴暗心理，总不希望别人好，所以一见别人有好事，就会去阻挡它、破坏它。而别人有可能出现坏事，出现危险，他便幸灾乐祸，甚至千方百计地促成它。这就是君子与小人的重大区别。

子路曰："君子尚勇乎？"子曰："君子义以为上。君子有勇而无义为乱，小人有勇而无义为盗。"

——《论语·阳货》

子路问孔子，君子崇尚勇敢吗？孔子说：君子以义为最高道德境界。君子勇敢而不受义的支配，就会去扰乱社会。小人勇敢而不受义的支配，就会去为非作歹，为匪为盗。

义是为人必备的道德品质。君子要不要具备勇敢的品格？当然需要。但是勇敢要以义为前提，受义的支配。没有义为前提的勇敢，不受义支配的勇敢，就是乱作为，只会给社会带来混乱。这种勇敢就蜕变成了小人的行为。而小人的勇敢，如果没有义的约束，就会去做坏事，去做土匪强盗，危害社会。其实，小人一般是不具备勇敢特点的。他们即使有所谓的勇敢，也只不过是泼皮无赖行为的表现。如果他们具备了勇敢，又能受义的约束，他们的勇敢行为也就变成见义勇为了，而见义勇为也就变成了君子行为。由此可见，勇敢行为的前提是义。是君子的勇敢还是小人的勇敢，都只能以义与不义来判断。

> 在陈绝粮，从者病，莫能兴。子路愠见曰："君子亦有穷乎？"子曰："君子固穷，小人穷斯滥矣。"
>
> ——《论语·卫灵公》

孔子在陈国断绝了粮食，跟随他一起的人都病倒了，起不了床了。子路很不高兴地去见孔子，说：君子也有穷困得连饭都吃不上的时候吗？孔子说，君子虽然穷，但仍然保持着自己的节操，如果是小人遇到这种情况，就会胡作非为了。

这也是君子与小人在节操上的不同。君子在任何情况下都会保持自己的节操，就算是困顿到没有饭吃，饿得起不了床，仍然会坚持自己的节操，就是饿死，也不会去做越轨的事。小人就不会有这样的节操。他们遇到这样的情况，绝不会坐以待毙，早就去偷，去抢，去胡作非为了。所以，在困难的环境中最能考验人的品德。

> 子曰："君子有三畏：畏天命，畏大人，畏圣人之言。小人不知天命而不畏也，狎大人，侮圣人之言。"
>
> ——《论语·季氏》

孔子说：君子敬畏三件事情：敬畏天命，敬畏王公大人，敬畏圣人之言。小人不知道天命，所以不怕，也不尊敬王公大人，轻蔑圣人之言。

在孔子所处的时代，君子有这三畏，也是理所当然的。所谓天命，就是天地间自然的运行规律性，高深莫测，人们很难驾驭，不能违背。比如水、旱、雷、电等自然灾害，人们既无法预料，也无法防止，所以是令人敬畏的。王公大人，大权在握，至高无上，手握你的生死命脉，这些人谁敢违背，所以不能不敬畏。圣人之言，高瞻远瞩，上循天理，下合人伦，有若神明，怎能违背，令人敬畏。至于小人，他们不知道天命为何，也不知道天命何为，当然无所畏惧。王公大人与他们距离遥远，自然也没有那份必要的尊重与敬畏，所以轻慢。至于圣人之言，小人既不知其可贵，也高不可攀，因而持轻侮态度也就为之必然了。

子曰："由，志之。吾告汝：奋于言者华，奋于行者伐。夫色智而有能者，小人也。故君子知之曰知。言之要也。不能曰不能，行之至也。言要则智，行至则仁，既仁且智，恶不足哉。"

——《孔子家语·三恕》

孔子说：仲由呀，你记住。我告诉你：过于粉饰自己的语言的人是华而不实的，过于显示自己的行为的人是为了自我夸耀。那些表面上看起来似乎聪明能干的人，往往是一些小人。因此，真正的君子：知道就说知道，这是掌握言谈的要领；不会做的事就说不会做，这是最高的行为准则；说话掌握了言谈的要领，就是具备了智慧的表现；行动掌握了最高的行为准则，就是具备仁德的表现。一个人既具备了仁德又具备了智慧，还会有什么不足的地方呢！

这也是君子与小人品质上不同的地方。小人善做表面功夫，在言谈上，往往夸夸其谈，华而不实。在行动上，处处夸耀吹嘘，装腔作势。表面上看起来油头粉面，衣着华丽，颇为聪明能干，实则是一个绣花枕头。君子则与小人相反，言谈举止，实实在在，有一说一，有二说二，能做的事就说能做，不会做的事就说不会做，行为举止，以仁德为规范，不做任何越轨的事。这就是君子的智与仁的品德表现。

孔子谓子路曰："君子以心导耳目，立义以为勇；小人以耳目导心，不逊以为勇。故曰退之而不怨，先之斯可从已。"

——《孔子家语·好生》

孔子对子路说：君子用自己的心来引导自己的耳目，在建立仁义之心的前提下才去施展自己的勇敢。而小人则是以耳目来引导自己的心，把不谦让的逞强当作勇敢。所以说，君子谦让，就不会带来怨恨，在前行的道路上就会有人效仿。

这是孔子对子路的教育。子路多以自己的勇敢而自许。孔子教导他。一个君子，首先要修炼仁爱之心。有了仁爱之心，才能用自己的仁爱之心来引导自己的耳目。君子会恰当地施用自己的勇敢，而小人首先是没有一颗仁爱之心，看到听到不合自己心意的事，分不清青红皂白，就去逞强逞凶，以为这就是勇敢。这也就是君子之勇与小人之勇的区分。

关于君子与小人，我们引述了孔子诸多的论述，用了很长的篇幅来阐释。君子与小人，其根本区别在于学养的不同。学养的不同造成人的品德的不同。品德的不同造成为人处世的出发点不同。君子为人处世，以为社会、为他人、为百姓谋利益为出发点，而小人多以一己私利为出发点。至于所处的地位，君子有处于高位的，也有处于低位的，并不一定处于高位的就是君子，处于低位的就不是君子。一位农民，一位工人，有好的品德，就是君子。而处于高位的人，只要他品德恶劣，尽干坏事，也不可能是君子。小人也一样，有处于高位的，有贵为王侯的小人，也有贵为大夫卿相的小人。他们身处高位，为了一己私利，弑君弑父，谋害忠良，鱼肉百姓。这样的人，地位再高，也是小人。至于处于低位的，为了满足自己的私欲，在社会上为非作歹，欺压他人，无所不为，甚至杀人越货，堕落成为罪犯。

君子与小人，古代有，现代也有。在现代，那些全心全意为人民服务，不谋私利的人，不管其地位高低，都是君子。当然这里也有要稍作说明的地方。那就是所谓私利。比如按劳取酬，多劳多得，是不在其内的。按劳取酬，多劳多得，这样获得的报酬，不管是君子还是小人，都是应得的。所以，应该说这是义利，不是私利。除此之外，还有比如投资所获之利、炒股所得之利，这也应当算是义利。但是在义利之外而谋取的利，比如多吃多占，比如炒股利用不正当手段获得的巨额金钱，比如应付的劳务费用不按照应付的数量付与，而克扣劳动者的血汗钱等，这些钱都是不义之财。至于贪污受贿得来的钱就更不用说了。这样获得的钱财，都是不义之财。这样去获取钱财的手段，都是小人行为。所以这些人在行动之前都应当考虑一下，自己的行为是君子行为还是小人行为。再看这样一段话：

> 虞、芮二国争田而讼，连年不决，乃相谓曰："西伯仁也，盖往质之？"入其境，则耕者让畔，行者让路；入其朝，士让为大夫，大夫让于卿。虞、芮之君曰："嘻！吾侪小人也，不可以入君子之朝。"遂自相与而退，咸以所争之田为闲田也。孔子曰："以此观之，文王之道，其不可加焉。不令而从，不教而听，至矣哉！"
>
> ——《孔子家语·好生》

虞、芮两个诸侯国的国君为了争夺田地而打官司，好几年都没有结果。于是他们商量说：西伯侯是个仁义之君，何不请他来裁定呢？来到了西伯侯的领地，他们看到的是：耕田的人相互推让田界，行路的人相互让路；进入了西伯侯的朝堂，士人都推举别的士人去做大夫，大夫则推举其他大夫去做卿。见此情景，虞、芮两国之君感叹地说：嗨！我们这样的人真是小人，不配进入君子的朝堂。于是他们一起回去了，都将原来争讼的田地当作了闲置的田地。孔子说：从这件事来看，文王的治国之道，真是到了尽善尽美的境界。不用下达命令，大家都会顺从，不用进行教导，大家就会自觉遵从。这真是至高无上的境界！

从这件事情来看，文王治下的农民，都是真正的君子。文王治下的士与大夫，都是真正的君子。可见君子的模范行为，对他人的影响何等之大。虞、芮两国君受君子行为的影响，提高了自己的道德认识，也变成了君子。

士与儒

士与儒这两个词，在《论语》中出现得并不多，但在孔子的学说中，又是颇为重要的两个概念。就是在现代，这两个概念也还是被很多人采用。比如一些当官的人总是以儒仕自居。为什么要称自己是儒仕？这些人大概认为自己是有文化的读书人出身，是有文化修养的人，不是"大老粗"。一般说来，所谓的士，就是读书人。所谓儒仕，就是有文化修养的官员。而一些经商的人也总是自命为儒商。所谓儒商，当然也是有文化、有知识、有修养的商人，而不是所谓的"土豪"。还有就是军队的一些将领，被称为儒将。所谓儒将，就是能文能武的将领，或者更突出的是其儒雅品质。就是说，这些将领有文化修养，不仅是在武的方面本领突出，在文的方面也很突出，文雅之气很浓，没有爱说粗话、爱骂人的粗野习气。其实，中华人民共和国成立以来，人民的文化水平确实是大大提高了，全国实现了九年制义务教育，尤其是改革开放以后，高等学校扩大招生，高等教育普及率大大提高，受过高等教育的人，比比皆是。没有受过高等教育的人比例也已经降低了很多。所以，当官的人也好，经商的人也好，从军的人也好，有文化、高学历的人的比例越来越高。只是，高学历的官也好，高学历的商也好，高学历的将领也好，是不是就都是有文化、有修养的儒仕、儒商与儒将了呢？这是值得商榷的。这就只好向孔子请教了。

一、士

关于这个问题，先看范文澜先生的一段话："当时处在社会中间的士阶层，上有贵族大夫，下有庶民工商，能上达但不能顺利上达，怕下降但可能失职下降。士在军事上任作战骨干，政治上任中下级官吏，文化上学得古今知识，经济上拥有私田宅产业，社会地位重要而不高，想取得官职，必须依附把持国政的世卿贵族。……士是统治阶级的最下一层，当他求仕干禄向上看时，表现出迎合上层贵族利益的保守思想；当他穷困不得志向下看时，表现出同情庶民的进步思想。士看上时多，看下时少，因此士阶层思想保守性多于进步性，妥协性多于反抗性。孔子学说就是士阶层思想的结晶。"

这是范文澜先生在《中国通史简编》修订本第一篇第四章第九节中的一段话，是范先生对孔子那个时代士的基本特点的描绘。那是东周的后半期，公室卑弱，大夫兼并，宗族制度在瓦解，家庭制度在兴起，社会发生大变动的时候。这是士这个阶层产生的社会基础。如果没有这种社会变动，士阶层就没有产生的社会基础。

士的特点是什么？第一，士处在社会的中间阶层，上有贵族大夫，下有庶民工商，但还是有了一定的社会地位，因而为士创造了上升的空间。但是士的地位上升又可能受到制约，如果要取得官职，就要攀附世卿贵族，否则又可能失职下降。第二，士在文化上学得了古今知识，这是他们的重要特点，也是他们发展向上的资本。如果没有这个资本，他们就会下降到庶民中去。第三，他们都有一定的本领，比较能干，在政治上，能够担任中下级官吏，在军队中能够胜任作战骨干，这当然也是他们上升的有利条件。第四，他们有私有的田宅产业，这就给了他们较为重要的社会地位，虽然地位不高，但与庶民工商比较起来，还是不一样的。第五，他们属于统治阶级的最下一层，思想上有两面性：当他们求仕干禄向上看时，表现出迎合上层贵族利益的保守思想；当他们穷困不得志向下看时，表现出同情庶民的进步思想，但看上时多，看下时少，因而他们思想保守性多于进步性，妥协性多于反抗性。

以上就是士思想上的基本特点，也是用现代眼光来看士的思想的基本特点。不过，孔子也有一些关于士的论述，在孔子眼中，做一个合格的士并不容易，或者说，士的门槛并不低。

> 子贡问曰："何如斯可谓之士矣？"子曰："行己有耻，使于四方，不辱君命，可谓士矣。"曰："敢问其次。"曰："宗族称孝焉，乡党称弟焉。"曰："敢问其次。"曰："言必信，行必果，硁硁然小人哉！抑亦可以为次矣。"曰："今之从政者何如？"子曰："噫，斗筲之人，何足算也？"
>
> ——《论语·子路》

子贡问老师：什么样的人才可以称为士呢？孔子说：无论做人做事，都要用羞耻之心来约束自己，担任使节出使他国，不会完不成国君所托付的责任。这样的人，可以说是士了。子贡说：请问次一等的士呢？孔子说：在宗族之中，大家都称赞他孝顺父母；在乡里，乡亲们都称赞他尊敬年长的人，可以被认为是次一等的士。子贡说：请问再次一等的呢？孔子说：说出来的话，必须守信用，做什么事情，必须果断坚决。略显浅薄而固执的小人，也还可以被称为再次一等的士。子贡说：当今这些执掌政柄的人怎么样？孔子说：嗨，那些才识短浅、气量狭小的人算得了什么！

这就是孔子所认为的士。在孔子看来，作为一名士，其标准并不低。一等的士，无论是做人还是做事，都要用一个标准来约束自己，那就是羞耻之心。凡是有可能让自己蒙羞的事，就不能去做。这是一个人的素质问题，也是对一个人的道德品质的起码要求。同时，还要有担当精神，有责任心，有工作能力。如果让你去负责外事工作，出使别的国家，一定要能够完成国家赋予你的使命。孔子为什么给士提出这样的要求？在孔子所处的时代，诸侯国之间的战乱不少，所以外事任务特别多。而要完成外事任务，就要有担当精神，有工作能力，有责任心。如果没有这样的精神与能力，怎么能够完成外事任务呢？还有，什么样的事可能让自己蒙羞？在孔子的心目中，首先当然就是不能违背礼乐制度，背叛先王之道，用现代的话来说，就是不能违法乱纪、违反道德、贪财贪色之类。作为一名士，其奋斗目标就是成为仕人，就是去做官。要做官，要做一个好官，当然就要严格要求自己，不能去做能够让自己蒙羞的事情。这是一等的士。

次一等的士，孔子的要求是在他的宗族之中，大家都认为他是孝顺的，都称赞他有孝顺父母的美德；在乡里之内，他能够尊敬年长的人，乡亲们都认为他是一个懂礼貌的人，不是狂妄自大、目中无人的人。

再次一等的士，孔子的要求是他说出来的话，一定真实可信，一定能够实现，不是不负责任的胡言乱语。他的行为必须果敢坚决，不是一个犹豫不决，没有可以信赖的主意的人。即使是一个见识比较浅显而又固执己见的小人，也还能称得上是一个差一点的士。至于当朝那些做官的人，都是一些才识短浅、气量狭小的人，就谈不上是什么士了。

孔子为什么那么鄙视那些当官的人？他认为当时当官的都是一些贵族子弟，不学无术，不遵循礼乐规矩。

子路问曰："何如斯可谓之士矣？"子曰："切切偲偲，怡怡如也，可谓士矣。朋友切切偲偲，兄弟怡怡。"

——《论语·子路》

子路问老师：怎样做才可以称其为士了呢？孔子说：相互切磋勉励，和顺相处，就可以叫作士了。朋友相处，相互切磋勉励，兄弟相处，和和顺顺。

子路与子贡问的是同一个问题，但孔子的回答并不一样，这是因为子路与子贡的品格特点不一样，孔子对他们的要求也不一样，所以回答也不一样。这里，我想引述孔子的另一段话：

> 孔子曰："吾死之后，则商也日益，赐也日损。"曾子曰："何谓也？"子曰："商也好与贤己者处，赐也好说不若己者。不知其子，视其父；不知其人，视其友；不知其君，视其所使；不知其地，视其草木。故曰：与善人居，如入芝兰之室，久而不闻其香，即与之化矣；与不善人居，如入鲍鱼之肆，久而不闻其臭，亦与之化矣。丹之所藏者赤，漆之所藏者黑。是以君子必慎其所处者焉。"
>
> ——《孔子家语·六本》

孔子说：我死了以后，子夏的人品与学问将一天比一天增益，子贡则一天比一天减损。曾子说：为什么这么说呢？孔子说：子夏这个人喜欢和比自己贤良的人相处，子贡却喜欢取悦于不如自己的人。如果不了解儿子，就去看看他的父亲；不了解某一个人，就去观察他所结交的朋友；不了解那个国君，就去看看他所任用的臣下；不了解某一个地方，就去观察那个地方的草木。因此，与贤良的人居住在一起，就有如进入了芝兰香草的房间，时间久了就闻不到香草的香气了，因为已经被同化了；与不好的人在一起居住，就有如住进了腌咸鱼的店铺一样，时间长了，就闻不到臭味了，也是因为与之同化了。用来装丹砂的器具会被染成红色，用来装漆的器具会被染成黑色，因而君子一定要选择好自己所处的环境。

从这一段话中，我们知道了子贡的个性习惯与特点：他喜欢取悦不如自己的人。因而他在问老师什么样的人能够被称为士时，一连发了三问，一再问次一等的士如何，这是为什么？因为这样，将来更容易选择与什么样的士相处。子路没有这样的考虑，因而他的发问很干脆，只有一问。同时，孔子对两个人的回答也不同。这也是有针对性的。但是，不管怎么回答，都指出了士所必备的一些条件。即使是最次一等的士，也必须做到言必信，行必果。平心而论，要做到这两点也并不是容易的。所以，把孔子对两者的回答综合起来，士所应具备的条件就更全面了。不过，孔子对于士还提出了更多方面的要求：

> 子曰："士志于道，而耻恶衣恶食者，未足与议也。"
>
> ——《论语·里仁》

孔子说，作为一名士，有志于修炼自己的才德品质，而又以穿不好的衣服、吃不好的食物为耻，这样的人，也就没有什么好说的了。

这又是士必备的条件。要成为一名士，就要全心全意修炼自己的才德品质，这当然要有一个过程。这就要吃得起苦，耐得住穷，守得住清贫。至于那些既想成为一名士，却又穿不得破旧衣服，吃不得粗茶淡饭，过不得清贫日子，只想一夜之间便既富且贵的人，自然就没有什么好说的了。他们当然也就不可能成为一名真正的士。

子曰："士而怀居，不足以为士矣。"

——《论语·宪问》

孔子说：如果一位士，留恋于安逸享乐的生活，那就不是一个真正的士了。

这与上一段话是一个意思。要想成为一位士，并不是一蹴而就的，必须有一个锤炼修养成长的过程。在这个过程中，或者会经历这样那样的困难，遇到这样那样的挫折，如果经受不起困难与挫折的考验，而留恋安逸享乐的生活，那就不配做一个士人。

公曰："何谓士人？"孔子曰："所谓士人者，心有所定，计有所守。虽不能尽道术之本，必有率也；虽不能备百善之美，必有处也。是故知不务多，必审其所知；言不务多，必审其所谓；行不务多，必审其所由。智既知之，言既道之，行既由之，则若性命之形骸之不可易也。富贵不足以益，贫贱不足以损。此则士人也。"

——《孔子家语·五仪解》

鲁哀公问孔子：什么样的人可以被称为士人？孔子回答说：所谓的士人，他的内心一定是坚定的，他所制定的计策，都一定坚决执行。他虽然不一定能够完全掌握修身治国之策的全部精髓，但也一定会有所遵循；他虽然不可能完全具备世间所有的美德，但他也一定会守住道德的底线。因此，知识没有必要追求最多，但必须搞清楚这些知识的内涵；所说的话，也不是说得越多越好，关键是要搞清楚其所说的是不是有道理，有什么用处；所做的事情也不要追求最多，要搞清楚这么做是不是有道理，有好处。自己的智慧能够驾驭自己的知识，自己的言语都是有道理的，自己的行为都是有根据的，那么，这些东西就会像自己的生命与躯体一样不可替换。富贵不足以让他增加什么，贫贱也不能让他减少什么，这

163

样的人便是士人。

这又给士人提出了要求与标准。

有的人把士理解为读书人，这当然有一定道理。因为不读书，没有文化知识，就不可能掌握其他方面更多的知识与技能。但是，仅仅读了一些书是不够的，必须把从书本获得的知识，变成行为的能力，而这中间又有更多的条件。

第一是人的内心要坚定。这很重要。只有内心坚定，其内心才是强大的，才有定力。内心不坚定，耳根子就软，就不可能有坚定的意志，就不可能成为坚强的人，成不了大事。这与计有所守是联系在一起的。心无所定，计何所守？这当然还是要先能够产生计划来。没有计划，又何谈其守，但有了计划，没有内心的坚定，当然也无从谈守。

第二是道行的修养，也就是为人本领的修养。虽然说，每个人不可能把修身治国的文献资料与本领都完全掌握，但必须有所遵循。必须掌握一定的修身治国之道，才能有所遵循。如果一点修身治国之道都不掌握，那又何谈有所遵循。那也不过只是庸人一个。

第三，在人格品德的修养上，虽然不一定具备世间所有的美德，但要能守住自己的道德底线。这一点对于士来说，也是不容忽视的。人们常说，人无完人。人可以有缺点，有不完善的地方，但是总要一个道德底线。有的事情能做，有的事情绝对不能做。比如清廉与贪欲。清廉是必须的，贪欲之念是绝对不能有的。这就是底线。如果一个人自命为士，就要守住这个底线，不能越雷池一步。越过了这个雷池，就可以说走向了一条不归之路。

第四，要有分辨能力与判断能力。"知不务多，必审其所知；言不务多，必审其所谓；行不务多，必审其所由。"这里，这个审字极为重要。审就是分析与判断。没有分析能力与判断能力，遇到事情，就很难作出正确判断，就分不清是非。所以，知识，不必什么知识都具备。有的人看起来知识面很宽，很广，很博，面面俱到，但都浮在表面，并没有一点真知灼见，这样的知识，再多又有什么用处？如果你知识面并不很宽，但能够掌握一种或几种真正的知识，对这一种或几种知识精通，有真知灼见，能够解决真正的问题，这才是有用处的知识。说话也一样，要明确所说的话是不是有道理，是不是有用。有的人夸夸其谈，却一句也说不到点子上，说的都是一大堆废话。这样的话说得再多，有什么用处？做事也是这样，不在于做得多，而在于多做实事，多做好事，不要去做那些无用之功。而现在提出真扶贫，扶真贫，一户一户地落实，一户一户地解决实际问题。这样的扶贫，才是真正的有效的扶贫。从这一点来说，这个问题也应该是工作作风问题。就是说，学知识也好，说话也好，做事也好，都要有扎实的作风、踏实的作风，实事求是的作风；要杜绝一切虚浮的不实事求是的作风。

这就是孔子对士的要求。

> 哀公问于孔子曰："请问取人之法。"孔子对曰："事任于官，无取捷捷，无取钳钳，无取啍啍。捷捷，贪也；钳钳，乱也；啍啍，诞也。故弓调而后求劲焉，马服而后求良焉，士必悫而后求智能者焉。不悫而多能，譬之豺狼不可迩。"
>
> ——《孔子家语·五仪解》

鲁哀公问孔子：我想向你请教选取人才的原则。孔子回答说：根据各人的特长授予其相应的官职。不要选取那些贪婪的人、胡言乱语的人、怪诞不实的人。贪婪之徒贪得无厌；胡言乱语的人混淆视听；怪诞不经的人欺诈寡信。因此，必须事先调整好弓箭才能让箭有力地射出去，马匹必须事先驯服之后才能成为良马，士必须诚实谨慎才能发挥他的聪明才智。那些不诚实谨慎而又多才多能的士，好比豺狼，是不可以靠近的。

选取人才，在那个时代，也就是在士人之中选。孔子认为选取士人的条件，其实也就是士人应该具备的条件。一不能是贪婪的人。贪婪的人，必然是贪得无厌的人，做了官以后，必然成为贪污腐化分子。二不能是胡言乱语的人。胡言乱语的人，做了官以后，仍然胡言乱语，便会混淆视听，扰乱人心，搅乱社会。三不能是怪诞不经的人。怪诞不经的人，做了官以后，必然会离经叛道，破坏礼乐制度，破坏道德规范，破坏社会秩序。那些不诚实谨慎的士，如果又多才多能，那就有如豺狼，是不能靠近的。

所以，士一定要有好的人格与品德修养，人格品德不好的人，即使有一定的才能，那也并不可靠，他们很可能利用那一点才能干坏事，是不能靠近的。

> 子路见于孔子。孔子曰："智者若何？仁者若何？"子路对曰："智者使人知己，仁者使人爱己。"子曰："可谓士矣。"子路出，子贡入。问亦如之。子贡对曰："智者知人，仁者爱人。"子曰："可谓士矣。"子贡出，颜回入。问亦如之。对曰："智者自知，仁者自爱。"子曰："可谓士君子矣。"
>
> ——《孔子家语·三恕》

子路去见老师。孔子问他：你认为聪明的人应该是怎样的人？仁德的人应该是怎样的人？子路回答说：聪明的人能够让别人了解自己，仁德的人能够让别人喜欢自己。孔子说：你可以说是一个士了。子路出来，子贡进去。孔子向他问了一个同样的问题。子贡回答说：聪明的人应该了解别人，仁德的人应该爱护别人。孔子说：你可以说是一个士了。子贡出来，颜回进去。孔子也向他问了一个同样的问题。颜回回答说：聪明的人能够了解自己，仁德的人能够自爱。孔子说：你可以说是一个士君子了。

这段话很有意思。三个学生去见老师，老师向他们问了相同的问题：聪明的人应该是怎样的人？仁德的人应该是怎样的人？三位学生作了稍有区别的回答。老师对他们的回答作了不同的评价。子路与子贡都可以说是士了，颜回可以说是士君子了。这就产生了两个问题：一是士与士君子这两个概念的区别；二是为什么有这样的区别。

先看三位学生的回答：

子路：聪明的人能够让别人了解自己，仁德的人能够让别人喜欢自己。

子贡：聪明的人应该了解别人，仁德的人应该爱护别人。

颜回：聪明的人能够了解自己，仁德的人能够自爱。

因为这样不同的回答，孔子说子路与子贡可以说是士了，而说颜回可以说是士君子了。这就是说，士与士君子不同，子路、子贡与颜回不同。一般的理解，士只是士，不一定是君子，而士君子，既是士，又是君子。这可以看出，士与士君子并不在一个层次上，这主要是从个人的道德修炼与学识修养上来说的。士君子比士要高一个层次。前面已经说到，要成为士，门槛并不低，并且士的层次也并不一样，就是低一等的士，条件也还是比较高的，何况是士君子呢？这也就是说，要成为一个士人，并不容易，要成为一个士君子更不容易。这是其一。

来看士与士君子的不同。这种不同主要体现在子路、子贡与颜回对智与仁的不同理解上。先说子路：

子路认为聪明的人能够让别人了解自己，仁德的人能够让别人喜欢自己。其实，一个人做到这一点并不容易。人家为什么会了解你，为什么会喜欢你？首先是坦诚。只有坦诚，别人才会了解你。子路是一个坦诚的人，所以希望别人了解他。其次，你一定表现出色，各个方面都做得好，给了人家帮助，给国家和社会带来了好处，至少在某些地方某些方面做得很好，给他人带来了帮助，给国家与社会带来了好处，否则人家怎么会喜欢你？对于这样的士，孔子既给予充分肯定，又有一定的保留。就是说，能够做到这一点，就可以说是一个士了，但并不是就很好、就最好了。为什么？子路坦诚，又有自许的特点。孔子曾多次表扬他，他便沾沾自喜，这又常常受到孔子的批评。孔子喜欢坦诚，也喜欢谦虚。

子曰："不患人之不己知，患不知人也。"

——《论语·学而》

子曰："君子病无能焉，不病人之不己知也。"

——《论语·卫灵公》

子曰："不患无位，患所以立。不患莫己知，求为可知也。"

——《论语·里仁》

子曰："人不知而不愠，不亦君子乎？"

——《论语·学而》

自己做得好就好，不必让别人知道。只害怕自己做得不好，不害怕别人不知道。就是人家不了解自己，也不要不高兴。这就是孔子回答子路，既肯定又有一定保留的原因。再说子贡：

子贡认为聪明的人能够了解别人，仁德的人能够爱护别人。子贡的这个回答无疑是正确的。智者知人，仁者爱人，这也是孔子说过的话。智者与仁者就应该是这样。但是孔子更主张自我修养。智者要先知己，仁者要先自爱。为什么呢？"君子患无能""患所以立""古者言之不出，耻躬之不逮也"。君子害怕的是自己没有能耐，没有本事，没有能力。自己本身什么都不行，你了解别人有什么用，能够帮助人家吗？患所以立。害怕的就是没有什么可以让自己立于社会的本领，没有立于社会的本钱。你自己什么本钱都没有，了解别人有什么用？古人之所以不把要说的话先说出来，就是害怕自己的实践跟不上。同样，你要去爱别人，也要有爱别人的本钱。你自爱了没有？如果还没有做到自爱，又何谈去爱别人呢？没有做到自爱而去爱别人，可以说，这是不自量力，也是对别人的不尊重。所以孔子要说子贡可以说是士了，没有说他是士君子。再说颜回：

颜回说，聪明的人了解自己，这才是真正的聪明人；仁德的人懂得自爱，这才是真正的仁德的人。道理上面已经说过了。聪明的人也好，仁德的人也好，首先要做的就是自我道德修养。了解自己，知道自爱。这是自我修养的先决条件。如果自己不了解自己，不知道自爱。也就是说，不知道自重，不知道自己有几斤几两，又如何去修养自己？所以，要把自己修炼好，首先就要自知自爱，自知自爱，自知自重，把自己放在一个恰当的位置上，不要自轻自贱。对自己有深入的了解，才能更好地修养自己。只有把自我修养好了，才能有知人与爱人的本钱，才能让别人更好地来了解自己、爱自己，也才能更好地了解别人、爱别人。这正是颜回的回答让孔子说他是士君子的原因。

> 曾子曰："士不可以不弘毅，任重而道远。仁以为己任，不亦重乎？死而后已，不亦远乎？"

——《论语·泰伯》

曾子说：士不可以没有远大的志向和坚强的毅力，他们的肩上担负着重大的责任，而要完成这样重大的责任，有很远的路要走。他们以在天下实现仁道作为自己的责任，这担子不是很重吗？他们要为实现这样伟大的理想而奋斗终生，一直到死亡才会停下来，这道路不是很远吗？

曾子给士提出了更高的标准和要求。士肩负着很重要的责任。这责任是要在天下推行仁道，以仁道来治理天下国家。这任务确实太重大了，责任确实太繁重了。如此重大的任务，如此繁重的责任，绝对不是容易完成的，是要经过长久的、艰巨的、不懈的努力，甚至必须经过一生的努力，才能够完成，所以任重道远。他们既然有志于完成这样的任务，既然肩负这样重大的责任，有远大的志向与理想，有坚强的毅力意志，那么就要为之奋斗而一直到死，才会停止。

这就是士，是孔子心目中的士，是曾子心目中的士。由此看来，要成为孔子与曾子所认为的合格的士，真不容易。

二、儒

儒这个概念在《论语》中并不多见，主要论述多在《孔子家语·儒行解》。

士与儒，虽说是两个不同的概念，其实，从某种意义来说，士就是儒，儒也就是士。所以人们很多时候都把儒称为儒士。这其实也有道理。一般说来，能够被称为儒的人，都是有学问的人，而士也是对有学问的人的称谓。实际上，非儒也难以成士。而儒士当然就是士。不过，情况也不绝对，就士而言，也还有武士。武士可以是儒，比如子路，是士，是儒士，但他有武艺，说他是武士，也没有错。但有的武士，也可以非儒。比如作战勇猛的士兵，有了战功，被提拔成为军官，那也应该是士了，但他们不一定是儒。这就是士与儒在某种情况下的区别。而孔子在《孔子家语·儒行解》中论及儒时，并未冠之以儒士。而在《论语》中论及士时，也未以儒士冠之。所以在讨论士与儒时，也就把他们分开来论述。先来讨论儒。

孔子在卫，冉求言于季孙曰："国有圣人而不能用，欲以求治，是犹却步而欲求及前人，不可得已。今孔子在卫，卫将用之。已有才而以资邻国，难以言智也。请以重币迎之。"季孙以告哀公，公从之。孔子既至，舍哀公馆焉。公自阼阶，孔子宾阶，升堂立待。公曰："夫子之服，其儒服与？"孔子对曰："丘少居鲁，衣逢掖之衣。长居宋，冠章甫之冠。丘闻之，君子之学也博，其服以乡，丘未知其为儒服也。"公曰："敢问儒行？"孔子曰："略言之，则不能终其物；悉数之，则留更仆未可以对。"哀公命席，孔子侍坐，曰："儒有席上之珍以待聘，夙夜强学以待问，怀忠信以待举，力行以待取。其自立有如此者。"

——《孔子家语·儒行解》

孔子在卫国。冉求对季孙说："一个国家有自己的圣人而不能任用，还想要治理好国家，这就好像是一个倒退着行走的人，想要赶上前面行走的人一样，是不可能的。现在孔子在卫国，卫国将要重用他。我们自己有这样的贤才，却用来帮助邻国，很难说是聪明行为。请用丰厚的聘礼把他迎聘回来。"季孙把冉求的这番话转告给鲁哀公，鲁哀公表示同意这个意见。孔子来到鲁国，住在鲁哀公用来接待客人的宾馆里。鲁哀公从东边的台阶上走上来，孔子从西边的台阶上走上来，一起来到朝堂。孔子侍立于鲁哀公的旁边。鲁哀公说："夫子所穿的衣服可是儒服吧？"孔子回答："我小时候居住在鲁国，穿着肥大宽袖的衣服，长大后居住在宋国，戴着殷商时代流行的一种黑布做的帽子。我听过这样的话：君子的学识广博，所穿的衣服都入乡随俗。我不知道我所穿的衣服是不是儒服。"鲁哀公又问道："儒家人士的行为应该是怎样的？"孔子回答："如果只是简单地说一下，很难把问题说得全面完整。如果要详尽地说，恐怕说到值班的人士换岗了都说不完。"鲁哀公命人安排坐席，孔子侍坐于一旁，说："有的儒者凭借自己美善的才德等待着王侯来聘用；有的儒者不分白天黑夜苦读，以待闻达于诸侯；有的儒者胸怀忠信等待着有人来推举；有的儒者努力践行自己的主张而等待任用。儒者就这样修身自立。"

鲁哀公向孔子询问儒家人士的有关情况，特别是儒家人士的行为表现。孔子向鲁哀公介绍了儒家人士的四种状况。这四种状况是：

一种是具有美善才德的人。他们将凭借自己美善的才德，等待着有眼光的王侯来聘用。

一种是苦学而博古通今的人。他们不怕吃苦，不分白天黑夜，废寝忘食地苦读经典，将以博古通今来闻达于诸侯。

169

一种是胸怀忠信美德的人。他们就依凭忠信的美德，等待有人来推举。

一种是善于实践的人。他们在实践着自己治理社会的主张，而等待得到任用。

孔子向鲁哀公介绍了这四种儒家人士的情况。他们各有各的特点与特长，不论是品德修养还是学识修养，都各有所成，都不是无能之辈。无能之辈不可能跨入儒者的门槛。

> 儒有衣冠中，动作顺，其大让如慢，小让如伪。大则如威，小则如愧，难进而易退，粥粥若无能也。其容貌有如此者。

儒家人士穿衣戴帽，都要周周正正，他们的动作一定从容和顺，合乎礼的要求。他们辞让大的利益时很神圣，颇似有些高傲；推让小的利益时很委婉，又似有些虚伪。他们处理大的事情时很谨慎，好似心怀畏惧；处理小的事情时不草率，好像心怀愧疚。他们进取的时候，再三谦让，绝不急躁，一旦辞谢便立即退出，表现出一种好像柔弱无能的样子。儒家人士从外表上看起来就是这个样子。

这就是儒家人士外表上的要求。他们的着装周正、正规，整洁，不马虎，不能不修边幅。他们的行为动作从容和顺，绝不毛毛躁躁，轻举妄动。他们有了大的礼让活动，表现出很神圣的样子，好像有点高傲；遇到小的礼让活动，表现得很委婉的样子，好像有点虚伪。他们处理大事情谨慎，处理小事情不草率。他们进取的时候，也礼让三分。从这些表现可以看出，他们处事都很稳重，很谨慎，不张狂，也不至于卑躬屈膝，就是所谓的不亢不卑。其实，在什么情况下，都要掌握好一个度，这个度就是不越礼。这样的事情，看起来很简单，其实做起来并不容易。而对于一个儒者来说，那又是必须的。因为作为一个儒家人士，你首先就应该是儒雅的。如果一点儒雅的气息都没有，那还能叫什么儒呢？就此而言，这些要求也值得大家重视与学习。

> 儒有居处齐难，其坐起恭敬，言必诚信，行必中正，道涂不争险易之利，冬夏不争阴阳之和，爱其死以有待也，养其身以有为也，其备豫有如此者。

儒家人士的日常起居要求非常严格，有如斋戒一般一丝不苟。他们坐立都恭敬敏捷，讲出来的话一定诚实守信，行为举止忠诚正直，在道路上行走的时候，宁可走险峻难行的地方，而把平坦的路面让给其他行人。冬天把暖和的地方让给别人，夏天把凉爽的地方让给别人。珍惜自己的生命与健康，是因为对未来有所期待，修养自己的身心是为了以后有所作为。儒家人士就是为未来成为人才作准备的。

这是儒家人士自我修养的风采。儒家人士对自己要求十分严格，一丝不苟，没有一点放松、放纵自己的地方；从日常起居开始，就一丝不苟地严格要求自己，有如斋戒一般，卫生、整洁。儒家人士坐，讲究坐姿；站，讲究站姿。坐正立直，恭恭敬敬，绝不会出现站没站相、坐没坐相的表现。他们说话讲究信誉，诚实守信。说出来的话一定要能兑现，绝不会信口开河，胡言乱语，不负责任。行为忠诚守信，做事讲究实效，不做表面工夫，绝不华而不实。就是走路，他们也讲究礼让，把好走的路面让给别人。他们在公共场所，夏天把凉快的地方留给别人，冬天把暖和的地方让给别人。他们珍惜自己的生命，只是为了将来能够做更多的事情；锤炼自己的身心，只是为了未来更加有所作为。

这就是儒家人士为未来作准备的情况。当今的某些青年人要想有一个好的前途，就要有一个好的准备。世界上没有真正的天上掉馅饼的事。少壮不努力，老大徒伤悲。这是我们的祖先几千年来总结出来的经验与教训。

> 儒有不宝金玉，而忠信以为宝；不祈土地，而仁义以为土地；不求多积，多文以为富。难得而易禄也，易禄而难畜也。非时不见，不亦难得乎？非义不合，不亦难畜乎？先劳而后禄，不亦易禄乎？其近人情有如此者。

儒家人士不把金玉作为最宝贵、最贵重的东西，而是把忠诚守信视为最宝贵的东西。他们不谋求占有土地，而以仁德道义为土地；不谋求积蓄更多的财富，而把学得更多的知识文化作为财富。要得到儒这个名号，并不容易。他们比较容易获得官职俸禄，却并不能够很容易留住他们，因为他们坚守自己做人的原则。没有很符合他们的时机，他们不会出现，这不是很不容易得到他们吗？即使得到了他们，不是合乎道义的事，他们不愿意去做，这不是很难把他们留住吗？他们总是愿意先付出劳动，然后再接受俸禄。这也使他们容易得到俸禄。儒家人士就是这样地通于人情世故。

这是儒家人士做人的风采。他们不看重金银财宝，把忠诚守信看得比金银财宝还重要、还贵重。他们也不谋求土地，而把仁德道义看得比土地重要；也不多用心思去积聚财富，而把心思放在积累知识文化与道德修养上。这就是他们不同于一般人的地方。他们最关心与注重的是个人的人品道德、知识文化的修养。他

们也在意谋求一官半职，但时机不成熟不出仕；即使出仕了，与自己的做人原则
不相合的事情也不愿意做。所有这些都值得那些自命为儒士的人认真思考。做人
要有原则，做事也要有原则。就其做人来说，什么最重要，什么最宝贵？那就是
人品，是仁德道义。一个人的人品低下，缺乏仁德道义，一文不值，让人不齿。
就其做事而言，什么样的事能做，什么样的事不能做？任何时候，任何情况下，
亏心的事绝对不能做。这样做人的价值观，实在值得我们认真思考。今天，或许
某些东西已经时过境迁，大家不必那么去做了，但就其做人而言，就其做人的价
值观而言，就其做人的道德而言，还是有很多地方值得我们效法。

> 儒有委之以财货而不贪，淹之以乐好而不淫，劫之以众而不惧，阻
> 之以兵而不慑。见利不亏其义，见死不更其守。往者不悔，来者不豫，
> 过言不再，流言不极，不断其威，不习其谋。其特立有如此者。

对于儒家人士来说，把钱财货物交给他们管理，他们不会有占为己有的想
法；处于美妙淫侈的环境，他们不会沉溺其中；遭到众多人的威胁，他们不会畏
惧；受到兵器的恐吓，他们不会胆怯；遇到不符合道义的利益，他们不会接受；
即使面临生命危险，他们也不会改变自己的道德操守；对于以往做过的事情，他
们不去后悔；对于未来决心要做的事情，他们不会犹豫不决；说过的错话，不说
第二遍；听到流言蜚语，不去刨根问底。他们始终保持自己的尊严，不去学习权
术谋略。儒家人士就是这样特立独行。

这还是儒家人士为人的风采。他们的原则是，凡不符合道义、违背道义的事
情，他们坚决不干。面对不义之财，他们绝对不取。面对玩物丧志的东西，他们
绝不沉迷。他们受到威胁不畏惧，受到恐吓不胆怯；面对生命危险不改变道德操
守；遇到不合道义的利益，不接受；错话不说第二遍；听到谣言，不追根问底，
不信谣，不传播；不去学习权术谋略等。作为儒者，必须具备这样的道德操守。
看到这里，我们可以反思一下当今社会能够像儒家人士那样遵守道德操守的人有
多少？有些人眼睛里只有钱，只有利益，置人格、道义于不顾。

> 儒有可亲而不可劫，可近而不可迫，可杀而不可辱。其居处不过，
> 其饮食不溽，其过失可微辩而不可面数也。其刚毅有如此者。

儒家人士可以亲近而不可以劫持，可以接近而不可以胁迫，可以被杀而不可
侮辱。他们居住的地方并不奢华，他们的饮食并不丰厚。他们有了过失，可以委

婉地规劝，不接受当面训斥。这就是儒者刚毅的表现。

可杀不可辱，贫贱不能移，富贵不能淫，威武不能屈，这是士的特点，当然也是儒家人士的特点。这也是儒家人士与一般人不同的地方。一名儒家人士必须有这样的修养：和蔼可亲，人们都很愿意和他们亲近，很愿意和他们做朋友，有什么事情也愿意找他们帮忙。如果他自视清高，自以为了不起，拒人于千里之外，谁还来亲近他，他又还能有什么作为？但是如果有人胁迫他去做坏事，或者胁迫他去做自己不愿意做的事，那他一定不会与之同流合污，一定不会屈服，这就是他们的原则。同样，儒者可以亲近却不可以逼迫。不仅这样，就是刀架到脖子上，他们宁愿去死，也不会做软骨头，不会屈服，不会接受被侮辱的条件。他们之所以能够如此，是他们修炼的结果。他们的所求不同，他们不要求过高的居住条件，不要求过高的饮食标准，不求奢华。人到无求品自高，他们十分珍惜做人的尊严，如果有了什么过失，他们愿意接受委婉的规劝，而拒绝当面的训斥。他们就是这样刚强而坚毅。

　　儒有忠信以为甲胄，礼义以为干橹，戴仁而行，抱义而处。虽有暴政，不更其所。其自立有如此者。

儒家人士将忠诚信实作为自己的头盔与铠甲，用礼义作为盾牌，进行任何行动，身上都佩戴着仁德的护身器，与人相处，必定坚持不违背道德。即使国家出现暴政，儒家人士也不会变更自己所坚持的操守。儒家人士就是这样保持自我的独立性。

孔子这里讲的是儒家人士的自我独立性。怎样才能保持自我独立性，这就要看你的修养如何，有什么样的抵抗力。当社会上各种各样的诱惑向你袭来的时候，比如钱财，比如权力，你能否抵挡得住。很多人在这样的诱惑前面，当了俘虏，成了腐败分子。更多的人则是在这些诱惑面前，立稳了脚跟，一身正气，两袖清风，让人敬佩。后者之所以能够做到如此，就是因为他们具有坚强的道德底线。当你心中装着忠诚信实的准则、礼义的准则、仁德的准则、道义的准则，以这些准则为循环，以这些准则为盾牌铠甲的时候，当你一身正气，神圣不可侵犯的时候，有什么样的歪风邪气能够诱惑你，能够攻破你的防身武器？这样一来，什么时候你都是一个坐得正、立得直、行得稳的独立的神圣不可侵犯的人。由此看来，人的道德修养极为重要。对一个有高度道德修养的人来说，任何歪风邪气都无法侵害他。所以，儒家最重视人的道德修养。

> 儒有一亩之宫，环堵之室，荜门圭窬，蓬户瓮牖，易衣而出，并日
> 而食。上答之，不敢以疑；上不答之，不敢以谄。其为士有如此者。

儒家人士只有一亩地大的宅院，居住在四面一丈见方的房间里，院子的门是用荆条与竹枝编成的，门很窄小，有如一个圆洞。房间的门用蓬草编成，窗子用破瓮片镶嵌而成。全家只有一套比较体面的衣服，谁出门谁穿。为了节约，他两天只吃一天的粮食。国君采纳他的建议，他不敢有什么怀疑，一心一意去办好事情；国君不采纳他的建议，他也不会做出奉承谄媚的事来。儒家人士就这样出仕为官。

孔子在这里所说的儒士，大概也是比较特殊的情况。家境贫寒，生活艰困，家徒四壁，衣食不给。但就是在这样的境遇中，他们仍然坚守着自己的道德操守。一旦他有机会出仕为官，得到重用，国君采纳了自己的建议，便忠心尽责；如果国君不采纳他的建议，也不去奉承献媚、溜须拍马。这真正是表现出了儒士的高风亮节。这里，有两点值得深思：

一是如何对待贫穷，如何改变贫穷。在贫穷面前，是坚持自己的道德操守，努力奋斗，去改变贫穷面貌，还是走歪门邪道去改变贫穷面貌？这确实是对人的重大考验。其实，在现代社会，只要有勤劳吃苦的精神，就没有克服不了的困难，就没有改变不了的面貌。但是就有那么一些人，他们吃不得一点苦，不愿付出一点辛勤劳动，只想天上掉馅饼，于是就走上了歪门邪道。现在走各种歪门邪道的人很多，比如行骗，行骗的方法何其多，开始的时候，可能来钱快，但这是一条不归路。

二是如何为官。行走在官道上，能不能守住自己的道德底线？或者发挥自己的聪明才智，全心全意为人民服务，辛勤工作，以图上进，这是正道。或者是阿谀奉承，溜须拍马，谄媚以讨好上司，以求上进；或者贪赃枉法，腐化堕落，这是歪门邪道，其结果必然是走上不归之路。

> 儒有今人以居，古人以稽。今世行之，后世以为楷。若不逢世，上
> 所不受，下所不推，谗谄之民有比党而危之，身可危也，其志不可夺
> 也。虽危起居，犹竟信其志，乃不忘百姓之病也。其忧思有如此者。

儒家人士与同时代的人住在一起，却用古代人的道德标准来要求自己。他们今世的行为，必将成为后世人的楷模，如果未能赶上好时代，上面没有人接纳他，下面没有人推举他，那些狡诈谄媚之徒又合起伙来陷害他，这些都有可能使

他的身体受到损害，但绝不可能改变他的志向。即使他的生活受到危害，他还是不会改变其初衷，而是坚持自己的志向，仍然不忘记老百姓的疾苦。儒者就是这样的忧国忧民。

儒家的人都有自己的道德准则，就是和当今的人们住在一起，道德观念随流俗而发生了变化，他们也不会随波逐流、降低自己的道德标准，仍然会用古代的道德标准来要求自己，因而他们当今的作为，便成为后世之人的楷模。如果生不逢时，命运不济，既未得到应有的拔擢，还遭受群小的迫害。即使是这样的窘境，也只能伤害他们的身体，而不可能摧毁他们的意志。他们仍会为实现自己的奋斗目标而继续奋斗，向着自己的奋斗目标前行。他们不会忘记老百姓的疾苦，为解除老百姓的痛苦而努力。

儒家的这种品德，也很令人敬佩。一是他们始终坚持自己的道德准则，不随波逐流，不迎合流俗。这并不是容易做到的。二是他们即使身处窘境，遭受打击，却仍然不灰心，不气馁，不改变初衷，仍然坚持奋斗不止。三是虽然自己的处境非常窘迫，却并不忘记解除老百姓的疾苦。这样的品德，多么可贵！对比现在的某些人，两者真有天渊之别。

儒有博学而不穷，笃行而不倦，幽居而不淫，上通而不困，礼之以和为贵，忠信之美，优游之法，慕贤而容众，毁方而瓦合。其宽裕有如此者。

儒家人士都能做到博学而又穷学到底，永不止息，极力践行自己的主张而不懈怠，独自居处在偏僻的地方而不放纵自己，仕途通达而被重用时不背弃道义，推行礼乐法度以和谐为贵，悠闲自在的时候也会以礼法来约束自己，追慕贤德人才也能够容纳众多一般人才，为了能够与瓦榫一样对接，宁愿把四方的棱角削去。这就是儒家人士的宽宏大度。

儒家人士的成功，与他们不懈追求且严于律己、宽以待人的品质有关。这与前述儒者品德一脉相承。从学习的角度来说，他们即使做到了博学，仍然坚持不懈地继续学习而不停歇，真可谓活到老学到老。这一点孔子就是模范。他到晚年的时候，还学习《周易》，而且成绩斐然。从践行的角度来说，他们为了践行自己的政治主张，永不懈怠。这一点孔子也是模范。他为了推行自己的政治主张，周游列国，虽屡遭困厄，却并不懈怠。幽居不淫。他们虽然幽居，并没有人来监督，却仍然不放纵自己，而是用道德准则来约束自己；虽然官运亨通，得到国家重用，仍然坚守自己的道德节操，依道义行事，不背弃道义；推行礼乐，执行礼法，以和谐为贵，不以权压人，不依势欺人；就是在休闲玩乐的时候也遵纪守法。他们追慕贤德之才，但也平等待人，能够容纳更多的一般的人才。为了招揽更多的人才，他们宁愿自己受一些委屈，而成全更多的人。儒家人士，就有这样的度量，就有这样的素养。

> 儒有内称不避亲，外举不避怨，程功积事不求厚禄，推贤达能不望其报，君得其志，民赖其德，苟利国家，不求富贵。其举贤援能有如此者。

儒家人士在推荐人才的时候，对内不回避自己的亲属，对外不回避与自己有仇怨的人。他们考量功业，积累政绩，不是为了谋求更高的官阶禄位。他们向上推举贤能人才不希图得到什么报答。君王因为他们而使国家得到了治理，臣民百姓因为他们而获得了德泽。只要是对国家有利，他们并不谋求个人的富贵。儒家人士就这样推举贤能人才。

"苟利国家，不求富贵"，就凭这一点，可以看出儒家人士的大公无私与高风亮节。在国家利益面前，是为公还是为私，这是对每一个人最大的考验。如果是一心为公，那么他在处理每一件事情的时候，一定先考虑国家利益。比如推举人才，对内不避亲。这对那些自私的人来说，正好是一个借口，可以把自己的亲属推举出来。而孔子所说的不避亲，是要把真正的人才推举出来。如果自家的亲属是真正的人才，理所当然应该推举出来。他们内称不避亲，外举不避怨。那是实实在在的，绝不营私舞弊。至于把自己创造的功业与积累的政绩考量出来，那并不是为了升官发财，只是为了更好地发挥自己的才华与作用。把别人推举出来，只是为国家选拔人才，使国家有更多的贤才可以使用，而不为报答。这确实显示出儒家人士的大公无私与高风亮节。

> 儒有闻善以相告也，见善以相示也，爵位相先也，患难相死也，久相待也，远相致也，其任举有如此者。
>
> ——《礼记·儒行》

儒家人士相互之间听到有关行善的事，就相互转告，给大家听；看到有关行善的事，就相互展示给大家看；有了爵位，就推让给别人先得；有了灾难，宁可牺牲自己；有朋友久在下位，就等待他来一起升迁；有朋友远在他方不得意，就帮助招致他到离自己近的地方来。儒家人士就这样对待朋友的升迁与举荐。

这一段话《孔子家语》中没有，见于《礼记》，为了使内容更加完善，将其引述。

这些话与前一段话有密切联系，都是推举朋友出仕。不过这一段话更进一步。一是听到朋友有行善之举，便为之相互转告、传扬；看到朋友有行善之举，就大力宣扬，希望大家都能看到。这种情况，用现在的话来说，就是为朋友的升迁大造舆论。二是朋友优先。有了爵位，先让给朋友。朋友有了灾难，宁可牺牲自己。时间长了，朋友升不上来，就等朋友上来一起升。朋友远在其他地方，升不上去，就想方设法招致他到近处来，一起升迁。这用现在的话来说，就是先人后己。要做到这一点，实在太难了。而儒家人士，能够这样做，太让人敬佩了。

> 儒有澡身浴德，陈言而伏，静言而正之，而上下不知也，默而翘之，又不急为也。不临深而为高，不加少而为多。世治不轻，世乱不沮。同己不与，异己不非。其特立独行有如此者。

儒家人士用道德来清洗自己的身心，向国君陈述自己的意见，伏而静候君王之命。如果君王有了过失，便委婉提醒，让他改正过来。但这种提醒，只是暗示，不让君上与臣下察觉。他们默默地等待君王的觉醒，并不急于去做什么。他们不在地位与能力比自己低的人面前炫耀自己的高明。他们不把自己并不多大的功劳夸张为多大的功劳。他们在社会治理清明的时候，努力工作，不轻看自己。他们在社会治理混乱的时候，坚守自己的操守，也不消沉沮丧。他们遇到与自己志趣政见相同的人，不和他们结党营私；与自己志趣政见不合的人，也不去诋毁非难他们。儒家人士就是这样卓尔不群。

澡身浴德，何其高尚的情操！

用高尚的道德操守，经常沐浴自己的身心。让高尚的道德，把自己身上与心灵之中的污垢洗刷干净，使自己永远保持高尚的道德节操，从而不违背道德节操。这就是儒家人士，修养自身之法。他们之所以能够卓尔不群，这就是其重要原因。他们能够向国君提出自己的建议，发现并指出国君的过失，正是他们自身洁净、道德高尚所致。如果自己没有过硬的道德操守，患得患失，他们敢这样做吗？同时，他们平等待人，位高权重的时候，不小视比自己地位低、权力小的人，一视同仁；知识多、能力强的时候，不看不起比自己知识少、能力差的人。他们不夸大自己的工作成绩或者功劳。社会清明的时候，他们不轻视自己；社会不清明的时候，他们保持自己的道德节操，不消沉沮丧，更不会与坏人同流合污，去做坏事，去糟蹋自己。他们不与自己志趣相投、政见相同的人结党，不攻击诋毁与自己志趣不同、政见不合的人。这就是儒家人物的风采与气节。所有这些，也让那些自命为儒仕、儒商、儒将的人们，自我反省一下，看看自己身上到底有多少儒雅之气。

> 儒有上不臣天子，下不事诸侯，慎静尚宽，底厉廉隅，强毅以与人，博学以知服，虽以分国，视之如锱铢，弗肯臣仕。其规为有如此者。

儒家人士中有这样一些人，上不愿做天子的臣下，下不愿为诸侯服务。他们谨慎安静而不妄动，崇尚宽厚而以礼待人，磨砺自己端庄廉正的道德操守，与人结交，刚强坚毅而不苟且，学识渊博以知其当所为。即使把一个国家分封给他，在他看来，也不过是一件比一个铜钱还小许多的事情。他们不愿意做别人的臣下。儒家人士就这样来规范自己的行为准则。

这当然只能是儒家人士当中的一部分人。他们不断地磨砺自己的道德操守，高标准、严要求地修炼自己。他们不愿意参与政权与政治，只想保留自己的那一份纯净，因而不愿在天子门下称臣，不愿在诸侯门下服务。这些人似乎有点孤芳自赏，但是他们对自己的严厉、自尊、自重、自爱，还是值得尊敬的。比如说，谨慎安静，不轻举妄动，崇尚宽厚，而以礼待人，这就显示出他们的高素质。不像有的人，或者自己有那么一点点本领，或者也就根本没有什么本领，但是他们狂妄自大，目中无人，胡作非为，表现出一种不与当政者合作的姿态，自名其清高，实质上则是欺世盗名，以此去坑害他人，捞取好处。这样的人与那些儒家人士比较起来，本质有天渊之别。还有，那些儒家人士，与人结交刚强坚毅而不苟且，学识渊博，知道自己应该干什么。就是说，他们与人结交，绝不会去干坏事，自己有学识，而只会利用学识去干自己应该干的事，那肯定只能是好事，正当的事，而不会是坏事。因为他们不断地磨砺自己端庄廉正的道德操守，当然不会去走歪门邪道。所以，有儒家这样的人，在社会上张扬正气，以为榜样，也是社会之福。当然，对于儒家某些人士，过于清高、孤芳自赏，在今天的社会，并不值得赞赏。

> 儒有合志同方，营道同术，并立则乐，相下不厌，久不相见，闻流言不信，义同而进，不同而退。其交友有如此者。

儒家人士交朋友，一般都是志趣相投、方向一致、殊途同归的人。当他们取得了相同的好成绩的时候，大家都很高兴，如果取得的成绩不一样，有大有小，有高有低，他们也不会相互厌弃。大家相互信任，就是分离很长时间，听到有关朋友的谣言，也不会相信。朋友之间，只有志向相同才继续交往下去，如果志向发生了变化，已经没有了共同语言，就分道扬镳，各走各的路。这就是儒家人士交朋友之道。

朋友之间，本来就是这样，道不同，不相为谋。所走的道路不一样，所采用的方法不一样，所要达到的目的不一样，怎么能成为真正的朋友呢？既然能够成为朋友，那就是志趣相投、志同道合。所以，一旦成了朋友，就要相互信任、相互帮助。当朋友在事业上取得了成绩时，大家都为之高兴。如果某一位朋友受到挫折，大家也不会因此而厌弃他。因为大家是相互信任的，所以，即使与朋友分别的时间比较长，而听到有关朋友的流言蜚语时也不会相信。当然，如果有朋友的志趣发生了变化，已经志不同、道不合，没有了共同语言，已经没有了做朋友的基础，那就只好分道扬镳了。这是儒家人士的交友之道。但是有的人与儒家人士不同，他们交朋友的出发点与目的，不在事业上，不在志趣上，而是在相互利用上，或者在金钱上，在利益上，在酒肉上。相互有利用的价值，于是成为朋友。一旦这种利用价值失去，做朋友的基础也就不存在了。如果某一天利益发生了冲突，他们为了各自的利益，也许反目成仇，由朋友而变成了敌人，相互之间斗得死去活来。这样的情况，在现实生活中并不少见。从这个角度来说，儒家人士的交友之道就更显得珍贵了。

> 夫温良者，仁之本也；慎敬者，仁之地也；宽裕者，仁之作也；逊接者，仁之能也；礼节者，仁之貌也；言谈者，仁之文也；歌乐者，仁之和也；分散者，仁之施也。儒皆兼此而有之，犹且不敢言仁也。其尊让有如此者。

温和良善是仁的根本；恭敬谨慎是仁的基础；宽宏大量是仁的开始；待人接物谦逊礼让是仁的作用；讲究礼节是仁的外在表现；言语谈吐是仁的文采；歌唱、演奏音乐、舞蹈表演是仁的和谐；散财济众，乐善好施，是仁的实施。儒家人士兼有这样多种美德，还不敢说自己已经做到了仁。这就是他们尊让的美德。

儒家人士最重视仁。他们所修炼的人格最高境界就是仁。仁对于人来说，可以表现为多个方面的修养。孔子在这里列出了八个方面。试想，一个人要在这八个方面都修养得很好，那真的是不容易。问题是就算在这八个方面都修养得很好了，而孔子还认为并不能说做到了仁。可见儒家人士给自己定的做人的标准有多高。如果每个人都修养得这么好，那么这个社会该是一个多么美好的社会。当然，这样的人只能是一部分精英人士，但如果精英人士都能修养得这么好，在社会上起模范带头作用，带动全社会的人都来修养自己的人格境界，在社会上形成崇高风尚，那也是功在千秋的事。现在不是有人自称是儒仕、儒商、儒将、儒士吗？那就请这些儒们先按孔子所要求的儒者的条件，把自己的人格品德先修养好。比如儒仕不要成为腐败分子，而要成为全心全意为人民服务的模范；儒商不要那么贪婪，多让利给普通百姓，或者多做一点公益事业，更不要做无良商人；儒将自然也不能腐败，而应该练好保卫祖国的过硬本领，身先士卒，随时准备消灭来犯之敌；儒士则多用知识武装自己，准备为国家与社会多做好事，多作贡献。如果真正有这样一批人，成为现代的儒，那就会成为我们的国家、我们的社会的大幸！所以，我们现在应该真正地更好地提倡儒家的优秀品德，学习他们崇尚仁德的精神。

> 儒有不陨获于贫贱，不充诎于富贵，不溷君王，不累长上，不闵有司，故曰儒。今人之名儒也妄，常以儒相诟疾。哀公既得闻此言也，言加信，行加敬，曰："终殁吾世，弗敢复以儒为戏矣！"

儒家人士不会因为贫贱而丧失自己的志气，也不会因为富贵而得意忘形，不会玷污君王，不会连累长辈，不会给有关官员带来困扰。因此才叫作儒。现在有些人也自命为儒，只不过是盗其名而已，而无儒之实，以至于让人将儒作为讥讪与诟病的对象。鲁哀公听完孔子的这番话以后，说话更加守信用，行为更加恭慎肃敬。他说：从今以后，直至终生，再也不敢拿儒家来开玩笑了。

儒家人士这样的志气，这样的肚量，这样的风节，不能不让人敬仰和佩服，就是鲁哀公这样的诸侯国君听了，也大受教育，说话更加讲究信誉了，行为更加恭敬谨慎了，并且说出了这样的话：今生今世再也不会轻视儒家人士、拿儒家来开玩笑了。

这里，也有值得说明的地方，就是在孔子所处的时代，孔子所说的儒家人士的人格品德，也不是大家都能做到的，也有一些人欺世盗名，妄称儒家人士做坏事，以至于引来社会对儒家的讥讪诟病。孔子对儒家的这些败类，也进行了无情的抨击。

儒家，这是由孔子创立，历史形成的一个大学派，已经流传两千多年。儒家思想，曾经是历朝历代统治阶级的指导思想。但是，我认为，古代的东西，随着时代的变迁，肯定有些过时了。就儒家文化而言，虽然有些内容已经过时，但仍然有很多内容是很好的，比如道德品质修养内容很丰富，对于大家的道德品质修养很有好处。有些人总是爱给这些东西加上"封建"二字。其实，有些东西是具有普世价值的。就道德修养而言，孔子提出的这些内容，有很多是无论何时何地，对任何人而言都是必须的。谁违背了，谁的人格就要打折扣。所以正确认识这样的问题，也是必须的。再看孔子的一句话：

　　子谓子夏曰："女为君子儒，无为小人儒。"

——《论语·雍也》

　　孔子对子夏说：你要去做君子式的儒家人士，而不要去做小人式的儒家人士。

　　这话虽只有两句，却告诉我们，儒家人士，不都是君子，也有小人。所以孔子告诫子夏，要做君子儒，不要做小人儒。同时，这也告诉我们：孔子所说的儒家人士的人格行为品德，也不是儒家人士人人都能做到的。也许大部分人都不能完全做到。从《论语》与有关资料来看，孔子的很多学生都做得很好，可见孔子的教育是非常成功的。其他人，有的能够较多地做到，有的只能较少地做到。但是，只要愿意去做，就很好，能够做到越多越好，能做到多少，就多少，总比不做好。只要不与儒家的要求背道而驰，去做坏事就好。至于君子儒与小人儒，君子与小人，我们在《君子与小人》一文中，已经有了详细论述，可供参考。儒，本书也已经说得够多了。

孝弟也者，仁之本与

孝弟也者，仁之本与？这是有若的话。有子曰："其为人也孝弟，而好犯上者，鲜矣。不好犯上，而好作乱者，未之有也。君子务本，本立而道生。孝弟也者，其为仁之本与？"（《论语·学而》）有子把孝悌（亦作"孝弟"）看得很重。他认为孝悌是仁的根本。做到了孝悌，而去忤逆父母、触犯上司，这样的人非常之少。不忤逆父母、不触犯上司，而去造反作乱，这样的人是不会有的。因此，作为一个君子，首先要做的事情，就是人格修养，培养自己的仁德。人格修炼好了，仁德就树立起来了，其行为也就端正了。而仁德的根本是什么呢？就是孝悌二字。

对于孝与悌，孔子也十分重视。在《论语》中，记述孔子有关孝悌的文字很多。子曰："弟子入则孝，出则弟，谨而信，泛爱众，而亲仁。行有余力，则以学文。"（《论语·学而》）孔子教导年轻人，在家的时候一定要孝顺父母，出门在外就要尊敬比自己年长的人。谨言慎行，诚实可信；要有爱心，博爱大众；亲近仁人志士，培养自己的仁德。只有把这些事都做到了以后，还剩有多余的精力，才可以去学习文献资料。其实，在孔子的教育中，文献资料的教育也是非常重要的。他非常强调文献资料的学习，因为这是学习治国理政的教科书，是研究历史与文化的依据。但是与孝悌比较起来，孝悌更重要。因为这是仁德的根本。仁德是什么？仁者爱人也。仁就是爱人。爱人，这是人类最根本的美德。无论是在什么样的国家，什么样的社会，什么样的民族，爱人这一点是共同的。在西方社会也是提倡博爱的。而爱人又是从孝顺父母开始的。有了对父母的爱，就再也不会去干坏事，所以这是仁之本。孟子说："老吾老，以及人之老；幼吾幼，以及人之幼。天下可运于掌。"（《孟子·梁惠王上》）孝顺，爱护自家的老人，也一样孝顺爱护别人家的老人。爱护养育自家的小孩子，也一样爱护养育别人家的小孩子。有了这样的爱心，那么，治理天下也就有如在手心里转动物件那么容易了。这在孟子看来，孝悌、爱人有很大的伟力。

对于孝顺父母，曾子有一段话，值得我们重视。曾子曰："慎终追远，民德归厚矣。"（《论语·学而》）这是说，对于父母不但生前要孝顺，去世以后还要慎重对待。如何慎重对待呢？葬之以礼。这是一方面。另一方面，还要追念祖先的好处，继承祖先遗留下来的政治与文化遗产。这样，人民大众人格品德就会归于忠诚厚实，社会就会风清气正。

孝与悌是孔子思想之中的重要内容，我们现代社会也提倡继承中华文化孝悌的优良传统，因此有必要对孝悌进行必要的研究。

一、孝顺父母

子曰："舜其大孝也与，德为圣人，尊为天子，富有四海之内，宗庙飨之，子孙保之。"

——《中庸》第十七章

孔子说：舜是大孝了吧。其德的修养，已经是圣人了。其地位的尊贵，已经贵为天子。其富有的程度，已经四海之内，莫非其土。享有宗庙的祭祀，子孙都获得了应有的地位。

孔子称舜为大孝。其大孝大概应该是至高无上的孝了吧。因为是大孝，所以成就了他崇高的德操，尊贵的地位，天下四海的富有，宗庙祭祀的享有，子孙香火的传承。

关于舜的孝，孔子还有一段话可为我们作参考：

曾子耘瓜，误斩其根。曾晳怒，建大杖以击其背。曾子仆地而不知人，久之，有顷乃苏，欣然而起，进于曾晳曰："向也参得罪于大人，大人用力教参，得无疾乎？"退而就房，援琴而歌，欲令曾晳而闻之，知其体康也。孔子闻之而怒，告门弟子曰："参来，勿内。"曾参自以为无罪，使人请于孔子。子曰："汝不闻乎，昔瞽瞍有子曰舜，舜之事瞽瞍，欲使之，未尝不在于侧；索而杀之，未尝可得。小棰则待过，大杖则逃走，故瞽瞍不犯不父之罪，而舜不失烝烝之孝。今参事父，委身以待暴怒，殪而不避。既身死而陷父于不义，其不孝孰大焉？汝非天子之民也！杀天子之民，其罪奚若？"曾参闻之曰："参罪大矣。"遂造孔子而谢过。

——《孔子家语·六本》

183

　　曾子在瓜地里为瓜松土除草，不小心把瓜苗的根铲断了。曾子的父亲曾晳大怒，拿着大棒子重重地打到曾子的背上。曾子被打倒在地，好长时间不省人事，过了好久才苏醒过来。他很高兴地爬起来，向前对父亲说：刚才我得罪了父亲大人，大人用力教训我，没有气出病来吧？他退下来回到了自己的房间，拿起琴，弹着琴唱起歌来，以使父亲听到，从而知道儿子的身体没有受到伤害。孔子听到这件事，很生气，告诉学生们说：如果曾参来了，不要让他进来。曾子认为自己没有做错，便让人去询问孔子。孔子说：你没有听说过吗？从前瞽瞍有个儿子叫舜。舜侍候瞽瞍，只要瞽瞍使唤他，从来没有不在其身边的时候。一旦瞽瞍想抓住他，要杀掉他，却始终抓不到他。瞽瞍用小型的棰杖来打他，他便等着受打，如果用大的棍棒来打他，有可能置于死地的时候，他便逃跑。这样一来，瞽瞍便不会犯不合乎父道的罪过，而舜也仍然不愧为一个杰出的大孝子。如今曾参侍奉父亲，把自己的身体让暴怒的父亲狠狠地打，就是打死也不逃避。这样一来，你死了还害你的父亲陷于不义之境，还有什么样的不孝比这种不孝的罪过更严重呢？你不是天子的臣民呀，杀死了天子的臣民，你父亲该是多大的罪呀？曾参听了这些话以后说：我曾参的罪过真大啊！于是他便前去向孔子谢罪。

　　孔子用正反面的例子告诉我们，实行孝道也有讲究。舜和曾子，都是行孝道。两个人都很孝顺，都是孝子，但其做法不同。舜，在一般的情况下，受父亲惩罚，并不逃避，但是到了关键时刻，受父亲的责罚有可能带来生命危险的时候，他一定逃走。而曾子，受父亲的惩罚，就是有生命危险，也欣然接受，并不逃避。曾子认为父亲的惩罚是对的。孔子提倡孝道，但他不赞成曾子的做法，认为舜的做法正确。为什么呢？孔子讲得很清楚。作为子女行孝道，要为父母养老送终。如果你因为所谓的行孝道而被处死了，那么父母年迈以后，谁来为父母养老呢？父母去世以后，谁来为父母送终呢？不能为父母养老送终，这就成了最大的不孝。同时，父母因为一时生气，或者因为其他不当行为，错误地把你处死了，这又造成了父母的"不父不母"的不义之罪。还有，子女作为天子的臣民，父母因为不当行为而处死子女，就是杀死了天子之民。而私自杀死天子之臣民，是犯了多大的罪行啊。由此看来，曾子所谓的孝，实际上是愚孝。他这样行孝，反而变成了最大的不孝。而舜的孝，才是真正的孝，所以孔子说舜的孝是大孝。孔子对问题的分析，站得高，看得深，看得透，能够从正反两个方面作辩证分析，因此结论才真正是正确的。

　　故大德必得其位，必得其禄，必得其名，必得其寿。故天之生物，必因其材而笃焉。故栽者培之，倾者覆之。《诗》曰："嘉乐君子，宪宪令德。宜民宜人，受禄于天。保佑命之，自天申之。"故大德者必受命。

这一段话承接上一段话。(《中庸》)像舜这样的人，具备圣人之大德。而具备大德的人，必定会获得相应的地位，必定会获得相应的福禄，必定获得相应的名望，必定获得很高的寿命。因而上天之创造万事万物，必定会根据其材而使其笃定厚实，不断地去栽种而培养他，倾斜了就去扶正他，使其成长完善。《诗经·大雅·假乐》说：善良美好的大王，品德高尚又完美。知贤任人善安民，天授福禄共享之。上天眷顾运不衰，佑王卫国保民人。这就是说，像舜这样大孝大德的人，上天必然授予他天子之位、天子之福禄、天子之名望、天子之寿命。这是就舜这样的天子国君而言。至于其他一般的人，对于上天来说，既然创造了他们，也必然会因其不同的情况，而受到上天的眷顾，根据不同的才具，不断地得到督导培育而成长完善，成为崇孝具德的人，使其得到应得的地位、福禄、名望、寿命。

舜的大德来自于他的大孝。他的大德通过其大孝表现出来。他的大德体现于他的大孝之中。其实，德与孝本是一体。无德岂能为孝，无孝岂能有德。大孝体现了大德。具备大孝大德的人，一定会得到上天的护佑。

　　子曰："武王周公其达孝矣乎。夫孝者，善继人之志，善述人之事者也。"

——《中庸》第十九章

孔子说：武王与周公是达孝。什么是孝呢？就是善于继承先人的思想，善于把先人的事迹记述下来。

在继承先人的遗志与事业方面，武王与周公都做得非常好，所以是非常孝顺的人。文王的遗志与事业是什么？就是推翻商纣王朝，建立周朝。文王去世以后，武王作为文王的儿子，领兵打败了商纣，建立了周朝。这当然就是继承先人遗志与事业最杰出的表现。周公是文王的儿子，武王的弟弟。武王去世，其子成王年岁还小，无法亲政。周公辅佐成王，继承武王的事业，进一步击败了商族人的反抗，巩固了周朝统治。从这个角度来说，周公也是继承了文王的遗志，发展了文王的事业。从孝者善继人之志、善述人之事的角度来看，武王与周公都做得很好。尤其是周公，在武王去世以后，辅佐年幼的成王，进一步建立健全了国家的礼乐制度、法纪规章，让文王、武王的事业更加发扬光大；在继人之志、述人之事方面做得更为突出，所以称得上是达孝。这是从另一角度来认识孝的内涵，是孝的更高层次。孝顺父母，不仅要为父母养老送终，更重要的是继承父母的事业，传承父母的思想。这里还要说的是，继承父母的遗志与事业，必须有所辨析，必须是父母的遗志与事业值得继承才继承。而孔子的心目中，文王、武王、周公，还有尧舜禹，是他最崇敬的偶像，这些圣人的思想、事业、文化遗产，都是最宝贵的，是必须继承与传述的。

> 践其位，行其礼，奏其乐，敬其所尊，爱其所亲，事死如事生，事亡如事存，孝之至也。
>
> ——《中庸》第十九章

这一段话是承前一段话而言。继承了先人的王位，沿用先人的礼法，演奏先人制定的音乐，尊敬先人所尊敬的人事，仁爱先人亲爱的人，对待死去的人要像对待活着的人一样，对待消亡的事物要像对待存在的事物一样，这是孝的最高境界。

以上几段话讲了舜的"大"孝，武王、周公的"达"孝，还有最高境界的"至"孝。而这些孝大都是对最高统治者而言。当然，对于孝来说，其对象都是父母。但是孝子的地位不同，其孝的内容也有所不同。舜、武王、周公都是最高统治者，他们的孝，既要有一般常人的孝，为父母养老送终，更要继承父辈的事业，巩固父辈的事业，发展父辈的事业。这种孝，对封建社会，包括天子、诸侯、卿、大夫等统治阶级维护其统治地位与秩序，当然是最重要的；而对于一般的平民百姓来说，也有一定的意义，比如说继承好的传统家风，更重要的还是孝顺父母。

> 子夏问孝。子曰："色难。有事，弟子服其劳；有酒食，先生馔。曾是以为孝乎？"
>
> ——《论语·为政》

子夏向孔子请教孝道。孔子说：最难以做到的是，任何时候对待父母都是和颜悦色。子女们如果只是替父母去做体力活，有了好的酒肉食物让父母先吃，就以为是做到了孝顺，那是不够的。

从孝顺父母的角度来说，孔子所说的这一点是最为深刻的。为什么？因为孝，从根本上来说，要从内心出发。作为子女，对父母有了内心的爱，才有内心的孝。如果孝不是从内心出发，那只不过是表面功夫，更大的程度上，是做给别人看的。那样的孝有什么意义呢？不过，话又说回来，对于一般的子女来说，能够做到把重体力活替父母干了，把好吃的先让父母吃，这样也应该说是不错了。但是孔子认为，仅仅做到这样是不够的。他认为子女对父母的孝，更重要的是在父母面前必须是和颜悦色的。这从何而来？就是对父母发自内心的爱。可以设想一下，作为子女，如果为父母干了一些重体力活，把好吃的食物让父母先吃了，但是做这些的时候表现得很勉强，不是真正出于内心对父母的爱、对父母的孝，而脸上往往阴云密布，一脸的不情愿，这样能够说是真正的孝吗？父母看了你的脸色，心里会高兴吗？虽然你把父母的重活干了，也把好吃的东西让父母先尝了，却没有一副好脸色，父母坐在那里舒服吗？父母面对好吃的东西，能够咽得下去吗？所以孔子这里所说的和颜悦色，是对孝顺的一种更高的要求。不过如果平心静气来考虑，这也只是一种最起码的要求。如果这一点都做不到，那还能说是真正的孝吗？《礼记·祭义》中也有这样的话："孝子之有深爱者，必有和气。有和气者，必有愉色。有愉色者，必有婉容。"一个真正孝顺的子女，对父母肯定有着深深的爱，那么在父母面前，就一定是心平气和的。而心平气和表现在脸上，就一定是和颜悦色。而和颜悦色表现出来的，便一定是在父母面前的敬顺与愉悦。这也正是孔子要求的对父母孝顺的"色难"。所以，一个孝顺子女对父母的真孝，是发自内心的。

> 子游问孝。子曰："今之孝者，是谓能养。至于犬马，皆能有养；不敬，何以别乎？"
>
> ——《论语·为政》

子游向老师请教如何尽孝。孔子说：现今有的人认为，所谓孝顺父母，只不过是能够供养父母而已。至于供养，就是犬马，我们也还要去喂养它们。所以，在供养父母的时候，如果没有敬仰之心，那和养狗养马有什么区别呢？

孔子的这些话说得很重，和前面的话对照起来看，虽然说的话不一样，但道理是一样的。对父母的孝，其根本在于内心。你对父母有真心的爱，真心的孝，那么你为父母所做的一切都是心甘情愿的，在父母面前，也永远都是和颜悦色的。而有些人对孝的理解并不全面。他们认为，做子女的，只要能够让父母吃饱穿暖就是尽到孝心了，至于对待父母的态度，并不在意。他们在父母面前没有那份敬顺之心。所以孔子才说，如果对父母没有那份敬顺之心，只是让父母能够吃饱饭就行了，那不就和饲养牲畜一样了吗？你养一只狗，养一匹马，也要让它们吃饱呀。如果对父母也只是让他们能够吃饱饭就行了，那和饲养狗马有什么不一样呢？所以孝顺父母，一个"敬"字是不能少的。要孝还要敬，而且可以说敬比孝还重要。

> 子云："从命不忿，微谏不倦，劳而不怨，可谓孝矣。《诗》云：'孝子不匮。'"
>
> ——《礼记·坊记》

孔子说：服从父母之命，不应该有一点不高兴。父母如果有什么不恰当的地方，要进行间接的劝谏，不要厌倦，即使因为这样的事情带来了忧愁困扰，也不应该有任何埋怨情绪。这就可以说是孝顺了。《诗经·大雅·既醉》说：孝子一代一代传下去，祖宗一定永远赐福于你们。

怎样做才算是对父母孝顺呢？听父母的话，不要有一点不高兴。就是父母有某些地方说得不对，也不要不高兴，更不要直接与父母争执。父母有什么做得不对，或者做得不好的地方，也不要直接批评指责，而可以通过间接的方式进行劝说。要有耐心，一次说不通，就两次、三次、五次、十次，不要不耐烦。如果父母不听自己的劝说，让自己很苦恼，很犯愁，也不要愁眉苦脸，不要有埋怨、怨恨情绪。这才是真正的孝顺。孔子引述《诗经》诗篇中的诗句告诉我们：孝子一代一代永远传下去，不要有间断，祖宗就会永远赐福于这些孝顺子孙。其实，这也是必然的。一个以孝顺传家的家族，每一个家庭都和和睦睦，整个家族和睦亲善，那个家族就一定是兴旺发达的。反之，一个不是以孝顺传家的家族，家庭就不会和睦，必然勾心斗角，因而家族也就必然很快分崩离析，衰败下去。

> 子曰："事父母几谏，见志不从，又敬不违，劳而不怨。"
>
> ——《论语·里仁》

这段话的意思与前一段话的意思相近。孔子说：侍奉父母，如果父母亲在某些情况下有做得不恰当的地方，要说服他们纠正过来。但是这种说服劝谏，必须是委婉的、间接的、隐微的。这就是所谓的"几谏"。一定不要直接指责，以致发生冲突，把相互之间的关系弄僵。如果在自己"几谏"的情况下，父母仍然不愿听从，儿女仍然要孝敬父母，耐心地等待父母觉悟，不要触犯、忤逆他们。即使自己因为这样的事情造成内心的苦恼，也不要对父母产生怨恨情绪。

孟武伯问孝。子曰："父母唯其疾之忧。"

——《论语·为政》

孟武伯向孔子请教如何孝顺父母。孔子说，做儿女的，最害怕的就是自己生病，让父母担忧。

关于这一段话，历来有些不同理解。我个人作上述理解。当然，这句话也可以这样来说：做父母的，唯一担忧的就是其子女生病。所以子女要孝顺父母，就不能让自己生病，以免父母担忧。这样理解的理由：孟武伯问孝。孟武伯既然是问孝，那当然就是问子女应该如何孝顺父母。而孔子就告诉他，父母最为子女担心的是什么呢？就是害怕子女生病。所以，子女要孝顺父母，就不要让自己生病，不要让父母为儿女生病操心。这样理解，逻辑上才说得通。如果从语法上来理解，那主要就是对那个"其"字如何理解。"其"是个代词。代谁呢？因为是孟武伯问孝，而孟武伯是站在儿女的立场上来问孝的，所以这个"其"字当然就是代问孝的人，也就是子女。

这段话也体现了孔子作为圣人考虑问题的周密与细致。试想，如果儿女生病，不但不能为父母分担各种劳务，侍奉父母，给父母带来心情愉快，反而让父母为其担忧操心，并且为其问医求药，带来诸多的身心负担，这样一来还谈何子女的孝顺呢？所以，从这个角度来看，子女的健康，对父母来说，也是孝顺的一个很重要的方面。所以，子女爱惜自己的身体，也是对父母的一种爱、一种孝。这是最值得子女认真对待的。

子曰："父母之年，不可不知也。一则以喜，一则以惧。"

——《论语·里仁》

孔子说：父母的年岁是不能不时刻牢记在心的。一方面为父母的年高而高兴，另一方面也因为父母的年高而担心。

这也是子女孝顺表现的一个方面。前面讲到，父母最担心的就是子女生病，所以子女要孝顺，就要保持自己的身体健康。这里是从另一个方面来说，就是子女孝顺必须牢记父母的年龄。父母年事已高，说明父母长寿，值得子女高兴。但是反过来说，父母年纪大了，毕竟年岁不饶人，这是自然规律。年纪大，必然要衰老，最后必然走向死亡。这也就是一喜一惧的原因。所以孝顺的子女，要敬顺父母，不仅要让父母衣食充裕，还要让父母心情愉快，从而使父母保持身心健康，因而更为长寿。

子曰:"父母在,不远游,游必有方。"

——《论语·里仁》

孔子说:父母还在世的时候,子女不宜到远处去。如果要到远处去,也要告知具体去处。

孔子所处的时代,主要是农耕社会,生产力不发达,交通不方便。在那样的时代,父母要靠子女来养老。所以当父母还在世的时候,子女不宜出门离家太远,是有道理的。现在的时代不同了,好儿女志在四方。为了国家和人民,子女离开父母到遥远的地方去工作,是很平常的事。但是,离父母远,并不等于可以不孝顺。孝顺的方式很多,只要心中装着父母,总是有办法的。

子曰:"父在,观其志;父没,观其行。三年无改于父之道,可谓孝矣。"

——《论语·学而》

孔子说:父亲在世的时候,考察一个人孝不孝,主要看他的思想意识;父亲去世了,考察一个人孝不孝,要看他的行为。如果在他的父亲去世之后,多年都没有改变父亲在事业上的追求,就是个孝子了。

孔子的这些话,主要是对高层人士而言,比如天子、国王、卿、大夫之类。他们有父母的基业继承,所以父在要观其志,三年无改父之道。前面已经有"孝者,善继人之志"之说,与这里所说的是一个意思。孔子说这些话的出发点,就是要让先圣明王及贤能之臣的好的治国方略与国策以及各种优良传统,能够很好地传承下来,保持下去。因为历史上杀父弑君的不孝子孙并不少,以至于礼崩乐坏,所以他一再强调高层人物要遵守孝道。如果真正解决了孝的问题,那么很多问题都能迎刃而解。当然,孔子的这些话,对一般人来说,也并非没有意义。父亲的好品德、好思想,儿女也应该继承下来,发扬下去。

曾子曰:"吾闻诸夫子:孟庄子之孝也,其他可能也,其不改父之臣与父之政,是难能也。"

——《论语·子张》

曾子说:我曾经听老师说过:孟庄子所行的孝道,其他事情别人都可能做到,只有他仍旧任用他父亲曾经任用的僚属,仍旧采用他父亲制定的政治方略与政治措施，这是别人很难做到的。

这一段话与上一段话意思相同。孔子很赞赏孟庄子的孝道。其表现就是父亲去世以后，儿子三年无改其父之道。在这里，孔子特别赞赏孟庄子在父亲去世以后，仍旧任用父亲所任用的旧僚臣属与采用父亲所制定的方针政策。孔子认为孟庄子这样的做法，别的孝子很难做到，所以特别赞赏。孟庄子是鲁大夫孟献子的儿子。孔子是鲁国人，可能是孔子对孟献子的政治主张很赞同，而孟庄子在其父亲去世以后，并没有撤换父亲在世时所使用的僚属，也没有改变其父亲所制定的政策。孔子很满意孟庄子的这种做法，所以大加赞扬，认为这是孟庄子对父亲最好的孝顺。

子曰："孝哉闵子骞！人不间于其父母昆弟之言。"

——《论语·先进》

孔子说：闵子骞真是孝顺呀！对于他的父母和兄弟赞扬他的话，别人说不出半个"不"字来。

闵子骞是孔子最得意的学生之一，是个很孝顺的人。他的父母与兄弟对于他的孝顺都说过很多夸奖的话。对于这些夸奖，其他人都很赞同，说不出什么不同的意见。这里，我们虽然看不到闵子骞孝顺的具体事迹，但从其父母兄弟对他的赞扬，其他人没有什么非议来看，他确实是一个非常孝顺的人。

或谓孔子曰："子奚不为政？"子曰："书云：'孝乎惟孝，友于兄弟，施于有政。'是亦为政，奚其为为政？"

——《论语·为政》

有人对孔子说：您怎么不去做官，参加国家政务呢？孔子说《尚书》上这么说：施行孝道，只要孝顺父母，友爱兄弟，把这种社会风气推广到国家治理中去，也就是参与国家政务了。何必非要去做官才算是参与政务了呢？

在古代社会中，孝确实是最为重要的为政内容之一。在"大同社会"与"小康社会"中，孝顺父母，友爱兄弟，都是不可或缺的条件。其实，子女孝顺，家庭和睦，推广到社会治理中，就会形成风清气正、安定和谐的社会风气。这对于国家的治理不是很有作用吗？后来还形成了一种举孝廉的政治制度，凡被推举为孝廉的人，就可以出来做官，这说明孝在国家治理中的重要作用。所以，只要你是一个孝顺的人，把孝顺推广到社会生活中去，即使没有直接参与到国家治理中去，没有去做官，也应该说是参与了国家治理的政务工作了。

> 子夏曰："贤贤易色，事父母，能竭其力；事君，能致其身；与朋
> 友交，言而有信。虽曰未学，吾必谓之学矣。"
>
> ——《论语·学而》

子夏说：尊崇贤德，改变近色的心思，不把精力放在女色上。孝顺父母，能够竭尽全力；为君王服务，能够舍身献命；与朋友交往，做到言而有信。虽然他没有上过学，我必然认为他是个有学识修养的人。

一个人有没有学识修养，不完全看他是不是读过书，而应以他的实践行动来判断。他列出了几个条件，其中能够竭尽全力孝顺父母，就是一个重要条件。就是说，你只要能够竭尽全力孝顺父母，虽然没有读过书，也认为你是个有学识修养的人。

> 子曰："弟子入则孝，出则弟，谨而信，泛爱众，而亲仁，行有余
> 力，则以学文。"
>
> ——《论语·学而》

这段话在其他一方已有引述，可以说是孔子的教育原则。虽然话不多，内容却是丰富的。这是他对青少年的要求，也是对自己的学生的人格要求。他对学生第一位的要求，就是孝悌二字。在家孝顺父母，出门尊敬比自己年长的人。这是他教育学生的原则。孝悌的品德修养是第一位的，其他方面的内容虽然也很重要，但都在其次。比如谨而信，泛爱众，而亲仁，这也是培养学生的道德品质与人格的重要内容，是不能不重视的。还有学习文献资料，这是对学生的知识教育，是为学生未来就业求职打基础的。这些重要吗？当然也很重要，但与孝悌比起来，都在其次。

孝悌为什么这么重要？孔子的学生有子说：孝弟也者，其为仁之本与。所谓仁之本，就是做人的根本。一个人如果连自己的父母都不孝顺，就失去了做人的根本。一个失去了做人的根本的人，品质与人格会怎么样呢？其他方面的问题还有讨论的必要吗？大家去观察一下，凡不孝顺的人，会是一个什么样的人？一定是一个极其自私的人。人一自私，其行事风格可想而知。

> 子路见于孔子曰："负重涉远，不择地而休；家贫亲老，不择禄而

仕。昔者由也事二亲之时，常食藜藿之实，为亲负米百里之外。亲殁之后，南游于楚，从车百乘，积粟万钟，累茵而坐，列鼎而食，愿欲食藜藿，为亲负米，不可复得也。枯鱼衔索，几何不蠹？二亲之寿，忽若过隙。"孔子曰："由也事亲，可谓生事尽力，死事尽思者也。"

——《孔子家语·致思》

子路去拜见老师说：背着很重的东西走很远的路，就顾不得选择什么好地方去休息；家庭贫困，双亲已经衰老，就不能够选择俸禄高的地方去做官。从前，我在家侍奉父母双亲的时候，常常吃野菜豆叶之类的饭食，为父母亲到百里之外的地方去背米。双亲去世之后，我去南方的楚国做官，跟随在我后面的车子就有上百辆，积余的粮食也有万钟之多，坐在垫了好几层的垫子上，吃着十碟八碗的饭菜。这时候，我再想去吃野菜豆叶之类的饭食，到百里之外去为父母亲背米，都已经没有可能了。干枯的鱼穿串在绳子上，能保持几天不生蛀虫？父母亲的生存寿命，就像白驹过隙一样，一闪就过去了。孔子说：子路侍奉父母双亲，真可以说父母双亲在世的时候，竭尽了全力，父母双亲过世以后，也竭尽了哀思。

子路的这一段话值得我们深思。子路是个孝子，为了孝顺父母，守在父母身边，吃糠咽菜，百里之外为父母背粮。他可以说是尽到了孝心。但是，人的寿命有多长，父母能在世间活多久？父母把儿女生下来，养大成人，要经历多少艰辛。父母对子女的爱，那是任何人无法比拟的。只要认真地想一想，没有父母，会有你的今天吗？所以，如果父母在世的时候，对父母不好，未能尽孝，或者你对父母虽说尽了几分孝心，但还有几分不如意的地方，一旦父母去世，这就会成为你的终生遗憾。这时候，你再想为父母做点什么，为时已晚。这种遗憾无法弥补。子路原本是一个粗人，却是个孝子。当父母还在世的时候，他孝顺父母，尽到了孝心。而父母去世以后，他当了官，当了大官，这时候他有了让父母生活得更好的条件。然而，条件再好，父母已经不在了，这对他来说，成了最大的缺憾。所以，无论什么人，穷人或富人，平民或官员，对父母的孝应该是一致的。就是当父母还健在的时候，必须孝顺，不要等到父母去世以后，留下终生的遗憾与内疚。

二、慎终追远，民德归厚

"慎终追远，民德归厚矣，"这是曾子的话。这句话出现在《论语·学而》篇，仍然是讲孝道的。前面我们讨论了对父母的孝顺，主要是子女在父母还健在的时候如何孝顺。这一句话主要是讲父母年老寿终时如何孝顺，那就是"慎终追远"。这是孝道的延续。所谓慎终，就是慎重对待父母离世时的丧葬问题。要按照儒家的要求或者风俗习惯，办好父母的丧事。所谓追远，就是安葬好父母之后，如何守孝，如何祭奠的问题；同时也包含对祖先的追念，对历史、对民族优良传统的追念。因为到了孔子所生活的时代，已经礼崩乐坏。既然是礼崩乐坏，那么民德也就变得浇薄了，自然孝道也就会产生变化。这种变化，必然是往浇薄的方向变，而绝不会往淳厚的方向变。这一点宰予之问可以为证。

> 宰予问："三年之丧，期已久矣。君子三年不为礼，礼必坏。三年不为乐，乐必崩。旧谷既没，新谷既升，钻燧改火，期可已矣。"子曰："食夫稻，衣夫锦，于女安乎？"曰："安。""女安，则为之。夫君子之居丧，食旨不甘，闻乐不乐，居处不安，故不为也。今女安，则为之。"宰予出。子曰："予之不仁也。子生三年，然后免于父母之怀。夫三年之丧，天下之通丧也，予也有三年之爱于其父母乎？"
>
> ——《论语·阳货》

这段话，我们在其他地方已经引述过，这里不再细述。

宰予作为孔子的学生，对于传统的丧葬之礼很不以为然。他认为父母去世，守孝三年，时间太长，一年就可以了。为了寻找理由，他说，君子三年不去参与礼仪活动，礼仪活动也就荒疏了，三年不去参与音乐演奏，音乐也就荒废了。一年的时间，陈谷已经吃完了，新谷也已经收获了，用来取火的燧木也又经历了一个年轮，所以守孝一年也就可以了。

宰予的话自然也有一定的道理。用现代的眼光来看，社会发展的速度那么快，守孝三年，待在家里三年，什么好机会都错过了。就是在古代，守丧三年，对人自然也是一种约束，对人的思想、对人的道德都是一种约束，也会影响人们各方面的发展。但是对于孔子来说，那绝对是不能接受的。因为这样的事，孔子认为是离经叛道的，是可忍，孰不可忍，所以他骂宰予"予之不仁也"！不过，骂归骂，从宰予的这些话，我们可以看出当时的社会现实：对于守孝三年的要求，连孔子的学生宰予都已经不以为然了，那么民间呢？肯定更是不以为然了。而这三年的守孝遭到了质疑，那么其他的儒家礼教呢？能够不遭到破坏吗？所以说，那个时代，已经是礼崩乐坏。而这样的情况，对于孔子来说，当然是痛心疾首的。在孔子看来，三年之丧，是天下通丧。这是礼规定的，是大家必须遵守的。所以守孝三年，是天经地义的事，是不应该打折扣的，是不能改变的，是不能变通的，更是不能够废弃的。三年之丧的天下通丧遭到了破坏，其他方面的礼仪要求与社会习俗同样遭到了破坏。也就是说，民德已经遭到了破坏。所以曾子要说：慎终追远，民德归厚矣。要恢复慎终追远的孝道，让人民大众的德操回归淳厚。从这个角度来说，慎终追远，不仅是一个孝道的问题，还有一个保持良好的社会道德的问题。进一步说，还有一个保持社会和谐稳定的问题，当然，也有利于统治者的统治，所以孔子与社会的执政者都那么重视。时过境迁，到了今天，守孝三年这样的风俗自是没有必要再遵守了，但是慎终追远还是很有意义的。人们常说，饮水思源，喝水不忘挖井人。列宁说，忘记过去就意味着背叛。这都是说不应该忘记历史。比如我们有多少先烈为了国家和人民而献出了宝贵的生命，以及全国各条战线的英雄模范等，他们的精神，他们的业绩，他们的英名，我们能够忘记吗？我们必须把他们的英雄业绩牢记在心，永远怀念他们，永远追思他们，让他们的英名永远留在我们的历史中，供后人学习。这也正是慎终追远的重大意义。

> 孟懿子问孝。子曰："无违。"樊迟御，子告之曰："孟孙问孝于我，我对曰：'无违。'"樊迟曰："何谓也？"子曰："生，事之以礼；死，葬之以礼，祭之以礼。"
>
> ——《论语·为政》

孟懿子向孔子请教孝道的问题。孔子回答说：不能违背礼的规定行事。有一天，樊迟为孔子赶马车，孔子把这件事告诉他说：孟孙向我请教有关孝道的问题，我回答他说，不能违背礼的规定行事。樊迟说：这是什么意思？孔子说：父母健在的时候，依照礼的规定侍奉他们；父母去世，按照礼的要求安葬他们，祭奠他们。

孟懿子向孔子请教孝。孔子用了"无违"两个字作答。对于无违这两个字，我以为应该作两方面的理解。第一是对待父母，要孝顺，要顺从，不要违背父母的心意，不要做忤逆父母的事，让父母生活得舒心顺意。这一点，无论是谁，无论是什么样的人，都应该如此。第二是不要违背礼的规定行事。这就是"生，事之以礼；死，葬之以礼，祭之以礼"。孔子为什么要这样回答？这主要是针对孟懿子而言。因为鲁国的政坛被三家大夫控制，他们每每在祭祀的时候，不遵守礼法，不按照礼的要求行事。在祭祀的仪式上，本来只能用大夫的规格，但他们往往用诸侯的规格，甚至用天子的规格。这是孔子非常厌恶的，最不能容忍的。而孟懿子就是三家大夫之一。所以孔子在回答孟懿子有关孝的问题时，用了"无违"二字。那就等于是在告诉他，你在祭祀父母与祖先时，以后再不要违礼、不要僭越。孔子的这个回答无疑是非常高明的。

> 林放问礼之本。子曰："大哉问！礼，与其奢也，宁俭；丧，与其
> 易也，宁戚。"
>
> ——《论语·八佾》

林放向孔子请教礼的本质。孔子说：你问的真是个大题目呀！就一般的礼而言，与其场面宏大奢侈，宁可以节俭为妥；至于办理丧事，与其把场面搞得周全奢华，宁可在内心里真正哀伤。

任何事物都有一个内容与形式的问题，礼也不例外。从礼的一般的情况来说，礼的场面是形式，其场面再博大宏伟，仍然只是形式，而为人生服务才是礼的本质。所以从礼的本质上来说，宁可形式上不要过于宏大奢华，节俭一点对人生更有好处。具体到丧礼，依照礼的要求，妥贴地把父母安葬就很好了。父母去世，是最令人悲痛的事。子女对父母的孝，最根本之点体现在父母在世时能够做到"无违"，即不违背父母的意愿，让父母生活得自由自在，称心如意。父母去世，把葬礼的排场搞得再大，花的钱再多，只不过是形式，那只是做给世人看的。从表面上看，或者给人以荣耀的感觉，实质上没有意义。当然，父母去世，妥善安葬是必要的。但是当今的社会上有这样一种不良风气，丧事大操大办，甚至不惜举债，也要大讲排场。这样做，不仅给自己带来经济上的困难，也给他人带来负担，因为人家要来帮忙，要来送礼。这实际上是一种扰民行为。你一个人的父母去世，扰得四邻不安。这样做，实质上对去世的父母没有任何意义。所以孔子说，办理丧事，与其形式上搞得奢华周全，宁可内心悲痛怀念。从这一点来看，孔子真是一个实事求是的人。

> 子路曰："吾闻诸夫子。丧礼，与其哀不足而礼有余也，不若礼不
> 足而哀有余也。祭礼，与其敬不足而礼有余也，不若礼不足而敬有
> 余也。"
>
> ——《礼记·檀弓上》

子路说：我曾经听老师说，办理丧礼的时候，与其礼仪上过分铺张，不如孝子们有足够的哀痛；对于祭礼，与其过分在仪式上下功夫，不如在严肃恭敬上多下功夫。

孔子的这些话与上一段话的基本点是一致的，讲得非常好。无论是丧礼还是祭礼，不要在形式上过多下功夫。搞形式主义，既耗费过多的人力物力财力，加重人们的经济负担，又不能起到实质上的作用。对于过世的父母来说，活着的子女能够生活得更好，才是他们的心愿。

> 子曰："出则事公卿，入则事父兄，丧事不敢不勉，不为酒困，何有于我哉？"
>
> ——《论语·子罕》

孔子说：到外面去做事，就服务于公卿，为国家办事。回到家里，就孝敬父兄，为家庭服务。遇到丧事，就尽心尽力去办，不沉湎于饮酒，这些事我都做到了吗？

孔子在这里所讲的是对自己的要求，其实也是对每一个人的要求。在外面，就是要为国家办事，为社会服务。在家里，则要孝敬父母，为兄弟姐妹服务。不要过度饮酒，饮酒过多会误事。再就是尽心尽力帮人家办好丧事。孔子在这里为什么要特别提出办好丧事？这体现了孔子对于办好丧事的重视，同时，大概也与"慎终追远，民德归厚"有关。从某种角度来说，妥善地办理好丧事，也是对死者的一种尊重，也是一种社会文明的表现。因为对于每一个人来说，死亡是人生最大的事件之一。办好丧事，安葬好逝者，既能够体现孝子的孝心，也能体现好的民风，从而能够安抚民心，促进形成更好的民风，从而促进社会的稳定与发展。但前提是不要搞排场，不要铺张浪费。

> 子游曰："丧，致乎哀而止。"
>
> ——《论语·子张》

子游说：办理丧事，如果孝子真正体会到失去父母的哀痛也就算是很好了。这也就是孝的本质。

> 曾子曰："吾闻诸夫子，人未有自致者也，必也亲丧乎！"
>
> ——《论语·子张》

曾子说：我曾经听老师说过，人们在一般的情况下，是不会充分表露自己的情感的，如果要真正充分表露自己的情感，那就只能是父母去世的时候。

孔子对人的情感充分表露的理解是深刻的。俗话说，男儿有泪不轻弹，只因未到伤心处。这是说男人。其实女人又何尝不是如此。无论男女，平时也会有伤心动情的时候，那可能都只是一般的伤心动情，真正深度地动感情而充分无掩饰表露出来，那一定是在父母去世的时候。因为父母的去世，父母对子女的关怀与慈爱，父母的音容笑貌也就永远一去不复返了，只能留在永远的怀念中了。而子女对父母的孝敬，也永远地失去机会了。这是何等令人伤痛的事啊！有人这样说：有父母在，即使父母已经瘫痪在床，一进门，只要有父母在，这个家就还在，这个家就还是温暖的。这话说得何等的好！这是失去父母之后人的最深切的体会，也是最真切的体会。所以，人的最深切、最真实的情感，往往在父母去世这一刻喷发出来。孔子的这些话，是人生最真实、最深切的情感体验，也是一个孝子失去父母的最深切、最真实的情感体验。由此我们也看出，古人提出"慎终追远"真是有道理的。

> 所重：民、食、丧、祭。
>
> ——《论语·尧曰》

这是周武王大封诸侯时，对诸侯们所讲的话，也是周武王交代诸侯们以后要重视的四个方面的事情。一是民，就是要重视臣民百姓。对于统治者来说，民心是最重要的。所以他接着便说："宽则得众，信则民任焉，敏则有功，公则说。"你对臣民百姓宽厚，臣民百姓就会真心拥护你。你做到诚信无欺，臣民百姓就会信任你，依靠你。你做到为政勤敏，多为臣民百姓办事，就会做出成绩与功业来。你做到公正平和，臣民百姓就会对你心悦诚服。水可以载舟，也可以覆舟。臣民百姓的信任与拥护，是统治者的命脉。二是食，民以食为天，就是要让臣民百姓有饭吃。臣民百姓没有饭吃，就没有办法生存下去，就要起来造反。这样一来，统治者的统治地位还能维持下去吗？三是丧，就是要办好丧事。四是祭，就是要办好祭祀。

周武王告诫其诸侯们要重视的四件事，其中两件就是办好丧礼与祭祀，可见武王对丧礼与祭祀的重视。为什么？

> 不孝者生于不仁，不仁者生于丧祭之无礼，明丧祭之礼所以教仁爱也。能教仁爱，则丧思慕，祭祀不解人子馈养之道。丧祭之礼明，则民孝矣。故虽有不孝之狱，而无陷刑之民。
>
> ——《孔子家语·五刑解》

这话是孔子回答冉有的问话时说的。冉有说，古代三皇五帝不用五刑是真的吗？孔子说，古人设置刑罚来防止犯罪，最看重的是臣民百姓不触犯刑律。制五刑而不用，这才是治理国家的最高境界。后面他就说了以上的话。

不孝顺父母的人之所以产生，是由于他们缺乏仁爱的品德。而缺乏仁爱品德的人之所以产生，是由于未能倡导丧礼与祭礼。让如果百姓都知道丧礼与祭礼，就是教育他们具备仁爱的品德。如果能够教育百姓使之具备仁爱的品德，那么父母去世办理丧事后，百姓就会渴望对父母举行祭祀，就像父母在世时不懈怠地奉养一样。丧祭之礼倡明，那么百姓就都会成为孝顺的人。如此，虽然制定了制裁不孝的刑律，也不会有触犯不孝刑律的百姓了。

从这段话，可以看出孔子为什么这样重视丧祭之礼了。在孔子看来，不孝来源于不仁，不仁来源于没有明确的丧祭之礼。因此，不孝是社会不良之根源。而没有倡明的丧祭之礼，又使臣民百姓产生不孝之根源。只有倡明丧祭之礼，把臣民百姓都引导到孝顺之途，那么社会也就能走向"至治"。从中也看出周武王为什么那么重视丧祭之礼了。再看：

> 凡治人之道，莫急于礼。礼有五经，莫重于祭。夫祭者，非物自外至者也，自中出生于心也。心怵而奉之以礼。是故，惟贤者能尽祭之义。贤者之祭也，必受其福。非世所谓福也。福者，备也。备者，百顺之名也。无所不顺者，谓之备。言内尽于己，而外顺于道也。忠臣以事其君，孝子以事其亲，其本一也。上则顺于鬼神，外则顺于君长，内则以孝于亲。如此之谓备。惟贤者能备，能备然后能祭。是故贤者之祭也，致其诚信，与其忠敬，奉之以物，道之以礼，安之以乐，参之以时，明荐之而已矣，不求其为，此孝子之心也。祭者，所以追养继孝也。孝者，畜也。顺于道，不逆于伦，是之谓畜。是故，孝子之事亲也，有三道焉：生则养，没则丧，丧毕则祭。养则观其顺也，丧则观其哀也，祭则观其敬而时也。尽此三道者，孝子之行也。
>
> ——《礼记·祭统》

治理臣民百姓的办法，没有比推行礼更为迫切的了。礼有五种，没有比祭礼更重要的了。祭祀，并不是只用一些祭品来表示一下祭祀的形式，而是发自内心的悲伤而用祭祀抒发的一种礼仪形式。因此，只有贤明的人能够充分发挥祭祀的含义。贤明之人的祭祀，必然会得到赐福。只不过这种福不是世俗所谓的福。所谓福，就是备。所谓备，是诸事皆顺的名称。没有什么事不顺就叫备。从内心来说，没有什么不顺的；从在外面做事来说，没有什么事是做不好的；忠臣以此为君主服务，孝子以此为父母尽孝心。从本质上来说是一致的。对上事奉鬼神，则能让鬼神称心如意；对外为国君和上司或长者服务，没有办不好的事情；在家则尽心孝顺父母，做到这样就叫作备。只有贤明的人能够具有备的资质。能够具有备的资质的人，然后才能够担当祭的职责。因此，贤能的人的祭祀，能够做到诚心诚意，严肃崇敬，忠心不二。贡奉应有的祭品，遵循礼的规制，演奏平和安泰的音乐，选择适当的时机，摆好祭品，举行祭祀仪式而祭之而已，并不怀有祈求赐福之心。这就是孝子祭祀的初衷。祭祀，就是孝子用来弥补对父母生前供养未能尽心尽意的不足，而继续尽孝的方式。孝，就是奉养的意思。按照礼的要求，永远牢记在心，不违背伦理，这就是奉养。因此，孝子侍奉父母，有三个步骤：父母在世的时候，奉养父母；父母去世，办好丧事；丧事办完之后，就是按时按节祭奠父母。父母奉养得好不好，就要看他能否让父母顺心顺意；办理丧事好坏，就看他是不是心存哀痛；祭祀就看他能否做到按时按节，是否心存敬意。这三个步骤都做得很好，这就是孝子的行孝之道。

　　这很长的一段话，都是讲对父母的孝，其范围没有超出孔子的"生，事之以礼，死，葬之以礼，祭之以礼"。这些内容前面已经讨论得很多了，但这里更强调祭之以礼。这也是自然的，因为这是《礼记》在讲"祭统"，也就是讲祭祀的基本要求。但是有一点，我们不能不注意到，那就是开头的那几句话："凡治人之道，莫急于礼。礼有五经，莫重于祭。"就是说，统治者要治理臣民百姓，最急迫的就是要执行礼。礼是治理臣民百姓最重要最有力的工具与手段。礼有五经，即吉礼，就是祭祀；凶礼，就是丧礼；军礼，就是军队所用之礼；宾礼，就是迎送宾客之礼；嘉礼，就是婚冠之礼。这五种礼中，最重要的就是祭礼。前面我们就说过，为什么把祭礼看得这么重要？因为这是"治人之道"的首要问题，最急迫的问题，最重要的问题，也是达到社会至治的根本问题。这一点前面已经有过一些分析，一方面，可以形成好的民风民俗，养成好的、淳厚的民德；另一方面就是统治者要利用丧事与祭祀来规范臣民百姓，从心理上来约束臣民百姓，以丧礼祭祀作为道德规范来束缚臣民百姓。比如说，居丧三年，这三年你就在家老老实实待着，你就不会去惹是生非，就不会去犯上作乱。祭祀也一样，追念先祖，你就要有恭敬之心、恭顺之心。你就要循规蹈矩，安分守己。你不能去做坏事辱没祖先、玷污祖先。这一点，我们还可以从《礼记·王制》中的某些规定看出一斑。

　　　　山川神祇有不举者为不敬，不敬者君削以地。宗庙有不顺者为不孝，不孝者君绌以爵。变礼易乐者为不从，不从者君流。革制度衣服者为畔，畔者君讨。有功德于民者，加地进律。

这段话主要是针对诸侯而言。对于山神土地神，诸侯们要按照规定进行祭祀。如果不按照规定举行祭祀，那就是对山川神祇的不敬。对山川神祇不敬也就是对天子的不敬，所以对山川神祇不敬的诸侯，天子就要把他的封地取消或削减。宗庙不按照规定按时按节进行祭祀，或者在祭祀时把昭穆尊卑搞乱了，这是不孝。对于不孝的诸侯，天子要罢除其爵位。改变礼乐制度者离经叛道，离经叛道的诸侯要受到流放的处理。改变国体制度、更换衣着风俗习惯是叛逆。叛逆的诸侯，天子要口诛笔伐。对臣民百姓建立了功勋德业的诸侯，天子要给他增加封地，加封爵禄。

从这些规定也可以看出国家政权对祭祀的重视程度。很显然，祭祀对于各级官员来说，既是一种权力与地位的象征，也是国家管理的一种手段。处于什么地位的人，就拥有什么样的祭祀权力与祭祀规格，但也要受到制度的管理与纪律的约束。你不按照规定举行祭祀，就会受到处置，甚至是严厉的制裁。国家对于诸侯尚且如此严厉，那么百姓当然也不会例外。由此可见，祭祀对于国家来说，是维系其统治的重要手段之一。这也就是我们从更高层次来看，统治者那么重视祭祀的实质所在。

三、继人之志，述人之事

子曰："武王周公其达孝矣乎。夫孝者，善继人之志，善述人之事者也。"

这一段话前面引述过，这里再一次引述是因为要从另一个角度来讨论孝的问题。如果对一般人来说，孝主要是对父母而言，那么对于帝王将相或者像孔子这样的人来说，除了对父母尽孝以外，还有一个继承先圣英贤事业的问题。在孔子的意识里，尧舜禹汤、文武周公，是他最为崇拜的偶像，也是他心中最崇高的圣人。而尧舜禹汤、文武周公的事业，是中华民族最为神圣的事业。他们的事业，相继传承，是孔子最为服膺的事，也是孔子最为向往的事。因此，在有关孔子的著作中，我们看到，孔子对我们的祖先十分崇敬。他认为尧舜禹汤、文武周公时代的社会最为优越，因而十分留恋，从而希望能够发扬尧舜禹汤、文武周公的精神，为恢复那样的社会，建设那样的社会尽心出力，也就是继人之志吧；同时把他们的事迹记述下来，向大家宣扬，尤其是向那些诸侯、大臣们宣扬，让先圣英贤们的事迹永远传承下去，也这就是述人之事吧。先看一段话：

> 昔者，仲尼与于蜡宾，事毕，出游于观之上，喟然而叹。仲尼之叹，盖叹鲁也。言偃在侧曰："君子何叹？"孔子曰："大道之行也，与三代之英，丘未之逮也，而有志焉。"
>
> ——《礼记·礼运》

从前，孔子作为宾相在鲁国参与蜡祭。祭事结束，在大门两侧观前散步，长长地叹息了一声。孔子的这一声叹息，是为鲁国而叹。陪同在孔子身边的学生子游问，老师为什么叹息。孔子说：推行大道的大同盛世，我未能赶上，创造那个成功社会的英杰圣贤，我也未能见着他们。但是我多么希望能够继承他们的事业啊！

孔子认为五帝时代，是推行大道而天下为公的大同社会，禹、汤、文、武、成王、周公时代是大道已隐的天下为家的小康社会。（关于大同社会与小康社会已在讨论礼的章节中有过叙述）那都是以礼治国的社会。但东周后期的春秋时代，已经是礼崩乐坏的时代。孔子是鲁国人，他所处的时代，鲁国已经是三家大夫主政的时代。而三家大夫就常常不按礼乐制度的要求行事，这让孔子非常不满。比如季氏"八佾舞于庭"。季氏只是个大夫，竟然用只有天子才能使用的"八佾"音乐舞蹈，因而孔子感到"是可忍，孰不可忍"。又如"季氏旅于泰山"，季氏竟然去祭祀只有天子与诸侯才有资格祭祀的泰山。孔子也非常不满。他的叹息，是不是为此而叹呢？他说："夫礼，先王以承天之道，以治人之情，故失之者死，得之者生。"他认为礼是治国第一要务。一个国家能够以礼治国，就能生存下去，不以礼治国，国家就会灭亡。因此，孔子"而有志焉"。他立志要恢复周代及其之前的礼乐制度，来为恢复"大同"社会或者是"小康"社会服务。

> 而郊社之礼，所以事上帝也。宗庙之礼，所以祀乎其先也。明乎郊社之礼，禘尝之义，治国其如示诸掌乎。
>
> ——《中庸》第十九章

郊祭与社祭的祭祀之礼，是用来祭奠天地之神的。宗庙祭祀之礼，是用来祭奠祖先的。如果透彻地搞清楚了祭祀天地之神的祭祀之礼，天子宗庙大祭的禘祭之礼，以及一年四季祭祀之礼的意义，那么治理国家就有如运转于掌心。

治国的中心就是祭祀。祭天祭地，祭祖先，祭先圣英贤，祭四方神灵。只要把祭祀那一套法则要务掌握了，治理国家就不是很难的事了。

孔子为什么会这样认为？

因为礼，是先王接受上天的旨意，来治理天下臣民的法则依据。这是上天的旨意，是谁也不能够违背的。谁能按照天意，以礼来治理国家，这个国家就能够生存下去，并兴旺发达起来。反之，谁要是违背天意，丢弃了礼，不依礼来治理国家，这个国家就会衰亡下去，就会亡国。

而祭祀，又是礼的中心。天子也好，诸侯也好，都要继承先朝的传统，按照礼的规定，按时按节，进行各种祭祀活动。这既是对先祖的纪念，更是维持自己的统治的需要，更是维持其统治的手段与措施。对于天子来说，不按照规定举行各种祭祀活动，就失去了统治天下的依据。因为你的统治权是上天赋予的。你不举行祭祀活动，就是对上天的不敬。上天为什么还要赋予你统治权呢？这样你就失去了继续统治天下的资格，这时候谁还会拥护你？对诸侯来说，就更是如此。你的统治权是天子赋予的。你不按照规定举办祭祀活动，就是对天子的不敬。天子就要惩罚你，就要削你的地，撤你的藩。你不按照规定祭祀行吗？所以说，祭祀既是统治者的权力的象征，也是统治者的义务。

还有，祭祀也是孝的最重要的内容。孔子说武王、周公是达孝，就是因为武王、周公善继人之志、善述人之事。

孔子为什么把善继人之志、善述人之事称为达孝呢？因为对于子女来说，赡养父母，孝顺父母，这是必须的，也是最基本的孝。但是，这只不过是对自己的父母的孝，是小范围的孝。而天子或诸侯，除了孝顺自己的父母以外，还要传承祖先的优秀传统，治理好天下、国家。为天下、国家全体臣民百姓办事，或者说要孝顺天下、国家的全体臣民百姓的父母。如果天子与诸侯把天下与国家治理好了，使天下、国家都实现了大同社会或小康社会，使普天下与国家的臣民百姓都过上了大同社会或小康社会的日子，那不就是大孝或达孝吗？

那么善继人之志、善述人之事，与祭祀又有什么关系呢？大家知道，举行祭祀的时候，一个很重要的内容就是宣读祭文。而祭文中心内容便是为被祭奠者树碑立传，宣扬他们的丰功伟绩。这有几个方面的重要意义：

第一，通过祭祀正面宣扬了被祭者的业绩，肯定了被祭者的地位。这就告诉世人，凡为后人做过好事的人，后人是不会忘记他们的。他们会永远享受后人的祭祀。这是何等的荣耀。

第二，通过祭祀，宣扬被祭者也就是先祖的丰功伟绩。这也就等于为国人树起了一面旗帜。这旗帜对于国家与民族，具有无限的号召力与凝聚力，从而使国人认识其祖先的伟大与光荣，增强国人对国家与民族的认同感，增强国人对国家与民族的自信心与自豪感，使大家共同凝聚团结在这面旗帜下，抵御外来的侵略，保卫与建设自己的国家。

第三，通过祭祀，肯定了祭祀者作为被祭祀者的继承人的合法地位。这样做也就等于向世人表示，我是国家与民族的继承者。请大家相信我，我没有忘记被祭祀者的丰功伟绩，我正在继承他们的事业，所以大家要信任我、拥护我。

第四是通过祭祀，刻碑勒铭，书写历史，宣示孝道，让大家继承被祭者的志，记住他们的事，传承他们的事业。我们中华民族之所以五千多年传承不灭，中华文化、中华民族优秀传统之所以能够一代一代传承下来，不就是通过继人之志、述人之事，用书写历史的方法传承下来的吗？

这就是祭祀的重要意义。通过祭祀，实际上也确实就起到了继人之志、述人之事的目的。当然也体现了祭祀者的孝。所以孔子在《论语·八佾》也这样说：

> 或问禘之说。子曰："不知也。知其说者之于天下也，其如示诸斯乎！"指其掌。

孔子的这段话与前面所引《中庸》中的话是一个意思。只要把各种祭祀（这里只说禘祭）的要义与礼仪搞明白了，那么治理国家也就不是难事了。

对于孔子所说的这样的话，我们还可以从另一个方面来看，那就是我们前面说过的，在孔子所处的时代，已经礼崩乐坏，东周的天子已经没有了权威，各诸侯国的祭祀已经变了味，大家并不按照周礼的要求来执行祭祀了，这才让孔子极为不满。这才让他说出掌握了禘祭与各种祭祀的真义，治理天下国家就不是难事了的观点。这也表明孔子希望恢复周代的社会秩序与礼乐制度。再看孔子的一段话：

> 公山弗扰以费畔，召，子欲往。子路不悦，曰："末之也已，何必公山氏之之也。"子曰："夫召我者，而岂徒哉？如有用我者，吾其为东周乎！"
>
> ——《论语·阳货》

公山弗扰在费邑反叛，召孔子去。孔子准备前往。子路很不高兴，说：没有地方去也就算了，为什么非要到公山弗扰那里去呢？孔子说：那个召我去的人，难道没有他的打算吗？如果有人用我，我将在东方恢复周朝的文武之道。

　　这就是孔子真正的理想与志向。他对尧舜、周朝文王与武王时代的社会秩序非常向往，对尧舜、文武周公等古代圣贤从内心里崇敬，而对现今的社会秩序，对现今诸侯与大臣治理国家很不满意。因而一心想在某一个地方施展自己的抱负，重新恢复建设尧舜与周朝的社会秩序。这一段话也正是他的政治理想与抱负的真实表露。

　　　　子曰："苟有用我者，期月而已可也，三年有成。"

——（《论语·子路》）

　　孔子说：假如有人让我来治理国家的政务，只要一年的时间就可以见到成效，三年就可以获得成功。

　　把这一段话与前一段话结合起来看，孔子是真正很有理想与抱负的。他的理想与抱负就是要在治国安邦上大显身手。他这里的所谓成功，就是要恢复建设尧舜时代的大同社会，至少是要恢复建设周朝文武周公时代的小康社会。这一点，从许多地方都可以看出。他在许多地方都不断地宣扬尧舜与文武周公的文治武功，申述他的崇敬与向往。

　　　　子曰："大哉尧之为君也！巍巍乎！唯天为大，唯尧则之。荡荡乎，
　　民无能名焉。巍巍乎其有成功也，焕乎其有文章！"

——《论语·泰伯》

　　尧在孔子心目中的崇高伟大，无与伦比。天很伟大，只有尧与天一样伟大。尧给人民带来的恩泽，让人无法用语言来表达、形容。尧留下的治理国家的政治历史文化遗产，丰富而多姿多彩。

　　　　哀公问于孔子曰："昔者舜冠何冠乎？"孔子不对。公曰："寡人有
　　问于子，而子无言，何也？"对曰："以君之问不先其大者，故方思所
　　以为对。"公曰："其大何乎？"孔子曰："舜之为君也，其政好生而恶
　　杀，其任授贤而替不肖，德若天地而静虚，化若四时而变物，是以四海
　　承风，畅于异类，凤翔麟至，鸟兽驯德，无他，好生故也。君舍此道而
　　冠冕是问，是以缓对。"

——《孔子家语·好生》

鲁哀公问孔子:"先前的舜帝戴什么样的帽子?"孔子没有回答。哀公说:"我问你问题,你却不说话,这是为什么?"孔子回答说:"因为您首先问的不是重大的问题,我正在考虑应该如何回答您。"哀公说:"你所谓的重大问题是什么呢?"孔子说:"舜作为一位圣君,治理国政的特点是怜爱生灵而厌恶杀戮,任用官员时,先择贤能的人才替代那些能力差的人,其德操有如天地一般清静无欲,其教化有如四时变化而育化万事万物。因此,四海之内都风从舜的教化,就是异族他类,其教化也畅行无阻。在他的治理下,凤凰飞来聚栖,麒麟前来以示祥瑞。鸟兽们都为其圣德驯化而归服。这没有别的原因,就是舜怜爱生灵的缘故。这么重大的治国之道您不问而问舜戴什么帽子,因此我未能及时作出回答。"

这段话也是孔子对舜的赞美。孔子认为,舜作为一代圣君的最大特点就是以德治国,以德化人。他怜爱人的生命,厌恶杀戮。他善于任用贤能人才,而自己总是像天地那么清静无欲地教化臣民百姓,他的教化总是像天地间一年四季自然变化那样无私地化育万事万物。因而四海之内,所有臣民百姓都有如在和煦春风吹拂之中接受舜帝的圣德教化,就是那些尚未开化的异族也诚心诚意地乐于接受德化,甚至鸟兽也一样。在孔子的心目中,这是何等美妙的社会。孔子当然也希望鲁哀公能够效法。

> 尧曰:"咨!尔舜,天之历数在尔躬,允执厥中。四海困穷,天禄永终。"舜亦以命禹。
>
> ——《论语·尧曰》

尧帝说:嗨!舜你呀,现在已经是上天之命落到你身上的时候了。你要公允诚挚地保持那治国的中庸之道,一旦天下有臣民百姓陷于贫穷困厄之中,上天赐予你的帝禄也就会永远地中止。舜禅位予禹的时候也说了这一番话。

这是尧禅位予舜的时候说的话。前面说过,尧禅位予舜之前,对舜进行了长时间的严格考察、考验。舜禅位予禹的时候也同样对禹进行了严格的考察与考验,在禅位的时候还说出这么一番话。这说明什么?这说明尧舜这些君王之所以圣明,就圣明在这些地方。他们自己本身的德操境界就非常之高,而对接班人同样要求十分严格,一丝不苟。"允执厥中,四海困穷,天禄永终",你一旦坐上了这个位子就要尽职尽责,担当起这个重任,而且必须用最高明的领导艺术来治理国家。一旦臣民百姓遭受了穷困,就"天禄永终"。

> 子曰:"无为而治者其舜也与,夫何为哉?恭己正南面而已矣。"
>
> ——《论语·卫灵公》

孔子说：能够做到无为而治理天下的，恐怕只有舜吧。他是怎么做的呢？就是庄重严肃地坐在朝廷的位置上。

孔子在这里说舜无为而治。什么是无为而治？杨伯峻先生在《论语译注》中说是"自己从容安静而使天下太平"。说实在话，要直译"无为而治"是很困难的，很难将其译得妥当。比如"从容安静"治理天下，能够说就是"无为而治"吗？"从容安静"还是要"有为"才能使天下太平。实际上还是"有为而治"，有些人在解释无为之治时，说那是无所作为之治，这样的解释当然是说不通的。所以要理解这个问题，我们前面所引述的《孔子家语·好生》中的那段话，可以给我们一些启示。孔子说："舜之为君也，其政好生而恶杀，其任授贤而替不肖，德若天地而静虚，化若四时而变物，是以四海承风，畅于异类。"这段话里有几点可以说是无为而治：

其一，德若天地而静虚，化若四时而变物。德若天地，德的修炼已经到了至高无上的境界了。德高而望重。君王有了这么高的德，在臣民百姓中的威望就必然重。君王德高望重，对臣民百姓的影响有多大。孔子说："君子之德风。"君子的德就像风一样，很快就能吹遍大地，吹遍天下。因此，君王的至德当然会感染臣民百姓，使臣民百姓效法自己的君王。大家都修德，都具备了德的品行。这也正是"化若四时而变物"。君王的德的教化，使臣民百姓都变得品德高尚起来。正是这种德的教化，使得当时的社会变成了"故人不独亲其亲，不独子其子。使老有所终，壮有所用，幼有所长，矜寡孤独废疾者皆有所养。男有分，女有归。货恶其弃于地也，不必藏于己。力恶其不出于身也，不必为己。是故，谋闭而不兴，盗窃乱贼而不作，故外户而不闭"（《礼记·礼运》）。这也正是孔子对尧舜时代的社会的描绘。当时的社会秩序这么好，正是尧舜以德教化的结果。如果臣民百姓都被君王德化，那么君王还要"有为而治"吗？孔子在回答季康子问政时说："政者，正也。子帅以正，孰敢不正？"所谓政治，其实就是一个正字。你为君为官的人正，百姓谁敢不正？舜的"无为而治"，正是以自己"正"而化育天下。

其二，其政好生而恶杀。舜作为一代圣君，好生而恶杀。所谓好生，就是爱惜生灵，就是爱惜人的生命。所谓恶杀，就是不喜欢杀人，讨厌杀人。爱惜生命，不杀人，这样的政策，这样的政治环境和社会环境，臣民百姓就会安居乐业。大家都安居乐业，谁还去犯上作乱？这样的君王，臣民百姓能不拥护爱戴吗？臣民百姓都拥戴，就没有人去触犯刑律，社会一派繁荣、和平、兴旺景象，君王还要去"为"什么而治呢？所以就能无为而治。

其三，其任授贤而替不肖。"舜有臣五人而天下治。"这说明舜之为君，善于任用贤能人才，充分发挥贤能人才的治国作用。朝中有贤能人才治理国政，舜不就只要"恭己正南面而已矣"了吗？

所以，所谓舜的无为而治，并不是真正的无为而治，实质上还是有为而治，只不过他的"为"是隐形的，利用他的德高望重的影响力、感染力、教化力，利用他好生恶杀的最好治国方略，利用他善于任贤治国的智慧来治国罢了。

这是说舜。

> 子曰："禹，吾无间然矣。菲饮食而致孝乎鬼神，恶衣服而致美乎黻冕，卑宫室而尽力乎沟洫。禹，吾无间然矣。"
>
> ——《论语·泰伯》

孔子说：对于禹这位明君，我实在没有什么可挑剔的了。他自己的饮食很节俭，却把祭祀的祭品搞得很丰盛；他穿着那么破旧，却把祭祀时的服饰搞得很华美；他住的宫室那么简陋，却竭尽全力于农田水利建设。对于禹这位君王，我实在无可挑剔。

对于禹，在孔子的心目中，其人格境界也是完美无缺的。这一点，在这一段话中已经说得很清楚了。

> 曰："予小子履，敢用玄牡，敢昭告于皇皇后帝：有罪不敢赦。帝臣不蔽，简在帝心。朕躬有罪，无以万方。万方有罪，罪在朕躬。"
>
> ——《论语·尧曰》

商汤向天帝祷告说："我小子履，冒昧地用黑色的公牛作牺牲，来祭祀天帝，向伟大而光明的天帝祷告：对于有罪的人，我不敢擅自去赦免他。作为天帝您的臣仆的我，也不敢隐瞒掩蔽什么，您内心里早有分辨与选择。我本人如果有罪，请不要牵连天下万方。天下万方如果有罪，责任全由我来承担。"

这是商汤祭祀天帝时的祷告词，这可以说是他的内心独白吧。汤，从历史上来说，也是一代明君。《史记·殷本纪》上说他"汤德至矣，及禽兽"。而从他的这番祷告词来看，其品格德操确是极其高尚的。别的不说，就其"朕躬有罪，无以万方。万方有罪，罪在朕躬"这两句话来看，是一个很有担当的人，也是一个极能为臣民百姓谋福祉的帝王。对于这样的帝王，孔子必然是最为崇敬的。

> 孔子曰："能治国家之如此，虽欲侮之，岂可得乎？周自后稷，积

行累功，以有爵土。公刘重之以仁，及至大王亶甫，敦以德让，其树根置本，备豫远矣。初，大王都豳，翟人侵之。事之以皮币，不得免焉，事之以珠玉，不得免焉，于是属耆老而告之：'所欲吾土地。吾闻之，君子不以所养而害人。二三子何患乎无君？'遂独与大姜去之，逾梁山，邑于岐山之下。豳人曰：'仁人之君，不可失也。'从之如归市焉。天之与周，民之去殷，久矣，若此而不能天下，未之有也。武庚恶能侮？《郹诗》曰：'执辔如组，两骖如舞。'"孔子曰："为此诗者，其知政乎！夫为组者，总纰于此，成文于彼。言其动于近，行于远也。执此法以御民，岂不化乎？《竿旄》之忠告，至矣哉！"

——《孔子家语·好生》

孔子说：能够把国家治理得这么好，即使有人想要欺侮他，那又怎么能做得到呢？周部族自后稷开始，一直都在行善积德，因此获得了爵位和疆土。公刘非常重视施行仁德之政，等到太王古公亶父，更是让自己严格执行德让的治政方略，从而为周部族牢固地树立了根基，这都是着眼长远的作为。当初，太王古公亶父以豳这个地方作为根据地，却累遭狄人来侵犯。古公送给狄人毛皮与布帛，并不能使他们停止侵犯，送给他们珠宝玉器，也未能避免他们的侵犯。于是古公太王召集豳地的年长老人，告诉他们说：狄人想要得到的是我们的土地。我听说过：作为君子是不会因为用以养人的土地而残害百姓大众。你们大伙怎么用得着担心没有君王呢？于是他与其妻太姜离开豳地，翻越梁山，在岐山脚下建立城邑。豳地的人都说：这是个仁德忠厚的君主，我们不能够失去他。于是众多的人风从太王，有如拥向集市一般。上天要把天下赐予周族，老百姓想要离开殷商，已经有很长时间了。像这样的情况，还不能够称王于天下，这样的事情是不会有的。这样的周人，武庚又怎么能够欺负得了呢？《诗经·郑风·大叔于田》的诗句说：手执缰绳如丝织，条理分明很清晰。两骖骏马似跳舞，节奏和谐欢且稳。孔子说：作这首诗的人，必定是一个懂得政治的人。那些编织丝带的人，在这一端把所有的丝攥在一起，到另一端便已经编织成各色花纹美丽的丝带了。这是说开始行动的时候，是在近处，而开花结果却是行进到远处了。用这样的方法去管理臣民百姓，哪有不被教化的呢？《诗经·鄘风·干旄》这首诗的忠告真是再好不过了。

上面这段话是述说周朝先祖的美德。周部族为什么能够兴旺起来？为什么能够立国？为什么能够把国家治理得那么好？是因为他们的先祖从后稷开始，就行善积德，形成了非常好的部族之风，养成了高境界的德操。有了这样的德操作基

209

础，作支撑，行动起来就有了依据，就会依德行事。而能够依德行事，便有了无穷的力量，就会获得老百姓的信任与拥护，便能以德化人。所以，他们就拥有了疆土与人民。比如古公亶父时期，居住在豳，常常受到狄人的侵犯，古公一让再让，最后将自己的土地都让出来了。然而，那里的人民并没有抛弃他们，风从其去往新的驻地，建设起新的城邑。后来的文王时期、武王时期都一样，依德治国，以德化人。纣王囚禁文王，武庚反叛武王，都未能动摇周朝根基。这就是周朝的统治者以德化人的力量。

> 子曰："泰伯，其可谓至德也已矣。三以天下让，民无得而称焉。"
>
> ——《论语·泰伯》

孔子说：泰伯这个人呀，其德的修养已经到了至高无上的境界。他多次辞让君王的位置。对于他的圣德，老百姓真不知道用什么样的语言来称颂呢！

这里讲到太伯的事了。泰伯，又叫太伯，是古公亶父的长子。古公亶父有三个儿子，即太伯、仲雍、季历。按照传统观念，父亲的君位是要传给长子的。但是古公亶父却看中了孙子昌，即季历的儿子。他说："我世当有兴者，其在昌乎？"因而他想把君位先传给季历，然后再传给昌，但这是要打破传统的。"长子太伯、虞仲知古公欲立季历以传昌，乃二人亡如荆蛮，文身断发，以让季历。"（《史记·周本纪》）为了让父亲实现自己的意愿，太伯便偕同其弟仲雍一起出走至荆蛮之地（其居住地是常州无锡县界梅里村）。这样一来，古公亶父便传位给了季历。季历去世以后，昌继承君位，便是周文王。孔子认为，太伯能够三让天下，可见其德达到了至高无上的境界，是应该称颂的。的确，无论是在中国还是在外国，历朝历代，为了争夺王位，多少父子、兄弟之间，相互争斗，相互残杀。而太伯能够"三让天下"，这确实不是一般人能够做到的。所以孔子称其有圣德。这也说明周之圣德是颇有传统的。

> 武王曰："予有乱臣十人。"孔子曰："才难，不其然乎。唐虞之际，于斯为盛。有妇人焉，九人而已。三分天下有其二，以服事殷。周之德，其可谓至德也已矣。"
>
> ——《论语·泰伯》

这段话在其他地方已经引述过。这里要说的是文王之德。孔子认为，周文王已经有了天下三分之二的国土，还向殷纣称臣。周文王的德，真是达到了最高境界了。孔子为什么会这样说呢？

前面说到，古公亶父早已经看出文王不同于一般，兴周的希望就在于文王。果然，文王继承君位以后，没有辜负祖父的期望。一方面是他"遵后稷、公刘之业，则古公、公季之法，笃仁，敬老，慈少，礼下贤者，日中不暇食以待士，士以此多归之"。（《史记·周本纪》）这可以说是他以自己高尚的圣德，继承先祖之业，遵循祖父、父亲之礼法，礼贤下士，治国安邦，化育臣民，使臣民们风从于周，因而三分天下有其二。另一方面是"西伯积善累德，诸侯皆向之，将不利于帝"。因有人告状，被殷纣王囚禁于羑里。如果用一般人的眼光来看，纣王既然把文王囚禁了那么长的时间，文王必然积怨于心。待文王被赦释以后，自然会采取报复行动。但是文王并没有这样做，当自己已经是三分天下有其二的时候，却仍然向纣王称臣。这不是以德报怨吗？也正因此，更显示出文王的高风亮节，显示出他的至德修养，所以孔子称赞他是至德。

周有大赉，善人是富。"虽有周亲，不如仁人。百姓有过，在予一人。"

> 谨权量，审法度，修废官，四方之政行焉。兴灭国，继绝世，举逸民，天下之民归心焉。所重：民、食、丧、祭。宽则得众，信则民任焉，敏则有功，公则说。
>
> ——《论语·尧曰》

上面说的是文王，这里说的是武王。

周朝大封诸侯，让善良的人都富贵起来。周武王说：我虽然有至亲，都不如有仁德的人那么富贵。百姓如果有什么罪过，责任都在我一人身上。认真检验审定度量衡，审查修定礼法制度，整顿政府机关秩序，全国的政令就畅通无阻了。恢复已经灭亡的诸侯国，把已经消失的部族接续起来，把散落在社会上的贤良人才推举出来，为国家服务，天下的臣民百姓就都心悦诚服了。所重视的是人民、粮食、丧葬、祭祀。为政宽厚，就会得到臣民百姓的真心拥护；讲究诚信，老百姓就会信赖你；为政勤勤恳恳，就会做出成绩来；行事公平公正，老百姓就会高兴起来。

这是周武王的德政。

到这里，我们看到孔子把尧、舜、禹、汤、文王、武王等先圣英贤的志与事都"述"过来了。这是不是应该说孔子是大孝呢？另外，从述事的角度来说，孔子对历史的关注也是不应该忽视的。前面所述也都是历史。

子曰："弗乎弗乎，君子病没世而名不称焉。吾道不行矣，吾何以自见于后世哉？"乃因史记作《春秋》，上至隐公，下讫哀公十四年，十二公。据鲁，亲周，故殷，运之三代。约其文辞而指博。故吴楚之君自称王，而《春秋》贬之曰子；践土之会实召周天子，而《春秋》讳之曰"天王狩于河阳"：推此类以绳当世。贬损之义，后有王者举而开之。《春秋》之义行，则天下乱臣贼子惧焉。

——《史记·孔子世家》

孔子为了继人之志、述人之事，奋斗了一辈子。他周游列国，推行自己的政治理想与社会主张，却未能实现自己的理想与愿望。到了晚年，他已经知道自己的政治与社会理想的推行不可能有什么大的作为了，因而甚为叹息。算了吧，算了吧！君子最大的痛处，就是在他快要离开这个世界的时候，名望还不能被人称颂。我的政治与社会理想已经在世上行不通了，我将来还怎样有脸面去见后代子孙呢？他感到自己未能尽到应有的社会责任，似乎是在责备自己。于是孔子根据历史资料的记载著述《春秋》这部书。书的起始年代是鲁隐公元年，即周平王四十九年，至鲁哀公十四年。历经十二公，共 242 年。全书以鲁史为主，兼述春秋诸国史事；对周王朝史事的叙述则持爱护的态度，中间涉及殷、商、周三代的史事。对史事的叙述，文字非常简约，但涉及史实却非常广博。由于吴国与楚国的国君是自立为王，因而《春秋》将其贬称为"子"。晋文公时期的"践土盟会"，实际上是诸侯召周天子（周襄王）去赴会，而《春秋》却把真实情况隐讳起来，说是天子去河阳狩猎。类推这样的事例以为准绳，来对照当今的事情。这种贬斥指责的意思，后来若有王者把它揭示出来展示给大家。《春秋》的意义畅行天下，那么天下的乱臣贼子都会惧怕起来。

看到这里，我们自然也有一些感慨。孔子，作为一个知识分子，具有如此高度的社会责任感，如此的担当精神。几十年间，他一直来回奔波，一心只为恢复古代先圣们建立的他心目中的理想社会。他教育学生、给学生们传授的也都是先祖圣贤们修身治国的精神。为了恢复与建设他理想中的国家与社会，他真可以说是不屈不挠地奋斗了一生。一旦自己的理想实在无法实现，他便又在历史传承上下功夫。这种精神，真是令人钦佩之至。历史上人们把他尊为至圣先师，也就理所当然了。

再看他对历史的关注。

孔子观乎明堂，睹四门墉有尧舜之容，桀纣之象，而各有善恶之状，兴废之诚焉。又有周公相成王，抱之负斧扆，南面以朝诸侯之图焉。孔子徘徊而望之，谓从者曰：“此周之所以盛也。夫明镜所以察形，往古者所以知今。人主不务袭迹于其所以安存，而忽忽所以危亡，是犹未有以异于却走而欲求及前人也，岂不惑哉！”

——《孔子家语·观周》

孔子去参观明堂，看到四堵有大门的墙壁上都描绘着尧舜与桀纣的肖像。但他们的图像都显示着各自善恶不同的模样，并附有关于国家兴废的诚言。还摆放有描绘周公辅佐成王，周公抱着年幼的成王背对着象征王权、南面接受诸侯朝拜的图像的屏风。孔子反复观看这些图像，然后对跟从他的学生们说：这就是周王朝之所以兴盛的原因！明镜是用来观察自己的形貌的，回顾过去的历史能够更好地了解当今社会。君王不在学习历朝历代的历史经验上下功夫，来使自己安国图存，却玩忽怠惰，以期不致于失位亡国。这就好像是有的人倒退着往后跑，而却想追上走在前面前行的人，这岂不是很愚蠢吗？

在孔子看来，历史就是一面镜子。用这面镜子来照一下，就知道社会的好与坏，优与劣，是与非，以及应该如何治理了。这就是孔子之所以这么关注历史的根本原因。

子曰：“周监于二代，郁郁乎文哉！吾从周。”

——《论语·八佾》

孔子说：周朝的礼乐制度有鉴于夏商两代，文采斐然，多姿多彩。我主张学习周朝的。

孔子认为，周朝的礼乐制度把虞夏、殷商两朝礼乐制度的优点都学过来了，文采斐然，多姿多彩。而现今各国的礼乐制度，已经把周朝礼乐制度的优良传统都遗弃了，破坏了。所以他主张学习采用周朝的礼乐制度。意思就是说，如果让他来治国理政，还是要采用周朝的礼乐制度。他也希望现在各国的执政者，能够采用周朝的礼乐制度。他一再强调周朝礼乐制度的优越性，强调学习周朝的历史的重要性，不正是为此吗。

子张问：“十世可知也？”子曰：“殷因于夏礼，所损益，可知也。周因于殷礼，所损益，可知也。其或继周者，虽百世，可知也。”

——《论语·为政》

　　子张问老师，十代之后的礼乐制度能够预先知道吗？孔子说：殷朝的礼乐制度沿袭夏朝，有所删减，也有所增益，这是可以知道的；周朝的礼乐制度沿袭殷朝，有所删减，也有所增益，这是可以知道的。如果以后某一位执政者，继承周朝的礼乐制度，即使经历百代，也是可以知道的。

　　这里也是强调历史的重要性，尤其强调历史资料记录的重要性。因为有了历史资料的记载，才能知道各个朝代的历史状况与历史因革。才能更好地继承历史上遗留下来的优良遗产，更好地治理好国家。这也告诉大家，历史的记录是在任何朝代都不应该缺席的。所以：

　　　　子曰："夏礼，吾能言之，杞不足徵也；殷礼，吾能言之，宋不足徵也，文献不足故也。足，则吾能徵之矣。"

——《论语·八佾》

　　孔子说：夏朝的礼乐制度，我能够说出来，但是作为它的后代国的杞国，不足以为证；殷朝的礼乐制度，我能够说出来，但是它的后代国宋国不足以为证。这是因为杞国与宋国没有足够掌握历史资料与掌故的贤能人才把其国家的历史资料记录并保存下来。如果有足够的历史文献与资料，那么夏朝与商朝的礼乐制度，我就都能找到历史资料来证明我所说的这些的真实性了。

　　这是很好的例子。杞国与宋国，按照孔子的说法，是因为没有掌握历史与历史掌故的贤能人才，未能把他们祖先国家的历史资料完整地保存下来，也就是未能继人之志、述人之事，因而也未能把先祖治国的优良传统继承下来，其后果就是逐渐衰落下来，乃至于走向灭亡。这也可以说是后嗣者不孝吧。

　　　　子曰："吾犹及史之阙文也。有马者借人乘之，今亡矣夫。"

——《论语·卫灵公》

　　孔子说：我还能够看得出历史记载中有缺失的地方。有马的人能够把马借给他人去骑，这样的人现在已经没有了。

　　孔子发出了深深的感叹。

　　关于这段话的诠释，历来普遍存疑。就是因为前后两句话没有逻辑上的联系，不好理解。从字面上看起来，前后两句话似乎确实是风马牛不相及。但我想试着做一点臆解。

　　这两句话，前一句，孔子说他还能够看得出历史记述中存在的缺漏的地方，还可以做一点拾遗补缺的工作。但历史是什么？就当时的情况而言，主要就是对礼乐制度的研究与记述。当然也有史实的记载，只是这种记述似乎只在其次。大家所重视的主要还是国家的礼乐制度。因为这是治国之策、治国的依据。尤其是像孔子这样的知识分子，最看重的就是礼乐制度。在他们看来，要治理好国家，就要在礼乐制度上下功夫，要恢复先祖的礼乐制度。但是，当时的情况是，诸侯们已经并不愿意遵守祖先遗传下来的优秀的礼乐制度，不愿意按照这些礼乐制度行事。因而如果谁还愿像孔子这样，把精力用在研究礼乐制度上，可以说是吃力不讨好。孔子自己就是一个很好的例子。孔子周游列国，就是去推行以礼治国，但屡屡受挫。对于广大知识分子来说，学习的主要目的是求俸禄。孔子自己就曾经说："弟子入则孝，出则弟，谨而信，泛爱众，而亲仁。行有余力，则以学文。"学生们主要学习的是做人做事，实质上还是求俸禄。这是第一位的。而学习文献资料是放在最后的位置。为什么会这样？因为学习文献资料，把时间与精力都用在这上面，实际上是为他人做嫁衣。因此便很少有人再在这上面下功夫。杞国与宋国就是很好的例子。像孔子这样的人，把时间与精力都放在历史文献资料的研究上，而研究的成果却让他人去享有，不就等于自己养马，借给他人去骑吗？现如今，这样的人已经没有了。

其实，这只不过是一个比喻。但这个比喻还是存在一定的内在联系的。

这样看来，前后两句话之间不还是有一定的逻辑关系吗？所以，孔子在这里发出了深深的感叹，他的这些感叹很有道理吗？

> 子曰："鲁卫之政，兄弟也。"
>
> ——《论语·子路》

孔子说：鲁国和卫国的政治与国策，就像兄弟一样。

鲁国是周公的封地，卫国是康叔的封地，周公与康叔是兄弟。他们都是武王的兄弟。鲁国与卫国都是周朝的后代，所以这两个国家还较多地继承与保留了周朝的礼乐制度与政教之策，所以孔子这样说。

> 子曰："齐一变，至于鲁，鲁一变，至于道。"
>
> ——《论语·雍也》

齐国的礼乐制度与治国方策发生变化，便进到鲁国的境界，鲁国的礼乐制度与治国方策发生变化，便达到周朝的境界。

　　孔子这里所谓的变，是向好的方面变。因为鲁国与齐国，一个是周公的封地，一个是康叔的封地。周公与康叔，都是周朝的忠臣与贤臣，由此可知，这两个国家都还较多地保留了周朝的政治遗产，也就是其礼乐制度。但是到了孔子的时代，鲁国也好，齐国也好，其礼乐制度，也已经有了很大的改变。就鲁国而言，由于季氏专权，常常干出很多越礼的事来，孔子对此没少谴责。实际上，孔子念念不忘的就是周朝的礼乐制度。他认为周朝的礼乐制度，是最优秀的治国方策，所以他一生所作的努力，都是为了恢复周朝的礼乐制度，用周朝的礼乐制度来治理国家。他一生都力图在鲁国恢复周朝的礼乐制度。所以他说，齐国的礼乐制度一变化，就达到了鲁国的水平，鲁国的礼乐制度一变化，便回到周朝的礼乐制度上去了。这是孔子一生最大的理想，也是他一生为之奋斗不休的动力。当然，这也可以说是他之所以要倡导继人之志、述人之事的用意。你能继人之志、述人之事，你就是孝。你要孝，就要继人之志、述人之事。否则就是不孝。而孝是仁之本，不孝也就是不仁。而不仁，对于统治者来说，是不能承受的"光荣"。就是一般的人，也不愿意有这样的"荣誉"。不仅在古代，就是在现代，谁也不愿意有这样的声名吧！

闻韶，三月不知肉味

子在齐闻《韶》，三月不知肉味。曰："不图为乐之至于斯也。"

——《论语·述而》

孔子在齐国欣赏到了音乐《韶》，以至于很长时间都感觉不出肉是什么味道。他说：没有想到欣赏音乐竟然有如此美妙的艺术感染力。

初看这两句话，似乎有点不可思议，听一个音乐曲目，或者听一场音乐会，竟然能够让人长时间感觉不出肉的味道。这是一首什么样的乐曲，竟然能够有这样的艺术魅力。固然，《韶》这首乐曲是舜所作，肯定是一首非常好的乐曲。同时，音乐的演奏也一定非常出色。一是舜所创作乐曲，二是像孔子这样的人去欣赏，一定不会是一般的草台班子来演出。但是一首好乐曲，演奏得再好，竟然让听的人产生这样美妙的艺术感染力，真是不可想象。不过，再一想，一首好乐曲，能够感受这样的艺术感染力，这个欣赏的人更是不一般。他一定是一位音乐内行，音乐艺术的修养很深，是一位音乐家。如果不是音乐内行，没有很精深的音乐修养，即使懂一点音乐，也不会体味出那音乐艺术上的如此微妙，也不会受到那么深入的感染，更不会被音乐艺术的感染而那么陶醉，以至于三月不知肉味。仅从这一点来看，孔子就是一位音乐内行，是一位非同一般的音乐家。

一、非同一般的音乐家

说孔子是一位非同一般的音乐家，仅依上面所说的这一点材料当然是不够的。先看他对音乐的学习。

孔子学琴于师襄子。襄子曰："吾虽以击磬为官，然能于琴。今子于琴已习，可以益矣。"孔子曰："丘未得其数也。"有间，曰："已习其数，可以益矣。"孔子曰："丘未得其志也。"有间，曰："已习其志，可以益矣。"孔子曰:"丘未得其为人也。"有间,孔子有所谬然思焉,有所睪然高望而远眺。曰:"丘迫得其为人矣。近黮而黑,颀然长,旷如望羊,奄有四方,非文王其孰能为此?"师襄子避席叶拱而对曰:"君子圣人也,其传曰《文王操》。"

——《孔子家语·辩乐解》

孔子向师襄子学习弹琴。师襄子说:"我虽然担任击磬官员,但主要还是善于弹琴。现在您的琴已经弹得很不错了,可以增加一些新的内容了。"孔子说:"我还没有完全掌握弹琴的艺术技巧。"过了一些日子,师襄子说:"您已经完全掌握了弹琴的艺术技巧,可以增加一些新的内容了。"孔子说:"我还未能领会到这首乐曲内在的思想意义。"又过了一些日子,师襄子说:"您已经把这首曲子内在的思想意义表现出来了,可以增加一些新的内容了。"孔子说:"我还没有从这首曲子的弹奏中,领悟到曲作者是一个什么样的人物。"又过了一些日子,孔子有些朦朦胧胧地感悟,眼前一亮,然后猛然醒悟,有如登高望远,说:"我终于捕捉到了这个作曲者的形象。这个人的皮肤几乎漆黑,身材高大,心胸开阔,有如海洋,拥有天下四方。这不正是文王吗?不是文王谁能作出这样美妙的乐曲?"师襄子听了孔子的这些话以后,急忙从座位上走下来,双手相拥于胸前而向孔子施礼,说:"先生真是圣人啊,这首乐曲传说就是文王所作的《文王操》。"

这是孔子向师襄子学习弹琴的过程。从这个学习弹琴的过程,我们已经看出孔子非同一般的音乐艺术领悟力。他学习弹琴艺术,领悟弹琴艺术从浅入深,经过了几个阶段。开始是已经比较好地掌握了弹奏艺术,老师认为可以增加新的内容了,但孔子认为艺术上还不够精湛,要在这个基础上进一步提高。等到艺术上已经精湛了,他又认为还未能领略到乐曲内在的思想意义。当他领略到乐曲内在的思想意义之后,还要从乐曲中识别乐曲创作者的人格特点。说实在的,从我这个音乐外行来看,前面两点是比较容易做到的,而后面两点就不是一般的音乐人能够做到的了。

先说乐曲的内在思想意义,也就是乐曲的精神。大家知道,一首乐曲,它不像一首诗或一篇散文。诗与文,都是以文字为媒介。人们可以通过文字来认识、来理解它们的内涵与意义,以及它们的艺术特点与其艺术奥妙。音乐不一样,如果是歌曲,有歌词,有文字为媒介,欣赏者可以通过歌词的帮助,来理解其中的艺术特色。乐曲就不一样了,只能用音乐符号作媒介,或者用声音来作媒介。而音乐符号还是要通过乐器的声音来表现。音乐的表演者用乐器的声音来表现,音乐的欣赏者只能依声音来欣赏。音乐艺术的高低与优劣，音乐的精神与魅力，都只能通过声音来判断。一般的音乐欣赏者，听了音乐演奏，觉得好，觉得真好，太好了！但是要说出怎么好，好在什么地方，就很难具体说清楚了。而孔子却能把乐曲的精髓听出来，把作曲者的人格特点听出来。《礼记·乐记》说：

> 乐者，音之所由生也，其本在人心之感于物也。是故其哀心感者，其声噍以杀；其乐心感者，其声啴以缓；其喜心感者，其声发以散；其怒心感者，其声粗以厉；其敬心感者，其声直以廉；其爱心感者，其声和以柔。六者非性也，感于物而后动。

所谓乐，是由音的排比组织而产生的。它根植于人的思想感情。当人们受到外界事物的触动就会产生一种情感。人的情感不同，就会发出不同的声音。因此，当人受到外界事物的触动而产生悲哀的情感时，其声音就焦躁而短促；当人被触发快乐的情感时，其声音就宽畅而舒缓；当人被触发喜悦的情感时，其声音便轻松明快；当人被触发愤怒的情感时，其声音便粗犷猛烈；当人被触发崇敬的情感时，其声音便正直而高洁；当人被触发慈爱的情感时，则其声音和悦而轻柔。这六种声音并非每个人生性就有的，而是人们受到外界事物的触动而产生的。

音乐要把人的情感表现出来，其实也就是要把音乐内在的思想意义与音乐的精神表现出来。音乐的声音，因人的情感不同而异，因人的情感变化而变化，而这种变化是极其复杂而微妙的。音乐作者要把人的情感与情感变化用音乐表现出来。演奏音乐的人，要用乐器把人的情感变化微妙地表现出来。这不是一件容易的事。这需要音乐家的才华。这当然不是一个一般的音乐学徒能做到的，而孔子就做到了。他向师襄子学弹琴，到了第三阶段，就做到了，就已经把握到了乐曲的精神。这时候，应该怎样评价孔子的音乐水平呢？说他已经成为一个音乐家了，也许并不过分吧。

再说音乐作者的人格品德。孔子在学习弹琴的过程中，要从不知作者的乐曲中找出乐曲的作者来，而且要从乐曲中把作者的人物形象与人格品德体味出来。这一点，不仅对一般的人来说实在不是一件容易的事，就是对一般的音乐家来说，也不是一件容易的事，可以说是一件难而又难的事。问题是，这乐曲并不是今人所作，而是一位几百年前的作者的作品。如果是今人的作品，或许还比较容易一点。而几百年前的作者的作品，无论是从资料、艺术特点、艺术风格等方面与现代都有很大的距离，要从乐曲的艺术特色中找到作者的形象与人格品德，那更是难上加难了。但孔子找到了，他认为作者的皮肤近于漆黑，身材高大，心胸有如大海一般开阔，广有天下。这正是文王。这时候，孔子的师傅师襄子也不得不佩服，而且肃然起敬，走下席来与孔子见礼，称赞孔子是圣人，并且证实孔子认定乐曲的作者是文王没有错。乐曲正是传说中的《文王操》。

从孔子向师襄子学琴这一件事，已经可以看出孔子是一个非同一般的音乐家了。

不过，孔子学习音乐，并不是只向师襄子学习弹琴。他在到周朝去参观学习时，还向周朝精通音乐的苌弘请教与学习。"访乐于苌弘"这件事，《史记·乐书》也有反映。

> 宾牟贾侍坐于孔子，孔子与之言，及乐，曰："夫《武》之备戒之已久，何也？"答曰："病不得其众也。""永叹之，淫液之，何也？"答曰："恐不逮事也。""发扬蹈厉之已蚤，何也？"答曰："及时事也。""《武》坐致右宪左，何也？"答曰："非武坐也。""声淫及'商'，何也？"答曰："非《武》音也。"子曰："若非《武》音，则何音也？"答曰："有司失其传也。如非有司失其传，则武王之志荒矣。"子曰："唯丘之闻诸苌弘，亦若吾子之言是也。"

宾牟贾陪孔子一起坐着。孔子与他闲聊，说到关于音乐的事，问道："《武》这场歌舞乐开场时敲击鼓乐，以引起观众注意，时间很长，这是什么意思？"宾牟贾回答说："表示武王伐纣之初，担心得不到诸侯们的拥护而迟迟不愿发兵。"孔子问道："那歌声反复咏唱，把时间延得很长是什么意思？"宾牟贾答道："那是因为心中还有疑虑，怕事情不一定成功。"孔子问道："《武》舞一开始便意气风发，飞扬高蹈，气势威猛，这表现了什么意思？"宾牟贾回答说："武王认为发动征伐殷纣王的时候到了，必须当机立断，不可误了时机。"孔子问道："《武》舞跪的动作与其他舞蹈不同，是右膝着地，那是为什么？"宾牟贾回答说："这不是《武》舞原来规范的跪的动作。"孔子问道："歌声有些过度，似乎有点像殷商音乐的嫌疑，这是为什么？"宾牟贾答道："这不是《武》舞本来的曲调。"孔子说："不是《武》舞本来的曲调，那是什么曲调？"宾牟贾说："那是因为《武》这个舞艺术节目在政府管理机构中已经失传了，如果不是失传了，那就只能说是武王创作这个节目时年老昏聩了。"孔子说："是这样，我向苌弘学习音乐的时候，苌弘跟我也是这么说的，跟您所说的是一样的。"

《史记》记载的孔子和宾牟贾的这一段对话告诉我们，孔子确实是跟苌弘学习过音乐。这也说明，孔子的音乐水平很高，这不是偶然的。孔子向苌弘学习音乐，不是图虚名、走过场，而是认认真真地学，实实在在地学，卓有成效地学。宾牟贾所知道的《武》舞的情况，苌弘都告诉过孔子。如果不是认真地学，孔子是不可能从苌弘那里听到《武》舞这样具体的细节的。后面，孔子还告诉了宾牟贾关于《武》舞的很多情况和知识。这段话很长，但内容与前面的内容有关系，所以也一起摘录下来：

　　　　宾牟贾起，免席而请曰："夫《武》之备戒之已久，则既已闻命矣。敢问迟之迟而又久，何也？"子曰："居，吾语汝。夫乐者，象成者也。总干而山立，武王之事也。发扬蹈厉，太公之志也；武乱皆坐，周召之治也。且夫《武》，始而北出，再成而灭商，三成而南，四成而南国是疆，五成而分陕，周公左，召公右，六成复缀，以崇天子，夹振之而四伐，盛振威于中国也。分夹而进，事蚤济也。久立于缀，以待诸侯之至也。且夫女独未闻牧野之语乎？武王克殷反商，未及下车，而封黄帝之后于蓟，封帝尧之后于祝，封帝舜之后于陈；下车而封夏后氏之后于杞，封殷之后于宋，封王子比干之墓，释箕子之囚，使之行商容而复其位。庶民弛政，庶士倍禄。济河而西，马散华山之阳而弗复乘；牛散桃林之野而不复服；车甲衅而藏之府库而弗复用，倒载干戈，苞之以虎皮；将率之士，使为诸侯，名之曰'建櫜'，然后天下知武王之不复用兵也。散军而郊射，左射《狸首》，右射《驺虞》，而贯革之射息也；裨冕搢笏，而虎贲之士税剑也，祀乎明堂，而民知孝；朝觐，然后诸侯知所以臣；耕藉，然后诸侯知所以敬：五者天下之大教也。食三老五更于太学，天子袒而割牲，执酱而馈，执爵而酳，冕而总干，所以教诸侯之悌也。若此，则周道四达，礼乐交通，则夫《武》之迟久，不亦宜乎？"

　　宾牟贾站起身，走下席来，站在那里，向孔子请问道：《武》舞的开始，敲击鼓乐，引起观众的注意，时间很久。我所知道的，也就这些。承蒙您告诉我，苌弘也是这样解释的。看来也就是那样。可是，我不明白的是，这个时间，如果只是延长一些也就罢了，为什么要拖得那么长？孔子说：你坐下，我来告诉你。音乐，是对发生过的事情形象化的艺术再现。《武》乐开始时，舞者手持盾牌，山立不动，这就是在演绎武王当时的事。他命令部队，全副武装，只待诸侯们响应，立刻就出击。《武》舞开始，便意气风发，飞扬高蹈，气势勇猛，这是表示太公指挥军队，要一举而灭商的战斗决心。舞结束时，表示武事已毕，舞蹈者单膝跪地，表示周公、召公治理国家，已经趋于安定。同时，《武》乐开始时，舞蹈者自南而北而出，表示武王北征朝歌。音乐奏响第二遍，表示讨伐殷商之战已经成功。音乐奏响第三遍，表示灭商凯旋南归。音乐奏响第四遍，表示南方诸国来归，入周疆域。音乐奏响第五遍，表示分治陕西，周、召二公为一左一右，周公左，治陕以东，召公右，治陕以西。音乐奏响第六遍，舞蹈者重又相缀成行，表示对天子的崇敬。天子与大将夹舞蹈者而立，敲击铎铃，振奋士气，兵出四面，八方讨伐，威势盛于中国。舞蹈者分夹进击，是表示为了早成大业。成行以后，久立不动，表示等候诸侯兵马的到来。难道您没有听说过武王讲过的话吗？武王克殷以后，来到商都，立刻恢复商朝初时的政治，还没有等到下车，便封黄帝的后人于蓟，封帝尧的后人于祝，封帝舜的后人于陈。下车以后，又封夏禹的后人于杞，封殷汤的后人于宋，给殷代贤臣比干的坟墓添土，释放被纣王囚禁的贤臣箕子，造访贤人商容府上，恢复他原来的官职，施行原来的政策。对老百姓废除纣王的苛政，增加士人的俸禄。渡过黄河，西入陕西，把战马散放到华山南坡，不再乘骑作战。把役牛散放到华山以东桃林的荒野之地而不再为战争服役。战车、衣甲收藏于府库，不再使用。干戈等兵器倒装起来，用虎皮包好，表示能够用武力制止战争。有战功的将帅，立他们为诸侯。使他们像橐弓矢一样，橐藏起来，因而称建以诸侯为"建橐"。然后天下的人都知道武王从此不再用兵了。遣散军队而行郊射以习礼。东郊射礼演奏《狸首》之曲，西郊射礼演奏《驺虞》之曲。以此军队中那种旨在角力比武、贯穿革甲的射击停止了。天下的贤能之士，人人穿着礼服，戴上礼帽，衣带上插着笏板。那些勇武之士，也就解下长剑而弃武从文了。天子在明堂举行祭祀祖先的典礼，老百姓就知道应该如何行孝了。朝廷举办朝觐之礼，使诸侯知道怎样做一个贤臣。天子亲耕藉田，然后诸侯知道应该怎样敬奉先祖。做好这五件事是教化天下最重要的方法。另外，五更天在太学奉养三老，天子袒露，亲自切割牺肉，端着酱奉献三老，端着酒请三老嗽口。天子头戴冠冕，手执干盾，亲自为三老舞蹈，从而教导诸侯尊敬长辈。像这样，周朝的治国之道，传播天下四方；礼乐之道，诸侯们相互学习，相互交流。为了这些，那么《武》舞开始时的迟久，不也是很必要的吗？

《武》这个舞蹈开始时，用了比较长的时间进行了舞蹈造型，并用鼓乐来大造声势。宾牟贾不太理解。为了说明这个问题，孔子进行详细的讲述。在这里孔子提出了一个原理性的问题："夫乐者，象成者也。"音乐，是发生过的事情形象化的艺术再现，就是用音乐形象来表现发生过的故事。这样一个艺术原理，在那个时代，就不是一般的音乐家能够提出来的。而孔子，首先就把这一点提出来，这也说明孔子确实不是一般的音乐家。接着，孔子又把舞蹈表演动作一一加以具体化。整个音乐舞蹈表现了武王的武功文略，而每一个场景又表现了某一个具体事件。这些具体内容，孔子都把它说得很清楚，这说明孔子对《武》这个音乐舞蹈进行过深入研究，而且这种研究不是一般的研究，而是艺术家、音乐家的研究。就从这些情况来看，孔子音乐家的造诣也是不可小视的。

说到这里，我又想说几句题外话。据孔子对《武》这个音乐舞剧的欣赏解说，古代的文学作品也好，音乐作品也好，对现实生活的表现是很突出的。也就是说要"文以载道"。比如《诗经》，孔子说有"兴""观""群""怨"的作用，这就是文以载道。《武》又表现了武王的文攻武略的内容。我国古代的文艺作品，文以载道的特点很突出，对人的教育作用显而易见。再看：

> 古者诗三千余篇，及至孔子，去其重，取可施于礼义，上采契后稷，中述殷周之盛，至幽、厉之缺，始于衽席，故曰《关雎》之乱以为《风》始，《鹿鸣》为《小雅》始，《文王》为《大雅》始，《清庙》为《颂》始。《三百五篇》孔子皆弦歌之，以求合《韶》《武》《雅》《颂》之音。礼乐自此可得而述，以备王道，成六艺。
>
> ——《史记·孔子世家》

古时候，流传下来的诗歌有三千多篇。到了孔子所生活的时代，孔子把那些重复的诗篇删除，只选取那些能够施用于礼义教化的部分保留下来。最早的部分选取了殷人的始祖契和周人的始祖后稷时代的作品；中期部分选取了歌颂商周两朝盛世的作品；最后，把讽刺周幽王、周厉王政治缺失的作品也保留了下来。以日常生活、饮食男女为起始，因此说，以《关雎》这篇作品作为《国风》的第一首诗，以《鹿鸣》这篇作品作为《小雅》的第一首诗，以《文王》这篇作品作为《大雅》的第一首诗，以《清庙》这篇作品作为《周颂》的第一首诗。一共三百零五篇作品，孔子给每一首诗都配上乐曲，并且加以歌唱，让这些作品都合乎《韶》乐的要求、《武》乐的要求、《雅》乐的要求、《颂》乐的要求。从此，先圣帝王所制定的礼乐制度能够述说清楚了，王道的理论也就完备了，礼、乐、射、御、书、数六种技艺形成了。

一部《诗经》三百零五首诗，要按照一定的标准，从三千多首诗中筛选出来，自然是一件很不容易的工作。而将这三百零五首诗全部按《韶》《武》《雅》《颂》的要求谱曲歌唱出来，那可真不是一件简单的事。首先，必须对《韶》《武》《雅》《颂》的音乐进行深入研究，明确它们的内容与特点，明确它们的艺术特色，并且能够运用它们。其次，如果只是一两首诗，或者是十首八首，也还好说，然而是三百多首。这三百多首诗内容形式并不一样，长的长，短的短。有的一首诗只有几句，有的则长达几十句；有的一首诗只有几个章节，有的一首诗有十几个章节，甚至几十个章节。要把这样巨大的一部诗集，按照一定的要求高质量地谱成曲，确实是一个巨大的工程，这根本就不是一般的音乐家能够完成的工程。自从孔子完成了这项巨大工程，"礼乐自此可得而述，以备王道，成六艺"。可以说，这是一个开创性的工程、传世性的工程，一个真正伟大的工程。这样的工程，一般的音乐家是不可能完成的，只有像孔子这样伟大的音乐家才有可能完成。可惜的是，这些乐谱现在已经遗轶，要是能够保留到今天，那该是多么珍贵的文化瑰宝！

> 子曰："吾自卫反鲁，然后乐正，《雅》《颂》各得其所。"
>
> ——《论语·子罕》

孔子说：我从卫国返回到鲁国，做了大量的音乐研究整理工作，让已经被破坏的音乐回到了正确的轨道，让《雅》乐与《颂》乐都有了各自的位置。

这段话可以与《史记》的记载互证。孔子所处的时代已经是礼崩乐坏的时代。就音乐而言，《雅》《颂》这样的严肃音乐，已经被郑国的世俗音乐，也就是所谓的亡国之音所扰乱。孔子从卫国回到鲁国，把被世俗音乐扰乱的严肃音乐进行研究整理，使《雅》《颂》这样的严肃音乐重新回到乐坛，占领乐坛。前面已经说到，这项工作必定是一项重大的音乐工程，要完成这样的工程，不只是工作量大，关键在于，必须是像孔子这样伟大的具有高深音乐修养的人才能胜任。另外，孔子在他的教育中，其中最主要的内容之一就有音乐。虽然孔子并不是音乐的专职教师，而是一个同时各种科目的全职教师，但要教音乐，总不能是一个音乐外行，起码是一个有音乐修养的内行。

二、音乐的重要地位和作用

> 孔子曰："天下有道，则礼乐征伐自天子出；天下无道，则礼乐征伐自诸侯出。自诸侯出，盖十世希不失矣；自大夫出，五世希不失矣；陪臣执国命，三世希不失矣。天下有道，则政不在大夫。天下有道，则庶人不议。"
>
> ——《论语·季氏》

孔子说：天下治理得好，政治清明，国家礼乐制度制定的决策、军队出征讨伐的命令都由天子下达；天下治理得不好，政治不清明，国家礼乐制度的制定与决策、军队出征讨伐的命令由诸侯下达。由诸侯下达命令，很少传到十世还能继续传下去的。如果由大夫下达命令，传到五世不丢失政权的就很少了。如果国家权力操纵在大夫家臣的手中，那就很少能继续传三世的。天下治理得好，政治清明，国家的政治权力就不会把持在大夫手中。天下治理得好，政治清明，老百姓对国家政治也就不会有什么议论。

在这里，孔子认为国家治理的三项重要内容是什么呢？一是制定礼的政策法令。二是制定规范的音乐。三是下达军令。这就是说，在国家的治理中，在国家大治的时候，这三项权力都必须掌握在天子手中。这就看出，在古代，音乐的重要性，或者说音乐的地位，在国家治理中，与礼法制度、军令处于同等重要的地位。

音乐在古代为什么会有这么高的地位？

> 凡三王教世子必以礼乐。乐所以修内也，礼所以修外也。礼乐交错于中，发形于外。是故其成也怿，恭敬而温文。
>
> ——《礼记·文王世子》

夏、商、周三朝的国君教育太子，都一定用礼乐。音乐可以陶冶人的内在情性，礼则可以美化人的外在行为。二者相互在人的内心融会贯通，促成太子的健康成长，表现出来的是太子和颜悦色、恭敬有礼、温文尔雅的品格气质。

这就可以看出，古代为什么把音乐的作用看得这么重，使音乐在治国中有那么重要的地位。因为夏、商、周三代的国君都懂得，用礼与音乐来教育培育太子，而且教育培育的效果非常好。用音乐教育太子，能够陶冶太子内在的情操，用礼来教育太子，使其具备外在美的要求。二者的教育融会贯通，便让太子成长为具有高尚的情操、和颜悦色、温文尔雅、文质彬彬的仁人君子。

太子是谁？是未来的天子，未来的国君。天子，或者国君，之所以那么好，都是用礼乐教育培养出来的。如此，谁还能够轻视礼乐的作用？谁还能够不重视礼乐在治理国家中发挥的作用？

> 礼以导其志，乐以和其声，政以一其行，刑以防其奸。礼乐刑政，其极一也。所以同民心而出治道也。
>
> ——《礼记·乐记》

礼用来引导人们的志趣，音乐用来调和人们的声音与情感，行政用来统一人们的行为，刑罚用来防止人们做坏事。礼制、音乐、刑罚、行政，这四者的根本目的只有一个，就是用来统一人民的意志，把社会治理得平安稳定。

礼制，用现在的语言来解释，那就是社会道德、规章制度；刑罚，那就是法律；行政，就是政府机构与行政组织；音乐，则是用于调节人们的精神情绪，或者是用于娱乐的。这四者，在现代，前三者都是治国理政、治理社会的重要工具或手段，有一定的强制作用，只有音乐，是柔软的东西，没有强制性作用。所以，这四者的地位与作用是不同的。而古代，这四者的地位与重要性是一样的。这一点，是不是值得我们反思一下呢？

> 子曰："兴于诗，立于礼，成于乐。"
>
> ——《论语·泰伯》

这一章，我们在讨论诗的文章中已经进行过讨论。对于这一章，初看起来，似乎不太好接受。诗、礼、乐，用了兴、立、成这样的词来修饰。诗、礼、乐，对于人的成长也好，对于国家的治理也好，真的有那么大的作用吗？但仔细考察起来，还真的不可小视。

先说诗。诗在孔子那里就是《诗经》。《诗经》的作用，在孔子的心目中，是非常重大的。在这方面，他有过很多论述，这里不再重复。孔子认为《诗经》的教育，对于个人来说，是进行文化知识教育的基础。学习了《诗经》，才会具备文化知识。一个人没有文化知识，能"兴"得起来吗？兴者，起也。一个人无论做什么，没有文化知识是很难兴得起来的。即使能兴起来，那也会受到一定的局限。这是就个人而言。对于国家来说，孔子曰："入其国，其教可知也。其为人也，温柔敦厚，《诗》教也。""故《诗》之失愚。""其为人也，温柔敦厚而不愚，则深于《诗》者也。"（《礼记·经解》）进入这个国家，国家的教化情况就可以知道了。这个国家的人，如果具有温柔敦厚的品格，就是进行了《诗经》教育的结果。因此，《诗经》教育进行得不好，那个国家的人就会变得愚昧无知。这个国家的人，温柔敦厚而又精明，那就是《诗经》教育深入的缘故。这就是《诗经》教育的作用。也就是对于一个人或者一个国家来说，《诗经》教育是不可或缺的。

再说礼。关于这个问题，已经有文章专题讨论，这里不再多说。立于礼。礼是一个人外在行为的规范。一部《礼记》，记载了我们国家关于礼的各种各样的行为规范。每个人的一举一动，都应该在礼的规范之内。俗话说：站有站相，坐有坐相，吃有吃相。这是礼的最起码的要求。孔子说"恭俭庄敬，礼教也""礼之失烦""恭俭庄敬而不烦，则深于礼者也"。进行礼的教育，就是要使人们端庄恭敬，如果人们都做到了端庄恭敬，那就说明礼的教育的效果好。如果礼的教育做得过了头，就容易给人带来烦琐的缺点。如果人们都能做到端庄恭敬而又不烦琐，那就说明这个国家的礼教是成功的。大家常常说，我们的国家是礼仪之邦，那么我们每个人都有责任按照礼的规范行事，无论在什么地方，都要遵循礼的规范严格要求自己，规范自己的行为。你才能"立"得起来。如果是到了国外，你不能按照礼的规范行事，人家并不会认为这只是你个人的事，而会认为是你这个国家的人不懂礼，因此你这个国家也就"立"不起来了。

再说乐。成于乐。孔子用了一个成字来修饰这个乐字。成是什么意思？成就个人的道德修养，成就国家的治理。音乐的作用真的有那么大吗？

> 乐者，天地之和也；礼者，天地之序也。和，故百物皆化；序，故群物皆别。
>
> ——《礼记·乐记》

音乐，是天地之间和谐的表现。礼，是天地之间秩序的表现。因为和谐，世间的万事万物都和谐融洽。因为有秩序，万事万物都有区别。

这是说音乐与礼产生的根据。自然界的天地之间，始终是和谐融洽的，始终是有秩序的。这就是人们创作音乐、制定礼的依据。礼也好，乐也好，它不是谁随心所欲想出来的，而是根据天地自然客观存在的特点创造出来的。"乐也者，圣人之所乐也，而可以善民心，其感人深，其移风易俗，故先王著其教焉。"所以，音乐是圣人所喜闻乐见的。他们认为音乐可以深深地打动人心，使民心向善，从而转变不良的社会风气，改变不良的风俗习惯。因此，先王设立专门的机构来进行音乐教育。

> 君子曰："礼乐不可斯须去身，致乐以治心，则易直子谅之心，油然生矣。易直子谅之心生则乐，乐则安，安则久，久则天，天则神。天则不言而信，神则不怒而威。致乐以治心者也。致礼以治躬则庄敬，庄敬则严威。心中斯须不和不乐，而鄙诈之心入之矣。外貌斯须不庄不敬，而易慢之心入之矣。故乐也者，动于内者也。礼也者，动于外者也。乐极和，礼极顺。内和而外顺，则民瞻其颜色而弗与争也，望其容貌而民不生易慢焉。故德辉动于内而民莫不承听，理发诸外而民莫不承

顺。故曰致礼乐之道，举而错之天下无难矣。"

——《礼记·乐记》

君子说：人们没有一时一刻能够离开礼节和音乐。演唱弹奏或者欣赏音乐，能够陶冶人的心灵情操，从而便自然而然地产生了平易、正直、慈爱、体谅之心。平易、正直、慈爱、体谅之心产生，人的心情也就愉快了。心情愉快了，人便安稳平静。安稳平静了，便能长久坚持平心静气。能够长久坚持平心静气，便能驾驭天体自然。能够驾驭天体自然，便可以说是通神了。天体自然虽然不说话，却永远是有信誉的。神虽然不发怒，却威严而不可侵犯。创造音乐是为了陶冶人的心灵情操。创立礼是为了让人庄重恭敬。人庄重恭敬便威严而神圣不可侵犯。人的心里只要有一时一刻不和顺、不快乐，那些卑鄙欺诈的邪念就会来侵袭你的心灵。你的外貌只要有一时一刻不庄重、不恭敬，就会有轻浮散漫的不端行为来侵害你。因此说音乐是陶冶内心情愫的，礼节是修养外在形象的。音乐让人的心情十分平和，礼节让人外貌十分恭顺。人的内心平和、外貌恭顺，那么别人看见他的神采，就不会与他争锋了。看到他的容貌就不会产生轻视怠慢之心了。因此，内在德操的光耀闪闪发光，而人们就不会有不听从他的；外在的道义庄重恭敬，身体力行，大家就没有不心悦诚服的。因此说，认真地按照礼乐要求去做，治理天下也不会有什么困难。

礼与乐，既是修炼成就人的品德的最有力的工具，又是治理国家的最好武器。人们不管是谁，无论是进行自身的道德修养，还是治国理政，都要学习与运用礼乐。这里主要讲乐，当然也只是指好的音乐。如果是不好的音乐，那又另当别论。

好的音乐对于每一个人来说，不管是演奏的人也好，演唱的人也好，或者是欣赏的人也好，都有陶冶心灵情操的作用，都有心理道德修炼建设的作用。人们为什么都那么喜欢欣赏好的音乐，就是因为好的音乐能够让人的心灵变得纯净。当人们沉浸在音乐的美的感染之中的时候，那些邪秽的东西都会被驱除于心灵之外，而平易、正直、慈爱、体谅之心就会油然而生。因而心情也就轻松愉快了，也就平心静气了，也就没有邪思秽念了。如果这种心灵纯净能够保持久远，就能驾驭天体自然的变化，也就是所谓的通神。其实这种境界，用通俗的话来说，就是只做好事，不做坏事。天体自然，对于人来说，只有奉献，没有索取。所以说，天是最无私、最讲信誉的。而神虽然不发怒，但始终是神圣不可侵犯的。这就是说，人也要有这样的修养。人有了这样的修养，还有什么做不好的呢？这是对于人的修养而言。

对于治国理政来说，也要从人的修养做起。人的心里只要有了一时一刻的不和顺、不快乐，那些卑鄙欺诈的邪念就会来侵袭你的心灵；人的外貌只要有一时一刻不庄重、不恭敬，就会有轻浮散漫的不端行为来侵害你。而音乐，让人的心情十分平和。礼节，让人做到十分恭顺。人的内心世界十分平和，外在形象十分恭顺，别人看到他的神采，就不会再与他争锋。看到他的容貌，就再也不会产生轻视怠慢之心。如此，内在德操的光耀闪光发亮，人们谁会不听从他的指挥？外在道义庄重恭敬，身体力行，谁不心悦诚服？这样的人，治国理政还有什么困难吗？

这就是音乐的巨大作用。

> 夫乐者，乐也，人情之所不能免也。乐必发于声音，形于动静，人之道也。声音动静，性术之变尽于此矣。故人不耐无乐，乐不耐无形，形而不为道，不耐无乱。先王耻其乱，故制雅颂之声以道之，使其声足乐而不流，使其文足论而不息，使其曲直繁瘠廉肉节奏，足以感动人之善心而已矣，不使放心邪气得接焉，是先王立乐之方也。是故乐在宗庙之中，君臣上下同听之，则莫不和敬；在族长乡里之中，长幼同听之，则莫不和顺。在闺门之内，父子兄弟同听之，则莫不和亲。故乐者，审一以定和，比物以饰节，节奏合以成文，所以合和父子君臣，附亲万民也。是先王立乐之方也。故听其雅颂之声，志意得广焉。执其干戚，习其俯仰诎伸，容貌得庄焉。行其缀兆，要其节奏，行列得正焉，进退得齐焉。故乐者，天地之命，中和之纪，人情之所不能免也。夫乐者，先王之所以饰喜也，军队旅铗者，先王之所以饰怒也。故先王之喜怒皆得其侪焉。喜则天下和之，怒则暴乱者畏之。先王之道，礼乐可谓盛矣。
>
> ——《礼记·乐记》

音乐能让人快乐，是人们为了满足感情的需要与情感的抒发而创作的。音乐必须由声音发送出来，形成长短高低徐疾有序的旋律，这是人的作用所形成的。声音的长短高低徐疾旋律的形成，人的情感变化与艺术作用尽在其中。因此，人不能没有音乐，音乐不能没有一定的表现形式，表现形式如果不合乎先王之道的要求，就不可能不造成混乱。先王唯恐其造成混乱，因而制定了《雅》《颂》之乐来加以引导，使音乐足以让人快乐而又不会没有节制，使音乐的艺术特色能够继续发展而不至于停滞，使音乐有曲折、平直、繁复、简约、有棱有角、血肉丰赡的旋律与节奏，起到打动人心、使人向善的作用。不让人的善良之心受到那些邪心秽气侵袭，这就是先王制定音乐的目的。因此，音乐在宗庙之中演奏，君臣上下一起聆听，莫不君臣和悦，肃然起敬；音乐在宗族乡里演奏，老少长幼一起聆听，便没有不尊老爱幼、不长幼和顺的；音乐在家庭内室演奏，父子兄弟一同聆听，没有不亲爱、不和顺尊敬的。所以音乐的创作，先审定一个音符的高低，来确定全曲调的和谐。再依乐器弹奏的要求，美化乐曲的节奏，节奏和谐以形成乐曲优美的音乐旋律。这都是为了发挥音乐使父子君臣关系和谐亲密的作用。这也是先王创立音乐的原则。所以，听了《雅》乐、《颂》乐的音乐之声，人们的心胸就广阔了；拿起干戚等武器道具，演习俯仰屈伸的舞蹈动作，人们的仪态就庄重了；按照舞蹈表演的要求，处置好行列位置，循着音乐节奏，人们的行列就端正了；进退的步调也就整齐了。所以，音乐遵循了天地之间和谐统一的规律，是中和纲纪，是人们培养与抒发情感所不能没有的。所以，音乐表示了先王心情的喜悦与高兴，军队与兵器表示了先王内心的愤怒。因此，先王的喜与怒，都通过相应的事物来表示。喜，那么天下和平，人民安居乐业；怒，就让那些暴乱者产生畏惧。先王治国之道，礼乐是表现得最为充分的了。

前面说音乐对于人们的心灵陶冶与治国理政的重要作用，这里则说由于音乐本身的和谐，因而调节，和悦君臣上下、宗族乡里、家庭父子之间的关系。其实，调节这种关系，本身也就起到了治国理政的作用。君臣上下和悦了，宗族乡里的人们和悦了，家庭父子兄弟和悦了，全国一派和悦景象，国家不就好治理了吗？这也就是音乐的重大作用。另外，音乐的调节方式，就是通过音乐舞蹈的艺术形式来起作用。这就是艺术的重要作用了。好的音乐艺术能够起到好的作用，不好的音乐艺术就会起到坏的作用。因而先王要创作《雅》《颂》这样合乎先王之道的好的音乐，来引导音乐艺术的创作，不让坏的音乐搞乱乐坛。孔子正乐，也正是这样的出发点与落脚点。

> 凡音者，生人心者也。情动于中，故形于声。声成文，谓之音。是故，治世之音安以乐，其政和；乱世之音怨以怒，其政乖；亡国之音哀以思，其民困。声音之道，与政通矣。
>
> ——《礼记·乐记》

音，是人的内心世界所产生的。如果人的内心世界被什么事物所触动、所激发，便形成声发放出来。发放出来的声，按照一定的节奏规律排列组合起来，就叫作音。因此，国家大治、政通人和的时候，发出来的音便安详和顺，表示国泰民安。国家政治动荡不安，社会混乱，发出来的音便是哀怨的、愤怒的，表示对国家政治的怨愤。国家沦亡的时候，发出来的音，悲哀而思虑，表示对人民的同情。音乐表现的规律，与政治是相通的。

音乐与政治是相通的，音乐表现出来的情绪与国家的政治状况相通一致。音乐用来陶冶人的性情。国家大治，政通人和，国泰民安，这时候的音乐安详和顺，人民安居乐业，音乐鼓励大家齐心协力、团结一致，共同建设自己的家园，成就自己的和平幸福生活。国家政治混乱，动荡不安，这时候的音乐就是哀怨的、愤怒的，因而激励大家起来与动乱作斗争，成就国家的统一、和平与安定。国家沦亡的时候，音乐便悲哀和深思远虑，唤醒大家振作起来，与侵略者作斗争，痛击侵略者，赶跑侵略者，成就自己国家的独立与和平。这时，音乐也就融入国家的政治斗争，因而与政通。"乐所以修内也"，音乐用以陶冶人的内在情操，鼓舞人心，鼓舞人的斗志。这就是音乐之所以"成"。

> 郑卫之音，乱世之音也。比于慢矣。桑间濮上之音，亡国之音也，其政散，其民流，诬上行私而不可止也。
>
> ——《礼记·乐记》

郑国与卫国的音乐，是国家社会混乱的音乐，接近于轻浮淫怠的音乐。桑间濮上的音乐，是亡国的音乐。这样的音乐，表现的是政治混乱、人民流离失所，欺上罔下、行私舞弊的行为流行，无法收拾的景象。

不健康的音乐、坏的音乐，对国家与社会的破坏性也是很强的。郑国的音乐与卫国的音乐，在古代一直被认为是令国家与社会混乱的音乐。这样的音乐，其特色就是轻浮、放纵声色。这样的音乐听得多了，就会让人沉浸于声色之中，受到腐蚀。当颜渊向孔子问"为邦"的时候，在音乐方面，孔子就提出"放郑声"，就是要抛弃郑国的音乐。桑间濮上的音乐，是亡国的音乐。所谓"桑间濮上"的音乐，传说是纣王时期的宫廷乐师"延"所作的一套宫廷音乐，有靡靡之音的特色。纣王就是因为常听这样的音乐而亡国。武王攻克纣王时，乐师延逃到桑间濮上投濮水而亡。后来卫灵公到晋国去，经过这里，宿于桑间濮上，夜闻濮水之上有鼓琴之声，让师涓把乐曲记录下来，并加以演练。到了晋国，卫灵公让师涓把乐曲演奏给晋平公听。师涓刚演奏了一半，坐在一旁的师旷便把师涓的乐器按住了，说：这是亡国的音乐，一定是从桑间濮上听来的，纣王就是听了这样的音乐而亡国的。《史记·乐书》详细记述了这件事。所以说，郑国、卫国这样的乱世之音和桑间濮上这样的亡国之音是不能听的。唐朝诗人杜牧有一首诗《泊秦淮》：烟笼寒水月笼沙，夜泊秦淮近酒家。商女不知亡国恨，隔江犹唱

《后庭花》。这首诗艺术上的好，我们不去评论。只说诗的后两句，诗人一听到歌女们演唱《后庭花》这首歌，就引起了诗人对国家命运的担忧。杜牧是晚唐诗人。唐朝到了杜牧所处的时代，政治腐败，距离灭亡已经不远了，因此对亡国之音是敏感的。而《后庭花》正是所谓的亡国之音。《后庭花》即《玉树后庭花》，据说是南朝陈后主陈叔宝所作。陈后主生活荒淫无度，不理朝政，经常以一千多个美女相伴，通宵达旦，演奏靡靡之音，以至于很快亡国。这或者可以说是音乐的反面教材吧。这里，还有一点也值得注意：那就是好坏音乐的区分。应该多鼓励正能量的音乐作品创作与演出。对于那些非正能量的作品，必须加以抵制。

关于音乐的地位和作用，《乐记》中还有很多论述，这里不再摘引。就以上所论，可以看出，音乐在古代，其地位与作用是不可小视的。就地位而言，音乐与礼法制度有同等重要的地位。礼法制度制定的决策命令由天子下达；音乐制定的决策命令也由天子下达。好的音乐对于个人的修身来说，能够陶冶心灵情性，剔除心中的邪思秽念，净化人的心灵。对于治国理政、治理社会来说，大家一起欣赏音乐，能够让君臣上下，交流融合情感，相互尊重，和睦相处，治理国家；让宗族乡里一起欣赏音乐，大家便能尊老爱幼、长幼和顺；家庭父子兄弟一起欣赏音乐，便一家亲爱和顺。当然，坏的音乐也会起到坏的作用。总之，音乐的作用确实非常重大。尤其是古代，音乐的使用都有严格的规定，地位不同，品级不同，使用音乐的规格也不同。什么人，在什么样的情况下，使用什么样的音乐，那是地位权力的象征。音乐不是什么人都可以随便使用的。还有一点值得注意的是，《礼记·乐记》中记有魏文侯的话："吾端冕而听古乐，则唯恐卧，听郑卫之音，则不知倦。"我穿着礼服，戴着礼帽，聚精会神地去听古乐，还总是害怕会打瞌睡，而听郑国的音乐或者卫国的音乐，就不会有疲倦的感觉。这确实是值得注意的问题。所谓古乐，大概应该是《韶》《雅》《颂》之类的音乐，用现在的话来说，应该叫作严肃音乐。严肃音乐，对于有上进心的人来说，一般都有净化人的心灵、鼓舞人的斗志的作用，但对于丧失斗志、丧失上进心的人和意志薄弱的人来说，那就很可能是催眠曲。而郑、卫之音，那是乱世之音，是靡靡之音。靡靡之音，一般都是软绵绵的放纵声色的东西，对于不求上进的人、丧失斗志的人，或者意志薄弱的人，往往更能让人陶醉，把人引入放纵声色的迷途，从而更让人丧失斗志，丧失事业心，丧失上进心，走上堕落的道路。这是值得十分警惕的。就是现在，也不能不引起重视。因此，"正"乐是十分重要的事，对那些消极音乐的打击绝不能手软。

音乐是重要的，正能量的音乐更是重要的。无论是在任何地方、任何时候，音乐都是不能或缺的。假使世界上没有音乐，那是不可想象的。

三、孔子的音乐教学与实践

孔子以诗、书、礼、乐教，弟子盖三千焉，身通六艺者七十有二人。

——《史记·孔子世家》

孔子教学的内容，主要的课程有四门。其中之一就是音乐。他教过的学生有三千人之多，在六艺上有造诣的也有七十二人。这六艺包括礼、乐、射、御、书、数。这六艺中，乐是其中重要一艺。而在音乐学习中有造诣的也有七十二人。关于孔子的音乐教学与实践，没有系统的文字记载，我们只能从有关的片段中，或者某些只言片语中来了解。虽然《乐记》是一部比较全面的音乐理论著作，其中有不少关于音乐教育与实践运用的内容，而且可以看出，这些理论都有孔子理论的影子，并且有个别部分，还标明了是孔子的意见。但这部著作，毕竟不是孔子的著作，所以也就不能直接认为这就是孔子的音乐理论。但《论语》和《孔子家语》中，有一些有关音乐教学与实践的言论，我们把它们集中起来，作一些粗浅的讨论。

子路鼓琴，孔子闻之，谓冉有曰："甚矣！由之不才也。夫先王之制音也，奏中声以为节，流入于南，不归于北。夫南者，生育之乡。北者，杀伐之域。故君子之音温柔居中，以养生育之气。忧愁之感，不加于心也。暴厉之动，不在于体也。夫然者，乃所谓治安之风也。小人之音则不然，亢丽微末，以象杀伐之气。中和之感，不载于心；温和之动，不存于体。夫然者，乃所以为乱之风。昔者舜弹五弦之琴，造《南风》之诗，其诗曰：'南风之薰兮，可以解吾民之愠兮；南风之时兮，可以阜吾民之财兮。'唯修此化，故其兴也勃焉，德如泉流，至于今，王公大人述而弗忘。殷纣好为北鄙之声，其废也忽焉，至于今，王公大人举以为诫。夫舜起布衣，积德含和，而终以帝。纣为天子，荒淫暴乱，而终以亡，非各所修之致乎？由，今也匹夫之徒，曾无意于先王之制，而习亡国之声，岂能保其六七尺之体哉？"冉有以告子路，子路惧而自悔，静思不食，以至骨立。夫子曰："过而能改，其进矣乎。"

——《孔子家语·辩乐解》

　　子路弹琴，孔子听到了，对冉有说：真是糟透了，仲由这个人不成才呀！先王创作音乐，演奏中和之音，用来节制人的情性。这种音乐传播到南方，就没有再传流回北方来。南方，是最适合生育的地方；而北方，是充满杀伐氛围的地域。因而，君子所演奏出来的音乐，温柔适度，用来调养生养繁育之气。因而忧伤愁闷的情感不会在心中产生，粗暴凶猛的行为不会存在于其身上。正是这样，就是所谓的承平安乐的社会之风。小人演奏的音乐则不是这样，其声音高亢尖厉，用以象征杀戮征伐的气氛。中和的情感，不再存在于心中，在他们的身上，再也见不到温柔和顺的影子。这样的话，便会兴起犯上作乱之风。从前，舜帝弹奏着五弦琴，创作了《南风》这首诗。诗中这样说：南风多么和煦温柔呀，可以解除我们的百姓胸中的怨愤啊；南风来得多么及时呀，可以为我们的百姓增加财富啊。正是由于舜对百姓施行了这样的教化，所以他才能如此勃然兴盛起来。他的德泽有如泉水一般，永远涌流不息。直到现今，王公大人们对他的德泽还念念不忘，赞不绝口。商纣王喜欢演奏北方边境地域鄙俗不雅的音乐，因而其灭亡也只在须臾之间。直到现在，王公大人们还将他作为反面教材而引以为戒。舜兴起于平民百姓，不断行善，积累德泽，饱蓄中和之气，终成一代先圣帝王。商纣王本为一代天子，但他荒淫暴乱，最终走向灭亡。这样的结果，难道不是因为他们各人不同的修炼所导致吗？仲由现在还只是一个普通百姓，便一点也不在意先王之制，却在弹奏亡国之音上下功夫，这怎么能够保全他的身家性命呢？冉有把老师的这番话告诉了子路，子路很是害怕，并且很悔恨，整天整夜地静心思考，茶饭不思，以至于消瘦得骨立如柴。孔子听到以后说：有了过错能够认真改正，就是进步！

　　这些话，是孔子听了子路弹琴以后说的。这些话不是直接对子路说的，是通过冉有转述于子路的，但对子路进行的音乐教育起到了非常重要的作用，同时也看出孔子对于音乐教育的思想与方法。

　　首先，孔子的音乐思想与古代先王圣贤的音乐思想是一脉相承的，都把音乐的社会作用看得很重。他教育学生，音乐对于治国理政有十分重要的作用。古代先王创作音乐，都是中和之音。只有中和之音，才能节制人的情性，净化人的心灵，才温柔适度，能够调节生养繁育之气。只有运用这样的音乐来教化人，才能使人们心中不会产生忧伤愁闷的感情，才能使人们不会留存粗暴残猛的行为。这样一来，才能养成承平安乐的社会之风。反之，如果演奏高亢尖厉的音乐、鄙俗不雅的音乐，就会制造杀戮征伐的气氛，使人们的中和情感不再凝聚于心中，在他们的身上再也见不到温柔和顺的影子。这样一来，社会上就会兴起犯上作乱之风。社会也就混乱起来，也就再不会有承平安乐了。

在这里，孔子确实把音乐的社会作用看得很重，或者有的人会认为孔子把音乐的社会作用看得太重了。但是，认真思考起来，音乐作为上层建筑的一部分，是确实不能小视的。好的音乐，确实能够带来正能量的作用，能够净化人的心灵，净化人的灵魂，鼓舞人的斗志，引导人向上向善，让人热爱祖国，热爱人民，或者让人得到美的情感的陶冶，得到美的享受，得到很好的休息。反之，不好的音乐，就会起到不好的社会作用。比如鄙俗的音乐，就会把人引导到鄙俗的道路上去，造成人的精神的鄙俗和行为的鄙俗；淫秽的音乐，会把人引向淫秽，毒害人的心灵，污染人的灵魂，把人引入道德败坏的泥坑；靡靡之音，就会使人消沉，消磨人的斗志，让人沉浸在消极的情绪之中，精神萎靡，甚至寻死觅活。这是坏音乐对人的毒害。人的精神受到毒害，对国家对社会必然带来损害。

> 子曰："由之瑟奚为于丘之门？"门人不敬子路。子曰："由也升堂矣，未入于室也。"
>
> ——《论语·先进》

孔子说："仲由弹琴，为什么要弹到我的门上来呀？"由此，孔子的弟子们都瞧不起子路。孔子说："仲由的学问已经很不错了，只是还不是很精深罢了。"

这段话仍然是教导子路的。前面那段话是批评子路弹琴，这段话是批评子路鼓瑟。这话虽然没有明确指出子路弹琴的问题在哪里，但从语气上来看，子路肯定弹得不好才遭孔子批评。子路自从跟孔子学习，学问已经大有长进，但在音乐方面，总还是长进不大。这与子路的为人有关。他性格刚强勇猛，这必然会反映到他演奏的音乐当中去。孔子认为，音乐应该是中和之声，这是先朝圣王遗传下来的，只有中和之声才能起到良好的社会作用。而非中和之音，或含杀伐之气，这样的音乐不仅起不到良好的治国理政的作用，对个人来说也不好，有可能伤害到自己的身家性命。《论语·先进》有这样的话：闵子侍侧，訚訚如也；子路，行行如也；冉有、子贡，侃侃如也。子乐。"若由也，不得其死然。"闵子骞侍立在身旁，总是和颜悦色的样子；子路则是刚强勇猛的样子；冉有、子贡是刚直和乐的样子。看到这样的情景，孔子很高兴，但是他忧虑地说："像仲由这个样子，恐怕不得善终。"后来，子路终于应验了孔子的话，死于卫国孔悝之难中。不过子路死得很勇敢，很有尊严，这也符合了他的性格特点与人格。这说明，什么样的音乐，反映人的什么样的性格。什么样的人的性格，必然反映到他的音乐之中来。孔子发现了子路演奏音乐中的问题，对他进行了严肃的苦口婆心的教育。子路也虚心地接受了孔子的教导。他想彻底改变自己的面貌，但俗话说得好：江山易改，本性难移。子路当了孔子的学生，修养提高了很多，但终究未能改变他的人格本质。不过话又说回来，如果子路完全改变了自己的人格本质，那也就不是子路了。这是一句题外话。

> 子谓《韶》："尽美矣，又尽善也。"谓《武》："尽美矣，未尽善也。"
>
> ——《论语·八佾》

孔子对《韶》这部音乐作品的评价是尽善尽美，对《武》这部音乐作品的评价是做到了尽美，但未能做到尽善。

孔子对这两部音乐作品的评价，大概也是在对学生的教学中说的。因为原文没有具体说明，只好臆测。

朱熹认为《韶》是舜时的音乐，除了艺术上的尽美以外，还反映了尧禅让于舜的内容，有了这样的内容，所以孔子才认为《韶》是尽善尽美的。而《武》是武王伐纣成功之后的音乐，艺术是尽美的，但因为武王是用武力伐纣而成功的，所以孔子认为《武》的内容不能说是尽善。对于这个说法，我认为很难说服人。如果是这样的话，那么武王时代的音乐都不能是尽善尽美的了，因为武王的王位是用武力从殷纣王那里夺过来的，这一点永远不会改变。如此一来，武王统治下的周代所产生的音乐都只能是尽美的，而不可能是尽善尽美的了。如果这样的逻辑成立的话，那么周以后所有朝代产生的音乐都不能是尽善尽美的了。因为周朝以后的所有朝代的政权更迭几乎都是经过战争才获得的，都不可能有禅让的内容了。因此，周以后的音乐作品，再不能有尽善尽美的作品了。这不是太绝对了吗？

那么应该怎样理解这个问题？这确实是一个难题。因为现在无法看到这两部音乐作品。孔子在对这两部作品作这样的判断时，也没有说明这样判断的理由。不过，能否从孔子与宾牟贾关于《武》这部音乐作品的对话中找到一点线索呢？宾牟贾是孔子的学生，从他与孔子的对话中可以看出，他是懂音乐的，而且水平并不低。孔子问他关于《武》的问题，他都回答得很正确。但是，在孔子问宾牟贾的问题中，有几处宾牟贾说到这不是《武》的原汁原味。

"《武》坐致右而轩左，何也？"对曰："非《武》坐。"——不是《武》原来的形式。

"声淫及商，何也？"对曰："非《武》音也。"——不是《武》原汁原味的音乐。

孔子曰："若非《武》音，则何音也？"对曰："有司失其传也。"——因为管理音乐的机构未能把原音乐完整地保存好，以至于里面有了殷商音乐的影子。

这说明到了孔子生活的时代，音乐机构保存下来的《武》这部音乐作品的资料已经不完整了，有些情节已经失传了，已由后人作了修改或补充，已经没有《武》的原汁原味了。即使现在的表演团体表演得很好，表演得十全十美，但这样不完全是原汁原味的《武》，还能尽善尽美吗？还有宾牟贾对其中"迟矣而又久立于缀"这一点，也不理解。虽然孔子作了解释，但能不能说后面的部分就没有改变原作品的地方呢？这一点，我们不作臆测。但对于《韶》的尽善尽美与《武》的尽美而不尽善，以上这些意见是否可以作参考呢？

对于艺术作品的评价应该是：艺术重要，内容也重要，但都必须实事求是。武王夺取商纣的政权，是武力征讨，这是永远无法改变的历史事实。如果要求《武》的内容必须禅让才能尽善尽美，那是永远也无法办到的。由这一点来看，孔子在音乐教学上实事求是，没有因为《武》是武王时代的作品，就硬把存在不足的作品说成是尽善尽美的作品。

子曰："人而不仁，如礼何？人而不仁，如乐何？"

——《论语·八佾》

孔子说：一个人，如果没有仁的品德，礼对于他来说，又有什么意义？一个人如果没有仁的品德，音乐对于他来说，又有什么意义呢？

这当然是孔子教育学生的话。他认为，作为一个人，具备仁的品德是最重要的。没有仁的品德，没有一颗仁心，什么样的制度、什么样的约束对他来说，会有意义吗？就音乐而言，本是修养人的心灵的艺术，但他没有仁的品德，没有一颗仁心，他愿意去接受这种艺术吗？他会因为音乐艺术而变得仁慈起来吗？这也许用得上这句俗话：江山易改，本性难移。

子曰："恶紫之夺朱也，恶郑声之乱雅乐也，恶利口之覆邦家者。"

——《论语·阳货》

孔子说：可恶的是用紫色来替代红色，用郑国的音乐来破坏雅乐，因为尖嘴利舌而导致国家的灭亡。

孔子认为红色是纯正的颜色，紫色是杂色，用杂色来替代正色是可恶的。利用尖嘴利舌、歪理邪说颠覆一个国家，当然也可恶。至于郑国的音乐是亡国之

237

音。利用亡国之音来破坏雅乐，当然也是不能容忍的。因为雅乐是文王的音乐。用亡国之音来破坏文王的音乐，那是孔子绝对不能容忍的。这是孔子对待音乐的态度。

> 子曰："师挚之始，《关雎》之乱，洋洋乎盈耳哉!"
>
> ——《论语·泰伯》

孔子说：从乐师挚开始演奏，一直到演奏《关雎》结束。整场音乐会让人听了，耳朵里全是美妙的音乐。

这是孔子与学生们分享欣赏美妙音乐的感受。好的音乐，演奏出色，自然是让人陶醉。不过这也是有条件的，必须欣赏音乐的人是懂音乐、爱音乐的人。孔子很懂音乐，也热爱音乐，也善于欣赏音乐，因而在欣赏音乐的过程中，往往被音乐的美感所陶醉，所以也常常能够保持很好的心境和健康的体质。

> 子与人歌而善，必使反之，而后和之。
>
> ——《论语·述而》

孔子与他人一起唱歌，如果认为唱得好，一定请别人再唱一遍，然后自己再和他一起唱一遍。

从这一段话中，我们可以推断出孔子与学生们一起唱歌娱乐的情景。每当遇到困难的时候，孔子都用唱歌与演奏乐器来鼓舞大家。由此，我们也可以想象他平时和学生们相处时一起唱歌娱乐的情景。这是一个人热爱音乐的表现。常和学生们一起唱歌，或者和朋友一起唱歌，抒发自己的情怀，陶冶自己的心灵，也增强了与大家的交流与友谊，也增加了向他人学习的机会，提高彼此的艺术水平。从这里也可以看出，孔子对他人的尊重，谁唱得好，请人家再唱一遍，自己再和一遍。这种气氛多好! 也给弟子们做出了好的榜样。

> 子语鲁大师乐，曰："乐其可知也，始作，翕如也，从之，纯如也，皦如也，绎如也，以成。"
>
> ——《论语·八佾》

孔子和鲁国的太师交谈音乐演奏时说：音乐演奏是可以知道的，开始演奏的时候集中舒缓，接下来是和谐、明快清晰，余音袅袅，不绝于耳，直至演奏完成。

孔子这里所说的音乐演奏，大概应该是各种典礼上的音乐演奏，不是大型的音乐会之类的音乐演出。一般来说，典礼上的演奏，只是一首乐曲或几首乐曲，所以开始时是集中舒缓，接下来是和谐清晰明快，其效果是余音袅袅，不绝于耳。这就是孔子所提倡的中和之音，即雅乐。至于大型的音乐会，演奏的曲目很多，各种曲目的内容不一样，艺术风格不一样，演奏的特点自然也不一样。从每一首乐曲的演奏规律来说，应该是一样的。

> 子曰："礼云礼云，玉帛云乎哉？乐云乐云，钟鼓云乎哉？"
>
> ——《论语·阳货》

孔子说：人们所谓的礼，难道只是就金钱宝物等相赠而言吗？人们所谓的音乐，难道只是就钟鼓的演奏而言吗？

关于礼与乐，前面已经讲得很多了。在这里，孔子的意思是，不要对礼与乐理解得太浅薄、太狭隘。礼是什么？礼不仅仅是局限于人们平时的礼尚往来，不只是你送他一些金银财宝，他送你一些布帛裘皮。在古代，礼是一个非常宽泛的概念。它是规定社会行为的法则、规范、仪式的总则。乐是什么？它不只是钟鼓琴瑟的演奏。孔子说"成于乐"，乐是成就个人道德修养、成就国家治理的重要工具。孔子之所以把乐的教育放到教育的重要地位，就是因为音乐教育对于成就人的道德修养太重要，对于成就治国理政太重要。

> 孔子曰："无体之礼，敬也；无服之丧，哀也；无声之乐，欢也。不言而信，不动而威，不施而仁。志，夫钟之音，怒而击之则武，忧而击之则悲。其志变者，声亦随之。故志诚感之，通于金石，而况人乎？"
>
> ——《孔子家语·六本》

没有外在表现形式的礼，那就表现在内心的恭敬；不穿丧服的丧事，那就表现在内心的哀痛；没有声音的音乐，那就表现在内心的欢悦；不说话就能获得他人的信任，不行动就能够有威望，不施放恩泽而能让人觉得有仁德，这就是内心情感的作用。钟的声音，如果在愤怒的时候敲击它，发出来的声音就勇武；忧伤的时候敲击它，发出来的声音就哀伤。这就是说，由于心情的变化，声音也会跟着变化。因此，人的内心情感的真实反映，是可以与金石相通的，何况人与人的情感呢？

这一段话，与上一段话要表达的意思是相通的。就音乐而言，首先，不一定发出声来才是音乐，声音是一种外在的表现形式，人的内心情感也可以表现为音乐，比如人的情绪欢快，能让人感觉这是欢快的音乐；人的情绪忧伤，能给人忧伤的音乐感受。其次，音乐的旋律，与人的情绪是相通的。欢快的音乐旋律，表现的是人的欢快的情绪，忧伤的音乐旋律，反映的是人的哀伤的情绪。再次，人的情绪与乐器的声音是相通的。不同的心情，演奏出来的乐器的声音是不同的。这一点，孔子在卫国击磬就很典型。"子击磬于卫，有荷蒉而过孔氏之门者，曰'有心哉，击磬乎！'既而曰：'鄙哉，硁硁乎，莫己知也，斯己而已矣。深则厉，浅则揭。'"（《论语·宪问》）一个挑着草筐的人，听到孔子敲磬的声音，说，这声音含有深意呀。接着他又说，真是浅薄呀，把磬敲出这样的声音，总以为没有人理解自己。这个扛草筐的人，一听到孔子的磬声，便听出了其含义。这说明，音乐之声，意在声之外也。所以，高明的音乐人，总是用音乐来表达自己的心声。而高明的音乐欣赏者，总能听出音乐的音外之意。但前提是，二者都必须是高明的音乐达人。

> 孔子遭厄于陈蔡之间，绝粮七日，弟子馁病，孔子弦歌。子路入见曰："夫子之歌，礼乎？"孔子弗应。曲终而曰："由，来，吾语汝。君子好乐，为无骄也；小人好乐，为无慑也。其谁之子，不我知而从我者乎？"子路悦，援戚而舞，三终而出。明日免于厄。子贡执辔曰："二三子从夫子而遭此难也，其弗忘矣。"孔子曰："善恶何也？夫陈蔡之间，丘之幸也。二三子从丘者，皆幸也。吾闻之，君不困不成王，烈士不困行不彰。庸知其非激愤厉志之始于是乎在？"
>
> ——《孔子家语·困誓》

孔子被围困在陈国和蔡国之间的地方，有七天断绝了粮食来源，学生们都被饿出病来了，孔子却在弹琴唱歌。子路进入孔子的房子，对老师说：您老人家这样唱着歌，合乎礼的要求吗？孔子没有搭理他。等到一首歌曲演唱完了，才对他说："仲由呀，你过来，我来告诉你：君子爱好音乐，是为了使自己不骄不躁；小人喜爱音乐，是为了躲避畏惧。你是从什么地方来的人呀，不了解我便跟随着我吗？"子路一听这话便高兴了，拿起刀斧便舞了起来，一直把几首曲子都演奏完了，才走出来。第二天，围困解除，子贡牵着马缰绳，说："我们这些人，跟随着老师遭受了这次围困，是不会忘怀的。"孔子说："你说得好，为什么呢？在这陈蔡之间，遭遇这次困境，是我孔丘的幸运，也是你们这些跟随我的人的幸运。我曾经听说过，国君不遭受困厄，成就不了王业。忠烈之士不遭受困厄，他的优秀品行就得不到彰显。怎么知道，君子激励奋发远大志向不是就从这里开始吗？

在被围困了七天，断绝粮食来源，大家都饿出病来，十分困顿的时候，孔子却弹琴唱歌，泰然自若。子路不理解，认为大家都饿成这个样子了，您还弹琴唱歌，这是什么道理哟？孔子便用音乐的道理来教育他。孔子说：君子爱好音乐，是为了使自己不骄不躁。言外之意就是说，音乐能够修心，使自己冷静下来，不骄不躁。越是困难的时候，就越是要冷静，要能够沉得住气。孔子又说，你是什么人，不了解我吗？是随便跟着我的吗？子路很快理解了老师的意图，便拿起斧子，舞了起来。舞得高兴，一直和老师一起表演完几首曲子才出来。子路是一个急躁鲁莽的人，但是在孔子音乐的教育诱导下，立即平静下来，和老师一起表演。这说明音乐对人的教育有很好的效果。后面，孔子还用这次遭受困厄的事例来教育大家：困厄也能激发大家的斗志，彰显人的优秀品德。

> 孔子之宋，匡人简子以甲士围之。子路怒，奋戟将与战。孔子止之曰："恶有修仁义而不免俗者乎？夫《诗》《书》之不讲，礼乐之不习，是丘之过也。若以述先王，好古法而为咎者，则非丘之罪也，命夫！歌，予和汝。"子路弹琴而歌，孔子和之，曲三终，匡人解甲而罢。
>
> ——《孔子家语·困誓》

孔子来到宋国，匡人简子调来军队，将他们包围了起来。子路很是愤怒，使足力气，挥动长戟，就要去与匡军战斗。孔子制止了他，并劝导他说：哪里有倡导仁义，还不能制止世俗间的恶行的呢？《诗经》《书经》未能得到教育，礼乐未能得到传授演习，这是我孔丘的过错。如果因为遵循先王之道，爱好古代礼乐制度而遭受灾祸，这就不应该是我的罪过了。是命该如此。仲由呀，来唱歌吧，你唱，我跟你一起唱。子路弹着琴唱起歌来，孔子和他一起唱。演唱完了几首歌曲，匡人的军队便解除围困撤走了。

这也是音乐的力量，音乐教育的力量。

关于匡人围困孔子的事件，《史记》说是匡人误认孔子为阳虎。因为阳虎曾经侵害过匡人。而孔子的形象与阳虎相似。这自然是一场误会。但是在误会解除之前，孔子的处境是相当危险的。子路就曾拿起武器要与匡人战斗。而匡人也曾经认为遇到了仇人，那敌对情绪的激烈，也是可想而知的。一旦发生战斗，后果难以想象。但是孔子却采用音乐的形式来解决问题。他让子路唱歌弹琴，自己也跟着一起唱。孔子这样的举动，一定让匡人奇怪：阳虎本是他们的仇人，现在这些仇人并不向他们发动攻击，并不来侵害他们，反而弹琴唱歌，看来这些人并不像怀有什么恶意，他们弹琴唱歌，展示的是善意，是和平的愿望。几曲歌曲演唱下来，匡人释怀了，原来这些人并不是阳虎一类的人，并不是来祸害我们的，因而解除围困，撤走了。

　　孔子用音乐解除了一次可能发生的武装冲突，可见音乐的作用是巨大的。通过这一次经历，子路也接受了一次很好的音乐教育。

有教无类，因材施教

中国自古以来就是一个尊师重教的国家。而孔子则是一位重视教育的先行者，后世一直尊他为至圣先师、万世师表。我们说孔子是一个伟大的教育家，肯定是不会有人反对的。他创办私学，聚徒讲学，在我们的国家开启了民办教育的先声。开办私学，现在说起来，似乎是一件平常事，而在我们中国的古代，应该是一件非常了不起的大事。因为这就打破了教育历来由国家垄断的局面，为我们国家与民族的文化与教育，开启了一扇新的大门。有了私学，就能使更多的人有了受教育的机会。实际上，在很长一段时期，私学，就是私塾，在我们国家的教育中起到了非常重要的作用。很多家庭、很多家族都设有私塾，教育其子弟。还有一些名师，也设私塾，招收学生，传道授业，培养人才。在古代，很多杰出的学术人才，都是这些私塾培养出来的。这都有赖于孔子起了一个很好的带头作用。孔子的私学，平等对待学生，有教无类，因材施教。从入学的情况来看，只要给老师送上一点肉干，就可以成为老师的学生。子曰："自行束修以上，吾未尝无诲焉。"（《论语·述而》）就是说，入学的门槛很低，不管你是什么人，是富家子弟，还是穷人家的孩子，只要送一点肉干，就可以入学。这就给穷人家的孩子带来了受教育的机会。这真是一件很了不起的事，为后来的私塾树立了榜样。这不得不说是孔子的最伟大之处。从教学情况来看，孔子是平等对待学生的。只要你听从他的教导，无论是富家子弟，穷人的孩子，或者聪明的学生，迟钝的学生，他都一视同仁，耐心教导。

陈亢问于伯鱼曰："子亦有异闻乎?"曰："未也。尝独立，鲤趋而过庭。曰：'学《诗》乎?'对曰：'未也。''不学《诗》，无以言。'鲤退而学《诗》。他日，又独立，鲤趋而过庭。曰：'学礼乎?'对曰：'未也。''不学礼，无以立。'鲤退而学礼。闻斯二者。"陈亢退而喜曰："问一得三，闻《诗》，闻礼，又闻君子之远其子也。"

——《论语·季氏》

就是对自己儿子的教育，孔子也没有什么特殊的地方，对其他的学生就更不用说了，都一视同仁。这当然也是孔子的伟大之处。可以说，从孔子时代到新学兴起的两千多年里，中国的教育与文化之所以能够发展起来、传承下来，与孔子开办私学这一伟大创举是分不开的。就孔子本身而言，历史上说他弟子三千、贤人七十二。他为国家培养了众多人才。这三千弟子、七十二贤人，学成后都做什么了？不少人都当了官，有的人还当了大官，如子贡当过鲁国与卫国的宰相，宰予、仲由、澹台灭明当了大夫，其他当地方长官的也不少。除了当官的以外，其他人都做了什么？我们无法说清楚，但有一点可以肯定，他们都会去开展教育、传播文化。因为老师孔子为他们作出了榜样。从《论语》中，我们知道，曾子、有子、子夏、子张都有门人。澹台灭明就有弟子三百人。如果这三千人都去开展教育、传播文化，力量有多大，可想而知。这是从孔子教育的成就而言。而孔子的教育思想与教学方法也值得大家重视。他除了对学生进行文化知识的教育外，更注重对学生进行人格品德教育、历史传统教育。他非常重视教育的社会作用。其教学方法则是因材施教，根据学生的不同特点，进行不同的教育。还有就是他很重视教学实践，带着学生周游各国，传播其治国思想与理论。孔子的教育思想与教学方法，都是我们国家教育方面的重要遗产，都是文化教育的重要财富。我们必须努力认真继承与发扬。

一、对教育的重视

这一点，先要从国家教育说起。

> 君子如欲化民成俗，其必由学乎。玉不琢，不成器。人不学，不知道。是故，古之王者，建国君民，教学为先。兑命曰："念终始典于学。"其此之谓乎。虽有嘉肴，弗食不知其旨也。虽有至道，弗学不知其善也。是故，学然后知不足。教，然后知困。知不足，然后能自反也。知困，然后能自强也。故曰教学相长也。《兑命》曰："学学半。"其此之谓乎。
>
> ——《礼记·学记》

国家的领导者如果要教化臣民百姓，养成良好的风俗习惯，其必由之路就在于教他们学习。一块美玉，如果不加以雕琢打磨，不能成为有用的器具。一个人如果不好好学习，就不知道如何让自己成为一个有用的人。因此，古代的君王要建设好国家，管理好臣民，都把教育作为最首要的要务。《尚书·商书·兑命》的意思是，开始学习，是自己为学习修身，然后是教学，虽然是帮助别人，但有一半还是自己学习，自始至终，不能忘怀的都是学习。虽然有很美味的菜肴摆在那里，如果不亲口去吃，就不知道那菜肴的美妙味道。虽然有最高、最深造诣的圣德，如果不能很好地学习，也不能够知道它的美好。因为这个道理，只有很好地学习，才知道自己学识的不足；只有通过教学，才能够知道自己的学识，实际上还处于一种什么样的困境。知道了自己学识上的不足，然后才能够检讨自己，努力向学；知道了自己在学识上还处于一种什么样的困境，然后才能够不断勉励自己，努力学习，自强不息。所以说，教与学相互促进，相辅相成。《尚书·商书·兑命》的意思是，教别人学习，自己也能够有一半的学习收获。

这一段话讲述了教育的重要性。从这一段话可以看出，在中国古代，对于教育的重要性就有了很深刻的认识。一个国家的统治者，要想把国家治理好，首先就要教化臣民，让老百姓养成好的风俗习惯。而教化臣民首选之道，就是教育。这里，作者用了一个很好的比喻。每一个人，从本质上来说，都是一块璞玉。如果不经过雕琢加工，他仍然只是一块石头而已。一旦经过雕琢加工，就会成为各式各样有用的器具。这种雕琢加工就是教育。教育能够使一个无知的人变成有知的人，一个道德高尚的人，一个对国家、对社会、对人类有重大贡献的人。由于接受教育的程度不同，教育的内容不同，因而各人也会变成各种不同程度、不同方面的人才。一个国家如果没有各种各样的人才，那是不可想象的。所以，从一个国家对教育的重视程度，就可以看出那个国家的前途命运。同时，这段话还教给我们一些有关学习的深刻道理。人必须学习，必须深入地学习。世界上的知识是无穷无尽的，只有深入地学习了，才能更加开阔眼界，才能知道自己学识的不足，从而更加努力地去学习。还有就是教与学的关系。教育别人，有一半是在教育自己。一是因为在教学的过程中一定会遇到各种各样的问题与困难，在克服这些困难的时候，就要激励自己去努力学习。战胜了困难，就是自己的进步，也就是自己的胜利。二是在教学的过程中还可以与学生相互学习。很多学生都有自己的特长，老师也能够从学生的身上学到很多东西。这就是教学相长。这也是我们民族的优良传统，值得继承与发扬。再就是这里还引述了《尚书》中的话。古文《尚书·商书·兑命》是高宗也就是武丁与傅说论学的记载，其中有这样一段：

　　说曰："王，人求多闻，时惟建事，学于古训乃有获。事不师古，以克永世，匪说攸闻，惟学逊志，务时敏，厥修乃来。允怀于兹，道积

于厥躬。惟敩学半，念终始典于学，厥德修罔觉。监于先王成宪，其永
无衍。惟说式克钦承，旁招俊义，列于庶位。"

傅说说：王，人们要求多学习一些知识，是想建功立业。要学习先王贤圣的
古训，才会有收获。建功立业不师法古训，而能够永远长治久安的，不是我傅说
能知道的。学习要专心致志而谦逊，务必每时每刻加以努力，那么学识修养的增
长，就会有如泉涌，永远不会枯竭，越积越深厚。教学一半是帮助别人，一半是
自己学习进步。学习的开始，是为自身学习与修身，然后去教学，但始终都不能
忘记取法于学习。这样一来，自身的学识与道德修养的长进就会自然而然了。学
习借鉴先王圣贤的成法，将使自己永远不会造成失误。也正因为王您能够如此，
我傅说才能敬承您的旨意，广纳贤才，把他们安置到各种职位上。

把《礼记·学记》上的话与傅说的这些话结合起来看，可见我们国家很早
就很重视教育。这是值得我们民族自豪的。而商朝的高宗，鉴于自己受教育不
够，虚心向傅说学习，并提倡教育，这也值得我们称道而效法。至于傅说几千年
前就提出"敩学半，念终始典于学"这样的教育理论与学习方法，不仅在当时
是经典之说，就是到现在也仍然是经典之论。这种教育理念与学习方法，我们必
须继承与发扬，用以发展提高我们的教育。

> 古之教者家有塾，党有庠，术有序，国有学。比年入学，中年考
> 校。一年视离经辨志，三年视敬业乐群，五年视博习亲师，七年视论学
> 取友，谓之小成。九年知类通达，强立而不反，谓之大成。夫然后足以
> 化民易俗，近者说服而远者怀之，此大学之道也。记曰蛾子时术之，其
> 此之谓乎。
>
> ——《礼记·学记》

古时候教育机构的设置，一个二十五户人家的地方设有塾，五百户人家居住
的地方设有乡学，名之曰庠；一万二千五百户人家住的地方设有名为序的学校；
一国之中设太学。学校每年都有学生入学，每隔一年考试测定一次。入学一年，
测试其经文的句读，辨别其是否有不良倾向；入学三年，考核其对于学业专注程
度、敬业精神、与群体相处的能力；入学五年，考核其是否博学笃行、对于老师
教诲学识的取向；入学七年，考核其在学业上有没有潜力、在学识上有没有独到
见解、怎样选择有益的朋友。这时候可以说是学之"小成"。入学九年，则已经
达到了学精道达、理顺义明、触类旁通、遇事不惑的境界，有了完全自主独立，

排除外来干扰的能力。这就是学之大成了。达到了学之大成，就足以去教化人民，移风易俗，培养民间良好的社会风尚，因而使得附近的人都心悦诚服，远方的人都想着来归附。这就是大学教育的原则与方法。古书说得好，蚂蚁时时学习衔土，终于能够筑成窠，形成大土堆，说的就是这个意思。

这段话告诉我们古代教育机构的设立层次、教育的过程以及教学方法，也告诉我们古代对教育的重视和对人才培养的重视。社会行政的各个层次都设有学校。各个层次学校的优秀者被选拔到更高一级学校去培养。而学校对学生的考察也很严格，尤其是国立太学，考察学生学习的各个方面，既有对知识学习的考察，更有对品格道德的考察。比如对学生志向的考察，对学业专注的考察，对群众关系的考察，对与朋友交往的考察，对独到见解的考察，对知识通达的考察，对悟性及触类旁通的考察，对遇事不惑的考察，对不违师训的考察等。通过这样全面的考察，培养出来的人才，就是全面发展的高端人才。这样的人才，既有很高的学识，又有优秀的人品，他们被吸收到国家政权的高层机构，当然会发挥重大的作用。古代这种培养人才的教育方法，对我们今天教育培养人才也有重要的参考作用。

> 大学之法，禁于未发之谓豫；当其可之谓时；不陵节而施之谓孙；相观而善之谓摩。此四者，教之所由兴也。发然后禁，则扞格而不胜；时过然后学，则勤苦而难成；杂施而不孙，则坏乱而不修；独学而无友，则孤陋而寡闻；燕朋逆其师；燕辟废其学。此六者，教之所由废也。君子既知教之所由兴，又知教之所由废，然后可以为人师也。故君子之教喻也，道而弗牵，强而弗抑，开而弗达。道而弗牵则和，强而弗抑则易，开而弗达则思。和易以思，可谓善喻矣。
>
> ——《礼记·学记》

大学的教学方法，就是在学生产生某些坏念头之前，就对其进行正面教育，防止坏行为的发生。这叫作预防性教育，或者叫作防患于未然。当学生处于可以教诲的时候，便适时加以教育，这叫作合乎时宜。根据学生的学识程度，不好高骛远，不进行跨越式教育，这叫作循序渐进式教学。让学生们相互观摩，学习他人长处，这叫作相互切磋琢磨。这四种教育方法的正确运用是教育兴盛的原因。反过来，当学生变坏的念头已经发生，然后再去教育纠正，则为时已晚，即使用很大的力气去教育，也已经格格不入，很难纠正过来。最好的学习时机已经错过，然后才去学习，虽然奋发努力，也很难取得太大的成就。不遵循学习规律，按照正规的学习进度学习，而是蜻蜓点水式地东学一点，西学一点，其结果必然是杂乱无章、一团浆糊。一个人孤独学习，不与学友交流切磋，只能是孤陋寡闻而少见识。怠慢亵渎朋友，忤逆背弃老师。养成不好的习惯，荒废自己的学业，是教育失败的原因。君子已经明白了教育兴旺的道理，也知道了教育失败的原因，然后就可以去当老师，为人师表了。所以君子对学生的教喻，主要是善于加以引导，而不要强迫学生接受自己的教导；对学生要严格要求，但不要抑制他们的个性发展；要开启他们的心智，而不必把学术结论告诉他们。主要引导启发而不强迫接受，学生与老师便易于亲和，因而更利于教育；严格要求而不抑制个性发展，能给学生自由发挥的空间，因而更能够使其施展才华；只开启其心智而不告诉其学术结论，更能够打开他们的想象空间，培养他们的思考能力。具有亲和力，能引导学生善于思考，让学生轻松愉快地学习好，这可以说是善于教育了。

这还是在讲教学方法，告诉大家怎样当好一名教师。这些教学方法，是古代教育的科学总结。而这些方法，在今天看来仍然是很科学的，仍然值得我们学习与借鉴。一是非常重视学生的思想教育。对学生的思想教育，要防患于未然。发现学生有了什么不好的苗头，要及时教育。一旦不好的倾向形成，要纠正就很难了，即便用大力气去纠正，也不一定完全奏效。所以要把准对学生教育的时机，一旦时机过去，就很难获得理想的教学效果。二是掌握好学生学业的实际情况，遵循教学的规律，循序渐进地进行教学，不要好高骛远，揠苗助长，要科学系统地进行教学。传授知识，不要东一点，西一点，支离破碎、杂乱无章。三是要培养学生良好的学习习惯，提倡朋友式的相互学习、相互钻研、相互切磋的习惯与精神，放开眼界，不要坐井观天，孤陋寡闻。四是要进行启发式教学，对学生多加启发引导，开启他们的心智，不要采取灌输式的教学。对学生既要严格要求，又不要抑制他们的个性发展，多留给他们一些自由发挥的空间，让他们有施展才华的机会，培养他们的创造与创新精神。五是教师还应该有亲和力，能够和学生成为朋友，不要拒学生于千里之外。这才是一名合格的教师。

> 学者有四失，教者必知之。人之学也，或失则多，或失则寡，或失则易，或失则止，此四者，心之莫同也。知其心，然后能救其失也。教也者，长善而救其失者也。
>
> ——《礼记·学记》

学习的人，在学习中容易犯四种错误，作为教师必须知道。人们在学习的时候，或者有贪多嚼不烂，囫囵吞枣，不求甚解的毛病；或者有知之甚少，学到一点皮毛就满足了的毛病；或者有认为所学的东西太容易，从而发生轻视之、不认真学习的毛病；或者有浅尝辄止，自我设限，不求上进的毛病。有这四种问题的人，他们心里所想并不一样。教育者必须搞清楚他们心里是怎么想的，然后才能对症下药，纠正他们的这些毛病。一个教育工作者就是要善于发现受教育者的优点，帮助他们发扬这些优点，增强其学识与才干，帮助他们改掉那些毛病。

这里指出受教育者在学习中容易出现的四种不足。这是很有眼光的。确实，这四种不足，在学生中并不少见。这是阻碍学生学习进步，或者产生厌学情绪的重要原因。作为一个教育工作者，既要善于发现这些不足，还要善于纠正这些不足。要从心理上分析产生这些不足的根源，然后从根源上帮助他们改掉这些不足。教师很重要的一个责任，教学很重要的一项内容，就是要善于发现学生的优点与长处，帮助他们发扬这些优点与长处；发现他们学习中出现的不足，帮助他们改掉这些不足。其实这也正是因材施教，有针对性的教学的方法。只是这需要教师有发现问题、分析问题与解决问题的能力，有高度的责任感与勇于担当的精神。从这里也可以看出古代对教师的要求很高，这是我们的优良教育传统，也可以说是我们的一种财富，值得我们珍惜与学习。

> 善歌者，使人继其声。善教者，使人继其志。其言也约而达，微而臧，罕譬而喻，可谓继志矣。
>
> ——《礼记·学记》

善于歌唱的人，能够让听歌的人长时间地沉浸在他的歌声的余音之中。善于教学的人，能够使他的学说永远地在世间流传下去。他的语言简约却明白晓畅，含蓄却不隐晦，很少用比喻却饱含深意而明朗，且深入人心。这就是可以继志的教学。

这里用了一个很好的比喻来说明教学方法的重要性。一个善于歌唱的人，他唱出来的歌，能够深深地打动人心，让人产生强烈的美感，对人有无限的艺术魅力，能够长时间留在欣赏者心灵深处。孔子听了《韶》这首音乐演奏，多个月不知道肉是什么味道，可见好的音乐对人的感染力有多么强烈。教育也是一样，教学也是一种艺术。教师教得好，同样能够打动学生的心灵，让他们永远不会忘怀。教师所传授的知识，让学生回味无穷，能够让学生受益一辈子，所以教师的教学艺术也是非常重要的。如果教师的讲授犹如一杯白开水，淡而无味，就像一阵风一样，这只耳朵里进去，那只耳朵里出去，那还会给学生留下什么印象？其效果可想而知。

善学者，师逸而功倍，又从而庸之。不善学者，师勤而功半，又从而怨之。善问者如攻坚木，先其易者，后其节目，及其久也，相说以解。不善问者反此。善待问者如撞钟，叩之以小者则小鸣，叩之以大者则大鸣。待其从容。然后尽其声。不善答问者反此。此皆进学之道也。

——《礼记·学记》

善于学习的人，教师轻松安逸，教学效果却加倍地好，学生也总是把功劳归之于教师。不善于学习的人，教师教得很辛苦，而教学效果只能达到一半，学生却把没学好的罪责归咎于教师，埋怨教师教得不好。善于发问的人，攻克难题有如分解坚硬的木头，先从容易的地方入手，然后再攻克有骨节之坚硬的地方，时间一长，木头自然就分解开了。不善于发问的人使用的方法相反。善于回答提问的人，有如撞钟，轻轻地叩击，则回应的声音小，重重地撞击，则响应的声音会很响亮。只有敲钟的人从容不迫，钟声才会悠扬悦耳，余音绵长，传之久远。不善于回答提问的人与此相反。这些都是增进学问的好方法。

前面主要讲教师的教，这里主要讲学生的学。学生善于学习，学得轻松愉快，教师也教得轻松愉快，学生的学习成绩还加倍地好，而且学生还会把功劳归于教师；反之，学生不善于学习，学生学得辛苦，教师教得也辛苦，学生的学习成绩还不好，学生还会埋怨教师教得不好。学生怎样是善于学习，怎样是不善于学习？主要就是看学生学得活不活，有没有悟性，有没有举一反三的能力。如果学生只会死读书，局限于教师所讲授的范围之内，没有一点悟性，没有一点举一反三的能力，那么这个学生学习成绩一定有限。所以下面特别讲到学生善不善于提问的问题。学生善不善于提问，这是学习中最重要的问题。善于提问的学生，一定会学得好，学得活，学得深入，学得广泛。因为他能看出问题，能够发现问题，就能够举一反三。不善于提问的学生，只能是相反。所以区分学生学习的等级差别，就在这上面。有的学生在学习中根本提不出问题，因为他发现不了问题，所以他们学习的局限性也就显而易见。当然，这里还有教师是否善于回答的问题。俗话说，响鼓不用重锤敲。对于善于学习的学生来说，点到为止。这里可以举两个例子：

子贡曰："贫而无谄，富而无骄，何如？"子曰："可也，未若贫而乐，富而好礼者也。"子贡曰："诗云'如切如磋，如琢如磨'，其斯之谓与？"子曰：赐也，"始可与言《诗》已矣，告诸往而知来者"。

——《论语·学而》

子夏问曰："'巧笑倩兮，美目盼兮，素以为绚兮。'何谓也？"子
曰："绘事后素。"曰："礼后乎？"子曰："起予者，商也。始可与言诗
已矣。"

——《论语·八佾》

这两段话的翻译与议论，已经见于其他两篇文章中，这里不再重复。但这显
然是两个善于学习、善于提问、善于答问的范例。

记问之学不足以为人师，必也其听语乎。力不能问，然后语之。语
之而不知，虽舍之可也。

——《礼记·学记》

只是死记硬背地读了一些古代典籍，并没有自己的心得，没有自己的独到见
解的人，还不足以当教师。一定等学生提出问题，教师才加以解答。学生心里有
疑难问题没有能力表述出来，教师才加以开导。教师已经开导，学生仍然不理
解。这样的学生，即使舍弃，也就罢了。

以上所引述的原文，除了《论语》中的两段以外，都出于《礼记·学记》。
这些文字主要讲述了我国古代重视教育与教学的问题。而这些内容都很符合孔子
的教育观念。孔子对于教育的重视，那是毫无疑问的。下面看他有关教育的一些
言论。

子路使子羔为费宰。子曰："贼夫人之子。"子路曰："有民人焉，
有社稷焉，何必读书，然后为学？"子曰："是故恶夫佞者。"

——《论语·先进》

子路让子羔到费县去当县长。孔子说：你这是戕害人家的孩子。子路说：那
里有老百姓，有国家的土地，为什么非要读书才叫做学习？孔子说：所以我讨厌
你这样强词夺理的人。

这不是一件太大的事，在一般人看来，或许应该是一件好事。让一个年轻人
去担任地方领导，让他在实际工作中锻炼成长。但孔子不这样认为。他认为，一
个人要去参与治理政务，首先要接受足够的教育，培养处理政务的能力。如果接
受教育不够，掌握的知识不多，没有治理政务的能力，那么在工作中很可能出现
问题，所以说这是害人子弟。从这件小事我们看出孔子对于教育的重视程度。实

251

际工作能够锻炼人，但一定要以教育为前提。学校教育是基础。无论做什么事情，没有这个基础，无知无识，要想有大的成就、大的作为，难度一定会很大。所以，有了文化知识这个基础，才能谈得上其他问题。当然，也许会有例外，有的人并没有上过很多学，通过自学，成了才，创造了很大的成就。但是自学也是学，学是前提与基础。或许有的人没有读过很多书，但也取得了成就，比如做生意赚了很多钱，成了大老板，但如果不在文化上加强修养，那就只能是"大土豪"。我声明，我没有看不起这些老板的意思，但我还是希望他们多读书，多学习，提高自己的文化修养，成为有文化、有知识、有修养，品德高尚的大老板。

> 孔子谓伯鱼曰："鲤乎，吾闻可以与人终日不倦者，其惟学焉。其容体不足观也，其勇力不足惮也，其先祖不足称也，其族姓不足道也。终而有大名，以显闻四方，流声后裔者，岂非学之效也？故君子不可以不学，其容不可以不饰，不饰无类，无类失亲，失亲不忠，不忠失礼，失礼不立。夫远而有光者，饰也；近而愈明者，学也。譬之污池，水潦注焉，萑苇生焉，虽或以观之，孰知其源乎？"
>
> ——《孔子家语·致思》

孔子对伯鱼说："孔鲤呀，我听说整天不停地去做而总也不会疲倦的事，大概只有学习吧。一个人的仪容体态再好，也没有什么值得向人夸耀的；勇猛的力气再大，也没有什么能让人害怕的；其祖先再荣耀，也没有什么值得向人炫耀的；家族姓氏再强大也没有什么让大家称道的。最终之所以声名显赫、扬名四海、流芳后世，难道不是因为其学习成功的效果吗？因而作为一个君子，不可以不学习，不可以不修饰；不修饰，就没有美好的仪容体态；没有美好的仪容体态，就没有人来亲近；没有人亲近，就失去了忠诚；失去了忠诚，就抛弃了礼乐；不遵循礼乐，就无法在社会上站稳脚跟。从远处看，让人感觉光彩照人，是仪容体态修饰的效果，让人接近更感觉光彩夺目，是因为好的学习效果。比如一个水池，大量的雨水注入其中，里面长满了芦苇野草，即使有人来观看，谁又能看出这些水是从哪里来的？"

这是孔子对儿子孔鲤说的一段话，其中心内容还是教育儿子好好认识学习的重要性。这些话虽然是对儿子说的，实际上，对所有的人都很有意义。确实，对于每一个人来说，什么最重要？受教育最重要，学习最重要。受教育、学习为什么重要？因为这涉及每一个人的前途命运与发展成就。孔子说得好，一个人长得好，注意仪容体态的修饰，这当然也是好事，但是，这没有什么值得向人夸耀的。真正衡量一个人的价值，衡量一个人是不是人才，并不是仪容体态，而是他的内在修养，其中最重要的一点就是思想文化素质。绣花枕头很美，很好看，当然好，但里面装的是什么？这也不能不让人考虑。一个人很勇猛，力气很大，也并非真正值得他人害怕，因为这也许只是一名莽汉，不会有更多的战斗技巧。如果他是一个高素质的人，那才真正地令人害怕。同样，祖先再荣耀，那只是祖先荣耀，并不是你自己的荣耀，值得炫耀吗？家族姓氏强大，只不过是家族姓氏强大而已，并不是你个人的强大，值得称道吗？现在有一个奇怪的现象，有的人以自己是贵族出身而炫耀。其实许多贵族，就是寄生一族。走向没落以后，许多贵族都腹中空空，既无文化素养，又无求生本领，穷困潦倒，不知价值几何？有值得炫耀的地方吗？而真正强大的是学识成就。最终能够声名显赫、名扬四海、流芳千古的，只能是你自己的学习成就与成果。所以，作为一个君子，不可以不学习，也不可以不修饰。因为不修饰，就没有好的仪容体态，就难与人亲近。不能与人亲近，没有人与你亲近，又怎么能够向人献出自己的一份忠诚呢？不能献出自己的那一份忠诚，也就失礼了。注意，这个失礼的礼，不只是礼貌，还是品德与学识修养，是忠诚。人一旦失礼，不能按礼的规则与人交往，那就没有办法在社会上立足。所以，人长得好，仪容体态修饰得好，远远地看上去很光鲜；而近距离接触，感到这个人更加光彩照人的，是他的品德学识，是他的内心强大。所以，受教育是最重要的事。因而孔子认为，一个人如果每天只干一件事，无论干什么，都有厌烦的时候，都有困倦的时候，只有读书学习才不会有厌烦与困倦的时候。因为学习总能让自己获得更多的新知识、新才华。孔子说，他是听人这么说的。其实，这是他自己学习精神的写照。他就是一个"学而不厌"的人。

孔鲤是孔子的儿子。孔子对儿子的关心，主要在儿子的学习上。他曾对儿子说"不学《诗》，无以言""不学礼，无以立""人而不为《周南》《召南》，其犹正墙面而立也与"。他对儿子是这样，对他的学生也是这样，把学习与受教育放在人生的第一位。

二、孔子，学习的模范

我们说孔子重视教育，是至圣先师。孔子之所以那么重视教育，与他自己艰苦学习的过程以及学习的成就分不开。

从出身的角度来说，孔子也可以说是出身贵族，但他的父亲早逝，家境败落，自然也就沦落到社会下层。而处于社会下层的人，受教育之困难是可想而知的。所以，孔子受教育与学习的艰辛过程是可想而知的。

太宰问于子贡曰:"夫子圣者与? 何其多能也?"子贡曰:"固天纵之将圣,又多能也。"子闻之,曰:"太宰知我乎? 吾少也贱,故能多鄙事。君子多乎哉? 不多也。"牢曰:"子云:'吾不试,故艺。'"

——《论语·子罕》

这一段文字在其他文章中已经引述过,这里不再释义。孔子自己说,他年少的时候,家庭并不富裕。因为家里贫穷,学会了许多贫苦家庭的孩子才会做的事。牢就曾经听孔子自己说过:因为他没有被政界与社会重用,因而学会了多种技艺。这说明孔子小时候虽然家庭贫困,要做很多家务与杂活,但他爱学习,所以除了学得文化知识之外,也学得了多样技能。就是长大以后,他也不忘学习,仍然坚持学习,才会成为全能型的人才。

子入太庙,每事问。或曰:"孰谓鄹人之子知礼乎,入太庙,每事问。"子闻之曰:"是礼也。"

——《论语·八佾》

孔子每到周公庙,遇到每一件事,都要发问。于是就有人说,谁说叔梁纥的儿子懂得礼呢? 来到太庙,每一件事都要问一通。孔子听说之后说:这正是懂得礼的表现。

为什么孔子什么都懂? 就是因为他求知欲强,遇到什么不懂的事都要发问,问个究竟。这说明什么? 一是说明他善于学习,能够发现问题,提出问题。那些不善于学习的人,他们发现不了问题,当然也就无所谓提问了。孔子善于发现问题,提出问题,自己不懂的事物得到了解答,知识自然就越来越丰富。二是说明他虚心学习,不像那些不虚心的人,明明自己不懂也不敢提问,害怕丢了面子,结果是不懂得的事仍然不懂。三是也表现出一个人的品德高尚,心地坦荡,没有什么藏着掖着的东西。知之为知之,不知为不知,这正是孔子智慧的表现,也是他成为大圣人的秘诀。

子曰:"学如不及,犹恐失之。"

——《论语·泰伯》

孔子说:学习总是怕赶不上,还害怕把学过的东西又丢掉了。

世界上的学问,本来就无穷无尽,而且发展很快。旧的知识还没有掌握,新的学问又产生了。要赶上时代，不是易事。问题是新的知识还没有学到手，又害怕把原有的知识也丢失了。这就是好学者的心态。孔子就是这样的好学者。

子曰："我非生而知之者，好古，敏以求之者也。"
——《论语·述而》

孔子说：我并不是生下来就什么都知道，只是因为喜欢古代的历史文化、文献资料，孜孜不倦地学习而得来的。

前面说到孔子学习一般的知识技能，这里说的是学习古代知识、古代历史文化、文献资料。世界上没有一生下来就什么都知道的人，所有的知识文化或者技能，都是不断地艰苦学习追求所得来的。孔子也并不是生而知之者。他喜欢古代的历史文化知识，喜欢古代的文献资料，因而不断地努力学习、刻苦追求。说到古代文化，孔子确实有着特殊爱好，而且有着特殊的尊敬崇拜。他说："述而不作，信而好古，窃比于我老彭。"（《论语·述而》）"述而不作"，就是说，对于古代文化历史知识、文献资料，只是传述，而不创作。"信而好古"，就是说，对于古代文化历史知识、文献资料深信不疑，所以有着一种特殊的喜好。因为这样，自己暗地里常常自比老彭。也正因为如此喜爱古代文化历史知识、文献资料，从而努力学习，刻苦钻研，孔子终于成了一个古代知识文化集大成的人，因而他敢说"文王既没，文不在兹乎"这样的话。文王已经去世了，古代历史文化知识、历代文史资料，不都集中到我这里来了吗？不都在我的大脑中装着吗？的确，由于好古而不断地努力学习，刻苦钻研，孔子终成为了一代知识的集大成者，一代知识文化的宗师。

这里还有必要对"述而不作，信而好古"说一点个人的理解。孔子对于古代文化为什么述而不作？首先，在孔子的意识里，所谓古代文化、文献资料，就是五帝时代的文化与文献资料，文王、武王、成王、周公时代的文化与文献资料。在孔子那里，五帝时代的社会是大同社会，大同社会是他最倾慕的社会。文王、武王、成王、周公时代的社会是小康社会，小康社会虽然比不上大同社会，但也是孔子所向往的。所以，大同社会、小康社会都是孔子认为最理想的社会。而大同社会、小康社会，是五帝、文王、武王、成王、周公所创。五帝、文王、武王、成王，在孔子眼里，都是古代最圣明的君王，而周公也是古代最圣明的贤臣。这些先圣、帝王、贤臣，在孔子那里，都是至神至圣的人物，都是他最尊崇的人物，都是神圣不可侵犯的人物。那么，上述那些圣王贤臣所制定出来的国策方略、文献资料，当然也都是最神圣而不可侵犯的。而以这些国策方略、文献资料为中心的古代文化，当然也神圣不可侵犯。而作为这些古代文化的继承人的孔子，还有"作"的资格吗？因而只能"述"了。而"述"好这些古代文化就成了孔子最神圣的职责了。孔子曾经说"人能弘道，非道弘人"（《论语·卫灵公》），也应该就是这个道理。人能够弘扬道，就是要把古代好的东西发扬光大，比如尧舜之道、文武之道，一定要发扬光大。但是又不能够借发扬尧舜之道、文武之道之功为己功，以此来炫耀自己，贪前人之功为己功。这是学人做学问之德。这就是孔子为学之德。孔子的为学之道，实在是我们的榜样。至于"信而好古"，那就不用多说了。信，就是对这些古代文化、文献资料深信不疑。既然深信不疑，"好"也就自然而然了。还有"老彭"是谁，大家都说不清楚，我想或许是古代一位与孔子观点相同的朋友吧。

这里还要补充一句的是，从"述而不作"，也可看出孔子为学的个人品德。先圣先贤们所创造的历史文化、文献资料，也就是治国方略国策，至神至圣至尊至善，至高无上，无法超越。所以他孔子只要"述"好，让它们传承下来就很好了，没有再作的必要了。这不正是孔子的谦虚品德吗？实际上，孔子对古代文化所述的过程，又何尝不是他创作的过程？他的所"作"还少吗？但他就是不说这个"作"字，绝不将先圣先贤们的功劳占为己有。就这一点而言，孔子就尤其值得我们尊敬了。

> 子曰："默而识之，学而不厌，诲人不倦，何有于我哉？"
>
> ——《论语·述而》

孔子说：遇到什么知识，听到什么见闻，都默默地把它们牢牢地记在心里。凡学习知识总没有满足的时候，教诲别人没有倦怠的时候。这些事我做到了多少呢？

这也是孔子学习的重要方法。这是他在学习方面不同于别人的地方。天上地下，社会人间，到处都是知识，就看你是不是一个有心人。如果你不是一个有心人，那么你即使处在一个知识的海洋中，也会什么都看不见。如果你是一个有心人，那便到处都是知识，看到什么，听到什么，都不放过，暗暗把它们记在心里，把这些东西都收藏到自己的知识宝库中去。孔子就是这样的人，看到什么，听到什么，都暗暗地记在心里，让它们变成了自己的知识，因而让自己变成了一个知识最丰富的人。这是一方面。另一方面，就是学习没有厌倦的时候，正如他对孔鲤所说，一天只做一件事情，无论做什么，时间长了都会产生厌倦情绪。只有学习，即使是整天整天地学，都不会感到厌倦。其实这就是孔子学习的精神，学而不厌。还有就是诲人不倦。诲人其实也是一种学习，学效半，教人有一半的成分是自己学习，丰富自己。教学之前，要进行准备，准备的过程就是学习的过程。不倦地做教学工作，如果利用得好，也等于自己在不倦地学习。

> 子曰："三人行，必有我师焉，择其善者而从之，其不善者而改之。"
>
> ——《论语·述而》

几个人一起同行，其中一定有人有可以让我学习效法的东西，选择其中好的东西作为学习效法的内容，化为自己的知识或能力。对于那些不好的方面，则作为自己应该排斥或改正的东西。

对于孔子来说，随时随地都是学习的机会。大伙在一起行走，各人有各人的优点与长处，其中有的人一定会有比自己做得好的地方，有的人一定会有比自己强的优点与长处。他们做得好的地方，他们的优点长处，就是应该学习的内容。从这里也可以看出孔子在学习方面不同凡响的地方。一是无论何时何地，他都能找到老师，都能找到学习的机会；二是无论何时何地，他都能找出他人的优点与长处，供自己学习。三是只要他人有可以学习的优点与长处，他都会抓住机会学习，绝不会放过任何学习的机会。这是他不同凡响的眼光，是他善于学习的密钥，也因此使他的学识不断地丰富起来。

> 子曰："十室之邑，必有忠信如丘者焉，不如丘之好学也。"
>
> ——《论语·公冶长》

孔子说：就是只有十户人家的地方，也一定有像我孔丘这样讲究忠信的人，只是他们没有像我这样喜欢学习罢了。

对于大多数人来说，会有一些共同的特点，比如忠信，这是为人的一种高尚品德。具备这种品德的人，在很多地方都会有，就是一个很小的地方，一个只有十几户人家的小村庄也会有。这些人坚守忠信，品德高尚，在当地受人尊敬，只是因为他们学习的积极性不是那么高，因而文化学识上就差一点，由此也就局限了他们的眼光，导致他们的才智很难充分发挥出来。孔子则不同，他具备了忠信的品德，而且又很好学。正因为好学，他便知识丰富，眼光开阔，充分开启了自己的智慧，因而成就其品德高尚、学识渊博而不同于他人的圣人品格。这就是学与不学的区别，更是好学与不好学的区别。

子曰："吾尝终日不食，终夜不寝，以思，无益，不如学也。"

——《论语·卫灵公》

孔子说：我曾经整天不吃饭，整夜不睡觉，用来思考，却没有什么收获，不如读书学习有收获。

这是孔子学习的经验与体会。读书学习与思考问题，是相互依存、相辅相成的。书本知识是前人学习与实践的经验总结，读书学习就是学习前人的学习与实践的经验与体会，也就是前人总结出来的知识。这种知识是极其丰富多彩的。读书学习就是汲取前人创造的知识，来武装与丰富自己，开启自己的智慧。所以读书学习是极为重要的。但是因为时空关系，前人创造的知识也是有局限性的。时代在前进，社会在发展，科学在探索，在深入，在创新。如果今人只停留在读书学习上，那也就是只能停留在前人所创造的知识层面上。这样，时代就会停滞不前，社会就不会再发展。所以今人就要在读书学习的基础上加以思考，进行新的探索，在前人的知识基础上创造新的知识。这就是思考的作用及其重要性。但是，思考是要有条件的，那就是要在读书与学习的基础上进行。如果没有读书学习，没有前人创造的知识作基础，那样的思考或冥思苦想，都只能是空想，所以"无益"。大家知道，人们的创造、创新，无论什么行业，都有灵感之说。就是说创造与创新，都需要有灵感。一般说来，没有灵感的触发，是很难有创新与创造的。但是灵感的出现或者来临是有条件的，就是知识的丰富与广博。而知识的来源，就是学习，包括读书学习与实践学习。通过学习，人们在头脑中贮藏大量的知识。一旦创造与创新需要，这些知识就会从你的大脑中跳出来，启发你的创造与创新思维，这就有了所谓的灵感。但是，前面已经说到，灵感的出现是有前提的，如果没有读书学习与实践学习，大脑空空如也，灵感何来？当然，灵感也要从思考中来。只读书不思考也是不行的。所以孔子又说："学而不思则罔，思而不学则殆。"（《论语·为政》）只是读书，而不思考，为什么会"罔"？因为那是死读书。死读书，不消化，便只能停留在书本中出不来，有如俗话所说的遇到了"鬼打墙"，迷在原地不停地转圈，走不出来。出不来那就不可能有什么新的创造，所以是"罔"，是迷惑。思而不学为什么会"殆"？不读书，不学习，脑子里一片空白，只在那里冥思苦想，想入非非，那是空想，那是幻想。过度的空想幻想，沉浸在空想、幻想之中，每天胡思乱想，甚至钻到牛角尖中出不来，那还有可能会得神经病。那还不殆吗？

卫公孙朝问于子贡曰："仲尼焉学？"子贡曰："文武之道，未坠于

地，在人。贤者识其大者，不贤者识其小者，莫不有文武之道焉。夫子
焉不学？而亦何常师之有？"

——《论语·子张》

　　卫国人公孙朝向子贡打听，仲尼的学问是怎么学来的？子贡说：周文王与周
武王治理国家的方略国策并未失传，都还流传在臣民百姓之中。贤能的人，把主
要的东西比较全面地记下来了；不那么贤能的人，也还记得一些比较次要的东
西。没有什么地方，不存在文王、武王治理国家的方略国策。先生在什么地方不
能学？又何必非要有一个固定的老师呢？

　　孔子为什么那么有学问，他的学问是怎么学来的？卫国人公孙朝提出了这个
问题。前面已经说了一些有关孔子的学习方法与学习途径。这里，子贡又告诉我
们，孔子也善于向民间学习。这确实也是一个很好的学习途径。子贡这里讲周文
王、周武王治理国家的方略国策，散落在民间。其实，又岂止于治理国家的方略
国策，其他知识也一样，民间是一个知识的大宝库。民间也隐居着不少社会贤
达。他们都是有知识、有学问的人。除此以外，就是普通平民百姓，也有不少人
很有学问。问题在于你有没有眼光能够发现他们，是不是虚心，能不能放下架
子。只要你有眼光，又能把身段放低，虚心求教，从他们那里是能学到很多东西
的。依子贡所言，周文王、周武王治理国家的方略国策没有失传，而是散落在民
间，孔子的这些知识，就是从民间汲取来的。同时，"夫子焉不学？"就是说，
孔子不仅从民间学得了周文王、周武王治理国家的方略国策，也学到了其他更多
的知识。这说明孔子是个十分谦虚好学的人。他没有因为自己的身份地位而高高
在上，看不起一般的平民百姓。所以，他没有固定的教师，不管身份地位，谁有
学问，谁有知识，就向谁学。不能不说，这又是孔子学习的独特之处，不是一般
人能够做到的。

　　孔子观于鲁桓公之庙，有欹器焉。夫子问于守庙者曰："此谓何
器？"对曰："此盖为宥坐之器。"孔子曰："吾闻宥坐之器，虚则欹，
中则正，满则覆，明君以为至诚，故常置之于坐侧。"顾谓弟子曰：
"试注水焉。"乃注之水，中则正，满则覆。夫子喟然叹曰："呜呼！夫
物恶有满而不覆哉？"子路进曰："敢问持满有道乎？"子曰："聪明睿
智，守之以愚；功被天下，守之以让；勇力振世，守之以怯；富有四
海，守之以谦。此所谓损之又损之道也。"

——《孔子家语·三恕》

259

　　孔子到祭祀鲁桓公的庙里去参观，看到一件有些倾斜的器物。孔子向守庙的人请教，这是一件什么器物？守庙人回答说：这是放在座位右边表示警戒的欹器。孔子说：我听说"宥坐器"空着的时候是倾斜的，注水适中时则端正，注满水则便倾覆。圣明的君王把它作为最高警示之物，因此常常把它放置在座位的右边。孔子看了看弟子们说：你们把它注上水试试。弟子们往里面注上水，注水适中时端端正正，注满水时便倾覆了。孔子深深地叹息着说：是啊！天下岂有满盈而不倾覆之物。子路向前请教说：请问老师，有没有办法能够让它满盈时而不倾覆呢？孔子说：聪明绝顶的人，要保持持重守拙的心态；功盖天下的时候，保持谦让的姿态；勇武之力威震世界，保持敬畏不武的姿态；即使富甲四海，也不要骄纵淫逸。这就是保持盈满而不倾覆的损之又损的办法。

　　这一段话中没有一个学字，却体现了孔子学习的重要特点。首先它验证了孔子"每事问"的学习态度。其实，对于"宥坐之器"他已经听说过，或者在文献资料中见过，只是没见到过实物，而在鲁桓公庙见到时，并未能一下子认出来。他并没有错过认识实物的机会，立刻向守庙人请教这是什么器物，由此也验证了他"不耻下问"的学习态度。在某些人的眼里，守庙人并不是一个什么高贵的人，而孔子已经是一位老师，且有众弟子在身边，而他的身份地位也不一般，所以并不值得向这样一个人请教。而孔子却没有因为守庙人的地位不高而不向人家请教。这正是他谦虚好学、不耻下问的具体体现。他让弟子们注水验证之后，受到启示"天下岂有满盈而不倾覆之物"，从而又领悟出一番新的认识。当子路向他请教盈满不覆之道时，他便说出了所谓"损之又损"的满而不倾覆的办法。他的这番言论，着实是醍醐灌顶，让人惊觉。有的人聪明睿智，却得不到正确运用。他们不知道持重守拙，就害怕别人不知道他的聪明，处处显示自己，炫耀自己，结果是聪明反被聪明误。杨修应该是这种人的典型，老在曹操面前显山露水，结果没有保住性命；有的人为国家为社会立了大功，便恃功自大，用功劳来折算自己应得的利益。他们以为自己功勋卓著，便把手伸得老长，甚至胡作非为；有的人勇武之力盖世，便恃勇逞强，不知道收敛，但是强中更有强中手，最后只好倒在更强者的铁拳之下；有的人富甲天下，以为自己有钱，便骄奢淫逸，不知道金钱会有散尽的一天，最终会沦为乞丐。这都是不知道满而必覆的道理的结果。

　　看到宥坐之器满而倾覆的现象，从而找出避免满而倾覆之道。这样的学习，举一反三，由此及彼，由表及里。对孔子自己来说，这是深刻的启示。对学生来说，更有深刻的教育意义。这就是孔子的学习与教育方法。学习也好，教育也好，随时随地都是课堂。

子曰："法语之言，能无从乎？改之为贵。巽与之言，能无说乎？
绎之为贵。说而不绎，从而不改，吾末如之何也已矣。"

——《论语·子罕》

孔子说：合乎礼法的言辞，能够不听从吗？但是光听从还不够，还要把自己
不合乎礼法的行为改正才可贵。听到谦逊而赞赏的话，能够不高兴吗？但是要深
入分析，才是可贵。只知道高兴，不知道分析，只知道听从，不知道改错。对于
这样的人，真不知道该如何说他才好。

孔子的这些话似乎是对别人说的，实际上是对自己说的。他的这些话说得非
常深刻，是他学习的深刻体会。听到合乎礼法的言辞，觉得很对、很好，应该听
从，那只是表面化的学习。只有把自己的行为与这些言辞相对照，找出自己不合
乎礼法的言行，加以改正，才是真正深刻的学习方法，才能收到好的学习效果。
同样，听到别人谦逊而恭维自己的话，便高兴，信以为真，不加分析，这是盲目
的高兴。所以，听到别人赞赏你，恭维你，要加以分析，看自己是不是真的值得
人家赞赏。如果自己并没有人家赞赏的那么好，就要以人家赞赏为目标，努力去
做，力求达到人家赞赏的标准。这样自己就真正地提高了。这才是真正的善于学
习。这样的学习方法，真值得我们好好学习。

子曰："攻乎异端，斯害也已。"

——《论语·为政》

孔子说：要批判异端邪说，或者错误观点，就必须先对其进行深入研究，然
后再进行深入批判，这样异端邪说或错误观点就会没有市场而销声匿迹。

这也是孔子不同于一般的学习方法。要树立自己的正确观点，就要对一些异
端邪说或者错误观点进行批判。而要批判，就要先对对方的观点进行深入研究，
搞清对方错误的实质在什么地方，才能击中对方错误的要害。如果并没有把对方
错误观点的实质弄清楚，就盲目展开批判，那仍然只能是无的放矢，无法击中对
方要害，也无法消除对方的消极影响与危害，自己正确的观点也树立不起来。

子曰："德之不修，学之不讲，闻义不能徙，不善不能改，是吾
忧也。"

——《论语·述而》

孔子说：品德没有经常修养，学问没有经常讲习，听到行义的事情不能随之一起行动，有了不合适的行为不能立即改正，这正是我忧虑的事情。

前面讲到，孔子的学习不同于一般，但是仍然对自己有很多忧虑的地方。一是认为自己的道德修养还不够，还有进一步提高的地方，要加强修养；二是认为自己学识研究还有不够深入的地方，还要继续进一步加强深入研究；三是行义的行动还不够迅速，还未能做到见义勇为；四是有了缺点与不足，不能够及时纠正。这四个方面的问题，归结起来都是学习提高的问题。孔子对自己要求非常严格，这些方面并非做得不好，只是对自己提出更加严格的要求罢了。这一点，可以看他的另一段话：

> 子曰："若圣与仁，则吾岂敢？抑为之不厌，诲人不倦，则可谓云尔已矣。"公西华曰："正唯弟子不能学也。"
>
> ——《论语·述而》

孔子说，如果要说是圣人或者仁人，我哪里承受得起？如果说在学习和做事方面，总也没有厌倦的时候，在教导他人总也没有疲倦的时候，也只不过能够这样说罢了。公西华说：这正是我们这些学生难以学到的。

从这些话来看，已经有人称孔子为圣人与仁人了。既然已经有人称其为圣人与仁人，那说明他在道德操行、为人做事、治学等方面，都已经做得不是一般的好，而是非常好了。那为什么还要说自己忧虑的话呢？这就是孔子虚怀若谷的地方。虽然自己在各个方面已经做得很好了，但并不满足，还希望做得好上加好。我们注意到，对于这些问题，孔子并不只是说说而已，而是有实际行动的。

> 子曰："加我数年，五十以学《易》，可以无大过矣。"
>
> ——《论语·述而》

五十岁学《易经》，并没有只是说说而已，而是付诸实际。偌大年纪的孔子，不仅学习了《易经》，而且大有成就，为揭示《易经》的内涵作出了巨大的贡献。

> 子曰："莫我知也夫。"子贡曰："何为其莫知子也？"子曰："不怨天，不尤人，下学而上达。知我者其天乎。"
>
> ——《论语·宪问》

孔子说：没有人了解我啊。子贡说：何以见得没有人了解您呢？孔子说：我上不埋怨天，下不怨恨人，学习一般的知识，而能够悟出高深的道理。知道我的恐怕只有老天爷吧！

孔子一生学而不厌，一心要恢复大同社会，或者小康社会，不断地为此而奔走，到各个诸侯国去推行自己的主张，吃了不少苦头。虽然有的国君也说他的学说与主张很好，但没有一个国家真正接受他的主张，让他实现自己的理想。这真让他无可奈何，不免发出一声感叹，没有人理解他。为什么会这样？他上不埋怨天，下不怨恨人，和大家一样学习，理解的东西并不一样，能够悟出高大上的道理，有着更大的志向与理想。他的这些努力，社会并不理解，并不接受。他的这些努力，就只有上天知道了。不过，孔子毕竟是孔子，他并没有灰心。

> 子曰："饭疏食，饮水，曲肱而枕之，乐在其中矣，不义而富且贵，于我如浮云。"
>
> ——《论语·述而》

孔子说：吃着粗茶淡饭，喝着白开水，枕着双手躺在床上休息，其中自有乐趣。如果通过不正当的手段而获得富贵，在我看来，只不过是天上的浮云而已。

看，虽然有感叹，他仍然在"修德"，仍然在"讲学"。我过我的艰苦日子，我做我的学问，任其自然，心无旁骛，不寻求不义的富贵，乐在其中。这才是孔子的本色。

> 叶公问孔子于子路，子路不对。子曰："女奚不曰，其为人也，发愤忘食，乐以忘忧，不知老之将至云尔。"
>
> ——《论语·述而》

楚国大夫叶公向子路打听孔子的为人，子路没有回答。孔子说：你为什么不这样说，他这个人呀，勤奋起来就连饭都忘记吃了，快乐起来就把忧愁都忘记了。因而不知道年老的时候已经快要到来了。这就是他的为人。

孔子已经渐渐走向老年。但是走向老年的孔子，其心态仍然不老，依旧像年轻人那样勤奋学习与工作，勤奋起来仍然废寝忘食。生活仍然是快乐的，并没有老之将至的忧伤，快乐起来就把一切忧愁都忘记了。

从学习的角度来说，孔子的一生，确实是坚持不懈、学而不厌的一生。从十五岁起志于学，到七十岁而从心所欲，不逾矩，就是那样扎扎实实、一步一个脚印学过来的。他活到老，学到老，终于成为一代至圣先师。说他是学习的模范，是"当仁不让"的。

三、子以四教，文行忠信

现在来讨论孔子的"诲人不倦"。

> 孔子以四教：文，行，忠，信。绝四：毋意，毋必，毋固，毋我。所慎：齐，战，疾。子罕言利与命与仁。不愤不启，举一隅不以三隅反，则弗复也。
>
> ——《史记·孔子世家》

这一段话，可以说把孔子的教育思想、教学内容、教学方法都概括进去了。先说四教。关于四教，此前已经多处涉及，但这里又不得不涉及讨论教育。

文：是文化教育。但这个文，主要还是指历代圣君贤臣遗留下来的历史文献资料。其中《诗经》《书经》《礼经》《乐经》是主要内容，还有《易经》《春秋》。这一点《礼记·经解》说得很清楚。孔子说，进入一个国家，只要看一下人民的修养程度，就可以知道这个国家的教育情况。其中他强调了《易经》与《春秋》。孔子的教育，就是要教导学生学习先王圣贤的治国理政方略和方法，为他恢复和建设古代的大同社会以及为小康社会培养人才。

孔子所处的时代，是一个社会混乱的时代。他想改变这种状态。他理想的社会状态是"天下为公"的大同社会，那是尧、舜、五帝的时代。如果大同社会实现不了，那就退而求其次，寻求"天下为家"的小康社会。这个时代是禹、汤、文王、武王、成王、周公的时代。他很遗憾自己未能赶上那样的好时代，他向往那样的好时代，并希望能够恢复建设一个那样的社会，因而四教中的"文"，就是教学生学习五帝时代与禹、汤、文王、武王、成王、周公时代的文献资料。这些资料集中在《诗经》《书经》《乐经》《易经》《礼经》《春秋》这些著作当中。孔子认为这些文献资料都集中由他所掌握。

> 子畏于匡，曰："文王既没，文不在兹乎？天之将丧斯文也，后死者不得与于斯文也；天之未丧斯文也，匡人其如予何？"
>
> ——《论语·子罕》

　　孔子被匡人围困的时候，说："文王已经去世了，那些文献资料不都在我这里吗？如果老天爷要消灭这些文献资料，那么也就不会让我掌握这些文献资料了。如果老天爷不消灭这些文献资料，那么匡人又能把我怎么样呢？"从这些话来看，孔子确实集中掌握了先王圣贤时代的文献资料。这一点，还可以从其他地方得到证实。

　　子张问："十世可知也？"子曰："殷因于夏礼，所损益，可知也；周因于殷礼，所损益，可知也。其或继周者，虽百世，可知也。"

——《论语·为政》

　　子曰："夏礼，吾能言之，杞不足征也；殷礼，吾能言之，宋不足征也。文献不足故也。足，则吾能征之也。"

——《论语·八佾》

　　这两段话，足以证明孔子掌握了先朝祖宗的礼乐制度，以及遗留下来的文献资料。他要把这些文献资料教给学生，培养一大批骨干力量，让他们用这些文献资料来帮助他改造当今社会，恢复古代大同社会或小康社会。

　　公山弗扰以费畔，召，子欲往。子路不说，曰："末之也已，何必公山氏之之也？"子曰："夫召我者，而岂徒哉？如有用我者，吾其为东周乎？"

——《论语·阳货》

　　可以看出，孔子确实是想利用一切机会来实现自己的理想，那就是建设一个类似文王、武王、成王、周公时代的小康式社会。所以，即便像公山弗扰这样反叛的人请他去，他都有所心动。虽然后来未能成行，但他的意图却很明显。

　　子曰："苟有用我者，期月而已可也，三年有成。"

——《论语·子路》

　　孔子之所以有这样的自信，首先就在于他掌握了先王圣贤们治国兴邦的文献资料，学得了先圣们治国的经验，可以大显身手。同时，他诲人不倦，把这诸多的文化历史资料都传授给了学生。有那么多贤能的学生弟子，所以这种自信还是有道理的。

　　行，可以从两个方面来理解。一是品行，指做人的品德行为。二是社会行为，就是在社会上能够立住脚，站稳脚跟。孔子的教育，是要将他的学生培养成理想的儒家人士，让他们都成为"君子儒"。因而高尚的品德行为最为重要，当然也要有行事本领。也就是说，只有培养出大批的"君子儒"，才能为他实现治理好国家和社会的理想。所以，在他的教学中，培养学生优秀的人格品德与行为本领总是被放在第一位。

　　　　颜渊问仁。子曰："克己复礼为仁。一日克己复礼，天下归仁焉。为仁由己，而由人乎哉？"颜渊曰："请问其目。"子曰："非礼勿视，非礼勿听，非礼勿言，非礼勿动。"颜渊曰："回虽不敏，请事斯语矣。"

　　　　　　　　　　　　　　　　　　　　　　　　——《论语·颜渊》

　　颜回是孔子最得意的学生，也是德行最好的学生。当颜回问他怎样做到仁时，他要求颜回首先要做到的就是严格要求自己、克制自己，培养自己的高尚品德。然后就是复礼。所谓复礼，就是恢复文王、武王、周公时代的礼乐制度。但是复礼的前提是克己。为什么现在文王、武王、周公时代的礼乐制度遭到破坏？就是大家的私心膨胀。诸侯们都不安分守己，都想扩张，相互争斗，闹得天下不太平。所以克制自己的私心，修养自己的品德，是第一位的。怎样做到克己？首先是自己主动自觉去做，不能靠别人来督促。自己要做到违背礼的事情不能看、不能听、不能说、不能动。这样严格的要求，做起来十分难，但是孔子就这样要求学生。只有大家都做到了克己复礼，天下才能成为仁的社会。

　　　　仲弓问仁。子曰："出门如见大宾，使民如承大祭。己所不欲，勿施于人。在邦无怨，在家无怨。"仲弓曰："雍虽不敏，请事斯语矣。"

　　　　　　　　　　　　　　　　　　　　　　　　——《论语·颜渊》

　　在孔子的学生中，仲弓也是德行最好的学生之一。孔子教导仲弓的，与教育颜回所说的话不同，但意思类似。首先也是严格要求自己，培养高尚的道德操行。出门做事，要非常谨慎、严肃、恭顺，像去接待高贵外宾那样。那就是说，你在外面做事，必须一丝不苟，不能有一丝马虎，否则就可能给国家与政府带来巨大的损失或麻烦。虽然这是个比喻，但要求就是那么严格。让老百姓出来做事，要像承办重大的祭祀礼仪一样，要十分郑重，严肃认真。要尊重老百姓。自己不想要的东西，自己不愿意的东西，就不要强加给别人，更不要硬塞给人家。这样才会获得大家的拥护。

子路问成人。子曰："若臧武仲之智，公绰之不欲，卞庄子之勇，冉求之艺，文之以礼乐，亦可以为成人矣。"曰："今之成人者何必然，见利思义，见危授命，久要不忘平生之言，亦可以为成人矣。"

——《论语·宪问》

子路问怎样才是一个完美的人？孔子的回答是："要像臧武仲那样有智慧，像孟公绰那样清廉，像卞庄子那样勇敢，像冉求那样多才多艺，还要有礼乐的修养，这样就可以算是一个完美的人了。"接着他又补充说："就现在的人来说，就不要像前面所说的那样要求了，见到有利的事情，先要考虑一下是不是合乎义的要求；遇到危险的事情，是不是敢于以生命相许；长久地处于困顿之中，能不忘记平生的志趣，也就可以说是完美的人了。"

孔子把他所认为的四个比较优秀的人的优点集中起来，放到一个人的身上，还要加上礼乐上的良好修养，然后这个人可以称为完美的人。这主要是从人的素质上来说：一个是高度的智慧，一个是为官清廉，一个是为人勇敢，一个是多才多艺。集中了这四个方面的优点，当然应该是一个相当完美的人了。但是，孔子认为，仅仅这样还不够，还必须加上礼乐上的修养。礼乐是先祖圣君贤臣的道德法纪修养。如果没有道德法纪修养，光有智、勇、廉、艺，显然不够。有了智、勇、廉、艺，又有道德法纪修养，智、勇、廉、艺才能够更好地发挥作用。试想，如果只强调智、勇、廉、艺，而没有道德法纪修养的高境界作保证，那四个方面的优点能够保证发挥正当作用吗？就以子路而言，有勇力、很勇敢，很讲江湖义气，也敢作敢为，如果不用道德法纪来教育规范他，那仍然只能是一个鲁莽汉子，所以孔子用严格的条件来要求他。孔子教育学生，不仅只在聪明才智上着眼，更注重在道德上用力。孔子在谈到对现代人的要求时，便把智、勇、廉、艺的要求降低了，而更加注重道德品质。只要做到时见利不忘义、见危能授命、久困不忘志也就可以了。

子张问行。子曰："言忠信，行笃敬，虽蛮貊之邦，行矣。言不忠信，行不笃敬，虽州里，行乎哉？立则见其参于前也，在舆则见其依于衡也，夫然后行。"子张书诸绅。

——《论语·卫灵公》

　　这就是孔子对学生进行"行"的教导的典型事例。一个人要能够在社会上站稳脚跟，顺利行事，关键何在？根本点在于个人的人格德操的内在修养。人的灵魂深处忠信笃敬，其言语必然忠诚信实，行为必然笃实恭敬。如果人内心的灵魂深处没有忠信笃敬，说出来的话，当然不可能忠诚信实，表现出来的行为当然不可能笃实恭敬。即使说出一些看似忠实诚信的话，或者做出一些看似笃实恭敬的行为，那也只能是虚假的、经不起考验的。所以孔子说，站在地上的时候，就好像前面永远立着一块写着"言忠信，行笃敬"的牌子，坐在车上，就好像车子的横木上永远镌刻着那几个字。这也就是说，让你的脑子里永远镌刻着那几个字。有了这样的人格品德修养，那么在任何时候、任何地方，都能站稳脚跟，顺利行事。

　　忠：就是忠诚。其实前面所讲的也都是这一点。忠就是要为人忠诚，对君王、对国家、对社会、对朋友、对他人忠诚。这是孔子对学生教育的中心内容之一，尤其人格品德教育是最重要的内容。孔子最不能容忍不忠诚的人。

　　　　定公问："君使臣，臣事君，如之何？"孔子对曰："君使臣以礼，
　　臣事君以忠。"

　　　　　　　　　　　　　　　　　　　　　　　　——《论语·八佾》

　　君与臣之间的关系，孔子认为君王对臣下应该以礼相待。就是说，君王对臣下要尊重，不能无礼。臣下对君王，要忠。什么是忠？朱熹说："尽己之心为忠。"尽己之心，也可以说是全心全意吧！有人说孔子提倡对君王愚忠。我倒认为未必。孔子对国君的忠是有条件的。如果这个国君是个好国君，孔子一定会忠心，全心全意为其服务；如果不是个好国君，他就会很快离开。比如鲁定公十四年，孔子由大司寇行摄相事，本来干得很好，很有成就，但看到定公接受齐国女乐而"往观终日，怠于政事"后，便毅然离开了鲁国。这不正是孔子并非无条件忠于国君的证明吗？

　　　　居卫月余，灵公与夫人同车，宦者雍渠参乘，出，使孔子为次乘，
　　招摇市过之。孔子曰："吾未见好德如好色者也。"于是丑之，去卫。
　　　　　　　　　　　　　　　　　　　　　　　　——《史记·孔子世家》

　　孔子在卫国，认为卫灵公是个无道之君，好色胜于好德。像这样的国君，还能把国家治理好吗？因而很快便离开了卫国。这也说明，孔子对品德不端的所谓

的君，并不愿意与之合作、为其服务。他还曾经指责卫灵公无德。

> 子曰："晋文公谲而不正，齐桓公正而不谲。"
>
> ——《论语·宪问》

晋文公与齐桓公是春秋时期最具影响力的政治家，孔子在这里却说晋文公诡诈，不正派。这也说明，孔子对于某些国君的不当行为，并不隐讳，并不愚忠。但是，忠确实是孔子非常重视的人格品德教育的中心内容。他极其重视对学生的忠诚教育。

> 子张问政。子曰："居之无倦，行之以忠。"
>
> ——《论语·颜渊》

子张问老师：怎样才能处理好治国理政的事情。孔子教导他说：在其位，就要谋其政。在工作岗位上，就要努力工作，不能懈怠。自己的行为，一定要忠诚，不能对国君有不忠行为。

> 樊迟问仁。子曰："居处恭，执事敬，与人忠。虽之夷狄，不可弃也。"
>
> ——《论语·子路》

这是从仁的角度来说的。仁的条件是什么？一是居处恭。就是说一个人，不论处于何时何地，一言一行都要庄严恭敬。二是做任何事情，都要严肃认真。三是与人交往，要忠诚信实。这几点，在任何时候、任何地方都不能放弃。

这是孔子教导学生关于仁的几点要求。在孔子的教育中，仁也是中心内容。因为这是一个人的行为品德修养最重要的内容。而在仁中，忠又是不可或缺的。如果说这个人是一位仁人志士，但又没有忠诚信实的品德操守，那还能被称为仁人志士吗？

忠，对于每一个人来说，都是必须具备的美德。比如对国家的忠，对人民的忠，对民族的忠，那是不能打折扣的。当国家与民族面临外来侵略，或者遭受外敌侵略的时候，那就必须为国尽忠，绝不能去当汉奸。

信，孔子在很多时候都是将其与忠合在一起来讲。为人处事，讲究诚信，这也是孔子教育最重要的内容。在他看来，一个人如果不讲诚信，那是不可想象的。在孔子教育学生的过程中，讲到信的地方非常多，可见他对信用的重视程度非同一般。

子曰："人而无信，不知其可也。大车无輗，小车无軏，其何以行之哉？"

——《论语·为政》

子曰："君子不重则不威，学则不固。主忠信，无友不如己者，过，则勿惮改。"

——《论语·学而》

这两段话不长，但内容却十分丰富。这些内容，孔子认为是做人应该遵循的准则。

获于上有道，不信于友，不获于上矣；信于友有道，不顺于亲，不信于友矣；顺于亲有道，反诸身不诚，不顺于亲矣；诚身有道，不明于善，不诚于身矣。诚者，天之至道也。诚之者，人之道也。夫诚，弗勉而中，不思而得，从容中道，圣人之所以体定也。诚之者，择善而固执之者也。

——《孔子家语·哀公问政》

在孔子这里，真诚信实是多么重要，作用何等大。但是，要做到真诚信实并不容易。要获得上司的信任，首先要获得朋友的信任；要获得朋友的信任，就要孝顺父母；要孝顺父母，便要诚恳地反省自己；要诚恳地反省自己，就要有一颗善良的心。孔子把诚信提升为人的品德修养的最高准则与境界。只要真正地做到了诚信，做任何事情，就都能够达到自由王国的境界。圣人做事之所以能够自由自在，从心所欲，就在于他们具备了诚信的品德。所以，要做一个诚信的人，就要选择一条正确的道路，而坚定不移地走下去。这也就可以看出，孔子为什么把诚信作为自己教育学生最重要的内容之一。

不过，这里还要作一点说明。就是孔子的四教，其中的两教是忠与信。而忠信二字，在孔子的言论中，往往是放在一起来讲的，因为忠与信都是人格品德修养极为重要的中心内容。虽然忠信是两个不同的概念，但是两者之间，又有着不可分割的内在联系。两者是相互依存、相辅相成的。一个人如果没有忠，又哪里会有信？反过来，如果没有信，又怎么会有忠？所以两者在实质上是不可分割的。

以上是四教的内容，下面来说绝四——"毋意、毋必、毋固、毋我"。

绝四，就是做人处事要杜绝的四种不良行为。绝四，用现在的话来说，应该是思想方法，或者说是认识论。其实，对于人的修养来说，也极为重要。这既是孔子自我修养的重要内容，也是孔子教育学生的重要内容；是孔子要求学生在自我品德的修养中，要杜绝的不良行为。

毋意，就是在对事物作出判断的时候，不要凭自己的主观去臆测。所以朱熹说"必常在事前"。就是说，在对事物作判断时，事先必须掌握事物的实际情况。用现在的话来说，就是在对事物决断时，要进行调查研究，深入全面地了解情况，不能主观臆断，更不能凭空臆断。这样，才能对事物作出正确判断，才能不犯错误。

> 哀公问社于宰予。宰予对曰："夏后氏以松，殷人以柏，周人以栗，曰'使民战栗'。"子闻之，曰："成事不说，遂事不谏，既往不咎。"
>
> ——《论语·八佾》

哀公问宰予，做土地神的牌位用什么木料？宰予回答说："夏朝用松木，殷朝用柏木，周朝用栗木，意思是要让老百姓害怕得发抖。"孔子听到以后说："已经做过的事就不要去解说了，已经完成的事不要再劝说了，已经过去了的事不要再追究了。"

其实，宰予对哀公所作的回答是正确的，并没有主观臆说。三个朝代用来做土地神牌位的木料，就是这三种木料。就是宰予所说的，周朝用栗木是为了让老百姓害怕得发抖，也并没有错。但孔子认为，不应该这样说。一是因为孔子最崇拜周朝的礼乐制度。他认为周朝的文王、武王、周公实行的是仁政，宰予这样说就是在往周朝的脸上抹黑。即使周朝这样做有这样的用意，也不能这样说，要为周朝避讳。二是孔子认为，对哀公这样的诸侯，不能这样说。对诸侯说话，首先要考虑的是引导他们对百姓施行仁政，怎么能说让老百姓害怕得发抖呢？这样一来，诸侯们就可以效法周朝的做法，对老百姓施行更为严苛的政策，来统治老百姓。这是孔子绝不希望看到的。所以孔子在这里教育宰予，"成事不说，遂事不谏，既往不咎"。孔子的意思是说，说什么话，先要考虑好后果再说。有些是过去了的事情，即使是真实的事情，但对平民百姓不利就不要去说它了。就从这一点来说，孔子的教育方法是值得肯定的，值得我们效法。

毋必。就是说话做事，不要绝对，要留有余地。

子路、曾皙、冉有、公西华侍坐。子曰："以吾一日长乎尔，毋吾以也。居则曰：'不吾知也。'如或知尔，则何以哉？"子路率尔而对曰："千乘之国，摄乎大国之间，加之以师旅，因之以饥馑，由也为之，比及三年，可使有勇，且知方也。"夫子哂之。"求，尔何如？"对曰："方六七十，如五六十，求也为之，比及三年，可使足民。如其礼乐，以俟君子。""赤，尔何如？"对曰："非曰能之，愿学焉。宗庙之事，如会同，端章甫，愿为小相焉。""点，尔何如？"鼓瑟希，铿尔，舍瑟而作。对曰："异乎三子者之撰。"子曰："何伤乎？亦各言其志也。"曰："莫春者，春服既成，冠者五六人，童子六七人，浴乎沂，风乎舞雩，咏而归。"夫子喟然叹曰："吾与点也！"三子者出，曾皙后。曾皙曰："夫三子者之言何如？"子曰："亦各言其志也已矣。"曰："夫子何哂由也？"曰："为国以礼，其言不让，是故哂之。""唯求则非邦也与？""安见方六七十，如五六十，而非邦也者？""唯赤则非邦也与？""宗庙会同，非诸侯而何？赤也为之小，孰能为之大？"

——《论语·先进》

子路、曾皙、冉有、公西华一起陪着孔子坐着。孔子说："不要认为我比你们年长一些，就不好意思把心里话说出来。你们平时不是总说没有人知道你们吗，那么假如有人了解你们，你们都想干点什么呢？"子路不假思索地回答说："拥有一千辆兵车的国家，夹在几个大国之间，外面有大兵压境，国内又遭遇严重饥荒。这样的国家让我去治理，等到三年后，就能让全国军民都勇敢起来，且懂得礼制法度。"孔子听了微微一笑，说："冉求，你怎么想的？"冉求回答说："一个纵横只有六七十里或者五六十里的国家，让我去治理，等到三年后，可以让全国的老百姓都富足起来。至于建设礼乐制度，那就只能等待贤能君子了。"孔子说："公西赤，你是怎么考虑的？"公西赤回答说："不是说我已经能够做什么，只是愿意学习罢了。宗庙祭祀的仪式，或者与诸侯会盟，我愿意穿上礼服，戴着礼帽，做一个小小的宾相。"孔子说："曾点，你怎么想？"他正在弹瑟，瑟声渐渐低了下来，铿地一声，瑟声停止。曾点站起身来回答说："我的志向与他们三位不同。"孔子说："那有什么关系嘛，只不过是大家谈谈自己的志向而已。"曾点说："暮春时节，大家都换上了春装，我和五六位成年人，带上六七位小朋友，在沂水边，沐浴在温暖的春光之下，到舞雩坛上，漫步于那和煦的春风之中，然后大家一起唱着歌兴高采烈走回来。"孔子深深地叹息了一声说：

"我赞同曾点的意愿。"子路、冉有、公西华出去了，曾皙后走，问孔子：他们三个人的话怎么样？孔子说，都只不过说说自己的志向罢了。曾皙说：那您为什么笑子路呢？孔子说：治理国家，讲究礼让，他讲话一点也不谦虚，故而笑了笑他。要么冉求所讲的不也是一个国家吗？孔子说：何以见得？纵横六七十里或者五六十里的地方，就不会是一个国家呢？曾皙说，那么公西华所说的不是国家？孔子说：有宗庙，有诸侯会盟，不是国家是什么？如果公西华只能当小司仪，那谁能当大司仪呢？

　　这里展示了四位同学的讲话。四个人讲自己的志向，都讲到想要去治理国家的意愿，但各人讲话的方式不同。冉有、公西华、曾皙都把话讲得比较含蓄委婉，留有余地，只有子路不假思索地把治理一个国的理想说了出来，而且把话讲得很满：千乘之国，夹在几个大国之间，外有强敌压境，内有严重饥荒，都不在话下，只要三年时间，就可以让整个国家的军民勇敢起来，而且懂得礼乐法度。从子路的角度来说，自己有这样的意愿，讲了出来，并没有错。但孔子认为，治理国家，要讲究礼让。你有这样的志向，有这样的本领，可以讲出来，但不要讲得那么满，应该含蓄一些、委婉一些、谦虚一些，要留有余地。像子路这样，就显得没有谦谦君子的风度，让人不好接受。其实，谦虚谨慎一点，说话委婉含蓄一些，并不会影响你的能力的发挥，反而会给你的人格品德加分，给你的能力加分。就像其他三位同学，既把自己有志于治理一个国家的意愿说出来了，又显得谦虚谨慎，因而更显得有修养。这也是孔子对学生的要求。

　　毋固。说话做事，讨论问题，多听别人的意见，兼听则明，不要固执己见。

　　　子曰："盖有不知而作之者，我无是也。多闻，择其善者而从之，多见而识之，知之次也。"

　　　　　　　　　　　　　　　　　——《论语·述而》

　　孔子说：有这么一种人，他们明明不懂，却要在他人面前表现自己。我没有这种毛病。多多听取他人的意见，选择好的东西作为自己学习的内容；多多去看，把它们记下来，丰富自己的知识。这种获取知识的方法，虽说比生而知之者差一点，但它是求知的重要途径。

　　固执己见的人，之所以固执己见，就是因为不善于学习。这里，这个"不善于"很重要。有些人也学习，但是不善于学习，不知道怎么学习，因而学不到真学问，于是便导致他们不懂以为懂，无知以为知，因而固执己见，甚至在他人面前卖弄学问，这当然是愚蠢的。所以孔子就经常引导学生，让他们多听别人的意见，学习人家好的意见，多到实际生活中去看，把看到的东西记到心里，不要不懂装懂。比如他对子路说："由，诲汝知之乎，知之为知之，不知为不知，是知也。"（《论语·为政》）子路这个人有不谦虚的毛病，所以孔子特意教导他，做人要谦虚谨慎，知道的事情就实事求是地说自己知道，不知道的事情就老老实实承认自己不知道，这才是聪明人的态度。看人看事，任何时候，都不要先入为主，自以为是。

> 子贡曰："我不欲人之加诸我也，吾亦欲无加诸人。"子曰："赐也，非尔所及也。"
>
> ——《论语·公冶长》

子贡说："我不愿意让别人把我不想要的东西硬塞给我，我也不会把我不愿意要的东西硬塞给别人。"孔子说："端木赐呀，这不是你所能够做到的。"

子贡有这样的意愿与想法，这本应该是一件好事，但是孔子却对子贡的这种意愿进行了否定，认为这不是他所能够做到的。孔子为什么会否定子贡的这种想法？孔子否定子贡这种想法是有道理的，也是有根据的。《史记·仲尼弟子列传》中说"子贡好废举，与时转货赀，喜扬人之美，不能匿人之过。常相鲁卫，家累千金，卒终于齐"。这是说子贡这个人喜欢做生意，用现在的话来说，还善于囤积居奇，当货物便宜时买进，价高时卖出，从中获取高额利润，因而家里积累了很多财富。一个总是想做生意赚钱的人，一个家里积聚了那么多钱财的人，只有在别人吃亏的时候，自己才能获利，只有在别人吃大亏的时候，自己才能赚大钱。这样的人，怎么能够不把自己不想要的东西给别人呢？所以，当子贡问"贫而无谄，富而无骄，何如"时，孔子说"可也，未若贫而乐，富而好礼者也"。这就告诉子贡，你喜欢财富，但要按照礼的要求而富，就是富了也要按照礼的要求行事，不能违礼。这就等于给子贡打预防针。因而孔子认为子贡不可能做到"无加于人"是自然而然的。

> 子曰："吾未见刚者。"或对曰："申枨。"子曰："枨也欲，焉得刚。"
>
> ——《论语·公冶长》

孔子说：我没有见到过刚正不阿的人。有人回答说：申枨就是这样的人。孔子说：申枨这个人欲望太多，怎么能够做到刚正不阿？

看来，在古代能够做到刚正不阿的人也并不多。怎样的人才能做到刚正不阿？孔子认为必须是无私无欲的人才能做到。人到无求品自高。一个人只有无私，才能无畏；只有无畏，才能刚正不阿。私欲太多，处处想到的都只是自己的私欲，哪里还有刚正不阿的底气？遇到不利于自己私欲的时候，首先想到的是怎么保护自己的私欲，满足自己的私欲。为了满足自己的私欲，恐怕是受一点委屈也只能承受，更有甚者，便是阿谀奉承了。从孔子对申枨的评价来看，评价一个人，不能先入为主，自以为是，而要多观察，多听取他人的意见。比如申枨，如果先入为主，自以为是，便会得出不正确的结论。

> 子之所慎：齐、战、疾。
>
> ——《论语·述而》

孔子所慎重对待的有三种事情，那就是斋戒、战争、疾病。既然是慎重对待的事情，那当然也是对学生进行教育的内容。

先说斋戒。孔子为什么对斋戒这么慎重？先看他如何对待斋戒：

> 齐，必有明衣、布。齐，必变食，居必迁坐。
>
> ——《论语·乡党》

在古代，这是"礼"对斋戒的规定与要求。斋戒之前，必须沐浴。沐浴之后，必须换上洗得干干净净的麻布内衣。斋戒的时候，必须改变饮食，用现在的话来说就是要吃斋，不沾荤腥。晚上睡觉，不能与妻妾同房，要搬到另外的房间单住。从这些规定与要求来看，斋戒是一件非常严肃、非常郑重的事情，所以大家也必须非常严肃、非常郑重地对待，不可有丝毫马虎。为什么？因为斋戒，它不仅从外表来看，有一种仪式感，而且对人来说，也是一种内心世界的净化。

> 虽疏食，菜羹，瓜祭，必齐如也。
>
> ——《论语·乡党》

即使是粗茶淡饭、菜汤、吃瓜等祭奠祖先时，也要像斋戒那样严肃郑重。

把祭奠祖先与斋戒等同看待，可见祭奠与斋戒的严肃性。前面说到，斋戒不仅是一种有仪式感的活动，而且是对人的心灵的净化。当你祭奠祖先时，那种心灵的虔诚，那种严肃郑重，那种心灵的净化，是何等的真诚。而斋戒也一样，要求斋戒者像祭奠祖先时一样虔诚，一样严肃郑重，一样心灵净化，一样真诚。所以，斋戒绝不像其他一般的活动那样，有随意性。也正因为如此，孔子对斋戒特别慎重，不随便谈及，而是以自己的实践榜样来教育学生。

再说战。就是战争。孔子也认为战争是最为严肃慎重的事情，绝不轻易谈论战争。

> 卫灵公问陈于孔子。孔子对曰："俎豆之事，则尝闻之矣，军旅之事，未之学也。"明日遂行。
>
> ——《论语·卫灵公》

卫灵公向孔子询问打仗时排兵布阵的事情。孔子回答说："关于祭祀之类的事，我倒是曾经听说过，至于打仗用兵的事，我从来没有学习过。"第二天孔子便离开了卫国。

孔子一贯主张以礼乐治国，推行仁政，不主张在诸侯国之间用战争来解决问题。从卫灵公问陈到第二天便离开卫国，可以看出孔子反对战争的坚决态度。因为反对战争，孔子对于战争便十分谨慎，因此也很少谈论战争。

> 季氏将伐颛臾。冉有、季路见于孔子曰："季氏将有事于颛臾。"孔子曰："求，无乃尔是过与？夫颛臾，昔者先王以为东蒙主，且在邦域之中矣，是社稷之臣也，何以伐为？"冉有曰："夫子欲之，吾二臣者皆不欲也。"孔子曰："求，周任有言曰：'陈力就列，不能者止。'危而不持，颠而不扶，则将焉用彼相矣？且尔言过矣，虎兕出于柙，龟玉毁于椟中，是谁之过与？"冉有曰："今夫颛臾，固而近于费，今不取，后世必为子孙忧。"孔子曰："求，君子疾夫舍曰欲之而必为之辞。丘也闻有国有家者，不患寡而患不均，不患贫而患不安。盖均无贫，和无寡，安无倾。夫如是，故远人不服，则修文德以来之。既来之，则安之。今由与求也，相夫子，远人不服而不能来也，邦分崩离析而不能守也，而谋动干戈于邦内。吾恐季孙之忧，不在颛臾，而在萧墙之内也。"
>
> ——《论语·季氏》

孔子的学生冉有与子路作为季氏的家臣，在季氏准备进攻颛臾的时候，不能够劝阻季氏，反而替季氏找理由开脱，让孔子很生气。于是他把反对季孙进攻颛臾的战争的道理陈述了一番，讲得很清楚透彻。在孔子看来，季氏没有攻占颛臾的理由。他认为统治者要把国家治理好，靠的不是战争，而是应该在治理艺术上下功夫，应该提倡文明道德的教化。"不患贫而患不均，不患寡而患不安。"贫富差别不能太大。如果国家的财富都要集中在少数人手中，大多数人贫穷，大家没有饭吃，国家还会安定吗？国家不安定，百姓就会逃亡。如果发动战争，国家更是动荡不安，更会给国家带来灾难，那么自己也就危险了。所以孔子对战争特别审慎。

> "善人教民七年，亦可以即戎矣"，"以不教民战，是谓弃之。"
>
> ——《论语·子路》

孔子说：善良的人教育百姓七年之久，也可以马上就去参战。把没有经过训练的百姓送去投入战争，就是让百姓去送死。

孔子对于战争十分审慎。从根本上来说，他是反对战争的。就是说最好不要发动战争。问题是，树欲静而风不止，一旦战争发生怎么办？所以，如果要投入战争，就一定要对参战者进行长时间的作战训练。善良的人不愿意看到战争，又不得不对战争有所准备，要对百姓进行一定的军事训练，而这个训练，不可能一蹴而就，所以是"善人教民七年"。如果没有战争准备，却把没有经过军事训练的百姓投入战争，那是让他们去送死，等于是抛弃他们。

这就是孔子对战争之所慎。

疾，也是孔子之所慎。人，对于疾病，实在是无可奈何。与战争一样，疾病是要死人的。这大概也就是孔子对其谨慎的原因吧。

> 伯牛有疾，子问之，自牖执其手，曰："亡之，命矣夫？斯人也，而有斯疾也！斯人也，而有斯疾也！"
>
> ——《论语·雍也》

冉伯牛得了重病，孔子去探视，从窗口伸进手去，握着伯牛的手说：没有什么可说的了，这是命呀！这样的人，竟然也会得这样的重病啊！这样的人，竟然也会得这样的重病啊！

冉伯牛是孔子很得意的学生，孔子认为他很有道德。而孔子对于学生的道德又最为重视。冉伯牛得了这样的重病，已经到了无药可救的时候，孔子当然十分惋惜，但是又无可奈何，只能认命了，因而大为叹息，这就是命中注定的。这样好的人，竟然得了这样的重病。同时，孔子还有一位最得意的学生颜回，也英年早逝。因此，孔子对于疾病，不得不极为谨慎。

> 子罕言利与命与仁。

277

这里说孔子很少谈及利、命、仁。其实，仅从《论语》来看，孔子谈到这些概念的地方并不少。据杨伯峻先生《论语译注·论语词典》所云，"利"一词在《论语》中就出现了 10 次，其中有 8 次涉及利益；"命" 21 次，其中寿命 2 次、命运 10 次、生命 2 次；"仁" 109 次，其中用于道德标准 105 次、仁人 2 次。这三个词仅在《论语》中就出现过那么多次，为什么还说他罕言呢？何晏曰："罕者，希也。利者，义之和也。命者，天之命也。仁者，行之盛也。寡能及之，故希言之。"（《史记·孔子世家》）何晏说得很对，利也好，命也好，仁也好，都不是容易处理好的，所以孔子很少谈论这些方面的内容。比如利，必须在义的前提下，才可以考虑。孔子说："富与贵，是人之所欲也，不以道得之，不处也。"（《论语·里仁》）富与贵，人人都希望能够得到，但是，如果不是以正确的途径得来的，是不应该享有的。"富而可求，虽执鞭之士，吾亦为之。如不可求，从吾所好。"（《论语·述而》）从前面的话可以看出，这里的富而可求，就是说在合乎义的前提下，如果合乎义的要求获得的财富，那么即使去给富人做牵马的佣人，也可以去做。如果在义的前提下不可求得财富，那就还是去做自己喜欢做的事。这就是孔子的财富观。发不义之财，发国难之财，通过非法手段把国家的钱、人民的钱变成自己的钱，获不义之利，那是要遭报应的，所以孔子在教学中很少谈到这方面的内容。

再说命。何晏说是"天之命也"。这其实也就是孔子的命运观。在古代科学还不发达的时候，人们对命运的认识有局限性，认为人的命运要由天来决定。孔子五十岁而知天命，这也仅仅是孔子，其他人能不能知天命，就是另一回事了。就算是孔子，面对冉伯牛的重病、颜回的早逝，不也是无可奈何吗？这也就是孔子很少谈及命的原因。

再说仁。关于仁，孔子把它归结为道德的最高境界。他很少把仁这种境界许人。他认为要达到仁的道德境界很难。有关仁的讨论，我们已经有一篇长文，这里不再多说。孔子的弟子们之所以认为孔子很少谈仁，也就是因为仁这个境界太难达到，所以不在教学中过多涉及。

不愤不启，不悱不发，举一隅不以三隅反，则不复也。这也是孔子教育的重要原则。就是说对于那些没有悟性、不能够举一反三的学生，也就不再过高地要求他们。关于这一点，本书已经在讨论"温故而知新，可以为师矣"时谈了很多。

子不语怪、力、乱、神。

——《论语·述而》

　　孔子在教学中不讨论怪异荒诞、勇力、叛乱、神鬼之类的事情。

　　朱熹在集注中引"谢氏曰：'圣人语常而不语怪，语德而不语力，语治而不语乱，语人而不语神'"。这个说法有道理。孔子的教育，主要还是正面教育。怪异荒诞的东西，在科学不太发达的古代，很难讲清楚。孔子曾经说："吾有知乎哉？无知也。有鄙夫问于我，空空如也，我扣其两端而竭焉。"（《论语·子罕》）我很有知识吗？没有呀。有普通老百姓来问我问题，我脑子里空空的。我只好根据他提出的问题，问清其问题的开端与结局，然后尽可能回答他。这一段话可以从两个方面来理解。一是孔子说的是实话。有人猛然来问他问题，他脑子里空空的，一下子答不上来，这是正常现象。世界上不会有一个人能够掌握人类的全部知识。孔子也不例外。孔子掌握的知识多不多？肯定多。从《孔子家语·辩物》中他回答了那么多稀奇古怪的问题，辨别出那么多千奇百怪的事物，就完全可以肯定，他是一个知识极其渊博的人。但是这并不能说明他能够立即回答世间所有的问题。二是说明孔子不同于他人的地方是，他能够"扣其两端而竭焉"。他能够在弄清楚问题的开端与结尾，或者是正面与反面的情况下，推断或者分析出问题的答案。这就是孔子的智慧。那么孔子为什么在教学中不语怪、力、乱、神？这一点谢氏说得很对。孔子在回答学生的问题时，一般不回答这类问题，比如"季路问事鬼神。子曰：'未能事人，焉能事鬼？''敢问死。'曰：'未知生，焉知死？'"（《论语·先进》）。子路也是孔子的得意门生。在这里子路请教怎样为鬼神服务，孔子说你服务人的事情还未能做好，怎么能够去为鬼神服务。子路问死的问题，孔子说：生的问题还未能搞清楚，怎么能够知道死的问题。这就是孔子不在教学中讨论怪、力、乱、神很典型的一例。

　　　　子曰："志于道，据于德，依于仁，游于艺。"

　　　　　　　　　　　　　　　　　　　　　　　　——《论语·述而》

　　道、德、仁、艺，可以说就是孔子的人生追求。他一辈子所遵循的，所执守的，所依从的，所奉行的，无非就是这几个事物。他在教学中所关注的也多是这几个事物。他自己奉行这几个事物，成为千古圣人。他在教学中关注这几个事物，培养出一大批杰出人才。

　　关于道、德、仁，本书已有了比较充分的讨论，这里不再重复；只有艺，还未多涉及。《史记》说孔子的学生"身通六艺者七十有二人"。所谓"六艺"包括哪些内容？六艺即礼、乐、射、御、书、数。孔子为什么把这六艺作为教学内容？其实，《周礼》就有六艺之说。《周礼·地官·保氏》："保氏掌谏王恶，而养国子以道。乃教之六艺：一曰五礼，二曰六乐，三曰五射，四曰五驭，五曰六书，六曰九数。"孔子对周朝的文王、武王、周公最为崇拜，周朝国子教育中的六教，他当然一定继承，所以在他的教学中怎么可以没有六艺呢？同时，这六艺也都是生活中不可或缺的，且与学生们的未来密切相关，这也是孔子把六艺作为自己教学内容的原因。

礼是治国的依据，治国的根本。不学礼，无以立。孔子这样教育他的儿子。所以不学礼不行。

乐与礼是联在一起的。无论是在朝廷、庙堂或者日常生活的各种典礼中，都不能没有音乐。音乐的重要性可见一斑，所以也是不能不学的。

关于礼乐在其他地方已经有了较为充分的探讨，这里不再重复论述。

射，就是射箭。在古代，射箭实在太重要了。首先是在战争中，箭是最重要的武器之一。作战时，箭是最常用的武器。男子是不能不掌握射箭技术的。不过，在孔子的教学中，射主要还是学习一种射的礼仪，即"射礼"。射礼在古代实在太重要了。《辞源》上的"射礼"词条是这样说的："古代贵族男子重武习射，常举行射礼。射礼有四种：将祭择士为大射，诸侯来朝或诸侯相朝而射为宾射，宴饮之射为燕射，卿大夫举士后所行之射为乡射。大射在郊，宾射在朝，燕射在寝，乡射在州序。《仪礼》有《乡射》篇，《礼记》有《射义》篇。"关于"乡射"，《辞源》也有辞条："古以射选士，其制有二：一为州长于春秋两季以礼会民，射于州之学校；二为乡大夫三年大比，献贤能之书于王，行乡射之礼。射礼前皆先行乡饮酒礼。"由这两个词条可以看出，古代的射礼相当复杂。这里不妨看一看《礼记·射义》的部分内容。

古者诸侯之射也，必先行燕礼。卿、大夫、士之射也，必先行乡饮酒之礼。故燕礼者，所以明君臣之义也。乡饮酒之礼者，所以明长幼之序也。故射者进退周还必中礼。内志正，外体直，然后持弓矢审固。持弓矢审固，然后可以言中。此可以观德行矣。其节，天子以《驺虞》为节，诸侯以《狸首》为节，卿、大夫以《采蘋》为节，士以《采蘩》为节。《驺虞》者，乐官备也，《狸首》者，乐会时也，《采蘋》者，乐循法也，《采蘩》者，乐不失职也。是故天子以备官为节，诸侯以时会天子为节，卿大夫以循法为节，士以不失职为节。故明乎其节之志以不失其事，则功成而德行立。德行立，则无暴乱之祸矣。功成则国安。故曰：射者，所以观盛德也。是故，古者天子以射选诸侯、卿、大夫、士。射者，男子之事也，因而饰之以礼乐也。故事之尽礼乐而可数为以立德行者莫若射，故圣王务焉。是故，古者天子之制，诸侯岁献贡士于天子。天子试之于射宫，其容体比于礼，其节比于乐，而中多者得与于祭，其容体不比于礼，其节不比于乐，而中少者不得与于祭。数与于祭而君有庆，数不与于祭而君有让。数有庆而益地，数有让而削地。故曰射者，射为诸侯也。是以诸侯君臣尽志于射，以习礼乐。夫君臣习礼乐而以流亡者，未之有也。故《诗》曰："曾孙侯氏，四正具举。大夫君子，凡以庶士。小大莫处，御于君所。以燕以射，则燕则誉。"言君臣相与，尽志于射，以习礼乐，则安则誉也。是以天子制之，而诸侯务焉。此天子之所以养诸侯，而兵不用，诸侯自为正之具也。

在古时候，诸侯举行射礼，必须先举行燕礼。卿、大夫、士举行射礼，一定要先举行乡饮酒礼。之所以要先举行燕礼，是为了让大家明确君臣的名分；之所以要先举行乡饮酒礼，是为了明确长幼的顺序。因而射箭的人，向前也好，向后也好，向左转动还是向右转动，都必须合乎礼的规定。内心不要胡思乱想，外在动作要挺直，然后才能拿稳弓箭，精确瞄准。只有弓箭把得稳、瞄得准，才谈得上射得中。从这些动作可以看出射者的德行。射箭的音乐节度，天子以乐曲《驺虞》为一个时间节段；诸侯以乐曲《狸首》为一个时间节段；卿、大夫以乐曲《采蘋》为一个时间节段；士以乐曲《采蘩》为一个时间节段。《驺虞》这首乐曲，赞美朝廷百官俱备，国家繁荣昌盛；《狸首》赞美诸侯适时为天子上贡并提供服务；乐曲《采蘋》赞颂卿大夫遵循法度；乐曲《采蘩》赞美士恪尽职守。所以天子以赞美朝廷百官俱备的乐曲为节度；诸侯以赞美适时上贡为天子服务的乐曲为节度；卿大夫以赞美遵循法度的乐曲为节度；士以赞美恪尽职守的乐曲为节度。故而众人明白了以这些乐曲为节度的用意，从而各尽其职，也就功业有成而德行建立。德行建立，就不会再发生暴乱之类的灾祸。功业有成，国家就会长治久安。由此而言，通过射礼能够看出射箭人的高尚道德。也因为如此，古时候天子用射箭来遴选诸侯、卿、大夫、士参加祭祀活动。射箭是男人的事，所以要用礼乐来装饰它。因此说，在所有的事情当中，要选出一件既有礼乐修饰又能够经常举行且能够树立德行的事，没有比射箭更恰当的了，因此圣明君王都这样去做。故而古时候天子规定：诸侯每年都要向天子纳贡，推荐人才。天子则在射宫测试这些人的射术。如果他们的仪容体态合乎礼的规定，射箭的节奏又与乐曲的节拍相呼应，射中又多的人，便获得参与天子祭祀的资格。那些仪容体态不合乎礼的要求，射箭的节奏又与音乐节奏不和谐，中得又少的人，就不能参与天子的祭祀。多次参与祭祀的，天子便给予奖励，很少参与祭祀的，天子就要责罚。多次受到奖励的就增加他的封地，责罚次数多了就削减他的封地。所以说，射箭这件事，射是事关诸侯奖罚荣辱的大事。因此，诸侯君臣集中心思学习射箭技艺，并且努力学习礼仪与音乐。诸侯君臣尽心竭力学习礼乐而导致流放或亡国，是绝对不会发生的事。因而有一首诗说：作为宗室受封的诸侯，当燕礼进行到四度正爵献过之后，诸有德君子，从大夫到众位士人，不论官职大小，都不要再待在官衙之内，快到国君那里去侍候，参加燕礼，参加射礼。既保证安定，又获得荣誉。诗的意思是说，君臣一致全心全意对待射礼，以此来学习礼乐，提高礼乐水平。这样既保证了国家的安宁，又获得了良好的声誉。故此，天子制定了射礼，诸侯认真执行。这就是天子以礼乐来教养诸侯，而不使用武力的原因；是让诸侯自己管理好自己，能够行进在正确道路上的最好方法。

这是《礼记·射义》的前半部分。从这些文字中，我们看到，在古代，射箭技艺对于士人多么重要。想去从政，想去当官，不会射箭技艺是万万不行的。不仅是士人，由士而至于大夫、卿，以至于诸侯，不善射也不行。射，成了一种礼，成了一种制度。射，不只是一种射箭技艺，而且是一种礼乐修养、道德修养。统治者对于各级官员的考核中，射礼的考核便是很重要的一种考核。这样一来，射便成了统治者的一种统治工具、统治手段。各个层次的官员，要想升迁，就得通过射箭来选拔。射箭的技艺好、比赛时获胜的次数多的人，便会被推荐到中央去，到天子跟前去参加射礼活动，如果再取得好成绩，就能获得奖励，加官进爵，受到重用。不仅士、大夫、卿是这样，诸侯也如此，参加天子的射礼，表现好坏也至关重要。箭射得好，可以参加天子的祭祀活动，多次获胜，可以获得奖励，可以增加封地。这不仅是实实在在的恩惠，而且是一种莫大的荣誉。反之，如果在射礼中表现不好，就要受到责备，受到惩罚，削减封地。这不仅在官爵与利益上遭受重大损失，也是一种莫大的耻辱。实质上，射礼成了天子驾驭诸侯，驾驭卿、大夫、士各级官员的重要工具与手段，当然也成了统治国家社会的重要工具与手段。同时，在举行射礼时配以礼乐是对大家的道德修养的培养。通过射礼，大家的道德品质提高了，就会遵纪守法、自我约束，再不会去犯上作乱、为非作歹、扰乱社会治安，如此天下就太平了。孔子认为射礼活动是一种道德高尚的君子行为。

> 子曰："君子无所争，必也射乎：揖让而升，下而饮，其争也君子。"
>
> ——《论语·八佾》

孔子说："君子没有什么要争的事情。如果有什么要争的，大概也就是射箭吧。大家彬彬有礼，揖让而走上射箭台。射箭完毕，走下射箭台，大家一起饮酒言欢。如果有什么要争论的事情，也是君子之争。"

孔子这里所说的就是射礼活动，概括了各种射礼活动的情况。不管是哪一种射礼活动，都是如此。大家分组比赛射箭，射中靶心者胜，可以罚未中靶心的人喝酒。这当然只是现场的一种礼节，大家客客气气，彬彬有礼，表现为君子。而背后面临的关系各人前途命运的奖励与责罚，恐怕各人的内心活动不会都那么平静。胜者自然兴高采烈，负者面临责罚还能高兴得起来吗？但是，这也无可奈何，胜也好，负也好，都是自己造成的结果，怪不得别人，所以也只好"其争也君子"了。而作为孔子的学生，本来目标就是要成为君子，成为官员，成为贤能人才。这些学生，未来肯定会有人应邀参加这种活动。而在这些活动中获得优胜至关重要，关系着他们的前途命运。因此，在孔子的教学中，射被列为教学内容是必然的。

子曰："射不主皮，为力不同科。古之道也。"

——《论语·八佾》

孔子说："射箭不一定要射穿箭靶子的皮子，因为每个人的力量不一样。这是古时候立下的规矩。"从这句话也可以看出，这只是一种礼仪活动，并不在于比试大家的力气大小。能够射用皮子做的靶子的人，只有天子与诸侯，大夫与士都只射能用布做的靶子。你能够要求天子与诸侯射箭的时候，都有那么大的力量，把皮子射穿吗？所以"射不主皮"这样的规则也就理所当然了。

《礼记·射义》后半部分还有不少文字，讲了射礼的一些要求与意义，这里不再多述。另外，射除了用于战争，参加射箭表演以外，在其他方面也还会派上用场。

子钓而不纲，弋不射宿。

——《论语·述而》

孔子只钓鱼而不网鱼，用箭射鸟而不射归宿之鸟。这里的射，是就射猎而言。古代射猎活动多，这当然也需要射箭技艺，这也显示射箭技艺的重要性。所有这些都告诉我们，孔子教学内容为什么会将"射"列入。

射在今天的作用，已经不像古代那么重要了，除了体育比赛还保留以外，其他使用的地方不多了，但将其作为历史现象作一点了解还是应该的。

御，在古代，就是驾驭马车。

在古代，最好的交通工具，大概就是马车了。天子出行用马车，诸侯出行也用马车，各级官员出行也用马车。只是在那个生产力还不那么发达的时代，马车并不是人人都能享有。拥有马车，或者是地位的象征，或者是财富的象征。就是说，只有那些有地位的人，那些贵族，那些有钱的人，才可能拥有马车。

> 颜渊死，颜路请子之车以为之椁。子曰："才不才，亦各言其子也。鲤也死，有棺而无椁。吾不徒行以为之椁。以吾从大夫之后，不可徒行也。"
>
> ——《论语·先进》

颜回死了，他的父亲颜路请求孔子把马车卖掉，为颜回置办外椁。孔子说："无论是有才华还是没有才华，说起来都是自己的儿子。我的儿子鲤死了，也只有棺而没有椁。我不能够为他买椁而徒步行走。自从我忝列大夫之后，就不可以徒步行走了。"

这段话告诉我们几个方面的信息：一是拥有马车，不只是拥有马车的问题，而是一个人的地位象征。孔子曾经作为大夫，拥有乘坐马车的资格与地位，是不能不乘马车而徒步行走的，所以不能因为颜回是你颜路的儿子，很有才华，去世了，就让我把马车卖掉去为他买椁，让我没有马车而徒步行走。我的儿子鲤虽然没有颜回那么有才华，但毕竟也是我的儿子。他去世了，也没有椁，我也没有卖掉马车为他买椁。二是说明当时马车的价值不菲，就像孔子这样的人，也买不起第二辆马车，更不用说那些贫苦百姓了。三是马车作为一种最好的交通工具，虽然价值不菲，不可能普及，但使用的人一定不少。既然有车，就要有人驾驭。就像我们今天使用汽车一样，总不能没有驾驶员。那么，古代驾驭马车的人，也就是我们今天的汽车驾驶员。无论马车的驭手还是今天的驾驶员，都必须具备一定的技能。这就成了一种职业。孔子周游列国，经常在外面奔波，使用的交通工具便是马车，其驾驭马车的人，大都是他的学生。他的学生大多也都会驾驭马车。孔子作为老师，其教学内容之一，就是御。孔子当然是御的内行。

> 达巷党人曰："大哉孔子！博学而无所成名。"子闻之，谓门弟子曰："吾何执？执御乎？执射乎？吾执御矣。"
>
> ——《论语·子罕》

达巷那个地方的人说：孔子真是伟大呀！学识渊博，又不持某一突出专长而出名。孔子听到这话以后，对他的学生们说：我持有什么专长呢？是驾驭马车呢？还是去射箭呢？我还是去驾驭马车吧。

前面说到，马车夫是一种职业。这种职业应该很有吸引力。因为使用马车的人，都不是一般普通老百姓，而是有权有势有钱的人。所以，"御"所接触的人，都是一些上层人物。他们虽说都是一些雇员，但从某种角度来说，还应该是一个特殊的人群。他们能够为这样一些人服务，这在当时来说，不会被认为低贱。这样的职业，对于选择职业的人来说，会有一定的吸引力。所以孔子说选择执御，还是有道理的。这就看出，孔子的教学内容的六艺中有"御"，也就不足为奇了。

书就是文字学。是研究文字创造方法与运用的学问。《周礼》六艺就包括"五曰六书"。孔子十分重视文化知识的基础教育，这一点在《礼后乎》一文中已经有过讨论。而文字学又是文化知识的基础，所以在孔子的教学中，文字学当然不可能缺席。还有语言的使用，孔子也很重视。文字与语言很难分离。

> 子所雅言，《诗》、《书》、执礼，皆雅言也。
>
> ——《论语·述而》

孔子讲标准语，或者叫作普通话。在诵读《诗经》、阅读《书经》和参加礼仪活动的时候，都讲普通话。

所谓雅言，就是标准的语言，用现在的话来说，就是普通话，是周朝当时使用的通行语言。孔子在诵读《诗经》《书经》和参与礼仪活动时，都用周朝的通行语言，这可以肯定其在教学中也是使用周朝的通行语言。因为《诗经》《书经》都是孔子教学的中心内容。孔子是鲁国人，一般来说，平时应该用的是鲁语。但鲁国是周朝的诸侯国，孔子作为周朝的忠诚子民，在教学中当然应该使用周朝的通用语言。这既有助于文字的教学，也有助于维护周朝的统治。

> 子曰："辞，达而已矣。"
>
> ——《论语·卫灵公》

无论是说话还是写文章，能够把自己要表达的意思表达清楚就可以了。孔子一贯反对花言巧语，多嘴多舌，巧舌如簧。他说："巧言乱德，小不忍，则乱大谋。"（《论语·卫灵公》）在孔子看来，语言不只是一个人的表达问题，而且能够体现其道德操守。所以使用语言时必须谨慎，不能够信口开河、花言巧语，也不能因为对方某些言语不合自己的口味，便急于反驳，往往因为语言上的小失误，破坏大的谋略。这就是孔子一再强调正确运用语言文字的重要性的原因。

再简单说一下六书。所谓六书，就是汉字构成的形式与方法。古代的文字学家就已经对文字的创造与运用有了研究，《周礼》已经有六书之说，只是未记录具体名目。汉代的文字学家已经将六书具体化，许慎在《说文解字·叙》中对六书进行了定义，并举实例说明。其名目为：指事、象形、形声、会意、转注、假借。许慎的这个定义，至今还在使用。

数。就是算术。算术在生活中的用处有多大，不用多说，大家都清楚，所以孔子的教学中不可能没有算术。

四、有教无类，因材施教

有教无类，因材施教，是孔子教育最突出的一大特点。

所谓有教无类，是说无论是什么类型的人，只要愿意到孔子这里来学习都可以，无论哪个国家的人，无论贫富贵贱，年龄大小，只要愿意来学习，象征性地交一点肉干，就可以来做他的学生。所以，在他的学生中，各种不同情况的人都有。

"雍也，可使南面。"孔子说：雍这个人，可以去做国君。雍，姓冉，名雍，字仲弓。孔子对这个学生的评价多高？说他可以去做国君。当"冉雍问仁"时，孔子的回答是"出门如见大宾，使民如承大祭。己所不欲，勿施于人。在邦无怨，在家无怨"。这个回答显然就是为冉雍去当国君，做大官作准备，"出门如见大宾"。什么样的人能够被称为大宾？一般的宾客不能被称为大宾，只有高贵的宾客才能被称为大宾。谁能见大宾，一般的老百姓能接待高贵的宾客吗？不能。只有国君与卿、大夫那些高官们，才有机会去接待大宾。所以，你出门的时候，就要像去见大宾一样，要注意自己的身份，要具备应有的修养。"使民如承大祭"。大祭，一般指祭祀天神。谁有资格祭祀天神？只有天子。后来诸侯、卿等大官们也祭天地，但这是僭越。谁能够承办祭祀天地之礼？当然只有朝廷大官。使民，能够使民的也只有大官们。这就是教导仲弓，将来你是要去做大官的，驱使老百姓做事，要十分郑重谨慎，有如承办大祭那样严肃认真，马虎不得。"己所不欲，勿施于人"，这种要求，适用于每一个人，对于做官的人，尤其是高官大官、天子诸侯更是如此。要体恤民情民意，自己不想要的东西，怎么能够强加给老百姓呢？"在邦无怨，在家无怨"，去做诸侯，去当大夫，或者说在诸侯驾前为臣，在大夫门下做事，都要把事情做好，都不要落埋怨。

这是孔子对冉雍问仁的回答，也是对冉雍的教导。这个回答，这个教导的出发点与落脚点，都是如何为官，如何去做好大官。问题是"仲弓父，贱人"。仲弓并没有一个好的出身，他的父亲是贱人。所谓贱人，或者是地位低下出身卑微，或者是做了什么不体面的事，叫人看不起。一般说来，像仲弓这样的人，因为父亲的关系，自己也会受影响，会让人看不起，甚至被拒之门外。但孔子没有这样做，不仅收他为学生，还大力培养他；认为他德行好，是当大官的料，可以去当诸侯。"子谓仲弓曰：'犁牛之子骍且角，虽欲勿用，山川其舍诸？'"杂色的牛生下的牛犊，颜色却是纯赤色，角也长得很周正。想要不用它来祭祀山川之神，山川之神就愿意舍弃它吗？这实际上是在为仲弓辩护。虽然父亲不好，但儿子好，为什么不重用他而要抛弃他呢？这就是孔子的胸怀，也是他有教无类的具体体现。

> 子曰："由，诲汝知之乎，知之为知之，不知为不知，是知也。"
>
> ——《论语·为政》

孔子说："仲由呀，我教给你学习知识应该具备的态度吧，知道的东西就是知道，不知道的东西就是不知道。这才是一个聪明人。"

孔子对子路说这话挺有意思，为什么？因为子路只比孔子小九岁。按照《孔子家语·子路初见》的情况来看，子路头一次去见孔子，年岁已经不小。而去给孔子当学生时，孔子还教他这样的道理，似乎有点多余。不是吗？按照常理，像"知之为知之，不知为不知"之类的道理，在"十有五而志于学"的时候就应该知道了。而子路早已超过这个年龄。但是反过来看，孔子这样有学问、有经验的老师，难道还不懂这样的道理？非也。孔子这样说自然有他的道理。首先要看子路的出身。他是"卞之野人"。什么样的人是野人？《辞源》说：乡野之人，农夫；庶民，没有爵禄的平民；未开化的人。从子路的实际情况来看，"性鄙，好勇力，志伉直""陵暴孔子"。这应该是一个不爱学习、缺少教养、不懂礼貌、刚愎自用的乡野之人。这类人，一般都既无知识又自以为是。孔子说这话很有针对性。所以孔子教导他，对于知识，懂就是懂，不懂就是不懂，不要不懂装懂。

孔子对子路的教育，我们将专门讨论，这里只是想说明孔子的有教无类。像子路这样年龄不小而性鄙的乡野粗人，在一般人的眼里，或许是"朽木不可雕"吧，但孔子并没有嫌弃他，收他为学生，而且教育的效果不错，学问达到了"登堂"的境界。

> 互乡难与言。童子见，门人惑。子曰："与其进也，不与其退也。唯何甚？人洁己以进，与其洁也，不保其往也。"
>
> ——《论语·述而》

互乡这个地方的人很难跟他们接近交谈。一个小孩来见孔子，孔子接待了他。学生们很不理解。孔子说："我们赞成人家的进步，不赞成人家的落后。为什么要做得这么过分？人家改掉了自己的缺点到这里来，我们就欢迎他的进步，不计较人家以往的不足。"

互乡的这个小孩，不是孔子的学生。但从这件事情，也可以看出孔子对他人的态度——就是不计较人家有什么缺陷，平等待人，以礼待人。从这一段话的情况来看，互乡这个地方的人，不是一般的不好接触，也许还因为什么事情为难过孔子，从而得罪了孔子和他的学生，因而学生们对这个地方的人产生了成见。所以孔子接见了这个地方的小孩，学生们会产生迷惑。在孔子看来，这位小孩摒弃了这个地方不恰当的做法，来见他，这就是进步。人家有进步，就要欢迎，就不应该再计较人家过去不妥的地方。根据孔子这样的胸怀，我想，如果互乡的这位小孩想要成为孔子的学生，孔子也一定会接收他的。就从这件小事，也体现出孔子有教无类的教育理念。

> 子曰："先进于礼乐，野人也；后进于礼乐，君子也，如用之，则吾从先进。"
>
> ——《论语·先进》

孔子说："先学习礼乐然后再去做官的人，一般都是乡野之人，也就是一些老百姓出身的人。而那些先做官然后才去学习礼乐的人，则是官宦人家出身的人。只有这些人才有这样的机会。如果让我来选录人才，我还是选录先学习礼乐的人。"

先进于礼乐者与后进于礼乐者是两种不同出身的人。出身不同，地位不同，政治背景也不同。先进于礼乐者，一般都出身于平民，不会有什么政治背景。一般都只能以才华而进于礼乐。而后进于礼乐者，恐怕都是一些官宦人家出身的子弟，当然都会有一定的社会背景与政治背景。在孔子所处的那个时代，一般说来，官府的目光都会盯在那些官宦人家的子弟身上。孔子则不同，他不注重出身，更看重才华。只要你有才华，又先学习了礼乐，就先录用你。从他选拔人才的态度，也可以看出他在教育上有教无类的特点。

子曰："二三子以我为隐乎？吾无隐乎尔。吾无行而不与二三子者，是丘也。"

——《论语·述而》

孔子说："你们这些学生以为我有什么学问对你们有所保留，没有。我没有什么学问对你们有所保留。我没有什么不向你们公开的东西，这就是我孔丘的为人。"

孔子的这番话，一方面表达了他为人的无私，有什么学问都会传授给大家，不会有任何的保留。另一方面也告诉大家，他对待学生一视同仁，不会另眼看待任何一个学生。他对所有学生毫无保留，这也正是他有教无类的有力表现。

子曰："不愤不启，不悱不发。举一隅不以三隅反，则不复也。"

——《论语·述而》

这段话前面已经引述过。这里要说的也是孔子对待学生的教育一视同仁，有教无类。无论是谁，该怎么教，就怎么教。

现在来说因材施教。

前面所说的有教无类，是对所有的学生一视同仁。这里要说的因材施教，是根据学生不同的才情、学识基础、个性特点进行不同的教诲。这一点在孔子的教育中尤为突出，只要看一看他对学生提问的回答就一清二楚了。往往不同的学生问一个相同的问题，孔子会根据提问者的不同情况作出不同的回答。比如：

子路问："闻斯行诸？"子曰："有父兄在，如之何其闻斯行之？"冉有问："闻斯行诸？"子曰："闻斯行之。"公西华曰："由也问闻斯行诸，子曰'有父兄在'，求也问闻斯行诸，子曰'闻斯行之'。赤也惑，敢问。"子曰："求也退，故进之。由也兼人，故退之。"

——《论语·先进》

子路与冉有问了一个同样的问题，是不是听到什么要做的事情，就要行动起来，赶紧去做。而孔子对子路的回答是有父兄在，不能够听到什么事情就贸然行动，而是要先得到父兄的意见以后才能行动。但对冉有的回答则是听到什么要做的事情，就应该立即去做。对于孔子的回答，公西华很不理解，便问老师，为什么两位同学问了相同的问题，老师却作了不同的回答。孔子告诉他，因为两人的

289

情况不同，冉有这个人平时处事勇气不足，喜欢退缩，因而要鼓励他勇于作为；子路这个人平时做事有些鲁莽，喜欢贸然行事，因而要抑制一下他的气势，让他能够冷静一些。

这就是孔子因材施教的具体做法之一——根据不同人不同的才情、学识基础、个性特点进行不同的教育。

> 子贡问曰："何如斯可谓之士矣？"子曰："行己有耻，使于四方，不辱君命，可谓士矣。"曰："敢问其次。"曰："宗室称孝焉，乡党称弟焉。"曰："敢问其次。"曰："言必信，行必果，硁硁然小人哉！抑亦可以为次矣。"
>
> ——《论语·子路》

> 子路问曰："何如斯可谓之士矣？"子曰："切切偲偲，怡怡如也，可谓士矣。朋友切切偲偲，兄弟怡怡。"
>
> ——《论语·子路》

子贡与子路两人问了同一个问题，怎么样才可以被称为士？老师的回答却并不相同。为什么不同？我们先来看两人不同的表现：

> 闵子侍侧，訚訚如也；子路，行行如也；冉有、子贡侃侃如也。子乐。"若由也，不得其死然。"
>
> ——《论语·先进》

> 季康子问："仲由可使从政也与？"子曰："由也果，于从政乎何有？"曰："赐也可使从政也与？"曰："赐也达，于从政乎何有？"
>
> ——《论语·雍也》

子路和子贡都是孔子的得意弟子，都是他培养的能够当官为政的人才。孔子对他们的期望都比较高，但从孔子对子路与子贡的不同评价可以看出，两个人的特点并不相同。子路"行行"如也，很刚强的样子；子贡"侃侃"如也，温和快乐的样子。由也"果"，办事决断果敢；赐也"达"，通达事理人情。而孔子担心的是"若由也，不得其死然"。像子路这种性格的人，行事过于果敢，很难有回旋的余地，因而很难得到善终，会死得很惨。所以孔子在对子路进行教育时，就要劝导他"切切偲偲，怡怡如也"，朋友之间要相互勉励督促，兄弟之间要和睦相处，不要处处都剑拔弩张。而子贡为人处事通达事理人情，所以孔子教育他便是"行己有耻，使于四方，不辱君命"，就是对他要稍加约束，让他注意自己的羞耻之心，出使他国时才能不辱国家的使命。其实，子贡还有些许小毛病，比如"子贡欲去告朔之饩羊。子曰：'赐也，尔爱其羊，我爱其礼'"（《论语·八佾》）。子贡这样的主张，在孔子看来是很不妥的。又如"子贡方人。子曰：'赐也贤乎哉！夫我则不暇'"（《论语·宪问》），子贡喜欢批评别人，孔子说：赐呀，你真是很贤能啊！我却没有空闲来和别人比。从孔子这说话的语气来看，他对子贡这样的做法颇有不满，因而也有一点讥讽的味道。也正因如此，孔子在对他进行教育的时候，让他做到"宗族称孝焉，乡党称弟焉""言必信，行必果"，要进一步加强修养。

孔子对不同的学生进行不同的教育，类似的例子很多。比如问孝、问仁、问政的学生很多，孔子都会根据不同学生的具体情况作出不同的回答，进行有针对性的教育。这类例子太多，这里不一一列出。

子贡问曰："赐也何如？"子曰："女，器也。"曰："何器也？"曰："瑚琏也。"

——《论语·公冶长》

子贡问老师："我端木赐这个人怎么样？"孔子说："你呀，可以说是一种器物。"子贡说："什么器物？"孔子说："瑚琏。"

前面讲子路与子贡的不同情况时，我们对子贡已经有了一些了解。子贡向老师提出这样一个问题，很符合子贡的性格特点。他想让老师给一个正面的评价。在这里，孔子把子贡比喻为一种器皿——瑚琏。瑚与琏，左边都是玉字旁。可见瑚琏是高贵的材质所为，所以瑚琏是一种贵重物品。因为贵重，其用途也高贵，是祭祀时用以盛祭品的器皿。毕竟子贡是一个非同一般的人，材质高贵，是可造之材，所以孔子对其教育的方法与层次也就不同。

子贡问："贫而无谄，富而无骄，何如？"子曰："可也。未若贫而乐，富而好礼者也。"子贡曰："《诗》云：'如切如磋，如琢如磨。'其斯之谓与？"子曰："赐也，始可与言《诗》已矣！告诸往而知来者。"

——《论语·学而》

　　这段话在其他地方已有详细解读，这里不再翻译，引述这段话是为了说明，像子贡这样的可造之才，孔子教育的方法与内容必须与之相称。子贡能够"告诸往而知来者"，一是说明他具有相当的知识基础；二是说明他是个有悟性的学生，所以才可以开始与其讨论《诗经》。也就是说，没有一定的知识基础、一定的悟性的学生，则不能与其讨论《诗经》。这是从学问上来说的。从为人处事上来说，子贡这个人比较喜欢金钱，喜欢囤积居奇，而且往往很成功，积累了一定的财富，因而当他问"贫而无谄，富而无骄"怎么样时，孔子告诉他，不如贫而乐观、富而好礼。也就是说，你富有了，要依礼行事，不要为富不仁。这说明孔子对学生的教育过程中所说的每一句话针对性都很强，不是随意说的。

　　　　子曰："中人以上，可以语上也；中人以下，不可以语上也。"

　　　　　　　　　　　　　　　　　　　　　　——《论语·雍也》

　　孔子说：具有中等以上智力的人，可以教授给他高深一些的学问；只具有中等以下智力的人，不可以给他教授高深的学问。

　　这也是孔子因材施教的具体做法。其实这是一个比较简单的道理，只是孔子这样的教育理念，在我们今天的教学中却未必都能做到。孔子的教育，从《论语》中可以看得很清楚，他和学生的关系密切，他很了解学生，无论是学识水平、智力情况、个性特点，都在他的掌握之中。学生可以随时向他提问，他也随时把一些知识教给学生。有时是现场教学，比如散步的时候、参观的时候、闲聊的时候，都是他教学的课堂。所以他能够根据不同的学生、学生的不同情况，进行具有针对性的教学。他也因此能够培养出各种不同类型的人才。

　　　　德行：颜渊、闵子骞、冉伯牛、仲弓。言语：宰予、子贡。政事：冉有、子路。文学：子游、子夏。

　　　　　　　　　　　　　　　　　　　　　　——《论语·先进》

　　这些人都是孔子学生中最为杰出的人物，但各人杰出的地方并不一样。颜渊、闵子骞、冉伯牛、仲弓这四个人的道德修养突出；宰予、子贡二人善于辞令；冉有与子路在政事方面比较突出；子游与子夏对古代文献资料的掌握比较全面。毫无疑问，这都是孔子有教无类、因材施教的硕果。

　　　　柴也愚，参也鲁，师也辟，由也喭。

　　　　　　　　　　　　　　　　　　　　　　——《论语·先进》

柴就是高柴，字子羔。为人有些愚钝；参就是曾参，为人有些迟钝；师就是颛孙师，为人偏激；仲由即子路，为人比较粗俗。

其实，这四个人都是孔子弟子中的杰出人物。而孔子在这里说这四个人都有不足的地方。曾子与子路，在孔子的弟子中，大家都非常熟悉，都是有名的人物。曾子的鲁，是说他不那么灵敏。但是不灵敏并不等于不聪明，并不等于没有智慧。他后来的成就也说明了这一点。子路的粗放鲁莽，并没有掩盖他的果敢与刚直。从某个角度来说，这也正是他的特点与优点。高柴的愚，朱熹说是"知不足而厚有余"。朱熹的这个解释是恰当的。智不足并不等于愚蠢，而厚有余则表示其为人有足够的厚道，因而更能够获得他人的信任。《孔子家语·致思》中有这样一段话：

> 季羔为卫之士师，刖人之足。俄而卫有蒯聩之乱，季羔逃之，走郭门。刖者守门焉，谓季羔曰："彼有缺。"季羔曰："君子不踰。"又曰："彼有窦。"季羔曰："君子不隧。"又曰："于此有室。"季羔乃入焉。既而追者罢，季羔将去，谓刖者曰："吾不能亏主之法而亲刖子之足矣。今吾在难，此正子之报怨之时，而逃我者三，何故哉?"刖者曰："断足固我之罪，无可奈何。曩者君治臣以法令，先人后臣，欲臣之免也，臣知；狱决罪定，临当论刑，君愀然不乐，见君颜色，臣又知之。君岂私臣哉？天生君子，其道固然。此臣之所以悦君也。"孔子闻之曰："善哉！为吏，其用法一也。思仁恕则树德，加严暴则树怨，公以行之，其子羔乎?"

子羔担任卫国的狱官，判了一个人砍断脚的刑罚。不久，卫国发生了蒯聩作乱之事。子羔要逃离卫国，跑到都城的外城门口，而守城门的人正是那个曾经被子羔判刖刑者。那人对子羔说："那边城墙有个缺口。"子羔说："君子是不会跳墙头的。"那人又说："那里有个洞。"子羔说："君子不钻洞。"那人说："这里有间房子。"子羔才进入那间房子。过了一会儿，追赶的人停止了追赶，子羔就要离开，对那个受过刖刑的人说："我不能够不遵守国君的法令，亲自判刑砍断了你的脚，现在我处于危难之中，正是你报仇的好机会，你却三次想办法让我逃走，这是为什么啊?"被断足的人说："被砍断脚是我罪有应得，是不得已的事。那时候，您判我的罪是依据法令行事，先审理他人再审理我，是想免除我的刑罚，这我是知道的。等到案件审定我的罪责，当要行刑的时候，您又显得很忧伤。看到您那忧伤的样子，我知道您不敢因我而徇私情。天生的君子为人的行为准则本来就是这样的。这就是我敬重您的缘故。"孔子听到了这件事说:"子羔真是一个善于做官的人,审理案件用同样的法律标准,却常存仁德宽恕之心,从而树立德泽。如果严刑暴虐就会树立怨愤。能够大公无私地按照法律行事的,就是这个子羔呀!"从这段记载来看,孔子认为高柴的"愚",做事迟缓一些,不那么激进,正是他的优点。也正因为如此,他获得了善果。而同样在卫国做官的子路,也就是在这次蒯聩之乱中献出了自己的生命。当然,这也正是子路的性格特点使然,或者可以说,他死得其所。

对于高柴,在《孔子家语》中,子贡这样评论:"自见孔子,出入于户,未尝越履。往来过之,足不履影。启蛰不杀,方长不折。执亲之丧,未尝见齿。"自从见到孔子之后,高柴进门出门,从来没有越过礼节要求;来往走路,脚也不曾踏踩过别人的影子;不杀害从蛰伏中醒来的虫子,不攀折正在生长的草木;为亲人守丧,没有看见他谈笑过。这就是他的"愚",也就是厚有余。子张则是有点偏激。这一点从子贡与孔子的问答中可以看出。"子贡问:'师与商也孰贤?'子曰:'师也过,商也不及。'曰:'然则师愈与?'子曰:'过犹不及。'"(《论语·先进》)子贡问老师:"子张与子夏两人谁的才华更强一点?"孔子说:"子张行事有点过激,子夏行事有点迟缓。"子贡说:"那么子张要好一些?"孔子说:"偏激与迟缓一样不好。"这就是孔子对子张偏激的批评。但是《孔子家语》记述子贡对子张的评价是"美功不伐,贵位不善,不侮不佚,不傲无告"。这个评价却相当高。有了大功不夸耀,处于高位不欣喜,不轻慢他人,不贪图安逸,不在贫苦无告者面前炫耀。对此,孔子也给予了子张很高的评价:"其不伐则犹可能也,其不弊百姓则仁也。"由此看来,子张的偏激并没有影响他后来的成功。尤其是他不在贫苦无告的百姓面前炫耀的行为,孔子认为是仁德的表现。

这四个人,都有不同的缺点,但是在孔子的教育下,每个人都获得了不同的成功。

在孔子的学生中,有不同国别的,不同阶层的,不同地域的,不同贫富程度的,不同学识的,不同智力的,不同相貌的,不同性格特点的。但不论是谁,只要愿意来求学,孔子都收他为学生,都针对各人的特点给予适当的教育,而且教出了七十二贤人。这是他对国家与民族巨大而不朽的贡献。

孔子有教无类、因材施教的教育理念,对我们国家教育的贡献怎样评价都不过分。就是到了今天,虽然社会已经高度发展,他的这种理念仍然不过时,依旧值得我们遵循与效法。而孔子作为老师的人格品德更值得我们尊敬和效法。《史记·仲尼弟子列传》在记述澹台灭明时说:"状貌甚恶。欲事孔子,孔子以为材薄。既已受业,退而修行,行不由径,非公事不见卿大夫。南游至江,从弟子三百人,设取予去就,名施乎诸侯。孔子闻之,曰:吾以言取人,失之宰予;以貌取人，失之子羽。"澹台灭明长得不好看，想要来侍奉孔子。孔子认为他资质不高。澹台灭明从师学习以后，回去便致力于修炼自己的品德，处事光明正大，不走邪路。不是为了公事，从来不去会见公卿大夫。他往南游历到达长江，跟随他的弟子有三百人之多。他获取、给予、离弃、趋就，都依礼而行，其声誉广泛传播于各方诸侯。孔子听到以后说："我只以言辞来判断人，错误地判断了宰予，只从相貌来判断人，错误地判断了子羽。"这就是说孔子这样的圣人，虽说是有教无类，因材施教，但也有以言辞取人、以相貌取人的时候。但是，可贵的是，孔子在认识到自己判断有错以后，便能够正视它、改正它。当"宰予昼寝"时，子曰："始吾于人也，听其言而信其行；今吾于人也，听其言而观其行。于予与改是。"因为宰予"利口辩辞"，所以他原来听其言而信其行。而宰予昼寝以后，他观察人便改为听其言而观其行了。同样，孔子因为澹台灭明相貌不佳，便认为其"材薄"。事实是这个人才并不薄，且是大才。因而孔子从澹台灭明身上认识到，以貌取才是不对的。这都是孔子勇于纠正自己不正确的认识的范例。这也是圣人值得我们敬仰与效法的地方。

为政以德，譬如北辰，居其所而众星共之

关于治理国家，主持政务，领导和教育人民，孔子发表了诸多言论，提出了不少主张。而"为政以德"，是他治理国家最重要的政治主张。子曰："为政以德，譬如北辰，居其所而众星共之。"这是《论语·为政》篇的第一段话。他用了一个比喻来说明以德治国的好处。他认为用德政来治理国家，就像天上的北极星一样，自己稳定地处在一定的方位，而其他众多的星辰都会来投奔，紧紧地围绕在他的周围。这就是以德治国的优势。那么什么是为政以德，德治的特点是什么，用什么样的方法、什么样的措施才能达到为政以德的目的呢？以德治国的策略有哪些？让我们来梳理一下孔子的有关言论，加以解读，进行研究。

一、为政以德

要做到为政以德，首先就要搞清楚德的内涵。德，首先是人的品格修养的一种高境界。人们常说："积善成德。"善事做得多了，积聚起来，就成了德。善事做得多的人，就成了有德的人。所以，人们常会称一些人格高尚的人德高望重。德高就是道德高尚，人格高尚。望重，就是说这个人的道德境界高，声望很高。声望高，就会传播得远。这是对个人而言。如果是对国家与政府的治理而言，可以从两个方面来说。一是用德的品格来教化人，使国人都用德的品格武装起来，然后大家都能用高境界的德来规范自己的行为，做一个品德高尚的人，做一个好的国民；二是执政者用德政来治理国家与社会，用德政来治理人民。

> 子曰："道之以政，齐之以刑，民免而无耻；道之以德，齐之以礼，有耻且格。"
>
> ——《论语·为政》

用刑罚惩治的方法来引导国民，用刑罚来要求他们，使他们遵纪守法，老百姓只能够避免受到刑罚的惩处，而没有自觉遵守道德规范的荣誉感；如果用道德

品质的要求来引导他们，用礼也就是道德与法纪规范来规范他们，老百姓就会自觉遵守道德与法纪规范，并且从中获得荣誉感。这就是"道之以政"与"道之以德"不同的为政效果。这是从国民思想道德教化的角度来说的。如果从治理国家的角度来说，那就是用德政来治理人民，还是用苛政来治理人民。这两者效果很不一样。用刑罚来引导国民，他们迫于刑罚，受刑罚的威慑，不得不遵纪守法。这是一种被动行为。用道德来引导国民，让他们提高道德素质。他们的道德素质提高了，做人的眼界与境界提高了，就会用高境界的道德标准来要求自己，就有了遵纪守法的自觉意识。自觉遵纪守法，做一个好公民的自觉性与荣誉感。这就是道之以德的优越之处。

> 孔子过泰山侧，有妇人哭于墓者而哀。夫子式而听之。使子路问之。曰："子之哭也，壹似重有忧者。"而曰："然。昔者吾舅死于虎，吾夫又死焉，今吾子又死焉。"夫子曰："何为不去也？"曰："无苛政。"夫子曰："小子识之，苛政猛于虎也。"
>
> ——《礼记·檀弓下》

孔子的车子从泰山旁边经过。有一个妇女在坟墓前哭得很伤心。孔子站起来扶着车子前边的横木仔细听。然后打发子路去问那位妇人。说："您哭得这么伤心，实在是让人感觉您有非常感伤的事啊。"妇人说："就是啊，从前我的公公被老虎伤害致死，后来我的夫君又死于虎的伤害，如今我的儿子也被老虎伤害。我该有多么悲伤啊。"孔子说："那么你为什么不离开这个地方呢？"妇人说："因为这个地方没有苛政。"孔子说："学生们，你们记住了，苛政伤害人比老虎伤害人更凶猛。"

从这段话看出老百姓对苛政的厌恶。那位妇女虽然祖孙三代都被老虎伤害，但仍不愿离开那个地方，原因是那个地方没有苛政。在她看来，老虎虽然伤人，但与苛政比较起来，仍然要好得多。所以孔子提倡德政。那么什么样的行政才是德政呢？怎样才能施行德政呢？

> 子曰："道千乘之国，敬事而信，节用而爱人，使民以时。"
>
> ——《论语·学而》

孔子说："治理具有一千辆兵车的国家，一定要严肃认真地办好国家政务，做到诚信无欺。节约财政费用，爱护各级官员和贤能人才。派老百姓的官差，不要在农忙季节，不能误了农时。"

孔子没有用德政二字，但如果官员能够做到这些，也就做到了以德为政了。一是国家的国君与大臣们，都要忠诚于自己的国家，明确自己对国家的责任，忠于职守，有责任担当，有所作为，所以就必须严肃认真地办理好国家的各项政务与事务。二要讲求信用。做官不能够言而无信，或者言而不行，说大话，说空话，许空愿，糊弄老百姓。三要节约开支。国家的钱都是人民群众的血汗，要珍惜一分一厘，把钱用在刀刃上，不能随意挥霍浪费。不能用公款大吃大喝、请客送礼、公报私账等。至于贪污盗窃那样不齿的行为，就不去说它了。也不能搞面子工程，或者拍脑袋决策，不遵循科学规律办事，浪费国家大量钱财。四是要爱惜人才。重视人才，尊重人才，量才使用，任人唯贤。不搞任人唯亲、拉帮结派、裙带关系，不嫉贤妒能。五是征用农村劳动力，只能在农闲季节，不能误了农民耕种农时。这些都是治国的基本原则。孔子这简单的几句话，却把德政的内容讲得相当深刻与丰富。

> 季康子问政于孔子。孔子对曰："政者，正也。子帅以正，孰敢不正。"
>
> ——《论语·颜渊》

> 季康子患盗，问于孔子。孔子对曰："苟子之不欲，虽赏之不窃。"
>
> ——《论语·颜渊》

> 季康子问政于孔子曰："如杀无道，以就有道，何如？"孔子对曰："子为政，焉用杀？子欲善而民善矣。君子之德风，小人之德草。草上之风，必偃。"
>
> ——《论语·颜渊》

这三段话都是季康子向孔子问如何管理国家的问题。季康子是鲁国大夫季孙氏，是鲁国当时最有权势的人物之一。

第一个问题，孔子的回答是：所谓政，就是正。管理国家的人是个正人君子，立得正，行得端，没有任何歪门邪道，就是大家的好榜样。你成为正的榜样，谁还敢走歪门邪道。俗话说，上梁不正下梁歪。上梁正，下梁就不会歪。上梁歪，下梁又如何能正得起来。这个回答很简单，却是一个颠扑不破的真理。

第二个问题是季康子苦于盗贼太多，向孔子请教治理的办法。孔子的回答却是让他从自己的身上找答案。难道不是吗？假如不是你们这些当官的那么贪欲，聚敛那么多财物，让国人贫困无依，谁会去行盗？如果国人都能丰衣足食，你就是奖励他去偷，他也不会去偷。这个问题与前一个问题是一个道理。

第三个问题是季康子请教孔子：如果把那些为非作歹的人杀掉，来扶植那些光明正大的人怎么样？孔子回答说：你治理国家政务，还用得着去杀人吗？你如果用好的办法把国家治理好了，社会上风清气正，那么国人就都会走到正确的道路上来。领导人的高尚品德就像是风，百姓的行为就好比是草，领导人高尚品德的风刮过来，百姓就会随着高尚品德的风向去。

季康子所问的这三个问题，虽然内容不完全一样，但孔子的回答却是一样的，都是要求领导者正人先正己。自己的品德不好、作风不正，想要下面的品德好、作风正那只能是缘木求鱼。

子曰："苟正其身矣，于从政乎何有？不能正其身，如正人何？"
——《论语·子路》

子曰："其身正，不令而行；其身不正，虽令不从。"
——《论语·子路》

假如你自身的品德行为端正，去治理国家政事，会有什么困难，会有什么做不到的呢？如果自身的品德行为不端正，却要求别人的品德行为端正，那怎么做得到呢？所以，为政者的品德行为端正，作风正派，就算没有下命令，臣民百姓也会跟着你走。若是你的品德行为不端正，作风不正派，就算下了命令，也不会有人跟着你走。这都是一些最简单的道理，但也是真理。从政者必须遵从。如果谁违背了这个真理，就只能以失败告终。

子曰："能以礼让为国乎，何有？不能以礼让为国，如礼何？"
——《论语·里仁》

礼是治理国家的依据，也是治理国家的工具。如果国家的治理者能够依据礼的规定来治理国家，也就是我们今天所谓的依法治国，那么治理国家也就不会有什么困难的地方了。反之，如果不依据礼来治理国家，那么礼还有什么用处呢？这的确是一个很重要的问题。官员们必须依据法律来行使治理权力，才有效。不依法行政，不依法治国，那是乱作为，是违法的，是不能允许的。

季康子问："使民敬，忠以劝，如之何？"子曰："临之以庄，则敬；孝慈，则忠；举善而教不能，则劝。"

——《论语·为政》

季康子问孔子："让老百姓都有敬畏之心，忠诚竭力地工作并相互鼓励，应该怎么做呢？"孔子说："你对待老百姓谦逊庄重，他们就会对你真诚敬重。你如果做到了孝敬父母，慈爱幼小，他们就会对你真诚拥护。你能够重用良善贤能才俊，并且能够培养教育好那些才能较差的人，他们就会受到鼓舞了。"

对于为政的人来说，首先要严格要求自己，修炼自己。只有自己的道德品格境界高了，各方面都有了很好的表现，人家才会敬重你，才会诚心诚意拥护你。如果自己总是居高临下，苛刻待人，以无德之状行不义之政，还想要老百姓来拥护你，那不过是空想而已。

季康子问："仲由可使从政也与？"子曰："由也果，于从政乎何有？"曰："赐也可使从政也与？"曰："赐也达，于从政乎何有？"曰："求也可使从政也与？"曰："求也艺，于从政乎何有？"

——《论语·雍也》

季康子问孔子，仲由、端木赐、冉求这三个人是不是能够让他们参与国家政务管理。孔子告诉他，这三个人都有一定的德操，各有特点，各有特长，都有参与国家政务管理的才能。仲由做事决断果敢；端木赐为人通达人情事理；冉求多才多艺。由此看出，在孔子的眼里，能够参与国家政事的人，都是有一定自我修养、特长与才干的人。子路就是一个很好的例子。子曰："片言可以折狱者，其由也与？"子路无宿诺。（《论语·颜渊》）孔子说：听了一方当事人的诉说，就可以判定案件的，只有子路一个人能够做到。子路说话算数，行事果断，说了就实行，绝不拖延。这也说明，子路确实有一定道德修养，有一定特长，有一定才干，所以说他能够参与治国理政。子贡与冉求也一样，都具有治国才能。

齐景公问政于孔子。孔子对曰："君君，臣臣，父父，子子。"公曰："善哉！信如君不君，臣不臣，父不父，子不子，虽有粟，吾得而食诸？"

——《论语·颜渊》

　　过去我们对"君臣父子"的伦理要求有些曲解，认为这是封建礼教。其实，认真想来，这些要求还是有道理的。当国君的，作为一国之君，责任何其重大。他必须具有国君的道德素质与修养。治理一个国家的责任在他的肩上，一个国家的兴衰掌握在他的手上，百姓的生死命运也掌握在他的手上。如果这个国君不像个国君，没有作为一国之君的道德素质与能耐，那么这个国家还能有什么希望？历史上，这样的教训何其多。大臣们肩上也同样也负有治国重任。如果大臣没有优秀的品德，没有辅佐国君治国的能耐，或者只会溜须拍马，或者营私舞弊，为非作歹，甚至引诱蛊惑国君去干坏事。这样的大臣，已经堕为奸臣。奸臣误国。这也是有历史教训的。至于父与子，也是同样的道理，不用多说。所以《礼记·礼运》中就说："父慈、子孝、兄良、弟悌、夫义、妇听、长惠、幼顺、君仁、臣忠。十者，谓之人义。讲信修睦，谓之人利。争夺相杀，谓之人患。"这十义，是礼规范人们相互关系的重要内容。实质上，也是规范社会政治关系、稳定社会秩序的重要手段。而这十义，也对孔子所说的"君君、臣臣、父父、子子"作了一定的补充与诠释。过去我们也曾经认为这些是封建道德，其实如果正确理解，照着去做并没有什么坏处。父亲对儿女要慈善爱护；儿女对父母要孝顺；兄长对弟弟要和善友爱；弟弟对兄长要敬重；丈夫对妻子要讲情义、讲恩义；妻子要听从丈夫。这一点，现在看来，应该有所修正。夫妻之间，应该是互敬互爱。年长者对幼小者要宽厚爱护；年幼者对年长者要尊敬顺从；君王对臣民要仁爱；臣子对君王要忠心。这个忠心，当然不是盲目的，必要的时候当诤臣，也是忠。总的来说，对于国家治理，大家互相信任、和睦相处，就是人利；无论是国或者是家，相互争夺，相互残杀，就是人患。这也是真理。中国近现代史也充分证明了这一点。清王朝灭亡，民国成立，袁世凯窃权以后，虽然名义上也有所谓的总统、内阁，但国内军阀割据，各路军阀为了一己私利争夺地盘，相互混战，搞得国家经济崩溃，民不聊生，引来外敌入侵，国破家亡，何等悲惨。这就是"君不君，臣不臣"的悲剧恶果。

　　　叶公问政。子曰："近者说，远者来。"

　　　　　　　　　　　　　　　　　　　　——《论语·子路》

　　中国古代，天子治下，有很多诸侯国。一般说来，诸侯国大致上都是各自为政，为君一方。孔子这里说的"近者说，远者来"，就是说本诸侯国的百姓都安居乐业，生活幸福，使其他诸侯国的百姓都来归附。而能否做到"近者说，远者来"，就是对你这个诸侯国国君治国好坏的检验。只有本国治理好了，百姓安居乐业，生活幸福，老百姓才高兴。其他诸侯国的老百姓，只有看到你这个国家比他所在的国家治理得更好，生活更幸福才会来归附。所以能使"近者说，远者来"的就是最好的治国方略。那也就是为政以德，众星拱之了。

> 定公问："君使臣，臣事君，如之何？"孔子对曰："君使臣以礼，臣事君以忠。"
>
> ——《论语·八佾》

这里，君使臣以礼，最为重要。因为国君往往居高临下，很容易失礼。同时，这个礼应该从两个方面来说。第一，国君对臣下要以礼相待。要尊重臣下的人格，要信任他们。臣下只有受到应有的尊重与信任，才能真心诚意为国君服务。第二，要按照礼的规定使用臣下。按照礼的规定，臣下都各司其职。国君要支持他们按照规定履行自己的职责；不能随便干预他们在正常情况下履行其职责。对待他们要公正，不能有亲有疏。臣下为国君服务，要尽忠尽责。只要国君是真心治国、施德于民，臣下就不应该有任何懈怠。

> 哀公问曰："何为则民服？"孔子对曰："举直错诸枉，则民服，举枉错诸直，则民不服。"
>
> ——《论语·为政》

国君治国，举贤任能，用人唯贤，把德才兼备的人才选拔出来，加以重用，这也可以说是为政以德的重要措施。老百姓当然会服从。如果国君把一些品质恶劣、奸佞无能之辈，加以重用，那就可能乱政乱国，把社会搞得乌烟瘴气、民不聊生，或者就成了苛政。

> 子贡问政。子曰："足食，足兵，民信之矣。"子贡曰："必不得已而去，于斯三者何先？"曰："去兵。"子贡曰："必不得已而去，于斯二者何先？"曰："去食。自古皆有死，民无信不立。"
>
> ——《论语·颜渊》

子贡的问题问得很尖锐。对于这样的问题，一般人实在很难回答。对于一个国家来说，足够的粮食十分重要。手中有粮，心中不慌。民以食为天。没有了粮食，就像天塌下来一样后果严重。除了粮食，军备也重要。没有军备，就无法抵御外来侵略。外敌想怎样欺侮你，就怎样欺侮你。然而，孔子认为，治理国家，老百姓对执政者的信任比粮食与军备更重要。下这样的结论，源于孔子独具的眼光。因为老百姓对执政者信任，执政者就有了号召力。反之，如果老百姓对执政者没有了信任，执政者就丧失了号召力。

　　哀公问于有若曰："年饥，用不足，如之何？"有若对曰："盍彻乎？"曰："二，吾犹不足，如之何其彻也？"对曰："百姓足，君孰与不足？百姓不足，君孰与足？"

——《论语·颜渊》

　　哀公问有若道："年成不好，遭了饥荒，国家的财政不够开支，怎么办？"有若回答说："为什么不实行十抽一的税率呢？"哀公说："实行十抽二的税率，财政还不够开支呢，怎么能够实行十抽一的税率呢？"有若回答说："如果老百姓的用度够开支了，您的财政开支怎么会不够呢？如果老百姓的用度不够，您的财政又怎么会够呢？"

　　有若对哀公讲的这一番道理，虽然没有提到治国二字，实际上却是治理国家的重要道理。为政以德，德是什么？德往往与泽连在一起，就是说治国理政者要给民众施以德泽。说得通俗一点，就是要给老百姓多办好事，多给好处；就是要惠民，让老百姓得到实惠。灾荒年景，收成不好，政府更要施惠于民，减轻税赋。这样，老百姓就会以德报德，体谅国家的困难。反之，如果国家不体谅民情，课以重税，老百姓更加困难，国家也富不起来。如此，老百姓就会"近者去，远者惧"了。

　　子路问政。子曰："先之，劳之。"请益。曰："无倦。"

——《论语·子路》

　　子张问政。子曰："居之无倦，行之以忠。"

——《论语·颜渊》

　　这两段话都是学生向老师请教如何做好国家治理的工作。孔子对子路说："要老百姓做什么事情，自己先带头干。永远不要懈怠。"孔子对子张说："有了职位，就要不怕疲劳，不能懈怠。执行上级命令，要忠心诚意。"

　　孔子教导学生，做官首先要严格要求自己，忠于职守。动员老百姓做什么事情，都要带头干在前面。不要怕辛苦，不要怕疲劳。这样老百姓即使很辛苦，也不会抱怨。执行上司的命令，要真心诚意，不要阳奉阴违，不要打折扣。孔子的这些教导，对于为官的人来说，既是金玉良言，也是对他们的考验。

> 子夏为莒父宰，问政。子曰"无欲速，无见小利。欲速则不达，见小利则大事不成。"
>
> ——《论语·子路》

孔子一贯主张中庸之道。无论做什么事情，都要选择最好时机、最好角度、最佳切入点，从而获取最好效果。所以一再教导学生，过犹不及，欲速则不达。而一个地方主要官员要有长远的眼光，不能急功近利，要从长远利益着想，规划一些对老百姓有长远效益的大事来做，以求地方的长治久安。所以孔子让子夏不要只看见眼前小利。

> 子适卫，冉有仆。子曰："庶矣哉！"冉有曰："既庶矣，又何加焉？"曰："富之。"曰："既富矣，又何加焉？"曰："教之。"
>
> ——《论语·子路》

孔子到卫国去，冉有为他赶车。来到卫国，孔子说："这里的人口真稠密呀！"冉有说："人口已经很多了，进一步该怎么做？"孔子说："让老百姓都富裕起来。"冉有说："大家都富裕起来了，再进一步该做点什么？"孔子说："让他们都接受教育。"

对于一个国家来说，人口众多当然是好事。但仅仅人口众多也不行，还要让国民都富裕起来。人们富裕了还不够，还要让大家都接受教育。民众的教育最重要。接受教育，会让大家都聪明智慧起来。民众的聪明智慧，是国家最有价值的财富。用财富来创造财富，这样的国家不就会更加富裕强大吗？一个文化匮乏的国家，既富不起来，更不可能强大起来。

> 子路治蒲，请见于孔子曰："由愿受教于夫子。"子曰："蒲其何如？"对曰："邑多壮士，又难治也。"子曰："然，吾语尔，恭而敬，可以摄勇；宽而正，可以怀强；爱而恕，可以容困；温而断，可以抑奸。如此而加之，则正不难矣。"
>
> ——《孔子家语·致思》

子路担任治理蒲这个地方的主官，请求谒见孔子，说：我特来向老师请教。

孔子曰：蒲这个地方的情况怎么样？子路回答说：蒲这个地方勇猛的人多，很不好治理。孔子说：要是这样的话，我告诉你。谦恭而庄重，可以震慑勇猛之士；宽厚而正直，可以安抚强悍的人；仁爱而宽容，可以让贫困的人得到慰藉；温厚而果断，可以遏制奸邪的人。这样来推行自己的施政之策，治理那个地方就不是什么难事了。

孔子的这一番话，对于子路而言，颇有针对性。子路好勇，有勇力。而蒲这个地方，又多壮士。壮士，当然也有勇力。如果以勇力对勇力，必然带来社会的混乱。所以，作为一个地方长官，光凭勇力不行，还要推行德政。要推行德政，就要自我修养，让自己有德的品格，要给百姓们树立榜样。孔子说过，政就是正。这是没有错的。你本身正了，才能起模范作用，才能有感召力，才能有威慑力，才能有亲和力，才能让百姓信服你。就是那些壮士，虽然勇猛强悍，而你子路也是勇武之士，却能以礼相待，以德而化之。他们岂能不信服。这就显示出你的德操修养与智慧。当好这个官也就势所必然。

> 子张学干禄。子曰："多闻阙疑，慎言其余，则寡尤；多见阙殆，慎行其余，则寡悔。言寡尤，行寡悔，禄在其中矣。"
>
> ——《论语·为政》

子张向孔子求教谋取官职俸禄的方法。孔子告诉他，多听取别人的意见，对于某些不能作出正确判断的事暂时保留，谨慎地把有把握的东西说出来，这样就可以减少过失。多到处看看，有些没把握的事情先不要去做，郑重地把能够做好的事情做好，就会减少懊悔。言论很少失误，行动很少懊悔，这就是谋取官职与俸禄的学问。

做官就是要去治理国家，管理政务，服务社会，造福人民，责任重大。这是为官者首先必须明白的道理。所以孔子总是教育学生，严格要求自己，谨言慎行，不管做什么事情，遇到什么情况，都必须预先考虑好。要多听取别人的意见。对于这些意见，有把握的可以表示自己的态度；不太有把握的就不要急于表态。处理事情也同理，多看，有把握的就去做，没有把握的就暂缓，搞清楚了再去做。要稳重从事，这样才能把事情做好。

> 子张问于孔子曰："如何斯可以从政矣？"子曰："尊五美，屏四恶，斯可以从政矣。"子张曰："何谓五美？"子曰："君子惠而不费，劳而不怨，欲而不贪，泰而不骄，威而不猛。"子张曰："何谓惠而不

费?"子曰:"因民之所利而利之,斯不亦惠而不费乎?择可劳而劳之,又谁怨?欲仁而得仁,又焉贪?君子无众寡,无大小,无敢慢,斯不亦泰而不骄乎?君子正其衣冠,尊其瞻视,俨然人望而畏之,斯不亦威而不猛乎?"子张曰:"何谓四恶?"子曰:"不教而杀谓之虐;不戒视成谓之暴;慢令致期谓之贼;犹之与人也,出纳之吝谓之有司。"

——《论语·尧曰》

这正是做官的高超艺术。做官,也可以做出高超的艺术来。比如惠而不费。你只要把应该给老百姓的东西都给他们,不要克扣他们应得的利益。他们获得幸福感,就会感谢政府,拥护政府。这是多么高明的施政艺术!

再说劳而不怨。要让老百姓付出劳动又没有埋怨情绪,这就要求官员们要有眼光。比如你让农民发家致富,这是好事。你必须选择让他们去干他们能够办得到的事情。这也是领导艺术。

欲而不贪。想做个好官,做个清正廉洁的官。出发点就是要为国家出力,为社会服务,为人民办好事。做到了,还有什么想要的呢?

其他"泰而不骄"与"四恶"之类,就不多说了。

哀公问政。子曰:"文武之政,布在方策。其人存,则其政举;其人亡,则其政息。人道敏政,地道敏树。夫政也者,蒲卢也。故为政在人,取人以身,修身以道,修道以仁。仁者,人也。亲亲为大。义者,宜也。尊贤为大。亲亲之杀,尊贤之等,礼所生也。在下位不获乎上,民不可得而治矣。故君子不可以不修身。思修身,不可以不事亲。思事亲,不可以不知人。思知人,不可以不知天。天下之达道五,所以行之者三。曰君臣也,父子也,夫妇也,昆弟也,朋友之交也。五者天下之达道也。知、仁、勇三者,天下之达德也。所以行之者一也。或生而知之,或学而知之,或困而知之,及其知之,一也。或安而行之,或利而行之,或勉强而行之,及其成功,一也。"子曰:"好学近乎知,力行近乎仁,知耻近乎勇。知斯三者,则知所以修身。知所以修身,则知所以治人。知所以治人,则知所以治天下国家矣。凡为天下国家有九经,曰:修身也,尊贤也,亲亲也,敬大臣也,体群臣也,子庶民也,来百工也,柔远人也,怀诸侯也。修身则道立,尊贤则不惑,亲亲则诸父、昆弟不怨,敬大臣则不眩,体群臣则士之报礼重,子庶民则百姓劝,来百工则财用足,柔远人则四方归之,怀诸侯则天下畏之。齐明盛服,非礼不动，所以修身也；去谗远色，贱货而贵德，所以劝贤也；尊其位，重其禄，同其好恶，所以劝亲亲也；官盛任使，所以劝大臣也；忠信重禄，所以劝士也；时使薄敛，所以劝百姓也；日省月试，既禀称事，所以劝百工也；送往迎来，嘉善而矜不能，所以柔远人也；继绝世，举废国，治乱持危，朝聘以时，厚往而薄来，所以怀诸侯也。凡为天下国家有九经，所以行之者一也。凡事豫则立，不豫则废。言前定则不跲，事前定则不困。行前定则不疚，道前定则不穷。在下位不获乎上，民不可得而治矣。获乎上有道，不信乎朋友，不获乎上矣；信乎朋友有道，不顺乎亲，不信乎朋友矣；顺乎亲有道，反诸身不诚，不顺乎亲矣；诚身有道，不明乎善，不诚乎身矣。诚者，天之道也；诚之者，人之道也。诚者不勉而中，不思而得，从容中道，圣人也；诚之者，择善而固执之者也。博学之，审问之，慎思之，明辨之，笃行之。有弗学，学之弗能，弗措也。有弗问，问之弗知，弗措也。有弗思，思之弗得，弗措也。有弗辨，辨之弗明，弗措也。有弗行，行之弗笃，弗措也。人一能之，己百之，人十能之，己千之。果能此道矣，虽愚必明，虽柔必强。"

——《中庸》第二十章

鲁哀公向孔子请教治理国家的方略。

孔子回答说：文王与武王治理国家的方略，都在典籍中记载着。这样的圣人在世，他们的治国之策就能获得贯彻执行。这样的圣人没有了，他们的治国之策也就只能搁置起来了。人道之运行，就在于勤勉地致力于政事。地道的运行，就在于让树木快速地生长。治理国家，就像是蒲草芦苇，生长变化极快，必须掌握其规律。因此，治理国家在于拥有人才。而要得到人才，就要看自身的修养如何。修养自身，要依道而行。而修道又要以仁为准则。什么是仁？仁就是爱人。而爱人首先就要爱自己的亲人。义是什么？义就是干什么事情都要做到合宜。而义最关键的就是尊重贤人。爱亲人，有亲与更亲的不同。尊重贤人也有等次的差别。区别对待，是礼的要求。身居下级地位的官员得不到上级的信任，就不可能管理好臣民百姓。因此，君子是不可以不修身的。要想修身，就不能不侍奉好父母。要侍奉好父母，就不能不理解人。要理解人，就不能不了解天道。普天之下，通行无阻的人伦之道有五种，而用来实行这五种人伦之道的德行有三种。五种人伦之道是君臣之道、父子之道、夫妇之道、兄弟之道、结交朋友之道。这五种人伦之道，是普天之下通行无阻的大道。而智、仁、勇这三种美德，则是普天之下通行无阻的美德。实行五种人伦之道也好，三种美德也好，其目的是一样的。有些人是天生就知道这些道理，有的人是通过学习才知道了这些道理，有的人是经过一番艰难困苦磨练才知道的。最后大家都知道了，其效果是一样的。有的人是自觉自愿去践行这些道理，有的人是为了获得利益才去践行的，有的人是很勉强地去践行的。等到大家都践行了这些道理，其效果是一样的。

孔子说：喜欢学习的人，便与聪明的人接近了。努力去实践五种人伦之道的人，就已经接近于仁的美德了。知道什么是耻辱的人，就接近于具备勇的德行了。理解了这三种美德，就明白了应该怎样去修炼自己的人格美德了。明白了怎样修炼自己的人格美德，就明白了如何去管理臣民百姓了。明白了如何管理臣民百姓，就明白了如何把天下国家治理好了。

凡治理天下有九条原则：那就是修炼自身的人格品德，尊重贤良才俊，爱双亲及家族亲人，尊敬大臣，体恤中下层官员，爱民如子，吸引各种工匠来归，优待远方来客，安抚诸侯。修炼好了自身的人格品德，治国的原则榜样就树立起来了。尊重贤良才俊就不至于困惑；爱双亲及家族亲人，就不会招来叔伯兄弟的怨恨；尊敬大臣，遇到重大事情就会有人帮助拿主意，不至于迷惑；体恤中下层官员，士人们给予的回报会更加厚重；爱民如子，则老百姓更加受到鼓励而加倍努力工作；吸引各种工匠来归，财用就会更加充裕；优待远方来人，四方的臣民都会踊跃来归附；安抚诸侯，则天下八方都会敬畏。

行为端庄，衣着整洁，有如斋戒。不符合礼法的事绝不去做，这就是修身的要求。斥退奸佞小人，远离女色，不要把财物看得太重，而要把精力放在人格品德的修炼上。这就是对贤良才俊最好的鼓励。给贤良才俊安排适当的职务，让他们受到尊敬，给予他们较高的待遇，尊重他们的好恶，这就是对亲人们最好的鼓励。可供差遣的官员众多，任其使用，这是给大臣最好的鼓励。对士人充分信用，给他们优厚的待遇，这是鼓励士人的办法。征用劳役，不误农时，减轻赋税，这是鼓励老百姓的办法。每天检查督促，按月考察测评，按照工作的成果给予相应的工资待遇，这是鼓励各种工匠的办法。按照礼节热情地迎送远方的来者，奖励品德优良的人，抚慰能力不佳的人，这就是慰藉远方来人的办法。帮助那些断了香火的家族延续起来，帮助那些废亡的国家恢复起来。治理社会的混乱现象，扶助那些危困的部族。按时派遣与接见使节，送出的礼物要丰厚，接收的贡赋宜减少，这就是安抚诸侯的办法。治理天下国家有九项基本原则，而实行这些原则的途径是一样的。做任何事情，预先有准备，就会顺利把事情做成，而不事先做好准备就可能把事情办坏。发言之前做好准备，说起话来就会很顺畅。做事之前做好准备，行动起来就不会窘迫。出发之前做好准备，就不会为走错路而担心。治国之道预先选好，就能前途光明。

处于下级地位的人，若不能获得上级的信任，就不可能管理好臣民百姓。要获得上级的信任是有原则可循的。不能获得朋友的信任，就不可能获得上级的信任。要获得朋友的信任也是有原则可循的。不孝顺父母，就不能获得朋友的信任。孝顺父母也是有原则可循的。如果自己不是一个忠诚信实的人，就不可能真正地去孝顺父母。要使自己忠诚信实也是有原则可循的。不搞清楚什么是善，是不能使自己忠诚信实的。天道的运行就是一个诚字。做到忠诚信实是做人的准则。一个忠诚信实的人，无论怎么做都是忠诚信实的。不假思索地去做也是忠诚信实的。从从容容，随心所欲地去做，也是合乎中庸之道的。这就是圣人。忠诚信实的人，就是选择善行而坚持不懈地去贯彻到底的人。

要成为一个忠诚信实的人，就要广泛地学习，周密详细地向他人讨教，缜密用心地反复思考，有疑问要研究清楚，分辨明白，坚持不懈地努力贯彻执行到底。要么不学，一旦学习，如果还未完全掌握就不要放弃。要么不问，一旦要问，如果还没有彻底明白就不要放弃。要么不思考，一旦思考，如果还没有彻底思考清楚就不要放弃。要么不分辨，一旦分辨，如果还没有完全辨明是非就不要放弃。要么不去实践，一旦去实践，如果还没有得到实践结果，就不要放弃。他人能够做到一次，自己就去做一百次。他人能够做到十次，自己就去做一千次。如果真的能够按照这样的办法去做，即使比较愚钝，也必然能够变得聪明起来，即使比较柔弱，也必然变得刚强起来。

孔子这一段治国的论述，虽然很长，但既全面又深入，既丰富又周密，既广博又很具逻辑性，所以把它引出来。治国的关键在于修身，修身的关键在于崇尚仁德。崇尚仁德的关键，在于学习与实践。学习与实践的关键在于坚持不懈。孔子的这些话，虽然是对鲁哀公所说，但就其修身来说，大家仍然都可以借鉴。

孔子从政的主张，已经引述了很多有关言论。他从各个方面发表了意见，很全面。但是从他的这些议论来看，可以说是一以贯之，就是一个德字。要为政以德。他对为政者提出了很多要求。比如善、仁、义、诚、忠、敬、孝、礼、智、信等。但归根结底，还是一个德字。大家常常把上述那些概念归纳为传统美德。而从"美德"二字来看，德是中心，美是德的修饰成分，当然也重要。从人格修养境界来看，德是最高境界。我们形容一个人的人格境界高，常用的一个短语便是"德高望重"。其他如善，那只是德的一个组成要素。"积善成德"，善事做得多了，也便成了一种美德。再如仁，仁者爱人。爱人也是一种美德。那也还只是德的一个方面的内容。其他义，诚，忠，孝等也都是如此，是组成德的要素。可见为政以德是为政的最高境界。

孔子对为政者还提出了其他更多的要求，比如要"尊五美，屏四恶"。比如治理国家天下有九经、五达道、三达德等。这些都是在"为政以德"前提下的方法措施，但总的宗旨就是要为政以德。再具体一点就是：一方面告诫为政者，要严格要求自己，培养自己的美德。做人要有尊严，不要有害人之心，更不能去残害老百姓。要忠于国家。要讲诚信。不要有任何贪念。另一方面是告诫为政者，要施惠于民。办什么事情，都要考虑老百姓的利益，让利于民，藏富于民，要让老百姓获得实惠。使民以时，不误农时，使老百姓安居乐业。

二、治国之道

上一节主要讨论了孔子"为政以德"的为政主张，其实这也就是治国之道，只是还有一些内容没有说完。现在再对这个问题作进一步的讨论。对于治国，在孔子的心目中，最心仪的就是王道之治。所谓王道，其实也就是德治，只是名称不同罢了。关于这一点，体现得最充分的就是《孔子家语》的《王言解》。《孔子家语·王言解》以孔子与曾子对话的形式，充分表现出了孔子的王道治国思想。

> 子曰："居，吾语汝。夫道者，所以明德也；德者，所以尊道也。是以非德，道不尊；非道，德不明。虽有国之良马，不以其道服乘之，不可以取道里。虽有博地众民，不以其道治之，不可以致霸王。是故，昔者明王内修七教，外行三至。七教修然后可以守，三至行然后可以征。明王之道，其守也，则必折冲千里之外；其征也，则必还师衽席之上。故曰：内修七教而上不劳，外行三至而财不费。此之谓明王之道也。"

孔子对曾子说：坐下，我来告诉你。所谓道，是用来彰显德行的。所谓德，是用来尊崇道义的。所以如果没有德，道就得不到尊崇。没有道，德就得不到彰显。即使有国家最好的马匹，如果不能用正确的方法去驾驭它，那也寸步难行。即使拥有广博的土地和众多的人口，不能用正确的方法去治理，仍然不能够建立王霸的大业。因此，古代圣明的君王在国内实施七教，对外施行三至。七教得到实施，国内就可以保证国泰民安。三至得到施行，就可以去征讨那些废礼无道的国家。圣明君王的治国之道，用来守卫自己的国土，便可以御强敌于千里之外。对弃礼废道不义之国的征讨，则必得胜班师回朝。因此说：在国内实施七教，国君便可以免去为治国而操劳之苦。对外实施三至就会节省许多财富。这就是古代圣明君王的治国之道。

　　孔子首先阐述德与道的关系。德是什么？道是什么？孔子在这里没有明说。但从他对德与道之间的关系的阐述中，可以看出，所谓德是人的人格修养境界，也就是人的道德、德操修养境界。所谓道便是德操修养外化的行为表现。所以，德是人格内在修养的境界，是人格的质。道是人格内在修养也就是德的外化行为，是人格的文。所以孔子说：道以明德。从一个人的言论行为可以看出其德操修养。德高者，其行为必然高尚；德低者，其行为必然卑劣。这就是道所以明德。从一个人的行为就可以看出其人格修养的高低。德所以尊道。一个人格修养高，也就是德操修养高尚的人，他的行为必然高尚。一个人的行为也就是道高不高尚，是由德来支配的。一个缺德的人，他的行为能高尚吗？绝对不能。这就是德所以尊道的原因。因此，没有高尚德操支配，其表现出来的行为也高尚不了，因而也不会得到尊崇；不由行为表现出来，人格德操修养也就显示不出来。可见，有了国中最优良的马，不用最恰当的骑术来驾驭它，也到达不了目的地。即使有大量的土地和众多的人口，不用最恰当的治国方略来进行治理，也实现不了理想境界的王霸大业。因此古代的圣明君王，对内进行七个方面的教育，对外推行三至的政策。七个方面的教育进行好了，国民的人格素质水准提高了，大家齐心协力，国家便安全稳定，国民就安居乐业。三至推行成功，对于境外的敌人就可以进行征讨了。圣明君王的治国之道，可以御敌于千里之外。对外敌的征讨，则战而胜之，凯旋回朝。因此说：对内实行七个方面的教育，君王治国就不至于过于辛劳；对外推行三至，则可以省去许多财政开支。这就是圣明君王的治国之道。

　　　　曾子曰："不劳不费之谓明王，可得闻乎？"孔子曰："昔者帝舜左禹而右皋陶，不下席而天下治。夫如此，何上之劳乎？政之不平，君之患也；令之不行，臣之罪也。若乃十一而税，用民之力，岁不过三日，入山泽以其时而无征，关讥市廛，皆不收赋，此则生财之路。而明王节之，何财之费乎？"

　　曾子说：不为政事操劳，不耗费资财的圣明君王的治国之道，您能讲给我听听吗？孔子说：从前，舜帝有禹与皋陶两位大臣作为左膀右臂，不出房门就天下大治。如果是这样，那么君王还有什么可操劳的呢？政治上的不安定，是君王最忧心的。法令施行不畅，是臣下的罪过。如果实行十抽一的税率，老百姓服徭役，每年不超过三天，按照规定的时间进入山林川泽而不征收税赋，各种集市与稽查关卡都不征收，这都是老百姓的生财之道。圣明君王控制财政开支，哪里会耗费更多的财富呢？

圣明君王的治国之道，孔子以舜帝为例。舜帝的英明，孔子举出了三点。第一，舜帝善于用人。他以禹与皋陶两位贤大臣为左膀右臂，来辅佐自己；高度信任他们，发挥他们的作用，以至于在座席之上，就做到了天下大治。第二，实行了惠民政策，只按照十抽一的轻税率收税；减轻国民的徭役负担，一年之内只出徭役三天；老百姓在规定的时间内进山去打柴，到河里去捕鱼，都不收取费用；在各种集市、商品交换场所、稽查关卡，都不征收税赋。这些都是国民增加收入的生财之道。实行了这样的惠民政策，老百姓自然就富裕起来。百姓富裕了，国家的负担就自然减轻了。三是节约用度，减省政府开支，这样国家的财政还会用很多的钱吗？

舜帝实行的这三项治国政策，确实都很英明。舜也正是用了这样的政策，使天下大治。这样的政策，就是在今天，也是值得我们学习的。

> 曾子曰："敢问何谓七教？"孔子曰："上敬老则下益孝，上尊齿则下益悌，上乐施则下益宽，上亲贤则下择友，上好德则下不隐，上恶贪则下耻争，上廉让则下耻节，此之谓七教。七教者，治民之本也。政教定，则本正也。凡上者，民之表也，表正则何物不正？是故人君先立仁于己，然后大夫忠而士信，民敦俗璞，男悫而女贞。六者，教之致也。布诸天下四方而不怨，纳诸寻常之室而不塞。等之以礼，立之以义，行之以顺，则民之弃恶如汤之灌雪焉。"

曾子说："请问老师，七教的内容有哪些？"孔子说："君王尊敬老人，臣民百姓更加孝顺父母；君王尊敬年长的人，臣民百姓就更加尊敬兄长；君王乐善好施，臣民百姓就更加宽厚仁慈；君王亲近贤良的君子，臣民百姓就更加会选择品德高尚的人做朋友；君王崇尚德泽教化，臣民贤士的才华就不会被埋没；君王厌恶贪污腐败的人，臣民百姓就会以相互争利为耻；君王清廉谦让，臣民百姓就会以不讲礼义操守为耻。这就是所谓的七教，是管理臣民百姓的根本。只要政治教化的原则确定下来，那么治国的根本国策就是正确的。国家君王，都应该是臣民百姓的表率。只要当表率的端正，还有谁敢不端正？因此，国君首先要修炼仁德的品格，然后大夫才会忠诚，士才会讲信誉，百姓才会敦厚纯朴，男人才会忠厚诚实，妇女才会贞洁不二。这六种情况，都只能依靠道德教化才能做得到。这样的道德教化应该推广到天下的四面八方而不留空隙，让寻常百姓之家接纳而通行无阻。用礼制来区分人的尊卑等级，以道义来作为安身立世的依据，遵照礼法制度来达到行事和顺。这样一来，老百姓弃恶从善便有如把热水浇到雪上而让雪消融那样轻而易举了。"

七教在治国之中都很重要，是治国的根本，都是对臣民百姓进行的人格品质教育，让臣民百姓都成为品格高尚的人。这个道理很简单，如果国人的品格都很高尚，大家都爱国守法，国家的治理当然就很容易了。但是，孔子认为，要对臣民百姓进行七教，君王要以自己的模范行为作表率。君王首先是一个正人君子。君王尊敬老人，百姓就会孝顺父母。君王尊敬年长的人，百姓就会尊敬兄长。反之，君王本身就没有道德修养，行事不讲礼法，又怎样来要求百姓按照礼法行事？所以，凡上者，民之表也。表正则何不正？国君是个仁德之人，大夫就会忠诚于你，士就会讲信誉，百姓就会敦厚纯朴，男人则忠厚诚实，妇女则忠贞不二。这六者，都是教化所致。把教化推向全国，推向各家各户，使全体国民都成了道德模范。对臣民百姓的教化到了这种境界，国家的治理当然就"行之以顺"了。

什么叫"顺"呢？《礼记·礼运》中有一段话可以供参考。

> 仁者，义之本也，顺之体也，得之者尊。

仁是义的根本，是顺的主体。能够做到仁的人，就会得到世人的尊崇敬爱。

> 安之以乐而不达之于顺，犹食而弗肥也。四体既正，肤革充盈，人之肥也。父子笃，兄弟睦，夫妇和，家之肥也。大臣法，小臣廉，官职相序，君臣相正，国之肥也。天子以德为车，以乐为御，诸侯以礼相与，大夫以法相序，士以信相考，百姓以睦相守，天下之肥也。是谓大顺。大顺者，所以养生、送死，事鬼神之常也。故事大积焉而不苑，并行而不谬，细行而不失，深而通，茂而有间，连而不相及，动而不相害，此顺之至也。明于顺，然后乃能守危。

做到了用音乐来使生活安定，而不能做到通达于礼的最高境界，就好像吃到了耕种收获的粮食，却未能使身体强壮起来。四肢正常，皮肤丰润，这是身体健康的表现。父子忠信，兄弟和睦，夫妇相亲，是家庭健康的表现。大臣守法，小臣廉洁，官吏配合有序，群臣相互匡正，这是国家健康的表现。天子以德行作为车，用礼乐来推行德政，诸侯之间以礼让相互交往，大夫用法纪来相互配合，士

313

人用诚信作为成功的标志，百姓和睦相处共同生活，这就是健康的世界，这就叫作大顺。大顺是供养人们生活、料理死者后事、祭祀鬼神的法则。因此，大事堆积却不至于郁积纠结，两件事并行去做而不悖谬，微末小事也不至忘怀，虽深奥至理而可通晓，虽繁茂而条理清晰，虽相互联系而保持距离，虽相互联动而不相侵害，这就是顺的最高境界。因而，能够明白顺这个治国的道理，就能够保持国家的长治久安而不至于带来危险。

这就是所谓的顺。这是《礼记》中的顺，是以礼治国的顺。但"礼"与"七教"的落脚点是一致的，都是仁，都是治国。但仁与治国都要求为上者以身作则，来教化下民。只有君王们都自我修炼好了，都具备仁的品格，就能化下，国家的治理就能"行之以顺"。这个顺，也就是现在所谓理顺各个环节。只有从上到下，大家的道德修养都好、品格境界都高，大家都能相互理解，相互支持，相互帮助，国家的治理不就顺了吗？上梁不正下梁歪。上级必须自我要求严格，自我修养境界高。领导自我修养境界不高，自我表现不好，又怎么去教育下级、要求下级？

> 曾子曰："道则至矣，弟子不足以明之。"
> 孔子曰："参以为姑止乎？又有焉。昔者明王之治民也，法必裂地以封之，分属以理之，然后贤民无所隐，暴民无所伏。使有司日省而时考之，进用贤良，退贬不肖，然则贤者悦而不肖者惧。哀鳏寡，养孤独，恤贫穷，诱孝悌，选才能。此七者修，则四海之内无刑民矣。上之亲下也，如手足之于腹心；下之亲上也，如幼子之于慈母矣。上下相亲如此，故令则从，施则行，民怀其德，近者悦服，远者来附，政之致也。夫布指知寸，布手知尺，舒肘知寻，斯不远之则也。周制三百步为里，千步为井，三井而埒，埒三而矩，五十里而都，封百里而有国，乃为福积资聚求焉，恈行者有亡。是以蛮夷诸夏，虽衣冠不同，言语不合，莫不来宾。故曰'无市而民不乏，无刑而民不乱'。田猎罼弋，非以盈宫室也；征敛百姓，非以盈府库也。惨怛以补不足，礼节以损有余，多信而寡貌，其礼可守，其言可复，其迹可履。如饥而食，如渴而饮，民之信之，如寒暑之必验。故视远若迩，非道迩也，见明德也。是故兵革不动而威，用利不施而亲，万民怀其惠。此之谓明王之守，折冲千里之外者也。"

曾子说："老师您所讲的明王之道真是达到了至高无上的境界，只是学生我实在很难透彻地理解它。"

孔子说："曾参呀，你以为圣明君王的治国之道就只有这些吗？还有呢。从前圣明君王在治理国家的时候，按照礼法的规定把土地划分开来，分配各级官员去管理。这样一来，贤能的人才就不会被埋没，那些凶残的人也就无处藏身了。派遣有关部门的官员经常去巡视并考察当地官员的业绩，选择提拔贤良的人，罢黜无能与品行不端的人。这样一来，贤良的人就高兴，无能与品行不端的人就会畏惧。怜惜关怀那些鳏寡老人，抚养那些孤儿与无子女的孤独老人，救济那些贫穷困苦的人，教导百姓孝顺父母、尊敬兄长、友爱弟弟，选拔贤能才俊加以任用。这七件事情做好了，整个国家就不必用刑法来管理百姓了。君王亲爱臣民百姓，就像手足和腹心一样连结一体而不可分离。百姓与君王的亲密关系，就像幼小的子女依附于慈爱的母亲怀抱一样。君王与百姓如此相亲相爱，政令下来就会一呼百应，任务的完成就会畅通无阻。百姓感恩君王的德泽，周围的百姓心悦诚服，远处的百姓都自动来归附。如此，国家的治理达到了最高境界。伸开一个指头知道一寸的长度，张开手掌知道一尺的长度，舒展双臂知道一寻的长度，这是我们身边的法则。依照周代的制度，三百步为一里，一千步为一井，三井为一埒，三埒为一矩，方圆五十里可以建立大城市，方圆一百里的封地就可以建立国都。这都是为了国家富庶而积聚财富，用以帮助那些出门在外需要帮助的人。这样，不论是中原汉族还是少数民族，尽管衣着穿戴不同，语言也不一样，却没有不来归附的。所以说，没有市场的相互交易，老百姓的生活也不会缺少什么，不动用刑罚，百姓也不会有人犯上作乱。打猎捕鱼，不是为了满足宫室的需要。向百姓征收赋税也不是为了充实国库。这样精心经营都是为了贴补灾荒年景的不足，用礼法来防范骄奢淫逸，多一些诚信，少做一些表面功夫，国家的礼法就可以获得遵守，君王的话百姓就会听信，君王的表率行为百姓就会效法。这就有如肚子饿了要吃饭，口渴了要喝水一样，老百姓对君王的信任，就像一年四季寒暑交替的变化一样，永远如此。因而老百姓总觉得君王就在自己身边，这不是因为距离真的近了，而是百姓感受到君王在自己身上的德泽。正因为如此，不动用武装力量而产生巨大的威慑力，不利用财物爵位来奖励臣民百姓，而臣民百姓也会亲附他，全体臣民都感戴他的恩泽。这就是圣明君王保国卫民，御敌于千里之外的治国之策。"

很显然，孔子的这些所谓的明王之道，就是他的治国理想境界。我们可以看出，孔子的治国之道，用现代的话来说，就是加强两个方面的建设，即精神文明建设与物质文明建设。他尤其注重精神文明建设。前面讲的七教，讲教化，就是精神文明建设。比如尊敬老人、尊敬年长的人、乐善好施、亲近贤良、德泽教育、厌恶贪腐、清廉谦让这七教都是精神文明建设的基本内容。这七个方面，包括了从个人到家庭，到社会，到国家。如果大家都把这七个方面的要求做到了，那么个人的人格品德、精神面貌都会有很大的提高。只要每个人都具备了高尚的品德，大家都能严以律己、宽以待人，那么家庭自然就和睦了。俗话说，家和万事兴。一家人和和睦睦，互敬互爱，互相帮助，会有什么做不到的事？又会有什么做不好的事？家庭和睦了，万事兴旺发达，和睦相处，安居乐业，整个社会的风气当然也就会好起来。邻里之间，相敬相让，遵纪守法，安定团结，风清气正。这样一来，国家也就国强民富、国泰民安了，于是也就"行之以顺"了。这就是精神文明建设的巨大力量。

这是从明王之道的角度来说的。从礼治的角度来说，很大程度上也是从精神文明建设着眼。以礼治国，其效果则是父子亲，兄弟睦，夫妇和，大臣法，小臣廉，官职相序，君臣相正，天子以德为车，以乐为御，诸侯以礼相与，大夫以法相序，士以信相考，百姓以睦相守。这是何等美好的社会氛围。有了这么好的社会氛围，什么样的国家治理不好？

从物质文明建设来说，古代是以农耕为主，所以要裂地以封，分属以理；使其土地发挥充分的作用；按照地方的大小，建立城邑都市，发展经济，加强管理，发挥有才能的人的作用，奖勤罚懒；帮助鳏寡孤独和有困难的人。捕鱼打猎，不收税费，不为供应宫室；集市关卡，不征税赋；征收赋税，不为充实国库，都只为让老百姓富足起来。苦心经营，积聚财富，增收节支，防止骄奢淫逸，都用来为灾荒之年补贴不足，多做实事，少说漂亮话。所有这些发展经济的措施，都是为了施惠于民，富民强国，从而取得老百姓的充分信任，换得了老百姓对国家与君王的忠诚。

　　曾子曰："敢问何谓三至？"孔子曰："至礼不让，而天下治，至赏不费，而天下士悦，至乐无声，而天下民和。明王笃行三至，故天下之君可得而知，天下之士可得而臣，天下之民可得而用。"曾子曰："敢问此义何谓？"孔子曰："古者明王必尽知天下良士之名，既知其名，又知其实，又知其数及其所在焉。然后因天下之爵以尊之，此之谓至礼不让而天下治。因天下之禄以富天下之士，此之谓至赏不费而天下之士悦。如此则天下之民名誉兴焉，此之谓至乐无声而天下之民和。故曰：'所谓天下之至仁者，能合天下之至亲也；所谓天下之至明者，能举天下之至贤者也。'此三者咸通，然后可以征。是故仁者莫大乎爱人，智者莫大乎知贤，贤政者莫大乎官能。有土之君修此三者，则四海之内供

命而已矣。夫明王之所征，必道之所废者也，是故诛其君而改其政，吊
其民而不夺其财。故明王之政，犹时雨之降，降至则民悦矣。是故行施
弥博，得亲弥众。此之谓还师衽席之上。"

　　曾子说：请问老师，什么是三至？孔子说：至高境界的礼无须讲究谦让，而
天下就能治理得很好；至高境界的赏赐，无须花费什么财物，而天下的士人都会
兴高采烈；至高境界的音乐没有声音，能使天下的臣民百姓相处融洽。圣明的君
王能够真诚切实地实行三至，那么全天下的国君都会知道他是一个圣明之君，全
天下的士人都会争相成为他的臣下，全天下的百姓都会争相为他所驱使。曾子
说："请问老师，为什么会这样呢？"孔子说："古代的圣明君王，一定要全都知
道天下贤良才俊的姓名，已经知道了他们的姓名，又搞清楚了他们的实际的工作
才干，以及他们的技艺能力与家庭所在地，然后将天下的爵位授予他们，让他们
得到应有的尊重与崇敬，这就叫至高境界的礼，不谦让而天下就能治理得好。凭
依天下的俸禄，让天下的士人们都富裕起来，这就是所谓的至高境界的赏赐，无
须花费什么财物，而天下士人都会兴高采烈。这样一来，天下的臣民百姓，便都
会因此而崇尚声誉名节，这就是至高境界的音乐，没有声音而能使天下的臣民百
姓相处融洽。所以说，天下仁德境界最高的人，能够使天下的臣民相互亲近仁
爱。天下最圣明的君王，能够把天下最杰出的贤良才俊提拔起来治理国家。如果
这三至都做得很好，那就可以去讨伐那些弃礼无道的不义之国了。因此，仁德的
最高境界，就是热爱臣民。智慧的最高境界，就是选拔任用贤良才俊。最高明的
执政者，莫过于能够充分发挥官员们的聪明才智。拥有国土的君王，能够致力于
做好这三件事情，那么天下的人都会听命于他。如此，圣明君王所要征伐的，必
定是弃礼废道的不义之国，要诛杀的是那不义之国君，改变他们弃礼废道的不义
之政，安抚他们的臣民百姓，但不掠夺他们的财物。因此，圣明君王所实施的圣
明之政，有如天降及时之雨，降到哪里，哪里的臣民就喜笑颜开，兴高采烈。所
以，圣明君王的施政德泽越是广博，就会有越来越多的臣民百姓亲近归附。这就
是征讨弃礼废道、不义之国得胜而班师回朝的原因。

　　孔子这里讲三至，也就是三种最高境界的治国方略。这三种治国方略，听起
来颇有些玄妙。下文来作简要分析。

　　至礼不让，而天下治。大家平时讲礼，总是要讲让的。礼与让是连在一起
的。不让怎么成礼？礼让三分，这是大家行事的规矩。但是，孔子却说至礼不
让。这确实让人有点不好理解，所以曾子要问怎么理解。孔子说，把天下的爵位
授予天下杰出的贤良才俊，让他们受到应有的尊重与崇敬。这真是高明的方略。

那些贤良才俊，他们胸怀治国平天下之才，也有一腔爱国情怀。从道义上来说，他们本来就应当受到尊重与崇敬，国家的爵位本来就应该是他们的。他们获得爵位理所当然。从心理上来说，他们最希望的就是能够充分发挥自己的聪明才智，为治国平天下出力，但是名不正，言不顺，如果授予他们适当的爵位，那他们就当仁不让。他们有了爵位，就能受到应有的尊重与崇敬，因而就会自觉自愿地出来发挥自己的聪明才智，为治国平天下出力。这不就天下治了吗？

至赏不费，而天下士悦。士有文化知识，也有一定的办事能力，但要谋得一官半职，求得一个安定富裕的生活，并不容易。所以孔子认为，依凭天下的俸禄而让天下的士人富裕起来，士人们就会兴高采烈。把社会应当设置的官职授予他们，让他们有了固定的俸禄，生活稳定而富足起来，他们当然会高兴得很。这样一来，士人们只是得到了他们应该获得的俸禄，朝廷并不需要额外拿出钱来，因而至赏而不费。打个比方：大学毕业生有知识、有文化、有能力，国家把他们都安置在一定的位置上，发挥他们的作用，用他们创造的财富，付给他们报酬，国家并不需要为他们付出更多的金钱，他们的生活问题解决了当然很高兴。这是治国用人的高超智慧。

至乐无声，而天下民和。就是说最高境界的音乐是不发出声音来的，而且这样的音乐能使天下臣民相处融洽。这句话颇令人费解。音乐不发出声音还是音乐吗？《礼记·文王世子》中说："凡三王教世子必以礼乐。乐所以修内也，礼所以修外也。礼乐交错于中，发形于外，是故其成也怿，恭敬而温文。"三王教育太子，主要是两个方面的内容，那就是礼和乐。乐用来内修，就是修炼其思想情怀，其表现是温润文雅之气。礼用来外修，就是修炼其外在行为，其表现是恭敬之德。礼与乐二者的修炼之功融合一起，表现出来是和颜悦色、肃敬恭顺、温文尔雅。这就告诉我们，音乐的作用是内修，是思想情怀的修炼，其表现是使人温文尔雅。这就是说，最高境界的音乐表现，就是人的温文尔雅。现在再来看孔子的三至，一是让贤良才俊有爵位，受到尊重崇敬；二是让士人们有俸禄，富足起来。这二者的成功，有如最高境界的音乐的作用，使天下的臣民内心受到了感染，有了荣誉感，于是大家相处融洽。这不就达到了至乐无声而天下民和吗？

以上孔子所谓的七教三至，体现了孔子仁道治国思想的重要内容。

三、治国用贤

重用贤良才俊来治理国家，也是孔子治国思想的重要内容。这一点在前两节的论述中已经有了相当多的涉及。在孔子治国思想的阐述中，很多地方都谈到治国用贤。但因这个问题在孔子的治国思想中的重要性，所以这里再进一步作简要的探讨。

　　舜有臣五人而天下治。武王曰："予有乱臣十人。"孔子曰"才难，不其然乎？唐虞之际，于斯为盛。有妇人焉，九人而已。三分天下有其二，以服事殷。周之德，其可谓至德也已矣。"

——《论语·泰伯》

　　舜有五个治国能臣，便把天下治理成太平盛世。武王说："我有十个贤良的治国能臣。"孔子说："人才难得。果然不就是这样吗！唐尧与虞舜的朝代，周武王执政期间，都是人才最兴旺的时代。其实在周武王时代，十位治国能臣之中还有一位是妇女，实际上只不过仅有九人而已。（此颇有轻视妇女之嫌）周文王已经据有天下的三分之二，仍然向殷纣王称臣，周朝的政德，真可以说是最高的了。"

　　这里说舜有五位治国能臣，便把天下治理成太平盛世。孔子在《孔子家语·王言解》中说："昔者帝舜左禹右皋陶，不下席而天下治。"这都说明舜是很重视贤臣治国的，所以孔子在这方面很推崇舜。其实，要说舜对贤臣的重视，《史记·五帝本纪》中有一段话也是讨论这个问题："昔高阳氏有才子八人，世得其利，谓之'八恺'。高辛氏有才子八人，世谓之'八元'。此十六族者，世济其美，不陨其名。至于尧，尧未能举。舜举八恺，使主后土，以揆百事，莫不时序。举八元，使布五教于四方，父义，母慈，兄友，弟恭，子孝，内平外成。"往昔，高阳氏（所谓高阳氏，就是颛顼帝）有八位才子。颛顼帝时代，有这八位才子治国，国家与人民都获得了很大的好处，大家称他们为"八恺"。高辛氏（高辛氏就是帝喾）有八位才子。帝喾的时代，有八位才子治国，人们称他们为"八元"。这十六个家族，治国贤能之士，世代相传，其美名不曾有过任何的损贬。尧的时代，未能启用这些人才。舜则启用八恺，让他们担任治理土地的大臣，管理各种各样的事务。而他们都能按时按节，管理得井井有条。帝喾启用八元，让他们在全国各地施行五教。于是做父亲的做到了道义，做母亲的做到了慈爱，做兄长的做到了友善，做弟弟的做到了恭敬，做儿女的做到了孝顺，从而华夏诸族享受太平。这就是治国用贤的效果。这也就是舜帝时代天下大治的根本原因。周武王的时代也是一样，因为有十位治国的能臣治理国家，所以取得了讨伐殷纣王的胜利，得以兴国。

　　舜的时代，把国家治理得那么好，能够启用贤德之士，是重要原因之一。武王能够讨伐纣王成功，重用贤能人才也是重要原因。所以要把国家治理好，必须重用贤能人才。人才是治国的宝贵财富。

> 子言卫灵公之无道也，康子曰："夫如是，奚而不丧？孔子曰："仲叔圉治宾客，祝鮀治宗庙，王孙贾治军旅。夫如是，奚其丧？"
>
> ——《论语·宪问》

孔子讲到卫灵公的昏庸无道，康子说："既然这样，那为什么不败亡呢？"孔子说："他有仲叔圉办理宾客来往的事宜，有祝鮀主持宗庙祭祀的事宜，有王孙贾主持军事工作。有了这几个贤能大臣的辅佐，怎么会败亡呢？"

卫灵公本是一个昏庸无道的国君。既然昏庸无道，为什么没有败亡呢？因为有几位贤能大臣的辅佐。关于这三位大臣，孔子在《论语》中都有过接触或评议。

> 子贡问曰："孔文子何以谓之文也？"子曰："敏而好学，不耻下问，是以谓之文也。"
>
> ——《论语·公冶长》

仲叔圉就是孔文子。子贡问孔子："孔文子为什么被谥以'文'的称号？"孔子说："这个人既聪明又爱好学习，并且敢于向不如自己的人求教，不以此为耻，因此谥以他这样的称号。"从孔子对孔文子的评议来看，这个人的确是一位贤能的大臣，由他来主办宾客来往的事宜一定能办理好。而宾客来往事宜，一大部分是外交事务。对于一个国家来说，外交事务的重要性是不言而喻的。孔文子把国家的外交事务处理好了，这就免去了卫灵公在外交事务上的失误，即使昏庸也不至于发生重大外事问题。

> 子曰："不有祝鮀之佞，而有宋朝之美，难乎免于今之世矣。"
>
> ——《论语·雍也》

如果没有祝鮀这样能说善辩的口才，仅有宋朝这样的美男子的美貌，在当时的社会里是难于避免麻烦的。本来孔子对于能言善辩是不欣赏的。但是在这里，从孔子对祝鮀的评价来看，孔子对祝鮀的才情还是持肯定态度的。治理国家是要有才能的。祝鮀能说善辩，对于治理国家来说，就是一种才能。而宋朝作为宋国的公子，虽然长得很美，但对于治国来说仅有美是不够的。在古代，祭祀对于一个国家来说，是极为重要的政务。而祝鮀作为卫国的大夫，主持国家的祭祀，也就是国家的内务，能把卫国的内务治理好，对于卫灵公来说，自然也是一种保护。

> 王孙贾问曰："与其媚于奥，宁媚于灶，何谓也？"子曰："不然。获罪于天，无所祷也。"
>
> ——《论语·八佾》

王孙贾问孔子："与其向奥神献媚讨好，还不如去向灶神献媚讨好，这话是什么意思？"孔子说："话不能这么说，如果你得罪了老天爷，那你向谁祷告也没有用。"王孙贾的问话显然是有用意的，只是我们猜不出其用意。但看得出来，王孙贾这个人很有心计。他是说，在当时的卫国，应该向什么人接近更有利。孔子告诉他，你不要耍小心眼，得罪了老天爷，谁都救不了你。我们可以说，王孙贾这个人比较小心眼，他或许是在寻求一条后路。孔子告诉他的是，你好自为之吧。从孔子对王孙贾主持军事工作的肯定来看，王孙贾还是很有才能的。

这就更能看出，治理国家不能没有贤能人才。卫灵公虽然昏庸无道，但是因为有仲叔圉、祝鮀、王孙贾这三位贤能之臣为其主持外交、内政、军事这三个重要方面的国务工作，从而保住了其统治地位。

> 子贡问于孔子曰："子从父命，孝乎；臣从君命，贞乎；奚疑焉？"孔子曰："鄙哉，赐。汝不识也。昔者明王万乘之国，有争臣七人，则主无过举；千乘之国，有争臣五人，则社稷不危也；百乘之家，有争臣三人，则禄位不替；父有争子，不陷无礼；士有争友，不行不义。故子从父命，奚讵为孝？臣从君命，奚讵为贞？夫能审其所从，之谓孝，之谓贞矣。"
>
> ——《孔子家语·三恕》

子贡向孔子请问道："儿子听从父亲的命令，这就是孝顺；臣下听从国君的命令，这就是忠贞。这没有什么可怀疑的吧？"孔子说："赐呀，你这个人真是孤陋寡闻，没有见识。从前，圣明的君王，治理拥有一万辆兵车的国家，只要有七个敢于直言劝谏的大臣，君王就不会有错的行为发生了。治理一个拥有一千辆兵车的国家，只要有五个敢于直言劝谏的大臣，国家就不会有倾覆的危险了。一个拥有一百辆兵车的大夫之家，只要有三个敢于直言劝谏的家臣，就不至于被革去官位、丢失俸禄。父亲如果有一个敢于直言劝谏的儿子，就不至于陷入失礼的境地。一个士人，如果有敢于劝谏的朋友，就不至于出现不义的行为。所以，儿子听命于父亲，怎么就能说是孝顺呢？臣下听命于君王，怎么就能说是忠贞呢？只有能够辨析清楚是正确的命令才去服从，这才能够说是孝顺，才能够说是忠贞。"

什么样的大臣是忠贞的大臣？什么样的儿子是孝子？子贡认为，只要对父亲唯命是从，就是孝子；只要对国君唯命是从，就是忠贞之臣。孔子否定了这种说法。他认为只有诤臣才是真正的忠臣与贤臣。一个国家，不论大小，都会有众多的大臣。而这些大臣中，都会有贤能者与不肖者。不肖者我们就不去说他了。就贤能者而言，也有不同。有的人也有一定的才华和能力，但他们唯君命是从。即使君命是错的，他们也会去执行，还美其名曰，这是无限忠诚。这样所谓的忠臣，只能说是误国之臣。孔子反对这样的所谓忠臣。他提倡诤臣。无论国家大小，都要有诤臣，才能保证国君的清醒与正确，才能把国家治理好。大夫要有诤家臣；父亲要有诤子；士要有诤友。不过话又要说回来，上面说的是开明的国君。昏庸之君刚愎自用，自以为是，则总以为自己最正确，什么时候都正确，听不得不同意见，更听不得反对的意见。他们只喜欢听好话、恭维的话，说恭维话的人，容不得持不同意见的人，容不得持批评意见的人。明明自己把事情办坏了，而且事实已经证明是自己错了，还死不认错，不让他人说他错，容不得别人说他错。这样的情况，在历史上何其多。有多少敢于说真话的诤臣死于非命。这也是历史的教训。诤也要看对象。不过，听不得不同意见的人，如果不改正，也不会有好结果。

　　仲弓为季氏宰，问政。子曰："先有司，赦小过，举贤才。"曰："焉知贤才而举之？"子曰："举尔所知。尔所不知，人其舍诸？"
　　　　　　　　　　　　　　　　　　　　——《论语·子路》

仲弓担任季氏的家臣总管，来向孔子请教如何当好这个官。孔子说："要让工作人员干什么，自己要走在前面。工作人员有了什么过错，不要过于追究，要提拔重用贤能的优秀人才。"仲弓说："怎么能够知道贤能人才而提拔重用他们呢？"孔子说："把你知道的提拔重用起来，你所不知道的，难道别人会让他们埋没吗？"

要当好官，除了有两点对自我的要求外，最重要的就是要重用人才。首先要提高对人才的认识，把自己了解的贤能人才提拔重用起来。当人家看到你当真能够重用人才，知道你重用贤能的优秀人才的时候，就会把你不认识的人才推荐给你。这样，大批的人才就会集聚到你的周围来，你的官自然就好当了，也更能当好了。

> 子曰："臧文仲其窃位者与？知柳下惠之贤而不与立也。"
>
> ——《论语·卫灵公》

柳下惠是鲁国知名的贤能人才，多次得到孔子的称赞。而臧文仲身为鲁国的大夫，却未能把柳下惠这样的贤能之士推举出来、提拔起来做官。为此，孔子对臧文仲很不满意，认为这是他的失职。在孔子看来，你既然在大夫的位置上，而不能把柳下惠这样的贤能人才推举出来，加以重用，这就是你未能尽到职责。由此我们真正体会到孔子对人才的重视。

四、先王之政

这一点，前面已多有涉及，只是并不系统，而《孔子家语·执辔》一篇中对这个问题讲得比较系统，因此作为前面的补充，加以引述。

> 闵子骞为费宰，问政于孔子。子曰："以德以法。夫德法者，御民之具，犹御马之有衔勒也。君者，人也；吏者，辔也；刑者，策也。夫人君之政，执其辔策而已。"

闵子骞在费那个地方担任行政长官，向老师请教如何当好这个长官。孔子说："用德泽与法律。德泽与法律，是管理百姓的工具，就好比是驾驭马匹，必须要有马嚼子与马笼头一样。君主就是驾驭马的人，官吏便是马缰绳，刑罚就是马鞭子。君主治理国政，只不过是牵着缰绳拿着马鞭子罢了。"

如何当好地方长官，如何治理好地方政务？孔子认为有两个方面："一个方面是德泽，另一个方面是法律。德泽与法律，就是治理地方政务的工具。"在这里，孔子用了一个比喻：治理政务，就像人们驾驭马一样，一定要有马嚼子、马缰绳、马鞭子。国君就是驭马的人，大臣与官吏便是马缰绳，刑罚则是马鞭子。那就是说，国君只是发布德泽与刑罚的人，而官吏则是具体治理政务的人。作为治理政务的大臣与官吏，正确理解德与法，掌握好德与法，运用好德与法是关键。这就要看大臣与官吏的"政策"水平如何了。如此，就显示出了大臣与官吏的重要性。

> 子骞曰："敢问古之为政。"孔子曰："古者天子以内史为左右手，以德法为衔勒，以百官为辔，以刑罚为策，以万民为马，故御天下数百年而不失。善御马，正衔勒，齐辔策，均马力，和马心，故口无声而马应辔，策不举而极千里；善御民，壹其德法，正其百官，以均齐民力，和安民心，故令不再而民顺从，刑不用而天下治。是以天地德之，而兆民怀之。夫天地之所德，兆民之所怀，其政美，其民而众称之。今人言五帝三王者，其盛无偶，咸察若存，其故何也？其法盛，其德厚，故思其德必称其人，朝夕祝之，升闻于天，上帝俱歆，用永厥世，而丰其年。"

闵子骞又说："我大胆地请教老师，古时候的国君怎样治理国家？"孔子说："古时候，天子以内史官作为自己治国的左膀右臂，以德泽与法律作为马嚼子与马笼头，以各种官吏作为马缰绳，以刑罚作为马鞭子，以万民百姓作为马匹，因而治理天下数百年而不败亡。善于驾驭马匹的人，整理戴好马嚼子与马笼头，带齐马缰绳，备好马鞭子，调配好马匹的位置，使马匹用力均匀，调整好马匹的心志，让马匹齐心协力，因而虽然驾驭者没有发布口令，而马匹却能够应和着马缰绳的节奏前进，不用扬动马鞭子也能驰骋千里。善于管理百姓的人，让德泽与法律统一起来，整顿好各级官员的风纪，用公平来让老百姓齐心协力，让社会和谐来安定民心。因此，政令一经发出，臣民百姓便全风从，虽有刑罚而不必施用，便使天下大治。因此，天地都感念君王的德泽，亿万人民都感谢、怀念君王。天地受到德泽，亿万人民都感怀在心，君王的政治美好，老百姓也受到大家的称赞。现今的人们谈及三皇五帝，都认为那个时代繁荣昌盛独一无二，他们的尊严与昭明好像还留在我们身边，这是什么原因呢？就是因为他们的法度严明、德泽宏厚，因而思念他们的德泽必然赞誉他们的为人，早晚为他们祝福祷告。这样的声音上升传播到天上，天帝们听到了都深受感动，因而让他们世系永久绵延下去，年年丰收。"

这就是古代三皇五帝治理国家的办法。首先是统一德泽与法纪。法度严明，多施德泽。既让老百姓明确法纪的严明，让大家自觉遵纪守法，又向老百姓多施德泽，让大家获得更多的实际利益，从而有更多的获得感与幸福感。其次是大胆使用内史与百官，让官员们有职有权有责，又不放纵，加强对官员们的风纪整肃。官风清正了，就能得到老百姓的信任。政令一发，老百姓风从。令行禁止，有刑罚而不必施用。再次是公平公正地对待老百姓，使他们齐心协力，创造和谐社会，让民心安定。这样，国家繁荣昌盛，亿万臣民和谐安定。所以后世子孙仍然感念他们的恩泽。这几点，就是古代施政的秘密。

> 不能御民者，弃其德法，专用刑辟，譬犹御马，弃其衔勒而专用棰策，其不制也，可必矣。夫无衔勒而用棰策，马必伤，车必败；无德法而用刑，民必流，国必亡。治国而无德法，则民无修，民无修则迷惑失道。如此，上帝必以其为乱天道也。苟乱天道，则刑罚暴，上下相谀，莫知念忠，俱无道故也。今人言恶者，必比之于桀纣，其故何也？其法不听，其德不厚，故民恶其残虐，莫不吁嗟，朝夕祝之，升闻于天，上帝不蠲，降之以祸罚，灾害并生，用殄厥世。故曰德法者御民之本。

不善于管理百姓的君王，抛弃德泽与法律，而专用刑罚来惩治百姓。这好比驾驭马匹，抛弃马嚼子与马笼头不用，而专用大棒和马鞭，这样的结果必然是不能制服马匹的。不用马嚼子和马笼头，而专用大捧与鞭子，马匹必然受到伤害，马车也一定遭到破坏。没有德泽与法纪，而专门用刑罚来惩治百姓，百姓必然逃亡，国家当然难免灭亡。治理没有德泽与法纪，百姓就没有学习与遵循的依据。百姓没有学习与遵循的依据，便会迷惑以至于做出一些不轨的事来。如果是这样，天帝一定认为这是扰乱了天道。假若扰乱了天道，那么刑罚就会凶残乱施，上下就会相互欺诈阿谀，没有人还会心存忠信之思，这都是君王无道的缘故。当今人们谈及邪恶，必然都会用桀纣来比较衡量，这是什么原因呢？就是因为他们有法不加治理，德泽浇薄，因而百姓厌恶他们的残暴肆虐，没有不为此叹息的。每天早晚诅咒他们，这诅咒之声升传于上天，天帝没有明确指责，却把灾祸降到他们身上，以示惩罚，以致各种灾害相继发生，从而导致其国灭身亡。因此说，德泽与法律是管理百姓的根本。

这一段话，从反面来论说德泽与法律对于治国育民的重要性。要治理好国家，首先要施德泽于民。但是，只施德泽也是不行的，还必须有法纪。没有法纪，或法纪不明，百姓就没有方向，就没有学习与遵循的依据，无所施从，因而导致百姓心生迷惑，以至于走到邪路上去。如果老百姓都在邪路上行走，社会必然一派混乱。那些不善于管理百姓的君王，面对如此社会局面，由此便严加苛责，广施刑罚，让百姓生活在水深火热之中。由此百姓怨声载道，只好用脚来表示反抗，一逃了之，于是这个国家也就完了。桀纣就是这样的典型，在历史上遗臭万年。反之，那些善于治国育民的君王，他们法严纪明，百姓明确自己该干什么，不能干什么，再加上君王广施德泽，百姓感到生活幸福，社会自然是安泰平和，一派繁荣昌盛景象，于是国运亨昌，长盛不衰。因此，德泽与法律是安民治国之本。这也是最重要的经验。必须有很好的惠民政策，能够让百姓安居乐业、生活幸福；也要有明确的法律法规，让大家有法可遵、有纪可守。仅靠严苛的刑罚并不完全有效。

> 古之御天下者，以六官总治焉。冢宰之官以成道，司徒之官以成德，宗伯之官以成仁，司马之官以成圣，司寇之官以成义，司空之官以成礼。六官在手以为辔，司会均仁以为纳。故曰：御四马者执六辔，御天下者正六官。是故善御马者正身以总辔，均马力，齐马心，回旋曲折，唯其所之，故可以取长道，可赴急疾。此圣人所以御天地与人事之法则也。天子以内史为左右手，以六官为辔，已而与三公为执六官，均五教，齐五法，故亦唯其所引，无不如志。以之道则国治，以之德则国安，以之仁则国和，以之圣则国平，以之礼则国安，以之义则国义，此御政之术。

在古代，治理天下的天子，用六官来统一治理全国。冢宰的官职用来成就治国之道；司徒的官职用来成就治国之德；宗伯的官职用来成就治国之仁；司马的官职用来成就治国之圣；司寇的官职用来成就治国之义；司空的官职用来成就治国之礼。天子掌握这六官当作辔绳，再用司会之官均行仁德以总揽辔绳。所以说，驾驭四匹马拉的马车的人要掌握好六根辔绳，治理天下的人要让六官行为端正，作风正派。因此，善于驾驭马匹的人要坐稳身子，抓牢辔绳，使马匹都能用上力，让马匹齐心协力。这样一来，就能够回旋曲折，想到哪里就能到达哪里。因而可以驰骋到极远的地方，也可以飞奔疾驰去那急需去的地方。这就是圣人用以治理天地与人事的法则。天子以内史官作为自己的左右手，以六官作为辔绳，继而与三公共同执掌六官，进行父义、母慈、兄友、弟恭、子孝的教育，完备仁、义、礼、智、信五法。这样一来，只要是天子想倡导的事情，没有做不到的。用这样的治国艺术来引导管理臣民，国家就会大治；用这样的治国艺术来实施德治，国家就会长治久安；用这样的治国艺术来实施仁治，国家就会和顺安宁；用这样的治国艺术来实施圣治，国家就会平顺安乐；用这样的治国艺术来实施礼治，国家就会国安民乐；用这样的治国艺术来实施义治，国家就会国义民义。这就是治理国政的艺术。

在前面，孔子主要讲的是古代的德治与法治。在这里，孔子主要讲的是古代官治。而这个古代，还是以周代为主。

古代天子治理国家的治国艺术是很高明的。天子主要是与三公共同驾驭六官。六官分别掌管全国各个方面的政务与事务，分工明确，各司其职。

这里所说的六官，主要是《周礼》上所讲的六官。冢宰，在《周礼》上是天官之属，是辅佐天子的官。后世或称之为宰相。司徒，在《周礼》上是地官之属，主要职责是掌管国家的土地与人民的教化。宗伯，在《周礼》上是春官之属，掌管的是宗庙祭祀之类的事。司马，在《周礼》上是夏官之属，掌管的主要是军旅方面的事务。司寇，在《周礼》上是秋官之属，主管刑法之类的事。司空，在《周礼》上是冬官之属，掌管的是工程建筑之类的事务。这六官，都是国家重臣。还有司会，在《周礼》上是天官之属，主要职责是管理财政经济，还有对百官政绩的考察等。

从上面所述可以看出，所谓治国，最根本之点在于治官。如果官员治好了，朝廷都是品德高尚之官、贤能之官、勤政之官、清正廉洁之官，那么国家政策一出，大家各司其职，有什么事情办不好？如果官治不好，有诸多坏官做坏事，那结果就可想而知了。

> 过失，人之情莫不有焉，过而改之，是为不过。故官属不理，分职不明，法政不一，百事失纪曰乱，乱则饬冢宰；地而不殖，财物不蓄，万民饥寒，教训不行，风俗淫僻，人民流散曰危，危则饬司徒；父子不亲，长幼失序，君臣上下乖离异志曰不和，不和则饬宗伯；贤能而失官爵，功劳而失赏禄，士卒疾怨，兵弱不用曰不平，不平则饬司马；刑罚暴乱，奸邪不胜曰不义，不义则饬司寇；度量不审，举事失理，都鄙不修，财物失所曰贫，贫则饬司空。故御者同是车马，或以取千里，或不及数百里，其所谓进退缓急异也。夫治者同是官法，或以致平，或以致乱者，亦其所以为进退缓急异也。

犯错误，这是人之常情，是不可避免的。犯了错误能够改正错误，这就不算是错误了。因此，官属关系管理不顺，职务分工不明确，法律与政令不一致，各种事务都失去了纲纪，这叫作乱。出现了乱的情况就要追究冢宰的责任。土地得不到耕作种植，钱财与物资不丰盛，亿万百姓饥饿寒冷，不得温饱，教育训导得不到推行，风俗放荡与邪僻，人民流离失所，这叫作危险。出现了危险的情况，就要追究司徒的责任。父子之间没有亲情，长辈与晚辈没有了尊敬与爱护，君上与臣下相互抵触，离心离德，这叫作不和。出现不和的情况就要追究宗伯的责任。贤能的人才得不到官爵之位，建立了功劳的人得不到奖励与封赏，士兵们记恨埋怨上级，军队战斗力减弱，战场上不堪一击，这叫作不平。出现不平的情况就要追究司马的责任。刑罚凶残乱施，奸诈邪恶的人不能被制服，这叫作不义。出现不义的情况就要追究司寇的责任。度量的标准不准确，政务事务的处理混乱不堪，都城与边境城镇都得不到修缮与完备，钱财与物资分配不当，这叫作贫。出现了贫的情况就要追究司空的责任。因此，驾驭车马的人，同样是驾驭车马，有的人一天能跑一千里，有的人一天还跑不了几百里。这就是在进退缓急的处理上不同。治理国政的人用的是同样的国家法律，有的人可以把国家治理得天下太平，有的人却把国家治理得混乱不堪。这也是进退缓急的时机把握得不一样的缘故。

这里还讲治官。前面讲要让官员们有职有权有责，职、权、责分明。这里讲的主要是责。官员们有职有权，也必有责。如果大臣们在自己的职权范围内，未能完成好自己的职责，未能把事情办好，或者出了问题，天子就要追究责任。如果有的大臣或官员利用国家赋予的职与权，谋取私利，或者利用职权去做坏事，那就更不能容忍，必须严厉追责。从治理国家的角度来说，对失职失责的大臣与官员进行追责，也是管理官员的一个重要方面。

> 古者，天子常以季冬考德正法，以观治乱。德盛者治也，德薄者乱也。故天子考德，则天下之治乱，可坐庙堂之上而知之。夫德盛则法修，德不盛则饬法，与政咸德而不衰。故曰：王者又以孟春论吏之德及功能，能德法者为有德，能行德法者为有行，能成德法者为有功，能治德法者为有智。故天子论吏而德法行，事治而功成。夫季冬正法，孟春论吏，治国之要。

古代，天子常常在每年冬季的最后一个月考评德泽的施行情况，修正法律的不妥之处，以此来评估国家与社会治理的好坏。德泽施行厚重就是治理得好，国泰民安；德泽施行浇薄就是治理得不好，社会混乱。通过考察评估德泽的施行情况，天下治理得好坏，天子待在朝中也能够知道得一清二楚。德泽施行丰盈厚实，说明执法情况好；德泽施行浇薄，就要把法律修整完善，使法律与政事都依据德泽施行而经久不衰。所以说，君王在每年春季的第一个月考察评价官吏的德行与功劳效绩十分重要。能够以德泽来驾驭法律的官吏为有德，能够正确施行德治与法治的官吏为能干，有能力；推行德治与法治有成就的官吏为有成就，有功劳；能够研究完善德与法的规范的官吏为有智慧。因而天子考评官吏而使德治与法治得到有力推行，国事得以治理，国家治理之功遂成。天子每年冬季最后一个月考评德泽的施行情况，修正法律的不妥之处，每年春季第一个月考察评价官吏的德行与功劳绩效，这是国家治理的关键所在。

从以上孔子对古代圣明君王治国的论述来看，我们不能不佩服。几千年前，我们的先祖们就创造出了这样杰出的治国方略与国策，而且有这么强有力的执行力，这真让我们引以为傲。这是几千年前的中国文明，却这样的先进，这样的完备。这真正是我们国家的宝贵财富，是无价之宝。这是任何外国无法比拟的。这些宝贵财富，对我们今天的国家治理仍然有着重要的指导与借鉴作用。尤其是以德治国的思想与策略，对国民进行品德教育，培养国民高境界、高素质的道德品质，对我们进行社会主义精神文明建设有着重要的借鉴作用。不仅如此，就是对于我们整个国家的治理与建设也具有重要指导与借鉴意义。而孔子把我们的先祖们创造出来的这样宝贵的精神遗产记述下来，传承下来，也功莫大焉！

孔子关于治国的论述很多，分布在各种典籍之中，我们这里所论及的只是其中的一部分。但就这些论述可以看出，孔子的治国主张，最根本之点就是"为政以德"，以德来治理国家。这个德，我认为，首要的就是德泽。就是要给臣民多施德泽。用现在的话来说，就是要为老百姓多办好事，让老百姓多得实惠，让老百姓真正富裕起来，让老百姓安居乐业，幸福美满。老百姓富裕起来了，国家也就富裕起来了。老百姓和国家都富裕起来了，那就是国强民富了。如此，再对老百姓进行"均五教，齐五法"的教育，培养他们具备德的品行。有了这样的品行，就会遵纪守法，真诚守信。这样不就国泰民安了吗？当然，治理国家，以德为主，法纪也是不能或缺的。法律与纪律，必须明确，让老百姓有纪可守、有法可依；让老百姓明白，什么事可以做，什么事是不能做的。如此，大家都遵纪守法，这样就可以有刑罚而不用施。这是治国的最高理想，也是孔子最理想的社会。其实，孔子的治国理想与社会理想，仍然对我们有学习与参考的价值。

夫子之道，忠恕而已矣

孔子被称为圣人，其学说的内容是极为广泛的，但是孔子及其弟子将其学说概括起来，只用了两个字，那便是"忠"与"恕"。

> 子曰："参乎！吾道一以贯之。"曾子曰："唯。"子出，门人问曰："何谓也？"曾子曰："夫子之道，忠恕而已矣。"
>
> ——《论语·里仁》

孔子说："曾参呀，我的学说贯穿着一个基本思想。"曾参说："是这样。"孔子出去以后，同学们问曾参："这是什么意思？"曾子说："老师的学说，概括起来只不过是忠恕两个字罢了。"

就是这两个字，涵盖了孔子的全部思想与学说内容。但是，这看起来并不复杂的两个字，要真正地探究起来，却又真的不简单。这中间有一点是不能忽视的，那就是"吾道一以贯之"中的那个"贯"字。贯者，以绳贯物也，就是用绳子把东西串起来。这就告诉我们，"忠恕"这两个字只不过起贯串的作用，而串起来的东西有多少，那肯定非常之多。因为孔子的思想与学说，本身极其丰富多彩，要想把这能串起来的东西都陈列出来，那显然办不到。所以这里只能从几个方面作大概归纳叙述。

什么是忠恕？朱熹在《中庸》第十三章释忠恕时说："尽己之心为忠，推己及人为恕。"按照朱熹的解释，所谓忠，就是为他人谋事、办事尽心尽力、毫无保留。这里他人二字，包括所有的他人。所谓恕，就是对待自己与对待他人一样。自己想要拥有的东西，也让别人拥有；自己不想拥有的东西，也不要强加于人。

对于忠恕这两个字，孔子一生都十分重视，在言论上是这样，在行动上更是这样。他始终用这两个字严格要求自己，指导自己的言语行动，同时也用来教育学生。忠恕二字始终贯穿他的一生。只不过，这两个字包涵的内容太多太广泛了，要真正做到这两个字并不是一件容易的事。

一、忠与恕

先说忠。

> 子以四教：文、行、忠、信。
>
> ——《论语·述而》

这个问题在其他地方说过，因为它牵涉孔子思想与学说的诸多方面，所以这里还要做一些阐述。

孔子用这四个方面的知识教育学生：文化文献资料知识、实践行为知识、忠贞为人知识、诚信待人知识。

孔子教育学生，注重四个方面的知识，其中就有忠，可见他对忠的教育是极为重视的。但是，在这里，忠却放在第三的位置，是不是忠不如文与行那么重要？这要做一点解释。比如说，孔子在讲到诗与礼的时候，就把礼放到了诗的后面，这是不是就是说诗比礼重要呢？并不是这样。孔子只是认为诗是文化知识，礼是行为知识。没有文化知识做基础，礼作为行为知识就不容易掌握。所以要先学《诗》，后学礼。这一点我们在《礼后乎》一文中已经讲得很多了。再看一个例子：

> 孔子曰："入其国，其教可知也。其为人也，温柔敦厚，诗教也；疏通知远，书教也；广博易良，乐教也；洁静精微，易教也；恭俭庄敬，礼教也；属辞比事，春秋教也。故诗之失愚；书之失诬；乐之失奢；易之失贼；礼之失烦；春秋之失乱。"
>
> ——《礼记·经解》

这一段话在《礼后乎》一文中也引述过，这里不再翻译了。

为什么还要引述这些话？

首先，我们看到，孔子每到一个国家，最先观察与考察的就是教育情况。这可以看出，作为一个政治家、思想家、教育家，他最关注的就是教育。因为教育关系着这个国家国民的根本素质。一个国家的政治、经济、社会和国民的素质与精神面貌等方面的情况如何？很大程度都决定于教育。

其次，这段话告诉我们，孔子教育内容的丰富性。他到一个国家，一看这个

331

国家臣民的素质如何，就知道这个国家的教育情况。而这教育情况，又反映出国民的六种素质情况。这六种国民素质，则反映的是"六经"的教育。这六经的教育，自然也在孔子教育的内容之列。这就反映出孔子教育内容的丰富性。这六经的教育，主要都属于孔子提出的"文"的教育内容。《诗经》的教育是文化知识、文学知识的教育；《书经》的教育是历史知识的教育；《乐经》的教育是音乐知识的教育，是美育教育；《易经》的教育是占卜知识的教育，也是一种哲学教育；《礼经》的教育既是礼的知识教育，也是行为教育；《春秋》的教育是历史的教育，也是遵纪守法的教育。这六个方面的教育，虽说都属于文的教育，但其内容并不相同。所以说，孔子教育的内容极为丰富。这还只是就文的教育而言。

最后，文的教育，是对人进行的基础教育。对于教育来说，基础教育是最重要的一环，因为这是对人进行其他方面教育的基础和前提。比如说，《诗经》的教育进行得好，可以使人温柔敦厚。如果进行得不好，或者说教育失败了，那又会使人变得愚钝。同样，《书经》的教育进行得好，可以使人疏通知远，既有丰富的历史知识，又能对未来作出判断。反之，如果教育失败了，那又会使人变得欺骗不实。音乐教育做得好，能够使人广博易良，教育失败则使人变得过分、夸大。《易经》教育得好能使人洁静精微，教育失败则会危害社会、伤害他人。《礼经》的教育成功，能够使人恭俭庄敬，教育失败则变得烦琐。《春秋》教育得法，能够教人善于属辞比事，教育失败便可能犯上作乱。由此可见文化教育的重要性。文化教育包括文献资料教育，能够指导人有正确的行为与正确的行动，所以"行"的教育在"文"之后。但是，行的教育也是极为重要的，文的教育正是为了行。文能够指导行。其实，如果只有文的教育，没有行的教育，文的教育还有什么意义？学文就是为了学行，所以行在文之后。而文的教育还有重要的一面，就是文化教育能够教化人的灵魂、纯净人的灵魂。这里"教化"二字就显得极为重要。教的主要目的就是化人。教而不化，那是教育的失败。教而化之，使文化注入学生的血液，化为真正有文化的人，化为品德高尚的人，这样行也就有了依据。同时要进行忠与信的教育，人如果具备忠、信的品德，那也就能够在社会上立足。同时，一旦有了忠与信的品德，其他方面的品德也更容易炼就。所以孔子以文、行、忠、信教育学生。

现在回到忠的问题上来。

> 子张问行。子曰："言忠信，行笃敬，虽蛮貊之邦，行矣。言不忠信，行不笃敬，虽州里，行乎哉？立则见其参于前也，在舆则见其倚于

衡也，夫然后行。"子张书诸绅。

——《论语·卫灵公》

子张向老师请教做人做事怎样才能在社会上站住脚、行得通。孔子告诉他："说话做到忠诚信实，行为做到庄敬自重，就是到了陌生的还比较原始的国家或地方，也能站得住脚、行得通。说话虚伪欺诈，行为轻浮自贱，就是在本乡本土，又能有几个人会搭理你呢？站着的时候，在你的脑海中，就好像有一块写着'言忠信，行笃敬'的牌子立在你的面前，坐车的时候也好像有一块这样的牌子靠在车前的横木上，这样你就能在社会上站住脚。"子张把老师的这几句话记在了衣服的大带子上。

这几句话是孔子用来教育学生的，其实这也是孔子为人的信条。一个人要想能够在社会上立住脚，得到他人的信任，忠信是第一位的。你说出来的话落地有声，句句忠诚可信；你的行为庄敬自重，严肃认真，人家就不敢轻视你，当然就会信任你。反之，你说话不忠诚信实，装腔作势，油腔滑调，虚伪欺诈；行为不庄敬自重，装模作样，站没有站相，坐没有坐相，这样的人，不论何时何地，都不会有人看得起，又还有谁会相信你，怎么能够在社会上站住脚、行得通。所以，要在社会上站住脚、行得通，就必须炼就"言忠信，行笃敬"的品德。在你的潜意识中，已经形成了这样的准则。不言则已，言，必忠信；不行则已，行，必笃敬。

子张问政。子曰："居之无倦，行之以忠。"

——《论语·颜渊》

为官在位，要勤奋工作，不要松懈倦怠。执行上司的政令，要忠诚无欺，不要阳奉阴违。

前面说的是如何做人，这里说的是如何做官。无论是为人还是为官，都少不了一个忠字。

子张问崇德辨惑。子曰："主忠信，徙义，崇德也。爱之欲其生，恶之欲其死。既欲其生，又欲其死，是惑也。'诚不以富，亦祇以异。'"

——《论语·颜渊》

333

这一段话在其他地方已经引述，这里不再译述。

子张向老师请教崇德辨惑，就是问如何修炼崇高的品德，如何识辨迷惑。孔子告诉他，做到以忠信为主，见义勇为，随义而行，这就具备崇高品德了。

修炼崇高品德，也离不开忠字。

> 樊迟问仁。子曰："居处恭，执事敬，与人忠，虽之夷狄，不可弃也。"
>
> ——《论语·子路》

樊迟向老师请教怎样做才具备仁德。孔子说了三点："一是在家也好，在工作岗位上也好，都要端庄恭顺，规规矩矩，不能够因为离开公众的目光，就可以放任自己；二是在为社会服务的时候，要有敬畏之心，要严肃认真对待，不能马虎从事，不能做表面文章；三是与他人交往，要忠诚信实，不能虚伪欺诈。这三点，就是到了那些落后或边远地区，也不能丢弃。"

炼就仁德，不能丢弃那个忠字。

> 定公问："君使臣，臣事君，如之何？"孔子对曰："君使臣以礼，臣事君以忠。"
>
> ——《论语·八佾》

君与臣相处应该遵循的准则。国君支配臣下办事，要以礼相待，要尊重臣下，不要轻慢待人，更不能蛮横无礼。臣下为国君服务，要忠心诚意，不能够阳奉阴违，敷衍了事。其实，礼与忠，都是孔子非常重视的问题。孔子一贯强调，不论是天子或王侯，大臣与平民，大家都要依礼行事、忠信为人。忠信尤其重要。为什么？且看《礼记·礼器》中的一段话：

> 先王之立礼也，有本有文。忠信，礼之本也，义理，礼之文也。无本不立，无文不行。

先辈圣明君王，在制定礼的时候，有根本，有文释。忠诚与信实，是礼的根本；阐明礼的道义与道理，是礼的文字阐发。没有忠信作为根本，礼就不能成立，就无法制定出来。没有文字的阐发，礼就无法在社会上推行。

在古代，礼是国家的礼法制度，就如现在的法律、方针政策、规章制度，是治理国家与社会的依据与准则。而忠信又是礼的根本，所以忠信在孔子的思想与学说中所占的地位极其显要。

孔子总是把忠与信放在一起。因为忠信实在很难分开。忠要靠信来维系。一个人没有诚信，要做到忠是不可能的。反之，一个不忠的人，也不可能做到诚信。观察一个人，考察一个人，很容易看出来，不忠的人必然不讲信誉，不讲信誉的人一定不忠。讨论"忠恕"，讨论到忠，总是与信连在一起，无法分开。

> 子曰："君子不重则不威，学则不固。主忠信，无友不如己者。过，则勿惮改。"
>
> ——《论语·学而》

这是君子的为人之道。作为一个君子，忠信是为人的根本。失去忠信这个根本，其他就无从谈起。这也是孔子为人的经验之谈。这要对君子作一点解释。孔子的所谓君子，一般都指国君与地位高的人，或者是有学问的读书人。其实，一般的人，没有什么地位，也没有读过多少书，只要讲究忠信，自我要求严格，端庄稳重，自尊自爱，又何尝不是君子？所以，忠信二字，不是所谓君子的专利，而是所有人都应该具备的品德。

> 孔子曰："所谓君子者，言必忠信而心不怨，仁义在身而色无伐，思虑通明而辞不专，笃行信道，自强不息，油然若将可越而终不可及者，此则君子也。"
>
> ——《孔子家语·五仪解》

这是孔子回答鲁哀公关于什么是君子的一段话，在讨论君子与小人时已经有过论述，这里不再细说。作为君子的条件，首要的就是言必忠信而心不怨。确实是这样，是不是君子，人家能不能信任你，首先就要看你说的话是不是忠诚可信，是不是可以兑现。言必信，行必果，这是对每一个人的基本考验。如果说的是一些冠冕堂皇的话，敷衍塞责的话，口是心非的话，根本不想兑现的话，那么还有谁会信任你，还有什么君子可言。其实，言必忠信不仅仅是对君子的要求，也是对每一个人的要求。

以上均以讨论忠为主，现在再讨论恕。

> 子贡问曰："有一言而可以终身行之者乎？"子曰："其恕乎，己所

不欲，勿施于人。"

——《论语·卫灵公》

子贡问老师："有没有一句可以一辈子奉行不辍的话呀？"孔子说："那应该就是恕吧。自己不想要的东西，就不要硬施加给他人。"

这是对"恕"最权威的解释。所谓恕，就是自己不愿意要的东西，也不要送给别人。推而广之，自己不愿意做的事情，也不要让别人去做。

恕，是一种品德。孔子特别倡导恕，认为人人应该具备。

仲弓问仁。子曰："出门如见大宾，使民如承大祭。己所不欲，勿施于人。在邦无怨，在家无怨。"仲弓曰："雍虽不敏，请事斯语矣。"

——《论语·颜渊》

这段话在讨论"仁"的时候已经引述过。

己所不欲，勿施于人，是仁德最基本的内容。作为一位仁人志士，缺少了这种品德，也就丢失了仁人志士的条件，很难被称为仁人志士了。

忠恕违道不远，施诸己而不愿，亦勿施于人。

——《中庸》第十三章

这是《中庸》中的话。《中庸》是孔子的孙子子思因为怕孔子的学说失传而作，所以这些话自然传达了孔子的意思。

孔子认为中庸是一种至高无上的品德。而忠恕离中庸之德很近。如果不愿意发生在自己身上的事情，也就不要让其发生在别人的身上。

中庸是一种至高无上的品德，而能够做到己所不欲、勿施于人，也就接近中庸这种至高无上的品德了。中庸这种品德，也离不开"忠恕"二字。反之，忠恕也是中庸不可或缺的重要内容。可见己所不欲、勿施于人，是一种标准很高的品德。不过，表面上看起来，这又似乎是一句很平常的话。不是吗？你自己都不想要的东西，为什么要给别人呢？但是细想起来，要做到这一点，还真是不容易。举个最简单的例子：有些商人，明知自己的商品已经过期了，不能吃或用了，自己当然不吃不用了，却还要把这些商品推销出去。这不是昧着良心害人吗？

> 孔子曰："君子有三恕：有君不能事，有臣而求其使，非恕也；有亲不能孝，有子而求其报，非恕也；有兄不能敬，有弟而求其顺，非恕也。士能明于三恕之本，则可谓端身矣。"
>
> ——《孔子家语·三恕》

孔子这里用了三种具体情况来说明恕道，也就是"己所不欲，勿施于人"的道理。这实在不是什么大道理，也没有什么深奥的理论，但对每个人来说，又是最基本的考验。虽然每个人的身份不同，地位不同，但是这与每个人都有关系，都是经常会遇到的问题。你不愿意为你的君主服务，又有什么理由要求你的臣下来为你服务？这话虽是对地位高的人说的，但地位低的人不也存在同样的问题吗？你不愿意为别人服务，却要求别人为你服务。为什么？凭什么？你首先问一下自己，按现在的说法这叫换位思考。你不愿意为别人服务，别人又为什么要为你服务？这实在是再简单不过的道理。同样，你既然不愿意孝顺你的父母，那有什么理由要求你的子女来孝顺你呢？这种情况也很常见。有的人自己不孝顺父母，却要求子女孝顺他。但子女却说，你不孝顺父母，我们为什么要孝顺你？这真是再浅显不过的道理，但很多人却拎不清。所以孔子说，作为君子，你要把这三种情况搞清楚，才能端端正正做人。孔子说的是君子，其实每个人都应该对照一下，自己是怎么做的？若你做不到这三恕，你就无法端端正正做人。

> 忠恕违道不远，施诸己而不愿，亦勿施于人。君子之道四，丘未能一焉。所求乎子以事父未能也；所求乎臣以事君未能也；所求乎弟以事兄未能也；所求乎朋友先施之未能也。庸德之行，庸言之谨，有所不足，不敢不勉。有余不敢尽，言顾行，行顾言，君子胡不慥慥尔。
>
> ——《中庸》第十三章

这和前面的话的意思相同。就是要别人为自己做事情前，自己要先为别人做好。这是一个自我严格要求的问题和自我修炼的问题，也是一个实际践行的问题。做到了忠恕，距离道就不远了。道是什么？就是思想品德高境界的表现，其实也就是"君子之道四"。细细地体味起来，这君子之道四，不也就是忠恕二字吗？只要真正能够做到忠恕二字，这君子的四种道德品质不也就都能够做到了吗？不也就达到了很高的品德境界了吗？所以孔子一贯提倡这两个字，一再强调这两个字，一生追求的也是这两个字。对于这两个字，他自己都谦虚地认为未能完全做到，从而勉励自己更加言行一致，严格要求自己笃实诚信行事。孔子尚且如此，对于一般的人来说，那就更是如此了。

> 子贡曰："我不欲人之加诸我也，吾亦欲无加诸人。"子曰："赐
> 也，非尔所及也。"
>
> ——《论语·公冶长》

子贡对自己提出这样的高要求，本是很好的事情，但是孔子却给他浇了一盆冷水，说这不是你子贡能够做到的。子贡在孔子的学生中也算是比较优秀的，只是孔子认为子贡有他的缺点。这一点，我们暂且不说。先说实行忠恕二字的难点。这首先自我要求必须十分严格，不能有一点私心。如果有一点私心，那就一定做不到。一般说来，如果在不损害或不违背自己的利益的时候，己所不欲，勿施于人，或许是比较容易做到的；一旦这样做会损害自己的利益的时候，有些人就不那么容易做到了。我们常常可以看到这样的情况，有些人明明自己犯了错，却不敢承担，因为这是会影响自己的声誉或升迁的前途，便把责任推给别人。这不是私心在作怪吗？还有，这种事情不是什么好事情，自己不愿意去做，而别的人要去做，自己不仅不去劝阻，甚至还幸灾乐祸。这不也是私心在作怪吗？其实，这不也是个人的品德低下的问题吗？类似的情况很多。再者，实行恕道，或许一两件事容易做到，而要长期做下去就不那么容易了。毛泽东曾经说过，一个人做一件好事并不难，难的是一辈子做好事，不做坏事。这可以说是真理之言。而实行恕道，是必须一辈子坚持不懈去做，不论何时何地，对任何人都适用。如果不能长期坚持下去，半途而废，那也不是一个真君子所为。而子贡，一是比较喜欢炫耀自己，二是喜欢敛财，三是喜欢看别人的缺点。有这样的缺点，能够做到忠恕二字吗？所以当他提出自己要实行恕道的时候，孔子要说这不是他能够做到的。

下面看一看孔子平时具体的言行表现：

> 君命召，不俟驾行矣。
>
> ——《论语·乡党》

听到国君召见的通知，不等把马车套好，就先步行动身了。这看起来是一件小事，却能看出一个人的品德修养。国君召见，等马车套好以后，再乘车前往行不行？当然行，但是孔子并不这样做。这表现出孔子对国君的尊敬，对国事的忠诚；也表现了孔子的谦虚谨慎，对自己的严格要求。对于孔子这样的行为，或许

有人会说，这不是在讨好国君吗？但是，这是古代，本来就提倡一个忠字。而孔子的儒家思想，最核心的就是忠恕。如果他不这样做，那还是孔子吗？如果他不这样做，还是万世师表吗？就是今天，如果你是一个忠于职守的人，也还是应该这样做。这就是一个人的高贵品质。

> 子曰："事君，敬其事而后其食。"
>
> ——《论语·卫灵公》

孔子说，为国君服务，首先要忠于职守，然后才考虑俸禄或生活的问题。

这和前面的意思相似。为国君服务，首先就要忠于职守，把事情办好，然后再考虑自己能得多少俸禄。这也是孔子为人做事的信条。其实，在古代，事君也就是为国家服务，为社会服务，为人民大众服务。国君就代表了国家，帮助国君把国家治理好了，当然就是为人民做了好事。所以，为国君服务，先要考虑的是忠于职守，办好治国理政的事，然后才去考虑个人待遇。然而，这个问题说起来似乎容易，做起来却并不容易。因为这是对一个人品德的考验，很多人做不到。在他们面前，利益永远是第一位的。为国家也好，为他人也好，无利不起早。这样比较起来，就显示出孔子的高风亮节。这一点，对于我们今天的人来说，也仍然是严峻的考验。在国家利益与个人利益面前如何选择，考验着每个人的灵魂。这一点，两弹一星的英雄们为我们树立了榜样。在国家需要的时候，他们毫不犹豫地选择了国家利益，牺牲了个人利益。为了国家，为了两弹一星，他们无怨无悔地为之奋斗一生。这些人是我们国家与民族的脊梁。

> 孔子见齐景公，公悦焉，请置廪丘之邑以为养。孔子辞而不受。入谓弟子曰："吾闻君子当功受赏。今吾言于齐君，君未之有行，而赐吾邑，其不知丘亦甚矣。"于是遂行。
>
> ——《孔子家语·六本》

对于一般人来说，国君赐予食邑，这是一种何等的荣耀！这自是一件可喜可贺的事情，更是一件可望而不可即的事情。有了这样的待遇，一可以显示国君对被赠予者的礼遇与重视；二可以炫耀其显要地位；三也可以解决其衣食问题。这样的事情从天而降，真是天上掉下来一个大馅饼，何乐而不接受呢？但孔子却辞谢不受。孔子认为，无功不受禄，这是自己坚守的信条。自己给齐景公建言，是为治理齐国出力，而齐景公并没有因为他的建言而采取什么行动，就赐予食邑。

这就是无功受禄，与孔子自己的品德信条相背。他认为，齐景公对自己太不了解，也有点小瞧了自己，因而离开了齐国。这充分表现出孔子对自己的品德操守的坚守。他的这种风范，是不是让我们很多人看了有点汗颜？

> 君赐食，必正席先尝之。君赐腥，必熟而荐之。君赐生，必畜之。
> 侍食于君，君祭，先饭。
>
> ——《论语·乡党》

国君赐予烹饪好的熟食，一定先恭恭敬敬整理好坐席，端端正正坐好尝一尝。国君赐予的生鲜食物，必须烹制熟了，先供奉祖先，然后才能食用。国君赐予的活牲畜，便先饲养起来。陪侍国君吃饭，当国君饭前祭祀的时候，便要先尝一尝饭。

孔子这样做，一般说来，是礼仪的要求。礼在他的大脑中生了根，流淌在他的血液之中。他这样做，并不是做给别人看的，而是一种品德的修养、一种品德的自觉，是行为的自然而然。而能够做到这样坚守，更不是一般人所能做到的。这也正是孔子不同于一般人的地方与可贵之处。时过境迁，我们今天当然再没有这样的要求，但是就品德的培养、信念的坚守而言，还是有值得我们学习与效法的地方。培养一种好的品德并不容易，坚持下来更不容易。一旦锤炼形成了一种好的品德，就应该坚持下来。

> 疾，君视之，东首，加朝服，拖绅。
>
> ——《论语·乡党》

孔子生病了，国君来探视，便头朝东躺着，将朝服盖在身上，拖着大带子。他即使生病了，也很严格地要求自己，仍然没有一点敢于放纵自己的表现。国君来探视，这本身就是一种最深切的关怀。所以孔子虽然生病躺在床上，仍然谦恭严谨地按照礼的规定，用最隆重、最礼貌的姿态来接待国君。这就是他高尚的品德、忠恕之道在他身上的具体表现。

> 君召使摈，色勃如也，足躩如也，揖所与立，左右手，衣前后，襜如也。趋进，翼如也。宾退，必复命曰："宾不顾矣。"
>
> ——《论语·乡党》

国君召孔子去接待外宾，孔子的脸色便立刻郑重庄严起来，脚步也加快了速度。他向与自己站在一起的人士作揖致意，向两旁站立的人们不停拱手致礼。他的衣襟很有节奏地前后摆动。他快步向前时，就像是鸟儿飞翔一样轻快。宾客走了，他必定向国君复命：宾客已经走远。

这段话记述了孔子受命接待宾客的过程。从中可以看出孔子对待所接受的任务严肃认真的态度。接待宾客，这是代表国家为国君执行任务，所以不能有一点疏忽，不能忽略任何一个细节。如果稍有不慎，在某一个细节上失礼，便可能有损国格与国威，或者给国家带来不应有的损失。所以从面容表情、脚步移动、向在场的人致意、向两旁的人致礼、步行的姿态、衣襟摆动的节奏、客人走了以后向国君复命这些表现上，都体现了孔子的道德修养，体现了他的事业心与责任感，体现了他对国家、对国事与国君的忠诚。

> 入公门，鞠躬如也，如不容。立不中门，行不履阈。过位，色勃如也，足躩如也，其言似不足者。摄齐升堂，鞠躬如也，屏气似不息者。出，降一等，逞颜色，怡怡如也。没阶，趋进，翼如也。复其位，踧踖如也。
>
> ——《论语·乡党》

进入朝廷宫门，恭恭敬敬地目视前方，好像不知道站在什么地方才好。驻足，绝不站在门的中间。行走，绝不踩踏门坎。经过国君的座位，显得恭敬庄重，加快步伐，说话也轻言细语。谨见国君，提起衣裳的下摆，低头快步向前，屏住气，像没有呼吸似的。见国君出来，走下一级台阶，情绪放松下来，显得心情轻松愉快。下完台阶，步履飞快，像鸟儿飞翔一样。回到原来的位置，仍然是庄重有些拘谨的样子。

这是孔子上朝时的情形。从上朝到退朝，每一个步骤，每一个动作，每一个细节，每一个表情，都中规中矩，没有一点马虎的地方。或许有人会认为，这也过于认真，过于烦琐，过于古板，有愚忠之嫌。但是对于一个守规矩、守礼法、讲忠恕的人来说，那是必须的。就是现代人，应该遵守的礼节与行为规范，应该遵守的制度、规矩、纪律，还是要遵守，甚至是细微的表情也不应该马虎。孔子最提倡的就是守规矩、守礼法、讲忠恕，所以他这样做是必然的。这也就是孔子不同于一般人的地方和让人敬重的地方。有些人大庭广众之下，随随便便，不修边幅，不拘小节，以为自己多么潇洒。其实，在别人看来，这也正是他没有修养的地方。

执圭，鞠躬如也，如不胜。上如揖，下如授。勃如战色，足蹜蹜如有循。享礼，有容色。私觌，愉愉如也。

——《论语·乡党》

代表国家出使他国，出席仪式时，拿着国君授予的玉圭，恭恭敬敬郑重其事，好像举着千斤重的东西。向上举，有如在作揖；向下降，好像要交与他人。表情严肃庄重，小步快速向前直直地走去。敬献礼物的时候，和颜悦色；以私人身份与外国君臣见面，则是轻松愉快的样子。

国家的使臣代表国家或国君出使他国，在一定程度上便代表了一个国家的形象。这与前面所说的代表国家与国君接待外宾是一样的，必须处处注意，讲究礼仪。既不能傲慢失礼，让人家产生误解，给国家造成不好的影响，甚至带来不必要的损失；也不能萎靡不振，畏畏缩缩，让人家看不起，让人家耻笑，认为这个国家没有人才，软弱可欺。所以孔子认为一举一动，哪怕是一个面部表情，都要特别注意，要处处表现出很好的道德修养，表现出很高的人格素质，从而表现出一个国家的文化素养与国格。可见一个人的素质修养与人格修养多么重要，而孔子在这方面真的是为大家作出了榜样。

孔子关于这方面的具体言行表现还有很多，后面还将涉及。

二、严于律己

前面说到，孔子实行忠恕之道，不是一件简单容易的事，这与他能够严于律己是分不开的。在他的生活中，不论是大事小事，一点一滴，他都能够用礼法规定与道德规范严格要求自己，规范自己的言行，绝不越雷池一步。这样从每一件小事做起，从一点一滴做起，一点一滴的积累，培养出了他的忠恕之道。前面已经涉及一些有关他在这方面的言行表现，现在进一步加以阐述。

孔子于乡党，恂恂如也。似不能言者。其在宗庙朝廷，便便言，唯谨尔。

——《论语·乡党》

在本乡本土，孔子总是诚恳恭顺的样子，好像是一个不太会说话的人。孔子在宗庙或者朝廷，便语言流畅，只是仍然很谨慎。

说话本是一件再普通不过的事，但是孔子却非常注意地方与场合。在本乡本土，他面对的都是乡里乡亲。作为一个本乡本土的人，虽然有了知识，当了官，但还是应该收敛一些，谦虚谨慎一些，说话也应该有所节制。这是对乡亲们的尊重与尊敬，也反映出一个人的人品与修养。如果你在乡里乡亲面前随随便便，满嘴狂言秽语，口无遮拦，喋喋不休，那就是没有修养的表现，一定让人厌恶；如果高高在上，出言不逊，妄自尊大，那也是没文化、没涵养的表现。在这样的情况下，或者有人会应付你一下，但一定结交不到真朋友。而换一个场景，在宗庙，在朝廷，这是庄重而严肃的地方，如果你说话不流畅、不谨慎，那既不合乎身份，表现没修养，也是对其他人的不尊重。所以，从这些地方就看出孔子不同一般的高境界的文化素质与对自己的严格要求。

> 朝，与下大夫言，侃侃如也；与上大夫言，誾誾如也。君在，踧踖
> 如也，与与如也。
>
> ——《论语·乡党》

上朝的时候，与下大夫交谈，温和而无拘无束；与上大夫交谈，恭敬而直率。国君在的时候，则恭敬而一丝不苟。

在朝廷上，官员很多，品级不一样，所以与之交谈所采取的方式与态度也不一样。这与古代礼乐制度的要求有关。其实这也是一种说话交谈艺术的表现。而这种说话交谈艺术，既来自于各人对待礼乐制度的理解与遵循，也在于各人的文化品德修养水平。像孔子这样道德高尚、对自己要求十分严格、对礼乐制度一丝不苟的人，就必然有不同的表现。下大夫，一般说来，职级要低一些，与之交谈就不能高高在上、盛气凌人，而应该是温和的、无拘无束的。这样大家相处才会融洽。而上大夫，官阶比较高，如果与之交谈时对其不够尊重、不够恭敬，也许就会让对方不高兴。但是，也不能唯唯诺诺，低三下四，让人产生误解，让人看不起，因而采取恭敬与直率的态度比较恰当。至于国君在场时，因为国君的威仪、朝廷的严肃氛围，所以要恭敬而一丝不苟。由此看来，上朝的时候，与不同的人交谈，也要有文化、有艺术，也要严格要求自己，掌握好分寸。而孔子就处理得恰如其分。

> 乡人饮酒，杖者出，斯出矣。
>
> ——《论语·乡党》

孔子在乡里和老百姓一起饮酒吃饭，一定等老年人都先出去，然后自己才

出去。

这是一个礼貌问题。和老年人一起活动，不管是吃饭还是饮酒，或者参加其他活动，离场的时候，作为年轻人，都必须让年长的人先离场。这是最基本的礼节，也是我们的传统美德。但是这里没有说明孔子的年岁。这就是说，孔子年轻时是这样，年长或年老时也是这样。而孔子无论是从学术来说，从政治地位来说，从道德修养来说，都是德高望重的。如果孔子到了老年时还能这样做，还那么讲礼貌，那么谦逊，这就更显示出他的品德修养的高尚和对自己的高标准、严要求。

> 乡人傩，朝服而立于阼阶。
>
> ——《论语·乡党》

在乡村，老百姓举行迎神驱鬼活动的时候，孔子总是穿着朝服站在东边的台阶上。

这样的事情，在某些人看起来，也许是小事情。但是孔子却不这样认为。一方面这是乡风民俗，对于鬼神，是不能亵渎的；另一方面，举行迎神驱鬼活动，对于举办者来说，那是很严肃郑重的事情。因为举办这样的活动，或者是为了给人治病，或者是为了迎神驱鬼救灾，大家都寄予了很大希望。孔子之所以这样做，既是表示对举办活动者的同情与尊重，对神鬼的尊重，对这种活动的尊重，也表现出他对民俗的尊重。这就是道德素质的表现。一个道德素质高的人，在任何情况下，都会依据礼法要求行事，严格要求自己，不会轻率行事。

> 子见齐衰者、冕衣裳者与瞽者，见之，虽少，必作；过之，必趋。
>
> ——《论语·子罕》

孔子遇到穿孝服的人、戴官帽穿官服的人、盲人，即使是年纪很小的人，也必定站起来。在经过他们面前的时候，孔子一定低头快步走过去。

也许有人会认为，这不过是一些琐屑小事，是小题大做，没必要这样做。而孔子则不这样认为。由这样一些小事也显示出孔子对礼法习俗的尊重与严格遵守，以及对弱势群体的同情。这无疑是品格与素质修养的体现。

> 齐，必有明衣，布。齐必变食，居必迁坐。
>
> ——《论语·乡党》

斋戒的时候，必须换穿干净的用麻布做的衣服。斋戒的时候，必须改变饮食，不饮酒，不吃荤腥食物，而吃素食。居住方面，则不在平时的居室过夜，不与妻室同居。

斋戒，在古代，是一种重要仪式，注重的是一个诚字，就是要诚心诚意。它不是做给别人看的，而是自己内心的一种信仰、一种虔诚、一种修炼、一种净化，也是对人的品格的一种检验，看是不是真正地在斋戒，是不是真正地严格要求自己。只有各个方面都能按照要求去做，才是真正的斋戒，才能有斋戒的意义。斋戒，衣食住都有一定的要求。你真正地在斋戒，就一定在衣食住各方面遵守规定要求，而不能自己欺骗自己。孔子的斋戒是真正的斋戒，时时处处实实在在按照要求去做，穿合乎要求的衣服，吃合乎要求的饮食，住也严格遵照要求。这是他为人真诚信实的人格表现。说到这里，我还想多说一句。类似这样的事情，在某些人那里，内心并不虔诚，或者只是一种表演，或者只是赶赶时髦，而更甚者，便是欺世盗名者也。古代如此，现代更如此。

> 子之燕居，申申如也，夭夭如也。
>
> ——《论语·述而》

这是孔子平时在家的状态。平时闲居在家，穿着打扮，也不马虎，注意整洁端庄，其表情也和悦舒展自如。这最能表现出人的品德修养。一个人闲处在家，最应该是一个本真的人。如果不注意自己的形象，邋邋遢遢，不修边幅，懒懒散散，或者装模作样，装腔作势，故作矜持，这都不是一个有道德素养的人应有的表现。可见一个人平时闲处时也应该严格要求自己。人的修养就是从平时一点一滴积累起来的。而孔子就是我们的榜样。

> 君子不以绀緅饰，红紫不以为亵服。当暑，袗絺绤，必表而出之。缁衣羔裘，素衣麑裘，黄衣狐裘。亵裘长，短右袂。必有寝衣，长一身有半。狐貉之厚以居。去丧，无所不佩。非帷裳，必杀之。羔裘玄冠不以吊。吉月必朝服而朝。
>
> ——《论语·乡党》

孔子不用酱紫色和铁灰色的布做衣服的镶边，不用红色与紫色的布做家常穿着的衣服。暑热天，他穿上粗的或者细的葛麻布做的单衣，外出时一定要套上一件外衣。黑色的衣服与羊羔裘皮衣相配；白色的衣服与麑裘皮衣相配；黄色衣服与狐裘皮衣相配。平时居家穿的裘皮衣服要做得长一些，右边的袖子可稍短一点。睡觉要有小被，小被的长度大约一个半人身。用有长毛的狐貉裘皮做坐垫。居丧期满以后，什么样的装饰品都可以佩戴。如果不是"帷裳"，便必须经过裁剪。不能穿黑色的羊羔裘皮衣服，不能戴着黑色的帽子去吊丧。每月初一，必定穿着朝服去上朝。

着装，对于每一个人，尤其是像孔子这样的人来说，既是一件小事，又是一件大事。说是小事，因为这是一件极为平常的事，每一个人，不管是什么人，都要穿衣服，而穿什么样的衣服，怎么穿，都是以个人不同习惯、不同兴趣爱好来决定的。除了某些特殊情况要有所讲究外，一般都是比较随意的。说是一件大事，因为从一个人的着装，可以看出一个人的素质修养，比如文化修养、审美修养、品德修养，都会从着装上反映出来。总的来说，素质高的人，对自己的穿着必定是有要求的，即使很随意，他的穿着一定是得体的。比如服装样式、布料选择、颜色搭配、质地要求、时间地点、自然环境、人文环境等，都必须与着装的人的品位相协调。孔子就是这样，对自己的着装有严格的要求，比如用什么颜色的布做镶边，用什么颜色的布做日常穿的衣服，暑天的衣服用什么布做，冬季裘皮衣服的颜色如何搭配等。还有上朝的着装，吊丧的服装，更是不敢有一点马虎。这就是一个文化素质高、品德端庄的人在着装上不同一般的严格要求。

> 食不厌精，脍不厌细。食饐而餲，鱼馁而肉败，不食。色恶，不食。臭恶，不食。失饪，不食。不时，不食。割不正，不食。不得其酱，不食。肉虽多，不使胜食气。唯酒无量，不及乱。沽酒市脯不食。不撤姜食，不多食。祭于公，不宿肉。祭肉不出三日，出三日，不食之矣。食不语，寝不言。虽疏食菜羹，瓜祭，必齐如也。席不正，不坐。
>
> ——《论语·乡党》

饭食，不贪求过于精致；肉食，不贪求过于精细。食物贮存时间长，有了气味，鱼与肉腐败变质，不吃；颜色变得难看了，不吃；气味发臭了，不吃；烹饪不当，不吃；不是时新的东西，不吃；肉或菜切得不符合要求，不吃；调料放得不合适，不吃；肉虽然很多，但吃的量不超过粮食的量。只有酒没有具体的限量，但也不能喝醉。买来的酒与肉干，不吃。每餐必有姜，但也不多吃。参与国家祭祀，带回来的肉食，不放到第二天。祭祀用过的肉，保存不超过三天，超过三天，就不吃它了。吃饭的时候不相互交谈。睡觉的时候不说话。即便是粗米饭、蔬菜汤，也必须在饭前向先祖献祭，也要洗刷干净，有如斋戒，真诚严肃。

坐席放置不当，不坐。

这是孔子平时生活的一些细节，主要是有关食物方面的内容。从这些细节可以看出，孔子在生活上对自己的要求十分严格，中规中矩。他养成了一些很好的生活习惯，比如说，饭食肉食都不贪求过于精致精细，但对于食物卫生却要求十分严格。用现在的话来说，这是很科学的。食品过了保存期，有了不好的气味，鱼肉变质变味，颜色变得不好看了，都不吃。国家祭祀带回来的肉，不过夜，祭祀用过的肉不超过三天。从以上可以看出，孔子在这些方面很注意，不勉强，不会因为怕浪费，或者贪吃，而去食用一些腐败的东西。同时，烹饪不当的食物不吃，不是吃饭时间不吃。肉或菜切割不当，调料使用不恰当，不吃。肉虽然多，也不吃过量。酒虽没有数量限制，但绝不喝醉。不喝沽来的酒，不吃买来的肉干。这些都是好习惯，对于身体健康很有益。这些要求看似简单，其实对人是一种考验。一个人的修养如何，素质如何，从这些细节上最能体现出来。在生活中，很多人很难做到，或者根本做不到。再就是吃饭的时候不与人多交谈，睡觉的时候不说话。这也是人的一种修养。吃饭，一般说来，一是为了让大家进食补充能量，二是也给大家一个休息的机会。睡觉，更是大家休息的机会。大家安安静静吃饭，既卫生又舒适，既吃饱了肚子，也得到了休息。大家安安静静睡一晚上觉，得到充分休息，第二天起来，精神抖擞，投入工作。

　　师冕见，及阶，子曰："阶也。"及席，子曰："席也。"皆坐，子告之曰："某在斯，某在斯。"师冕出。子张问曰："与师言之道与？"子曰："然。固相师之道也。"

——《论语·卫灵公》

乐师冕来拜会孔子，走到台阶跟前，孔子说："这里是台阶。"走到坐席跟前，孔子说："这里是坐席。"大家都坐定以后，孔子给师冕介绍："某某人在这里，某某人在这里。"师冕走了以后，子张问道："这就是与盲人说话的方式吗？"孔子说："是的。这本来就是帮助盲人的方式呀。"

帮助盲人这类事，说大也大，说小也小。这就看你有没有慈善之心。在现实生活中，在某些人的意识里，根本就不会有残疾人的位置。至于帮助残疾人，在他们的意识里更是根本就没有那个概念。他们的心中只装着自己。在这些人看来，帮助残疾人自然就是再小不过的事。而孔子则不同，他的胸中装着一颗慈善之心，处处同情平民百姓，残疾人更是他关心的对象。对于这一点，这段话便表现得很充分。从他的身份地位与年龄来说，师冕来了，他并不必须亲自去迎接，派一位学生去迎接也是可以的，并不失礼。但是他并没有这么做。他不但亲自去迎接，而且那么小心细致，每个细节都考虑得十分周到。这就表现出一个人道德修养的高尚，也体现出他的忠恕之道。

> 见齐衰者，虽狎，必变。见冕者与瞽者，虽亵，必以貌。凶服者式
> 之，式负版者。有盛馔，必变色而作。迅雷风烈，必变。
>
> ——《论语·乡党》

孔子遇到身穿孝服的人，即使是来往密切、非常亲近的人，也一定要用严肃恭敬的礼节来对待；遇到戴官帽或者双目失明的人，即使一天多次相遇，也一定要以相见如宾的礼仪来对待；如果是在车上，遇到穿孝服的人，一定要弓身向前倾，双手扶在车子的前横木上，以示行礼；遇到背负国家图书典籍的人，也要用与遇到穿孝服的人一样的姿势行礼。有了丰盛的食物，必定严肃恭敬站起来；遇到电闪雷鸣，狂风大作，必定严正肃敬起来。

遇到穿孝服的人、穿官服的人、双目失明的人，即使是很熟悉的人、亲近的人，无论什么时候，在什么地方，在何种情况下，都一定用隆重的礼节来对待。这一点我们在多处作了引述。孔子为什么要这样做？这就是一个真正有修养的人，一个充满家国情怀的人必然的行为。穿孝服表示孝道。对于穿孝服的人讲礼貌，既是对孝子的尊敬，也是对逝去的人的尊敬。讲究孝道是一个国家与民族的美德，也是一个人的美德。讲孝道，就是对国家与民族的传统美德的尊崇与传承。孔子是一个国家观念非常强的人，也是一个对国家无限忠诚的人。因此，当他遇到穿孝服的人，认为这是讲孝道，是尊崇国家与民族的传统美德，因而肃然起敬。这正是孔子美德的自然流露，同时也可以认为是他遇到穿官服的人要以礼相待的原因。因为穿官服的人是为国家服务的，因而也代表了国家。再就是面对丰盛的食物，必定严肃恭敬地站起来。这是表示对食物的珍重。在孔子看来，食物是上天的恩赐，也是生产者辛勤劳动的果实，是他们汗水的结晶，没有理由不珍惜。这是对上天的尊敬，也是对劳动者的尊重。这与我们今天某些人对食物的不珍惜、浪费食物，形成了鲜明的对比——他们忘记了食物是劳动人民的血汗的结晶，来之不易。遇到大风雷鸣也一定肃敬起来，这也是因为他认为大风雷电都是上天赐予子民的恩惠，所以对上天的赐予必须肃然起敬。

> 升车，必正立，执绥。车中，不内顾，不疾言，不亲指。
>
> ——《论语·乡党》

上车登车时，一定站直站正，然后拉稳登车用的带子登车。在车中，不东张

西望，不粗声快言快语，不指指点点。

上车，乘车，在一般人看来，是小而又小的事。稳稳当当上车，坐好就行了。在车内，粗声粗气说话，指指点点，指手画脚，甚至颐指气使的情况，也并不少见。但对孔子来说，这也要讲究礼貌，不可以随随便便；要讲究礼节，规规矩矩，一丝不苟。实质上，这也是对驾车人的尊敬与尊重。通过这些细枝末节的事，也可以看出一个人的品格与修养。

> 子绝四：毋意，毋必，毋固，毋我。
>
> ——《论语·子罕》

孔子一生杜绝这四种毛病：不作无根据的揣测，不作绝对的肯定，不固执己见，不自以为是。

孔子是周文化的继承人，集大成者，大学问家，学术大师。而这样一个人物，做学问的时候，能够做到"绝四"，这也正好证明，他之所以能够成为大学问家、学术大师，是自然而然的。对比现在的某些学者，虽然与孔子这样的大学问家无法相比，却也自命不凡。至于做学问的态度，实在无法让人恭维。在这样的情况下，我们多么需要学习孔子做学问的认真态度与学术品德啊！

> 子曰："奢则不孙，俭则固。与其不孙也，宁固。"
>
> ——《论语·述而》

孔子说："生活奢侈就不会谦逊，生活过于节俭又显得简陋寒碜。但是，比较起来，与其骄纵不谦逊，宁可简陋寒碜一些。"

这是孔子对于生活的态度。生活中可能出现两种情况：或者奢侈，或者简陋。奢侈的人，就可能不谦逊。而节俭的人，虽然简陋寒碜一点，也比奢侈不谦逊要好。所以孔子的态度是，与其不谦逊，宁可简陋一些。这就是孔子生活中的品德节操。

> 子曰："富而可求也，虽执鞭之士，吾亦为之，如不可求，从吾所好。"
>
> ——《论语·述而》

如何获取财富？孔子的态度是，如果通过正当渠道，通过自己的劳动与努力，能够获得的话，那么，即使去为他人执鞭牵马之类的事也可以去干。如果要通过不正当的渠道去获取的话，宁可过穷日子。

孔子对待财富的态度，在其他地方已阐述过。君子爱财，取之有道。不是正道来的财，不是通过自己的劳动与努力得来的财，即使是国君赠予的，也不接受。这真正是严于律己、高风亮节的模范。这又不得不让我们联想到现在的某些人，为了获取钱财，多么缺德的事都干得出来，为了图财，可以不择手段。这样的人，真令人不齿。

> 子曰："古者言之不出，耻躬之不逮也。"
>
> ——《论语·里仁》

孔子说："古时候的人，不轻意把话说出来，就是害怕话说出来了又做不到，让人耻笑。"

> 子曰："其言之不怍，则为之也难。"
>
> ——《论语·宪问》

孔子说："一个人说话不负责任，大言不惭，那么他要实践这些话也就很难。"

这段话与上面的话，意思大致相近。就是说话一定要负责任，不要说大话、大言不惭，不要说一些不靠谱的话。说话要真诚负责。这是孔子严以律己的一贯作风。什么时候能够让我们的朋友们再不说假话、空话、大话就好了。

> 子曰："以约，失之者鲜矣。"
>
> ——《论语·里仁》

要能够约束住自己，管住嘴，不要说做不到的话；管住行，不要干坏事，这样才不至于犯错误，至少是少犯错误。这是孔子为人做事的经验之谈。

> 子曰："放于利而行，多怨。"
>
> ——《论语·里仁》

孔子说："总是从自己的利益出发而去做事，一定会招来诸多的怨恨。"

做什么事情都不能只从自己的利益出发，而应从国家民族的利益出发，也要考虑他人的利益，这是孔子的行为准则。这一点，连孔子的学生也是这样。

> 颜渊季路侍。子曰："盍各言尔志？"子路曰："愿车马衣轻裘，与朋友共，敝之而无憾。"颜渊曰："愿无伐善，无施劳。"子路："愿闻子之志。"子曰："老者安之，朋友信之，少者怀之。"
>
> ——《论语·公冶长》

子路说：我的车子、马匹、衣服、皮袍子，与朋友共享，就是用坏了也不感到遗憾。颜渊说：不夸耀自己的善行，不称述自己的功劳。孔子说：让老年人过上安乐的日子，让朋友们信任，让年轻人怀念。师生三人没有一个从自身私利出发。三个人做事的出发点都是为他人，没有一个谋私利。

> 子曰："饭疏食，饮水，曲肱而枕之，乐亦在其中矣。不义而富且贵，于我如浮云。"
>
> ——《论语·述而》

孔子宁愿吃着粗疏饭食，喝白开水，枕着胳膊睡觉，过自己清苦的快乐日子，也不愿用不义的手段去获取富贵。他鄙视不义的富与贵。这正是他的高风亮节，是他实行忠恕之道的基础。

> 子曰："躬自厚，而薄责于人，则远怨矣。"
>
> ——《论语·卫灵公》

孔子说："对自己的责备要严厉，对别人的责备要宽厚，这样便会远离怨恨了。"

不在自己的利益上用心，遇到什么做得不妥当的事情要多从自己的方面找原因，多作自我批评。对自己的责备要严厉一些，这对自己是一种警戒，有好处。对别人的过错也可以批评，但不要过于苛责，适可而止，不要无限上纲上线。这样做一定会得到别人的理解，因而可以少落怨恨。可能有人会说，孔子这不是明哲保身吗？其实不然。孔子这样做，一是表明他对自己的严格要求；二是说明他宽以待人；三也表明他有远见卓识，"人无远虑，必有近忧"（《论语·卫灵公》）。谁能不犯过失。如果在人家有过失的时候，你揪住不放，锱铢必较，一旦自己犯过失，人家也同样对你。如此恶斗起来，无休无止，对谁也没有好处，甚至损害国家利益。

> 子华使于齐，冉子为其母请粟。子曰："与之釜。"请益。曰："与之庾。"冉子与之粟五秉。子曰："赤之适齐也，乘肥马，衣轻裘。吾闻之也，君子周急不继富。"
>
> ——《论语·雍也》

公西华为孔子出使齐国，冉有替公西华的母亲请求补助一些小米。孔子说：给她六斗四升。冉有请求再多给一点。孔子说：那就再给她二斗四升。冉有却给了她八十石。孔子说：公西赤到了齐国，坐着肥壮的马拉的车，穿着既轻且暖的皮袍子。我听说过：君子只是接济那些急需救济的人，而不是让那些富裕的人更富裕。

> 原思为之宰，与之粟九百，辞。子曰："毋，以与尔邻里乡党乎。"
>
> ——《论语·雍也》

原思给孔子当家庭总管。孔子给他小米九百作薪酬。原思不肯接受。孔子说：不要这样，如果有多余的，你就用来接济那些需要帮助的邻里乡亲。

这两段话放在这里似乎与孔子严以律己关系不大，实际上还是有关系的，因为表现的还是孔子的忠恕之道。他认为该给人家的东西就一定要给，不该给的就不要给。公西华与原思都是他的学生，也都是为他办事。公西华的母亲有了暂时困难，但并不贫穷，给一点临时补助是可以的，给更多就是多余。原思辞谢过高的薪酬，但孔子却让他不要这样做，如果粮食有多余，就用多余的粮食周济邻里乡亲。这正表现了孔子做事不从自己的利益出发，而对于贫困的邻里乡亲却有着格外的关怀。这从一定的角度来说，正表现了孔子对自己的严格要求及其施行的忠恕之道。

> 阳货欲见孔子，孔子不见，归孔子豚。孔子时其亡也，而往拜之。遇诸涂。谓孔子曰："来，予与尔言。"曰："怀其宝而迷其邦，可谓仁乎？"曰："不可。""好从事而亟失时，可谓知乎？"曰："不可。""日月逝矣，岁不我与。"孔子曰："诺，吾将仕矣。"
>
> ——《论语·阳货》

阳货要见孔子，孔子不愿见他。阳货送给孔子一只小猪。孔子想趁着阳货不在的时候去回拜他，然而却在路上遇着了。阳货对孔子说：来，我跟你说话。你胸怀一身的治国本领，却不出来参与国家的治理，任其处于迷乱之中，这样做可以叫作仁吗？孔子说，不可以。阳货说：本来喜欢为国家治理做事，却屡屡错过机会，这样做可以说是聪明的吗？孔子说：不可以。阳货说：日子一天一天地过去，年岁是不会等待我们的。孔子说：是这样，我将要出来做官了。

阳货是季氏的家臣。季氏一直把持着鲁国的政治权柄。孔子对季氏一直很不满，而这时阳货又手握着季氏的权柄，因而孔子很不愿见他。但是阳货对他所说的一番道理是对的。孔子并没有因为自己讨厌这个人而一并反对这个人所讲的正确的道理。从这一点来看，孔子对自己的要求也是严格的。人是人，事是事，不以人废言，不以人废事。

　　子曰："乡愿，德之贼也。"

——《论语·阳货》

孔子认为，乡愿，是德之贼。什么样的人是乡愿？就是我们现在所谓的好好先生。《孟子·尽心下》有一个定义：

　　曰："'何以是嘐嘐也？言不顾行，行不顾言，则曰：古之人，古之人。行何为踽踽凉凉？生斯世也，为斯世也，善斯可矣。'阉然媚于世也者，是乡愿也。"

——《孟子·尽心下》

孟子说：乡愿们批评狂放的人说：为什么这样趾高气扬？说话不考虑与行为一致，行为不考虑与言论一致，总是说"古人呀，古人呀"。他又批评狷介之士说：为什么要把自己搞得凄凉寡欢。凡生在这个世界上，为这个世界做点事，不就很好了吗？把自己打扮成八面玲珑的好人而讨好世人的人就是乡愿。

为什么孔子说乡愿是德之贼？

　　曰："非之无举也，刺之无刺也，同乎流俗，合乎污世，居之似忠信，行之似廉洁，众皆悦之，自以为是，而不可与入尧舜之道，故曰德之贼也。孔子曰：'恶似而非者，恶莠，恐其乱苗也；恶佞，恐其乱义也；恶利口，恐其乱信也；恶郑声，恐其乱乐也；恶紫，恐其乱朱也；恶乡愿，恐其乱德也。君子反经而已矣。经正，则庶民兴，庶民兴，斯无邪慝矣。'"

孟子说：乡愿这种人，要怪罪他，又找不出大的错处来，要指责他，也找不出什么明显的污点来。他们只是与时俗同其流、合其污，为人处世装扮得好像是忠诚可信，行为处事又好像是公正廉洁，以致大家都喜欢他，自己也以为好得很。而他们的所作所为，都与尧舜之道格格不入，因此说他们是戕害道德的人。孔子说：厌恶外貌很像禾苗，而实质上却是草的狗尾巴草，是因为怕它们混在禾苗当中，搞乱了禾苗；厌恶尖嘴利舌，怕它搞乱了正义；厌恶巧舌如簧，怕它搞乱了诚信；厌恶郑国的音乐，怕它搞乱了雅乐；厌恶紫色，是怕它污秽了红色；厌恶乡愿，是怕他搞乱了德操。君子的责任，就是要让那些离经叛道的东西回到正确的道路上来。道路正确了，庶民百姓就会振奋起来。庶民百姓振奋起来了，那些离经叛道的东西就无处藏匿了。

孔子为什么对乡愿，也就是那些八面玲珑的人那么厌恶，认为他们是戕害道德的人？因为这样的人，外表上把自己装扮得人模人样，一本正经，似乎忠诚可信，公正廉洁，很能迷惑人，而那都只是假相，似是而非，一副伪善的面孔，实质上则与尧舜之道格格不入。这些人的存在，把真正的道德搞乱了，让人真伪莫辨。孔子把这种人的真实面目揭示出来，第一，就是要正本清源。"恶紫之夺朱也，恶郑声之乱雅乐也，恶利口之覆邦家者。"（《论语·阳货》）不要让不是正色的紫色夺去了纯正的大红色的光彩，不要让郑国的乱世之音扰乱了雅乐，不要让强嘴利舌颠覆了国家。让那些离经叛道的东西回到正确的道路上来。第二，是"攻乎异端，斯害也已"（《论语·为政》）。把这些人的真实面目揭示出来，把他们的异端邪说揭露出来，让大家认清他们伪善的真实面目，认清其异端邪说的伪善性，不要让他们把道德搞乱了，让他们再没有欺骗人的市场，从而自我消逝。第三，教育学生弟子，不要做乡愿式的人物，要遵循尧舜之道前行，同时当然也是对自己的警示。以乡愿为反面教材，严格要求自己，坚守忠恕之道。从孔子的实际情况来看，一贯坚持原则，绝不当好好先生。比如，他对季氏的不满，对某些诸侯的不满，都会明确表示出来，加以批评与指责，绝不说模棱两可的话，这就是孔子的本色。

子曰："道听而途说，德之弃也。"

——《论语·阳货》

孔子说："在一些非正式的场合听到一些传闻，就到处传播，这是不合乎道德原则的，应该抛弃。"

类似这样的情况，在社会上太普遍了。有些人唯恐天下不乱，听到一些小道消息，尤其是一些对社会不利的小道消息，便到处传播，甚至添油加醋，或者制造谣言，到处传播。而更多的人则是有这个嗜好，一听到小道消息，便跟风，到处传播。现在是网络时代，有些人一听到什么小道消息，不加考证，就在网络上大肆传播，把网络环境搞得乌烟瘴气。比如一位老人不慎跌倒，被一个好心人扶起来，送到医院，反被老人家属诬为撞倒老人。而那些不明真相的人，便在网络上起哄，谴责那个好心人。一时间，跟风的人何止千万。好在现在有摄像头，民警把监控录像调出来一看，真相大白，是好人做好事。跟风的人，情何以堪。孔子把这种情况提至道德的高度来认识。这就是孔子严于律己，成为圣人的根本原因。

三、朝闻道，夕死可矣

> 子曰："朝闻道，夕死可矣！"
>
> ——《论语·里仁》

孔子说："早上得了道，晚上便死去也心甘情愿了。"

这是何等的豪言壮语！在孔子那里，道是最重要的东西，是至高无上的东西，是人格的最高表现，是比生命还重要的东西。而闻道，当然就更重要了，那是说已经修炼到很高的道德境界与人格境界了。

什么是道？道的内涵是什么？从一般角度来说，道的内容很多，蕴含的东西很广泛。比如说：道家有道家的道，儒家有儒家的道，释家有释家的道。对一般的老百姓而言，比方天道、地道、仁道、人道、孝道、善道，还有自然之道、科学之道，等等。而这里的道，孔子自己已经说了：吾道一以贯之，那就是曾子所说的"忠恕"二字而已。

细想起来，这"忠恕"二字，确实把很多内容都包含进去了，把为人之道完全包括进去了。试想，有了"忠恕"二字，还有什么事情做不到？忠于天，忠于地，忠于国家，忠于民族，忠于人民，忠于事业，忠于职守，忠于家庭，忠于朋友等。做到了这些忠，已经是一个相当的完人了。再加上恕，"己所不欲，勿施于人"，处处能换位思考，处处能为他人着想。这就真正是一个完人了。可见孔子把这两个字作为自己要得到的道，这就是圣人的眼光了。

道如何才能"闻"到？那当然只有"修炼"二字。

> 子曰："士志于道，而耻恶衣恶食者，未足与议也。"
>
> ——《论语·里仁》

　　道就是修炼出来的。要修道，就要有志于道。有志于道，就要从生活中一点一滴做起，不能怕苦，不能怕累，不能怕穷困。如果想成为一个有道之人，连穿破旧的衣服、吃粗劣的饭食都以为耻，还去修什么道？所以孔子要说，这样的人就不要再与他们谈什么修道的事了。前面我们列举了孔子在生活中严格要求自己，从每一件小事做起的许许多多事例，现在再进一步来看他是怎样做的。

　　　　子曰：吾十有五而志于学，三十而立，四十而不惑，五十而知天命，六十而耳顺，七十而从心所欲，不逾矩。

　　　　　　　　　　　　　　　　　　　　　　　　——《论语·为政》

　　这是孔子的名言，是他得道的过程。他十五岁便确立了治学的志向，把求学治学作为自己一生的志向与追求；然后一步一个脚印，始终没有懈怠，每十年上一个大台阶，不断提高；最后终成大器。七十岁从心所欲，不逾矩。这个矩是什么？就是他的"忠恕"二字。一直学到七十岁，才真正完全得了这个道。这个修炼过程是多么长，真不是一般人能够做到的。

　　　　子曰："德之不修，学之不讲，闻义不能徙，不善不能改，是吾忧也。"

　　　　　　　　　　　　　　　　　　　　　　　　——《论语·述而》

　　在学习与修炼的过程中，总没有满足的时候，不断地检查自己，反省自己，在不断的检讨与反省中提高与完善自己，最后终于从心所欲，不逾矩。

　　　　子曰："加我数年，五十以学《易》，可以无大过矣。"

　　　　　　　　　　　　　　　　　　　　　　　　——《论语·述而》

　　到了知天命的年岁，还要去学《周易》，这种学习修炼精神，不得不让人佩服。而且他学《周易》，不只是说说而已，而是真学，踏踏实实学，成绩斐然。《史记·孔子世家》说："孔子晚而喜《易》序《彖》《系》《象》《说卦》《文言》。读《易》，韦编三绝。曰：'假我数年，若是，我于《易》则彬彬矣。'"这就是孔子学《周易》的成绩单。不仅如此，《史记·仲尼弟子列传》说："孔子传《易》于瞿（商瞿，孔子学生；鲁人，字子木；少孔子二十九岁），瞿传楚人馯臂子弘，弘传江东人矫子庸疵，疵传燕人周子家竖，竖传淳于人光子乘羽，羽传齐人田子庄何，何传东武人王子中同，同传菑川人杨何。何元朔中以治《易》为汉中大夫。"是孔子把《周易》这部著作及其学问传给了他的学生商瞿。这样一代一代传承下来。我们不敢臆测，如果没有孔子的教学与遗传，今天还有这部著作的存在吗？如果《周易》失传，那损失该有多大？这话有点扯远了。

> 子曰"赐也，女以予为多学而识之者与？"对曰："然，非与？"曰："非也，予一以贯之。"
>
> ——《论语·卫灵公》

这是孔子最可贵的学习经验。他学识高深广博，学得多，记得牢，其经验就是有一个中心思想，贯穿其整个学习过程。学习时，围绕一个中心来记忆。而那个中心，就是道，就是忠恕二字。他的学习目标明确，就是为了那个道字。

> 子曰："盖有不知而作之者，我无是也。多闻，择其善者而从之。多见而识之，知之次也。"
>
> ——《论语·述而》

这既是孔子闻道的一种方法，也是他学习求知修炼的经验之谈。做什么事情，从不蛮干。做之前先学习求知，待有了真正的认知以后再行动。他是学习求知的有心人，也是一个低姿态、谦逊好学的人，见到好的知识绝不会视而不见，一定会跟着人家学，而且一定学到手；听到好的见闻，也不会听而不闻，而是牢牢地记在心里，化为自己的知识。这也是他能够闻道，能够多才多艺的原因。

> 子曰："三人行，必有我师焉，择其善者而从之，其不善者而改之。"
>
> ——《论语·述而》

这是孔子治学的经典之言，也是他学习闻道的好方法、好经验。有心学习，时时处处都是学习的机会；无心学习，再多的知识，你也看不见。几个人在一起走路，这太平常了，但在孔子那里，并不平常。他能够在这中间找到老师，向老师学习到好的品德与知识，把老师好的品德与知识化为自己的优秀品德与知识。而对于老师不恰当的东西，便予以改正。在我们一般人眼里极为平常的事情，在孔子的眼里就变成了不平常。这也正是我们大家只能是一般人，而孔子能够成为圣人的原因。

> 子禽问于子贡曰："夫子至于是邦也，必闻其政，求之与？抑与之与？"子贡曰："夫子温、良、恭、俭、让以得之。夫子之求之也，其诸异乎人之求之与。"
>
> ——《论语·学而》

孔子获取知识，或者说是闻道的方法与途径多种多样。子贡在这里又揭示出孔子的一种闻道的方法。孔子每到一个国家，都自然而然地能够获知那个国家治国理政的政事情况。这是为什么呢？这就是孔子的人格魅力所致。按说孔子的学识、素养、地位、威望都是崇高的，如果放到一个普通人的身上，或者会高高在上、不可仰视。但孔子不是这样，无论何时何地，对待何人，他都能做到温良恭俭让。即使与人产生误会，暂时受到委屈，也能包容，温和对待。这就能充分展示其个人的人格魅力，获得人们的信任，很容易做到与人相互交心。在交往的过程中，对方就会主动地把他希望知道的信息告诉他。这就是他能够很容易获得他所希望获得的信息的秘密。

> 子曰："我非生而知之者，好古，敏以求之者也。"
>
> ——《论语·述而》

孔子多才多艺，知识丰富而全面。他获得知识的途径与方法多种多样。这里他又告诉我们，他不是生而知之，不是天生就有知识。他之所以知识丰富，是因为他很热爱古代的知识与文化。这里，孔子说出了一个非常重要的问题，就是"好古"，就是热爱古代的知识文化。其实，一个人想要成为一个真正的学者，无论是哪一类的学者，如果不喜欢自己国家古代的知识与文化，不学习追求古代知识文化，那么他的成就终究是有限的。因为博古才能通今。今天的知识文化都是建立在古代的知识文化的基础上的。不博古，何以能通今。不博古，没有深厚的古代知识文化基础，所谓的通今也只能浮在表面上，不可能成为真正的大学者。就以孔子而言，要是他不喜欢古代知识文化，不学习先圣尧、舜、文王、武王、周公之道，怎么能够成就自己的"忠恕"之道？如果追根问底，尧、舜、文王、武王、周公之道，很重要的内容不也就是忠恕二字吗？一个中国的学者做学问，如果只把眼光停留在中国现代，或者是外国，而没有比较深厚的中国古代文化知识基础，做出来的学问也没有根基，浮在上面，深不下去，即使能够鼓噪一时，也难长久。还有就是那个"敏"字，就是聪明加勤奋。人没有聪明智慧不行，只有聪明智慧也不行，还必须加上勤奋二字。有些人具有先天的聪明智慧，或谓之神童，却因后天不勤奋努力而终未能有大成就。

> 子在川上曰："逝者如斯夫，不舍昼夜。"
>
> ——《论语·子罕》

孔子站在河岸边感叹："大河之水，就这样没日没夜地奔腾而去啊！"

大河之水，日夜兼程，奔腾不息。这在一般人眼里，只不过是一种太普遍的自然现象。在孔子这位哲人的眼里，却有着不同寻常的感受。大河之水，源源不断，日夜奔腾不息，永远不会枯竭。而人的生命有限，光阴似箭，一去不返。自己的道德修炼、理想追求，还在路上。望着奔腾不息逝去的河水，联想到自己未来的岁月，不能不让人油然而生发出一种紧迫之感与奋发向上的精神。朝闻道，夕死可矣！

四、见贤思齐焉

> 子曰："见贤思齐焉，见不贤而内自省也。"
>
> ——《论语·里仁》

这也是孔子闻道最重要的方法之一。见到贤能的人，人品好的人，有才华的人，就向人家学习，向人家看齐。看到不是那么贤能的人，人品不是那么好的人，则对照着反省自己，改正自己的不足。这是修炼自己的加减法。见到好的东西就学，增加自己的优点；见到不好的东西就改正，减少自己的缺点。不放过任何学习提高的机会。这样加加减减，久而久之，久久为功，就越来越优秀。孔子之所以成为圣人，就是这样修炼出来的。

> 孔子谓南宫敬叔曰：吾闻老聃博古知今，通礼乐之原，明道德之归，则吾师也，今将往矣。
>
> ——《孔子家语·观周》

孔子对南宫敬叔说：我听说老聃精通古代历史文化，也通晓当今的知识文化，精通礼乐的渊源，明白道德要达到的目的。他就是我的老师啊，我现在就要到他那里去，向他学习。

这是孔子见贤思齐的最具体表现。南宫敬叔是孟僖子的儿子。孟僖子通过观察，看出孔子将是一个出众的贤人，临死前曾嘱咐南宫敬叔要向孔子学习。南宫敬叔把孔子要去向老子学习的情况报告了鲁昭公，得到了鲁昭公的资助。孔子获得了向老子学习的机会。

> 至周，问礼于老聃，访乐于苌弘，历郊社之所，考明堂之则，察庙朝之度，于是喟然曰："吾乃今知周公之圣，与周之所以王也。"
>
> ——《孔子家语·观周》

到了周朝，孔子向老聃请教学习周朝的礼乐制度知识，拜见精通音乐的苌弘，向苌弘学习周朝的音乐，走访了所有冬夏祭祀天地之神的处所，研究了明堂的规章制度及其法则，考察了宗庙朝廷的法规制度。于是孔子深深地感叹：我现在终于明白了周公的圣明和周朝能够取得天下的原因。

孔子来到周朝，通过向老聃学习，对苌弘的拜访，通过在明堂与太祖后稷之庙等处的参观考察，从而对于周朝的历史文化、礼乐制度、音乐、各种法规、各种祭祀活动、宗庙朝廷的法规制度等有了新的深入了解与认识，因而对周朝更是产生了崇拜敬仰之心，尤其是对圣明的周公更是崇拜敬仰之至。周公对周天子的忠、对周朝的文治武功的贡献、对周朝治国之道的建设，让孔子自己的道有了质的飞跃。因而，通过学习考察，孔子的学识品德、道德修养都达到了一个新的高峰，声望也更高了，以至于远方的学生都要来向他求学，弟子达三千人之多。

孔子"好古"，对古代历史文献资料十分喜爱，十分重视，并进行了深入的学习研究。从历史文献中，他看到了夏朝之前尧舜这样的圣明帝王，看到了夏、商、周三朝，出现了禹、汤、文、武、周公等这样一些圣君贤臣。尤其是周公，更是他的偶像。他对这些圣明帝王、英贤大臣充满着敬仰与钦佩，决心向他们学习，向他们看齐，恢复那个时代优良的社会风气与秩序。关于这一点，《礼记·礼运》中有记载（这段话他处有引述），这段话的后面，陈澔在注中说："夫子言我思古昔大道之行于天下，与夫三代英贤之臣，所以得时行道之盛，我今虽未得及见此世之盛，而有志于三代英贤之所为也。此亦梦见周公之意。石梁王氏曰：以五帝之世为大同，以禹汤文武成王周公为小康。"陈澔的注说明，孔子的好古，是他认为五帝时代的大同社会、禹汤文武成王周公的小康社会，他都未能赶上。而大道行于天下的时代，夏商周三朝，英贤之君臣都能得时行道，推行自己的治国主张，实现自己的治国理想，把国家与社会治理得那么好。这样的时代多么令孔子向往！这真正是孔子极为羡慕的。孔子作为已经获得三代英贤之道的英贤，虽然未能遇到这样的好时代，却有志于三代英贤之所为，推行三代英贤之道。尤其是像周公那样，辅佐幼主，兴一朝之政，建天下之威，成天下之盛。这是他终生为之不懈奋斗的理想。这也正是他要"思齐"的地方。

> 子曰："苟有用我者，期月而已可也，三年有成。"
>
> ——《论语·子路》

这是孔子离开卫国时发出的叹息。

孔子到卫国的时候，卫灵公很高兴，到郊外来迎接他。但是卫灵公年纪大了，对国家的政务很懈怠，不用孔子，因而孔子发出这样的叹息。他多么希望能够有一个推行古代英贤治国之道来治理国家的机会。他认为只要给他一年的时间，就可以见成效，三年便可以获得最后的成功。这个成功是什么？当然就是他最为向往的大同社会或者小康社会了。

> 公山弗扰以费畔，召，子欲往。子路不说，曰："末之也，已，何必公山氏之之也？"子曰："夫召我者，而岂徒哉？如有用我者，吾其为东周乎！"
>
> ——《论语·阳货》

这一段话更为充分地表现了孔子恢复周朝的文武之道，重建周朝理想社会的思想。显然公山弗扰是个犯上作乱的人，费是公山弗扰反叛的地方。大家知道，孔子对于犯上作乱的行为极其反感，对于犯上作乱的人极其厌恶。但是只要公山弗扰这个犯上作乱的人，真正让他去，真正任用他，他便可以利用那个机会，利用那个地方，施展其才华，实现他效仿三代英贤、推行三代英贤之道，而恢复周朝理想社会的理想。所以，为了实现其效仿先代英贤、推行先贤之道，即使是他最不愿意见的人让他去他最不愿意去的地方，他还是宁愿违背自己的初衷。虽然后来未能成行，但他希望效仿前贤而推行三代英贤之道，重建周朝所谓的小康社会的坚持不懈的精神仍然令人敬佩。

> 冉有曰："夫子为卫君乎？"子贡曰："诺，吾将问之。"入。曰："伯夷叔齐何人也？"曰："古之贤人也。"曰："怨乎？"曰："求仁而得仁，又何怨？"出。曰："夫子不为也。"
>
> ——《论语·述而》

361

伯夷与叔齐兄弟俩，相互推让国君之位而被认为是我国古代最具仁德的贤人。在孔子的心目中，两人也是他极为称赞崇敬的贤德仁人，自然也是他见贤思齐的对象。对于伯夷叔齐，孔子有过多次赞誉：

> 子曰："伯夷、叔齐不念旧恶，怨是用希。"
>
> ——《论语·公冶长》

这也是伯夷、叔齐贤的表现，是孔子要思齐的地方。

> 逸民：伯夷、叔齐、虞仲、夷逸、朱张、柳下惠、少连。子曰："不降其志，不辱其身，伯夷叔齐与！"谓："柳下惠、少连，降志辱身矣。言中伦，行中虑，其斯而已矣。"谓："虞仲、夷逸，隐居放言。身中清，废中权。我则异于是，无可无不可。"
>
> ——《论语·微子》

这些逸民都是贤人，都是孔子所肯定的人物。但是这其中，只有伯夷、叔齐是他最崇敬的。因为他们"不降其志，不辱其身"。在孔子看来，任何时候、任何情况下都不降低自己的志向，不能让自己的尊严受辱。而柳下惠、少连言论合乎伦理，行为合乎人心，虽然也多次被孔子赞扬，但毕竟"降志辱身"。这就次于伯夷叔齐了。还有虞仲、夷逸，隐居却敢于直言，保持廉洁，暂时弃官，合乎时宜。这也不能与伯夷叔齐相提并论。只有做到不降其志、不辱其身，才是孔子最为敬佩的。

> 孔子曰："不克不忌，不念旧怨，盖伯夷叔齐之行也。"
>
> ——《孔子家语·弟子行》

孔子说："不争强好胜，不忌妒他人，不念记旧时的怨恨，是伯夷、叔齐的操行。这也是伯夷、叔齐的优良品德，是他们之所以贤的地方。"

关于伯夷、叔齐，《史记》有传曰：

> 伯夷、叔齐，孤竹君之二子也。父欲立叔齐，及父卒，叔齐让伯夷。伯夷曰："父命也。"遂逃去。叔齐亦不肯立而逃之。国人立其中子。于是伯夷、叔齐闻西伯昌善养老，盍往归焉。及至，西伯卒，武王载木主，号为文王，东伐纣。伯夷、叔齐叩马而谏曰："父死不葬，爰

及干戈，可谓孝乎？以臣弑君，可谓仁乎？"左右欲兵之。太公曰：
"此义人也。"扶而去之。武王已平殷乱，天下宗周，而伯夷、叔齐耻
之，义不食周粟，隐于首阳山，采薇而食之。及饿且死。

这是伯夷、叔齐的历史记载。

关于对伯夷、叔齐的评价，韩愈有一篇《伯夷颂》，文章不长，录在这里，
以供参考。

> 士之特立独行，适于义而已，不顾人之是非，皆豪杰之士，信道笃
> 而自知明者也。
>
> 一家非之，力行而不惑者寡矣，至于一国一州非之，力行而不惑
> 者，盖天下一人而已矣，若至于举世非之，力行而不惑者，则千百年乃
> 一人而已耳。若伯夷者，穷天地亘万世而不顾者也。昭乎日月不足为
> 明，崒乎泰山不足为高，巍乎天地不足为容！当殷之亡，周之兴，微
> 子贤也，抱祭器而去之。武王、周公圣也，从天下之贤士与天下之诸侯
> 而往攻之，未尝闻有非之者也。彼伯夷、叔齐者，乃独以为不可。殷既
> 灭矣，天下宗周，彼二子乃独耻食其粟，饿死而不顾。由是而言，夫岂
> 有求而为哉？信道笃而自知明也。
>
> 今世之所谓士者，一凡人誉之，则自以为有余，一凡人沮之，则自
> 以为不足。彼独非圣人而自是如此！夫圣人乃万世之标准也。余故曰：
> 若伯夷者，特立独行，穷天地亘万世而不顾者也。虽然，微二子，乱臣
> 贼子接迹于后世矣。

韩愈对伯夷、叔齐的评价可以说是至高无上了。用现代的眼光来看，也有值
得商榷的地方。

伯夷、叔齐也好，孔子也好，他们都是古人，也都有其历史局限性，这是毫
无疑问的。就我个人的看法，伯夷、叔齐有的地方是值得肯定的。第一，他们能
够主动让出国君之位，这是不简单的。历史上，为了争夺王位，父子之间，兄弟
之间，君臣之间相互争斗残杀的现象还少吗？第二，当周武王率众攻纣之时，他
们敢于冒着生命危险，叩马而谏，也是不容易的。第三，他们不食周粟，宁愿饿
死在首阳山上，这种骨气也不是常人能够做到的。所以孔子尊伯夷叔齐为古贤
人，要向他们看齐也是可以理解的。鉴于此，孔子不会去帮助卫君也就可以理解
了。因为孔子认为卫国的卫出公辄，不让在晋国的父亲回国，是为了争夺王

位。父子争夺王位，在孔子的意识里是不义行为。他怎么会去帮助一个与父亲争夺王位的国君呢？

> 子曰："泰伯，其可谓至德也已矣，三以天下让，民无得而称焉。"
>
> ——《论语·泰伯》

孔子说："泰伯的道德品格那真可以说是至高无上的了，屡次出让继承王位的机会，老百姓真不知道用什么最美好的词语来称赞他才好呢！"

对于泰伯这位古代至德贤人，孔子崇敬至极，敬佩至极。

> 子曰："甚矣吾衰也，久矣吾不复梦见周公。"
>
> ——《论语·述而》

看来孔子年轻时是经常梦见周公的。为什么？因为周公之贤让孔子羡慕不已，崇拜之至。他一心想推行周公之道，建立周公式的功业。"此亦梦见周公之意。"周公是他心中最崇高的偶像，周公的功业一直鼓励着他，让他奋斗不止。他一生中的几十年一直为此而奔波，虽然累遇挫折，却不气馁。但是，时过境迁，老之将至，孔子也很久没再梦见周公了。这可以说是他最遗憾的事情。

孔子对古代圣贤始终都崇敬，崇拜，思齐。尤其是尧、舜、禹、文王、武王、周公等，他对同代贤俊也同样敬佩。

> 公叔文子之臣大夫僎与文子同升诸公。子闻之曰："可以为文矣。"
>
> ——《论语·宪问》

公叔文子与其家臣僎，是主仆关系。主人推荐仆人和自己一道晋升为国家大臣，相互同朝为官。这样，主人必须放低身段，与自己的仆人平起平坐。这在等级森严的古代，真是一件不容易的事。而公叔文子却这样做了。孔子听到了这件事以后，大为称赞，认为公叔文子"可以为文矣"。

> 孔子谓宓子贱曰："子治单父，众悦，子何施而得之也？子语丘所以为之者。"对曰："不齐之治也，父恤其子，其子恤诸孤，而哀丧纪。"孔子曰："善。小节也。小民附矣，犹未足也。"曰："不齐所父事者三人，所兄事者五人，所友事者十一人。"孔子曰："父事三人，

可以教孝矣，兄事五人，可以教悌矣，友事十一人，可以举善矣。中节也，中人附矣，犹未足也。"

曰："此地民有贤于不齐者五人，不齐事之而禀度焉，皆教不齐之道。"孔子叹曰："其大者乃于此乎有矣！昔尧舜听天下，务求贤以自辅。夫贤者，百福之宗也，神明之主也。惜乎！不齐之所治者小也。"

——《孔子家语·辩政》

子贱是孔子的学生，把单父这个小地方治理得很好，得到老百姓的爱戴。对此，作为子贱的老师，孔子当然感到很欣慰。他来向学生了解，用什么方法把这个地方治理得这么好。无疑，这是老师不耻下问，自然也有请教、学习之意，也有见贤思齐之意。子贱从三个层次介绍了自己如何施政的情况，孔子听完以后，又都要帮助子贱提高到理论高度来认识，最后作出结论：那就是子贱遵循了尧、舜尊贤，以贤自辅，依贤治政之道而取得了治理好一个地方的好成绩。把子贱的行为提高到尧舜的高度来认识，这是什么样的胸怀！孔子感叹、赞扬：像子贱这样的贤能之才，不应该只治理这样一个小地方，而应该去治理一个大地方。

卫蘧伯玉贤而灵公不用，弥子瑕不肖反任之。史鱼骤谏而不从。史鱼病，将卒，命其子曰："吾在卫朝不能进蘧伯玉，退弥子瑕，是吾为臣不能正君也。生而不能正君，则死无以成礼。我死，汝置尸牖下，于我毕矣。"其子从之。灵公吊焉，怪而问焉。其子以其父言告公。公愕然失容曰："是寡人之过也。"于是命之殡于客位。进蘧伯玉而用之，退弥子瑕而远之。孔子闻之曰："古之烈谏之者，死则已矣，未有若史鱼死而尸谏，忠感其君者也，不可谓直乎？"

——《孔子家语·困誓》

孔子对于史鱼的直与蘧伯玉的贤都是极为称赞的。《论语·卫灵公》就有这样的话："直哉，史鱼！邦有道，如矢，邦无道，如矢。君子哉蘧伯玉！邦有道，则仕，邦无道，则可卷而怀之。"他赞扬史鱼刚直，国家政治清明的时候，像箭杆那样刚直，国家政治不清明的时候，也像箭杆那样刚直。这真正是一个刚直不阿的人。一位人臣要做到这样刚直，实在不是容易的事，这要有勇气，要有丢掉乌纱帽的精神准备，甚至要冒生命危险。而史鱼就真正做到了。还有蘧伯玉的贤，《论语·宪问》中有一段话："蘧伯玉使人于孔子，孔子与之坐而问焉，曰：'夫子何为？'曰：'夫子欲寡其过而未能也。'使者出，子曰：'使乎，使乎！'"

孔子特别夸赞使者是个好使者、合格的使者，并没有直接说到蘧伯玉的贤。但使者回答孔子的话时说蘧伯玉想减少自己的过失而未能，这就间接地把蘧伯玉的贤说出来了。一个人能够经常考虑减少自己的过失，严格地要求自己，不断地修养自己，这不是贤是什么？这就不能不说到卫灵公时期卫国的政治，蘧伯玉贤，是个君子，他不任用，弥子瑕不肖他却重用。这自是不明智的表现。作为一个国君，不能重用贤臣，这是孔子最不愿意看到的。同时，史鱼这样刚直的人，向他进谏他不听，仍让弥子瑕这样不正派的人主持国家政务，这也是为君之不明，从而导致政治上不清明。但是，史鱼用尸谏还是把他唤醒，终于重用蘧伯玉，而黜退弥子瑕并疏远他。这一点还是应该肯定的。不过孔子对卫灵公还是有所不满。

> 卫灵公问陈于孔子。孔子对曰："俎豆之事，则尝闻之矣。军旅之事，未尝学也。"明日遂行。
>
> ——《论语·卫灵公》

孔子主张以礼乐、德泽治国，卫灵公作为一国之君，向贤人请教的，不是如何以礼乐、德泽治国，而是先问打仗如何排兵布阵的事情。这让孔子很失望，所以第二天便离开了卫国。

从卫灵公不能采用史鱼的劝谏，到不能任用蘧伯玉之贤，到重用不肖的弥子瑕，到向孔子问阵这系列的情况来看，孔子对卫灵公是不以为然的。《论语·宪问》中就有"子言卫灵公之无道也"的说法。

对不贤者，孔子的态度鲜明，那就是与不贤者相对照，寻找自己存在的问题与不足，加以反省，哪怕是一点点小疵，也一定指出来，用以内省。

> 子曰："孰谓微生高直，或乞醯焉，乞诸其邻而与之。"
>
> ——《论语·公冶长》

从孔子的这些话来看，微生高这个人应该是当地的一位以直爽而闻名的人。但是孔子却不以为然。因为有人向他讨要一点醋，自家没有，向邻居家要来一点给了人家。平心而论，微生高的做法，未必就不好。孔子却认为这不是直率的表现。在孔子看来，有就是有，没有就是没有，何必以没有而充有呢？这不是为直而直吗？因而这也就不是真正的直，也就不是贤人应有的表现，因而也就不值得称道了。

子曰："臧文仲居蔡，山节藻棁，何如其知也？"

——《论语·公冶长》

臧文仲是鲁国的大夫。鲁国的蔡这个地方，有很多大乌龟，人们便称大乌龟为蔡。大乌龟是用来占卜的，但是只有国君才能有权使用它。而臧文仲只是一名大夫，竟然养了大乌龟，还给大乌龟盖上雕梁画栋的房屋。这是违礼行为，是孔子绝对不能容忍的。在孔子看来，这是不贤的表现，因此孔子指责他的这种行为是不智的。

子曰："臧文仲其窃位者与？知柳下惠之贤而不与立也。"

——《论语·卫灵公》

作为一名高官，向国君推举贤能的人才，是其职责。但是臧文仲身居高位，明明知道柳下惠是个贤能之士，而不能推举出来做官。这样的人，或者是做官不管事，或者是嫉贤妒能，怕贤能的人才出来做官，挤压了自己的位置，或者怕别人掩盖了自己的才能。这样的人，肯定不是一个贤能之辈，孔子对其进行了指责。

子曰："巧言令色，足恭，左丘明耻之，丘亦耻之。匿怨而友其人，左丘明耻之，丘亦耻之。"

——《论语·公冶长》

花言巧语，一副伪善脸孔，装模作样，掩盖内心的阴险，这样的人，其品质可想而知。这样的人，左丘明以为可耻，孔子也认为可耻。这里要说的是，《春秋》是孔子所作，左丘明为《春秋》作传。那么左丘明应该稍晚于孔子，或者左丘明的年岁要稍小于孔子？左丘明认为可耻的人与事，孔子也认为可耻。这说明左丘明是贤人。而孔子能够效仿比自己年轻的贤人，说明孔子见贤思齐的态度与品质，非同一般。像孔子这样德高望重的人，能够放低身段，向声望低于自己的人学习、看齐，真不愧于万世师表的尊号，真正是我们的师表。

五、道之难行，不可忘也

孔子见老聃而问焉，曰："甚矣，道之于今难行也。吾比执道，而今委质以求当世之君，而弗受也，道于今难行也。"老子曰："夫说者流于辩，听者乱于辞，如此二者，则道不可以忘也。"

——《孔子家语·观周》

按照老子的意思，道推行不动，是因为推行道的人推行的方法不妥，只停留在辩论上，而听的人又被这些辩辞所迷惑。鉴于这样的情况，那就应该改变宣传方式，加强道的实践。问题是，到了孔子所处的春秋时代，三代先圣英贤的治国之道，文王、武王与周公的治国之道在各诸侯国已经名存实亡，既没有人真正接受这样的宣传，更没有人想去实行。只有像孔子这样的人，还在为推行其道而坚持不懈地到处奔走。即使有人听了他的宣传，说先圣英贤之道确实很好，但也并不打算去实行。比如《孔子家语·哀公问政》所记述的一段话，就是一个典型的例子。

鲁哀公向孔子请教治理国家的办法，孔子给他讲了一大通文王、武王治理好国家的办法与道理，但是鲁哀公却说："子之言，美矣至矣！寡人实固不足以成之也。"您的话，实在是好得不能再好了，但我这个人浅薄，您所说的这些，我是不可能做到的。孔子又耐心地进一步给他讲了很多修身治国的道理与方法，但鲁哀公最后仍说："子之教寡人备矣。""寡人既得闻此言也，惧不能果行而获罪咎。"您教给我的这些治国之道，已经非常完备了啊！我已经有幸听到了您的这些教导，而我所担心的是，不能够把您所教导的这些都能够做得到，反而造成很多罪过，招致许多指责。

鲁哀公主动向孔子请教治国之道，孔子很耐心地给他讲了那么多，他也认为很好，却婉言谢绝执行。这就是现实。其实，鲁哀公所说的也是实情，那个时候，即使鲁哀公真的要在鲁国实行文武周公的那一套，也未必行得通。实际上，孔子多年以来，为了推行文王、武王、周公的治国之道，在各国之间来回奔波，受到不少挫折，吃了不少苦头，不但他所推行的道未能实现，而且遭到很多人的讽刺与耻笑。

子路宿于石门。晨门曰："奚自？"子路曰："自孔氏。"曰："是知其不可而为之者与？"

——《论语·宪问》

这就是一个很好的例子。孔子推行其道，推行不通，但并不死心。他的这种作为，这时已经不是什么秘密，而是大家都知道的事情了，要不怎么连一个看守城门的人都知道了呢？同时，孔子的这种作为并不为时人所欣赏，连那个守门人都用讽刺与讥笑的口吻说这样的话。然而，孔子就是孔子，虽然道之难行，仍然为之奔走不止。

> 子击磬于卫，有荷蒉而过孔氏之门者，曰："有心哉，击磬乎！"既而曰："鄙哉，硁硁乎，莫己知也，斯己而已矣，深则厉，浅则揭。"子曰："果哉，末之难矣。"
>
> ——《论语·宪问》

孔子通过敲击磬的声音，透露出自己推行先圣英贤之道不畅的苦衷，让一位隐士听出了其中的秘密。这磬外之音是：我如此全心全意地推行先圣英贤之道，恢复文武周公创立的小康社会，到处宣传、劝说，吃尽苦头，那些诸侯国君却没有人出来响应。他们不理解我，很多卿、大夫、士人，也不理解我，还讥笑我，讽刺我。那位隐士却认为，既然大家都不理解你，那就算了吧。你自己认为应该怎么做就去做好了，就像过河一样，水深了你就穿着衣服，连衣服一起过去，水浅了，你就卷起衣服过去好了。孔子听了这位隐士的话，说：如果真是这样也就好了，也就不会有什么过不去的坎了。也就是说，道之难行，不可忘也。行道之志，不可亡也。

> 楚狂接舆歌而过孔子曰："凤兮凤兮，何德之衰！往者不可谏，来者犹可追。已而已而，今之从政者殆而！"孔子下，欲与之言。趋而辟之，不得与之言。
>
> ——《论语·微子》

楚国一个叫接舆的狂人，唱着歌从孔子的车前走过。他唱道：凤凰呀凤凰，你的运气为什么这么不好，过去的事再劝说也没有什么用处了，未来的事还是可以另作打算的。算了吧，算了吧，如今这些执掌政柄的人危乎殆哉！孔子下得车来，想跟他说话，那人赶快走过去避开了。孔子没有能够和他说上话。

楚国的这个狂人接舆，自然也是一位隐士，一位洞察世事之人。他看透了，当时那个时候，各国执掌国家权柄的人已经没有几个真正的道德君子，大都是一些伪君子。用现在的话来说，就是一批无良政客。所以，隐士们都采取了不与当政者合作的态度，而隐居起来。他们认为孔子这样为了推行其道，不辞劳苦，来回奔波，是生不逢时，吃力不落好，因而劝孔子也隐居起来。但是孔子是一个以推行先圣英贤之道为己任的人，是具有不达目的誓不休的意志与决心的人。所以，为了推行其道，受再多的挫折，受再多的嘲讽，孔子也不会放弃。

> 长沮、桀溺耦而耕，孔子过之，使子路问津焉。长沮曰："夫执舆者为谁？"子路曰："为孔丘。"曰："是鲁孔丘与？"曰："是也。"曰："是知津矣。"问于桀溺。桀溺曰："子为谁？"曰："为仲由。"曰："是鲁孔丘之徒与？"对曰："然。"曰："滔滔者天下皆是也，而谁以易之？且而与其从辟人之士也，岂若从辟世之士哉？"耰而不辍。子路行以告。夫子怃然曰："鸟兽不可与同群，吾非斯人之徒与而谁与？天下有道，丘不与易也。"
>
> ——《论语·微子》

孔子的行为，并不被那些隐士们所理解。他们根本不屑于孔子的那些做法，所以他们说话非常尖刻，不是讽，就是刺，不给人留一点面子。在他们看来，孔子不识时势，天下混乱不堪，礼崩乐坏，大家都在忙于封疆夺地，你却要推行文、武、周公之道，有谁会与你合作？只有处处碰壁。其实，孔子又何尝不知道行道之难。他在多处说过这样的话："笃信好学，守死善道，危邦不入，乱邦不居。天下有道则见，无道则隐。邦有道，贫且贱焉，耻也；邦无道，富且贵焉，耻也。"（《论语·泰伯》）这不是强调"危邦不入，乱邦不居，天下有道则见，无道则隐"吗？为什么自己在这天下无道的时候不隐呢？"危邦不入，乱邦不居"，为什么"公山弗扰以费叛"召他的时候，他还想去呢？又比如："宁武子，邦有道，则知；邦无道，则愚。其知可及也，其愚不可及也。"（《论语·公冶长》）这不也是主张邦有道则仕、邦无道则隐吗？他不是赞扬别人"邦无道则隐"吗？再比如："贤者辟世，其次辟地，其次辟色，其次辟言。子曰：'作者七人矣。'"（《论语·宪问》）贤德才能之士，都逃避乱世，隐居起来了。这些人是彻底避世的，根本不与当局合作。有些贤人隐居到另一个好一点的地方去。这是次一等的。有的贤人是不愿意看见某些人难看的脸色，而隐居起来。这是再次等的。有的贤人是不愿意听到他人的恶言恶语而隐居起来，这是再次一等的。孔子说，这样做的人已经有七位了。从孔子对这些隐士的态度来看，他对这七位贤人的归隐，并不反对，也不反感。而且前面已经说到，他对隐士如伯夷、叔齐不但不反对，而且赞誉有加，而自己却在天下无道之时，到处为行道而奔走不息，不去归隐，这又怎么解释呢？这不是很矛盾吗？下面这段话或许能给我们一个解释："微子去之，箕子为之奴，比干谏而死。孔子曰：'殷有三仁焉。'"（《论语·微子》）微子、箕子、比干三人，微子是殷纣王的同母兄，箕子是纣王的叔父，比干是纣王的叔父。这三个人都是纣王的亲人。纣王无道，昏庸残暴，淫乱不止。微子多次劝谏，纣王不听，只好离开纣王。箕子屡谏不听，因而装疯而沦为奴，并被囚。而比干则认为，作为人臣，不得不以死相争。因而硬是苦谏三日不去，惹怒了纣王，将其处死剖心。孔子认为，这三个人，见其君荒淫无道仍忠贞相谏，甚至以死相争，这正是忠恕的表现。所以他褒扬三人为殷之三仁。由此可以看出，孔子不反对别人归隐，自己却不避乱世，不归隐，虽知道之难行，但终不忘行道；虽累受挫折，仍为行道而奔忙不止，这都是出于不能忘行其道的原因。

> 子路从而后，遇丈人，以杖荷蓧。子路问曰："子见夫子乎？"丈人曰："四体不勤，五谷不分，孰为夫子？"植其杖而芸。子路拱而立。止子路宿，杀鸡为黍而食之，见其二子焉。明日，子路行以告。子曰："隐者也。"使子路反见之。至，则行矣。子路曰："不仕无义。长幼之节，不可废也。君臣之义，如之何其废之？欲洁其身，而乱大伦。君子之仕也，行其义也。道之不行，已知之矣。"
>
> ——《论语·微子》

这一段话记载的内容与前一段话类似，也是讲孔子的行为不被隐士们接受。这位荷蓧老人对孔子很不以为然，认为孔子四体不勤，五谷不分，不配夫子称号。孔子毕竟是孔子，他并没有计较这些人的态度，仍然对他们尊敬有加，也不曾因这些人的不同意见（甚至是鄙视）而灰心，仍然坚持自己行道的初心。而子路，作为孔子的学生，也已经接受了孔子精神。他最后这一段议论，表露了作为一名士人的社会责任感，不因为洁身而乱大伦。君子们出来做官，只因为那一份君臣之义，那一份社会责任，那一份行道治国的责任。虽然早已经知道道之不行，但仍然在坚持，在前行。这种精神，这种社会责任感，这种高风亮节，仍然是值得我们尊敬的。

六、磨而不磷，涅而不淄

> 佛肸召，子欲往。子路曰："昔者由也闻诸夫子曰：'亲于其身为不善者，君子不入也。'佛肸以中牟畔，子之往也，如之何？"子曰："然，有是言也。不曰坚乎，磨而不磷。不曰白乎，涅而不缁。吾岂匏瓜也哉？焉能系而不食。"
>
> ——《论语·阳货》

孔子曾经说过，凡是亲自干坏事的人在哪里，君子是不会到那里去的。佛肸拥兵在中牟那个地方抗拒赵简子，属于反叛，或者说是犯上作乱。这不是干坏事吗？现在，干坏事的佛肸，邀请孔子去，孔子也有去的意思。这让子路很难接受，觉得孔子不兑现自己说过的话。但是孔子有孔子的道理。他告诉子路，话是这么说，但还要具体情况具体对待。不是也有这样的说法吗？品质坚硬的东西是磨也磨不薄的，本质洁白的东西是染也染不黑的。我到佛肸那里去，难道还会与佛肸同流合污，帮助他反叛吗？我是要去制止他反叛，并且去把那个地方治理好。毫无疑问，孔子作为一个道德君子，之所以修炼成了忠恕之道，自然是经过了千锤百炼的。他几十年来经历了多少考验，无论是物质上的引诱，或者是艰难困苦的折磨，都没有屈服过。这正是他磨而不磷、涅而不缁的品格的体现。这是一个方面的情况。另外，孔子的理想是什么？不就是要推行文武之道，恢复和建设一个理想的社会吗？现在佛肸请他去，不正是他可以用来实现自己理想的一个机会吗？子路没有理解孔子的用意，提出不同意见，也是自然的，是他为人性格的体现。而孔子，多少年来，多么盼望有一个实现理想的机会。现在这样的机会来了，怎么能不去试一试？自己几十年来学习练就的文武之道不去发挥作用，那又有什么意义呢？

> 在陈绝粮，从者病，莫能兴。子路愠见曰："君子亦有穷乎？"子曰："君子固穷，小人穷斯滥矣。"
>
> ——《论语·卫灵公》

一般说来，在遇到困难的时候是最考验人的时候。在困难面前，或者是坚决与困难作斗争，克服困难；或者是向困难低头，向困难屈服。比如在饥饿面前，不向困难低头的人宁愿饿死，也不会因为饥饿而降低自己的人格，用歪门邪道来解决问题，来玷污自己高尚的人格。相反，有的人在饥饿面前，只要能够保住自己的生命，便什么坏事都能干得出来，甚至出卖自己的灵魂。至于什么人格不人格，在他们那里是一文不值的。我们这样说，并非耸人听闻。每当外敌入侵的时候，就会有这样一些人，为了活命，或者为了讨一碗饭吃，就去当了汉奸。像这样的人，活着还有意义吗？孔子和他的学生们，在困难面前没有玷污自己的人格。这也就是孔子最终能够成为圣人，其弟子们也能够成为贤人的重要原因。

> 楚昭王聘孔子，孔子往拜礼焉，路出陈、蔡。陈、蔡大夫相与谋曰："孔子圣贤，其所刺讥，皆中诸侯之病。若用于楚，则陈、蔡危

矣。"遂使徒兵距孔子。孔子不得行，绝粮七日，外无所通，藜羹不充，从者皆病。孔子愈慷慨讲诵，弦歌不衰。乃召子路而问焉，曰："《诗》云：'匪兕非虎，率彼旷野。'吾道非乎，奚为至于此？"子路愠，作色而对曰："君子无所困。意者夫子未仁与，人之弗吾信也？意者夫子未智与，人之弗吾行也？且由也昔者闻诸夫子：'为善者，天报之以福，为不善者，天报之以祸。'今夫子积德怀义，行之久矣，奚居之穷也？"子曰："由未之识也，吾语汝：汝以仁者为必信也，则伯夷、叔齐不饿死首阳；汝以智者为必用也，则王子比干不见剖心；汝以忠者为必报也，则关龙逢不见刑；汝以谏者为必听也，则伍子胥不见杀。夫遇不遇者，时也；贤不肖者，才也；君子博学深谋而不遇时者众矣，何独丘哉！且芝兰生于深林，不以无人而不芳，君子修道立德，不谓穷困而改节。为之者人也，生死者命也。是以晋重耳之有霸心，生于曹、卫；越王勾践之有霸心，生于会稽。故居下而无忧者，则思不远；处身而常逸者，则志不广。庸知其终始乎？"子路出。召子贡，告如子路。子贡曰："夫子之道至大，故天下莫能容夫子，夫子盍少贬焉？"子曰："赐，良农能稼，不必能穑；良工能巧，不能为顺。君子能修其道，纲而纪之，不必其能容。今不修其道，而求其容。赐，尔志不广矣，思不远矣。"子贡出。颜回入，问亦如之。颜回曰："夫子之道至大，天下莫能容，虽然，夫子推而行之，世不我用，有国者之丑也。夫子何病焉？不容，然后见君子。"孔子欣然叹曰："有道哉，颜氏之子，使尔多财，吾为尔宰。"

————《孔子家语·在厄》

　　这一大段话，也是记述孔子和学生们在陈绝粮受困的事。从这些话中，可以看出，在同样的一件事情面前，因为各人的胸怀不一样，修养高低不同，站的高度也就不一样，表现出来的姿态也就不一样。子路性格直率，嫉恶如仇，面对这样的事情，很有怨愤情绪；认为孔子是一个道德修养高尚之士，不应该遭受这样的困窘。不是说善有善报、恶有恶报吗？孔子积德行善已经很久，为什么还要遭受这样的困境？这是上天的不公平。孔子不同，心胸开阔，经历的事多，见多识广，见怪不怪，因而开导子路：世界上的事情，不一定都按常规行进，如果都真正按常规行进，那么很多人就都不会遭遇不幸，比如伯夷、叔齐、王子比干、关龙逢、伍子胥等人就不会遭遇悲惨的命运。世界上受到不公正待遇的人多得很。一个人的际遇，是由时运来决定的。君子有广博的学识、深远的谋略，却生不逢时，没有赶上好的时运的人多得很，岂只我孔丘一个人。要知道，芝兰生在深山老林，并不因为没有人看见而不芳香。君子修炼道行，建树德泽，绝不会因为命运不济而改变自己的节操。身处困境而没有忧患意识的人思虑就不会深远，总是生活在安逸环境中的人就不会有远大的理想。一个人的最终结局是很难预先知道的。从孔子的这些话中，我们看出，他的胸怀，他的节操，他的见识，他的人生哲学，确实不是一般人能够比拟的。

再看子贡。他认为孔子的思想学识修养太高深了，普天之下没有地方能容得下，建议老师把标准稍微降低一点。这样的建议，孔子是绝对不能接受的。孔子教导他：农民也好，工人也好，他的手艺再好，技艺造诣再高，造出来的东西不一定每一个人都从内心里喜欢。君子修炼自己的道德，只要能够把最重要、最关键的内容修炼好就行了，不一定能让每一个人都接受、都叫好。不修炼好自己的道行，却让人家都来接受。如果把人家接受不接受作为自己修炼的标准，遇到困难就降低标准，来迎合别人的口味，那就不是一个真正的君子。由此，孔子批评子贡的志向不高广，思虑不深远。

颜回不愧是孔子最得意的门生，他对问题的看法，确实不同凡响。他说孔子的道术很高深，至高无上，以至于天下没有地方能容得下。虽然如此，老师极力推广践行，仍然不能为世间所容，这不是老师您的责任，这是那些统治者的耻辱。老师您有什么值得忧虑的呢？世间不接受，而老师仍然坚持不懈地努力着，这才更加显示出君子的本色。颜回的这些话真正是说到孔子的内心深处了，也确实道出了一个深刻的道理。

颜回的观点值得我们深思。孔子的胸怀值得我们称道。从推行文武之道的角度来说，他是个失败者，而他锲而不舍的精神仍然是不朽的。一个人想要做成一件重要的事，或者推行一种学说，就是现在要推广一种新品种的农作物或者工业新技术，也不能够一蹴而就，何况孔子是要在一个乱世推行一种"过了时"的文王、武王、周公的治世之道呢？这肯定是一件吃力不讨好的事，也是一件不可能成功的事。但孔子经过多年的艰苦努力仍未能取得什么成效，仍然不被他人接受，而他在极为艰难的情况下，却仍然不向困难屈服，仍然坚持不懈，这也正是他磨而不磷、涅而不缁的品质与精神的表现。如果说他推行文武之道失败了，那也虽败犹荣。

子见南子，子路不说。夫子矢之曰："予所否者，天厌之，天厌之！"

——《论语·雍也》

　　南子是卫灵公的夫人。孔子来到卫国，南子邀请他去相见，他不得已而去拜见了。因为南子的声名不好，引得子路不高兴，所以孔子要发誓。

　　《史记》说，孔子在卫国住了一个多月，卫灵公与夫人同乘一辆车出行，宦官雍渠坐在车子的右边，让孔子的车子跟在其后。车子招摇过市。孔子说："吾未见好德如好色者也。"孔子认为卫灵公好色胜于好德，是个好色之徒。他感到这样的行为不光彩，于是便离开了卫国。

　　卫灵公与夫人乘车招摇过市，在某些人看来，也许并没有什么值得大惊小怪的。能够和君王一起乘车过闹市，或许还会认为这是多么光彩与荣耀的事。但是孔子的眼睛里容不得沙子，认为卫灵公好色胜于好德，在这样的人手下做事并不光彩。他就是这样涅而不缁！

　　　　子曰："天生德于予，桓魋其如予何？"

——《论语·述而》

　　孔子说："上天既然把这样的品德赐予了我，桓魋又能把我怎么样呢？"
　　据《史记·孔子世家》记载：孔子离开曹国到宋国去，与弟子们在一棵大树下学习礼仪，宋国的司马桓魋要杀孔子，把那棵大树挖掉了。孔子要离开那里。弟子们说：要快点走。孔子就说了这两句话。

　　桓魋要杀孔子，孔子在受到死亡威胁的时候，并没有惊慌失措，仍然很自信，没有害怕与屈服的意思，认定桓魋不可能杀害他，是天意。这虽有点迷信色彩，却也体现了他的胆识。

　　　　齐人归女乐，季桓子受之，三日不朝，孔子行。

——《论语·微子》

　　据《史记·孔子世家》记载，这件事发生于孔子在鲁国由大司寇摄行相事之时。齐国人认为孔子在鲁国为政，鲁国必霸。"于是选齐国中女子好者八十人皆衣文衣而舞'康乐'，文马三十驷，遗鲁君。陈女乐文马于鲁城南高门外。季桓子微服往观再三，将受，乃语鲁君为周道游，往观终日，怠于政事，子路曰：'夫子可以行矣。'孔子曰：'鲁今且郊，如致膰乎大夫，则吾犹可以止。'桓子卒受齐女乐，三日不听政。郊，又不致膰俎于大夫。孔子遂行，宿乎屯。"

　　这就是孔子离开鲁国的经过与原因。孔子在鲁国任司寇并为鲁定公主持礼仪事项。齐国人认为孔子在鲁国治国理政，鲁国将来一定会成为霸主而侵害齐国。

于是他们就选了 80 名能歌善舞的美女与 120 匹装饰很美的马来贿赂鲁国。季桓子是鲁国上卿，换上一般的服装，悄悄地多次去观看美女的表演，并告诉鲁定公也绕小道整日整夜地去观看美女的表演，懈怠于政事。季桓子接受了这批美女，三天不上朝处理政务。于是孔子离开了鲁国。

鲁定公作为一国之君，季桓子作为鲁国的上卿，都沉溺于齐国美女歌舞表演。孔子作为鲁国的司寇，也是鲁国的高官之一，为什么不加入观看齐国美女歌舞的队伍？如果是一般人，这不是一个很好的享受机会吗？也是一个与国君、与上卿搞好关系的机会，既可以保持官位，或许还能高升呢。既然国君与上卿都能这么做，我又何乐而不为呢？但是孔子不但不这样做，还表示坚决不与这样的人为伍，主动离开了鲁国。什么叫高尚？这就是高尚！什么叫涅而不缁？这就是涅而不缁！

> 孔子适郑，与弟子相失，独立东郭门外。或人谓子贡曰："东门外有一人焉，其长九尺有六寸，河目隆颡，其头似尧，其颈似皋繇，其肩似子产，然自腰已下，不及禹者三寸，累然如丧家之狗。"子贡以告，孔子欣然而叹曰："形状未也，如丧家之狗，然乎哉，然乎哉！"
>
> ——《孔子家语·困誓》

孔子长期推行其道，屡屡受挫，也屡屡受人打击，被人讽刺讥笑。这又是一例。因此，他自己也觉得有如丧家之犬。面对这样的情况，如果是一般人早就会灰心丧气，何必呢？但是孔子"磨而不磷"，受再多再大的打击，依然故我，终未放弃其行道的理想与行为。

> 子欲居九夷。或曰："陋，如之何？"子曰："君子居之，何陋之有。"
>
> ——《论语·子罕》

孔子想要搬到九夷那个地方去住。有人说：那是个简陋的地方，怎么可以呢？孔子说：再简陋的地方，只要是君子去住，就没有什么简陋的了。

这是为什么呢？因为像孔子这样的君子，他有很强的抗侵蚀能力，更有改造建设的能力。像九夷这样的少数民族聚居的地方，开发比较晚，比较落后，比较简陋。孔子住在那里，一是不会被简陋侵蚀，二是可以帮助那个地方开发建设，使其变成非简陋的地方。

子曰："三军可以夺帅也，匹夫不可夺志也。"

——《论语·子罕》

这是孔子的名言。

先说匹夫不可夺志。这可以从两方面来理解。其一，人靠什么活着？不就是意志吗？意志可以说就是人的灵魂。每一个人都有自己的意志，这是其生活与生存的依据与勇气、生活与生存的条件、事业成功的必备条件。人失去了意志，就等于失去了灵魂，就会变成行尸走肉，也就离死不远了。就是一个普通的人，也不应该摧毁人家的意志，而应该保护他们的意志。其二，是说意志对人的重要性。就是一个普通的人，也必须有坚强意志。活着，就要有不可能被他人摧毁的意志。这才能算是一个真正的人；否则，就是一个懦夫，一个软骨头。所以，一个普通人，也要培养意志，培养坚定的意志，培养不可摧毁的意志，做一个坚强的人，不能去做软骨头。扩大一点来说，一个民族也一样。一个民族是由一大群人组成的。如果组成这个民族的每一个人都有坚强的意志，那么这就是一个坚不可摧的民族。我们中华民族之所以能够存在五千年而没有被人摧毁，就是因为有大量的"不可夺志"的意志坚强的"匹夫"的存在。孔子所提倡的"不可夺志"精神，就是我们中华民族的灵魂。我们的民族，之所以能够"磨而不磷，涅而不缁"，能够长久存活下来，正是因为有这个不可夺的志的原因。所以，为了我们民族的重新崛起，为了我们民族的复兴，我们必须培养每个公民的坚强意志，让坚强意志成为每个公民的灵魂，成为我们民族的灵魂。

再说三军可以夺帅。军队的作用是什么？是用来保卫国家、保卫人民的。一个国家的军队，要保卫国家和人民，必须有强大的战斗力，必须有战胜敌人的精神，必须有战胜敌人的坚强意志，必须有战胜敌人的信心与决心。一旦开战，就要从气势上压倒敌人，把敌人的主帅生擒过来，俘获过来，摧毁他的意志，从而摧毁敌方的战斗力。所以，对于军队来说，首要的就是培养"三军可以夺帅"的战斗精神。这也就是要培养每一个指挥员与战斗员坚强的战斗意志、战胜敌人的勇气与魄力，使我们的军队成为一支战无不胜、攻无不克的威武之师。

子曰："岁寒，然后知松柏之后彫也。"

——《论语·子罕》

这本是一种自然现象，但是到了哲人的眼里，就被赋予另一种特殊的意义。恶劣寒冷的天气，对于树木来说，是最严峻的考验。许多树木，一到深秋初冬，树叶便凋落了，更不用说是深冬严寒了。而松柏却不同，严寒并不能让它们屈服。面对严寒，它们仍然傲然屹立，青葱如初。松柏是这样，那么人呢？如果是具有坚强品格与品德的人，面对严峻的环境，也会像松柏一样，不向恶劣的环境低头屈服。在任何困难的环境下，依然故我，仍然坚信自己的志向，奋斗不息。磨而不磷，涅而不缁。孔子不正是这样的人吗？所以这是孔子自喻，是他的自我写照。

七、己欲立而立人，己欲达而达人

> 子贡曰："如有博施于民而能济众，何如？可谓仁乎？"子曰："何事于仁，必也圣乎！尧舜其犹病诸。夫仁者，己欲立而立人，己欲达而达人。能近取譬，可谓仁之方也已。"
>
> ——《论语·雍也》

孔子这里讲到圣人与仁人，是两个不同层次的高品位的人。

圣人，是能够给老百姓送去很多好处还能让大家都富裕起来的人，这不是一般人能够做得到的。孔子在《孔子家语·五仪解》中对圣人有详细的定义，后面还将说到。

仁人是什么样的人？那就是"己欲立而立人，己欲达而达人"的人。那么什么是立人，什么是达人？所谓立人，就是一个人能够有所作为。如果连有所作为都做不到，那还怎么能够立得起来呢？所谓达人，应该是能够出类拔萃的人。现在大家跟有名望的人讲话时，总爱用"各位贤达"来称呼。可见贤与达是连在一起的。显然，达人要比立人高一个层次，要不怎么能够达呢？再看孔子的有关论述。

> 子张问："士何如斯可谓之达矣？"子曰："何哉，尔所谓达者？"子张对曰："在邦必闻，在家必闻。"子曰："是闻也，非达也。夫达也者，质直而好义，察言而观色，虑以下人。在邦必达，在家必达。夫闻也者，色取仁而行违，居之不疑。在邦必闻，在家必闻。"
>
> ——《论语·颜渊》

这是孔子关于闻与达的表述。闻是声名。声望与名望，那可以是虚的，可以弄虚作假，获取虚名。达则不同，必须是人的本质好，能够体察别人的需求，办事的时候能够为别人着想，为别人办好事。要做到这样，不是出类拔萃的人能够做到吗？一般的人是做不到的。所以，"己欲立而立人，己欲达而达人"，是仁德之人的风节，也是仁德君子的标识。孔子这样教育学生，当然也这样要求自己。

> 孔子曰："以富贵而下人，何人不尊？以富贵而爱人，何人不亲？发言不逆，可谓知言矣；言而众向之，可谓知时矣。是故以富而能富人者，欲贫不可得也；以贵而能贵人者，欲贱不可得也；以达而达人者，欲穷不可得也。"
>
> ——《孔子家语·六本》

孔子的这些话很有哲学高度，很有辩证意味。这是做人的高深学问，也是做人的基本学问。试想，一个富贵人，在比自己差的人面前，就以为自己了不起，高高在上，洋洋得意，鄙视别人，别人就看得起你，就不会不鄙视你了吗？你是个富贵人，在贫困的人面前，趾高气扬，没有丝毫的同情心，别人就会高看你一眼吗？很多人不懂得这个道理。自己富了，只想再富，而不想让别人富。自己的日子过好了，只想好上加好，不想让别人好，甚至想尽办法去坑害别人。这是什么样的人？只能算是卑贱小人。即使他现在地位很高，有很多的财富，但心理阴暗，人格鄙劣，仍然只能是卑劣小人。三十年河东，三十年河西，这样的人，如果没有脱胎换骨地改过自新，始终只能是卑劣小人。

> 子贡问于孔子曰："夫子之于子产、晏子，可为至矣。敢问二大夫之所为目，夫子之所以与之者。"孔子曰："夫子产于民为惠主，于学为博物。晏子于君为忠臣，而行为恭敏。故吾皆以兄事之，而加爱敬。"
>
> ——《孔子家语·辩政》

对于子产和晏子，只要一有机会，孔子便夸赞他们忠诚的品德，宣扬他们的才华、推举他们的贤能。

> 子谓子产，有君子之道四焉：其行己也恭，其事上也敬，其养民也惠，其使民也义。
>
> ——《论语·公冶长》

能够具备这么多优秀品德的人，当然是国家的有用贤才，是治国理政出类拔萃的栋梁之才。这样的人才，国家当然应该重用。孔子对子产给予这么高的评价，这自然是一种宣传，一种举荐，一种立人的方式。

> 子曰："晏平仲，善与人交，久而敬之。"
>
> ——《论语·公冶长》

晏子这个人，与他人交际的时间越长，越能获得别人的尊敬。这是为什么？说明这个人的人品好、真诚、实在、可靠。具有这样的品德的人，自然是最值得信赖的。这样的人，对于治国理政来说，必定是很好的人才。孔子对晏子的这种肯定，不也是一种推举吗？

> 或问子产。子曰："惠人也。"问子西。曰："彼哉，彼哉！"问管仲。曰："人也。夺伯氏骈邑三百，饭疏食，没齿无怨言。"
>
> ——《论语·宪问》

孔子对于子产与管仲都予以褒扬。说子产是一个宽厚仁爱能给老百姓恩惠的人。说管仲是个贤能的人，处理政事大公无私，虽然剥夺了伯氏三百户的食邑之地，但伯氏终生吃着粗劣的饮食，并不记他的仇。可见管仲做事公正公平，大公无私。孔子褒扬了子产与管仲，而对子西不置可否，实际上并不肯定。可见孔子推举人是有原则的。如果不是应该推举的人，他是不会推举的。这里要特别说一下管仲。对于管仲，孔子的学生子路与子贡都曾颇有微辞，认为管仲先是相公子纠，当桓公杀死公子纠的时候，召忽为之殉死，管仲却不能殉死，后来反而又去相桓公，这都是不仁的表现。但孔子纠正了他们的看法。他认为："桓公九合诸侯，不以兵车，管仲之力也。""管仲相桓公，霸诸侯，一匡天下，民到于今受其赐。微管仲，吾其被发左衽矣。岂若匹夫匹妇之为谅也，自经于沟渎而莫知之也。"（《论语·宪问》）因为管仲的功劳，齐桓公多次与诸侯会盟，不使用武力，免去了老百姓遭受战争的苦难。管仲辅佐桓公，成就了桓公的霸业，使天下诸侯都走上了正轨，广大的老百姓今天还享受着他带来的好处。如果没有管仲，恐怕我们今天仍旧还像那些未开化的民族一样，披头散发，穿着衣襟左开的衣服，过着不开化的生活，因此不能要求管仲也像普通老百姓一样，在小节上斤斤计较，为一些小事情自缢于沟渎之中。孔子对管仲的评价，有批评，主要还是褒扬的；

不计较他在某些方面的失节，而从大节方面来肯定一个人。再看孔子与子路的一段对话：

> 子路问于孔子曰："管仲之为人何如？"子曰："仁也。"子路曰："昔管仲说襄公，公不受，是不辩也；欲立公子纠而不能，是不智也；家残于齐而无忧色，是不慈也；桎梏而居槛车，无惭心，是无丑也；事所射之君，是不贞也；召忽死之，管仲不死，是不忠也。仁人之道，固若是乎？"孔子曰："管仲说襄公，襄公不受，公之暗也；欲立子纠而不能，不遇时也；家残于齐而无忧色，是知权命也；桎梏而无惭心，自裁审也；事所射之君，通于变也；不死子纠，量轻重也。夫子纠未成君，管仲未成臣。管仲才度义，管仲不死束缚而立功名，未可非也；召忽虽死，过与取仁，未足多也。"
>
> ——《孔子家语·致思》

在这一段文字中，子路对管仲进行了更为全面的指责，他认为管仲不是个仁人。如果按照一般的情况来说，子路所指责的都有一定道理，但孔子一条条进行了分析、辩解，充分肯定了管仲的做法。仁是什么？不就是爱人吗？从爱人的角度来看，管仲不死，对人民好处要大得多，所以是仁。从这一角度来看，孔子保护管仲，是正确的。从立人与达人的角度来说，孔子也更是树立了正确的观点，从理论上作出了正确的引导。

> 子曰："孟之反不伐，奔而殿，将入门，策其马，曰：'非敢后也，马不进也。'"
>
> ——《论语·雍也》

一般的情况下，部队打了败仗，撤退的时候，为了逃命，都会往前跑，跑得越快越安全。孟之反不是这样，队伍撤退，他断后，保卫大家安全。到了快进城门时，已经安全了，他却策马向前，并且说：这不是我敢于跑在后面，而是因为马匹跑不快，落到了后面。撤退时敢于断后，是勇敢的表现，可以夸耀，可以邀功，但孟之反不这样，快进城门时，故意策马向前，还要说这并不是我敢于走在后面断后，是马跑不动的原因。由这样一件事情，就可以看出一个人品德的高尚。因而孔子褒扬他、宣扬他、推举他。

子曰:"雍也可使南面。"

——《论语·雍也》

子谓仲弓,曰:"犁牛之子骍且角,虽欲勿用,山川其舍诸?"

——《论语·雍也》

仲弓问子桑伯子。子曰:"可也简。"仲弓曰:"居敬而行简,以临其民,不亦可乎? 居简而行简,无乃太简乎?"子曰:"雍之言然。"

——《论语·雍也》

冉雍是孔子的学生,孔子认为他的德行很好。有人说他"仁而不佞",就是说他有仁德,但是口才不太好。孔子认为,只要有仁德,要那么好的口才干什么。所以,虽说冉雍的父亲是个出身低贱的人,但孔子并不因为其父出身低贱便否定他,而是更加看好他,给予他很高的评价,认为他可以去当大官担重任,并且认为,舍弃这样好的人才不用,真正能够识别人才的君王是不会答应的。再就是冉雍就子桑伯子的"简",从正反两个方面发表的意见,是很有深度的,因而获得孔子的好评,被认为有见地,很正确。由此可以看出,孔子对冉雍这样的人才尤其关注,其立人达人的特点十分明显。

子谓子贱:"君子哉若人,鲁无君子者,斯焉取斯。"

——《论语·公冶长》

关于子贱,前面已经说过他治理单父的事迹。这里也对他大加赞赏,说他是一个真正的君子。子贱是鲁国人,是鲁国培养出来了这样的君子。这说明鲁国必有很多君子。由子贱而看到更多的君子,这正是孔子立人的不同凡响之处。

子谓南容:"邦有道,不废;邦无道,免于刑戮。"以其兄之子妻之。

——《论语·公冶长》

南容三复白圭,孔子以其兄之子妻之。

——《论语·先进》

南宫适问于孔子曰："羿善射，奡荡舟，俱不得其死然。禹稷躬稼而有天下。"夫子不答。南宫适出，子曰："君子哉若人，尚德哉若人！"

——《论语·宪问》

南宫适就是孔子的学生南容。孔子在这三处都夸赞南宫适，说他是个真正的君子，是一个崇尚德的人。南容之所以被孔子这样看重，这样推举，其要点在什么地方？从前一段话来看，南容是个崇礼守法的人，按礼的规定治国理政，遵纪守法做人，所以在国家治理清明的时候，总会有官可做，在国家治理混乱的时候，也不至于受刑罚处置。从第二段话来看，南容是一个非常注重自己品德修养的人。他希望自己成为一个白璧无瑕的人。他处处严格要求自己，生怕自己说错一句话。他认为白璧微瑕，还可以打磨干净，而说错一句话是无法收回来的。这让孔子很感动。从后一段话来看，南容提出了一个非常深刻的问题：像羿、奡这样本领高强的人未能获得善终，而像禹、稷这样亲自种庄稼的人反而得了天下。这说明什么问题？禹、稷以仁道，以德泽治国，关心人民群众生活，得到人民群众的拥护与热爱，而羿与奡这样本领高强的人，崇尚的是武力，以武力来征服人。这说明南容观察问题眼光独到，很重视自身道德修养，有一颗仁人君子之心，值得推举出来，让这样的君子立起来、达起来。

子谓："公冶长可妻也，虽在缧绁之中，非其罪也。"以其子妻之。

——《论语·公冶长》

在《论语》中，记载公冶长的资料不多，仅从他"虽在缧绁之中，非其罪也"便可看出，他不是一般人，其品德可以肯定。就从这一点，可以看出孔子识人的眼光非一般人可比。

子使漆彤开仕。对曰："吾斯之未能信。"子说。

——《论语·公冶长》

对于漆彤开，孔子也未对他的人品学识作具体评价。但能让他去做官，这就已经对他的人品与学识作出评价了。而漆彤开自己说，其人品与学识水平还没有达到能够去做官的程度。这证明漆彤开对自己有清醒的认识，是个谦虚的人。如果换成一般的人，老师让他去做官，那是巴不得的事，高兴还来不及，而漆彤开却认为自己还要学习，还要修炼，还要提高。这更说明他品质的过硬、人格的高尚。孔子很赞赏这样的人。

> 季子然问："仲由、冉求可谓大臣与？"子曰："吾以子为异之问，曾由与求之问。所谓大臣者，以道事君，不可则止。今由与求也，可谓具臣矣。"曰："然则从之者与？"曰："弑父与君，亦不从也。"
>
> ——《论语·先进》

季子然大概是季氏一族的人。季氏是鲁国的权臣。孔子对季氏没有好感。现在季氏家族的人来问子路与冉求能不能担任大臣，孔子极力推荐，明确表示，子路与冉求都具备了当大臣的才能与条件。但是孔子推荐得很巧妙。他说：所谓大臣，要用文王、武王、周公之道来为国君服务。如果国君不愿意接受这样的服务，那也就只好作罢。这也就等于告诉季子然，你们季氏是鲁国的权臣，从来不用文王、武王、周公之道来辅佐国君。而子路、冉求与你们的政治主张不同。在这里，孔子很巧妙地给季氏上了一课，又巧妙地提高了子路与冉求的政治品位。最后，孔子在回答季子然关于子路与冉求顺不顺从的问题时，又给了季子然一个很有力度的回答：弑父弑君的事情，他们是绝不会顺从的。这样，孔子既有力地推荐了子路与冉求，又教训了季子然。

> 季康子问："仲由可使从政也与？"子曰："由也果。于从政乎何有？"曰："赐也可使从政也与？"曰："赐也达，于从政乎何有？"曰："求也可使从政也与？"曰："求也艺，于从政乎何有？"
>
> ——《论语·雍也》

季康子本身就是鲁国的权臣。他来问孔子，子路、端木赐、冉求能不能去政府机关做事。用现在的话来说，他就是来考察干部。遇到这样的机会，孔子当然要极力推荐自己的学生。所以孔子说，他们三个人各有不同的特点、优点与才能，都可以到政府去做事，做大事。本来，孔子对季氏的很多做法很不满意，尤其是僭越礼的规定，做非礼的事情，孔子很看不惯。现在他当然希望自己的学生能够去鲁国的政府做事，这样或者有可能改变一下鲁国的现状呢！

> 子曰："贤哉，回也！一箪食，一瓢饮，在陋巷，人不堪其忧，回

也不改其乐。贤哉，回也！"

——《论语·雍也》

颜回是孔子的第一得意弟子。孔子对颜回的品德与学习态度都给予了高度的夸赞，真可以说是赞不绝口。对于颜回，将在其他地方集中论述，这里不多说了。

八、不可及也

陈子禽谓子贡曰："子为恭也，仲尼岂贤于子乎？"子贡曰："君子一言以为知，一言以为不知，言不可不慎也。夫子之不可及也，犹天之不可阶而升也。夫子之得邦家者，所谓立之斯立，道之斯行，绥之斯来，动之斯和。其生也荣，其死也哀，如之何其可及也。"

——《论语·子张》

陈子禽对子贡说：你也过于谦恭了吧！仲尼怎么能够比你更贤能呢？子贡说：对于君子而言，说出一句话来，就可以看出他的聪明，也可以看出他的不聪明，说话绝不可不谨慎。他老人家让人赶不上，就有如要上天堂，不可以用阶梯登上去。老人家如果为一个诸侯国的国君，或者为一个采邑的卿大夫，那么，他想要做什么，就可以做成功什么；他要倡导什么，就可以让大家跟着走；他让大家安居乐业，远方的老百姓都会来归附；他一有什么行动，大家都乐于跟他一道行动。老人家活着的时候，在大家的心目中是荣耀的；老人家去世了，大家也都为他的去世而哀伤。我怎么能够赶得上他啊！

孔子在我国历史上被称为圣人。什么样的人才配得上圣人的称号？孔子在回答鲁哀公何谓圣人时说了这样一段话："所谓圣者，德合于天地，变通无方，穷万事之终始，协庶品之自然，敷其大道而遂成情性。明并日月，化行若神。下民不知其德，睹者不识其邻。此谓圣人也。"（《孔子家语·五仪解》）所谓圣人，他的品德有如天地之品德，他的行为变化无穷，但一定合于天地之德。圣人通晓世界上万事万物的来龙去脉，顺应各种事物发展的自然规律，布行教化之大道而终形成人之情性。他的光辉有如日月，化育天下万物有如神灵。一般的老百姓不会知道他的品德有多么崇高，就是和他待在一起的人看见他，也不知道圣人就在自己身边。这就是圣人。

这是孔子对圣人下的定义。这个定义，是针对尧、舜、禹、汤、文王、武王、周公而言的。他认为这些人是圣人，有这样的特点与优点，有这样的品德，有这样的才能，有这样的功德。但是，在其他人的眼中，孔子也是圣人，也有圣人的特点。他掌握了先圣英贤之道，尤其是文王、武王、周公之道。他四面八方到处奔走，不畏艰辛，顽强不屈地宣扬文王、武王、周公之道，推行文王、武王、周公之道。他有崇高的品德。他有极为丰富而全面的知识，熟悉历史文献，治国理政的才能等。他确实是一个全才。各国的诸侯都很佩服他，他的学生们更是崇拜他。所以，子贡在这里这样推崇他，说要赶上他，有如登天那么难。他是不可能被赶上的。

> 叔孙武叔毁仲尼。子贡曰："无以为也，仲尼不可毁也。他人之贤者，丘陵也，犹可逾也。仲尼，日月也，无得而逾焉。人虽欲自绝，其何伤于日月乎？多见其不知量也。"
>
> ——《论语·子张》

叔孙武叔诋毁孔子。子贡说："不要这样去做，仲尼是诋毁不了的。别人的贤能，只不过是一座丘陵罢了，可以翻越过去。而仲尼，他是太阳和月亮，是任何人都无可逾越的。有的人虽然要自绝于日月，他又能对太阳月亮造成什么伤害吗？可见这个人有多么地不自量力啊！"

在这个世界上，凡有人的地方，无论你是一个多么优秀的人，都有可能遭到诋毁。孔子也是一样，虽然他的品德高尚，优点很多，但也不可避免地遭到诋毁。无论是古代，还是现代，都多次遭受攻击与诋毁。然而，一个真正的伟大人物，是不惧怕诋毁的，就像天上的太阳与月亮，无论你如何诋毁，他仍然光芒万丈。而那些诋毁他人的人，只不过是不自量力而已。孔子也是一样，虽然也曾多次被攻击、被诋毁，但仍然光芒万丈、光照千秋。

> 叔孙武叔语大夫于朝曰："子贡贤于仲尼。"子服景伯以告子贡。子贡曰："譬之宫墙，赐之墙也及肩，窥见室家之好。夫子之墙数仞，不得其门而入，不见宗庙之美，百官之富。得其门者或寡矣。夫子之云，不亦宜乎？"
>
> ——《论语·子张》

叔孙武叔在朝廷上对大夫们说：子贡比孔子更贤能。子服景伯把这些话告诉了子贡。子贡说：如果把我们比喻成一堵围墙，我的墙只不过与肩一样高，在墙的外面便能看见里面的房屋及其美好的东西。而先生的墙则有几丈之高，如果找不到一道门进去，那就看不到里面宗庙的雄伟壮丽、房舍的富丽堂皇。而能够找到先生的围墙的门的人并不多，所以叔孙武叔先生这样说，不也是很自然的吗？

前面的那一段话是说叔孙武叔诋毁孔子，这一段话是说叔孙武叔认为子贡比孔子更有才能。子贡说，这是因为孔子品德修炼太高，学识修养太深，一般人很难找到了解孔子品德学识的门径，产生错觉也是正常的。但是从以上三段话来看，子贡作为孔子的学生，对孔子确实是从内心里佩服、崇敬。他把孔子比作太阳与月亮，光芒万丈，觉得自己与孔子真有天渊之别。就是一般的贤人与孔子比起来，也只能是丘陵与太阳、月亮之比，而孔子是不可超越的。从子贡的这些话来看，在他的心目中，孔子何其伟大，其品德与学识修养任何人都赶不上，更不用说超越了。

> 子贡曰："夫子之文章，可得而闻也，夫子之言性与天道，不可得而闻也。"
>
> ——《论语·公冶长》

子贡说："先生的文章，我们可以听得到，先生有关言性与天道方面的内容，我们没有机会听得到。"

关于这一段话，我个人以为，前后是两个层次的意思。前面的话，先生的文章，是说先生的学术，这里面主要是说孔子的学识，包括孔子对先王之道的研究，历史文献资料的研究，礼、乐、诗、书的研究，甚至是驭、射、技艺方面的研究等。这些学术方面的研究，老师可以通过讲授、文字说明等方式来传授，所以学生可得而闻。后面的言性与天道，主要是老师的素质修养。比如言性。言性是什么？我们很难用一句话来说清楚。我个人理解，就是孔子在语言行为上的素质修养。还有天道，这也是很抽象的概念，一般将其解释为天地间的自然规律。但这里说的是孔子的天道，这是什么呢？我认为可以解释为孔子修炼出来的高境界的道德素质。像这类东西，确实是很难说清楚的，只可意会，不可言传。这也就是子贡所说的，不可得而闻也。再看两段孔子与子贡的对话：

> 子曰："莫我知也夫。"子贡曰："何为其莫知子也？"子曰："不怨天，不尤人，下学而上达。知我者其天乎？"
>
> ——《论语·宪问》

这里，关键的地方就在于"下学而上达"，朱熹在集注中引程子的话说："凡下学人事，便是上达天理。然习而不察，则亦不能以上达矣。"那么下学就是学习人间之事，上达便是上达天理。但是如果习而不察，也就不能上达。这也就是说，只有像孔子这样的人，善于习而察的人，才能做到上达。这个上达，也就只有孔子这样的人才具备。这个天道就不是一般的天道了，而是经过学习消化后只有孔子这样的人才掌握的天道。所以子贡说，孔子的言性与天道是不可闻的。也因此，孔子的人品也好，学识也好，都是一般人很难赶得上的，也不是一般人能够听到、能够理解的。也因此孔子才发出这样的感叹：能够理解我的，只有上天了。这中间还有他对恢复大同社会与小康社会理想的向往与奋斗，奔波了几十年，却没有人理解，只有老天爷知道。再看：

> 子曰："予欲无言。"子贡曰："子如不言，则小子何述焉？"子曰："天何言哉？四时行焉，百物生焉，天何言哉？"
>
> ——《论语·阳货》

孔子说："我想我不说话了。"子贡说："您不说话，那么我们这些学生去转述什么呢？"孔子说："老天说什么了？什么也没说，一年四季不是照常运行吗？世界上的万事万物不是照样休养生息吗？老天说什么了！"

前面说的是下学上达，要习而察。习而不察，就不能下学上达。这里说老天不说话，四季照样运行，万物照样生长。这就是说，我事情照样做，生活一切照常，还用说话吗？不说话，只要你们能够习而察，善于习而察，我身上的东西你们照样能够学到。问题也就在这里，孔子能够下学而上达，学习人事，能够上达天道，一般人做不到。而孔子身上的东西，他不说，学生们只有习而察，才能学得到。如果不善于习而察，是学不到的。这也是学生们与孔子的不同，也正是大家赶不上孔子的原因。

> 颜渊喟然叹曰："仰之弥高，钻之弥坚，瞻之在前，忽焉在后。夫子循循然善诱人，博我以文，约我以礼，欲罢不能。既竭我才，如有所立卓尔。虽欲从之，末由也已。"
>
> ——《论语·子罕》

颜回深深地叹了一口气说：老师的人格品德，让人抬头仰望，越看越觉得高不可攀。老师的学识才华，让人越是钻研，越是难以钻深钻透，眼见得似乎就在前面，触手可及，忽而又跑到后面去了，让人难于捕获。好在老师循循善诱地教导我们，以广博的文献资料来丰富我们的知识，以礼乐制度的具体要求来规范我们的行为，使我想要停止学业也不可能。我用尽了自己的精力与才华，好像已经有了一点独立学习研究的能力。虽然想跟随老师再往前走，但真不知道该怎么做才好。

颜回是孔子的第一得意弟子，学习孔子的人品学识最为努力、最有成绩。而颜回对孔子的崇敬、崇拜也非一般。在他的眼中，孔子就是一座高不可攀的山，根本无法攀登到顶峰，这当然就"不可及也"。其实，孔子作为我们的至圣先师，无论是在人格品德上，还是在学识上，都为我们树立了榜样，就是今天，也还是我们学习的榜样。宋代的赵普说半部《论语》治天下。据说他每当遇到什么疑难问题，就在《论语》中找答案。《宋史》说他"晚年手不释卷，每归私第，阖户启箧取书，读之竟日。及次日临政，处决如流。既薨，家人发箧视之，则《论语》二十篇也"。孔子的思想，形诸文字，很多都记载在《论语》上。

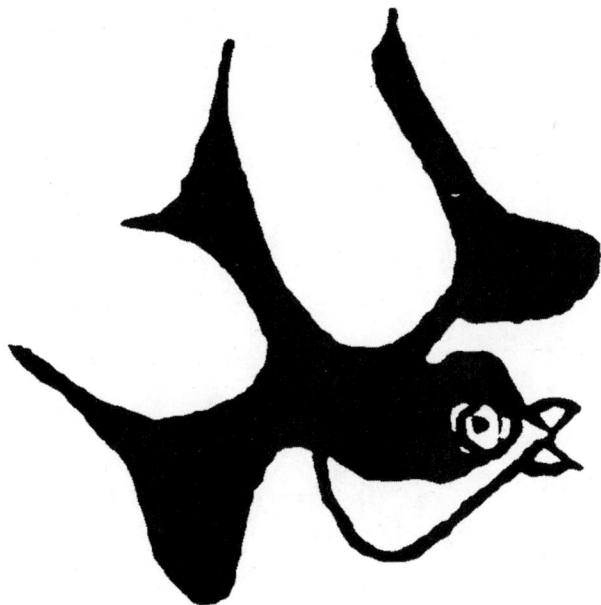

下编

孔子和他的弟子颜回

在孔子的三千弟子、七十二贤人中，颜回（别称颜渊）排在第一位。无论是从品德还是从学业来说，孔子对颜回都称赞有加。如果与其他弟子比较，孔子总是认为其他弟子没有一个比得上颜回。而颜回对老师也极为尊敬，极为钦佩，极为信服，极为信赖。从《论语》与《孔子家语》的有关记载来看，孔子虽然没有说颜回是他的接班人，但实际上是把颜回作为他的接班人来培养的。司马迁在《史记·仲尼弟子列传》中说："颜回者，鲁人也，字子渊。少孔子三十岁。""回年二十九，发尽白，早死。孔子哭之恸，曰：'自吾有回，门人益亲。'鲁哀公问：'弟子孰为好学？'孔子对曰：'有颜回者好学，不迁怒，不贰过。不幸短命死矣，今也则亡。'"颜回是鲁国人，比孔子小三十岁。他只有二十九岁，头发就全都白了。颜回过早地就去世了，去世的时候才三十二岁。颜回过世，孔子哭得非常伤心，说：自从我有了颜回，学生们对我就更加亲近了。鲁哀公问孔子：你的学生中谁最喜欢学习？孔子回答说：有一个叫颜回的最喜好学习，从来不把自己的怒火发到别人的身上去，也不再一次犯同样的错误。不幸的是寿命太短，很早就死去了。现在就再没有像他这样喜好学习的人了。只从《史记》中的这几句话可以看出，孔子对颜回有多么珍爱，对颜回的死又有多么痛惜。在孔子的眼中，颜回品德好、学得好。颜回死了，在其学生中就再没有第二个这样的人了。同学对颜回的评价也极高，比如子贡就这样评价他："能夙兴夜寐，讽诵崇礼，行不贰过，夫称言不苟，是颜回之行也。孔子说之以《诗》曰：'媚兹一人，应侯慎德。''永言孝思，孝思惟则。''若逢有德之君，世受显命，不失厥名。以御于天子，则王者之相也。'"（《孔子家语·弟子行》）颜回能够起早贪黑诵背经籍，崇尚礼义，言论行动不会再次犯同样的过错，引述经典，认真精准，一丝不苟。孔子用《诗经·大雅·下武》的诗句品评他：如果遇到对他珍爱的国君，就能够顺利成就德业。永不忘怀孝顺之道，其孝顺之道足以成为法则。颜回如果遇到有德的君王，就会享受君王世代给予他的美誉，不会失去他的美名。一旦他被天子任用，就是辅佐君王的大臣。以上就是子贡与孔子对他的评价。从中也可看出孔子对他有多么高的期望。

一、孔子对颜回的赞誉

孔子对颜回的珍爱、称许是独一无二的。这是因为，颜回在道德修养与学习态度、学识水平等方面，都有突出的表现。

> 鲁定公问于颜回曰："子亦闻东野毕之善御乎？"对曰："善则善矣，虽然，其马将必佚。"定公色不悦，谓左右曰："君子固有诬人也。"颜回退。后三日，牧来诉之曰："东野毕之马佚。两骖曳两服入于厩。"公闻之，越席而起，促驾召颜回。回至，公曰："前日寡人问吾子以东野毕之御，而子曰善则善矣，其马将佚。不识吾子奚以知之。"颜回对曰："以政知之。昔者帝舜巧于使民，造父巧于使马。舜不穷其民力，造父不穷其马力，是以舜无佚民，造父无佚马也。今东野毕之御也，升马执辔，御体正矣。步骤驰骋，朝礼毕矣，历险致远，马力尽矣，然而犹乃求马不已，臣以此知之。"公曰："善，诚若吾子之言也。吾子之言，其义大矣，愿少进乎。"颜回曰："臣闻之，鸟穷则啄，兽穷则攫，人穷则诈，马穷则佚。自古及今，未有穷其下而能无危者也。"公悦，遂以告孔子。孔子对曰："夫其所以为颜回者，此之类也。岂足多哉。"
>
> ——《孔子家语·颜回》

鲁定公问颜回："你也听说过东野毕善于驾驭马车的事吧？"颜回回答说："他善于驾车是没错，即使是这样，他的马一定会跑失。"鲁定公听了脸色很不高兴，对身边的人说："君子竟然也说这样不负责任的话。"颜回回去后的第三天，养马的人来报告说："东野毕的马跑失了。两匹骖马拖着两匹服马跑进了马棚。"鲁定公听了，跨过席子站起来，命人立刻去把颜回喊过来。颜回来了，鲁定公说："前天我问你东野毕善于驾车的事，你说他确实善于驾车，却又说他的马一定会跑失，我不明白你是怎么知道的。"颜回说："我是根据治理政务的情况知道的。从前舜帝善于调遣老百姓，造父善于驾驭马车。但舜帝绝不让老百姓耗尽精力，造父也不让马匹使尽力气，因此舜帝时代没有老百姓流失，造父也没有马匹走失。现在东野毕驾车，把马套上车，勒上马嚼子，拉住缰绳，让马奔走，调整好步伐，历经险峻之地，一路奔驰不止，马匹的力气已经耗尽，仍然让马匹奔跑不止。我因而知道马匹一定会走失。"鲁定公说："好啊！确实像你所说的那样。你的这些话，意义重大呀，希望你进一步说一说。"颜回说："我听说鸟急了会啄人，兽急了会抓人，人急了会骗人，马急了会逃跑。从古至今，没有让下属臣民陷入穷困而自己不危险的。"鲁定公听了很高兴，随即把这件事告诉了孔子。孔子说，颜回之所以是颜回，就是常常会有这样的表现，不足以多加夸赞。

鲁定公问颜回关于东野毕善于驾驭马车的事，是一个偶然，而颜回的回答却显示了他的学识的不一般。首先，鲁定公能够向颜回问这样的事，说明鲁定公与颜回相处比较近。如果颜回是一般人，怎么能够直接与鲁定公交谈？当然，这与孔子有关系。因为孔子在鲁国，颜回是孔子的学生，学生跟老师在一起理所当然。但是，也并不是孔子所有的学生都有这样的机会，能与国君直接交谈。可见颜回与其他学生并不一样。他的学识有了一定的声望，才有这样的机会。其次，鲁定公问颜回这么一个并非重大的问题，一是说明他们相处比较随便，二也说明鲁定公还没有认为他是一个什么重要人物，可以向他询问有关治国理政的重大问题。但是颜回的回答，由御马而引出了一个关于治理国家社会的重大问题。这就出乎鲁定公的意料，让他另眼相看了。颜回引经据典：帝舜巧于使民，造父巧于使马。舜不穷民力，造父不穷马力。舜无佚民，造父无佚马。这不得不让鲁定公赞叹，并进一步请教："其义大矣，愿少进乎。"颜回又把一个新的结论告诉他："自古及今，未有穷其下而能无危者也。"这让鲁定公大为欣赏。毫无疑问，这显示了颜回的才华学识已非一般。颜回知识丰富，学古论今，古为今用。鲁定公立即高兴地把这事告诉了孔子。孔子听了以后，回答定公时似乎很是平静，没有表现出惊异的情态，但从他的语气可以看出，这平静之中却有着特殊的不平静。颜回之所以是颜回，常常会有这样的表现，并不值得赞扬。这不正是他对颜回发自内心的赞扬吗？

孔子在卫，昧旦晨兴，颜回侍侧，闻哭者之声甚哀。子曰："回，汝知此何所哭乎？"对曰："回以此哭声非但为死者而已，又有生离别者也。"子曰："何以知之？"对曰："回闻桓山之鸟，生四子焉，羽翼既成，将分于四海，其母悲鸣而送之，哀声有似于此，谓其往而不返也。回窃以音类知之。"孔子使人问哭者，果曰："父死家贫，卖子以葬，与之长诀。"子曰："回也，善于识音矣。"

——《孔子家语·颜回》

孔子在卫国，早晨天不亮就起床了，颜回陪侍一旁，听到有人在哭，而且哭得非常哀恸。孔子说:"颜回,你知道这个人为什么而哭吗?"颜回回答:"我认为这个人的哭,不只是为死去的人而哭,还有与活着的人生离死别的悲痛。"孔子说:"你是怎么知道的?"颜回说:"我听到桓山这个地方的鸟,生有四只小鸟。小鸟长大了,羽翼已经丰满,将要分别飞到四海去。其母鸟发出悲恸的叫鸣来送别她的孩子们,那哀恸的鸣叫声,就像现在所听到的哭声,是说这次走了就再也回不来了。我就是因为声音相似而知道的。"孔子打发人去问那哭泣的人,果然这样说:父亲去世,家中一贫如洗,只好把儿子卖了,来安葬父亲。母亲要与儿子诀别,因而痛哭。孔子说:"颜回有善于识别声音的本领啊!"

能够识别鸟的声音,并且能够分辨其声音的哀痛程度,进而能够识别人的声音,能够识别人的哭声的悲痛程度。这一点,孔子都做不到,而颜回做到了。这不能不说颜回的才识非同一般。这样的才识,并不是很多学生都能具备的,在孔子七十二位贤人学生中,也可以说是绝无仅有。对于这样的学生,作为老师,谁不喜欢?所以孔子对颜回总是赞赏有加。但是,颜回才识也并非容易获得的。虽然这与他的天赋有关,但仅凭天赋,如果没有艰辛的努力也是不可能具备的。

> 子曰:"贤哉,回也!一箪食,一瓢饮,在陋巷,人不堪其忧,回也不改其乐。贤哉,回也。"
>
> ——《论语·雍也》

颜回这个人,真是品德高尚呀!一竹筐子饭、一瓢水,住在一个简陋的小巷子里,别的人都不堪忍受这样的艰苦生活,只有他颜回,在这样的环境中仍然不改变他乐观的生活态度。真是品德高尚呀,颜回!

颜回这样的生活态度、学习精神,受到孔子的高度赞扬。的确,住在这样简陋的小巷子里,靠着一竹筐子饭、一瓢饮水,还坚持不懈地学习,并且保持着乐观的态度。这本身是值得赞扬的。但是孔子说,要是换了别人,早就受不了,只有颜回仍然不改变乐观的生活态度。有了这句话,这个比较,便更显示出颜回精神的可贵,也更显示出孔子对颜回这种精神的另眼看待。孔子把这种精神提升到品德高尚的高度来赞扬,可见孔子对这个学生这种品德的珍视。

> 子曰:"语之而不惰者,其回也与。"
>
> ——《论语·子罕》

孔子说:"我给学生讲学或者讲话,从不怠惰偷懒的只有颜回吧。"

在孔子的眼里，能够做到这样聚精会神、专心致志，从不懈怠偷懒去听他讲课或者讲话的，也只有颜回一个人。显然，颜回这样的态度与精神，得到老师的珍视与喜爱。其实，在这里，我们也可以反过来问一句，颜回为什么能够这样专心致志地听老师的课呢？这是双向的。这说明孔子的讲课与讲话的内容有真知灼见，对颜回有吸引力，获得了颜回高度的信赖，所以颜回能够这样"语之而不惰"。

> 子曰："吾与回言终日，不违，如愚。退而省其私，亦足以发，回也不愚。"
>
> ——《论语·为政》

这也是孔子赞扬颜回的学习精神。表面上看起来，他不像其他学生那样显山露水，在课堂上有独特的表现，而只是默默地学习，但自己私下里、内心深处却能领悟出许多新的知识来。这是颜回个人创造与坚守的一种学习方法，虽然不显山露水，但心中有数。这种人并不笨拙，有悟性，学习的潜力更大，更有前途，孔子最喜欢这样的学生，所以孔子要特别将他提出来赞扬一番。

> 子曰："回之为人也，择乎中庸，得一善则拳拳服膺，而弗失之矣。"
>
> ——《中庸》第八章

关于中庸，孔子在《论语·雍也》一章中说："中庸之为德也，其至矣乎！民鲜久矣。"孔子认为，中庸是一种至高无上的品德，在民间已经很久见不到了。但是，他却认为颜回具备了这种品德，在其为人处事中能够体会到这种品德。这是多么高的评价！这就是说，颜回已经不是一般人，而是一个道德水准非常高的人了。他获得了中庸之道，在为人处事中能够运用中庸之道。这种评价，在他的学生中，只赋予了颜回一个人。

> 子曰："回也，其心三月不违仁，其余则日月至焉而已矣。"
>
> ——《论语·雍也》

仁这种道德，在孔子的心目中，是道德中境界最高的一种，是道德修养的核心。当别人问到他，在他的学生中，某人是否修炼到了仁的境界时，他总是不置可否，绝不轻易地认为某一个学生具备了仁这种道德境界。但是在这里，他却认为颜回具备了仁这种道德。在颜回的心中，始终长时间不离开仁。这就是说，颜回具备了仁这种道德。颜回为人处事上都能够把仁作为标准，在任何时候，处理任何问题都不会离开仁、违背仁。而其他学生只不过在某些时候、某种情况下，心中会想到仁、不违仁。这对颜回是何等的褒奖。

> 孔子厄于陈、蔡，从者七日不食。子贡以所赍货，窃犯围而出，告籴于野人，得米一石焉。颜回、仲由炊之于坏屋之下，有埃墨堕饭中，颜回取而食之。子贡自井望见之，不悦，以为窃食也。入问孔子曰："仁人廉士，穷改节乎？"孔子曰："改节即何称于仁廉哉？"子贡问："若回也，其不改节乎？"子曰："然。"子贡以所饭告孔子。子曰："吾信回之为仁久矣，虽汝有云，弗以疑也，其或者必有故乎？汝止，吾将问之。"召颜回曰："畴昔予梦见先人，岂或启佑我哉？子炊而进饭，吾将进焉。"对曰："向有埃墨堕饭中，欲置之，则不洁，欲弃之，则可惜，回即食之。不可祭也。"孔子曰："然乎，吾亦食之。"颜回出，孔子顾谓二三子曰："吾之信回也，非待今日也。"二三子由此乃服之。
>
> ——《孔子家语·在厄》

孔子被围困在陈国与蔡国之间，跟随他的人已经七天没有吃上东西了，子贡携带着他所携带的货物，悄悄地潜出重围，请求乡间百姓，兑换一些粮食，获得了大米一石。颜回和子路在一间破败的屋子下面做饭，有一些烟尘掉到饭上，颜回便把掉有烟尘的米饭弄出来吃了。子贡在井台旁边看见了，很不高兴，以为颜回偷吃了米饭。他进到房间对孔子说：仁德廉洁之士，在困难的时候会改变自己的节操吗？孔子说：如果改变节操怎么还能称之为仁德廉洁呢？子贡说：像颜回这样的人，是不会改变节操的吧？孔子说：是的。子贡便把看见颜回偷吃米饭的事告诉了孔子。孔子说：我很久以来就认定颜回是个仁德的人了，即使你说有这样的事，也不会因此就怀疑他。这或许有他的原因吧？你等一下，我去问问他。孔子把颜回叫了过来，说：昨晚我梦见了先人，这是不是先人在启示或者护佑我呢？你去做饭，做好了饭拿进来，我要进献先人。颜回回答说：我刚才做饭时有烟尘掉到米饭里，让它们留在里面，饭就不洁净了，把它们丢弃掉又很可惜，我就把那些有烟尘的饭取出来吃了。所以这些饭不能再用来祭奠祖先了。孔子说：是这样啊，那我也会像你一样，把那些饭吃了。颜回出去了，孔子看着学生们说：我对颜回的信任，不是等到今天才开始的。学生们因为这件事，都更加佩服颜回了。

这段话记述了一件事情的全过程。在大家七天未能吃到东西的十分艰难的情况下，子贡好不容易弄来了一些米。颜回在做饭的时候，因为破房子上面的烟尘，掉到新做的米饭上，认为烟尘把饭弄脏了，就把那些脏饭取出来吃了。这事让子贡看见了，因而产生了误会，认为颜回偷吃了米饭。这件事要在平时，说起来也不是一件什么大事，但因为是在大家都十分困难的情况下，事情就不那么简单了。而平时大家都认为颜回是个仁人君子，但在这样困难的情况下却偷吃了米饭，这不是品质出了问题吗？子贡把自己的所见与怀疑告诉了孔子。孔子并没有因为子贡的所见与怀疑，便相信颜回会做出这样的事来。他早就认定颜回已经具备了仁的品德，因此坚信颜回不会做出这样的事来，这中间一定有其原因。然而，对于子贡的怀疑，又不能不给出一个答案，因而他巧妙地对颜回说：要用这些饭祭奠祖先。于是颜回便把事情的由来告诉了孔子。证明了自己的清白。通过这件事，大家也更加钦佩颜回了。

通过这段文字，我们看出：第一，颜回确实品德高尚，孔子说他具备了仁德的品格，在这里进一步得到了证实。第二，孔子对颜回确实信任有加，珍爱有加。但这分信任与珍爱，是从实际表现得出的，是公正无私的。第三，孔子不愧是一个高明而智慧的老师，处理问题不偏听偏信；在询问学生时，采用了十分巧妙的方法，既没有生硬地质问学生，让学生产生对立情绪，或者让学生难堪，又把问题搞清楚了，证明了颜回的清白。这似乎是几句题外的话，但孔子这样处理学生之间的问题，确实值得我们当老师的人好好学习与思考。

> 孔子曰："回有君子之道四焉：强于行义，弱于受谏，怵于待禄，慎于治身。"
>
> ——《孔子家语·六本》

关于君子，孔子有很多论述。什么样的人才能算得上君子？孔子给予的条件并不低，必须是各方面修养境界很高的人才能被赋予君子之称。所以，孔子并不轻易地给人君子的美名。看下面这个例子：

> 子路见于孔子。孔子曰："智者若何？仁者若何？"子路对曰："智者使人知己，仁者使人爱己。"子曰："可谓士矣。"子路出，子贡入。问亦如之。子贡对曰："智者知人，仁者爱人。"子曰："可谓士矣。"子贡出，颜回入。问亦如之。对曰："智者自知，仁者自爱。"子曰："可谓士君子矣。"
>
> ——《孔子家语·三恕》

　　孔子对三个学生问了一个同样的问题，就是具备智慧的人有什么样的特点，具备仁德的人有什么样的特点？

　　三个人的回答不相同，各有各的特点，应该说的都不错。但孔子对三个人的回答给予的评价则不相同。给子路与子贡的评价是"可谓士矣"，就是说子路与子贡都有了被称为士的资格，具备了士的修养境界。而颜回却在士的后面加上了君子二字。颜回不但具备了被称为士的资格，而且有被称为君子的资格。颜回已经具备了君子的修养境界，是士中的君子。

　　当然，从三位弟子的回答来看，三人的修养有一定的差异。颜回更注重自我修养，自我修养好了，才能让别人来了解自己，让别人来爱自己；才能去了解别人，去爱别人。颜回首先是注重自我修养，自己首先要了解自己，要自知自爱。了解了自己几斤几两，自己是不是做到自爱了。只有做到自知自爱，才能去知别人爱别人，让别人知与爱。

　　从对三个学生的评价来看，一是说明孔子并不轻易地把君子的称号赋予人；二是真正地看出，颜回与其他学生比较起来，确实有他突出的地方。孔子认为他是士君子也自然而然了。

　　　　孔子北游于农山，子路、子贡、颜渊侍侧。孔子四望，喟然而叹曰："于斯致思，无所不至矣。二三子各言尔志，吾将择焉。"子路进曰："由愿得白羽若月，赤羽若日，钟鼓之音上震于天，旍旗缤纷下蟠于地。由当一队而敌之，必也攘地千里，搴旗执馘。唯由能之，使二子者从我焉。"夫子曰："勇哉！"子贡复进曰："赐愿使齐楚合战于漭瀁之野，两垒相望，尘埃相接，挺刃交兵。赐着缟衣白冠，陈说其间，推论利害，释国之患。唯赐能之，使夫二子者从我焉。"夫子曰："辩哉！"颜回退而不对。孔子曰："回，来，汝奚独无愿乎？"颜回对曰："文武之事，则二子者既言之矣，回何云焉。"孔子曰："虽然，各言尔志也，小子言之。"对曰："回闻薰、莸不同器而藏，尧、桀不共国而治，以其类异也。回愿得明王圣主辅相之，敷其五教，导之以礼乐，使民城郭不修，沟池不越，铸剑戟以为农器，放牛马于原薮，室家无离旷之思，千岁无战斗之患。则由无所施其勇，而赐无所用其辩矣。"夫子凛然曰："美哉德也！"子路抗手而对曰："夫子何选焉？"孔子曰："不伤财，不害民，不繁词，则颜氏之子有矣。"

　　　　　　　　　　　　　　　　　　　　　——《孔子家语·致思》

孔子向鲁国北部游历到达农山。子路、子贡、颜回陪侍在他的旁边。孔子从山上向四周望了望,很感慨地叹息:在这样的地方思考问题,没有什么想不到的事情。你们几个都来谈谈自己的志向,我会从中加以选择。子路走到孔子的面前说:我是想能够有这样一个场面,高举的帅字旗像月亮一样洁白,飘扬的战旗像太阳一样鲜红,战斗的钟鼓之声震天,响彻云霄,招展的战斗旌旗遍野,盘旋于地。我率领一队人马迎击敌人,一定会夺取敌人的千里之地,拔取敌人的战旗,割下敌人的耳朵。这样的事情,只有我子路能够做到。让子贡和颜回都跟着我吧。孔子说:真是勇敢啊!子贡也走到孔子面前说:我是想,假使有一天齐国与楚国在辽阔的原野上交战,两军筑垒,遥遥相对,扬起的尘土,迷天漫地,兵将们挥刀挺枪杀成一片。这时候,我身穿白色的衣服,头戴白色的帽子,奔走于两国之间,陈说战争利害,解除两国战争灾难。这样的事情,只有我能做得到。让子路和颜回跟着我吧。孔子说:真是能言善辩呀!颜回退到一旁不吭声。孔子说:颜回,你过来!难道你就没有志向吗?颜回回答道:文略武攻两方面的事,子路与子贡两个人都说过了,我还说什么呢?孔子说,即使是这样,各人说说各人的志向而已。你也说说吧。颜回回答道:我听说薰草与莸草不能同时放在一个容器中贮藏,尧与桀不能共同治理一个国家,因为他们不是同一个品类。我希望遇到圣明的君王与贤圣的君主,并且辅助他们,向臣民宣传施行五教,并用礼乐来引导他们。使老百姓不用去修筑城墙,不用越过护城河去驻守,将剑戟之类的兵器都铸造成农具,将作战用的牛马都放牧到平原与滩涂湿地上去,妻室不用因丈夫长期在外服役而思虑担忧,千年之久也不用因战争而带来灾难。这样一来,子路就不用因为战争而施其勇,子贡也因此而没有机会施展其雄辩的才能了。孔子表情严肃地说:多么美好的品德呀!子路举起手来问道:老师您如何选择呢?孔子说:不耗费财物,不危害百姓,不多用雄辩口舌,这样的才华,只有颜回才具备啊!

这里用三个人的不同志向,来显示颜回不同寻常的品德与才华。子路的勇武、子贡的辩才都是值得称道的,而颜回的品德与才华,尤其是品德,更是让孔子称赞不已。在这里,颜回所表达出来的志向、人生理想是:遇到一个圣明的君王,去辅助这位君王,建设一个没有战争,臣民百姓都守五教、循礼乐,安居乐业、和平富足的社会。这样的社会,只能是尧、舜、禹、汤时代的社会,或者是文王、武王、周公时代的社会。而这样的社会,也正是孔子最向往的社会,也正是孔子为之奋斗的社会。颜回的理想与追求,不正是孔子为之追求与奋斗了一辈子的理想与追求吗?这表明,颜回得到了孔子的真传。所以,颜回表达了自己这样的理想与志愿,当然会得到孔子的高度赞扬。颜回有了这样的理想与志愿,不正说明孔子的理想、事业、奋斗后继有人了吗？这也正是孔子之所以这样珍惜颜回的原因。

　　楚昭王聘孔子，孔子往拜礼焉，路出于陈、蔡。陈、蔡大夫相与谋曰："孔子圣贤，其所刺讥，皆中诸侯之病。若用于楚，则陈、蔡危矣。"遂使徒兵距孔子。孔子不得行，绝粮七日，外无所通，藜羹不充，从者皆病。孔子愈慷慨讲诵，弦歌不衰。乃召子路而问焉，曰："《诗》云：'匪兕匪虎，率彼旷野。'吾道非乎，奚为至于此？"子路愠，作色而对曰："君子无所困，意者夫子未仁与，人之弗吾信也！意者夫子未智与，人之弗吾行也！且由也昔者闻诸夫子：'为善者，天报之以福，为不善者，天报之以祸。'今夫子积德怀义，行之久矣，奚居之穷也？"子曰："由未之识也，吾语汝：汝以仁者为必信也，则伯夷、叔齐不饿死首阳；汝以智者为必用也，则王子比干不见剖心；汝以忠者为必报也，则关龙逢不见刑；汝以谏者为必听也，则伍子胥不见杀。夫遇不遇者，时也；贤不肖者，才也。君子博学深谋而不遇时者，众矣，何独丘哉！且芝兰生于深林，不以无人而不芳，君子修道立德，不谓穷困而改节。为之者人也，生死者命也。是以晋重耳之有霸心，生于曹、卫；越王勾践之有霸心，生于会稽。故居下而无忧者，则思不远；处身而常逸者，则志不广。庸知其终始乎？"子路出。召子贡，告如子路。子贡曰："夫子之道至大，故天下莫能容夫子，夫子盍少贬焉？"子曰："赐，良农能稼，不必能穑；良工能巧，不能为顺。君子能修其道，纲而纪之，不必其能容。今不修其道，而求其容。赐，尔志不广矣，思不远矣！"子贡出。颜回入，问亦如之。颜回曰："夫子之道至大，天下莫能容，虽然，夫子推而行之，世不我用，有国者之丑也。夫子何病焉？不容，然后见君子。"孔子欣然叹曰："有是哉，颜氏之子，使尔多财，吾为尔宰。"

　　　　　　　　　　　　　　　　　　——《孔子家语·在厄》

　　这段话所记述的事情与上一段话所记述的事情，都与孔子的三个学生发生关系，即子路、子贡与颜回。上一段话所记述的是孔子在北游农山时，让三个学生都谈谈自己的志向与意愿。这一段话是孔子将受聘于楚国，在去往楚国时被陈、蔡二国军队围困时的事。孔子和弟子们被围困了七天，吃不上饭，弟子们都饿病了。对于这样的遭遇，孔子想了解弟子们的态度与看法。无论是谈志向与意愿，还是谈对遭遇的看法，我们能不能认为这都是孔子对学生的考试与测验？从上一段话中，我们看到了三个人的思想境界高下不同。而这一段话，我们所看到的是在遇到艰难困苦的时候，三人对所处遭遇的境况态度与看法。当然从三个人在艰难遭遇中的不同看法，也看到了孔子对问题的看法。而在这里，我们更能看到在三个人的比较中，孔子对颜回的思想境界的肯定。

先说子路。在子路看来，孔子长期推行仁道，积德怀义，又具有崇高的智慧，不应该遭遇这样的困境。对于这样的遭遇，子路颇有一些抱怨，很替老师打抱不平。老师您不是说过？做善事的人会得到上天的护佑，做坏事的人会得到上天的惩罚。现在我们为什么会遇到这样的困境呢？子路这样的抱怨，其实是对孔子所作所为的理解与肯定，对孔子其实也是一种安慰。所以孔子对子路发表了一番大道理。这一番大道理，既是对子路的教育与开导，也是孔子的一段内心独白。在这个世界上，在人类社会中，不是做好事的人都能得到好报。这中间有一个时代命运的问题。你如果生在一个政治清明的好时代，遇上了一位圣明的好君王，就可能得到重用而发挥自己的聪明才智；反之就可能怀才不遇。当然这中间还有一个才与不才、贤与不肖的问题。就是说不能没有真才实学、但是，即使有真才实学、博学深谋，而未能获得重用的人也是很多的，何止我孔丘一个人！要知道，芳香的花草生长深山老林，不会因为没有人而不芳香，君子修道立德，不会因为穷困而改变自己的节操。所以，作为不作为，是由各人自己决定的；生与死，是由命运来决定的。身处下层地位而没有忧患之心的人，其理想不会远大；长久生活在安逸环境中的人，其志向不会高远。孔子对子路说这番话，当然是针对子路的性格特点而言的。子路是个直肠子，有一定的志向，但修养不够，所以在这样的场合，要这样教育他。同时也能看出，孔子的思想境界确实很高，心胸也很开阔，是真心实意要为国家社会做一番事业。正因为他有这样的思想境界，有这样的心胸，所以他在实现自己的理想的过程中，虽然不为他人所理解，经常遇到这样那样的困难，但并不灰心。这真不是一般人能做到的。

再说子贡。子贡是个很有商业头脑的人，对待一些事物，总是会用商人的头脑来思考，来对待。在这里，当孔子向他提出这样的问题的时候，他则回答：老师的理想主张至高至上，所以天下没有人能够实行您的这些主张，老师您怎么不把您的理想与主张的标准稍微降低一点呢？如果从一般人的眼光来看，子贡的想法未必没有道理。不是吗？你的主张的标准太高，人家不愿意接受，不愿意实行，你为什么不把标准放低一些？孔子对子贡的这个回答很不满意。在孔子看来，作为一个君子，他所树立起来的理想、提出的主张，是其道德境界的体现。依据这样的道德境界提出的主张，不能要求别人都能来实行。就像有的农民会种植而不一定会收割，能工巧匠做出来的精巧物品不一定符合所有人的心意一样。但是，如果你并未达到至高至上的道德境界，而要求别人来实行，子贡呀，这只能说明你志向不高大、理想不深远。孔子这话自然是有道理的。如果孔子将其理想与主张降低了，那还是孔子吗？那孔子与其他一般的人还有什么区别呢？正因为孔子在任何困难的情况下，始终坚持自己的道德操守，坚持自己的社会理想，才成就了孔子伟大的人格操守。

再说颜回。与子路、子贡比较起来，颜回的思想境界与认识水平的确不可同日而语。颜回认为，老师的道德操守、社会主张至高至大，天下的人都不愿意接受，拒绝实行，但是老师并没有因为他人不接受自己至高至大的道，不愿意实行自己的至高的社会主张便灰心丧气，便放弃自己至高的道德操守与至高的社会理想，而仍然全力推行自己所秉持的道德与社会理想，至于世间不愿接受、不愿实行，那都是国家统治者的不光彩，是他们的耻辱，老师有什么可忧虑的呢？他们不接受、不容纳，更显示出您真正君子的风采。颜回这样的认识确实道出了事物的本质。推究起来，一个社会贤能人才，有那么高尚的品德、那么崇高的社会理想，愿意为社会服务，却得不到执政者的任用，这不应该是贤能之士的责任。像孔子这样的人，在鲁国任职的时候，曾经做出过那么突出的政绩，更多的时候却得不到社会的承认，这确实应该是执政者的责任，是他们的耻辱。而这样的结论，只有颜回能够得出。这显示出颜回的高见卓识，也是他道德修养的反映，所以孔子能够那么高看他。假使颜回是一个富有的人，孔子愿意去做他的管家。

孔子对颜回称赞的地方很多，我们后面还能接触到。

二、孔子对颜回的期望

前面说到孔子对颜回的称许，而孔子对颜回的希望值也很高。在他的心目中，颜回就是他的接班人。他虽然没有这么说，但只要看他对颜回问仁的答复，就可见其一斑。

> 颜渊问仁。子曰："克己复礼为仁。一日克己复礼，天下归仁焉。为仁由己，而由人乎哉？"颜渊曰："请问其目。"子曰："非礼勿视，非礼勿听，非礼勿言，非礼勿动。"颜渊曰："回虽不敏，请事斯语矣。"
>
> ——《论语·颜渊》

　　这段话在讲仁的时候已经有过详细的解说。这里要说的是：弟子向孔子问仁的人有多位，而孔子为什么唯独要用这一段话来回答颜回？这说明孔子对颜回有着很高的特殊期望。

　　孔子认为，克己复礼，是仁的最高境界。一旦做到了克己复礼，就天下归仁，就是天下都归于仁爱的社会了。所谓克己，就是要克制自己的私欲，大公无私。这首要的是对执政者的要求。如何才能让执政者有这样的精神境界呢？这就要有人去辅助他们、引导他们。如果执政者们都能做到大公无私，那么天下还会有争权夺利、征伐掠地的行为吗？所谓复礼，就是恢复先圣明王以礼治国的政治主张。而以礼治国，是尧舜禹时代、文王、武王、周公时代所实行的治国制度。实行以礼治国的制度，是社会最为清明的时代，也就是所谓的大同社会与小康社会时代，当然也就是天下归仁的时代了。这是孔子认为最理想的社会时代。恢复以礼治国，恢复大同社会或小康社会，从而实现天下归仁。这是孔子一生为之奋斗的理想。他一生都以此为己任，为此奋斗了几十年。但是，孔子的这个理想，并不被当时的执政者接受，奋斗的效果并不理想。"甚矣，吾衰也！久矣，吾不复梦见周公！"（《论语·述而》）从这个感叹来看，孔子知道自己已经衰老，已经有很长时间连做梦都梦不到周公了。就是说，要实现自己的理想，已经是不大可能了。周公，是孔子心目中的偶像。周公协助武王成功伐纣，辅佐成王巩固了周朝基业，为周朝制定了礼乐制度。他希望自己能像周公一样，辅助一位圣王，成就一番事业。可惜的是，自己已经很久连做梦都梦不到周公了。但是，他并没有放弃自己的理想与追求，所以他希望有人来接自己的班，来继承他的理想与事业。而这个接班人，在他的心目中，除了颜回，还能有谁呢？恐怕没有第二个人了吧。

　　颜回问于孔子曰："成人之行，若何？"子曰："达于情性之理，通于物类之变，知幽明之故，睹游气之原。若此，可谓成人矣。既能成人，而又加之以仁义礼乐，成人之行也，若乃穷神知礼，德之盛也。"

　　　　　　　　　　　　　　　　　　　　——《孔子家语·颜回》

　　颜回请教于孔子：德才兼备的人的作为应该是怎样的？孔子说：深知人的本性的本质，精通万事万物的变化，清楚事物有形无形的原因，能够看到浮游于天地之间云气的渊源。这样的人就可以被称为德才兼备的人了，再加上仁义与礼乐的修养，就是德才兼备的完美的人了。像这样能够深究事物的精微道理，精通社会行为法则规范的人，就是达到了德行的最高境界了。

关于什么样的人才是德才兼备的完美的人，子路也问过孔子（见《论语·宪问》）。但是孔子回答子路与回答颜回，用的标准是不一样的。比较起来，孔子对颜回的要求要高得多，无论是道德还是学识，要求的层次，都非常高。像这样的要求，不仅一般人达不到，就是七十二位贤人中的人，恐怕也都很难达到。从学识上来说，要达情性之理，通物类之变，知幽明之故，睹游气之源，这既要精通天文、地理、物类、人事的根源，又要深知它们的变化发展。从道德上来说，这既要有仁义的高境界修炼，又要有礼乐的深层次修养。孔子之所以这样回答，就是对颜回的期望高。希望他能够成为这样高层次的人才。实际上，孔子也知道，对颜回提出的要求越高，对其促进也越大。而这样的要求，在他的学生中，恐怕也只有颜回能够做到。

> 子谓子贡曰："女与回也孰愈？"对曰："赐也何敢望回。回也闻一以知十，赐也闻一以知二。"子曰："弗如也，吾与女弗如也。"
>
> ——《论语·公冶长》

孔子为什么要这样问子贡？

子贡这个人喜欢评论别人，也有一些自视其高。比如他曾经问孔子：我这个人怎么样？他自然是希望得到孔子比较高的评价，但孔子却回答说：你呀，有如一种器物——瑚琏。孔子评价他是有用之材，而且是比较高档的有用之材，但也只不过是有用之材而已，不能是颜回那样可以"克己复礼，天下归仁"的贤圣之士。孔子问子贡，他与颜回比较起来，谁更强一些？孔子之问，当然不是无的放矢。虽然在这里子贡表示自己与颜回有很大的差距，表现出了自己对颜回的钦佩，但平时，子贡对颜回未必真的服气。孔子这一问，自然有助于进一步提高子贡对颜渊的认识。这里还要强调的是对"弗如也，吾与女弗如也"的理解。其中这个"与"字，一般都认为是孔子同意子贡的意见，子贡不如颜回。我认为这句话既肯定了子贡赶不上颜回，也有孔子自身的谦虚，说自己与子贡一样赶不上颜回。这样一来，则子贡不能不从根本上承认自己赶不上颜回，因为老师都说自己赶不上颜回，你子贡还有什么不服气的？其实，孔子对颜回与子贡的看法，本来就有些不同。子曰："回也其庶乎，屡空。赐不受命，而货殖焉，亿则屡中。"（《论语·先进》）孔子说：颜回的学识与道德修养都很不错了，却经常穷得连饭都吃不饱。而子贡并不安守本分，既做官，还要去做生意，囤积货物，以求高增值，而且屡屡得中。从这些话中，我们看出，孔子在颜回与子贡之间，倾向性是比较明显的。他同情颜回，很有一点为颜回不平。颜回走正道，在学识与道德修养上下功夫，且已经成绩斐然。他对颜回的希望值那么高，颜回却经常陷于穷困。子贡不像颜回那样把精力完全放在学识与道德修养上，而去谋取钱财，却赚了不少的钱，过着富裕的日子。这是何等的不公平啊！从孔子说话的语气也可看出，孔子完全同情颜回，对子贡颇有一点不满，似乎也是在说，老天爷，你为什么这样不公平啊！

> 子谓颜渊曰："用之则行，舍之则藏，惟我与尔有是夫。"
>
> ——《论语·述而》

孔子对颜回说：国君任用我们，我们就去为国君服务，为国家出力，推行我们的治国主张；国君不任用我们，我们就隐居起来。这样的品格，只有我和你才具备。

被摆在与自己一样层次的，在孔子的学生中大概也只有颜回一位吧。这也可以看出，颜回在孔子心目中的分量有多重。颜回是他最为得意的弟子，这是毫无疑问的。从孔子对颜回一系列评论中可以看出，孔子认为，在他的学生中颜回的人品境界最高，他的仁德修养境界最高，能够守中庸之道，最善于学习，最能体谅老师的心思。因而，在这里他要告诉颜回，仁的最高境界就是克己复礼，让他去为克己复礼而奋斗；同时也告诉他"为仁由己"，推行仁德，要亲自去实践，身体力行，不能够等待别人来推动或帮助自己。对于颜回来说，当然也乐意接过老师的接力棒，"回虽不敏，请事斯语矣"。他虽然迟钝，也要按照孔子的这些话去做。而颜回的这句话，已明确表示，他要为落实克己复礼、天下归仁去付诸行动。这不正是孔子对颜回的期望吗？

> 颜渊问为邦。子曰："行夏之时，乘殷之辂，服周之冕，乐则韶舞，放郑声，远佞人。郑声淫，佞人殆。"
>
> ——《论语·卫灵公》

向老师请教如何治理国家的弟子不少，孔子却这样回答颜回的提问。老实说，我前几次读到这句话的时候，都颇有一点不理解。治理国家，这是何等的大事，而孔子的回答，所说的似乎都是一些琐屑的事情，实在未能说到要害处。但是，仔细推敲起来，又非同一般。孔子所说的这些，历法、车子、礼服、音乐，都不是一般人能够决定的。这些事情，都与国家的国体有关，与国家与民族的优秀传统的传承有关。用现代的话来说，这都是顶层设计要关注的内容。如用什么历法，这可以说是国家的头等大事，与国家的国计民生有直接关系，必须由国家领导人来决定。又如车子与礼服，国家使用什么样的车子与礼服，也不是一件小事。这既是国家的形象，能体现国家的威严，还能够看出领导人的品位与格调，甚至能看出一个国家的国格。这是不应该马虎的。至于音乐，更是反映一个国家与民族的兴盛与衰亡。《礼记·乐记》就这样说："治世之音安，以乐其政和；乱世之音怨，以怒其政乖；亡国之音哀，以思其民困。声音之道，与政通矣。"所以，音乐要使用虞舜时代的《韶》乐与武王时代的《武》乐。这样的音乐才是健康向上、强国兴邦的音乐，而郑国的音乐则是亡国之音。"郑卫之音，乱世之音也，比如慢矣。桑间濮上之音，亡国之音也，其政散，其民流，诬上行私而不可止也。"这就是正确使用音乐的重要性。另外还要远佞人。所有这些，都不是对一般人的要求，而是对将来要辅佐国君诸侯的人的要求。由此也可以看出，孔子对颜回问为邦的回答，确实是用了一番心思，非一般的回答。同时这也体现出，他对颜回的期望之高是非同于一般的。他是把颜回作为天子诸侯的辅佐人来培养的。

三、颜回之死对孔子的打击

孔子对颜回的希望值那么高，颜回对孔子也是崇敬之至、崇拜之至。

> 颜回喟然叹曰："仰之弥高，钻之弥坚。瞻之在前，忽焉在后。夫子循循然善诱人，博我以文，约我以礼，欲罢不能。既竭我才，如有所立卓尔。虽欲从之，末由也已。"
>
> ——《论语·子罕》

这是颜回的内心独白。老师的学识，老师的道德，老师的循循善诱，老师的榜样作用，都让颜回景仰之至、崇拜之至。可见孔子在颜回的心目中是何等的伟大、何等的崇高！所以颜回对老师产生无限的信赖，从而跟定了这位老师，就算再苦再累再困难，也要努力学下去，寻找新的突破。反过来，也正因为颜回有这样的学习精神，有这样的忠诚品格，有这样的道德定力，孔子才那样精心无私地教育他、培育他，希望他能够继承自己的事业，成为自己的接班人。

> 子畏于匡，颜渊后。子曰："吾以女为死矣。"曰："子在，回何敢死？"
>
> ——《论语·先进》

孔子与颜回两个人的话都说得很朴素，但透露出来的情感却极其深厚。逃出围困，孔子未见到颜回，有多么担心！现在见到了，一块石头落了地，反而冒出来这么一句：我还以为你死了。这是担心，这是关心，这是后怕，更是欣慰，是师生情感的真实流露。而颜回这一回答，听起来确实朴素，但流露出来的却是对老师的无限深情，无限依恋，无限忠诚。这样的师生情谊世间并不多见。

有颜回这样一位学生，孔子自然十分欣慰。本以为自己的接班人有望，可是没有想到，这位最得意的弟子早早地便谢世了。这对孔子的打击实在太大了。

> 颜渊死。子曰："噫！天丧予！天丧予！"
>
> ——《论语·先进》

颜回死了，孔子说："哎呀，这是老天爷要我的命呀！这是老天爷要我的命呀！"

从这一句话可以看出，对于颜回的死，孔子是多么的悲伤与哀痛。他呼天喊地说这是老天爷在惩罚他。是啊，本以为自己的学说、理想与事业，颜回会继承下去。现在颜回竟然那么年轻死了，这简直让他感到绝望。在他的心目中，他的学生中能够继承他的事业的人，颜回是唯一的。其他也还有一些好学生，比如闵子骞、冉伯牛，都是德行很好的弟子。又如仲弓，孔子说他"雍也可使南面"。还有公冶长，孔子把女儿都嫁给了他；南容，孔子把侄女嫁给了他。这些都是好学生。孔子对这些学生，都给予了很好很高的评价。而从继承他的事业的角度来说，似乎就只有颜回一人。这是一个方面。更深一层的意思是，颜回的死，让国家未来"克己复礼"，恢复大同世界，小康社会，又减少了一分希望。国家也因此失去了一位未来的圣人。这就是颜回之死对孔子的打击那么大的原因。

> 颜渊死，子哭之恸。从者曰："子恸矣！"曰："有恸乎？非夫人之为恸而谁为？"
>
> ——《论语·先进》

颜回之死，孔子哭得非常伤心。跟从他的人说："您哭得过于伤心了。"孔子说："是过于伤心了吗？不为这个人伤心地哭，还能为谁去这样伤心地哭呢？"

这一段话与上一段话结合起来看，更能看出孔子对于颜回的死的伤痛。颜回是他最得意的门生，是他"克己复礼，天下归仁"最有希望的继承人与接班人。失去了这样唯一有望的继承人，怎么能够不伤心啊！所以他说，我不为这样的人离世而伤心地哭，还能为谁这样伤心地哭呢？其实，孔子的儿子鲤也是早死，我们可以肯定，孔子一定也是伤心之至。但文献资料上未见孔子对于儿子的死，有如何伤心的记载。而颜回的死，孔子却说了那么伤心动情的话。从这里，既看出了孔子与颜回之间无限浓厚的师生情谊，更看出了他对国家未来的那份责任感。

> 子谓颜渊曰："惜乎！吾见其进也，未见其止也。"
>
> ——《论语·子罕》

孔子和别人谈及颜回的时候说，真是可惜啊，我只看见他总是在进步，从来没有看见过他有停止不前的时候。

孔子的这话肯定是在颜回去世之后所说的。对于颜回的死，孔子始终耿耿于怀，难以弥合内心的伤痛。每逢谈及这件事，他总是非常伤感，非常失落，总是让他回想起颜回许多难以忘怀的往事。

> 季康子问："弟子孰为好学？"孔子对曰："有颜回者好学，不幸短命死矣，今也则亡。"
>
> ——《论语·先进》

季康子的这一问，算是又揭开了孔子失去颜回痛苦的伤疤。他的这个回答，流露出他对于失去颜回难以忘怀的伤痛。那么多的学生，唯有颜回最为好学，学习成绩最为突出。现在这个学生没有了，再也找不出第二个颜回了。孔子这样的回答，流露出他多么失落与失望的情怀！

> 子曰："回也非助我者也，于吾言无所不说。"
>
> ——《论语·先进》

孔子说："颜回这个人呀，也不是一个真正能够帮助我的人。他对于我所说的话，没有不喜欢的。"

孔子的这话，很耐人寻味。他喜欢颜回。颜回对他的话没有不喜欢的。自然，这是可以往下推演的。颜回对孔子的任何主张有不喜欢的吗？没有。颜回对孔子的敬仰、钦佩、崇拜都是发自内心的，都是全心全意的。孔子对这个学生的喜爱，也是发自内心的。但是，现在颜回不在了，这或许也不免产生一点莫名的怨愤。颜回啊，我在你的身上寄予了多么大的期望，你不知道吗？你为什么走得那么早呢？你也不是一个真正能够帮助我的人。我孔丘不是一个十全十美的人，我的事业进行得也并不顺利，你为什么不能多帮我一把呢？为什么不能给我指出一些不足呢？为什么不能陪伴我多走一程呢？这足见孔子与颜回之间师生情谊的不同寻常。

> 子曰："苗而不秀者有矣夫！秀而不实者有矣夫！"
>
> ——《论语·子罕》

　　孔子说：庄稼生长出苗来却不开花的情况是有的啊，开了花不结果实的情况也是有的啊！

　　孔子这话没有明确指出对象是颜回。但从语气来看，颇有一些与上面的话类似。对于颜回的死，心有不甘。他不免出现一种莫名的怨愤、莫名的惆怅。他教了那么多学生，有的学生学习上总也出不了像颜回那样的成绩，总也开不出像颜回那样的花来；而颜回，学习成绩那么突出，开出了那么鲜艳的花，但还没有等结出果实来，便过早地谢了。因为颜回还没有去做官，做大官，为国家出力，出大力，就谢世了。对于这段话到底怎么理解，学者们历来有所不同。我认为，孔子肯定是有感而发，而不是无的放矢。或许就是因为颜回的过早去世，对他的打击太大而发出的哀怨与叹息。

> 颜渊死，门人欲厚葬之。子曰："不可。"门人厚葬之。子曰："回也视予犹父也，予不得视犹子也。非我也，夫二三子也。"
>
> ——《论语·先进》

　　颜回死了，孔子的学生们要以隆重的礼节安葬他。孔子说：不可以这样做。学生们还是很隆重地安葬了他。孔子说：颜回像看待父亲那样看待我，我却不能像父亲对待儿子那样地对待他。这不是我的本意，是学生们要那样干的。

　　在古代，礼是一种社会行事规范，人死了，应该按照葬礼的规定安葬。像颜回这样的人，虽然道德修养杰出，学习成绩很好，但太年轻，又没有一定的社会地位，所以其葬礼不应该过于隆重。但是颜回的同学们没有按照葬礼的规范要求安葬了颜回，这在孔子看来，是不妥当的。即使是儿子去世，也不能越礼安葬。这就是孔子这样的严格遵守礼法的人的行事法则。或许有的人会不以为然，但我认为这也正是孔子这样严守礼的规范的人的可贵之处。

孔子和他的弟子子路

　　子路也是孔子的得意弟子之一。但是，就子路这个人的为人来说，其优点是突出的，其缺点也是突出的。孔子常常表扬他，也常常批评他。我以为他是一个很有性格特点的人。《史记》说他"性鄙，好勇力，志伉直"，其注说他"卞之野人"。我认为，这几个词把他的性格特点比较准确地概括出来了。他是卞地的乡野之人，一介庶民，没有受过多少教育；有一身蛮力，喜欢斗勇，炫耀武力；性格比较刚直，比较粗野，但也有乡野之人质朴本真的本色。在孔子众多的学生中，敢于与孔子持不同意见、敢于顶撞孔子的，恐怕也只有子路一人。但他又是一个正直的人，本真的人，心直口快，敢作敢为，也勇于改正错误。在孔子耐心教育下，他进步很大，成为一个比较有修养的人。在《孔子家语·弟子行》中，子贡这样介绍他："不畏强御，不侮矜寡，其言循性，其都以富，材任治戎，是仲由之行也。孔子和之以文，说之以《诗》曰：'受小共大共，而为下国骏庞，荷天子之龙，不难慹不悚，敷奏其勇。'强乎武哉，文不胜其质。"子贡的这一段话也把子路的特点说得很明确，但这是子路接受了孔子的教育以后的特点。他不畏惧强暴，不欺凌鳏寡孤独这样的弱者，说话不装腔作势，按照自己的本性，有什么说什么。体貌端庄威武，其才能可以管理军队，带兵打仗，这就是子路的才貌。孔子用自己的文辞来赞扬他，用《诗经·商颂·长发》中的诗句来比喻他。遵循上天的大小规律，庇护下面的大小诸侯，接受上天赐予的荣宠，不畏难，不恐惧，神勇战功凯歌奏。雄强呀，威武啊！比较起来，他的文采不及他的武功。

　　可以看出，接受孔子教育前，子路只是一介村野莽夫，接受孔子教育后，已经成为一名很不错的有用人才。无论是从个人品德修养来看还是从政治与管理才能来看，其进步都是十分突出的，可见孔子教育的效果是出色的。就仅从子路的学习成就来看，孔子的教育是成功的。他的教育经验值得我们认真研究，认真学习与继承。

一、子路初见

子路初见这一段话，见于《孔子家语·子路初见》。我们之所以要先来讨论这一段话，是因为这一段话中有很多值得研究与学习的东西。

> 子路初见孔子。子曰："汝何好乐？"对曰："好长剑。"孔子曰："吾非此之问也。徒谓以子之所能，而加之以学问，岂可及哉？"子路曰："学岂益哉也？"孔子曰："夫人君而无谏臣则失正，士之无教友则失听，御狂马不释策，操弓不反檠。木受绳则直，人受谏则圣。受学重问，孰不顺成？毁仁恶士，必近于刑。君子不可不学。"子路曰："南山有竹，不柔自直，斩而用之，达于犀革，以此言之，何学之有？"孔子曰："栝而羽之，镞而砺之，其入之不亦深乎？"子路再拜，曰："敬而受教。"子路将行，辞于孔子，子曰："赠汝以车乎？赠汝以言乎？"子路曰："请以言。"孔子曰："不强不达，不劳无功，不忠无亲，不信无复，不恭失礼，慎此五者而已。"子路曰："由请终身奉之。敢问亲交取亲若何？言寡可行若何？长为善士而无犯若何？"孔子曰："汝所问苞在五者中矣。亲交取亲，其忠也；言寡可行，其信乎；长为善士而无犯，其礼也。"

子路初次去拜见孔子。孔子说：你有什么喜好？子路回答说：我喜好长剑。孔子说：我问你的不是这个。我是说以你现在的能力，再努力学习，增长学问，哪里会有人赶得上你呀！子路说：学习怎么能够有好处啊？孔子说：国君没有敢于进谏的大臣，就可能走到邪路上去；读书人没有受教育的同学好友的相互切磋，就听不到有益的指点；驾驭正在疯狂奔跑的马，不能放下手中的鞭子；已经拉紧的弓，不能用檠这样的量具来匡正。木材加之绳墨便能取直，人接受劝谏就能变成圣人。接受教育，注重学问，谁会不顺利成功？背弃仁德，诋毁士人，那就距离受到刑罚惩处不远了。所以君子是不可以不学习的。子路说：南面的山上有竹子，不用去加工矫正它自然就是直的。砍下来制成箭杆，可以射穿犀牛皮，这样说来，哪里用得着学习呢？孔子说：如果在箭杆上再装上羽毛，把箭头再磨得锋利一些，那么所射的箭不是会射得更深吗？子路再次拜谢。说：我恭敬地接受您的教导。子路准备要走了，向孔子辞行。孔子说：我是送给你一部车子还是送给你一些忠告呢？子路说：请送给我一些忠告吧。孔子说：自己不强大，就达不到目的；不勤劳，就不能得到收获；不忠诚，就不会有亲近的人；不诚信，就没有人再相信你；不恭顺，就会违背礼法；谨慎地处理好这五个方面的要求也就好了。子路曰：我仲由将终身按照老师所说的去做。请问结交新的朋友，要获得他们的信任，应该怎样去做？说话少而办起事情来又能够行得通，应该怎样做？做一个长期做善事的人而又不受到侵犯，应该怎样做？孔子说，你所问的这些问题都包含在上述五者之中了。要取得新结交朋友的信任，就要忠诚；说话少而事情又行得通，那就是要讲信用；长期做善事而不受人侵犯，那就要依礼法而行。

　　这是子路头一次去拜见孔子的情况。很显然，在接受孔子的教育之前，子路还只是一块未经雕琢的璞玉。其质地很好，但比较粗糙，对事物的认识很朴素，尤其是对于受教育没有正确的认识，认为学习没什么用处。他很坦率，说话直率，但很纯真，有什么说什么，不装腔作势，不藏着掖着。当他听到孔子对他说的话有道理，他立刻欣然接受，并表示要终身按照要求去做。当他要离开孔子向孔子道别时，孔子问他是向他赠送车子还是忠言时，他接受的是忠言，而不是车子。这说明他是一个可造之才。他不贪财，而愿听从忠告。这应该是一种很可贵的品质。

　　再来说孔子。子路是个"野人"，其"野人"的特点还是比较明显的。他没有受到过正规的教育。对于子路这样的"野人"来见，孔子并没有拒绝他，反而是慧眼识珠，接受了他，并鼓励他，说他有这样的能力，再加上学问，别人都很难赶上他了。虽然子路用学习未必有益来回答，但孔子还是对他进行了耐心教育，给他讲学习的重要性、接受教育的必要性：不仅一般的人需要学习，就是国君也要有能够进谏的大臣的帮助，才不至于走到邪路上去；士没有同学师友的切磋帮助，便得不到很好的指点；快马要加鞭，才能跑得更快；弓箭的力度，必须在正常的情况下，用工具来测定；木材要用纯墨才能取直；人能够接受劝谏就可以变成圣人。所以，人只要接受教育，重视学问，就会顺利成功；反之，如果背弃仁义道德，诋毁仇视士人，就可能走上犯罪的道路。可见君子是不可以不学习的。

　　孔子的这一番关于学习重要性的道理讲得既通俗又深刻，但是并没有完全说服子路。子路也用一个简单的道理来反驳孔子。南山上的竹子，并没有进行加工矫正，却是直的，做成箭杆，照样能够射穿犀牛皮。这样说来，学习有什么用？子路的这个道理，当然是歪道理，但也是一个朴素的道理。什么样的材料，做什么用也就是了。孔子进一步开导他：箭杆装上羽毛，箭头磨砺以后，箭会射得更有力、更深。这个道理很简单，却是非常深刻的。子路终于被说服了，真心诚意地愿意接受孔子的教导。从这里可以看出，孔子的眼光真的不一般，他一眼便看出子路是可造之才，因而耐心地开导他，让他来接受教育。这也可以看出，孔子作为一个教师对人才的珍惜，对教育的责任感。这一点，实在值得我们每一位教师认真反思，我们是如何对待学生的。这里还要说的是，子路来辞行时孔子送给他的忠言。这些忠言包括以下五个方面的内容：

其一，不强不达。自己不强大，就不可能达到要达到的目的。一个最简单的道理就是，比如走路，你想要走向一个遥远的目的地，就要有强壮的身体，要腿上有劲。如果身体不强壮，两腿无力，怎么能够行远？如何能够到达目的地？其实，做任何事情都一样，打铁先要自身硬。无论做什么事情，都要首先炼就一身过硬的本领。没有过硬的本领，什么事情都不可能做好。农民种地是这样。没有过硬的农业技术，所种的农作物就不可能获得丰收。工人做工是这样。即使是去制作一件简单的物品，没有一定的本领，也不可能完成，所以就更不要去说那些大国工匠了。那些大国工匠，哪个不是练就了一身非凡的过硬本领？还有军人，从战士到干部，没有过硬的本领，就只有死在敌人的枪炮与刺刀之下了。至于科学家，如果袁隆平没有过硬的本领，没有长年的忘我劳动，就不可能成为杂交水稻之父，也就不可能有我们的杂交水稻丰收了；如果黄旭华没有过硬的本领，没有几十年的刻苦钻研精神，我们的核潜艇不知道要推迟多少年才能下水。说起来，这是一个再简单不过的道理，但有些人就是不明白。他们不在学本领、练功夫上用力。比如有些大学生，好不容易考上了大学，却不珍惜这个学习机会，不认真学习，以为混上一张毕业证就万事大吉了，等到毕业出校，仍然是白丁一个，什么都不会。

其二，不劳无功。不勤劳就得不到收获，或者说不劳动者不得食。这也是一个最简单最朴素的道理，在一个正常的社会里都必然是这样。勤劳就会有收获，勤劳就能致富。但是，像子路这样的"野人"，有一定的勇武精神，又有一点武艺，如果不能很好地引导，就可能不依靠勤劳来收获，而是依靠其勇力，强取强夺来讨生活。因此，孔子当然有必要对他进行这方面的教育。其实，孔子的这种教导，就是对我们当今的人也有重要的教育意义。有些人就是不想靠勤劳来获取财富。他们不付出辛勤劳动就想获得丰厚的报酬，向往着过不劳而获的生活。他们不明白，财富是劳动者用勤劳的双手创造的，你不劳而获就是对他人劳动果实的剥夺。这是不道德的行为。有一次我去一个卖茶叶蛋的小摊吃茶叶蛋，和那位摊主交谈起来。我问他一天能赚多少钱？他说不一定，有时候二三十块，有时候三四十块。我惊叹地说：那您一个月能赚一千多块，比我多多了。我一个月的工资还不到二百块。老人家说：你们每天工作八小时，按时上下班。我可不行。我每天早上五六点钟就要起来洗鸡蛋、煮鸡蛋，八点多钟就要出摊，晚上八九点钟才收摊，有时甚至要到十点多十一点，你算算我一天要干多少个小时！夏天太阳晒，冬天北风吹。我们赚这点钱也不容易哩！听了老人家的这番话，我确实无话可说。我们只看到人家赚钱不少，可人家那钱赚得并不容易。那是人家的劳动所得。那钱来得正，那是真正的辛苦钱，那是真正的血汗钱！这样的钱，只要不怕苦、不怕累，人人都能赚得到，可是你愿意去赚吗？现在有的人就是这样，既想多赚钱，又怕苦怕累，不想多出力，世界上哪有这样的好事？人们常说，天上不会掉馅饼，就是掉馅饼，也要起个大早才能接得到，否则便叫别人接走了。

其三，不忠无亲。人无忠心，就不会有人跟你亲近。如果没有人与你亲近，那你生活的意义是什么呢？所以，人生在世，一个忠字是非常重要的。从大的方面来说，就是要忠于国家、忠于人民。不忠于国家与人民的人，常常令人不齿。一个令人不齿的人，还有人与他相亲吗？从小的方面来说，人与人的交往也离不开一个忠字。在人类社会中，人与人之间离不开相互交往。而相互交往，就离不开相互交心，或者说是以心换心。如果没有以心交心、以心换心，那又怎么能够有真正的相互亲近呢？所以要交心，就必须是相互之间的心都透明、都忠诚，才会有真正的交心。而要以心换心，相互之间的心都应该是敞亮的、忠诚的。如果相互之间的心不敞亮、不忠诚，相互猜忌，甚至相互暗算，那还怎么以心换心呢？还有什么相互亲近呢？试想，一个国君会与一个不忠的大臣亲近吗？一位上司会与一个不忠的下属亲近吗？反过来，如果这位国君是一位祸国殃民的国君，一个忠诚的大臣还会与他亲近吗？同样，一位忠诚的下属会与一位不忠的上司亲近吗？人与人相亲，那是有条件的，其条件就是一个忠字。孔子的为人，就特别注重那个忠字。他去过多个国家，很想为那些国家服务，但是当他认为那个国君不值得他为其忠心服务，便立刻离开。他在对学生的教育中，也最重视品德教育，教他们忠，教他们孝。所以他向子路赠以忠告时，便把这个"不忠无亲"也赠给了子路。

其四，不信无复。第一次你不讲诚信，欺骗了人家，第二次人家还会相信你、上你的当、受你的骗吗？所以诚信也是做人最基本的品德。孔子就最强调做人的诚信，所以在这里他也对子路提出了这样的忠告。关于诚信，孔子有过很多这方面的论述，我们在其他文章中已经有过诸多论述，这里不再赘述。

其五，不恭失礼。这也是孔子对学生教育的基本内容。对人不恭敬，就失礼了，就成了不讲礼貌的人。我们的老祖宗，几千年前就很重视这个问题，做人要有礼貌，有礼貌是一个人文明的表现；反之，对人不恭敬、粗暴，就是失礼，对人失礼，就是不文明的表现。孔子就是一个非常注重礼貌的人。这一点我们也有过论述。而这里要强调的是，子路在接受孔子的教育之前，是一个"野人"，

《史记》说他曾经"凌暴孔子"。所以孔子在这里要告诫他"不恭失礼",对人要恭敬,要讲礼貌,对于我们今天的人,仍然有重要的教育意义。我们的国家是一个具有悠久历史的文明古国,是礼仪之邦,有讲礼貌的优良传统。我们不能丢掉这个优良传统,不能让自己变成一个"野人",一个不文明的人。

子路初次拜见孔子时孔子给予的他忠言,让他终生受用。他也确实把孔子的这些教导牢牢记在心上,一生都实践着孔子的这些教导。

二、孔子对子路的教育

子路成为孔子的学生以后,孔子对他进行了严格而耐心的教育。在孔子严格而耐心的教育下,子路终于由"野人"造就成了一个有用之才,一位君子。

> 子曰:"由,诲女知之乎?知之为知之,不知为不知,是知也。"
>
> ——《论语·为政》

孔子说:仲由呀,我给你讲述过关于学习知识的道理吗?知道的东西就说知道,不知道的东西就说不知道。这是做人聪明的表现。

这或者是孔子对子路最初的教导,是对他进行文化教育的启蒙教育。子路来自乡野,只比孔子小九岁。根据《孔子家语·子路初见》的情况来看,他向孔子求学时,应该已经成年。像他这样的人,文化知识不多,生活知识不一定少。因而对他进行文化知识教育之初,进行一些启蒙教育是必要的。首先就是学习态度要端正,要老老实实,要虚心,不能自以为是,自己知道的东西就说知道,自己不知道的东西就说不知道,这是做人聪明的表现。不聪明的人往往自以为是,不懂装懂。这样的人是不容易学到东西的。从这里可以看出,孔子作为老师,对学生都有深度了解,因而对学生的教导都针对性很强,因材施教,所以教育效果好。

> 子曰:"由,知德者鲜矣。"
>
> ——《论语·卫灵公》

孔子为什么要对子路提出这个问题?就是要对子路进行德的教育。德是什么?对个人来说,是人的一种道德修养境界。比如说积善成德,就是说多做善事,积累善行。善行积累得多了,就成为一种崇高品德。人只有具备了崇高品德，才是一个高尚的人。又比如人们常说，你积一点德吧，就是说，要多做一点好事善事，让自己的品德提升到高一点的境界。又如骂人时，总是说这个人缺德。所谓缺德，当然就是没有德操，品德境界低下，人格品德十分低下。如果说某人没有德操，人格品德十分低下，那会是一个什么样的人啊！或者说他还是人吗？就子路而言，他是一个尚勇尚武的人，如果勇与武运用得好，会造福他人，造福社会，造福国家；如果勇与武用得不好，就会危害他人，危害社会，危害国家。所以，对子路进行德的教育十分必要。《周易》说"君子进德修业"，就是说，要做一个君子，就要"进德修业"，就是要提高道德修养，扩大功业建树。就孔子本身而言，他最为重视的就是对德的要求，因为这是人的道德修养的基础。而孔子对学生的培养，首要的就是道德。如果一个人的道德基础不好，学识再好也并不可取。比如他的学生宰予认为守三年之孝太久，应该改为一年，为此，孔子认为他是一个不仁的人。所以当"宰予问五帝之德"时，孔子便说："予非其人也。"意思是说，你宰予不应该是问这个问题的人。也就是说，你宰予没有必要知道五帝之德，知道了也没用。而子路就不同了，孔子认为子路是可造之才。他对子路的教育，就是要把子路培养成一位君子。要培养成君子，就要让他懂得德，让他积善成德，让他进德修业。这也就是孔子要告诉子路，现在知道德的人不多的原因。

> 子路曰："君子尚勇乎？"子曰："君子义以为上，君子有勇而无义为乱，小人有勇而无义为盗。"
>
> ——《论语·阳货》

子路是一个尚勇的人。他请教老师，君子是不是也崇尚勇敢？他希望老师支持他的尚勇精神。孔子则利用这个机会教育他：君子当然崇尚勇敢，但是君子把道义作为人的最高的品德境界。君子如果只注重勇敢而不注重道义，那就不是真正的勇敢，而是乱作为的行为。乱作为，就会给他人带来危害，给社会带来危害。小人如果只知道勇敢而不讲究道义，那就可能变成土匪强盗。所以，孔子教育子路，总是把德操道义放在第一位。关于这一点，只要一有机会，孔子都会对子路加以教育与引导。

> 子路戎服见于孔子，拔剑而舞之。曰："古之君子，以剑自卫乎？"孔子曰："古之君子，忠以为质，仁以为卫，不出环堵之室，而知千里之外。有不善，则以忠化之；侵暴，则以仁固之，何持剑乎？"子路曰：

"由乃今闻此言，请摄齐以受教。"

——《孔子家语·好生》

这一段话所记载的，大概是子路刚入学不久的事。子路穿着军服去拜见孔子，并且拔出宝剑在孔子面前舞了起来。说道：古代的君子，是不是用剑来保护自己呀？孔子说：古代的君子，用忠诚作为自己的品德基础，以仁爱作为自己的护卫工具。即使把自己关在一间小房子里，也能够知道千里之外发生的事情。如果有对自己不友善的人，君子便用忠诚来感化他，有企图对自己施以暴力侵犯的人，君子便用仁爱来稳定他。这哪里用得着剑呢？子路说：我今天才有幸听到您的这一番话，请让我上堂以崇高的礼节接受您的教诲吧！

和前面所说的一样，孔子教育子路，总是先从德育教育入手，让他把思想道德的基础打好。一个人好勇，武艺高强是好事。但首先要有好的品德。有了好的品德，高强的武艺才能用到正确的地方，为国家、为人民办好事。如果思想品德不好，就是武艺再高强，并不一定有什么好处，很可能利用高强的武艺去做坏事，祸国殃民。从这一角度来说，孔子的这个教育理念，在任何时候都值得学习与效法。如果忽视思想品德教育，教育出来的人没有良好的思想品德，为官，一定是坏官，为民，一定是刁民。这样的问题，本是最基础的认识问题，却被很多人忽视。对学生的要求，眼睛只盯在知识上，忽视其道德。其结果可想而知。

孔子谓子路曰："君子以心导耳目，立义以为勇；小人以耳目导心，不逊以为勇。故曰退之而不怨，先之斯可从已。"

——《孔子家语·好生》

孔子教导子路：君子是用心来引导自己的耳朵与眼睛，要以义作为标准，来决定如何实施勇敢行为；小人则不同，他们是用耳朵与眼睛来引导心。他们没有义概念，只要是不顺眼不顺耳的事，就要逞勇。他们以为不顺从就是勇敢。所以说，作为君子，就是被黜退，也不会有怨言，如果在前面引路，大家就可以跟着他。

这段话也是教育子路在行勇敢之先，要打好道德修养的基础，只是这里说得更深一层，以心导耳目。心是什么？《黄帝内经·素问·灵兰秘典论》说："心者，君主之官也，神明出焉。"心，是人的全身的主宰，统率全身器官。人的精神、意识、思想、行为都由心所生出，所主导。所以，心的状态如何，决定人的行动，主导人的行为。人们常说人要有良心。良心是什么？良心就是好的心术。

而好的心术便来自于高品位、高境界的道德品质。只有思想道德境界高、以义为先的人，其心才能发出正确的指令，才会有真正的勇敢。只有这样的人，才可能正确地理解什么是勇敢，怎样才能正确实施勇敢行为。小人思想境界低，不理解什么样的行为才是勇敢，误以为什么都不顺从就是勇敢。所以，对学生进行思想品德的教育，是教育的核心与根本。孔子对子路的教育，就总是以德育教育为先。

> 孔子谓子路曰："君子而强气，而不得其死；小人而强气，则刑戮荐臻。《豳诗》曰：'殆天之未阴雨，彻彼桑土，绸缪牖户，今汝下民，或敢侮余！'"
>
> ——《孔子家语·好生》

孔子针对子路的个性特点，一再教导他要加强心理素质的修养，不要意气用事，不能桀骜不驯，否则就可能不会有好的结果。但是，江山易改，本性难移。孔子终究未能把子路的本性改变过来，子路最终未能逃脱孔子对他的预言，这也是无可奈何的事。不过，子路虽然可以说是未得善终，但他的死，从义的角度来说，是正义行为，只是行义的方法欠妥。如果他的行为更有策略一些，也许在这次行动中可以免于一死，或者还会有一个好的结果。但他这样牺牲，仍然不能否定孔子对他教育的效果。

> 子曰："由也，女闻六言六蔽矣乎？"对曰："未也。""居，吾语女。好仁不好学，其蔽也愚；好知不好学，其蔽也荡；好信不好学，其蔽也贼；好直不好学，其蔽也绞；好勇不好学，其蔽也乱；好刚不好学，其蔽也狂。"
>
> ——《论语·阳货》

孔子的这一段话与前面的话有相似之处，但这里更进一步，是教育子路要灵活地看问题、辩证地对待问题、科学地分析问题，不要认死理，不要钻牛角尖。这仍然与子路为人比较刚直有关。一个人过于刚直，考虑问题直来直去，不会拐弯，往往事与愿违，容易走向反面。所以孔子要这样教导他：

人要树立仁德品格，这是做人的基础。但是如果一味地只讲仁德，就容易被人利用，受骗上当。所以就要加强学习，学会全面地看问题。要搞清楚，在什么样的情况下，应该施行仁德；怎样做才是正确施行仁德。比如说在生活中遇到了恶人，他拿着刀对着你，你如果还和他讲仁德，他的刀就会向你刺过来。这时候，你必须采取自卫措施，把他的刀夺过来，将他制服，才是最大的仁德。既保护了自己，制服了对方，也避免了他再去危害更多的人。如果你没有能力制服他，你必须避开他的攻击锋芒，或者寻求援助来制服他。这才是正确地施行了仁德。

信，诚信，也是做人最基本的品德。人而无信，不知其可也。孔子把为人诚信作为最重要的人格品德之一。他一再教导学生，人是不能没有诚信的。但是讲诚信，也要努力学习。如果不努力学习，也可能带来弊端，被人伤害。现在社会上的骗子何其多，骗术何其高明，你坐在家里，也会有人找上门来，让你上当受骗。你讲诚信，不努力学习，就没有识别非诚信伎俩的能力，因而受骗上当。现在有不少讲诚信的人，因为不善于识别骗子的骗术而受骗上当。孔子在两千多年前就教导子路，好信而不好学，其蔽也贼。孔子的这个教导，无疑也值得今天讲诚信的人重视与学习呀！

好直而不好学，其蔽也绞。直就是正直、直率。这里主要是说直率。为人直率，本是做人的一种很好的品德。但是，就直率而言，其运用也有学问，运用得好，效果便好，运用得不好，便会急切伤人。所以这也需要认真学习。子路就是一个直率的人。就因为直率，说话往往就不假思索，直来直去。就是他和老师说话也是如此。有时候，孔子和他说话，他认为不妥，便不假思索地顶了回去。他不考虑，孔子既然这样说话，总是有道理的。所以，就因为如此，他没有少挨孔子的批评。举一个例子：

> 子路曰："卫君待子而为政，子将奚先？"子曰："必也正名乎。"子路曰："有是哉，子之迂也！奚其正？"
>
> ——《论语·子路》

你看，他问老师，如果卫国的国君等着您去帮助他治理国政，您将先从做什么事情入手？孔子说：那就先从正名入手。他听了老师的话，不问青红皂白，便奚落起老师来了。"有这样的事情吗？老师您真是迂腐哩！名有什么可正的？"子路这话，直率倒真是直率。先不说他这话说得对不对，有无道理，就说话的方式来看，有多伤人！不用说这是你的老师，就是对其他任何人这样说话，也是伤人的，其效果可想而知。所以孔子马上骂了他一通："野哉！由也。"仲由！你真是个粗野的家伙呀！然后给他讲了一通道理，进行了一番教训："君子于其所不知，盖缺如也。名不正，则言不顺；言不顺，则事不成；事不成，则礼乐不兴；礼乐不兴，则刑罚不中；刑罚不中，则民无所措手足。故君子名之必可言也，言之必可行也。君子于其言，无所苟而已矣。"一个君子对于自己不懂得的东西，大致是不会不懂装懂的。如果一个人没有确定的名分，那么他说的话就让人觉得没有很高的信任度。他所说的话没有很高的信任度，那么办起事来就会增加难度，很难把事情办成。事情办不成，又怎么能够让礼乐制度兴盛起来呢？礼乐制度兴盛不起来，又如何能够把刑罚制定得恰到好处？刑罚不能够制定得恰到好处，臣民就不知道应该怎么做才好了。因而给予君子的名分必须有说得出来的道理，说出来的道理必须是可行的。君子对于他所说的话，是不会有一点勉强的。

　　孔子针对正名的必要性说了一番深刻的道理，这就是学问。子路不努力学习行吗？其实，古人对名分真是很重视的。比如"邦君之妻，君称之曰夫人，夫人自称曰小童；邦人称之曰君夫人，称诸异邦曰寡小君；异邦人称之亦曰君夫人"（《论语·季氏》）。这就是给邦君之妻正名。这样的事也许大家会认为这是小事，其实也是学问与知识。没有这个正名，又如何来称呼这些人呢？可见直率而不学是会急切伤人的。

　　好勇而不好学，其蔽也乱。爱好勇敢不是坏事，但是如果不善于运用勇敢，一味逞勇蛮干，就可能乱作为。乱作为的后果，就可能是好心做了错事、好心做了坏事，所以也要善于学习，学会如何理解勇敢，更好地运用勇敢。子路是一个好勇的人。孔子一方面喜欢他的勇，另一方面却很为他担心。子曰："道不行，乘桴浮于海，从我者，其由与？"子路闻之喜。子曰："由也好勇过我，无所取材。"（《论语·公冶长》）孔子说：如果我的学说行不通，要乘一个木筏出海，跟我一起在海上漂流的，大概只有仲由吧。子路听了这话，非常高兴。孔子却说：仲由呀，喜好勇敢超过了我，这就没有什么可取的了。很显然，孔子很欣赏子路的勇敢精神，却又担心他勇敢过度，会产生不好的效果。所以，对于一个勇敢的人来说，勇敢精神值得肯定，值得提倡，但勇敢也必须有一个度。如果勇敢过度，就可能乱作为，就没有什么可取的了。然而，要掌握好这个度，也不是容易的，必须努力学习。如果不努力学习，即使很勇敢，也很难获得好的效果。

　　好刚而不好学，其蔽也狂。这一点前面已经说到，与子路的性格有关。子路为人刚直、刚正、刚强。其实，刚直也好，刚正也好，刚强也好，对于每一个人来说，都是应该具备的优秀品德。但是，和其他优秀品德一样，刚也有学问，不是一味地刚就好。如果刚得不得体，那就可能变得狂放不羁。孔子对于子路的刚也很担心。当子路"侍侧""行行如也"时，他虽然很高兴，却说："若由，不得其死然。"为什么看到在旁边站着的子路一副刚强、威风凛凛的样子，孔子却

421

担心他不得善终呢？其实，任何事物都是有两面性的，人们常说，刚柔相济。刚柔相济才好，这也是对立的统一。过于刚强的东西容易折断，这也是最简单的道理。所以孔子才说，有六个方面好的品德，如果不加强学习，还会产生六种弊端。这就是事物的辩证法。说到这里，还应该附带多说两句的是，在孔子的思想中，运用辩证法的地方并不少。比如子曰："恭而无礼则劳，慎而无礼则葸，勇而无礼则乱，直而无礼则绞。君子笃于亲，则民兴于仁，故旧不遗，则民不偷。"（《论语·泰伯》）这一段话是从礼的角度来讨论对立统一。为人恭敬当然是一种很好的品德，但是恭敬还要懂得礼貌。也许有人会说，恭敬本身不就是礼貌吗？问题是恭敬应该如何实施？对不同的人，在不同的场合，恭敬的实施也并不同，这就要懂礼。不懂得礼的规范应该如何实施，就会导致自己缩手缩脚，无所适从，以至于劳心忧伤。慎、勇、直也同样，在实施的过程中，也有礼的规范要求，不懂得礼的规范，实施起来就无所适从，或者会带来某些副作用。比如慎而无礼就会产生畏惧；勇而无礼就可能乱作为；直而无礼就会尖刻伤人。因此，恭、慎、勇、直与劳、葸、乱、绞通过礼来达到统一。如何才能正确处理好这样的关系？那就是君子要起带头作用。君子能够带头厚待自己亲近的人，臣民百姓就会兴起仁爱之风。君子能够不疏远故旧亲友，老百姓也就会相亲相爱。这就是用礼来将对立的双方统一起来的学问。还有，孔子在《礼记·经解》中讲《诗经》《书经》《乐经》《易经》《礼经》《春秋》的教育时也讲到，《诗经》之失愚，《书经》之失诬，《乐经》之失奢，《易经》之失贼，《礼经》之失烦，《春秋》之失乱。就是说进行六经的教育，好处很多，但如果教育失败，也会给受教育者和社会带来危害。这也正是事物的两面性与对立统一的特点。再看一个例子——子曰："狂而不直，侗而不愿，悾悾而不信，吾不知之矣。"（《论语·泰伯》）狂放而不直率，幼稚而不老实，诚恳的样子而不讲信用，这样的人，孔子不知道他怎样去做人。狂放与直率，幼稚与老实，诚恳与信用，应该是做人的基本要求，孔子要求人们具有这样的品德。如果狂放而不直率，幼稚而不老实，诚恳而不讲信用，这种情况集中到一个人的身上，这个人的品行就是对立的，其行为就是分裂的。这也就如孔子所说，不知道他怎样去做人。

孔子教育子路的这六言六蔽，对于子路来说，真正是对症下药。子路是个直肠子，考虑问题、行事，往往不拐弯，这样很可能把好事办成坏事。如果子路真的能够按照孔子的教导，做到这六言六蔽，考虑问题也好，行动办事也好，那就会提高几个层次，将不可同日而语。其实，不只对于子路是这样，对于我们今天的人来说，六言六蔽仍有重要的教育意义。关键就是学习。任何事物都有两面性，通过学习找到它们之间的内在联系，让它们统一起来，避免造成损失。

子路问政。子曰："先之劳之。"请益。曰："无倦。"

　　　　　　　　　　　　　　　　　　——《论语·子路》

　　在讨论孔子因材施教时，我们曾经说过，不同的学生向他请教相同的问题，孔子都会针对学生的不同特点加以回答。现在子路请教这个问题，孔子为什么这样回答？因为子路生长于民间，很少受约束，自由散漫可想而知。现在问到如何参与治理国家政务，对他来说，当然首先要克服的就是懒散心理与情绪。想动员别人做事，就要自己先做起来；想让别人坚持，自己就不能有厌烦情绪。这就是正人先正己。毫无疑问，孔子这是针对子路的情况而提出的要求。其实，对于其他人又何尝不是如此。如果你不想当一个懒官庸官、无所作为的官，接受孔子的这个教导，是必须的。

子路问事君。子曰："勿欺也，而犯之。"

　　　　　　　　　　　　　　　　　　——《论语·宪问》

　　孔子的这个回答有普遍意义。就是说，不论是什么人，为国君服务，当然不能去冒犯他、欺凌他、欺骗他；而必须实事求是地向他反映情况，提供决策依据；对于国君有不恰当不合理的政治主张，应该提出自己不同的意见。不过，对于子路来说，孔子这样回答又是有针对性的。子路生性耿直，又好勇，有点鲁莽，所以孔子要教育他，为国君服务不能与国君动粗，有不同意见可以正面提出来。这才是为国君服务的正确态度与方法。

子路问曰："何如斯可谓之士矣？"子曰："切切偲偲，怡怡如也，可谓士矣。朋友切切偲偲，兄弟怡怡。"

　　　　　　　　　　　　　　　　　　——《论语·子路》

　　在孔子所处的时代，要成为一名士，应该具备的条件并不简单。而孔子回答子路关于士的条件，只讲了两点：一是朋友之间要相互切磋，相互批评；二是兄弟之间要和睦相处。这也是根据子路的个性特点来回答的。意思是说：你子路不能因为有勇力，有武艺，就可以高高在上，盛气凌人，欺凌他人。你要善于与朋友相处。朋友之间，有问题可以相互切磋，相互批评，不能诉诸武力。与兄弟更要和睦相处。这样才可以说是一名合格的士。

> 子路问君子。子曰："修己以敬。"曰："如斯而已乎?"曰："修己
> 以安人。"曰："如斯而已乎?"曰："修己以安百姓。修己以安百姓,
> 尧舜其犹病诸。"

——《论语·宪问》

关于士与君子,在《孔子家语·五仪解》中都有详细的定义。士也好,君子也好,都有较高的要求。君子比士要高一个层次。在这里,孔子的回答,说得比较简单,就君子而言,似乎只有两个字,就是"修己"。然而,这个修己,修什么?内容太丰富了。对于子路来说,第一要务就是提高自己的道德修养以敬业。提高道德境界,把事业做好。其实,这个要求已经不低了。但子路不满意,认为难道这样就是君子了吗?孔子说:提高自己的修养,给周围的人们提供安稳的环境。子路还不满意。孔子说:提高自己的修养,让天下的老百姓都安居乐业。就连尧舜这样的先圣要做到也有困难!

从子路的这一问,可以看出,他虽然出身于民间,但心气并不低,很想成为一位君子。而孔子的回答,针对性仍然很强。他教育子路,要做君子,首先就是要修养自己,能够把自己的事情做好。当子路再问的时候,孔子也并不压抑学生,打击学生的积极性,伤害学生的自尊心。这一点对于当老师的人来说,是可贵的,值得今天的老师效法。

> 子路问成人。子曰："若臧武仲之知,公绰之不欲,卞庄子之勇,
> 冉求之艺,文之以礼乐,亦可以为成人矣。"曰："今之成人者何必然,
> 见利思义,见危授命,久要不忘平生之言,亦可以为成人矣。"

——《论语·宪问》

子路真不是一个安分的人,问了如何成为士,如何成为君子,这里又向老师请教什么样的人才是完美的人?其实,我倒以为,这个问题只有子路能够提得出来。为什么?他出身乡野,有几分天真质朴,考虑问题比较简单。他想成为一个完美的人。但他不知道完美的人的标准有多高,什么样的人才是完美的人,更不知道怎样才能成为完美的人。而孔子的回答也很有意思。我们知道,在孔子的心目中,尧舜、文王、武王、周公这些先圣先贤才是最完美的人,才是他心中的偶像。现在他回答子路,并没有以这些圣贤来作标准,而是列举了几位近代贤人。一是臧武仲的智慧。臧武仲是鲁国的大夫臧孙纥。孔子认为他是一个聪明人。二是孟公绰的寡欲。孟公绰是鲁国大夫,孔子认为他是个贤人,没有私欲。《论语·宪问》这样记载他:"子曰:孟公绰为赵魏老则优,不可以为滕薛大夫。"

既然孟公绰去做晋国大夫的家臣，能力有余，那也就说明孔子对他的才能是肯定的，因而也可以让子路效法。三是卞庄子之勇。卞庄子是鲁国的勇士。《荀子·大略》说："齐人欲伐鲁，忌卞庄子，不敢过卞。"卞庄子有这样的威慑力，说明卞庄子之勇并非虚言。四是冉求之多才多艺。冉求是孔子的学生，是子路的同学。以上这四人都是鲁国人，向这些人学习，近在眼前，而且标准也不像先圣先贤那么高不可攀。有了这四人的优点，再学习礼乐，使其更有文采，也就可以算得上是完美的人。接着，孔子又说：当今所谓完美的人，也不必要求那么高，遇到利益，伸手之前首先考虑是不是符合道义，遇到危险，便敢于付出自己的生命，长时间处于艰难困苦之中，仍不忘怀自己的志向。能够做到这样，也就可以说是完美的人了。

孔子的这个回答很切合子路的实际。条件提得太高，可望而不可即，子路做不到；条件设得太低，又没有多大意义。这可以看出孔子教育切合实际的地方以及他的高明之处。从另一方面来看，子路不断在进步，不断在提高自己的奋斗目标，这也是他的可贵之处。

> 子路问强。子曰："南方之强与？北方之强与？抑而强与？宽柔以教，不报无道，南方之强也，君子居之。衽金革，死而不厌，北方之强也，而强者居之。故君子和而不流，强哉矫。中立而不倚，强哉矫。国有道，不变塞焉。强哉矫。国无道，至死不变，强哉矫。"
>
> ——《中庸》第十章

子路本身很好勇，勇如何进而为强，这是子路所关心的，所以他向老师请教，怎样才能是强？孔子反问他，你要什么样的强，是南方的强，还是北方的强，或者是你自己所谓的强？孔子告诉他：以轻柔宽厚的精神去教育人，不用强力报复那些蛮横无理的人。这是南方之强。君子就具有这样的强。用兵器当枕，以铠甲为席，就是死也不回头。这是北方的强。恃强勇武好斗的人就具有这样的强。君子和顺而不随波逐流，这是真正的强！坚持中立而不偏不倚，这是真正的强！国家政治清明，不改变自己的道德节操，这是真正的强！国家政治不清明，至死而不改变自己忠贞之志，这是真正的强！

面对子路这样恃强好勇的人，孔子仍然从品德教育入手，告诉他：只有品德境界高尚的人才是真正的强，才是强中之强。要做一个真正的强者，首先要做一个品德境界高尚的人。如果品德境界不高，就会毫无顾忌施强，以致伤害无辜、伤害社会，也伤害自己。所以孔子强调：品德高尚的人和顺而不随波逐流；坚持中立而不偏不倚；国家政治清明，不失道德节操；国家政治不清明，不改忠贞之志。这才是真正的强者。这一点，今天仍然值得我们学习。不管你从事何种职业，真正的强者，是品德境界高尚者。而那些品德境界低下的人，虽然或者暂时占了一些便宜，自以为是强者，最终其下场将告诉他们，他们只是一些鄙劣小人。

> 子路问于孔子曰："君子亦有忧乎？"子曰："无也。君子之修行也，其未得之，则乐其意。既得之，又乐其治。是以有终身之乐，无一日之忧。小人则不然，其未得之，患弗得之，既得之，又恐失之，是以有终身之忧，无一日之乐也。"
>
> ——《孔子家语·在厄》

忧愁，是一种心理活动，受自己的心理支配，与其品德修养也有直接关系。因此，人的品德修养极为重要。一个品德修养境界高的人心理就健康。心理健康的人，就能正确对待一切事物。因此，孔子告诉子路，君子修养身心，指导自己谋划的行动。身心修养好了，品德素质境界高了，就不会患得患失。自己想要做的事情，就会尽力去争取做好。在谋划的过程中，在行动的过程中，都会以快乐的心情去完成。因此，道德高尚的人，心理素质好的人，什么时候都是快乐的，没有什么可以忧愁的。只有那些小人，心胸狭窄，什么时候都患得患失，所以总是心结难解、愁肠百结，没有快乐的时候。

> 子路问于孔子曰："由闻丈夫居世，富贵不能有益于物，处贫贱之地，而不能屈节以求伸，则不足以论乎人之域矣。"孔子曰："君子之行己，期于必达于己，可以屈则屈，可以伸则伸。故屈节者，所以有待，求伸者，所以及时。是以虽受屈而不毁其节，志达而不犯于义。"
>
> ——《孔子家语·屈节解》

从子路的这一问可以看出，在孔子的教导下，子路已经有了很大的进步。就他的刚强性格而言，能够考虑大丈夫能屈能伸的问题，也就是说，能够放低身段来考虑问题了。如果是以前，他根本不会去考虑屈，而是会依凭勇力来说话，所以这是他的进步。而孔子告诉他，大丈夫想要实现自己的理想，达到自己的目标，在某种时候，不妨委屈一下，委屈是为了伸展。而可以伸展的时候，一定要把握好时机。机不可失，时不再来。但是，委屈时还要保持自己的气节，这是原则。如果为了未来的伸展而伤了气节，那不是大丈夫的作为。反过来，自己一旦伸展了，也不能颐指气使而去乱作为，违背道义，一定要守住道义这个底线。这也是作为大丈夫的根本原则。孔子的这些话，既是自己性格特点的写照，也是自己为人处事的经验与原则。对子路而言，也是很有针对性的教导。子路有勇，缺少的就是灵活性。如果他的勇敢再加上灵活性，那就如虎添翼了。可惜的是，他的性格未能真正改变。后来的牺牲，也正是这个原因。

> 季路问事鬼神。子曰："未能事人，焉能事鬼？"曰："敢问死。"曰："未知生，焉知死？"
>
> ——《论语·先进》

子路提出的这两问，很符合他的身份。他出身乡野，对这样的事情好奇，想把它弄清楚，是正常的。孔子要把他引上正道，就不能让他在这上面多花功夫，因而不能从正面作答，不在一些虚无缥缈的事情上纠缠，而只在现实生活上下功夫，引导他把功夫用在为人生、为社会服务上。这是孔子教育子路的高明之处。

> 子路治蒲，请见于孔子，曰："由愿受教于夫子。"子曰："蒲其何如？"对曰："邑多壮士，又难治也。"子曰："然，吾语尔。恭而敬，可以摄勇；宽而正，可以怀强；爱而恕，可以容困；温而断，可以抑奸。如此而加之，则正不难矣。"
>
> ——《孔子家语·致思》

子路主动来向孔子请教治理蒲这个地方的办法，仅这一点就说明子路已经不是过去的子路了。他已经变得谦虚谨慎起来，再不是动不动就要动武的那种莽汉了。而孔子对他的教育，仍然以自我道德修养为主。一是要谦恭，谦虚谨慎，尊重别人；二是要宽厚正直；三是要以仁爱之心待人；四是要温和果断。从结果来看，子路是按孔子的教导做了，效果非常之好，不仅治理蒲地的效果好，也对鲁国的安全起了很好的作用。《荀子·大略》说："晋人欲伐卫，畏子路，不敢过蒲。"由此可以看出，子路已经让蒲地的勇士们为自己所用了，也就是为政府所用了；同时已经让强者归顺了，让贫苦老百姓安稳了，也将奸邪之徒抑制住了。

> 子路治蒲三年，孔子过之，入其境，曰："善哉！由也恭敬以信矣。"入其邑，曰："善哉！由也忠信而宽矣。"至庭，曰："善哉！由也明察以断矣。"子贡执辔而问曰："夫子未见由之政，而三称其善，其善可得闻乎？"孔子曰："吾见其政矣。入其境，田畴尽易，草莱甚辟，沟洫深治，此其恭敬以信，故其民尽力也；入其邑，墙屋完固，树木甚

茂，此其忠信以宽，故其民不偷也；至其庭，庭甚清闲，诸下用命，此其言明察以断，故其政不扰也。以此观之，虽三称其善，庸尽其美乎?"

——《孔子家语·辩政》

前面那段话，是子路向老师请教治蒲的方法，这一段话是说明子路治蒲的具体成果。子路治蒲三年，政绩确实杰出。这也说明，孔子对子路所教育的几点，子路都照着做了，且做得很成功。这更显示出，子路这个人是孺子可教。而孔子对子路的教育，不但成就了子路，也成就了地方治理以至于鲁国的安全。子路治蒲成功的秘诀何在？一是恭敬以信；二是忠信以宽；三是明察以断。这都是孔子教育子路时提出来的。而这几个方面，都表明治政者首先要以恭信、忠信严格要求自己，即所谓政者正也。如果治政者自己不正，又如何去正人？而这个正，首要的是心正。如果心不正，心存邪念，那肯定就会成为腐败分子。所以，孔子对学生的教育，首先就是道德修养教育。也正因为如此，子路才会在孔子的教育下，取得了较为突出的成就。子路的成功，也是孔子教育的成功。

三、子路为人的本真品格

子路为人最突出的一个特点就是本真。前面提到，他的优点突出，缺点也突出。但优点也好，缺点也好，他从来不掩饰，有什么就是什么。高兴的时候，他喜形于色；有了错误，他勇于改正；就是对于孔子的行为，有不理解的地方，他也会马上提出自己不同的意见与看法。我们没有看见过他背后说人。有什么问题，都摆到桌面上来，从来不隐瞒自己的观点。所有这些都表现出他本真的品格。

子路有闻，未之能行，唯恐有闻。

——《论语·公冶长》

这就是子路的本真性格。他是一个勇敢的人，勇于负责的人，所以听到什么应该去做的事情，就一定要尽快地去做好。如果还没有做好，就希望不要再听到这样的消息，以免误事。这是做人的一种责任感。一个本真的人就是这样，听到该做的事，就立即去做，不推诿，不拖沓，敢于担当。这正是子路的可贵之处。不像现在某些没有责任心的人，处在某种位置上，遇到本该他去做的事情，能推就推，能拖就拖，最后不了了之，误事伤民。他们一旦遇到有利可图的事，则趋之若鹜。这与子路比较起来，多么令人不齿。

> 子曰："片言可以折狱者，其由也与？"子路无宿诺。
>
> ——《论语·颜渊》

这也与子路的性格特点有关。他耿直，说话做事都干脆利落，不遮不掩，不拖泥带水，说到做到，又富勇力，所以别人不敢在他面前撒谎。因此，他只要听到一个方面对案情的陈述，就可以作出正确判断。这也是别人很难做到的原因。因为他诚信守诺，干脆利落，不拖泥带水，所答应的事当天一定做完，不拖延到第二天。这对于每一个人来说，都不是容易的事，只有像子路这样的硬汉才能做到。这也是孔子欣赏他的地方。

> 子曰："衣敝缊袍，与衣狐貉者立而不耻者，其由也与？'不忮不求，何用不臧？'"子路终身诵之。子曰："是道也，何足以臧？"
>
> ——《论语·子罕》

这也是子路人格本真的表现。像子路这样的人，让他穿着破烂的棉袍子，与穿着狐貉裘皮衣服的人站在一起而不感到难为情，实在需要有很大的勇气。不用说子路这样颇有勇力的人，就是其他任何人，也都很难做到。所以孔子说，恐怕只有子路能够做到。这就是子路与其他人的不同之处，也就是他的独特与难能可贵之处。为此，孔子还引用《诗经·邶风·雄雉》中的诗句来表彰他：不忮不求，何用不臧？子路为此极为高兴，总是吟诵着这两句诗。这也正是子路为人的本色。他喜形于色，不掩饰自己的情感流露，不也正是他那本真的性格特点的表露吗？这时候，孔子便又只好给他浇一点凉水：就这么一个优点，怎么值得老是挂在嘴边。让他冷静下来。

> 颜渊季路侍。子曰："盍各言尔志？"子路曰："愿车马、衣、轻裘与朋友共，敝之而无憾。"颜渊曰："愿无伐善，无施劳。"子路曰："愿闻子之志。"子曰："老者安之，朋友信之，少者怀之"
>
> ——《论语·公冶长》

孔子让颜回和子路谈一谈各自的志向。子路首先回答：愿意将自己的车马、衣服、轻暖的皮毛服饰与朋友共同分享，就是使用坏了也不会感到遗憾。从口气上来看，子路不假思索，很真率，很有气概，侠肝义胆，很有江湖味道。可以说，这是真实的子路。在听完颜回的志愿之后，子路还要说"愿闻子之志"。这就更显示出子路的本真与真率，心里想什么就说什么，不伪装，不故作深沉，让人感觉，没有任何一点花花肠子。

> 子路、曾晳、冉有、公西华侍坐。子曰："以吾一日长乎尔，毋吾以也。居则曰：'不吾知也。'如或知尔则何以哉？"子路率尔而对曰："千乘之国，摄乎大国之间，加之以师旅，因之以饥馑，由也为之，比及三年，可使有勇，且知方也。"夫子哂之。
>
> ——《论语·先进》

看，这就是子路。同学们在一起，只要老师问什么，都是他第一个回答，而且还是不假思索地抢着回答：一个拥有一千辆兵车的国家，夹在大国之间，外面有大兵压境，国内又遭遇饥荒，我也敢于去治理。只用三年，就可以让全国的人民都勇敢起来，并且懂得道德礼义。敢于这样说话，敢于用这么大的口气说话，大概只有子路吧。这就是他本真性格的真实表现。对此，孔子微笑了一下。曾晳问孔子为什么笑子路？孔子说：治理国家讲究礼让，他说话一点也不谦虚，所以要笑一笑他。其实，子路的不谦虚，也正是他的本真性格的真实体现。而孔子笑话他，也只是笑话他的不谦虚，并不是笑话他直率，也不是笑话他的治国能力。

> 孔子北游于农山，子路、子贡、颜渊侍侧。孔子四望，喟然而叹曰："于斯致思，无所不至矣。二三子各言尔志，吾将择焉。"子路进曰："由愿得白羽若月，赤羽若日，钟鼓之声上震于天，旌旗缤纷下蟠于地。由当一队而敌之，必也攘地千里，搴旗执馘。唯由能之，使二子者从我焉。"夫子曰："勇哉！"
>
> ——《孔子家语·致思》

这又是一例。凡老师让同学们谈自己的志向，必定是子路第一个说，而且他必是倾囊相授，绝不保留。他是一名武士，所言大都与战争有关，心气很高，口气很大，没有任何顾忌。大家听来，习以为常，认为这是他的性格使然，是他内心志向的真实吐露，并不认为他是吹牛。

> 子路使子羔为费宰。子曰："贼夫人之子。"子路曰："有民人焉，

有社稷焉，何必读书，然后为学？"子曰："是故恶夫佞者。"

——《论语·先进》

对此，我们很难说谁对谁错。在孔子看来，不先读书打好知识基础，就去做官，可能会把事情办坏，害了人家子弟。这当然有道理。而子路却认为到实际中去学习，也是学习，并不一定只有读书才是学习。这也有道理。两个人的话都有道理。然而，一是作为孔子的学生，他敢于把还没有读完书的年轻人派去当官，这是违背孔子的教导的；二是当老师批评他的时候，他敢于发表不同意见，坚持自己的主张，并且说出一番自己的道理来，这就是他与其他同学不同的地方。

子见南子，子路不说。夫子矢之曰："予所否者，天厌之，天厌之。"

——《论语·雍也》

孔子要去与卫灵公的夫人南子相见。出于种种原因，南子的名声不好。为此，子路很不高兴，弄得孔子赌咒发誓。其实，孔子去见南子，肯定有他的道理，有他的打算。而子路的反对，无疑是不必要的，只是性格使然。虽然南子贵为卫灵公夫人，但子路嫉恶如仇，鄙视南子的为人。他害怕孔子去见南子，会玷污了孔子的名声。这也可见子路为人的品行，绝不苟且行事，就是老师做事，他认为不妥也会起来反对。要是其他同学，肯定是不会这样做的，恐怕也不敢这样做。

公山弗扰以费畔，召，子欲往。子路不说，曰："末之也已，何必公山氏之之也。"子曰："夫召我者，而岂徒哉？如有用我者，吾其为东周乎！"

——《论语·阳货》

这也是子路对于孔子想要做的事有不同意见，提出反对的例子。子路作为孔子的学生，接受的是孔子忠信仁爱的正面教育。现在公山弗扰在费那个地方反叛，请孔子去，孔子还想要去。在子路看来，这有违忠信之道，是不可以的。所以他很不高兴地说：没有地方去也就算了，为什么要到公山弗扰那里去呢？虽然孔子要去有孔子的道理，但子路的反对，也正表现出他的性格特点。

431

> 佛肸召，子欲往。子路曰："昔者由也闻诸夫子曰：'亲于其身为不善者，君子不入也。'佛肸以中牟畔，子之往也，如之何？"子曰："然有是言也。不曰坚乎？磨而不磷；不曰白乎，涅而不缁。吾岂匏瓜也哉？焉能系而不食？"

——《论语·阳货》

这一段话记载的与前一段话所记载的是同一件事。佛肸背叛其主人，这是子路所不能容忍的。佛肸请孔子去，孔子打算去，子路反对。他以子之矛，攻子之盾，用孔子曾经说过的话来反驳孔子：从前我曾听老师您说过，自己亲自做坏事的人那里，君子是不会去的。现在佛肸在中牟造反，您要是到他那里去，怎么向别人交代呢？这样的事情放到颜回身上，是不会反对的，因为他能够理解孔子；放到子贡身上，也不会反对，因为他是善辩的，他会找出理由来辩解孔子的做法。只有子路，他的性格，不允许他妥协，所以他非反对不可。

> 孔子之郯，遭程子于涂，倾盖而语，终日，甚相亲。顾谓子路曰："取束帛以赠先生。"子路屑然对曰："由闻之，士不中间见，女嫁无媒，君子不以交，礼也。"有间，又顾谓子路。子路又对如初。孔子曰："孔子曰：由，《诗》不云乎：'有美一人，清扬宛兮，邂逅相遇，适我愿兮。'今程子，天下贤士也。于斯不赠，则终身不能见也。小子行之。"

——《孔子家语·致思》

孔子在去郯国的路上遇到了贤士程先生，两人谈话十分投机，终日不倦，难舍难分。孔子觉得要给程先生送一份礼品作纪念，于是让子路取一束帛赠程先生。但是子路不同意，认为这样做不符合礼数，不给。过了一会儿，孔子还是让子路取帛赠程先生，子路仍然以同样的理由拒绝。孔子只好引述《诗经》中的诗句说服子路，并说：程先生是天下贤士，现在不赠，便终身都很难见面了，就再没有机会了，你快点去吧。看起来，孔子似乎都有点不耐烦了。子路是不是把帛送给了程先生，我们不知道，大概是送了。但是就这件事而言，子路竟然两次不听老师的话，拒绝赠帛于程先生。这确实不是别的学生能够做得出来的事，而子路却这样做了。我们不得不说，在孔子的学生中，子路真是另类。

子路有自己的性格，直率，宁折不弯，敢说真话。但是，他并不是不讲道理、认死理的人。一旦知道了自己认识有误，真正错了，他绝不再坚持，而且坚决认真改正。这也是一个君子的可贵之处。因此，他并不令人讨厌，反而让人喜欢。

四、师生情深

从上一节所述看出，子路因为其性格，在语言上冲撞、在行动上反对孔子的地方不少，孔子骂他、批评他的情况也不少。但是，他们二人的师生感情却十分深厚。子路言语上冲撞孔子也好，行动上反对孔子也好，都只是性格使然，并没有任何坏心眼。子路对孔子始终是尊敬的、爱戴的、信赖的。而孔子骂子路，批评子路，也都是出于对子路的爱护，并没有什么恶意。孔子对子路始终是信任的。

> 子疾病，子路请祷。子曰："有诸？"子路曰："有之。诔曰：'祷尔于上下神祇。'"子曰："丘之祷久矣。"
>
> ——《论语·述而》

孔子得了重病，子路祷告天神与地神，请求护佑老师。孔子问子路：有没有这回事？子路说：有。祷文上说：向天神地神为您祈祷。孔子说：要是这样的话，我已经祷告很长时间了。

老师得了重病，向天神地神祷告，请求天神地神保佑老师早日恢复健康。这虽然是很正常的事，但真实地体现了子路对老师的一片真心。人病了，在求医无法治愈的时候，祈求天地之神以为助，这既是无可奈何之举，也是心灵在无可奈何情况下的选择。这就是子路对老师心怀真情的体现。

> 子疾病，子路使门人为臣。病间，曰："久矣哉，由之行诈也！无臣而为有臣。吾谁欺？欺天乎？且予与其死于臣之手也，无宁死于二三子之手乎。且予纵不得大葬，予死于道路乎。"
>
> ——《论语·子罕》

孔子得了重病，很长时间不见好转，让人感觉似乎没有什么希望了。于是子路就让同学组成一个治丧之臣的组织，准备办理老师的丧事。病了相当长一段时间，孔子的病情好转了，说：仲由这样搞治丧之臣组织的欺骗行为，真是时间很久了呀！本来不能有治丧之臣组织，而组成治丧之臣组织，我要欺骗谁啊，欺骗上天吗？我与其死在治丧之臣组织的手里，宁可死在你们这些学生们的手里。我即使不能够得到像诸侯那样隆重的葬礼，会死到路边没人埋吗？

在孔子那个时代，举行葬礼是一件非常严肃的事情。周礼对于葬礼的规模与规格有严格的等级规定。不按照等级规格举行葬礼，那是违礼。违礼的事，对于像孔子这样的君子来说是无论如何也不能做的。所以，子路这样为他举办违礼的葬礼，孔子是不会接受的。他宁可让学生们以弟子之礼来为他办理丧事，也不愿意让学生们违礼以治丧之臣的形式来办理葬礼。这是他要严肃责备子路的理由。而子路为什么要这样做呢？他是孔子比较得力、比较亲近的弟子，很显然，不会有任何伤害孔子的意思。这都只是出于他对老师的尊敬与爱戴，是师生情深的一种表现形式。老师去世，他要为老师办一场高规格的风风光光的葬礼，来表达他对老师的深情厚意。

> 公伯寮愬子路于季孙。子服景伯以告。曰："夫子固有惑志于公伯寮，吾力犹能肆诸市朝。"子曰："道之将行也与，命也；道之将废也与，命也。公伯寮其如命何？"
>
> ——《论语·宪问》

孔子的这些话，表现了他对子路的充分信任，对子路在季孙那里推行的治理政治的方法充分信任。虽然公伯寮在季孙面前告子路的状，毁谤子路，但孔子坚信子路的人品与学识，坚信子路的治政能力，能够在季孙那里站稳脚跟。所以对于公伯寮的行为，孔子不屑，认为公伯寮改变不了子路的命运。

> 子曰："由之瑟奚为于丘之门？"门人不敬子路。子曰："由也升堂矣，未入于室也。"
>
> ——《论语·先进》

子路弹瑟，为什么会让孔子这样责备？其实，子路是有音乐修养的，他会鼓瑟，也会弹琴。"子路鼓琴，孔子闻之，谓冉有曰：'甚矣！由之不才也。'""由今也匹夫之徒，曾无意于先王之制，而习亡国之声，岂能保其六七尺之体哉？"（《孔子家语·辩乐解》）子路演奏的乐曲，不符合孔子的要求。他弹的是什么曲子，孔子没有说。我认为，如果用现在的话来说，大概是非正能量作品吧。孔子是反对非正能量作品的。而琴曲，孔子已经说明是"亡国之声"。演奏亡国之声，在孔子看来，那是离经叛道，将来连六七尺之体都难保。冉有把孔子的话告诉子路之后，"子路惧而自悔，静思不食，以至骨立。夫子曰：'过而能改，其进矣乎。'"以上可以看出，孔子对子路的要求很严格，也很关心。子路弹琴鼓瑟，奏的什么曲调，孔子都要过问。如果子路演奏了非正能量的作品，孔子便会加以严厉责备。其实这也是真正的关心与爱护。同时，子路因为老师的责备而导致被同学看不起时，孔子便立刻出来为他树立信心，说他的学问已经很不错了，只是还没有达到最高境界罢了。当子路因为弹奏了亡国之声而自悔、静思不食，以至形销骨立时，孔子又鼓励他：知道错了，能够改正，就是进步呀！由此看出，孔子对子路始终关怀备至，而子路对老师的教导也深信不疑，十分尊重。师生之间，情深义重。

> 孟武伯问子路仁乎？子曰："不知也。"又问。子曰："由也，千乘之国，可使治其赋也，不知其仁也。"
>
> ——《论语·公冶长》

孟武伯是鲁国的贵族。他问子路的情况，是来考察子路。对于子路是不是仁，孔子虽然不置可否，但向孟武伯说：子路可担任拥有一千辆兵车的国家的最高军事长官。这当然是对子路的肯定。虽然不说子路是不是具备仁的品德，但能够担任这么重要的官职，其品德自然是可以信任的。将子路推荐给孟武伯，这无疑是对子路的信任与爱护。

> 季康子问："仲由可使从政也与？"子曰："由也果，于从政乎何有？"
>
> ——《论语·雍也》

和孟武伯差不多，季康子是鲁国的大夫，是掌握鲁国大权的人物。他来问孔子，仲由是不是可以让他担任治理政务的官职？这也是对子路进行考察。孔子告诉他：仲由办事决断果敢，治理政务没有什么不行。孔子向季康子推荐子路，充分肯定子路的工作能力。

> 季子然问："仲由、冉求可谓大臣与？"子曰："吾以子为异之问，曾由与求之问。所谓大臣者，以道事君，不可则止。今由与求也，可谓具臣矣。"曰："然则从之者与？"子曰："弑父与君，亦不从也。"
>
> ——《论语·先进》

季子然是鲁国季氏家族成员。孔子一直对季氏家族把持鲁国大权不满。这一点，从孔子对季子然说话的态度与口气也可以感觉到。季子然问子路、冉求可以说是大臣吗？孔子说，所谓大臣是用自己的道义来为君王服务，如果行不通，那就辞职。言外之意是说，子路与冉求是以道事君，你们季氏家族是用道义来为鲁君服务吗？如果子路与冉求去季氏工作，其道义行不通，就会辞职。季子然又问，他们会顺从吗？孔子说：如果是弑父弑君的事，他们当然不会顺从。这也就是说，如果你们要弑父弑君，他们当然不会顺从。这话多么富有讽刺意味。但是孔子从对学生负责与关心爱护的角度出发，还是力推子路与冉求，对他们寄予厚望，希望他们能够出去工作，如果能够去季氏那边工作，那就希望他们能够改变季氏专权的局面。

> 子路从而后，遇丈人，以杖荷蓧。子路问曰："子见夫子乎？"丈人曰："四体不勤，五谷不分。孰为夫子？"植其杖而芸。子路拱而立。止子路宿，杀鸡为黍而食之，见其二子焉。明日，子路行以告。子曰："隐者也。"使子路反见之。至，则行矣。子路曰："不仕无义。长幼之节，不可废也；君臣之义，如之何其废之？欲洁其身，而乱大伦。君子之仕也，行其义也。道之不行，已知之矣。"

——《论语·微子》

> 楚狂接舆歌而过孔子曰："凤兮凤兮，何德之衰？往者不可谏，来者犹可追。已而，已而！今之从政者殆而！"孔子下，欲与之言。趋而辟之，不得与之言。

——《论语·微子》

从接舆的歌中可以看出，他认为，当今社会，道德何等之衰败。既然如此，那么，过去了的事情就让它过去吧，未来的事情还是可以挽回的。算了吧，算了吧，当今的执政者已经危险啊。在隐士们的眼里，当时的社会已经腐败得无法挽回了，你孔子还能有什么作为？过去做过的事情，就让它过去，再不要为这些事情白费心机了。孔子想与这狂人交谈，而狂人却根本不屑于搭理，这自然是一种鄙视。

"滔滔者天下皆是也，而谁以易之？且而与其从辟人之士也，岂若从辟世之士哉？"耰而不辍。这是子路向隐士桀溺打听渡口时，桀溺对子路说的话。现在天下到处像洪水一样乱哄哄的一片，谁又能够改变这样的现状？你与其跟着逃避坏人的人，还不如跟着我们这些逃避整个社会的人。桀溺仍然低头干活，并不理会子路。无疑，这也是对孔子这一类人的鄙视。

现在我们再来讨论子路遇"丈人"的事。

那位老人家，对孔子很不客气，很有一些鄙视。而当子路再访老人，老人已经离去。对此，子路发表了一番议论。而子路的这些议论，显然是对孔子的作为的理解，是对孔子行为的辩解与辩护。对于子路来说，孔子治理社会的理想与行为，在当时那种情况下，不能再有什么作为，子路完全明白。但子路还是发出那样的呼唤，而且还跟随孔子奔波不止。这说明了什么？不能不说是子路在孔子的教育下，接受了孔子的思想，师生之间建立了浓厚的感情。子路的行为，受师生之间的深情的支配。子路已经与孔子一样，是知其不可为而为之。师生之间的这种情谊，肝胆相照，不是一般人能够做到的。

> 初，卫灵公有宠姬曰南子。灵公太子蒉聩得过南子，惧诛出奔。及灵公卒而夫人欲立公子郢。郢不肯，曰："亡人太子之子辄在。"于是卫立辄为君，是为出公。出公立十二年，其父蒉聩居外，不得入。子路为卫大夫孔悝之邑宰。蒉聩乃与孔悝作乱，谋入孔悝家，遂与其徒袭攻出公。出公奔鲁，而蒉聩入立，是为庄公。方孔悝作乱，子路在外，闻之而驰往。遇子羔出卫城门，谓子路曰："出公去矣，而门已闭，子可还矣，毋空受其祸。"子路曰："食其食者不避其难。"子羔卒去。有使者入城，城门开，子路随而入。造蒉聩，蒉聩与孔悝登台。子路曰："君焉用孔悝？请得而杀之。"蒉聩弗听。于是子路欲燔台，蒉聩惧，乃下石乞、壶黡攻子路，击断子路之缨。子路曰："君子死而冠不免。"遂结缨而死。孔子闻卫乱，曰："嗟乎，由死矣！"已而果死。故孔子曰："自吾得由，恶言不闻于耳。"

> ——《史记·仲尼弟子列传》

当初，卫灵公有一个宠爱的美女夫人叫南子。卫灵公的太子蒉聩曾经得罪过南子，害怕被其谋害，便出奔逃往国外。等到卫灵公去世，夫人南子想让公子郢继承王位，郢不肯接受。他说：太子虽然出逃国外，但太子的儿子辄还在。于是卫国立辄为君，这就是出公。出公继位十二年，其父蒉聩一直留居在国外，没有能够回来。这时候，子路在卫国担任大夫孔悝的采邑的主官。也就在这时候，蒉聩伙同孔悝作乱，想办法进入孔悝的采邑，接着就和其党徒袭击出公。出公逃往鲁国，于是蒉聩进宫就位，他就是卫庄公。在孔悝作乱的时候，子路有事在外，听到这个消息，立刻赶了回来，刚好遇到子羔从卫国都城门出来。他对子路说：

出公已经逃走了，城门已经关闭，您可以回去了，不要白白地遭受祸害。子路曰：吃了人家的粮食，就不能逃避人家的灾难。子羔最后终究离去。这时有使者要进城，城门打开了，子路就跟着进了城。见到蒉聩。蒉聩与孔悝都在城台上。子路说：君王怎么能够任用孔悝这样的人？请让我捉住把他杀了。蒉聩不同意。于是子路就要放火焚烧城台，蒉聩害怕了，便下令让石乞、壶黡下来攻打子路，在混战中，子路帽子上的带子被打断了。子路说：君子可以死，但不能没有帽子，便系好帽带，戴好帽子而就义。孔子听说了卫国内乱的消息，说：哎呀！仲由死了！很快，果然传来了子路的死讯。因而孔子说：自从我有了仲由，耳边就再也听不到恶言恶语了。

这是司马迁为子路写的传记的重要部分，记录了子路就义的过程。这里面有宫廷内部父子争斗的丑闻。而子路全面接受了孔子的忠君思想，食其禄，尽其忠。用现在的话来说，这当然是一种愚忠。为其父子争夺王位而死，真是不值。但从封建社会儒家的观念来说，这是一种忠君，是一种美德。同时，他对作乱者，嫉恶如仇，最后，终为忠君而死，为与坏人作斗争而死，或者也可以说是为其武士的荣誉而死。在死亡面前，他毫无畏惧，结缨而亡。所以对他的死，我用了"就义"二字。对于子路的死，孔子非常悲痛伤感。自从子路成了他的学生，也成了他安全的保护神，耳边再也听不到恶言恶语的声音了。子路对于他的忠诚，也是不打折扣的，对于他的学说更是忠诚的，虽然知道其学说的推行已经是非常难而又难的事了，却仍然知其不可为而为之，跟着孔子奔忙不辍。这样的学生，能有多少？对于这样的学生的离世，能不悲痛伤感吗？同时，从"孔子闻卫乱，曰：'嗟乎，由死矣！'"可以看出，孔子对子路的了解是何等深刻。他知道，在这种情况下，子路不可能袖手旁观，所以必死无疑。

> 孔子哭子路于中庭，有人吊者，而夫子拜之。既哭，进使者而问故。使者曰："醢之矣。"遂命覆醢。
>
> ——《礼记·檀弓上》

孔子在大厅里为子路的死而痛哭。有人来吊唁，孔子以主人的身份还礼。哭过之后，孔子回到内室，请使者进来问询子路遇难时的详细情况。使者说：子路让那些暴徒以乱刀剁成了肉酱。孔子立刻让人把家里的肉酱全部倒掉。他不忍心再吃肉酱。由此我们看出，孔子对子路之死是何等痛心疾首。他们师生之间的感情，我们用一些什么样的言辞能够说得清楚？

孔子和他的弟子子贡

　　子贡，姓端木，名赐，字子贡，是卫国人，比孔子小三十一岁。"子贡利口巧辞，孔子常黜其辩。"子贡这个人，语言能力很强，口齿伶俐，能言善辩。孔子在对他进行教育时，常常在这方面有意进行压抑。子贡善于经商，经常能够看准机会囤积居奇，先把货物囤积起来，等待出货的时机到来便把囤积的货物卖出去，从而赚了不少钱，这让孔子很不高兴。子贡有时喜欢评论别人，这也让孔子有意见。但是，子贡在孔子的学生中毕竟是很出色的人才之一。他很有理想志愿，向孔子请教了很多有关治理国家的问题，也请教了不少有关修身的问题。他聪明好学，善于学习。在学习中有悟性，能够举一反三，这还是让孔子很高兴的。他对孔子的崇高品德与学识很崇敬，评价很高。当别人拿他跟孔子比较时，他都是赞扬孔子的崇高与伟大，认为自己无法与孔子相比。在《论语》中，记载他与孔子接触、交流的内容也比较多。比较起来，他们师生之间相处是很亲密的，在很多地方都表现出他们之间亦师亦友的特点。司马迁在《史记·仲尼弟子列传》中用了很大的篇幅来记录子贡的一次"出行"，在这次出行中，尽显了子贡的语言能力与辩才。

一、子贡的辩才

　　子贡的辩才，尽显于司马迁《史记·仲尼弟子列传》之中。这是一段很长的文字。为了全面显示子贡的这一才能，只好将这段文章分成几个段落，全面抄录下来，并分段加以翻译。

　　田常欲作乱于齐，惮高、国、鲍、晏，故移其兵欲以伐鲁。孔子闻之，谓门弟子曰："夫鲁，坟墓所处，父母之国，国危如此，二三子何为莫出？"子路请出，孔子止之。子张、子石请行，孔子弗许。子贡请行，孔子许之。

田常想在齐国作乱，但惧怕高昭子、国惠子、鲍牧、晏圉的势力，因而要把军队调过来攻打鲁国。孔子听到了这个消息，对他的弟子们说：鲁国，我们祖宗的坟墓所在地，我们的父母之国。国家这样危险，你们这些人为什么不站出来前去挽救？子路请求前去，孔子不让他去。子张、子石（公孙龙）请求前去，孔子不同意。子贡请求前往，孔子同意了。

> 遂行，至齐，说田常曰："君之伐鲁过矣。夫鲁，难伐之国，其城薄以卑，其地狭以泄，其君愚而不仁，大臣伪而无用，其士民又恶甲兵之事，此不可与战。君不如伐吴。夫吴，城高以厚，地广以深，甲坚以新，士选以饱，重器精兵尽在其中，又使明大夫守之，此易伐也。"田常忿然作色曰："子之所难，人之所易；子之所易，人之所难；而以教常，何也？"子贡曰："臣闻之，忧在内者攻强，忧在外者攻弱。今君忧在内。吾闻君三封而三不成者，大臣有不听者也。今君破鲁以广齐，战胜以骄主，破国以尊臣，而君之功不与焉，则交日疏于主。是君上骄主心，下恣群臣，求以成大事，难矣。夫上骄则恣，臣骄则争，是君上与主有郤，下与大臣交争也。如此，则君之立于齐危矣。故曰不如伐吴。伐吴不胜，民人外死，大臣内空，是君上无强臣之敌，下无民人之过，孤主制齐者唯君也。"田常曰："善。虽然，吾兵业已加鲁矣，去而之吴，大臣疑我，奈何？"子贡曰："群按兵无伐，臣请往使吴王，令之救鲁而伐齐，君因以兵迎之。"田常许之，使子贡南见吴王。

子贡很快便出发，来到齐国，游说田常：您去征讨鲁国是错误的。鲁国，是一个很难征伐的国家。它的城墙很单薄又很低矮，护城河狭窄水浅，国君愚昧无知而又不仁道，大臣们虚伪欺诈而又无能，士兵与臣民百姓又厌恶战争。这样的国家不能够跟它打仗。您还不如去征伐吴国。吴国的城墙高大宽厚，护城河宽阔水深，铠甲坚固，都是崭新的，所选士兵精壮高大，吃得饱饱的，贵重精良的兵器都在军中，又选派贤能的大夫守卫。这样的国家容易征伐。田常立刻脸色愤愤然很严厉地说：您所认为很难征伐的，是别人认为容易征伐的；您所认为容易征伐的，是别人认为难于征伐的。您就把这样的方法教给我，这是为什么？子贡说：我听说过，忧患在内的就去攻打强大的国家，忧患在外的就去攻打弱小的国家。现在您的忧患在国内。我听说您多次被授予封号，又多次未能被封成。因为朝中有大臣反对您呀。现在您用攻占鲁国来扩展齐国的疆域，如果战胜，便会让国君骄纵起来；如果攻占了鲁国的土地，您齐国的大臣也会更加尊贵起来，而您的功劳却并不在其中，那么，您与国君的关系便会一天天疏远。这样，您对上使国君产生骄横心理，对下会让大臣放纵无羁。如此一来，您想要成就大业实在太困难了。国君骄横就无所顾忌，大臣骄纵必然争权夺利。这样，对上您与国君感情产生裂痕，对下您和大臣相互争夺。像这样，您在齐国的处境就相当危险了。所以说，您还不如去攻打吴国。攻打吴国如果不能取胜，臣民在外面战死，大臣在国内就会感到空虚。这样，您在朝廷上没有强臣与您为敌，在下没有臣民议论您的过失。国君孤零零的，控制齐国就只有依靠您了。田常说：很好。即使这样，我的军队已经开赴鲁国了。离开鲁国去攻吴国，大臣们会对我产生怀疑，怎么办？子贡说：您按兵不动，不要开战。我请求您让我出使吴王。让吴王援救鲁国而讨伐齐国，您就因此而发兵迎战。田常同意了子贡的意见，派子贡南下去见吴王。

　　说曰："臣闻之，王者不绝世，霸者无强敌，千钧之重加铢两而移。今以万乘之齐而私千乘之鲁，与吴争强，窃为王危之。且夫救鲁，显名也；伐齐，大利也。以抚泗上诸侯，诛暴齐以服强晋，利莫大焉。名存亡鲁，实困强齐，智者不疑也。"吴王曰："善。虽然，吾尝与越战，栖之会稽。越王苦身养士，有报我心。子待我伐越而听子。"子贡曰："越之劲不过鲁，吴之强不过齐，王置齐而伐越，则齐已平鲁矣。且王方以存亡继绝为名，夫伐小越而畏强齐，非勇也。夫勇者不避难，仁者不穷约，智者不失时，王者不绝世，以立其义。今存越示诸侯以仁，救鲁伐齐，威加晋国，诸侯必相率而朝吴，霸业成矣。且王必恶越，臣请东见越王，令出兵以从，此实空越，名从诸侯以伐也。"吴王大说，乃使子贡之越。

　　子贡游说吴王说：我听说，施行王道的不能让诸侯属国灭绝，施行霸道的不能让另外的强者出现，在千钧重的天平上加上一铢一两的重物也可以让天平产生移位。如今以拥有一万辆兵车的齐国私自将拥有一千辆兵车的鲁国占为己有，来与吴国争高低，我私下里为大王您感到危险啊。况且，去救助鲁国可以彰显大王您的威名，征讨齐国可以获得巨大的利益。安抚泗水以北的各国诸侯，讨伐强暴的齐国，用来镇服强大的晋国，没有比这样做更能够获得巨大利益的了。名义上保存面临危亡的鲁国，实际上却阻止了强大的齐国向外扩张的野心。对此，聪明的人是不会怀疑的。吴王说：很好。即使这样，我曾经和越国作战，越王溃败栖身于会稽山上，自身劳苦而善待士兵，有向我报仇的心思。您让我讨伐了越国以

441

后再来按照您的意见办。子贡说：越国的力量超不过鲁国，吴国的强大超不过齐国，大王您把齐国放到一边而去讨伐越国，那时齐国已经平定鲁国了。况且大王您正以使灭亡的国家重新复活、让断绝后嗣的国家得以续嗣的名义，去讨伐弱小的越国而畏惧强大的齐国，这不是勇敢的行为。勇敢的人不回避艰难，仁慈的人不会让别人陷入困境，聪明的人不丧失时机，施行王道的人不让一个国家灭绝，就凭借这些来树立您的道义。现在保存越国，来向诸侯表示您的仁慈，救助鲁国，讨伐齐国，威势超过晋国，各国诸侯必定竞相来朝拜吴国。您吴王的霸业就成功了。如果大王您一定厌恶越国，臣请求东去会见越王，让他派军队跟从您。这样做实际上是使越国空虚，名义上跟随诸侯讨伐齐国罢了。吴王听了特别高兴，便派子贡到越国去。

> 越王除道郊迎，身御至舍而问曰："此蛮夷之国，大夫何以俨然辱而临之？"子贡曰："今者吾说吴王以救鲁伐齐，其志欲之而畏越，曰'待我伐越乃可'。如此，破越必矣。且夫无报人之志而令人疑之，拙也；有报人之志，使人知之，殆也，事未发而先闻，危也。三者举事之大患。"勾践顿首再拜曰："孤尝不料力，乃与吴战，困于会稽，痛入于骨髓，日夜焦唇干舌，徒欲与吴王接踵而死，孤之愿也。"遂问子贡。子贡曰："吴王为人猛暴，群臣不堪；国家敝以数战，士卒弗忍；百姓怨上，大臣内变；子胥以谏死，太宰嚭用事，顺君之过以安其私：是残国之治也。今王诚发士卒佐之以徼其志，重宝以说其心，卑辞以尊其礼，其伐齐必也。彼战不胜，王之福矣。战胜，必以兵临晋，臣请北见晋君，令其攻之，弱吴必矣。其锐兵尽于齐，重甲困于晋，而王制其敝，此灭吴必矣。"越王大说，许诺送子贡金百镒，剑一，良矛二。子贡不受，遂行。

越王清扫道路，到郊外迎接子贡，亲自驾驭着车子到子贡下榻的馆舍致以问候，说：这里是个偏远落后的国家，大夫怎么委屈自己庄重的身份光临这里？子贡回答说：现在我已经说服吴王援救鲁国攻打齐国，他心里想要这么做，却害怕越国，说：等我攻下越国便可以做这件事了。这样一来，攻破越国是必然的了。况且要没有报复人的决心又让人怀疑他，这样做就太拙劣了；要有报复人的决心又让人知道他要这样做，这就太不安全了；事情还没有发动先叫人知道，这也太危险了。这三种情况，是发动事件的最大忌讳。勾践听了，叩头稽首再拜，说：我曾经不自量力，才和吴国作战，被吴王围困于会稽，恨之入骨，整日整夜唇焦舌燥，只想与吴王直接相拼一死，这就是我的心愿。于是他请问子贡怎么办？子贡说：吴王为人凶残暴戾，大臣们都不堪忍受；国家多次发动战争，弄得疲惫不堪，士卒都忍无可忍；老百姓怨恨国君，大臣内部发生乱变；伍子胥因劝谏而被杀，大宰嚭当权执政，国君的错误主张也顺着去做，用来保全自己的私利，这是残害国家的治国方法。现在大王您果真能够出兵协助吴王，以投合他的决心意志，用重金宝物来获取他的欢心，用谦卑的言辞来表示对他尊敬有礼，他攻打齐国是必定无疑的。如果战争不能取胜，那就是大王您的福气了。如果仗打胜了，他一定会带兵逼近晋国，我请求大王让我北上会见晋国国君，让他共同攻打吴国，一定会削弱吴国的势力。等他们的精锐部队全部消耗在齐国，主要部队又被晋国牵制住，而大王您趁他疲惫不堪的时候去攻打，这样一定能够灭掉吴国。越王非常高兴，答应照计划行动，许诺要赠送给子贡黄金百镒、宝剑一柄、良矛二支。子贡没有接受，很快就走了。

　　报吴王曰："臣敬以大王之言告越王，越王大恐，曰：'孤不幸，少失先人，内不自量，抵罪于吴，军败身辱，栖于会稽，国为虚莽，赖大王之赐，使得奉俎豆而修祭祀，死不敢忘，何谋之敢虑！'"后五日，越使大夫种顿首言于吴王曰："东海役臣孤勾践使者臣种，敢修下吏问于左右。今窃闻大王将兴大义，诛强救弱，困暴齐而抚周室，请悉起境内士卒三千人，孤请自被坚执锐，以先受矢石。因越贱臣种奉先人藏器，甲二十领，鈇屈卢之矛，步光之剑，以贺军吏。"吴王大说，以告子贡曰："越王欲身从寡人伐齐，可乎？"子贡曰："不可。夫空人之国，悉人之众，又从其君，不义。君受其币，许其师，而辞其君。"吴王许诺，乃谢越王。于是吴王乃遂发九郡兵伐齐。

　　子贡回报吴王说：我非常郑重地把大王您的话告诉了越王。越王很是惶恐地说：我的命运很不幸，很小就失去了父亲，又不自量力与吴王开战，犯下了罪责。军队被打败，自身也受到了屈辱，栖身于会稽山，国家成为荒凉的废墟。仰仗大王的恩赐，使我还能够捧着祭品祭祀祖宗，对此我至死也不会忘怀，还怎么敢有其他的图谋与想法。过了五天之后，越国派大夫文种向吴王跪拜叩头说：东海役使之臣勾践谨派使者文种，来修好您的属下近臣，托他们向大王问候。如今我私下里听说大王要发正义之师，诛讨强暴，救助弱小，扼困残暴的齐国而安抚周朝的王室。请让我出动越国境内的全部军队三千人，我勾践请求亲自披挂铠甲，执拿锐利兵器，在前面为大王遮挡镭石箭矢。因而越国卑贱的臣子文种恭敬地捧着祖先珍藏的宝器，铠甲二十领，斧头、屈卢矛、步沉剑，作为军吏的贺礼。吴王非常高兴，将文种的这些话告诉子贡说：越王将要亲自跟随我攻打齐国，可以吗？子贡说：不可以。让人家的国家空虚，调动人家国家的全部军队人马，还要人家的国君跟随出征，这样做不道义。您可以接受他的礼物，同意他派军队参战，辞谢其国君随行。吴王同意了子贡的意见，便辞谢了越王。于是吴王调集九郡兵力攻打齐国。

> 子贡因去之晋，谓晋君曰："臣闻之，虑不先定不可以应卒，兵不先辨不可以胜敌。今夫齐与吴将战，彼战而不胜，越乱之必矣；与齐战而胜，必以其兵临晋。"晋君大恐，曰："为之奈何？"子贡曰："修兵休卒以待之。"晋君许诺。

子贡于是离开吴国来到晋国，对晋国的国君说：我听说过，计策谋划不预先制定好，就不能应对突然事变，军队不预先治理好，就不能战胜敌人。现在齐国与吴国将要开战，这一战如果吴国不胜，越国去搅乱吴国这是必定的；如果吴国获胜，吴王一定会让部队逼近晋国。晋国的国君听了大为恐慌，说：那该怎么办呀？子贡说：修理好武器，休整好军队，来等待他。晋国的国君答应了。

> 子贡去而之鲁。吴王果与齐人战于艾陵，大破齐师，获七将军之兵而不归，果以兵临晋，与晋人相遇黄池之上。吴晋争强。晋人击之，大败吴师。越王闻之，涉江袭吴，去城七里而军。吴王闻之，去晋而归，与越战于五湖。三战不胜，城门不守，越遂围王宫，杀夫差而戮其相。破吴三年，东向而霸。

子贡离开晋国来到鲁国。吴王与齐国在艾陵战了一场，大大击败齐国军队，俘获了七位将军的军队而不愿意回吴国去，果然把军队开往逼近晋国的地方，与晋国军队在黄池相遇。吴国的军队与晋国的军队争雄，互不相让。晋军队攻击吴军，把吴国军队打得大败。越王听到这个消息，便渡过江去，袭击吴国，直攻到离都城七里远的地方才驻扎下来。吴王听到这个消息，离开晋国回到吴国，与越国军队在五湖一带开战，吴军多次战而不胜，连城门都守不住了。越军随即包围王宫，把吴王夫差与其国相都杀死了。灭掉吴国几年之后，越国称霸于东方。

> 故子贡一出，存鲁，乱齐，破吴，强晋而霸越。子贡一使，使势相

破，十年之中，五国各有变。

　　因此，子贡这一趟出行，保全了鲁国，扰乱了齐国，灭掉了吴国，强大了晋国而让越国称霸。子贡一次出使，将各国形势局面打破，十年之中，五个国家的情况各自都有变化。

　　这就是司马迁在《史记》中对子贡辩才的描述。当孔子的父母之国鲁国面临危难的时候，他让自己的弟子们出来挽救局面。弟子子路要去，他不允许；子张要去，他不同意；公孙龙要去，他也不答应；只有子贡要去，他才欣然同意。这是为什么？孔子知道，承担这项任务，其他人都不行，只有子贡行。因为这是要凭三寸不烂之舌，去游说诸侯。首先要说服田常，不要进攻鲁国。要承担这样的任务，只有子贡最合适。因为在孔子的学生里，孔子认为能言善辩的有两个人，一个是宰予，另一个就是子贡。而宰予，孔子说他"朽木不可雕也，粪土之墙不可圬也"。由此可以看出，孔子对他没有什么好感。这样，子贡就是唯一的了。这就是孔子只让子贡去的原因。人们常说时势造英雄，不错，就是田常要在齐国作乱，威胁到鲁国安危，使子贡的辩才有了用武之地，也是孔子慧眼识珠，给了他这样一次施展辩才的良好机会。而子贡，确实也不辱使命，就凭他那三寸不烂之舌，在各国诸侯之间反复游说，获得成功，把鲁国保全了下来。

　　子贡游说各国诸侯的过程，《史记》已经说得清楚明白，不必再多费笔墨。但是子贡游说的成功，却并不那么容易，这不但因为他有很好的辩才，也是因为他具有高度的智慧与才华。在说服其游说对象时，他必须掌握对方国家的国内情况与国势以及国与国之间各方面的状况，个人的性格爱好、心理特点及其欲望，这样才能出奇制胜。比如在说服田常放弃攻鲁时，子贡就说出了一番"子之所难，人之所易，子之所易，人之所难"的道理。这样的道理，是针对田常在国内的处境与自身欲望而设立的。这样的道理，对常人来说是悖论，而对田常来说，却正中下怀，很有说服力，让田常高兴地接受且执行。又如对吴王的游说，子贡就用了真真假假、虚虚实实的说词，把越王对吴王的切齿之恨，说成对吴王的无限感激。子贡又对吴王说了一些恭维的话，还让越国派大臣文种去贿赂吴王，并让吴王拒绝越王随军战齐，让吴王飘飘然出兵攻齐，以致亡国。所有这些游说过程，都显示出子贡不凡的智慧与辩才。

二、孔子对子贡的教育

　　子贡是个聪明人，但缺点也是明显的。就其缺点而言："喜扬人之美，不能匿人之过。"(《史记·仲尼弟子列传》)这是司马迁在子贡的传记中所说的话。子贡喜欢宣扬他人的好处,这当然是优点,但也不能包容别人的错处,总要把他人的过失揭露出来。孔子不喜欢他这样做。孔子曰:"吾死之后,则商也日益,赐也日损。"曾子曰:"何谓也?"子曰:"商也好与贤己者处,赐也好说不若己者。"(《孔子家语·六本》)孔子认为自己去世之后,子夏的学识与品行会一天胜过一天,而子贡的学识与品行则会一天比一天减损。其原因是近朱者赤、近墨者黑。子夏常与贤德的人相处,所以得到的都是好的影响,学识与德操当然会不断提高。而子贡却喜欢与不如自己的人交好,受到的影响自然就不会很好,其学识与德操就会走下坡路。这是孔子生前对子贡所作的预言。"孔子卒,原宪遂亡在草泽中。子贡相卫,而结驷连骑,排藜藿入穷阎,过谢原宪。宪摄敝衣冠见子贡。子贡耻之,曰:'夫子岂病乎?'原宪曰:'吾闻之,无财者谓之贫,学道而不能行者谓之病。若宪,贫也,非病也。'子贡惭,不怿而去,终身耻其言之过也。"(《史记·仲尼弟子列传》)孔子去世之后,原宪便归隐于卫国的穷乡僻野。子贡当了卫国的宰相,带着大队的车马,踏开蒺藜野草,来到贫穷简陋的乡间小屋,拜望原宪。原宪整理好破旧衣冠,迎见子贡。子贡很为他感到羞耻,说:您难道很困窘吗?原宪说:我听说,没有钱财叫作贫,学习了学术道德而无法推行叫作困窘。我原宪是贫穷,不是困窘。子贡听了感到很惭愧,不高兴地离开了,一辈子为这次说错话而羞耻。这一段话,可以看作是孔子生前预言的印证。子贡当了卫国的宰相,"结驷连骑"去看原宪,对原宪的贫以为耻,说出了很不礼貌的话,遭到了原宪的驳斥。原宪隐居于民间草丛之间干什么?显然是在推行老师的学术道德。他虽贫穷,但活得很有意义,而子贡却耻笑人家。这可以视为子贡的思想品德并没有提高而有所减损的表现。他既没有做到自己所说的"富而无骄",更没有做到孔子所要求的"富而好礼",所以他一生都为这次的行为而感到羞耻。子贡方人。子曰:"赐也贤乎哉,夫我则不暇。"(《论语·宪问》)子贡讥讽别人。孔子说:你这个人很贤圣了,我则没有时间干这样的事。这几段话,都是说子贡的一些毛病,喜欢看人家的短处,喜欢批评或者讥讽别人。而孔子不喜欢他这样做,所以,孔子对他进行教育批评的时候不少。但是,孔子并不因此厌弃他,而是循循善诱,加以引导,使其成为杰出人才。

子贡曰:"贫而无谄,富而无骄,何如?"子曰:"可也,未若贫而乐,富而好礼者也。"子贡曰:"诗云:'如切如磋,如琢如磨。'其斯之谓与?"子曰:"赐也,始可与言诗已矣,告诸往而知来者。"

——《论语·学而》

　　子贡是个有钱人，在他看来，贫穷的人能够做到不谄媚，有钱人能够做到不骄纵，就不错了。但是孔子告诉他：做到那样是可以了，但是不如贫穷仍然乐观、富贵却能好礼。子贡是个聪明人，他立刻意识到，孔子是在向他提出更高要求，因而便引用《诗经》上的诗句说：这要有一个锤炼修养的过程。孔子夸奖他，说他的学问不错了，有了举一反三的能力，可以和他讨论《诗经》了。

　　从这段话可以看出，提出这个问题的人，只能是子贡。因为他有钱，对自己的要求也不是太高，所以认为能够做到贫而无谄、富而无骄也就不错了。但是孔子教育他，应该有更高的要求。于是他立刻用《诗经》中的诗句来回答。一方面，说明子贡学识基础不错，知识面比较宽，对《诗经》比较熟悉，也有比较深刻的研究与理解。孔子提出更高要求后，他马上能够联想到用《诗经》来回答。另一方面，说明子贡确实聪明，他回答孔子，认为做到贫而乐、富而好礼，不能一蹴而就，要有一个修养过程。这样回答既很得体，又让老师很满意。这确实表现了子贡的不一般。但是孔子毕竟是老师，自然比子贡要棋高一着。子贡欲去告朔之饩羊。子曰："赐也，尔爱其羊，我爱其礼。"（《论语·八佾》）不是吗？你子贡连告朔用的饩羊都舍不得用，要去掉。这是不重视礼的表现。所谓告朔，是当时的一种礼仪形式。周天子把第二年的历书颁给诸侯，诸侯藏于祖庙。每月初一为朔日。每逢朔日，诸侯都要杀一只活羊去祖庙祭奠，请出历书来观看。子贡要去掉这只祭祀之羊，所以孔子对他说要富而好礼。可见孔子说这句话并不是无的放矢。这也体现了孔子教育学生的高超艺术。但是，子贡毕竟不是一般人，他也很想表现自己，希望孔子更能欣赏他的才华。

　　子贡问曰："赐也何如?"子曰"女，器也。"曰："何器也?"曰："瑚琏也。"这段话在前文讲孔子因材施教时讲过。子贡想知道孔子到底如何评价他，当然希望有个较高的评价。孔子对他的回答也很有意思，很有艺术性，说他像一种器物——瑚琏。瑚琏是祭祀时使用的一种器皿，有用处，有使用价值，但也只一种器物而已。孔子曾经说过："君子不器。"这是说君子不应该只是一种器物而已，而应该有更高的价值。一般来说，它应该是思想道德方面的价值。可见孔子没有给子贡更高的评价，甚至连君子的名号都没有给他。就是说，他连君子的名号都够不着。其实，在孔子的学生中，子贡是出类拔萃的。从前一节他挽救鲁国的事例就可见一斑。但孔子就是不给他更高的评价，原因就是要压一压他的风头。

　　子谓子贡曰："女与回也孰愈?"对曰："赐也何敢望回，回也闻一以知十，赐也闻一以知二。"子曰："弗如也，吾与女弗如也。"
　　　　　　　　　　　　　　　　　　　　　　——《论语·公冶长》

孔子作为老师，一般不应该当面问学生你和某人比较谁更出色。这样问，会让人很难为情，很伤人的面子，也会打击人的积极性。但孔子就这样问子贡。其目的就在于，要让子贡知道自己的不足。

> 子贡曰："我不欲人之加诸我也，吾亦欲无加诸人。"子曰："赐也，非尔所及也。"
>
> ——《论语·公冶长》

子贡说：我不愿意别人把我不想要的东西强加于我，我也不会把自己不想要的东西强加给别人。子贡的这个愿望是很好的，孔子作为老师，本应加以鼓励才对，比方说，这样做很好呀！但是孔子却说：端木赐呀，这不是你所能够做到的。孔子这话当然没错，实事求是。但是，这对于子贡来说，无疑是在他头上浇了一盆冷水，对他的情绪有一定压抑作用。但是孔子就要这样说，这自然有其用意，就是要挫一挫他的锐气。

> 子贡曰："如有博施于民而能济众，何如？可谓仁乎？"子曰："何事于仁，必也圣乎！尧舜其犹病诸。夫仁者，己欲立而立人，己欲达而达人。能近取譬，可谓仁之方也。"
>
> ——《论语·雍也》

子贡的心气很高。博施于民，那不是一般人能够做到的，而普济大众，更不是容易的事。他提出这样的问题，起码也应该说是有这样的想法。按理说，学生有这样崇高的理想，老师是应该鼓励的。但是孔子没有这样做，却告诉他，能够做到这样，不只是具备仁德的人，而应该是圣人了，连尧舜这样的圣人未必做得到。潜台词是说：你子贡不是这样的人，就不要这样想了。要做一个仁人，自己想要有所作为，先让别人能够有所作为；自己想要命运亨通，先让别人命运亨通，就是说要先人后己。你还是先从身边的事情做起吧，这是锤炼仁德的最好办法。老师虽然对他持保留态度，还是给他指出了方向，激励他认真努力，给他以切实的教导。

> 子贡问为仁。子曰："工欲善其事，必先利其器。居是邦也，事其大夫之贤者，友其士之仁者。"
>
> ——《论语·卫灵公》

子贡向老师请教怎样培养仁德。孔子告诉他：一个人要修炼仁德，先要打牢基础。磨刀不误砍柴工。一个工匠要想把工作做好，先要让工具锋利。那要如何做呢？你去一个国家干事，就要去贤能的大夫手下做，要与仁德的士人交朋友。孔子这样回答子贡，是因为子贡喜欢与不如自己的人交好。让他去贤能的大夫手下做事，与道德高尚的士人交朋友，与他们相处，向他们学习，改掉喜欢与不如自己的人相处的习惯，提高自己的道德境界与学识水平，筑牢自己仁德操守的道德基础。

> 子贡问君子。子曰："先行其言，而后从之。"
>
> ——《论语·为政》

子贡问老师，如何才能成为君子？孔子说：把你想要做的事情在说出来之前，就预先把它做好了，然后再说出来。

孔子的这个回答里所说的确实是君子行为。君子做事，应该是先做而后说，言行一致，不能说了不做，言而无信。这些话可以与前一段话结合起来看，互为补充。

> 子贡曰："君子亦有恶乎？"子曰："有恶：恶称人之恶者，恶居下流而讪上者，恶勇而无礼者，恶果敢而窒者。"曰："赐也亦有恶乎？""恶徼以为知者，恶不孙以为勇者，恶讦以为直者。"
>
> ——《论语·阳货》

子贡问老师，有没有什么令您讨厌的事情。孔子说了几件事。这几件事可以说都是值得子贡警惕的事。第一件事，不要传播别人的不好，可以说这是针对子贡的毛病而说的。后面的那几件，比如毁谤上司，这也是值得子贡特别警惕的。他以后一定要去做官，而做官的人如果毁谤上司，后果可想而知。勇敢而无礼，也是为官者特别要注意的。勇敢无疑是好事，如果无礼，那就可能适得其反，把好事做成坏事。果断而不通事理也同样，不通事理而又果断，那就只能是胡作为、乱作为，岂有不把事情办坏的？对于为官的人来说，这些都不可忽视。完了，孔子反问子贡有没有讨厌的事。这又是孔子的高明之处。子贡既然作出回答，以后你就必须遵守自己的诺言。而子贡也确实聪明，他的回答，把老师对他不放心的地方都说了出来。这样老师对他既可以放心，也不用再多说什么了。

子贡问曰:"乡人皆好之,何如?"子曰:"未可也。""乡人皆恶之,何如?"子曰:"未可也。不如乡人之善者好之,其不善者恶之。"

——《论语·子路》

子贡问道:全乡村的人都夸赞他,这个人怎么样?孔子说:不可以。子贡说:全乡村的人都厌恶他,这个人怎么样?孔子说:不可以。不如全乡村的好人都夸赞他,不好的人都讨厌他。

子贡的这个提问,本身就存在一定的问题。从这个提问,也可以看出子贡看问题的局限性。一个人要得到全体乡人的夸赞,不可能。好人夸赞,坏人就不会夸赞;坏人夸赞,好人就不能够夸赞。如果好人坏人都夸赞,那说明什么?只能说明这个人好坏不分。好人说好,那当然是好。坏人也说好,那就是好坏不分,那对坏人就是纵容;如果全体乡人都讨厌这个人,那还用问吗?只能说明这个人肯定不是好人,是真正的坏人。要不为什么连坏人都讨厌他呢?所以孔子教导说:只有乡人中的好人夸赞他,坏人讨厌他,这才是为人的正确选择。孔子的这个教导,对于子贡来说也是有针对性的。

子贡问曰:"何如斯可谓之士矣?"子曰:"行己有耻,使于四方,不辱君命,可谓士矣。"曰:"敢问其次。"曰:"宗族称孝焉,乡党称弟焉。"曰:"敢问其次。"曰:"言必信,行必果,硁硁然小人哉!抑亦可以为次矣。"曰:"今之从政者何如?"子曰:"噫,斗筲之人,何足算也!"

——《论语·子路》

子贡问孔子,怎样的人可以被称为士?孔子把一名士应该具备的条件告诉了他。他又问孔子降低一等的士的条件,孔子又告诉了他。他再问孔子,再降低一等的士的条件是怎样的。这样问问题,如果是别人,也没有什么奇怪的,但是子贡这样问就不一样了,这反映了他对自己要求不是很高。为什么这样说?孔子在陈蔡之间被围困时,大家都不理解为什么会这样?孔子长期以仁、智、信严格要求自己,道德境界极高,为什么还会遇到这样的窘境?孔子把遇困的原因告诉子贡之后,子贡却说:"夫子之道至大,故天下莫能容夫子,夫子盍少贬焉?"意思是说,您老人家的道义境界十分高大宽广,所以天下都容不下您老人家。您老人家为什么不把自己的道义水准降低一点呢?对此,孔子很不客气地批评了子贡。子曰:"赐,良农能稼,不必能穑;良工能巧,不能为顺。君子能修其道,纲而纪之，不必其能容。今不修其道，而求其容。赐，尔志不广矣，思不远矣！"（《孔子家语·在厄》）孔子说：赐呀，一个技艺高超的农民，能够把庄稼种得很好，却不一定对收割很精通；一个能工巧匠，能够把物件做得很精巧，却不一定能够让大家都喜欢他所制造的东西。君子能够高境界地修炼自己的道义，却不一定能够让所有的人都能容纳。现在你不修炼自己的道义，却希望人家能够接纳你。赐呀，你的志向不够广大、思虑不够高远啊！在这里，孔子对子贡的批评是很严厉的。由此也可以看出，子贡对自己的要求并不是很高。联系到他关于士的提问，一问再问，最低标准是什么样的。孔子一一告诉了他，并没有批评他。但当他再问"今之从政者何如"时，孔子说：那些气量狭小、识见低下的人，有什么可说的。言外之意是说，这些人，不值得你去学习与效仿。这是孔子对子贡的另一种教育方式。季康子问孔子，

> 曰："赐也可使从政也与？"曰："赐也达，于从政乎何有？"
>
> ——《论语·雍也》

前面我们看到，孔子在教育子贡的过程中，大都是针对子贡的特点，对他进行了一些有意的抑制，让他能够更好地认识自己、提高自己、发挥自己的才能。这当然都是从教育与爱护的角度出发。一旦要对自己的学生进行推荐与保护的时候，孔子也是毫无保留的。就像这里，季康子来问，是不是可以让子贡治理政务，孔子便毫不犹豫地告诉他，子贡为人通达事理，去参与政务治理有什么不可以的呢？从这也看出，孔子对子贡有正确看法，也能够正确对待子贡。对有才能的子贡，孔子绝不会让其埋没。比如，当鲁国遇到危险时，孔子也是毫不犹豫地让子贡出马，让子贡去建功立业。

> 子贡问政。子曰："足食，足兵，民信之矣。"子贡曰："必不得已而去，于斯三者何先？"曰："去兵。"子贡曰："必不得已而去，于斯二者何先？"曰："去食。自古皆有死，民无信不立。"
>
> ——《论语·颜渊》

向孔子问政的学生很多，但像子贡这样问的学生却很少。孔子认为要治理好一个国家，有三个重要方面：一是让老百姓有足够的食物；二是国家要有足够的兵备；三是老百姓对政府要有足够的信任与信心。这三个方面，对于国家的治理都极为重要，可以说缺一不可。如果是其他人问这个问题，到此也就可以了。不

是吗？如果把这三件事办好了，这个国家的治理也就很好了，照此去办理也就罢了。但是子贡不是这样，他考虑得更为深入，提出了一个非常尖锐的问题。如果到了万不得已的情况下，在这三者之中要去掉其中的一项，先去掉哪一项？这确实是一个让人极费思量的问题。但孔子很快便作出了肯定的答复：去兵。去兵？一个国家没有了军备，如何保证国家的安全？侵略者来了怎么办？然而，子贡又提出了更尖锐的问题：在万不得已的情况下，在剩下的这二者之中要去掉一项，先去掉哪一项？孔子毫不犹豫地说：去食。为什么这样说呢？自古以来，每个人都难免一死，但是，如果老百姓对政府没有了信心，失去了信任，那这个国家就站立不起来了，也就完蛋了。

这一段话的问答，一是说明孔子确实是一个政治家、思想家、战略家。他对问题的思考准确、深刻、全面。治理国家什么最重要？食物，那是老百姓的生命线。大家总是说，要把粮食生产的主动权掌握在自己的手中，这是正确的。手中有粮，心中不慌。军备，那也是国家的生命线。没有军备，人家想怎么欺负你就怎么欺负你。人民对政府的信任与信心，那更是国家的生命线。这一项，孔子把它放在了最重要的位置。如果人民对政府已经没有了信任，没有了信心，那么，这个政府还能够站得住脚吗？人民总是会把你抛弃的。

现在再来说子贡。从他向孔子的一再提问，显示出他也不是一般人，是一个很有政治头脑与政治智慧的人。他要治理国家，就不能不向极端的方向去考虑。孔子告诉他治理国家最重要的三个方面是什么，这已经是一个很好、很有见地的回答。治理国家，真正地做好了这三个方面的工作，就是一个很好的治国者了。做好了这三个方面的工作，这个国家也就是一个很强盛的国家了。但子贡却不满足，要继续问下去。如果在迫不得已的情况下，先去掉哪一项，再去掉哪一项？这是极端的思维、深刻的思维，但也是一个智慧的治国者应有的思维。治国理政，很难说不会遇到极端的情况，就是在歌舞升平的时候，也应该居安思危，想到极端的困难。遇到极端的情况怎么办？这是子贡的非同一般。他这一问，有了老师的教导，这是何等大的收获。从这个角度来说，在学习方面，也就有一个善不善于学习的问题。一个善于学习的人，他一定是一个善于提问的人。我们的国家，现今处在一个很好的时期，国家和平安定，人民逐渐富裕起来，安居乐业。这当然是好事。但是居安思危，还是要树立应对困难局面的思想，作好应对任何困难的准备。不是说机会总是留给有准备的人吗？作好了准备，就能够应对一切国内外产生的困难。

子贡问于孔子曰："昔者齐君问政于夫子，夫子曰'政在节财'；

鲁君问政于夫子，夫子曰'政在谕臣'；叶公问政于夫子，夫子曰'政在悦近而来远'。三者之问一也，而夫子应之不同，然政在异端乎？"孔子曰："各因其事也。齐君为国，奢乎台榭，淫于苑囿，五官伎乐，不解于时，一旦而赐人以千乘之家者三，故曰'政在节财'。鲁君有臣三人，内比周以愚其君，外距诸侯之宾以蔽其明，故曰'政在谕臣'。夫荆之地广而都狭，民有离心，莫安其居，故曰'政在悦近而来远'。此三者所以为政殊矣。《诗》云：'丧乱蔑资，曾不惠我师！'此伤奢侈不节以为乱者也；又曰：'匪其止共，惟王之邛。'此伤奸臣蔽主以为乱也；又曰：'乱离瘼矣，奚其适归？'此伤离散以为乱者也。察此三者，政之所欲，岂同乎哉！"

——《孔子家语·辩政》

　　子贡向孔子请教：从前，齐国的国君向您请教治国理政的方法，您说治理国家在于节约财物；鲁国的国君向您请教治国理政的方法，您说治理国家在于告诫大臣；叶公向您请教治国理政的方法，您说治理国家在于让近处的人们高兴，让远方的人们来归附。三个人所问的问题相同，您所给予的回答却不相同，难道治理国家的办法是不同的吗？孔子说：这是根据他们各自不同的情况而作出的回答。当时齐国的国君治理国家，建造亭台楼榭，十分奢侈，过分地沉迷于苑囿玩赏与打猎和宫中歌女舞伎表演，没有停歇休止的时候，一天之内就能够赐予三人以拥有千辆兵车的封地，因此我对他说，治理国家要注意节约财物；鲁国的国君来问的时候，国内有大臣三桓，三个人在国内相互勾结，蒙蔽国君，对外则拒绝与各国诸侯之间交往，以此来掩蔽国君的圣明，因此我对他说治理国家在于告诫大臣；楚国的地域广阔，而国都城市太小，臣民有离开这个地方的想法，没有办法在这里安居乐业，因此我对叶公说，治理国家在于使近处的老百姓高兴、远处的老百姓来归附。这三个国家情况不同，所以治理的方法不同。《诗经·大雅·板》说：遭受丧乱，民空财尽，怎能不施惠于大众。这是批评奢侈不节约财物而给老百姓带来灾祸。《诗经·小雅·巧言》说：不能制止邪恶不恭的行为，只能给君王带来灾难。这是痛斥奸佞蒙蔽君王带来的祸乱。《诗经·小雅·四月》说：遇到祸乱离散的灾难，叫我到哪里去找一个安居的地方。这是指责因离乱而给老百姓带来的灾祸。看看这三种情况，执政者应该注意的是什么，治国的方略怎么能是相同的呢？

　　这又是子贡向老师请教关于治理国家的问题。三个国家的执政者来咨询的都是治国之策，问题相同，孔子却给了不同的答案。子贡不理解这是为什么，孔子告诉他：三个国家问的是同样的问题，但是三个国家的国情不一样，治国之策当然也不能一样。这里，我们不能不佩服孔子，他对每一个国家存在的问题都很了解，观察得都很准确。所以，他在向子贡解答问题的时候，能够指出各国执政者治国中存在的主要问题，并且能够对其进行具体分析，并引述《诗经》作论据，来证明这些国家在治理中存在问题的严重性。这些问题都能成为国家混乱的导火索，如果不能很好地解决，有可能导致国家的崩溃。从这一点可以看出，孔子对子贡的教育是毫无保留的。虽然孔子对子贡的某些方面有一点看法，但对他的教育却是全心全意的、无私的。

> 子贡问曰："有一言而可以终身行之者乎？"子曰："其恕乎，己所不欲，勿施于人。"
>
> ——《论语·卫灵公》

前面所问的多是关于治国理政的问题，这里问的是一个有关修身的问题。这可以说，子贡在关心自身的修养了。而在孔子的儒家教育中，治国是重要内容，修身更是重要内容。在孔子看来，对于子贡来说，修身方面的内容更为重要。比如，他爱经商赚钱，而且是囤积居奇。"回也其庶乎，屡空。赐不受命，而货殖焉，亿则屡中。"（《论语·先进》）孔子的这些话，虽然没有明白地指责子贡，但从对颜渊刻苦学习、成绩突出，却屡屡吃不上饭的同情来看，孔子对子贡去做投机生意却屡屡赚大钱是不欣赏的。所以当子贡问到修身方面的问题，孔子便告诉他一个"恕"字，即自己都不想要的东西，怎么能够去送给别人呢？这对子贡来说，当然很有针对性。不过，这里还要说的是，恕是孔子思想的重要内容，这不只是财富问题，从根本上来说，是思想道德修养问题，是安身立命的问题。所以对于子贡来说，最根本的地方还在于思想道德教育。而这个"恕"字，对于子贡来说，是最有意义的。

> 子贡问曰："孔文子何以谓之'文'也？"子曰："敏而好学，不耻下问，是以谓之'文'也。"
>
> ——《论语·公冶长》

孔文子是卫国的大夫孔圉。从朱熹集注上看，此人的品行并不十全十美，卫国却谥予他"文"的谥号。一般来说，被谥予"文"的谥号，应该是品行很好的人，文本身就表示美好。而孔圉品德上有疵点，也被谥予这样的谥号，对此子贡有些不理解，因而向孔子请教。就子贡这个发问而言，说明子贡对人的品德的要求也是很严格的。孔子在回答时避开了孔圉的不端行为，而说他的优点——敏而好学、不耻下问，这对子贡又是一个很好的教育。子贡不是喜欢看别人的缺点吗？

> 孔子为鲁司寇，摄行相事，有喜色。仲由问曰："由闻君子祸至不惧，福至不喜，今夫子得位而喜，何也？"孔子曰："然，有是言也。不曰'乐以贵下人'乎？"于是朝政，七日而诛乱政大夫少正卯，戮之于两观之下，尸于朝三日。子贡进曰："夫少正卯，鲁之闻人也，今夫子为政而始诛之，或者为失乎？"孔子曰："居，吾语汝以其故。天下有大恶者五，而窃盗不与焉。一曰心逆而险，二曰行僻而坚，三曰言伪而辩，四曰记丑而博，五曰顺非而泽。此五者，有一于人，则不免君子之诛，而少正卯皆兼有之。其居处足以撮徒成党，其谈说足以饰褒莹众，其强御足以反是独立，此乃人之奸雄者也，不可以不除。夫殷汤诛尹谐，文王诛潘正，周公诛管蔡，太公诛华士，管仲诛付乙，子产诛史何，是此七子皆异世而同诛者，以七子异世而同恶，故不可赦也。《诗》云：'忧心悄悄，愠于群小。'小人成群，斯足忧矣。"
>
> ——《孔子家语·始诛》

孔子担任鲁国的司寇官职，并且兼任国君赞礼的职务，脸上出现了喜悦的神色。子路便问孔子：我听说，对于君子来说，有祸事来了不惧怕，有福事来了不喜悦，现在您得到了高官的位置便高兴起来，这是为什么？孔子说：是的，有过这样的说法。不是也还有这样的说法：显贵了仍然以谦恭的态度对待下属为乐事吗？于是孔子上朝理政，七天便把扰乱朝政的大夫少正卯诛杀了，杀于宫门外的两座高台子下面，并且在朝廷陈尸三天。子贡向孔子进言道：少正卯是鲁国很有名望的人物，现在您刚开始治理朝政便把他杀了，是不是有点不妥？孔子说：你坐下，我来告诉你诛杀他的道理。天下最大的恶行有五种，而盗窃不在其中。一是心术不正而心存险恶；二是行为怪癖而又固执；三是言语虚伪又能言善辩；四是对怪异的事情知道得特别多；五是言行错误还善于粉饰。一个人有这五种恶行之一者，就很难避免被君子诛杀，而少正卯五种恶行都有。他依凭其所处地位就足以聚集众徒结党营私；他的高谈阔论足以迷惑众人，粉饰自己的错误言行而博取声望；他积蓄的力量足以叛逆国家政府而形成自己的强大势力。这就是人中的奸雄，不可以不把他除掉！历史上，殷汤诛杀尹谐，文王诛杀潘正，周公诛杀管叔、蔡叔，太公诛杀华士，管仲诛杀付乙，子产诛杀史何，这七个人处于不同的时代，都被诛杀，是因为这七个人有着相同的罪恶劣行，所以是不能够赦免的。《诗经·邶风·柏舟》中的诗句说：忧虑之心受煎熬，小人成群令人恼。小人成群，这实在是令人忧虑的。

孔子在鲁国担任司法部门的领导人，第七天便把鲁国的知名人士少正卯杀了。子贡对此有疑虑，认为孔子这样做是不是有些欠妥。对此，孔子给子贡讲了一番大道理：治理国家，最不能容忍的五大罪行，都在思想政治领域。其根源就是那些持异端邪说的人及其散布的异端邪说。这些持异端邪说的人，心术不正，心存险恶；行为怪癖，顽固不化；言语虚伪，能言善辩；怪异邪说，知之甚多；言行错误，善于粉饰。因而他们很有迷惑性，很能蛊惑一些人，结党营私，能量很大，形成反叛势力，对社会危害最大。这样的人，有这五种罪行中的一种，就难免被杀，何况少正卯集这五罪于一身呢？这样的人，是人中的奸雄，不能不除。历史上，殷汤、文王、周公、姜太公、管仲、子产都是这么做的。朝中小人多了，这是最让人忧虑的事情。"攻乎异端，斯害也已。"（《论语·为政》）把异端邪说击败了，这种祸害也就消失了。对于治理国家与社会来说，这一点是重要的。异端邪说，不同于一般的错误言论，这一点应该加以区别。孔子的这番教导，对子贡未来去治理国家社会，收益自是不小。

> 子贡为信阳宰，将行，辞于孔子。孔子曰："勤之慎之，奉天子之时，无夺无伐，无暴无盗。"子贡曰："赐也少而事君子，岂以盗为累哉？"孔子曰："汝未之详也。夫以贤代贤，是谓之夺；以不肖代贤，是谓之伐；缓令急诛，是谓之暴；取善自与，谓之盗。盗非窃财之谓也。吾闻之，知为吏者，奉法以利民；不知为吏者，枉法以侵民，此怨之所由也。治官莫若平，临财莫如廉。廉平之守，不可改也。匿人之善，斯谓蔽贤；扬人之恶，斯为小人。内不相训而外相谤，非亲睦也。言人之善，若己有之；言人之恶，若己受之。故君子无所不慎焉。"
>
> ——《孔子家语·辩政》

子贡要到信阳去当地方长官，赴任前，来向孔子辞行。孔子嘱咐他：上任以后，要勤奋工作，慎重处事。遵照天子制定的历法，不要违背农时，不要攻杀，不要暴虐，不要有偷盗行为。子贡说：我从年轻的时候就跟在您的身边，怎么会被偷盗之类的事情所累。是啊，这样的事，应该说是常识，子贡又怎么会不知道。但是孔子说：你对这类事情的认识还不够详尽。以贤能的人来取代贤能的人，这种情况叫作夺；以差劲的人来取代贤能的人，这叫作伐；法令迟缓，惩处急迫，就叫作暴虐；将别人的善行据为己有，这就叫作盗。所谓盗，并不是盗窃他人财物的意思。我听说：知道怎样做官吏的人，遵循法令而给老百姓创造好处；不知道怎么做官的人，按照自己的意思随意歪曲法律而侵害老百姓利益，老百姓的怨恨就是从这些地方产生的。管理官吏，最重要的就是公平，而面对财物，没有比廉洁更重要的了。坚守公平与廉洁原则，是不能更改的。隐匿他人的善行，这就叫作埋没贤能。夸大他人的缺点，这是小人行为。在内部不进行教诲而到了外面则进行诽谤，这不是亲近和睦的做法。谈论别人的优点，有如自己的优点；批评别人的缺点，好像自己也受到了指责。所以君子行事随时随地都不能不谨慎。

与前面子贡向孔子请教不同，这是孔子主动对子贡进行教导。子贡要去赴任，孔子嘱咐他在任上应该注意的事项。这些事项，开始的时候子贡并没有理解，或者认为这都只是为官必须注意的一些很平常的事情，尤其是"无暴无盗"，让子贡很不以为然，认为自己在孔子身边学习多年，这样的事情不可能发生。但孔子对他所嘱咐的事情作了一番阐释以后，那真是令人振聋发聩。这不仅是对子贡，对所有为官的人都是深刻的教育。无论古今，凡为官的人，对于这些事项，都不能够有任何的轻慢与忽视，必须不折不扣地照着去做。为了郑重起见，不妨逐项分开来说。

"勤之慎之"，就是勤奋谨慎。这本是对为官的人的最基本要求。勤，有多少人能够真正做到，懒官、庸官何其多？慎，又有多少人能够做到？坐在房间里发号施令，想当然拍着脑袋决策，谨慎了吗？耽误了多少事？浪费了人民的多少血汗钱？

"奉天子之时，无夺无伐，无暴无盗"这十几个字，从字面上来看，确实很简单。用现在的话来说，就是按照政策指示行事，不要误了农时，不要杀伐，不要使用暴力，不要有偷盗行为。不过，就是这样解释，也不一定都能做到。别的不说，就说偷盗的勾当，那些贪污受贿的勾当，不是偷盗又是什么？不过，孔子对这些话却作了不同的解释：以贤人取代贤人，这叫夺；以不肖取代贤人，这就叫伐。

如果再细化一下，夺就是把被取代的贤人为国家做事的权利剥夺。贤人，用现代的话来说，就是人才，就是精英，是国家的财富。人尽其才，任人唯贤，这才是正确的做法。贤人本来都应该得到重用，为什么要让人取代呢？这对国家是很大的损失，对执政者也是很大的失策。自己为政一方，弃置一些贤人而不用，这是最大的失策，对地方的发展不利，对自己的政绩也不利。

再说伐。就是像砍伐树木一样把贤人砍倒，于是这个贤人就被废置了，而取代者却是不肖之辈。为什么要用不肖者取代贤人？如果不是执政者任人唯亲，就是执政者本身有毛病。在政坛上，这种情况并不少见。一些执政者，为了一己私利，一定要用不肖者把贤人替换下来，让不肖者把政局搞乱，以便自己乱中取利。这种现象，无论古今，都不少见。这对贤人是一种戕害，同时也危害国家，危害社会，危害人民，最后也害了自己。有多少为官者，就是利用一些不肖者，为自己干坏事提供方便，结果是自己跳下水去，成了罪人。

"缓令急诛，是谓之暴；取善自与，谓之盗。"政策法令迟迟不制定出来，却急急忙忙惩治老百姓。没有政策法令作依据，老百姓无所适从，于是为政者便以自己的主观意志为依据惩治老百姓。这不是暴政是什么？把别人的善行抢夺过来，安到自己的头上，这就是盗窃行为。孔子说：盗非窃财之谓也。

"知为吏者，奉法以利民；不知为吏者，枉法以侵民，此怨之所由也。"知道怎样做官为吏的人，会遵照法律，为老百姓创造利益；不知道怎样做官为吏的人，会依照自己的意志，随意歪曲法律而侵害老百姓的利益，老百姓的怨恨就是从这里产生的。这里也要为孔子做一点补充：有些做官为吏的人，不是不知道怎样做官为吏而枉法侵民，而是他们做官为吏，本身就是为了侵民，为了敛财。在历朝历代，买官卖官现象何其多，那些人花很多钱去行贿买官，为了什么？不就是为了当官敛财吗？他们花一百两银子买官，就可以敛到一千两，甚至几万两几十万两。这些无耻之徒当官为吏，真是玷污了官吏的称号。其实孔子对做官敛财也深恶痛绝："季氏富于周公，而求也为之聚敛而附益之。子曰：'非吾徒也，小子鸣鼓而攻之可也。'"（《论语·先进》）鲁国的大夫季孙氏，比周公还富，而孔子的学生冉求为季氏家臣，还帮助季氏搜刮钱财，增加更多的财富。对此，孔子非常气愤地对学生们说：冉求不是我的学生，你们可以大张其鼓地对他进行口诛笔伐了。可见从古至今，对于那些"枉法以侵民"的官员，都深恶痛绝而不能容忍。

"治官莫若平，临财莫如廉。廉平之守，不可改也。"管理官场，最重要的就是公平。要任人唯贤，不能任人唯亲。面对钱财，最重要的操守，就是一个廉字。古代所有的腐败官员，造成腐败的根源，大多就是因为不守这个廉字。所以孔子要说，当官为吏，廉洁公平的道德操守不可更改。

"匿人之善，斯谓蔽贤；扬人之恶，斯为小人。内不相训而外相谤，非亲睦也。"这也是说官场管理与道德操守。看到人家的优点、善行，尤其是比自己做得好的地方，就应该向大家宣示出来，供大家效法，有利于把工作做得更好。埋没人家的优点与善行，就是埋没贤能。没有大局观念，小肚鸡肠。看到人家的缺点与不足，不是耐心帮助，而是夸张宣扬。这是道德上的缺失，当然不会有什么好的结果。内部的人出现了问题，不能进行批评教育，相互交流，消弥矛盾，而到外面去宣扬诽谤。这不是团队团结、亲近和睦的精神。

"言人之善，若己有之；言人之恶，若己受之。故君子无所不慎焉。"作为一个君子，应该怎么做？颂扬人家的好处，好像自己也有这样的优点一样；谈论人家的缺点，好像自己也受到指责一样。这才是君子行为。所以作为一个君子，什么时候，做什么事情，都不能不十分谨慎啊！

孔子的这些教导，不知道子贡是不是把它记到自己的衣服带子上了？

> 子贡问于孔子曰："子从父命，孝乎；臣从君命，贞乎。奚疑焉？"孔子曰："鄙哉，赐！汝不识也。昔者明王万乘之国，有争臣七人，则主无过举；千乘之国，有争臣五人，则社稷不危也；百乘之家，有争臣三人，则禄位不替；父有争子，不陷无礼；士有争友，不行不义。故子从父命，奚讵为孝？臣从君命，奚讵为贞？夫能审其所从，之谓孝，之谓贞矣。"

——《孔子家语·三恕》

子贡这里所谓的孝顺与忠贞，用现在的话来说，都是愚孝与愚忠。父亲要求儿子做的事，即使绝对是错的，儿子也必须无条件去做。国君给臣子们下达的命令，不论正确与否，都要坚决贯彻执行。孔子反对这样做。他要求子贡去做诤臣、诤子、诤友；凡父亲要求儿子做的事情，先要进行辨别，如果正确就去做，如果不正确，就要说服父亲，不能去做，不要陷入无礼的境地。对于国君的命令也同样，首先要分析命令的正确性。如果并不正确，就要劝谏国君，修正这样的命令，不能盲目地去执行错误的命令，以免给国家带来损失或危险。对朋友当然也不例外。如果对于国君、父亲、朋友的错误行为不加劝谏，反而去执行，以至于给国家、家庭、朋友造成损失，那就走向反面，成了不忠不孝的人，甚至成了误国害民的国贼。孔子对子贡的这些教育是极为重要的。它也不仅对于子贡有教育意义，就是对于今天的人也有教育意义。有的人习惯性地认为，凡是上级的指示命令，都是正确的，所以言听计从，盲目执行。这样的情况，历史上的教训很多。对这样的人，孔子的话，是很好的教育。还有一些人，明明发现上级的指示命令有不妥当的地方，他们也坚决执行。他们之所以要这样做，只是为了讨好上级，获取上级的信任，为未来的提拔铺平道路。这样的人，就不去说他了。只有等他们碰得头破血流之后，才会觉悟。这是从一个方面来说。从另一个方面来说，接受诤谏也不是大家都能做到的。有的人只爱听好话，只爱听恭维的话，只爱听顺耳的话，听不得不同意见，更听不得反对意见。这些人听听孔子的这些教导，当然也是有益的。

> 鲁国之法，赎人臣妾于诸侯者，皆取金于府。子贡赎之，辞而不取金。孔子闻之曰："赐失之矣。夫圣人之举事也，可以移风易俗，而教导可以施之于百姓，非独适身之行也。今鲁国富者寡而贫者众，赎人受金则为不廉，则何以相赎乎？自今以后，鲁人不复赎人于诸侯。"
>
> ——《孔子家语·致思》

按照鲁国的法律规定，从其他诸侯国赎回奴隶的人，可以去国库领取一定的钱款。子贡赎回了一些奴隶，却推辞领取钱款。孔子听说了以后就说：这事子贡做得欠考虑。圣人主张做这样的事情，是要以此来移风易俗，教化引导百姓也这样做，并非只是自己要这样做。现在鲁国富人少而穷人多，如果认为因赎人而去国库领取金钱是不廉洁，以后人们再用什么去赎人呢？从今以后，鲁国就再不会有人去别国赎回奴隶了。

这本来是子贡做好事，无偿从他国赎回奴隶。但孔子却否定了子贡这样的做法。子贡能够这样做，是因为子贡有钱。他没有考虑到，如果不能够从国库领回一些钱，或者认为从国库里领钱是不廉洁，那么，那些金钱不足的人就无法再去做这样的好事。而鲁国的现实是没有钱的人是多数，有钱的人是少数。这样一来，以后就再也不会有人去别的诸侯国赎回奴隶了。这就把好事变成了坏事。这是子贡对这件事的做法考虑不周。孔子看问题要比子贡深刻得多。这时候，子贡已经在鲁国做官，而孔子对他仍然很关心，对他所做的事仍然很关注。当子贡知道了孔子对这件事的看法后，肯定会受到深刻的教育。

在孔子的学生中，子贡是与孔子接触最多的学生之一。他们之间相互交流的机会很多，接受孔子的教育也就很多，所以，孔子对他进行教育的有关言论也就非常多。这些言论，许多已经在其他文章中有过论述，这里不再赘述。

三、子贡对孔子的忠诚与崇敬

子贡，在孔子的弟子中无疑是出类拔萃者之一。他的学识与地位都相当出众。从地位来说，《史记》说他"常相鲁卫"。一个人能够"常相"两个国家，既说明其地位很高，也说明他很有才能，要么怎么能够常在两个国家担任国相之职？从学识来说，他也相当突出，曾经有人说他超过孔子。不过，子贡对孔子始终是忠诚的、崇敬的。他不曾有过对孔子的不满情绪。虽然在长期的教育过程中，孔子对他有过一些抑制的做法，也没有少批评他。但他既不曾有过埋怨，也不曾有过任何计较。当别人在任何地方对孔子有所诋毁时，他都极力维护孔子的崇高荣誉与学术地位。从这一点来说，子贡的道德操守值得肯定。其实，孔子对子贡也相当信任，他们之间也有一些感情上的交流，而且这些交流都很真实，也很深入。这种交流，可以说超越了师生关系，可以说是亦师亦友吧！

> 子曰："莫我知也夫！"子贡曰："何为其莫知子也？"子曰："不怨天，不尤人，下学而上达。知我者其天乎！"
>
> ——《论语·宪问》

对自己的生不逢时，其道推行不畅，英雄无用武之地，孔子发出了深深的感叹。这一声感叹，发自内心，是孔子内心痛苦的反映。一般来说，这样痛苦的呻吟是不会在一般人面前表露的。只有在自己的亲人或者知心的朋友面前，才会如此动情。而这样的感叹在子贡面前发出，可见孔子对子贡的信赖非同一般。只有把子贡当作自己的朋友与亲人，才会如此。

> 孔子适郑，与弟子相失，独立东郭门外。或人谓子贡曰："东门外有一人焉，其长九尺有六寸，河目隆颡，其头似尧，其颈似皋繇，其肩似子产，然自腰已下，不及禹者三寸，累然如丧家之狗。"子贡以告，孔子欣然而叹曰："形状未也，如丧家之狗，然乎哉！然乎哉！"
>
> ——《孔子家语·困誓》

为了实现其恢复先圣明王之道的理想，孔子长期奔走于各诸侯国之间，但是屡遭挫折。而孔子这次到郑国来，路上本就很不顺利，又与学生们走散了，其失意丧气的样子可想而知。现在能与子贡相聚，自是高兴。而子贡告诉他，有人说他有如丧家之犬时，他反而高兴地自嘲了起来。说他有圣人的形貌，他说未必；说他像丧家之犬，他说是那个样子。这个自嘲，可以说五味杂陈。他见到子贡是高兴，说他长得像圣人，也值得高兴，但更多的是自嘲。整天为推行理想奔波，却落得像只丧家之犬。这不是很有讽刺味道吗？这种自嘲，对于孔子来说，一般不会在他人前面流露，却在子贡面前流露出来，这也可见他没把子贡当外人，与子贡是可以交心的。

> 子贡曰:"有美玉于斯,韫椟而藏诸? 求善贾而沽诸?"子曰:"沽
> 之哉! 沽之哉! 我待贾者也。"
>
> ——《论语·子罕》

子贡敢于在孔子面前提出这样的问题,这很不一般。把孔子比喻成一块美玉,这没有问题。问题是提出该把它珍藏在柜子里还是找一个好商家把它卖掉?这中间隐喻着孔子如何处置自己的问题。这样的话,不是一般人可以说出来的,必须是同志朋友,关系非常亲密的知己知彼的人才会这样说。因为这有一个对于对方是不是尊敬尊重的问题。孔子德高望重,子贡是孔子的学生。学生怎么敢这样来问老师?这说明什么?这说明这种师生关系已经很不一般,两人已经非常亲密,可以说是亦师亦友了。这一点,从孔子的回答也可以看出——卖掉吧,卖掉吧! 我正在等待一个好商家呢! 这样的回答,很是伤感,很是无可奈何,很是伤自尊的。这样的话,能够在子贡面前说出来,也充分说明孔子并没有把子贡当外人、当学生,而是把他当作知心朋友,因为说这样的话,是在知心朋友面前的一种坦诚,一种无可奈何的叹息。

名师出高徒。在孔子的教导下,我们可以看出,子贡已经是一个很不一般的学者了,他的一些言论、对问题的看法,都很有水平。比如:

> 子贡曰:"君子之过也,如日月之食焉,过也,人皆见之,更也,
> 人皆仰之。"
>
> ——《论语·子张》

这讲的并不是什么十分高深的道理,却是一条真理。人非圣贤,孰能无过。就是圣贤,也不可能不犯一点过错。但如何对待过错,却体现了一个人的品德修养。有的人,明明犯了错,却总是遮遮掩掩,害怕别人知道,或者死不承认,甚至文过饰非。其实,君子之过,如日月之蚀。谁能看不见? 君子坦荡荡,有了错,想遮蔽起来,那既办不到,也不是君子的作为。有了过失,人家看见了,你不遮不掩、光明磊落,那是君子的坦荡,人家反而会高看你一眼。一旦把过失改正了,那更是君子的勇敢与高尚,人家更会敬重你。子贡的这段话,可以说是一面镜子,能够照出一个人的心胸与品德。

> 子贡曰:"纣之不善,不如是之甚也。是以君子恶居下流,天下之
> 恶皆归焉。"
>
> ——《论语·子张》

子贡说：商纣王所做的坏事，其实不像现在传说的那么严重。因此君子不能够去做坏事，留下坏影响。如果留下了坏影响，天下的坏事都会往他身上推。从这段话来看，子贡对事物的看法、对人物的评价，还是比较客观、比较准确的。对纣的评价就是个例子。子贡在《孔子家语·弟子行》中对同学的评价也如此。这都与孔子的教育有关。

> 棘子成曰："君子质而已矣，何以文为？"子贡曰："惜乎，夫子之说君子也！驷不及舌。文犹质也，质犹文也，虎豹之鞟犹犬羊之鞟。"
>
> ——《论语·颜渊》

棘子成是卫国大夫，是有一定地位的人。他认为君子只要有质朴的本质就行了，何必要什么文采。子贡批驳了他的错误观点，告诉他，君子不能乱说话，知之为知之，不知为不知。一言既出，驷马难追。子贡这样对棘子成说话，颇有一点居高临下的架势，这说明他的地位已经非同一般。而他给棘子成所说的这一番道理，本质与文采，是事物的内容与形式的问题。内容与形式，相互依存，相辅相成。内容依形式而展示，形式依内容而存在。这都说明，无论从地位还是从学术上，他都有了相当的本钱。但是他对老师孔子却仍然十分尊崇、钦佩、敬仰，始终维护着孔子的尊严，没有一点敢轻慢的表现。

> 子禽问于子贡曰："夫子至于是邦也，必闻其政，求之与？抑与之与？"子贡曰："夫子温、良、恭、俭、让以得之。夫子之求之也，其诸异乎人之求之与？"
>
> ——《论语·学而》

子禽问的是一个挺简单的问题，但是子贡的回答却不简单。子贡说，孔子之所以到每一个国家，都能够了解到那个国家的国政情况，是因为孔子的为人常常能够让人感受到他温和、善良、恭顺、质朴、谦逊的高尚品德。对于这样品德高尚的人，谁能不与他亲近？所以，他想知道什么情况，别人都会主动地告诉他，高兴地告诉他。这就是孔子与别人的不同之处。在这些话中也可以看出，子贡对老师的了解非同一般，而且非常尊敬，从内心里佩服。面对他人的提问，能够从本质上准确地作出回答，宣扬了老师的高尚品德，维护老师的光辉形象。子贡对孔子的忠诚与崇敬，从这句话中也有了相当的表现，同时也说明了孔子对子贡的教育是成功的。

子贡曰:"夫子之文章,可得而闻也;夫子之言性与天道,不可得而闻也。"

——《论语·公冶长》

人世间的知识与学问,有些是看得见、听得到的,有些是看不见、听不到的。这是为什么?因为有些东西只可意会,不可言传。孔子是一个非同一般的人,人们都称他为"圣人"。圣人是什么样的人?"所谓圣者,德合于天地,变通无方,穷万事之终始,协庶品之自然,敷其大道而遂成情性。明并日月,化行若神。下民不知其德,睹者不识其邻。此谓圣人也。"(《孔子家语·五仪解》)这是孔子对鲁哀公之问所作的回答。所谓圣人,他们的品德与天地之德一致。其变化无形,无论怎么变化都符合自然规律,能够探知万事万物的始与终,从而驾驭万事万物,使之顺其自然而合乎自然法则,依据自然法则而使万事万物形成自己的本性。圣人的光明与日月同辉,他们教化万物,有如神灵。天下的老百姓都不知道他们的品德有多么高尚,看他们与平常人一样,都不知道他们身边的人就是圣人。这样的人就是圣人。从孔子对圣人的描绘,就可以理解,子贡为什么会说这样一段话。孔子的文章,包括孔子所传授的历史文献、孔子的言论与著述,这些当然是看得见、听得着的。而老师所练就的内在品德修养,或者叫作内功,也就是子贡所谓的言性与天道。这样的内功,在人的体内,流动在人的血液之中。孔子曾经说过"性相近,习相远"。所谓性相近,是说人生下来,其本性是相近的,只因为受到家庭、教育、社会等不同影响,让人性有了不同的改变,所以习相远了,因而人性也就变化了。而孔子的人性,就表现在其"温""良""恭""俭""让"之中了。这些东西,是他长期修炼出来的,融化在他的血液之中,体现在他的品德之中。这是就言性而言。天道,就是天体运行的规律也就是自然运行的规律。人一旦掌握了天体运行的规律,把天体运行的规律化为了自己的知识,融化于自己的血液之中,这时候,人就能够"从心所欲,不逾矩",就能够自然而然地按天道行事,也就"化行若神"了。这也就是子贡认为夫子之言性与天道,不可得而闻的原因。

从这一段话可以看出,子贡对孔子的学识修养与精神品德,都没有停留在一般的认识高度上,而有着自己独特的认识。在孔子的身上,不但只有看得见、听得着的"文章",更有那些看不到、听不着的言性与天道。这让子贡羡慕不已,也崇敬不已。

卫公孙朝问于子贡曰:"仲尼焉学?"子贡曰:"文武之道,未坠于

地，在人。贤者识其大者，不贤者识其小者。莫不有文武之道焉。夫子
焉不学？而亦何常师之有？"

——《论语·子张》

子贡对公孙朝的这个回答，说明子贡对孔子有真正的深入了解。孔子的学
问，博大精深，这是大家公认的。但是孔子的学问是如何学来的？这就不是一个
很好回答的问题，但是子贡作出了很好的回答。孔子的学习，除了向历史文献资
料学习以外，最突出的一个特点就是向民间学习。在民间，除了大量的老百姓之
外，还有很多贤能之士，无论是老百姓还是贤能之士，他们中间有很多人，储藏
着各种各样的知识与学问，是学问与知识取之不尽、用之不竭的宝库。因此，是
否善于向民间学习，是学习成功与否的重要关键之一。而孔子就是善于向民间学
习的模范。他的知识，除了学习历史文献资料之外，就是不断地随时随地向民间
学习。他没有固定的老师，但他学到了比别人更多的知识与学问。子贡能够看到
孔子这样的学习经验，这说明他对孔子的学习方法很有体会，这对他自己的学习
也是很有帮助的。同时，从他对公孙朝回答的口气来看，他颇为自己有这样的老
师而自豪。

叔孙武叔语大夫于朝曰："子贡贤于仲尼。"子服景伯以告子贡。
子贡曰："譬之宫墙，赐之墙也及肩，窥见室家之好。夫子之墙数仞，
不得其门而入，不见宗庙之美，百官之富。得其门或寡矣。夫子之云，
不亦宜乎？"

——《论语·子张》

从叔孙武叔的话来看，子贡在鲁国朝廷的威望已经是相当崇高的了，否则叔
孙武叔也不会在这样的场合说这样的话。在这样的情况之下，有的人可能是晕晕
乎乎不知其所以然了，也不知道天有多高地有多厚了，还真会以为自己是天下第一
了。他们的眼中哪里还会有别人，当然也不会再有老师了。但子贡并没有那样。
他衷心地认为自己与老师还有巨大的差距。别人那样夸赞他，并不是自己真正有
那么好，而是因为那些人并没有真正地了解孔子的伟大。从这些地方来看，子贡
真是一个谦虚的有自知之明的人。他对孔子的伟大与崇高的认识，是深入的，因
而他对孔子的钦佩与崇敬是真正的发自内心的。从这些地方，我们没有看到他与
老师有任何隔阂。虽然孔子在教育他的过程中，有过这样那样的批评，甚至是抑
制，他并没有因此而对老师有丝毫的怨恨。由此可以看出孔子对他的教育是成功

的，而他的品德也真正是崇高的。

> 叔孙武叔毁仲尼。子贡曰："无以为也。仲尼不可毁也。他人之贤者，丘陵也，犹可逾也；仲尼，日月也，无得而逾焉。人虽欲自绝，其何伤于日月乎？多见其不知量也。"
>
> ——《论语·子张》

当有人攻击诋毁孔子的时候，子贡便毫不犹豫地站出来捍卫自己的老师，捍卫老师的尊严，捍卫老师的荣誉。他捍卫老师，是出于对老师的真心敬佩、崇敬与爱戴。在他的心目中，其他贤能的人，与孔子比起来，只不过是一座山丘，人们经过努力都是可以跨越过去的，而孔子则是天空高悬着的太阳与月亮，光芒四射，高不可攀。人们可以自由地汲取其光芒，但可望而不即，永远都无法跨越。某些人可以恶意攻击他、诋毁他，但这永远无伤于太阳与月亮的光辉，只会表明自己的无知与自不量力。从这些话，我们更能看到子贡心中的孔子形象是何等高大，他对孔子是何等敬佩。这种师生关系在世间并不多见。这不能不让我们对子贡也肃然起敬。

> 陈子禽谓子贡曰："子为恭也，仲尼岂贤于子乎？"子贡曰："君子一言以为知，一言以为不知，言不可不慎也。夫子之不可及也，犹天之不可阶而升也。夫子之得邦家者，所谓立之斯立，道之斯行，绥之斯来，动之斯和。其生也荣，其死也哀，如之何其可及也。"
>
> ——《论语·子张》

和前面几段话一样，这段话也表现了子贡对孔子的忠诚与崇敬。对于别人对他的恭惟，他不但没有接受，反而对来恭维的人进行了一番批评教育。一个人不能乱说话，说了一句聪明话，人家就会认为你这个人聪明；说一句不聪明的话，人家就会认为你不聪明。所以说话要十分谨慎。他在批评教育对方的同时，又宣扬了老师的贤圣。老师的贤圣，高如青天。青天，那是没有办法用梯子攀登上去的。所以，老师的贤圣是没有人能够赶得上的，何况我们这些学生。从以上这些话可以看出，子贡一而再、再而三地捍卫自己老师的贤圣地位与荣誉。这是他真心实意从内心发出的对老师的崇敬与敬佩，没有任何的客套与虚伪。可见在他心目中，孔子的形象确实高大无比，其贤圣地位不可撼动。

孔子蚤晨作，负手曳杖，逍遥于门而歌曰："泰山其颓乎？梁木其坏乎？哲人其萎乎？"既歌而入，当户而坐。子贡闻之，曰："泰山其颓，则吾将安仰？梁木其坏，吾将安杖？哲人其萎，吾将安放？夫子殆将病也。"遂趋而入。夫子叹而言曰："赐，汝来何迟？予畴昔梦坐奠于两楹之间。夏后氏殡于东阶之上，则犹在阼；殷人殡于两楹之间则与宾主夹之；周人殡于西阶之上则犹宾之，而丘也即殷人。夫明王不兴，则天下其孰能宗余？余逮将死。"遂寝病，七日而终，时年七十二矣。

——《孔子家语·终记解》

孔子早晨起来，背着双手，拖着拐杖，自由自在地在门外散步，嘴里吟唱道：泰山就要崩塌了，栋梁就要折毁了，圣人的生命就要终结了。唱完了歌，孔子走回屋子里，对着门口而坐。子贡听到了这些歌声，说：泰山崩塌了，我们将瞻仰什么？栋梁折断了，我们将依靠什么？圣人去世了，我们将效法谁？老师怕是要得重病了。子贡遂即快步走进去拜见孔子。孔子叹息着说道：赐呀，你怎么这么晚才来呀！前几天，我梦见自己坐在两楹之间接受祭奠。夏朝人将灵柩停放在对着东阶之堂上，那是主人迎接客人的位置；殷人将灵柩停放在堂前东西两楹之间，那是处在主位与客位之间的位置；周人将灵柩停放在对着西阶的堂上，那是迎接宾客的位置。我孔丘是殷人。现今没有贤圣的君王出现，那么普天之下会有谁来尊奉我呢？我大概快要死了。接着孔子就卧病在床，七天后就去世了，时年七十二岁。

这是孔子去世之前与子贡的一次见面与对话。从这次见面与对话，我们也可以看出，孔子与子贡之间的亲密关系非同一般。首先就是孔子的那一句——"赐，汝来何迟？"这就能看出，孔子早就盼望子贡的到来了。孔子的学生那么多，为什么就等着子贡的到来呢？这就说明孔子对子贡很信赖。眼见自己病重，很可能就要离开人世了，希望尽快见到子贡，托付后事。事实上也正是如此，他把后事托付给了子贡，告诉他，自己是殷人后代，按照殷人的习俗处理后事。其次，从子贡所说"泰山其颓，则吾将安仰？梁木其坏，吾将安杖？哲人其萎，吾将安放？"的话，则可看出，虽然子贡跟随孔子学习已经很长时间，而且已经在各方面都有了很高地位与很大影响，但是老师对他的教育与帮助仍然多多。每当他有了什么困难或者需要注意的问题，他还可以来向老师请教，而且都会得到圆满的答案。有时候，老师还会主动提醒他，这使他受益匪浅。所以，到了现在，他们师生之间的这种关系，仍然是那么亲密，相互信赖，并没有丝毫淡化。这样的师生关系，即使到了今天，还是值得我们学习与效法的。

二三子三年丧毕，或留或去，惟子贡庐于墓六年。自后群弟子及鲁
人处于墓如家者，百有余家，因名其居曰孔里焉。

——《孔子家语·终记解》

孔子的学生们为孔子守墓三年之后，有的人在当地留了下来，有的人离开了
那个地方。只有子贡在孔子的墓地盖了一间简单的房子，住了下来，而且一住就
是六年。

弟子们为老师守墓三年，虽然这在当时是礼俗，但要真正这么做，并不容
易。而子贡却在孔子的墓地一住就是六年，为老师守了六年的墓。

孔子和他的弟子有若

　　有若，鲁国人，少孔子三十三岁，一说是少四十三岁，孔子的学生。在《论语》中被尊称为"子"的有两位：一位是曾参，一位就是有若。其他偶尔也有称子的，那只是偶尔而已。这两位为什么被尊为子？在那个时代，被称为子的人，或者是尊贵的男人，或者是老师。就有若而言，他在《论语》中被称为子，其他同学，比如颜渊、子贡、子路、子游、子夏、子张等，都是孔子学生中的佼佼者，都没有这样的尊称，是不是与他的相貌有关？《史记·仲尼弟子列传》这样记述有若：

　　　　孔子既没，弟子思慕，有若状似孔子，弟子相与共立为师，师之如夫子时也。他日，弟子进问曰：昔夫子当行，使弟子持雨具，已而果雨。弟子问曰："夫子何以知之？"夫子曰："诗不云乎？'月离于毕，俾滂沱矣'昨暮月不宿毕乎？"他日，月宿毕，竟不雨。商瞿年长无子，其母为取室。孔子使之齐，瞿母请之。孔子曰："无忧，瞿年四十后当有五丈夫子。"已而果然。敢问夫子何以知此？有若默然无以应。弟子起曰："有子避之，此非子之座也！"

　　孔子去世之后，弟子们都很怀念老师。有若外形颇似孔子，于是大家就共同拥立他为师。就像当年尊敬孔子那样地尊敬他。某一天，同学们到他这里来向他请教：从前，孔子准备出行，他让同学们备带好雨具，不大一会儿，果然下起雨来。同学们请教说：先生何以知道马上就要下雨了？先生说：《诗经·小雅·渐渐之石》不是说了吗？月亮依附于毕星的时候，天就会下大雨。昨天夜间，月亮不是宿靠于毕星的位置上了吗？另一天夜间，月亮又宿靠于毕星的位置，竟然并没有下雨。商瞿的年纪比较大了，还没有儿子，他母亲要为他再娶一房妻子。孔子要派商瞿到齐国去，商瞿的母亲请求孔子不要派他去。孔子说：不必担忧，商瞿四十岁之后当有五个儿子。后来果然是这样。同学们问有若：老师为什么预先知道事情会这样呢？有若沉默了，没有办法回答。于是学生们站起来说：有若先生，您还是离开这吧，这个位子不是你可以坐的。

有若为什么被尊为子，是不是与这段话所说的有关系？孔子去世之后，学生们为其守孝三年。三年期满，大家从墓地挥泪而别，但是大家对老师仍然有着无尽的思念。而有若的形貌很像孔子。为了满足大家对老师的思念之情，于是大家便共同协商，尊有若为师，像尊敬孔子那样尊敬他，以缓解对孔子的思念之情。

关于尊有若为师的说法，《孟子·滕文公上》有一些不同：

> 昔者孔子没，三年之外，门人治任将归，入揖于子贡，相向而哭，皆失声，然后归。子贡反筑室于场，独居三年，然后归。他日，子夏、子张、子游以有若似圣人，欲以所事孔子事之，强曾子。曾子曰："不可。江汉以濯之，秋阳以暴之，皜皜乎不可尚已。"

先前，孔子去世了，学生们都为孔子守孝三年。三年之后，大家收拾行李，准备回家之际，来到子贡的住处，向子贡行礼告别，同学们相对大哭，泣不成声，之后大家才回家去。大家离去之后，子贡又回墓地，重新建房，独自又为老师守孝三年，然后才回去。过了些日子，子夏、子张、子游，认为有若很像孔子，想要用尊崇孔子的礼节来尊崇有若，还强烈要求曾子同意。曾子说：不可以这么做。老师的品德学识，是用长江汉水的水洗涤过的，是经过盛夏的太阳曝晒过的，其洁白无瑕至高无上，谁能够与他老人家相提并论呢！

按照孟子的这个说法，孔子去世，虽然几年已经过去，但是同学们对老师仍然念念不忘，因为有若长得像孔子，于是子夏、子张、子游等人就想以有若来替代孔子，让大家像尊崇孔子那样尊崇有若，并且强烈希望曾子同意。但是曾子没有同意，他认为孔子的品德与学识，都是经过千锤百炼、反复检验，证明是洁白无瑕、至高无上的。而有若，与孔子比较起来，相差的距离不说有十万八千里，恐怕也是相去甚远吧，怎么能够和孔子相提并论，而化为孔子的化身？所以曾子没有同意子夏他们的提议。按照这个说法，有若应该是并没有真正替代孔子被尊为老师。这与《史记》的记载有所不同。《史记》说的是有若已经登上老师的宝座，是因为回答不了同学们提出的问题而被学生们赶下宝座。如果把两段文字结合起来看，有一点可以肯定，就是孔子在学生们当中威望特别高，以至于去世之后多年，大家对他的感情还那么深厚，对他的思念还那么强烈，甚至要把形貌似孔子的同学有若推出来，作为老师的偶像来尊崇。这种师生关系、师生感情、师生友谊真正是世间少有。这样看来，孔子被后世尊为万世师表也就理所当然了。

现在来说有若的学问。有若的学问不如孔子，这是毫无疑问的。《史记》也好，《孟子》也好，对于他的学问都持否定态度。不过这都是与孔子相比较。和孔子比，不用说有若，就是他所有的学生，也没有一个能比得上的。但是，有若的学识到底怎么样？《左传·鲁哀公八年》有这样的记载：吴国攻打鲁国，鲁国的微虎准备夜袭吴王住处。他从自己七百人的队伍中精选三百人，其中就有有若。队伍到达稷门内，有人对季孙说：这样做并不能把吴王怎么样，反而会更多地杀害我们的国士，不如停止行动。于是便停止了这次行动。这里，有若被称为国士。国士是什么样的人？是国内才能出众的人。这说明，在鲁国，有若是才能出众的人。可见，作为孔子的学生，有若并非无能之辈。有若是个有才能与学识的人，这一点我们从他的某些言论中也可看出。

> 有子曰："其为人也孝弟，而好犯上者，鲜矣。不好犯上，而好作乱者，未之有也。君子务本，本立而道生。孝弟也者，其为仁之本与。"
>
> ——《论语·学而》

《论语》的编者，把这段话放在第一篇的第二章。第一章是孔子的话。第二章就是有若的这段话。我们能不能认为，编者对有若特别重视呢？有人怀疑，《论语》是曾子与有子的学生所编，所以尊二人为子。这只是猜测。其实，在第一篇中，有若的话有好几段，曾子的话也有两段，子夏的有一段，子贡的有两段。不过，这些话看起来都很有水平，都是一些经典之言。所以，编者尊有若与曾参为子，是不是与他们的学识水平有关，也很难说。就有子的这些话来看，确实很有见地。作为一个人，最基本、最根本的东西是什么？一个是孝，就是对父母的孝顺；一个是悌，就是对兄长的敬重，这其中也包括对比自己年长的人的敬重。试想，一个人对自己的父母都不孝顺，对自己的兄长都不敬重，那么他对其他人还会怎么样呢？当然，孝也好，悌也好，因为各自的情况不同，也会有各自不同的表现。比如说，穷人家有穷人家的孝顺法，富人家有富人家的孝顺法。但是孝的本质应该是一样的，就是说孝的出发点应该是一致的，那就是对父母的孝是发自内心的。在穷人家，全家一起穷，有吃的，不论好坏，先让父母吃，就是吃不饱，孝心到了，也就尽孝了。在富人家，吃穿应该不成问题。但是，孝不只是吃饱穿暖，父母的心思你知道吗？父母内心的需要是什么你知道吗？父母需要的是子女的孝心。现在有的家庭，父母千辛万苦把几个子女养大了，供他们上了大学，子女们都进了城市，有了好的工作，住进了高楼大厦，生活得幸福美满，却疏于关心照顾父母。现在这样的情况见诸报端的并不少，我们应该怎样来评价这些人呢？有若说，君子务本，本就是孝悌。你不孝，你就没有了根本。本立而道生。可是你没有本，其他的道又怎么生，从何而生？你对父母都不孝，你还能对别人好吗？"孝弟也者，其为仁之本与。"这话实在说得太好了。仁的根本就是孝悌。没有孝悌，仁又何来？仁心的来源就是孝悌。连父母都不孝，岂能有仁心？仁是什么？仁就是爱人。连自己的父母都不爱的人，还能去爱别人，那岂不是笑话。所以，一个连自己的父母都不孝顺、不爱的人，绝对不会去爱别人。如果有对别人爱的表现，那一定是假的，是不能相信的。当然，我们这样来理解孝悌，只是就一般情况而论，特殊情况又当别论。比如"忠孝不能两全"，是说在特殊情况下，为国家和人民尽忠，必须远离父母，甚至要作出最大的牺牲，当然就很难或者就根本无法为父母尽孝了。这种情况是大义，父母一定会理解，一定会支持，大家也一定会理解与支持。还有，那些汉奸卖国贼，他们背叛国家，背叛民族，认贼作父，出卖国家利益，出卖民族利益，作为儿女，如果你还有一点国家与民族大义，对于这样的父母，这样的国家罪人、民族罪人，还有必要去尽孝吗？至于犯上作乱，那都是在正常情况下的非正常行为。一般说来，能够孝顺父母、尊敬兄长的人，怎么会有不正常行为？如果那个"上"是个不好的人，所谓的"犯上作乱"，也就是正当行为了。

> 有子曰："礼之用，和为贵。先王之道，斯为美。小大由之，有所不行。知和而和，不以礼节之，亦不可行也。"
>
> ——《论语·学而》

这一段话也显示出有若是有水平的。礼是古代治理国家的依据。虽说大家都是依礼来办事，但礼的运用，以和谐恰当为可贵。那么这个掌握礼的人的水平就很重要了。在古代，也只有那些圣明的君王对礼掌握得最好，运用得最好，做得最为和谐恰当，所以他们把国家治理得最好。但是如果处理小事与大事，都以和谐恰当为准则，是不是会出现勉强的情况？如果出现这样的情况，处理某些事情就不一定那么准确了，就不一定能够行得通了。所以，如果一味地追求和谐恰当，为追求和谐恰当而追求和谐恰当，这就可能违背某些原则，而造成实际上的不和谐恰当。所以，有若说，要用礼来节制。礼是准则，如果不用礼来节制，那也是不行的。

有若所说的这一点很重要。这是个很有学问的问题。礼既要有原则性，又要讲灵活性。礼是原则性和灵活性的统一。原则性的运用，最宝贵的就是做到最为恰当。但原则性是刚性的，不能逾越。灵活性必须服从原则性。不能为了追求和而刻意地去追求和，把原则性放到一旁去了。这是处理任何问题时都必须遵循的。

有子曰："信近于义，言可复也。恭近于礼，远耻辱也。因不失其亲，亦可宗也。"

——《论语·学而》

先说讲究信誉。孔子最提倡信誉，最讲究信誉，有若在这里似乎给老师作了一点补充。就是说讲究信誉，还应该有一个前提要求，要合乎道义。也就是说，讲究信誉要看对象，在答应对某个人做这件事的时候，先要看对方是不是君子，要考察对方是不是讲信誉的人，如果对方有不讲信誉的先例，对于这样的人你就要多长一个心眼，要先看他是不是讲信誉。如果对方是个骗子，你还对他讲信誉，那就助长了他的欺骗行为，让他有机会去骗更多的人，给社会带来更多更大的危害。面对这样的人，能够讲信誉吗？所以善良的人们，在讲信誉之前，一定要记住有若的这个忠告，"信近于义，言可复也"。一定要好好地审查一下你面对的人和事，是不是合乎义？是不是值得你对他们讲信誉？以免上当受骗。

再说恭近于礼。这话也讲得很好。做人要懂得恭敬，但是恭敬也要合乎礼的要求，才能远离耻辱。我们中华民族是个最讲礼仪的民族，我们中国是礼仪之邦，所以我们最讲究恭敬为人。我们提倡为人庄重、谦逊。我们对值得恭敬的人一定是恭敬的。但是正如有若所说，恭敬也要看对象，值得恭敬的人，一定对他恭敬；如果是不值得恭敬的人，你对他恭敬，反而会受到侮辱。有的人他不自重，但凡有一点点什么本事，或者有那么一点点钱，或者有那么一点点地位，就会高高在上，目中无人。这样的人，值得你对他们恭敬吗？还有，我们中国的某些人，自有一种崇洋媚外心理，总以为外国的月亮比中国的圆，总以为外国人比我们高一头，所以一见到外国人就以为自己矮了一截，比人家低一头。所以一些不自量力的外国人，也就真的以为他们比我们高一头，因而颐指气使，目中无人。对于这样的人，我们还要恭敬吗？记得诗人田间先生有一首小诗《假如我们不去打仗》：

假如我们不去打仗，
　敌人用刺刀，杀死了我们，还要用手指着我们的骨头说："看，这
是奴隶！"

这首诗是 1938 年抗日战争时期写的。那时候的日本侵略者，在我们的国土上何等猖狂，何等残暴，何等凶恶！他们侵占我们的国土，抢掠我们的财产，杀害我们的同胞。面对这样凶残的敌人，我们能够恭敬吗？那些汉奸出卖灵魂，死

心塌地为侵略者当帮凶，残害自己的同胞，侵略者把汉奸当人看了吗？所以对待侵略者，只能像田间先生诗中所写的那样，拿起枪，去与敌人战斗。这才是"恭"，这才是"礼"，这才能远耻。每当我读田间先生的这首诗，都特别受启发，特别受鼓舞。现在，美国的一些不良政客，看到我们的国家高速发展，富起来了，很快还要强起来，于是就眼红了，坐不住了，露出了他们凶残的罪恶本性，先是对我国发动贸易战，企图让我们向他们屈服，给他们让利，也就是让我们将辛辛苦苦积累起来的财富拱手送给他们去享受。贸易战不成，就来制裁战，他们认为制裁可以压制中国的单位与个人，从而让中国向他们屈服；科技战，在科技尤其是高科技方面，对中国实行封锁，企图困死中国高科技产业；舆论战，在舆论方面大肆毁谤中国，抹黑中国，只要是自己没干好的事，都把锅甩给中国，都是中国的责任；外交战，千方百计拉拢几个"难兄难弟"，围堵中国，给中国施压。这些战法无效，便是威胁使用武力，派飞机、航母到中国沿海来示威，来捣乱，来达到其目的。他们的目的很明确，就是不能让中国发展，就是要让中国老老实实把财富献给他们。何等狂妄！何等无耻！面对这样一些无良政客，你能恭敬吗？你恭敬有用吗？可惜的是，时代变了，今天的美国，已经不是昔日那个颐指气使，可以随便欺压他人的国家了。中国人民已经站起来了，富起来了，强起来了！"朋友来了有好酒，若是那豺狼来了，迎接它的有猎枪！"这就是我们的"礼"！

因不失其亲，亦可宗也。有若这话也说得很好，很正确。最可靠的是亲人。谁是亲人？在我们国家，全国各民族一家亲。各民族都是中华民族的一员，都是兄弟姐妹，都是最亲的亲人。全国各兄弟民族人民团结一致，是最可靠的亲人。共产党与各族人民是最亲的亲人。共产党是各族人民最亲最可靠的亲人，各族人民是共产党最亲最可靠的亲人。全国各族人民团结在一起，共产党和全国各族人民紧密地团结在一起，这就最可靠！

　　哀公问于有若曰："年饥，用不足，如之何？"有若对曰："盍彻乎？"曰："二，吾犹不足，如之何其彻也？"对曰："百姓足，君孰与不足？百姓不足，君孰与足？"

——《论语·颜渊》

　　鲁哀公向有若咨询国事，这说明有若在鲁哀公眼里是有地位的。前面我们说他是国士，看来他在鲁国确实是才能出众的人，要不鲁哀公不会找他来咨询如此重要的问题。而有若对这个问题的回答也很有见地，很有辩证的眼光。国家要富足，就要藏富于民。人民大众富足了，国家的税收就多了，而且很多事情就不再依赖国家了，比如社会上的一些公益事业，老百姓有了钱，就会主动自觉地去兴办，国家的开支就少了，自然而然就富足了。人民大众都贫穷，温饱都成问题，国家从哪里去收税？这里要救济，那里要开销，国家又怎么能够富足起来？想要国家富，先让民众富。民众富起来了，国家必然富。这样就形成了良性循环。如果民众穷，国家必然穷。这样就形成恶性循环。

从有若对这个问题的回答可以看得出来，他的回答很符合孔子的思想，很有孔子的风范。就从这一点可以断定，他的思想得到了孔子的真传，是孔子的忠诚弟子。

对此，还可以看另一段话：

> 有子问于曾子曰："问丧于夫子乎？"曰："闻之矣。丧欲速贫，死欲速朽。"有子曰："是非君子之言也。"曾子曰："参也闻诸夫子也。"有子又曰："是非君子之言也。"曾子曰："参也与子游闻之。"有子曰："然。然则夫子有为言之也。"曾子以斯言告于子游。子游曰："甚哉，有子之言似夫子也。昔者夫子居于宋，见桓司马自为石椁，三年而不成。夫子曰：'若是其靡也，死不如速朽之愈也。'死之欲速朽，为桓司马言之也。南宫敬叔反，必载宝而朝，夫子曰：'若是其货也，丧不如速贫之愈也。'丧之欲速贫，为敬叔言之也。"曾子以子游之言告于有子，有子曰："然。吾固曰非夫子之言也。"曾子曰："子何以知之？"有子曰："夫子制于中都，四寸之棺，五寸之椁。以斯知不欲速朽也。昔者夫子失鲁司寇，将之荆，盖先之以子夏，又申之以冉有，以斯知不欲速贫也。"
>
> ——《礼记·檀弓上》

有子问曾参说：你听老师说过士人丢失官位以后怎么办的事吗？曾参说：听说过。丢了官位就希望快一点贫穷，死了以后就希望快一点腐朽。有子说：这不是老师说的话。曾参说：我听老师是这么说的。有子仍然说：这真不是老师所说的话。曾参说：我与子游都听老师这么说过。有子说：是的，老师也许是说过这样的话。只是老师说这样的话的时候是有所指的。曾参把有子的这些话告诉了子游。子游说：的确是这样啊。有子的话很像老师的话。从前，老师在宋国的时候，看到司马桓魋为自己制造石椁，用了三年的时间还未能造成，因而说了这样的话。老师说，如果要这样奢侈地来做这样的事，那么死了还不如快快地腐烂更好。因而"死欲速朽"这话是针对司马桓魋的行为而说的。南宫敬叔在鲁国丢掉了官职，离开了鲁国，想要回鲁国恢复官职，每次回鲁国来，都要携带大量的宝物来朝廷行贿。面对如此行为，老师说：如果要这样大量地行贿，那么丧失官位还不如尽快地贫穷更好。丧失官位还不如尽快贫穷这话，是针对南宫敬叔的行贿行为而说的。曾参把子游的这些话告诉了有子。有子说：是这么回事。因此我说这不是老师原话的意思。曾参说：您是怎么知道的？有子说：老师在任中都宰的时候，曾作了这样的规定：内棺四寸厚，外椁五寸厚。就根据这样的规定而知道老师并不主张人死后尽快地腐烂掉。从前老师失去鲁国司寇官职，准备要到楚国去做官，便先派子夏到楚国去打理，又加派冉有去协理。根据老师这样的做法，就可以知道老师并不主张丧失官位就尽快贫穷。

这段话是讲有子能够正确地理解孔子的主张，能够正确地识别孔子的话的内涵。人们所说的话，因为语言环境的不同，针对的对象不同，其意义并不一样。如果不能正确地理解与识别，就可能造成误会，甚至是南辕北辙。就以上述的话为例：曾参说孔子说过"丧欲速贫，死欲速朽"，有若认为孔子的原话不是这个意思。曾子说是他亲自听孔子这么说的，并且还是与子游都听老师这么说过。有子仍然认为孔子不会说这样的话。曾子去向子游求证。子游说出了老师说这话是在某种特定的语言环境中，针对某种人的某种行为而说的，并不是一概而言。从针对司马桓魋与南宫敬叔的行为而言，孔子说这样的话，自然是有道理的。这是对司马桓魋与南宫敬叔的行为的批评与否定。但这并不是一般而论。就孔子而言，他是提倡孝道的，也是提倡士而入仕的，怎么会说"丧欲速贫，死欲速朽"呢？而曾子是孔子的最得意的弟子之一，他也是最提倡孝道的，当然也是主张士而入仕的。他还将孔子有关孝道的言论记录下来，著成《孝经》，怎么就会这样理解孔子关于"死欲速朽"的话呢？而有子就坚信孔子不会说这样的话，就是说了，也不会是一概而言，一定是在特定情况下，因特定的人的情况而言的。就这一点而言，比较起来，曾子与有子，在理解老师的话这方面，能力并不一样，是有高下之分的。这又让我们想起曾子曾经因为给瓜除草而不小心伤了瓜苗，遭受父亲毒打而不逃避的事。为此，孔子狠狠地批评了他。在孔子看来，孝顺父母是必须的，但在父亲有可能把儿子打死的情况下，儿子应该逃跑，如果儿子不逃跑而让父亲打死了，那就让父亲陷于不义而且犯罪的境地。这是更大的不孝。这就看出，曾子对某些问题的理解有一定的局限性。而有子则不同，他对问题的理解就灵活得多。他认为"礼之用，和为贵。先王之道，斯为美。小大由之。有所不行，知和而和，不以礼节之，亦不可行也"。在他看来，无论做什么事情，大事小事，以和为贵。但是又不能为了和而伤了原则。所以既要有灵活性，又要有原则性；既要有原则性，又要有灵活性。做到真正的"和"才是最好。这就证明，有子对问题的理解比曾子要高一筹。回到"丧欲速贫，死欲速朽"上来，曾子向子游求证之后，证明有子的话是对的。孔子说这话是在特定的环境下，对特定的人的行事行为而说的。那么有子为什么能够断定孔子这话不是一概而论，而是有特指的呢？有子的根据是：孔子在鲁国任中都宰时，作出了内棺四寸厚、外椁五寸厚的规定。由此推定，"死欲速朽"的话并不是孔子的真意。而从孔子丢失鲁国司寇之职后，准备去楚国做官，先派子夏去打理，又加派冉有去协助的举动推定，"丧欲速贫"也不是孔子真意。由此可以看出，有若的学识与智慧并非一般，是有真知灼见的。而同学们推他为老师，也不完全没有道理。至于称他为子，也就可以理解了。

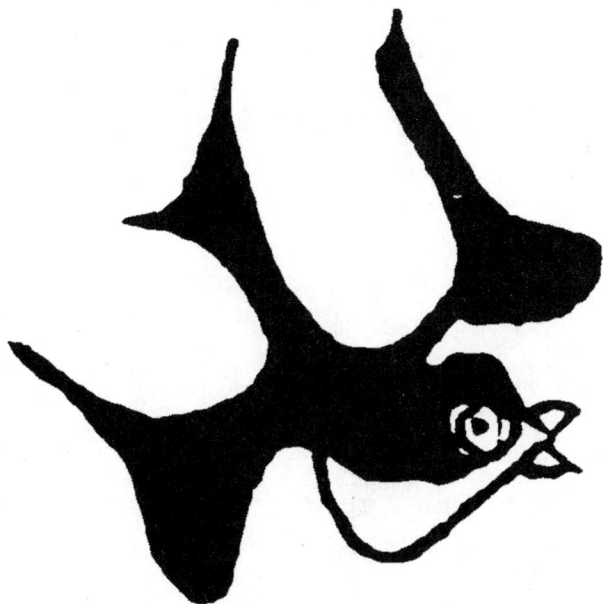

孔子和他的弟子曾参

关于曾参，《史记·仲尼弟子列传》的记述很简单。"曾参，南武城人，字子舆。少孔子四十六岁。孔子以为能通孝道，故授之业。作《孝经》。死于鲁。"这就是《史记》中所记的文字。在《论语》中，孔子对曾参进行教育的记载也不多。但是，在《孔子家语》中有《王言解》一篇，记载了孔子对曾参阐述王道政治的内容。在《礼记》中有《曾子问》一篇，记载了曾子向孔子请教在某些特殊情况下，如何举办祭祀仪式、进行祭祀活动的内容。再就是《史记》中所说的作有《孝经》一部。还有就是"四书"之一的《大学》，是曾子记录了孔子的一段话，然后对这一段话进行的阐释。除此之外，《孔子家语》《礼记》中也还有一些关于孔子教育曾参的记载。根据这些资料可以看出，孔子对曾参的教育活动是很多的，而曾参在孔子的学生中是学习成绩最突出者之一，也是品德最出众者之一，当然其教育效果也是很显著的。

一、《大学》之篇

《大学》之篇，分"经"与"传"两个部分。所谓"经"，是孔子的原话。所谓"传"，是曾参对孔子的这些话所作的解释。对于"经"，朱熹在《大学章句序》中说："而此篇者，则因小学之成功，以著大学之明法。外有以极其规模之大，而内有以尽其节目之详者也。三千之徒，盖莫不闻其说。而曾氏之传，独得其宗。于是作为传义，以发其意。"朱熹此说的大意是，大学的教育，是基于接受小学教育学业出色的学生进入大学学习，也就是进入高层次的学习。而孔子关于大学教育的论述，阐明了大学教育的法则、规模、方法、内容、途径等。孔子关于大学教育的这些内容中所谓的七十二贤人都是听到过的。但是只有曾参对孔子这个学说的宗旨理解最深刻、最纯正。孔子的这篇"经"，共有205字，曾子的"传"，也就是阐释，共有十章，是曾子的学生记述下来的。现在先来看"经"。

大学之道，在明明德，在亲民，在止于至善。知止而后有定，定而后能静，静而后能安，安而后能虑，虑而后能得。物有本末，事有终始。知所先后，则近道矣。古之欲明明德于天下者，先治其国。欲治其国者，先齐其家。欲齐其家者，先修其身。欲修其身者，先正其心。欲正其心者，先诚其意。欲诚其意者，先致其知。致知在格物。格物而后知至，知至而后意诚，意诚而后心正，心正而后身修，身修而后家齐，家齐而后国治，国治而后天下平。自天子以至于庶人，壹是皆以修身为本。其本乱而末治者否矣。其所厚者薄，而其所薄者厚，未之有也。

这 205 个字，都不很难读懂，就不翻译了。在此只对一些重点的词语作一些解释。

首先说大学。这里的大学，可以从两个方面来理解。一是大人之学。就是小朋友从八岁入小学读书，学习一些基础知识。十五岁以后，那些学习出色的学生，便可以入大学读书，学习如何做人、如何治国平天下的知识与道理。这是从年龄来说的。从学识层面上说，小学所学知识是基础性的，比如识字、书写、算数、礼仪应酬，各种常识性的知识等，一般层次比较低；而大学所学的知识是治国平天下以及个人的品德修养，层次比较高。这也是大小的不同。还有，这个"大人"之学，就不完全是年龄的问题了。除了修身（自天子以至于庶人都要修身）之外，齐家、治国、平天下，大多应是天子、诸侯、卿、大夫们的事。所以这个大人，主要是从社会地位来说的，是说那些国君、卿、大夫一类的大官们的子弟，是说他们未来的接班人，并不是从年龄大小来说的。所以接受大学教育的人，主要是那些高官富人的子弟。至于老百姓的子弟，或许也有，那只能是少之又少了。当然还要作一点说明的是，这主要是指官办的大学。至于孔子所办的私学，则另当别论。这一点我们在其他地方已经说过了。而这里的大学，主要还是官学。所以"大学之道，在明明德，在亲民，在止于至善"是说官办大学的宗旨。孔子主张以仁治国、以德治国、以礼治国，所以他主张大学教育，以教育学生明白什么是最高境界的道德准则，从而建立崇高的道德品质。因为这些人将来要去治国理政，因而要让这些学生去弘扬这种高境界的道德品质，带动所有臣民百姓都树立新的道德思想品德，发扬新的道德风尚，创造新的道德面貌。大家不断努力，直到达于至高无上、尽善尽美的境界为止。这是孔子为大学提出的教育宗旨与准则，是这篇文章的纲领，也是孔子关于大学教育的理想境界。

接受了大学教育，明确了大学教育宗旨，学生们的道德修养到了至高无上的境界，就有了坚定的意志与志向；就能够做到波澜不惊，心如止水；就能够做到安宁不躁、气敛神藏；能够做到深思熟虑、思虑周详；能够做到有所收获。这是大学教育让学生接受教育、提高修养的过程，也是要达到的最终目的。这是就思想道德品质的修养而言。除了思想道德品质的修养以外，还要对客观事物有所研究。任何客观事物都有其发展的客观规律。就物而言，有根本，有末梢，有本才有末；就事而言，有开始，有终结，有始才有终。掌握了事物本末先后，也就接近于掌握了事物发展的客观规律。所以，古代那些想要把自己最高境界的道德理念与政治理想弘扬于天下的人，就要先把一个诸侯国治理好。想要把一个诸侯国治理好，就要先把自己的采邑管理好，还要把一个家庭治理好。这里，关于"齐家"中家的意义，要作一点说明。这里的"家"，大多数人将其理解为家庭家族。这当然有其道理。后面有云"一家仁，一国兴仁，一家让，一国兴让"，就是说的这个道理。但我认为，这里的家还应该理解为采邑。理由有二。一是天下、国、家、身，各有其所指代。天下，指代天子；国，指代诸侯国的国君；家，指代大夫；身，指代士庶。《孟子·梁惠王上》中就这样说："王曰：'何以利吾国？'大夫曰：'何以利吾家？'士庶人曰：'何以利吾身？'"这里说得很清楚，梁惠王代表国，大夫代表家，士与庶人代表身。由此可见，这个家是大夫的采邑，不是家庭与家族。二是天下、国、家、身，天子、诸侯、大夫、士与庶人，由上而下，品级第次有序。如果家指家庭与家族，那么大夫这一级就跳过去没有着落了。所以这个家主要是指卿大夫的采邑，当然也包括家庭的意思。这是我个人理解。要齐家，先修身。修身就不只是某一类人的事，而是所有人都必须进行的。天子也好，诸侯也好，卿大夫也好，士与庶民也好，都是必须修身的。不修身，自身没有高境界的道德品质，对事物的发展规律没有一定认识，天子何以去平天下？诸侯何以去治国？大夫何以去齐家？士与庶人又何以去谋生？如何修身？就是要端正自己的心术。一个心术不正的人，一心尽在歪门邪道上下功夫的人，何谈平天下、治国、齐家？就是做一个普通人，如何与人交往？必然成为孤家寡人，为人所不齿。这样的例子何其多。要正心，先诚其意。正心，并不是一件简单的事，而是一个长期的修炼过程，必须诚心诚意，如果三心二意，或者心存丝毫的投机取巧之意，诚意又何来？要诚其意，先致其知。就是说，要成为一个有诚意的人，首先要成为一个有知识、有智慧的人。这是为什么？因为诚意来自眼界。没有知识，没有智慧，做人的眼界与格局就会受到局限。天子的眼光应该在天下，诸侯的眼光应该在国家，卿大夫的眼光应该在采邑，士与庶民的眼光在自身。除了天子以外，其他人要想晋升，就要把视野扩得更大，更开阔。如果是一个要成就大事的人，他没有知识与智慧，其目光必然短浅，他所关注的也就有限。心之所想，眼之所见，只在于自身鼻子底下的利益，与他人、与社会，则事不关己，无所用心。这样的人，意还如何能诚？所以，要练就诚意，先要让自己变成一个有智慧、有知识，眼界开阔的人。而致知在格物。要获得知识，在于格物。所谓格物，就是要深入实践，到社会生活当中去，认识、了解、研究世界上的万事万物。只有格物，才能增长知识与智慧，才能开阔眼界。

孔子这里说的是大学之道。前面说过，在孔子那个时代，能够上得起大学，能够到大学读书的人，少而又少。而大学的培养目标当然是高层次的人才，而这些高层次人才又大多属于王公贵族子弟，或者是富有的士一类的人，他们是未来的接班人。但是，这些人大多生活在贵族之家，高高在上，衣来伸手，饭来张口，四肢不勤，五谷不分，能够深入社会生活吗？所以孔子要告诉这些人，学习的目的是什么，"在明明德，在亲民，在止于至善"。要培养高境界的道德品质，弘扬高境界的道德品格。但是，培养高境界的道德品质，要一步一步来，从修身做起，而修身又要从修心做起。做官也要一步一步来，先从小官做起，做好了小官，才能去做好大官。要做官，先要做一个聪明的、有知识的人。而知识不能只在理论上下功夫，要深入到社会生活实践中去。知识从社会生活实践中来。孔子的知识，就是从社会生活实践中学来的。所以只有通过社会生活实践，对世界上的万事万物进行深入研究，才能够使人获得丰富的知识，才能使人变得更加聪明。人聪明了，知识丰富了之后，意念才会真诚，心术才会纯正，自身各方面的修养才会完备，而后才能治理好家庭，而后才会管理好采邑，而后才会治理好国家，而后天下才会太平。这就是大学教育的宗旨与要达到的目的。所以，从天子到每一个平民百姓，无论是什么人，都有同样一个要求，那就是都要以修炼自身纯正的品德为根本。自身品德这个根本不纯正，而想要把国家社会治理好，那是不可能的。忽视修身这个根本，却在国家社会治理上下功夫，而能够把国家社会治理好，那样的事从古到今没有过。

这就是孔子的大学之道。大学对学生教育的目的，是替国家培养治国人才。而人才的培养，首要的又是道德品质的培养。有了高境界道德品质的人，才能让社会风气日新月异，向好的方面转变，从而达到至高的境界。对人的教育，最根本的是修身。修身最重要的又在于修心。修心最重要的又在于修炼其意念。意念纯正了，心也就纯真了。心纯真了，其身也就端正了。这是根本。但修身的途径又在于深入社会生活实践。学问在民间，知识来源于实践。没有经过实践检验的知识，是不完全的知识，这样的知识，用来齐家、治国、平天下是靠不住的。不能本末倒置。这是孔子两千多年前的教导，直至今天，也还是真理之言。那些意念不坚定、心术不纯正的人，即使爬到了显要的位置，即使伪装得再冠冕堂皇，最终还是不可避免地显出卑下的原形，不可避免地见于刑罚，而为人所不齿。

孔子的这些话是对古代的大学教育而言，今天的大学教育或许与之并不一样，但是从教育方法与途径而言，还是值得我们学习的。比如教育的首要目标，就是思想品德教育，培养高品德境界的人才。一个人的品德境界不高，没有国家观念，没有社会观念，没有他人观念，只有自我观念，这样的人学习再好，也只是为了一己利益，其前途是很难有好结果的。历史上的奸臣、贪腐官员、奸商，不都是从这些人当中产生的吗？再比如修身先修心，修心在于深入社会生活实践，在社会生活实践中学习等，这些前面已经说得很多了，不必赘述，但我们必须感谢孔子在两千多年前就给了我们这样的教导，也要感谢曾参把这些教导记录下来，让今天的人仍然享用不尽。下面来说曾子的传。

> 《康诰》曰："克明德。"《大甲》曰："顾諟天之明命。"《帝典》曰："克明峻德。"皆自明也。

《康诰》说：能够弘扬崇高境界的品德；《大甲》说：要牢记这是上天所赋予的高境界德操；《帝典》说：能够弘扬崇高境界的美德。曾子用古代贤圣的范例，来证明孔子明明德的宗旨是从古代传承而来。《康诰》是周公封康叔的文告。周公告诫康叔，希望他能够弘扬崇高境界的品德。这说明在周公时代，就提倡弘扬崇高境界品德。大甲就是太甲，他是商代成汤的孙子。《大甲》这篇文章是商汤的贤相伊尹训诫太甲的一篇训词，其意在于告诉太甲，商汤崇高境界的品质是上天赋予的，你一定要继承先王的崇高品德，保证商朝社稷永久传承下去。《帝典》即《尧典》，记载了尧与舜的事迹。克明峻德是说尧能够弘扬崇高境界的美德。曾子引用这三句话，证明孔子大学教育明明德的宗旨是完全正确的，因为上古时代先贤圣王就有这样的光辉传统。所以这个传统也要继续传承下去。

> 汤之盘铭曰："苟日新，日日新，又日新。"康诰曰："作新民。"《诗》曰："周虽旧邦，其命惟新。"是故君子无所不用其极。

商汤王在洗澡的浴盆上刻着必须牢记的话：假如今天自新了，那么就要每天自新，长期不断地自新。《康诰》上说：康叔你要让原殷地的那些臣民百姓弃旧图新，做周朝有新精神面貌的臣民。《诗经·大雅·文王》之篇说：周虽然是一个古老的国度，但周朝却是接受了上天新旨意而创立的全新国家。所以君子为了弃旧图新，是无论什么办法都会用到的。曾子这是说孔子"在新民"的办学宗旨，也是对古代贤圣关于不断自我创新的传承。而曾子之说为了弃旧图新，无所不用其极，来说明弃旧图新的重要性，也值得点赞。其实，这种弃旧图新的精神，用今天的话来说，就是一种革命精神，就是一种不断创新的精神。这也就是一种不断促进我们中华民族前进的精神，也是我们要大力弘扬与继承的。

> 《诗》云："邦畿千里，惟民所止。"《诗》云："缗蛮黄鸟，止于丘隅。"子曰："於止知其所止，可以人而不如鸟乎?"《诗》云："穆穆文王，於缉熙敬止。"为人君，止于仁；为人臣，止于敬；为人子，止于孝；为人父，止于慈；与国人交，止于信。《诗》云："瞻彼淇澳，菉竹猗猗。有斐君子，如切如磋，如琢如磨。瑟兮僩兮，赫兮喧兮，有斐君子，终不可諠兮!""如切如磋"者，道学也；"如琢如磨"者，自修也；"瑟兮僩兮"者，恂慄也；"赫兮喧兮"者，威仪也；"有斐君子，终不可諠兮"者，道盛德至善，民之不能忘也。《诗》云："於戏! 前王不忘。"君子贤其贤而亲其亲，小人乐其乐而利其利，此以没世不忘也。

《诗经·商颂·玄鸟》上的诗句说：国都周围，方圆千里，都是老百姓居住所向往的地方。《诗经·小雅·缗蛮》上的诗句说：黄鸟"缗蛮，缗蛮"地欢唱着，栖息在山丘的角落。孔子说：连小黄鸟都知道自己应该栖息在什么地方，难道人还不如小鸟吗?《诗经·大雅·文王》之篇说：端庄肃敬，文质彬彬的文王呀，光辉业绩，光芒永昼，叹为观止。作为人君，他做到了仁德；作为人臣，他做到了恭敬；作为儿子，他做到了孝顺；作为父亲，他做到了慈爱；与他人交往，他做到了诚信。《诗经·卫风·淇澳》之篇说：看那弯弯曲曲的淇水岸边，翠绿的竹林郁郁葱葱，有一位文质彬彬的君子，有如骨器经过精心切磋，有如玉石经过精细琢磨，庄重啊又威武，光明啊又磊落。这位文采飞扬的君子啊，始终令人难以忘怀! 这里所说的有如骨器经过精心雕琢，是说他学习的优良效果；所谓有如玉石经过精细琢磨，是说他的品德自我修炼的精练；所谓的庄重威武，是说他严谨内敛；所谓光明磊落，是说他优秀品德的外在表现。所谓文采飞扬的君子，始终难以令人忘怀，是说他的道德品质达到了至高完美的境界，是说他令百姓难以忘怀。《诗经·周颂·烈文》之篇说：是啊! 先辈的圣明君王，臣民不会忘记他们! 现在的君子们之所以能够尊崇重用贤人，亲近亲人，平民百姓们能够享受到生活的安乐，获得应有的利益，就是因为他们的福荫，所以，他们虽然已经去世很久了，人们却永远不会忘记他们。

孔子提出了止于至善。什么样的人才是至善的人? 曾子举出一些范例来阐明止于至善。这里首先要明确善的内涵。善，就是好，至善就是最好。善的内涵主要就是指人的道德品格，也就是修身。而修身又包括了格物，也就是各个方面都要做到最好。而做得最好的，就是先代贤圣——尧、舜、禹、汤、文王、武王、周公等，他们是榜样。比如文王，《诗经》认为：从形象上来说，端庄肃敬，文质彬彬；作为君王，做到了仁德；作为臣子，做到了恭敬；作为儿子，做到了孝顺；作为父亲，做到了慈爱；与他人交往，做到了诚信。这样的人，无论从哪个方面来看，他都做到了至善至美。所以，毫无疑问，他是"止于至善"的榜样。还有那位淇水之滨的君子，反反复复不断地修炼自己，把自己修炼得那么完善，那么尽善尽美，也为大家提供了至善的榜样。从这些论述可以看出，孔子对大学教育的要求，就是培养至善的、高境界的人才。所谓高境界，首先就是思想品德的高境界。我们现代社会也有很多这样的典范，比如研究"两弹一星"的那些科学家，在极其艰苦的条件下，隐姓埋名几十年，奋不顾身，奋不顾家，为国家为民族，不为名不为利，无怨无悔奋斗几十年。还有南仁东、黄旭华等科学家，都是高品德境界的"止于至善"的典范。所以，思想品德的境界不高，其他方面就无从谈起。曾子把孔子对大学教育的宗旨完整地记载下来，并且加以阐释，无论是对大学教育，还是对国家对民族，都是一件功德无量的事。我们今天的大学教育，也必须从思想品德教育开始，加强思想品德教育，培养高境界品德的人才。对那些品德低劣，只有个人利益，毫无国家与社会观念的人，必须在品德教育上多下功夫。

子曰："听讼，吾犹人也，必也使无讼乎。"无情者，不得尽其辞。大畏民志，此谓知本。

孔子说：审理案件，我和别人大致是一样的，目的在于使诉讼不再发生。使那些虚妄而没有实话的人不敢胡言乱语，使广大的臣民百姓心服口服。这就叫做知道事物的根本。孔子曾说："为政以德，譬如北辰，居其所而众星共之。""道之以政，齐之以刑，民免而无耻；道之以德，齐之以礼，有耻且格。"（《论语·为政》）如果能够用道德来治国理政，那就像是北斗星一样，你安安稳稳地停在一个地方，众多的星辰都会围绕在你的周围。如果用政策法令来引导他们、用刑罚来约束他们，老百姓能够避开犯罪，但并不能够培养他们的羞耻之心；如果用道德来引导他们，用礼来约束他们，那么他们就会以犯罪为耻，从内心让自己明白应该怎样做。这就是从根本上解决问题，听讼，不只是为了惩戒那些犯罪的人，而是为了让人们不再产生犯罪行为。通过听讼，让人们从内心认识到犯罪的危害性，从而根除犯罪的土壤。从这些地方，我们就看到了孔子的伟大之处和不同凡响之处。审理案件、惩处犯罪不是目的，目的在于杜绝犯罪。他的目光，并没有停留在惩处罪犯上，而着眼于杜绝犯罪。如果只在惩治犯罪上用力，而不在根除犯罪的土壤上下功夫，那只是治末，不是治本。其实，这不仅是针对犯罪问题，其他事情也都一样，在治末时，就要考虑治本。比如，在惩治腐败时，就要考虑如何根除腐败的土壤。扶贫也一样，必须授之以渔，使其不再返贫。这才谓之知本。

此谓知本。此谓知之至也。

朱熹老先生在集注中说：这两句话是曾子阐释格物致知全文的结句，结句前面部分已经丢失。于是他按照程子（程颢、程颐）的意思补了一段话：

所谓致知在格物者，言欲致吾之知，在即物而穷其理也。盖人心之灵，莫不有知。而天下之物，莫不有理。惟于理有未穷，故其知有不尽也。是以大学始教，必使学者即凡天下之物，莫不因其已知之理而益穷之，以求至乎其极。至于用力之久，而一旦豁然贯通焉。则众物之表里精粗无不到，而吾心之全体大用无不明矣。此谓物格。此谓知之至也。

所谓要获得知识的途径在于认识研究世间万事万物，是说要获得知识就必须接触万事万物，研究它们，搞清楚它们的原理与根由。一般来说，人的心灵都具备智慧，都具有认识能力。而天下万事万物，都具有其内在的发展规律。只不过有些规律还没有被人们认识与发现，所以人们对事物的认识还存在一定的局限。因此，大学教育之始，就要让学生们去接触天下万事万物，由自己已经知道的知识，进一步探求更为深刻的未知，以达到对事物发展规律的彻底认识。经过长期的艰苦努力，总有一天会豁然开朗、全然贯通的。那时节，世间万事万物的彼此内外，粗细精髓，无不认识得清清楚楚。自己内心也因此而面对大千世界，心明眼亮。这就叫知本，叫知之至。

所谓诚其意者，毋自欺也。如恶恶臭，如好好色，此之谓自谦。故君子必慎其独也。小人闲居为不善，无所不至，见君子而后厌然，掩其不善，而著其善。人之视己，如见其肺肝然，则何益矣？此谓诚于中，形于外，故君子必慎其独也。曾子曰："十目所视，十手所指，其严乎!"富润屋,德润身,心广体胖。故君子必诚其意。

这是曾子对诚其意的阐释。所谓让自己意念真诚的意思是不要自己欺骗自己,要像厌恶腐臭的东西一样厌恶不诚实,要像喜爱美人一样喜欢诚实。这样做才能说是心安理得。因而品德高尚的人在一个人单独相处时,一定要十分谨慎小心。品德低劣的人,一个人独处时做坏事,什么坏事都做得出来,看到品德高尚的人,便躲躲闪闪,掩盖自己所做的坏事,然后大肆吹嘘自己做了好事。哪里知道别人看他,就好像看透了他的五脏六腑一样,这样做有什么好处?这就叫作自己内心的真诚,必然于外在表现出来。因而品德高尚的人在一个人独处的时候,必须十分谨慎小心。曾子说:有十双眼睛在盯着你,有十双手在指着你,这有多么严厉呀!财富能够装饰房屋,品德能够提高自身的修养境界,心地宽广身体也就舒泰了。因而品德高尚的人必须是一个内心诚实的人。

一个人独处,是对人的品德境界最严峻的考验。因为在大庭广众之下,或者与众人相处,会有很多双眼睛在盯着你,自己想做什么有所放纵的事,也会注意影响,有所收敛。而个人独处的时候,没有人监督你,自己的品德境界如何,就会完全暴露出来。品德境界高尚的人,无论在什么环境下,他们的心是纯洁透明的,心中不存任何邪念,所以他们在个人独处时也会严守自己的道德底线,不会越雷池一步。而品德境界低劣的人就不一样了,他们的内心本来就不纯洁,心存各种邪念,当他们一人独处时,正是背着人干坏事的好机会,便会毫无顾忌地干出很多坏事来。他们以为,自己一个人干的坏事,可以掩人耳目。但那只能是自欺欺人,俗话说:善有善报,恶有恶报,不是不报,时候未到,时候一到,一切都报。若要人不知,除非己莫为。自己做了坏事,别人终究会知道,不要存侥幸心理。所以,一个人独处时,要特别谨慎。由此也可以说,一个人独处,正是考验自己品德境界的最好机会,也是培养自己高境界品德的最好机会。如果能够自己严格要求自己,竭力剔除邪念,让自己的内心纯洁起来,透明起来,诚实起来,心地纯洁坦荡,就会意志坚定,自己就成为一个品德境界高尚的人了。

所谓修身在正其心者,身有所忿懥,则不得其正;有所恐惧,则不得其正;有所好乐,则不得其正;有所忧患,则不得其正。心不在焉,视而不见,听而不闻,食而不知其味。此谓修身在正其心。

之所以说修养自身的品德首先在于纯正自身的心,因为心中有了愤怒,有了恐惧,有了喜悦与欢乐,有了忧虑与隐患,这样的时候心就不会纯正。这样的时候，就会心有旁骛，精神就不集中，看东西就会什么都变样，什么都会变颜色，或者什么都看不见；听声响，就什么也听不见，吃东西也感觉不出什么滋味来。这就叫作修养自身品德在于纯正自己的心。人的言语行动，都是受其心支配，一个人心不纯正，心存邪念，一肚子的歪门邪道，还谈什么纯正品德，品德不高尚，又还能做出什么好事来。这不是什么高深的理论。一个人的心"黑"了，还能是一个好人吗？所以修身在于正其心。

> 所谓齐其家在修其身者，人之其所亲爱而辟焉，之其所贱恶而辟焉，之其所畏敬而辟焉，之其所哀矜而辟焉，之其所敖惰而辟焉。故好而知其恶，恶而知其美者，天下鲜矣。故谚有之曰："人莫知其子之恶，莫知其苗之硕。"此谓身不修不可以齐其家。

之所以说要管理好自己采邑，要先修炼好自身的品德，是因为每一个人都会对自己所亲近与爱戴的人有所偏爱，对自己讨厌与憎恶的人会更为厌弃，对自己佩服而敬仰的人更为崇敬，对自己怜悯而同情的人更为爱惜，对那些轻慢懈怠的人会更为轻视。因此，喜欢那个人又知道他的缺陷，讨厌那个人又称赞其美好，这样的情况，普天下都很少见。俗话说：人们都看不到自己的儿子的坏处，感觉不到自己的庄稼的苗壮。这就是不修炼自己的品德，就不可能治理好自己的采邑的道理。

这是曾子对修身与齐家关系的论述。要管理好采邑，很重要的地方，在于使用与管理好其官员。怎样才能使用与管理好自己的官员？首先就要善于识别他们。但是，人往往有天然的习性——偏执，不容易辩证地看问题。看到一个人的好，就只看到他好的一面，往往看不到他不好的一面。看到一个人的不好也一样，只看见不好的一面，看不到好的一面。这样就不能全面识别人才、正确使用人才。所以修身，从这个角度来说，很重要的一点，就是要培养自己正确认识问题的方法，也就是辩证法。要辩证地看问题，辩证地识别官员。如果看问题片面，眼光是斜的，身子也就可能变歪，那还怎么能够正确识别人才，正确使用人才，把采邑管理好呢？

> 所谓治国必先齐其家者，其家不可教而能教人者，无之。故君子不出家而成教于国。孝者，所以事君也；弟者，所以事长也；慈者，所以使众也。《康诰》曰："如保赤子。"心诚求之，虽不中，不远矣。未有学养子而后嫁者也。一家仁，一国兴仁；一家让，一国兴让；一人贪

戾，一国作乱。其机如此。此谓一言偾事，一人定国。尧、舜帅天下以仁，而民从之。桀、纣帅天下以暴，而民从之。其所令反其所好，而民不从。是故君子有诸己而后求诸人，无诸己而后非诸人。所藏乎身不恕，而能喻诸人者，未之有也。故治国在齐其家。《诗》云："桃之夭夭，其叶蓁蓁。之子于归，宜其家人。"宜其家人，而后可以教国人。《诗》云："宜兄宜弟。"宜兄宜弟，而后可以教国人。《诗》云："其仪不忒，正是四国。"其为父子兄弟足法，而后民法之也。此谓治国在齐其家。

之所以说治理国家，必须先治理好自己的家庭，是因为你连自己的家庭都治理不好，还要去教化别人，这样的事情是没有的。所以，地位高的人，把自己家庭管理好了，就能够把这种教化推广到全国。推行孝道，可以教化臣民为君王服务；尊敬兄长，可以教化臣民为上司服务；慈爱子女，可以扩展为更好地为庶民百姓服务。《康诰》说：应该像保护婴孩一样，把百姓管理好。只要真心诚意地去这样追求，即使不能够完全做得如想象中那样好，也不会有太大的距离。从来没有让女子先学习好抚养孩子然后再出嫁的事。君王一家仁厚，便能够让全国兴起仁厚之风，君王一家谦让，就能够在全国推广谦让的美德。国王一个人贪婪暴恶，整个国家都会动荡不安。事情的重要性就是这样，这就叫做一句话能够搞坏整个事情，一个人能够让一个国家安全稳定。尧、舜用仁厚之德治理天下，天下的臣民都学习尧舜的仁厚之德；桀、纣用暴虐的手段来治理天下，臣民也只能服从其统治。如果他发布的是仁厚的政令，而执行的却与之相反，臣民就不会顺从。因此地位高的人，自己先要具备优良品德，然后才能要求别人具备好的品德。自己没有坏的毛病，才能制止他人的坏毛病。自身不具备宽容的品德，而能够让别人具备宽容的品德，这是从来没有过的事。所以要治理好国家，先要治理好自己的家庭。《诗经·周南·桃夭》之篇说：桃花绽开鲜艳，桃叶郁郁葱葱。这个少女要出嫁了，一定能够和家人和睦相处。能够与家人和睦相处，然后才能够教育国家人民。《诗经·小雅·蓼萧》之篇说：像兄弟一样相处亲密无间。像兄弟一样相处亲密无间，才能够教育国家人民。《诗经·曹风·鸤鸠》之篇说：他的仪表不凡，是四面八方学习的榜样。只有作为父子兄弟足以让他人学习效法，然后百姓才会学习效法他。这就是所说的治理国家先治理家庭。

齐家与治国，这都是相对于高层人士来说的。一个地位低下的人，就是把家庭治理得再好，也只能影响到周围的人群，很难把影响扩展到全国。一家仁，一国兴仁；一家让，一国兴让；一人暴戾，一国作乱。这都是对高层而言，所列举好的方面的范例是尧、舜，坏的方面的例子是桀、纣。这些人都是国家的最高领导者。一个国家的最高领导者，品德境界当然是最重要的。你的品德境界高，家庭治理好，会让全国臣民效法；反之，你品德境界低劣，家属子女腐化，很多坏人都会效法你。这样的例子，历史上多之又多。不用说是国君，就是一个高官，其品德境界低劣，也会影响广泛。你高官腐败，那些品德低劣的人立刻就会像苍蝇一样飞过来，投你所好，围绕着你转，与你结成腐败伙伴。如果高官家庭没有治理好，也会给那些品德低劣分子带来腐败机会。这是从个人家庭的角度来说。从卿大夫的角度来说，其采邑治理不好，何谈治国？这个道理很简单。所以治国先齐家。

　　所谓平天下在治其国者，上老老而民兴孝；上长长而民兴弟；上恤孤而民不倍。是以君子有絜矩之道也。所恶于上，毋以使下；所恶于下，毋以事上；所恶于前，毋以先后；所恶于后，毋以从前；所恶于右，毋以交于左；所恶于左，毋以交于右。此谓之絜矩之道。《诗》云："乐只君子，民之父母。"民之所好好之，民之所恶恶之，此之谓民之父母。《诗》云："节彼南山，维石岩岩，赫赫师尹，民具尔瞻。"有国者不可以不慎，辟则为天下僇矣。《诗》云："殷之未丧师，克配上帝。仪监于殷，峻命不易。"道得众则得国，失众则失国。是故君子先慎乎德。有德此有人，有人此有土，有土此有财，有财此有用。德者本也，财者末也。外本内末，争民施夺。是故财聚则民散，财散则民聚。是故言悖而出者，亦悖而入；货悖而入者，亦悖而出。《康诰》曰："惟命不于常。"道善则得之，不善则失之矣。《楚书》曰："楚国无以为宝，惟善以为宝。"舅犯曰："亡人无以为宝，仁亲以为宝。"《秦誓》曰："若有一个臣，断断兮，无他技。其心休休焉，其如有容焉。人之有技，若己有之；人之彦圣，其心好之，不啻若自其口出，实能容之，以能保我子孙黎民，尚亦有利哉。人之有技，媢嫉以恶之，人之彦圣，而违之俾不通。实不能容，以不能保我子孙黎民，亦曰殆哉。"唯仁人，放流之，迸诸四夷，不与同中国。此谓唯仁人，为能爱人，能恶人。见贤而不能举，举而不能先，命也；见不善而不能退，退而不能远，过也。好人之所恶，恶人之所好，是谓拂人之性，菑必逮夫身。是故君子有大道，必忠信以得之，骄泰以失之。生财有大道，生之者众，食之者寡。为之者疾，用之者舒，则财恒足矣。仁者以财发身，不仁者以身发财。未有上好仁而下不好义者也。未有好义其事不终者也，未有府库财非其财者也。孟献子曰："畜马乘，不察于鸡豚；伐冰之家，不畜牛羊；百乘之家，不畜聚敛之臣。与其有聚敛之臣，宁有盗臣。"此谓国不以利为利，以义为利也。长国家而务财用者，必自小人矣。彼为善之，小人之使为国家，菑害并至，虽有善者，亦无如之何矣。此谓国不以利为利，以义为利也。

之所以说，要把天下治理成太平盛世就要先把国家治理好，是因为国君如果能够尊敬爱护老人，那么百姓就会形成孝顺的良好风气；如果国君能够尊敬长辈，那么百姓就会形成尊敬兄长的好风气；国君如果能够怜悯救助孤儿寡母，那么百姓就会效法他。所以一个品德境界高尚的人，应该在品德准则方面作出表率。《诗经·小雅·南山有台》说：欢乐仁厚品德高尚的人呀，好比是臣民的父母。臣民喜好的东西他喜好，臣民厌恶的东西他厌恶，这样就可以称得上是臣民的父母了。《诗经·小雅·节南山》诗篇说：巍峨耸立的终南山啊，层岩叠嶂，权势显赫的尹太师啊，臣民都在仰望着你。拥有国家统治权的人不可以不十分慎重，出了差错会遭到天下人追究杀戮。《诗经·大雅·文王》之篇说：殷商当年尚未丧失民心的时候，还能够顺应上天的意旨。应该借鉴殷商丧败的教训，获得上天赋予兴旺的国运不容易。你的治国之策获得广大人民的拥护，就获得了整个国家；反之，治国之策失去了人民大众的信任，就失去了整个国家。因此，获得了国家统治权的人，最重要的就是要培养自己高境界的品德。有了高境界品德，就会得到广大民众的拥护；有了广大民众的拥护，就拥有了土地；拥有了土地，就拥有了财富；拥有了财富，国家机器的运转就有了财富支持。人的好品德是根本，财富居于次要地位。如果把根本当成了外在的枝末，而把枝末当成了内在的根本，本末倒置，那么国家就会与民众争利。国君敛财聚富，就会失去民心；国君藏富于民，国家对于人民就会产生凝聚力。所以你讲话不讲道理，人家也会用不讲道理来回敬你。财富不是从正道进入，也会从非正道的渠道散出去。《康诰》说：天命不是永远不变的。这是说，遵行善道的人会得到天命，不遵行善道的人就会失去天命。《楚书》上说：楚国没有什么东西可以当作宝物，只把善良当作宝物。舅犯说：流亡在外的人没有什么宝物，只把仁爱作为宝物。《秦誓》说：如果有这样一位忠臣，忠实诚恳却没有别的本领，品德高尚，心地宽厚，能够容人容物。别人有本领，就好像他自己的本领一样。别人品德高尚，德才兼备，他不仅从口头上称赞，而且从内心里佩服。任用这样的人，能够保护我的子孙与黎民百姓，能够造福于我的子孙与黎民百姓啊！相反，人家有本领，他就妒忌人家、讨厌人家；人家品德好，才情高，他便故意压制人家，排挤人家，不让国君知道有这样德才兼备的人。任用这种心胸狭窄的人，不能够保护我的子孙后代与黎民百姓幸福，且是十分危险的！只有具有仁厚品德的人，把这样心胸狭窄的人流放，驱逐到遥远的未开发的地区去，不让他们留在中原之地。这就叫作只有具备仁厚品德的人能够爱护人，也能够憎恶人。发现贤能之才而不能选拔，选拔出来又不能重用，这是轻慢。发现不肖的人不能辞退，辞退又不能把他们驱逐到遥远的地方去，这是错误。喜欢大众所厌恶的，厌恶大众所喜欢的，这叫作违背人的本性，灾祸必定会降临到自己身上来。所以，身处治国大位的人，为人处事总有大的准则：忠贞诚信就能获得其大位，骄奢放纵就是有了大位也会失去。创造财富也有正确的方法：创造财富的人多，消费财富的人少，创造财富的人勤奋，消费财富的人节约，如此国家的财用便会经常充足了。具有仁德的人，正确地使用财富来修养自己的品德，不仁德的人用自己的生命来敛财。没有身居大位的人，喜好仁德而下层臣民不喜好忠义的；没有忠于道义办事，却没有好结果的；没有人会把府库里的财富不当成财富。孟献子说：能够养四匹马拉车的士大夫家，就不要去考虑养鸡与猪的事了；能够采冰供丧祭之用的卿大夫家，就不要去饲养牛羊了；拥有一百辆兵车的诸侯之家，就不要再豢养聚敛民财的家臣了，与其豢养聚敛民财的家臣，还不如家有偷盗的家臣。这是说国家不应该以财富为利益，而应该以道义为利益。身为家臣还在聚敛财富上下功夫，一定是小人干的事，国君还以为他们是好意，让他们去处理国家事务，结果是各种灾害祸乱一起来，即使有贤能之才出现，也为时已晚，无可奈何了。这就是说一个国家不能以财富为利，而应该以道义为利。

曾子在这里用了很大的篇幅来阐释治国平天下，这说明了治国平天下的重要性。治国平天下，主要是天子与诸侯的事。曾子强调，天子也好，诸侯也好，其根本点就是个人的品德修养。君子有大道，大道就是品德修养。他特别强调忠信二字。天子没有好的品德，没有忠信二字，平不了天下。诸侯没有好的品德，没有忠信二字，治不好国。要能够平天下，治好国，天子与诸侯都必须是品德境界高的人，都要有仁爱之心，带领国人行仁义之道。孝顺父母，尊敬长辈，关怀弱者，以宽容为怀，尊重贤人。而尊贤，又以品德为上。选用并重用那些品德境界高、忠实诚恳、能够尊贤容众的贤人，斥退并远离那些小肚鸡肠、心胸狭小、妒贤嫉能的人。另外，还要善于理财，不与国人争利。不要重用那些与国民争利、为皇室敛财的人。天子也好，国君也好，要节约开支，不要骄奢淫逸。不要以财富为利，而要以道义为利。

关于品德修养的内容，已经说得很多了，孔子也好，曾子也好，都对品德修养给予了极端的重视。而《大学》之道，本来就是讲大学教育关于品德教育的。

这对于我们今天的大学教育仍然有着十分重要的意义。大学教育本来就是为国家培养高等级人才的。这些人才当然应该品学兼优。实际上，我们现代的大学对学生的品德教育非常重视，因而培养出了大批的品学兼优的人才，他们在国家的建设与发展中作出了杰出的贡献。这是值得我们自豪的。只是也有一些大学生，他们的品德素质并不理想，品德境界不高。所以我们的大学教育仍然有加强品德教育的必要，使学生们都成为品学兼优的高素质人才。其实，品德教育，也不只是大学教育的要求，在小学教育和中学教育中也是不可或缺的。品德教育应该从幼儿园的教育抓起，让小朋友从小就培养好的品德，从而让全社会形成好的道德风气，让每个人都成为具有高境界道德品质的人。

二、通孝道

《史记·仲尼弟子列传》说曾参"孔子以为能通孝道，故授之业。作《孝经》"。

关于曾子"通孝道"，我们在《礼记》中可以看到很多有关曾子向孔子请教孝道的记载，也有一些关于曾子如何处理丧葬礼仪的记载。其中还有《曾子问》一篇。在这一篇记载中，曾子向孔子请教了诸多有关遇到特殊情况如何处理的礼仪问题。比如：

> 曾子问曰：君薨而世子生，如之何？
> 曾子问曰：如已葬而世子生，则如之何？
> 曾子问曰：并有丧，如之何，何先何后？
> 曾子问曰：昏礼既纳币，有吉日，女之父母死则如之何？
> 曾子问曰：亲迎女在途而婿之父母死，如之何？
> 曾子问曰：取女有吉日而女死，如之何？

在这篇文章中，曾子向孔子请教了多次类似的问题，问得很细致，涉及的面也非常广，很多方面的内容都问到了。这说明曾子对这方面的问题很关注，很用心。而孔子对曾子之问都做到了有所问必有所答。这些问题，对于今天来说，事过境迁，已经没有多少意义了。但在当时，在孔子的教育中，应该是重要内容。就孔子而言，恢复以礼治国，是他的理想。而丧葬礼仪是孝道的组成部分，更是礼的重要组成部分，是对先辈圣贤治国理念的传承。曾子所问的这些问题都是一些重要礼仪，作为知识分子，是不应该不知道的。尤其是孔子的学生，有些人未来都要去做官，甚至做大官，这些礼仪更不能不知道。而曾子之所问，让孔子看出他是一个善于学习的人，考虑问题很细致，很周密，尤其是对有关孝道方面的学问很愿意钻研，能够注意到别人不容易注意到的问题，因而很愿意将这方面的学问传授给他。

关于孝道，曾子曾经有过误解。《孔子家语·六本》中有这样一段记述：

> 曾子耘瓜，误斩其根。曾皙怒，建大杖以击其背。曾子仆地而不知人，久之，有顷乃苏，欣然而起，进于曾皙曰："向也参得罪于大人，大人用力教参，得无疾乎？"退而就房，援琴而歌，欲令曾皙而闻之，知其体康也。孔子闻之而怒，告门弟子曰："参来，勿内。"曾参自以为无罪，使人请于孔子。子曰："汝不闻乎，昔瞽瞍有子曰舜，舜之事瞽瞍，欲使之，未尝不在于侧；索而杀之，未尝可得。小棰则待过，大杖则逃走，故瞽瞍不犯不父之罪，而舜不失烝烝之孝。今参事父，委身以待暴怒，殪而不避。既身死而陷父于不义，其不孝孰大焉？汝非天子之民也？杀天子之民，其罪奚若？"曾参闻之曰："参罪大矣。"遂造孔子而谢过。

这段话说明了什么？说明对父母的孝是必须的，但是还要明白怎样孝顺才正确。一味地讲孝顺，在任何情况下，对父母的行为不分是非对错，都百分之百的顺从，这样做，有时候会带来相反的效果，非但不是孝顺，反而让父母陷于违背道义，甚至陷于罪过的境地。再看《孝经·谏诤章》：

> 曾子曰："若夫慈爱恭敬，安亲扬名，则闻命矣。敢问子从父之令，可谓孝乎？"子曰："是何言与！是何言与！昔者天子有争臣七人，虽无道，不失其天下；诸侯有争臣五人，虽无道，不失其国；大夫有争臣三人，虽无道，不失其家；士有争友，则身不离于令名；父有争子，则身不陷于不义。故当不义，则子不可以不争于父，臣不可以不争于君。故当不义，则争之。从父之令，又焉得为孝乎？"

曾子说：像恭敬慈爱、安亲扬名这一类的孝道，已经听过了您老人家的教诲，我想再冒昧地向您老人家请教一下，做儿子的听从父亲的指使，可以说是孝顺了吧？孔子说：这是什么话啊？这是什么话啊！从前，如果天子身边有七个敢于直言相劝，指出天子的不当指令，劝说天子放弃不当国策的大臣，即使这个天子是个昏君，也不至于失去天下；如果诸侯身边有五个敢于直言相劝，指出其不当行为，劝说其放弃不当指令的臣属，即使这个诸侯是个昏君，也不至于失去其诸侯地位；卿大夫只要有三个敢于直言相劝的诤属，让他舍弃不妥的言行，也不至于失去其采邑；士人也同样，如果身边有敢于直言相劝的朋友，就不至于丧失自己美好的声誉。而做父亲的，如果有敢于纠正其不正确行为的儿子，就不至于让父亲做出不义的事来。所以，如果看到不义的言行，做儿子的不可以不直言劝谏父亲，做臣子的不可以不直言劝谏其君主。因此，遇到不义，必当诤谏。一味地听从父亲的指使，又怎么能够说是孝呢？

　　纵观这两段话，都是孔子教导曾参如何才是真正的孝。关于孝，我们已经有了专题论述，这里只作一点简单的补充。孝与不孝的界限，从表面上来看，也许是明显的。比如，对父母的关心与敬爱，对父母的奉养与守护，这当然都是孝顺。而有些子女，对父母毫不关心，啃老，甚至对父母辛辛苦苦积攒下来的一点养老钱，也要挖空心思，千方百计地掏出来，供自己享用、挥霍；父母有了病，也不闻不问，等等。这当然都是不孝。这样的孝与不孝，大家一眼便能看清楚。但是孝顺还是有度的。过度的孝，就是愚孝。而愚孝，就可能走向反面，变成不孝，甚至变孝为害。曾子让父亲暴打自己的身体，如果让父亲打死了，人都死了，还怎么去孝？这是其一。其二是，父亲把儿子打死了，那也犯法，要受到法律惩处。这不是害了父亲吗？所以孔子说这是最大的不孝。这是一种情况。另一种情况是对父母的过分顺从。父母正当的要求，当然要顺从，要执行。如果是不正当的指使，比如让儿子去偷盗，让儿子去干犯法的事，这样的指使能够顺从吗？当然不能。这样的事情不但不能干，儿子还要规劝父母不能去干。说到这里，我想起了《论语》中的两段话：

　　　　叶公语孔子曰："吾党有直躬者，其父攘羊，而子证之。"孔子曰："吾党之直者异于是，父为子隐，子为父隐，直在其中矣。"

　　　　　　　　　　　　　　　　　　　　　　　　——《论语·子路》

　　　　子曰："事父母几谏，见志不从，又敬不违，劳而不怨。"

　　　　　　　　　　　　　　　　　　　　　　　　——《论语·里仁》

　　这两段话，都与孝有关。前一段话，叶公说他们那里有个耿直的人，他父亲偷了羊，他就去揭发作证。孔子说：我们那里耿直的人跟你们那里的人做法不一样，父亲替儿子隐瞒，儿子替父亲隐瞒。这耿直就在其中。后一段话是孔子说的，儿子事奉父母，劝谏的时候要委婉一点，如果父母不愿意听自己的劝，仍然还是要尊敬父母，不要违背他们的意愿，虽然心里担忧但也不要怨恨。

这两段话，也都讲孝。但是在这两段话中，孔子的主张与他教育曾子的主张并不相同，甚至完全是矛盾的。前一段话，父亲偷人家的羊，儿子到底应该怎么做才是孝呢？叶公那个地方的人揭发了自己的父亲，孔子认为这样做不好，应该为父亲隐瞒。孔子提倡的这个主张，后来成为一种封建道德，就是父为子隐、子为父隐。但是，这样的道德在任何时代都是不好的。孔子为什么要这样说，我们不得而知，也许有其特殊原因。只是这样的话被学生们记载在《论语》中，也便成了道德规范，影响了后世两千多年。我在这里要提这件事，是想说，就是圣人说话，也要谨慎，否则会给后人留下口实。不过，我们还是要看到，孔子毕竟是孔子，是圣人，他教导曾子的这些话，就等于把那两段话纠正过来了。那么有关攘羊这类事如何处理最好？像叶公所说的直接去揭发，未必妥当。而应如孔子所说的让儿子去当诤子。如果儿子事先知道父亲要去偷羊，一定要坚决劝止，避免这类事情发生。如果儿子事先并不知道，事情发生以后，就要劝父亲把羊还回去，向羊的主人赔礼道歉。这才是正确的做法，才是真正的孝。后一段话所说的情况，如果父母所要做的事违背道德，甚至违法，那是必须要谏止的。否则，造成了不良后果，那不仅不是孝，反而是害，陷父母于不义。所以所谓孝，在不同的情况下，有不同的表现。父母的要求正确，绝对顺从，这是孝，不顺从，这是不孝，是忤逆。父母的要求不正确，一味服从，这不是孝。不顺从，还能力谏父母回到正确的道路上来，这是大孝。如果父母的指使不正确，不但不力劝，甚至纵容，帮助父母犯错，这就是大不孝了。

曾子的通孝道，在他自身的体现也很明显。《韩诗外传》记载过他的话：他曾经当过不是很大的官，赚的钱并不很多，但是生活得很高兴，很愉快，并不因为自己赚的钱多，而是因为自己赚这些钱能够用来奉养父母、与父母共同享用。父母去世以后，自己曾经到南方的越国做了大官，住着高大宽敞、富丽堂皇的房屋，有上百辆车子供自己享用，然而还是向着北方哭泣。为什么这样？这并不是因为自己感觉卑贱，而是因为再也见不到自己的父母而伤悲。这就是曾子的孝道。官不大、工资不高的时候，和父母一起生活，享受天伦之乐，仍然生活愉快，感到很幸福；当了大官，工资很高，住着高大宽敞、富丽堂皇的房子，有上百辆车子为自己服务，但父母不在了，不能与父母共同享受，仍然没有幸福的感觉，却常常感到悲伤。这不得不让我们想到诸多的不孝子孙。他们贫穷的时候，埋怨没有好父母，没有生在富豪之家，让自己受苦，让自己在他人面前抬不起头来。一旦富裕起来，早就把贫困的父母忘到了九霄云外，甚至看不起父母，以为有这样的父母有损自己的身份，虽然有了钱，也舍不得给父母分文。可见，在社会上提倡孝道，进行一些孝道的教育是非常必要的。

曾子的通孝道，还体现在他的一个重要观点中。

> 曾子曰："慎终追远，民德归厚矣。"
>
> ——《论语·学而》

慎终，就是对于去世的人要慎重对待。这不仅是对死者的尊重，也是对后人的安慰。慎重地对待死去的人，也是很有意义的。一个机关、一个部门、一所学校、一家企业，有人去世了，不论是什么人，其后事都应该妥善处理，尤其是英雄人物、模范人物、有贡献的人物、因公牺牲的人物去世以后，处理好他们的后事，除了体现对死者的尊重、对家人的安慰以外，也会让活着的人感到活着有意义，从而更有意义地活着。这对于活着的人不也是一种教育鼓舞与鞭策吗？即使对于那些曾经有过某些过错或污点的人，去世后也应该妥善处理其后事，要有宽大为怀的胸襟、实事求是的态度，给予公平公正的评价，不要用侮辱人的方法对待他们。

追远，是对祖先的怀念与追忆。我们的祖先为我们创造了十分优秀、丰富的历史与文化。这是我们国家与民族最宝贵的财富，孔子作为我们的祖先创造的优秀历史与文化的传承人，创造性地将这些优秀历史与文化传承了下来。我们说他创造性地传承，是说他在这些古老文化的基础上创造形成了儒家文化。他所教育的三千弟子、七十二贤人，把儒家文化发扬光大，功不可没。比如曾子这"慎终追远"，虽然只有四个字，意义却不可小视。我们的国家是伟大的国家，我们的民族是伟大的民族。我们的国家、我们的民族为什么会伟大？就是因为我们的祖先为我们创造了光辉的历史，为我们创造了灿烂的文化。而孔子和儒家把这样的历史与文化创造性地传承下来，才造就了我们今天的光辉与伟大。过去与现在都有人反对孔子，批判孔子，否定孔子与儒家文化，认为那是封建文化。其实，说孔子的思想与文化是封建思想与文化，是没有错的。孔子及其思想与文化产生于封建时代，当然是封建文化。孔子的思想与文化有没有不好的内容？当然有。社会在发展，时代在前进。国家在某一时期制定的法律与政策，过了一个时期，就会有一些内容不合时宜，就要适时修订，何况孔子是两千多年前的人！他的思想与他创立的文化，当然也有过时的内容。但是孔子的思想与他创造的文化的主流，是伟大的、灿烂的。我们可以剔除那些过时的内容，学习那些精华的东西。就比如曾子这"慎终追远"的主张，就是我们应该学习与继承的。正确处理好逝去的人的后事，正确地评价他们的人生，正确地评价历史人物。要把我们祖先创造的辉煌历史、优秀文化继承下来、传承下去。创造新的更加光辉灿烂的文化，让我们的国家与民族真正地在国际上具有更高的地位。

至于民德归厚，这一点很简单，慎终追远，大家道德水平提高了，心平了，气顺了，认识统一了，社会便安稳了。社会安定团结，大家齐心协力，更好地生产，更好地生活，更好地建设自己的国家，国强民富，民风淳厚，民德归厚矣！

再简单地说几句曾子作《孝经》。曾子作《孝经》，是司马迁在《史记》所说，应该是可靠的。《孝经》的整个文本，都是孔子向曾子传授有关孝的内容的讲话。应该说，《孝经》是曾子把孔子向他传授的有关孝的内容记录下来而形成的。从这一角度来说，曾子的做法应该受到肯定，他把我们远古祖先对孝的重视的内容记录下来了，让我们知道我们的祖先是极其重视孝道的。至于内容，有的地方是可取的，有的内容封建色彩比较浓，已经时过境迁。如"夫孝，德之本也，教之所由也""在上不骄，高而不危；制节谨度，满而不溢""天地之性，人为贵，人之行，莫大于孝"这样的内容还是值得重视的，到任何时候，任何地方，对父母的孝都是必须的，天经地义，不可废弃。至于其他内容，各取所需，有用之处则用之，无用之处则弃之。

三、曾子的品德

在《论语》中，记载着曾子的一些言论。这些言论，就像一面镜子，把曾子的形象与品德展示在我们面前。就让这面镜子告诉我们，曾子是怎样一个人。

> 曾子曰："吾日三省吾身：为人谋而不忠乎？与朋友交而不信乎？传不习乎？"
>
> ——《论语·学而》

曾子怎样做人？他每天都要多次从多个方面反省自己：为别人做事有没有不尽心尽力的地方？与朋友交往有没有不诚实不讲信用的地方？老师传授的学业有没有还未复习到的地方？从这里我们就可以看出，他对自己的要求多么严格！他在《大学》中一再强调做人要"慎独"，而他一日三省，就是慎独的具体表现。自己严格要求自己，为别人做事，要尽心尽力，不马虎从事；与朋友交往，实心实意，诚实守信；接受老师传授的知识，老老实实，反复温习，力求把老师传授的东西全部学到手，绝不留死角。他就是这样做人。完全可以说，他把在《大学》中提出来的要求全部用于自己的实践之中了。试想，如果大家都能像曾子一样做人，那么这个社会还会存在自私自利吗？还会存在欺诈行为吗？还会存在腐败现象吗？还会存在不法行为吗？面对曾子，是不是也可以把曾子作为一面镜子，对照一下我们自己，在这些方面做得怎样？如果大家都像曾子这样严格要求自己，这个社会就会成为一个多么美好的社会啊！

> 曾子曰："士不可以不弘毅，任重而道远。仁以为己任，不亦重乎？死而后已，不亦远乎？"
>
> ——《论语·泰伯》

这是曾子为士人提出来的要求，其实也是为自己提出来的要求。作为一名士人，每个人都要培养一种品德，就是刚强坚毅的品格。这是为什么？因为士人们都肩负重任，要在全社会推行仁德，实现仁政。只有士人们都具备了这样的品格，才能肩负起这样的重任。而推行仁德，实行仁政，是孔子儒家的最高政治理想。曾子作为孔子的学生、儒家的忠实信徒，决心要去实现孔子与儒家的社会理想，不具备刚强坚毅的人生品格，没有坚强意志，就可能知难而退，就很难达到目的。现在，我们在建设小康社会，实现民族复兴的中国梦，是不是也需要一大批这样的人？建设小康社会，实现民族复兴，也会遇到许多艰难险阻，如果没有一大批具备刚强坚毅的人，坚持在这条路上奋斗，那也是很难实现的。从这个角度来看，曾子提倡的弘毅品格值得我们学习。也许有人会说，曾子是什么时代的人，我们是什么时代的人，怎么可以相提并论！其实不管是什么时代的人，只要其精神可贵，就是我们的榜样。比如任重道远、死而后已的精神，只要是一个正确的奋斗目标，这种精神不论何时何地都是可贵的，都是社会需要的。

> 曾子曰："可以托六尺之孤，可以寄百里之命，临大节而不可夺也。君子人与？君子人也！"
>
> ——《论语·泰伯》

什么样的人可以被称为君子？在古代，一般是指品德高尚的人；有文化有知识素养的人；帝王将相与地位高的人。除此之外，恐怕在大家的心目中，各有各的答案。或者还有人希望得到一个正确的回答。这里，曾子给了我们一个回答。他认为，可以将一个年幼的小主人托付给他照顾、管理、培养；可以把一个具有方圆百里之地的国家的命运寄托于他身上；在巨大的生死存亡的考验面前而不改变自己的节操，这样的人就是君子。这样的君子，在古代，最典型的人物就是周公。周公是武王的弟弟，武王去世的时候，其儿子成王还年幼，于是就把成王与国事均托付于周公。周公接受武王的托付，抚养并教育成王健康成长，把国事也处理得很好，为周朝建立健全了各种规章制度。成王成年之后，周公又把国家政权交还成王。毫无疑问，周公是典型的君子。所以孔子对周公佩服之至，处处以周公为榜样。曾子是孔子的学生，当然也接受了孔子传授。曾子对君子的定义，无疑是正确的。事实上，能够做到曾子所说的可以托六尺之孤、可以寄百里之命、临大节而不可夺的人，毫无疑问，是品质境界最为高尚的人。这样的人，后来又有诸葛亮。刘备临终把儿子与国运都托付给了他，他虽然未能把当时的三个国家统一起来，但是因为刘备之托而奋斗到"死而后已"。这样的人到任何时候都值得人们敬仰。相反，历史上多少人为了皇帝、国王的位置，杀害父亲、兄弟。更多的人为了一己利益而谋害他人，或者受人之托而把所托占为己有。至于那些汉奸卖国贼，就不用说了，为了一己私利，不惜卖国，不惜谋害忠良。历史上，这样的人何其多！多么可耻而可悲！所以我认为，应该大力提倡曾子所提倡的君子精神，用这样的精神来培养人的品德，来改造社会，来形成新的社会风气。也许有人会说，这是白天说梦话，现在的人都是逐利的。其实逐利与君子的品德并不矛盾。孔子说："富与贵，是人之所欲也，不以其道得之，不处也。"就是说，用劳动、用智慧换来的利益，仍然是君子之道。只有那些用非正道的、非法的手段所谋得的利，才是非君子之道。天上掉馅饼，你起得早，接到馅饼，那是你应得的，仍然是君子之道。至于那些懒惰的人，他不起早，接不到馅饼也正常。

> 曾子曰："入是国也，言信于群臣，而留可也；行忠于卿大夫，则仕可也；泽施于百姓，则富可也。"孔子曰："参之言此，可谓善安身矣。"
>
> ——《孔子家语·致思》

这段话用现在的话来说就是，到了一个国家，如果他说的话大臣们都认为是可信的，那么他就可以在那个国家留下来了；如果他的行为被卿大夫们认为是忠诚的，那么他就可以在那个国家做官了；如果他的所作所为能够给老百姓带来恩泽，他就可以在那里富裕起来。孔子说：曾子能够说出这么一番话来，说明他已经很懂得如何安身立命了。如何才能在一个地方安身立命？曾子的主张是先从自己做起，必须是一个品德境界高的人。首先，你说的话，要经得起考验，让大家认为你所说的话是真实可信的、经得起考验的、可以兑现的。这时，你已经获得了大家的信任，你就可以在那个地方居留下来了，你也就可以在那里站得住脚了。接下来，你的行动与作为，让大家认为是忠诚的、信实的、可靠的，大家都对你有信任感了，你就可以在那里做官了。再就是你在那个地方做官了，你能够带领老百姓致富，给老百姓带来财富，给老百姓带来实惠，给老百姓创造好的生活，那么你自己的致富也就是当然的事了。这里，所谓的安身立命，也就是如何做人的问题。一个说话不算数、做事不靠谱的人，自私自利、只为自己捞好处的人，到什么地方去，都不可能长久。也许开始的时候，能够用小聪明骗取人家的信任，最后必然被人识破，让人不齿。所以，你在任何地方要能安身立命，首先要严格要求自己，要让自己有好的品德，要让自己是一个诚实的人，说话算数的人，做事实干的人，能够给老百姓带来好处与实惠的人。曾子这种安身立命的主张与要求，得到老师的肯定。就是今天，曾子的这些教导，也还值得我们学习与效法。

> 曾子曰："以能问于不能，以多问于寡；有若无，实若虚，犯而不校，昔者吾友尝从事于斯矣。"
>
> ——《论语·泰伯》

曾子说，自己有才能，却能够向那些才能比自己差的人请教，自己学识丰富却向学识比自己少的人请教；自己有学问，却像没有学问一样，自己满腹经纶却像没有知识一样；就是别人冒犯了自己，也不与人家计较。从前我的朋友就曾经这样做了。

曾子这里所说的是做人要谦虚。谦虚是人的一种美德。每一个人都有其长处与短处。有的人智力强一些，加上自己的不断努力，掌握的知识多一点，能力强一点。但是，学有专攻，并非每一个人都万能。孔子的学问应该是最多、最杰出的吧，他还"每事问"。他也承认自己在种田方面的知识不如老农，种菜方面的知识不如老菜农。由此可见，才能高的人向才能低的人请教，知识多的人向知识少的人请教，也是正常情况，这是一个高明的知识分子应有的态度。有的人有了一点知识，就自以为了不起，装腔作势，高高在上，似乎是老子天下第一。这种人其实并不是真正的高明，或者说他是愚蠢也未尝不可。真正聪明的人，并不会认为自己万能，高高在上，而是把自己的姿态放得很低，就像孔子一样"每事问"，向民间学习，向普通的老百姓学习。孔子之所以能成为圣人，就是因为善于学习。自己能力很强却像能力很弱一样，自己虽然知识丰富、满腹经纶却与知识不多的人一样，就是受到他人的侵犯也不计较，孔子就是这样做的。曾子说，早先他的朋友就这样做了。他的朋友是谁，我们不得而知。他的老师这样做了，应该是他看在眼里、记在心上的事。所以曾子具备这样的品德也是很正常的事。下面一段话也能说明问题。

> 孔子曰："回有君子之道四焉：强于行义，弱于受谏，怵于待禄，慎于治身。史鳝有君子之道三焉：不仕而敬上，不祀而敬鬼，直己而曲于人。"曾子侍，曰："参昔常闻夫子之三言，而未之能行也。夫子见人之一善而忘其百非，是夫子之易事也；见人之有善若己有之，是夫子之不争也；闻善必躬行之，然后导之，是夫子之能劳也。学夫子之三言而未能行，以自知终不及二子者也。"
>
> ——《孔子家语·六本》

从这些话中，我们也看到了曾子是一个谦虚的人，也是一个对自己要求严格的人，一个善于随时随地向他人学习的人。其实论及曾参的品德，那也不是一般的好，在孔子的学生中，品德境界也是最杰出者之一。这一点，子贡在《孔子家语·弟子行》中有一段关于曾参品德的评价：

> 满而不盈，实而如虚，过之如不及，先王难之，博无不学。其貌恭，其德敦。其言于人也，无所不信。其骄大人也，常以浩浩，是以眉寿。是曾参之行也。孔子曰："孝，德之始也；悌，德之序也；信，德之厚也；忠，德之正也。参中夫四德者也。"以此称之。

自己已经圆满了，却让别人看不出来；自己已经非常充实了，还好像是空虚的；自己已经超过了，让人看起来还有如赶不上。这样的表现，就是古代君王也难以做到。知识广博而无所不学。他的容貌，恭恭敬敬，他的德操朴实敦厚。他的言行，别人没有不信任的。他志向高远，为人胸襟开阔坦荡。因此他长出了寿眉，是长寿的预兆。这就是曾参的德行。孔子曰：孝是道德的起始，悌是道德的顺序，信是道德的加深，忠是道德的根本。这四种品德集中于曾参一身。孔子这样来称许他。

无论是从子贡的称赞，还是从孔子的肯定来看，曾参的人品德操都是无可挑剔的。子贡甚至认为，像曾参这样的品德，就是古代的君王都不一定能够赶得上。这里所说的古代君王，当然不是一般的君王，而应该是圣贤的君王。孔子对他的评价也相当高，一般人谁能赶得上？再看另一段话：

> 曾子弊衣而耕于鲁，鲁君闻之，而致邑焉。曾子固辞不受。或曰：
> "非子之求，君自致之，奚固辞也？"曾子曰："吾闻受人施者常畏人，
> 与人者常骄人。纵君有赐，不我骄也，吾岂能勿畏乎？"孔子闻之曰：
> "参之言，足以全其节也。"
>
> ——《孔子家语·在厄》

国君赐人以封地，这对于某些人来说，真是翘首以望的事。这不仅是实实在在的利益，更是一种崇高的荣誉，一种崇高地位的象征。有了这种赐予，更可以此来骄人，甚至因此飞扬跋扈、仗势欺人，捞取更多的利益。因此，他们不仅不可能拒绝，还会以一副十足的奴才相，对国君千恩万谢。但是曾参却坚决谢绝。理由很简单，拿人家的手短，吃人家的嘴短，接受人家的恩赐，就要接受人家骄人的眼光。即使人家不以骄人的眼光来看你，自己也会对人家产生畏惧或者敬畏心理，自己就不能够堂堂正正直起腰来做人。这就是做人的气节与操守。就从这个角度来看，曾子做人的品格与气节都非同一般，令人敬佩。人要活得有骨气，曾子就是榜样，对于那些患软骨病的人，这应该是一剂良药。

> 曾子曰："狎甚则相简，庄甚则不亲，是故君子之狎足以交欢，其庄足以成礼。"孔子闻斯言也，曰："二三子志之，孰谓参也不知礼乎？"
>
> ——《孔子家语·好生》

曾子说：人与人相处，过分亲近则容易让对方对你轻视，过于严肃又会让人感觉不好亲近。所以，君子之交，其亲近的程度只要让双方都能感到高兴就行了，其严肃的程度只要让人感到不失礼就好了。孔子听到曾子的这些话以后，说：同学们，你们都记住了，谁说曾参不懂得礼啊！

人与人之间如何相处，既是学问，也可以看出一个人的品德境界如何。有些人与人相处，首先考虑的是利益。于我有利，则千方百计与人套近乎、拉关系，放低身段讨好人家。这是市侩，一定会让人家看不起。也有一些人，清高傲物，妄自尊大，总以为自己了不起，高人一头，看不起人家，拒人于千里之外。这样的人，一定没有朋友。一个品德端正的人，与人相处，不管对方是什么人，地位如何，总是以礼相待，做到适可而止，既不会过分亲近，讨好人家，也不会过分

严肃，拒人于千里之外。君子之交淡如水。曾子这段话表达的就是这个意思，受到了孔子的肯定。孔子让学生们记住曾子的这些话，告诉他们，这些话符合礼的要求，曾子是一个懂得礼的人。

> 孟氏使阳肤为士师，问于曾子。曾子曰："上失其道，民散久矣。如得其情，则哀矜而勿喜。"
>
> ——《论语·子张》

孟氏任命阳肤去做狱官。阳肤来向曾子请教。曾子对他说：现在占据统治地位的人，已经不遵循治国理政的法则行事，民心早就与统治者分道扬镳了。如果你把真实的案情查清楚了，就要理解同情那些之所以犯罪的人，不要只因为查清案件而自鸣得意。

统治者不按照法则行事，本身就已经倒行逆施。百姓或者不满统治者的统治，不按照统治者的要求行事，表示对统治者的反抗；或者因为统治者的朝令夕改，无所适从，不知道应该如何行事才好，所以造成违法犯罪。面对这样的情况，百姓的所谓犯罪，或者本身就不构成犯罪，或者所谓的犯罪，也情有可原。这样的情况，曾子看得很清楚，因而他对那些所谓的犯人很是同情。所以当阳肤来向他请教的时候，他向阳肤讲了这一番道理，让阳肤查清案件的真实情况，要理解与同情那些并非真正犯罪的人，不要以查出多少案子而得意。从曾子的这些话可以看出，曾子对统治者不遵循法则办事，造成某些人所谓的犯罪是很不满意的。作为一个品德高尚的人，他不和那些倒行逆施的统治者同流合污，而对百姓则是百般同情。这正表现出一个正人君子的正义感。

> 曾子有疾，召门弟子曰："启予足，启予手。《诗》云：'战战兢兢，如临深渊，如履薄冰。'而今而后，吾知免夫，小子！"
>
> ——《论语·泰伯》

曾子得了病，把学生们叫到身边，说：看看我的脚，看看我的手。《诗经·小雅·小旻》中的诗句说：小心谨慎呀，就像来到深潭的水边，就像脚踩在薄薄的冰上，随时都有危险。从今以后，我知道如何让身体免受损害了。学生们！

曾子生病了，为什么会说出这么一番话？人的一生，都有可能遇到一些不测的危险。只有事事、处处谨慎小心，才能避免身体受到损害。按照孔子的说法："身体肤发，受之父母，不敢毁伤，孝之始也。"身体包括皮肤与头发，都是从父母身上带来的，不应该毁伤。如果身体肤发受到了损坏，那还怎么去孝顺父母呢？现在曾子生病了，但是手脚都还保持完好，这让他受到启发，从今以后，知道如何保护自己的身体了。要保护好自己的身体，除了不要生病以外，就要处处小心谨慎，遵纪守法，避免触犯刑律。老百姓有一句朴素的话：为人莫犯法，犯法身无主。如果触犯刑律，那就很难保证身体的完好无损。尤其在古代，刑具的运用，那是非常严酷的，我们从电视电影中看过很多，那有多么残酷！在那样残酷的刑具摧残之下，还怎么保证身体的完好无损？曾子就在病中受到启发，知道了今后应该如何让身体免受损伤，保护好身体来孝顺父母。他把自己的这个体会教给了学生。这件事情虽然不大，但也可看出，曾子在孝道上很用心，而且再次提醒学生如何避免身体的伤残，保证孝道的推行。

> 曾子有疾，孟敬子问之。曾子言曰："鸟之将死，其鸣也哀；人之将死，其言也善。君子所贵乎道者三：动容貌，斯远暴慢矣；正颜色，斯近信矣；出辞气，斯远鄙倍矣。笾豆之事，则有司存。"
>
> ——《论语·泰伯》

曾子病了，孟敬子来探视他。他对孟敬子说：鸟到了将要死去的时候，它的叫鸣声是悲哀的；人到了将要去世的时候，他所说出来的话都是善意的。作为一个君子，做人最可贵的准则有三个方面：从容貌方面来说，端庄严肃，这样便能够远离粗暴与怠慢了；从脸色来说，善意亲和，这样就让人感觉真诚可信；从说话而言，出言郑重，词语得当，语气随和，便可以远离鄙俗粗野或错误了。至于祭祀方面的礼仪事项，则有专门机构的人员来负责。

曾子生病，孟敬子来看望，曾子可以说是推心置腹地向孟敬子说了这么一番话。这些话看似平常，却是曾子的肺腑之言，是他为人的亲身体会，是他的内心独白。细细体味起来，他的这番话也正体现了他所提出来做人的三方面的要求。从他的这些话中，我们也隐隐地看到了他的音容品貌和德操与品格。这就是一个真正的曾子。他那"鸟之将死，其鸣也哀；人之将死，其言也善"的话，后来也成了我们民族语言宝库中的瑰宝。它反映了我们民族的善良本性。

> 子曰："参乎，吾道一以贯之。"曾子曰："唯。"子出，门人问曰："何谓也？"曾子曰："夫子之道，忠恕而已矣。"
>
> ——《论语·里仁》

其实，孔子思想的精髓，也就是这两个字——忠恕。

关于忠恕二字，我们在其他地方已经有了详细的诠释，不再多说。这里只是说，孔子为什么对曾子说"吾道一以贯之"。这当然取决于孔子对学生的了解与看法。也就是说，在学术造诣中只有谁才能理解这个问题。孔子既然能够对曾子说，那就说明孔子认为，曾子能够理解这个问题。这里面当然就有一个学习与修身的境界问题。在孔子的三千学生中，贤人仅仅有七十二人而已。这些贤人，既然能够被称为贤人，肯定各有各的特点，各有各的长处，才能够胜任贤人之名。但就其对孔子学说的掌握与精通程度而言，在这七十二人中，究竟有多少，我们不得而知。至于能够真正理解与精通的孔子学说的精髓，恐怕并不一定太多。子贡曾经问孔子："有一言而可以终身行之者乎？"孔子告诉他："其恕乎，己所不欲，勿施于人。"这就是孔子学说的精髓。现在孔子说，曾参呀，我的学说有一个中心思想贯穿其中。这个中心思想究竟是什么？孔子没有说，似乎孔子也没有告诉过曾子。当其他学生问他的时候。曾子告诉大家，是忠恕二字。这就说明，曾子掌握了孔子学说的核心与精髓。孔子在说其学说一以贯之时，并不说出其中心为何。那就是说，孔子知道曾子会知道这个答案。从这里也可看出孔子对曾子学业上的肯定。这也就可以认定，曾子是孔子学生当中品学兼优的一类学生。

孔子和他的弟子子游

言偃，吴人，字子游，少孔子四十五岁。《孔子家语·弟子行》中，子贡说他"先成其虑，及事而用之，故动则不妄，是言偃之行也。孔子曰：'欲能则学，欲知则问，欲善则详，欲给则豫。当是而行，偃也得之矣'"。什么事情都先考虑好，等到有事的时候就按照预先考虑好的方案行事，这样行动的时候就不会出现问题。这就是言偃的行事风格。孔子说：要想有才能就要学习，要想有智慧就要多问，要想把事情做好就要审慎，要想丰衣足食就要预先有储备。按照这样的原则行事，言偃是做到了。这段话把子游为人处事的行为准则概括出来了。前面的话是子贡对他的评价，后面是孔子对他的评说。而孔子与子贡师生二人对他的评价基本相同，都认为他这个人行事稳重审慎。而在孔子对学生的评论中，子游在文学方面更为突出。所谓文学，主要是就对文献资料的学习与掌握而言。可是这方面的资料并不多，倒是在《礼记》中，对他向孔子学礼的记载更多一些。比如《礼记·礼运》就是孔子与他谈礼的记载。其他章节中也还有这方面的记载。而《礼运》，后代学者认为可能是子游的学生所记载的。如果是子游的学生所记，那自然是子游所传。而《礼运》所记，又是孔子论礼最重要的内容之一。由此而论，在这个问题上子游功不可没。

一、大同与小康

所谓大同与小康，就是我国历史上最有名的大同社会与小康社会，是孔子与子游的谈话中提出来的。其论述记载在《礼记·礼运》中。《礼运》是记载孔子论述礼最重要的篇章之一。这篇文章首先就记述了孔子所谓的大同社会与小康社会。在这里，我们首先要感谢孔子，是他明确提出了大同社会与小康社会的概念，并对这个概念进行了很好的描绘。它说明我们的祖先已经有了这样美好的社会理想，就创造了这样美好的社会。也要感谢子游把孔子的这些话记了下来，又传给了他的学生，让他的学生把它们记录下来。如果没有这样的记载，我们今天还不知道我国古代存在这样美好的社会。孔子描绘的是上古时代的社会。那么，既然我们的上古时代能够创造这样的社会，我们的未来能不能创造这样的美好社会呢？我想是可以的。如果未来真的可以创造出这样的美好社会，那可真是人类最美好、最理想的社会，尤其是大同社会。先来看孔子的描绘：

> 昔者，仲尼与于蜡宾，事毕，出游于观之上，喟然而叹。仲尼之叹，盖叹鲁也。言偃在侧曰："君子何叹？"孔子曰："大道之行也，与三代之英，丘未之逮也，而有志焉。大道之行也，天下为公。选贤与能，讲信修睦。故人不独亲其亲，不独子其子。使老有所终，壮有所用，幼有所长，矜寡孤独废疾者皆有所养，男有分，女有归，货恶其弃于地也，不必藏于己，力恶其不出于身也，不必为己。是故谋闭而不兴，盗窃乱贼而不作。故外户而不闭，是谓大同。今大道既隐，天下为家。各亲其亲，各子其子。货力为己，大人世及以为礼，城郭沟池以为固。礼义以为纪，以正君臣，以笃父子，以睦兄弟，以和夫妇，以设制度，以立田里，以贤勇知，以功为己。故谋用是作，而兵由此起。禹、汤、文、武、成王、周公，由此其选也。此六君子者，未有不谨于礼者也。以著其义，以考其信，著有过，刑仁讲让，示民有常。如有不由此者，在执者去，众以为殃。是谓小康。"
>
> ——《礼记·礼运》

用大道治理天下，天下归公众共有。由大家推举贤能的人来当领袖、治理国家。人们彼此之间讲究信誉，和睦相处。因此，大家都不只把自己的父母当作亲人，而是把他人的父母都当作自己的父母来对待，也不只把自己的子女当成子女，而是把大家的子女都当作自己的子女来对待。使所有的老人都能够颐养天年；壮年人都有事情可做；幼年人都能够健康成长；孤寡老人、孤儿、残疾人、有病的人，都能够得到社会奉养。男子都有职业，女子都能够嫁一个好人家；各种财物，大家都不愿意看到它们丢弃在地上，但也不会把它们私藏在家里、占为己有；出力气的活，大家都抢着去干，但也并不是为了自己。因此，没有人会去谋划干坏事，也没有发生明抢暗偷、扰乱社会的现象。因此，外出不用锁门。这就是大同社会。

到了当今社会，大道已经不再实行了。天下国家都变成私家财产。人们也都只奉养自家的父母亲，只珍爱自己的儿女；财物都只想由自家占有，生怕被别人占去；费力气的事，只有于自己有利的时候才会去干。天子、诸侯的地位，都只是父亲传给儿子，或者是兄长传给弟弟。这就成为礼的法则。修筑内城外廓与护城河，用来防御侵略，巩固政权。把礼义作为纲纪，用来匡正君臣关系，用来让父子关系笃实敦厚，让兄弟和睦相处，让夫妻关系和谐。用来建立各种制度，用来划分田地与住宅，用来奖励勇敢与聪明的人，用来让自己建立功勋。因此，阴谋奸诈行为由此而生，战争征伐的事由此而起，夏禹、商汤、文王、武王、成王、周公这几位明君贤臣，就是依据礼的法则推举出来的。这六位明君贤臣，没有一个不是严谨地依礼来行事的。用礼来表彰每一个人所行的大义，依礼来考察每一个人的诚信，依礼来指明每一个人所犯的过错。推行仁爱，讲求礼让，告诉老百姓，这是大家必须遵循的常规与准则。如果有人不遵循这些准则行事，那么，即使是天子国王，人们也会认为他们是殃民祸国之主，将他们废黜。这就是小康社会。

这就是孔子心目中最理想的大同社会与小康社会。大同社会与小康社会是两个不同时代的社会。大同社会是指夏、商、周三个朝代之前的社会，到尧舜为止。小康社会是指夏、商、周三个朝代的社会。孔子最向往的当然还是大同社会。然而时代变了，社会发生了重大变化，这也无可奈何。与他所生活的时代比较起来，夏、商、周三代的小康社会仍然让他羡慕与向往。夏禹、商汤、文王、武王、成王，仍然是他心目中的英圣之主，周公则是他认为最贤圣的大臣，是他最崇拜的偶像，以至于做梦的时候梦不到周公就成了他最大的遗憾。所以，大道之行的时代与三代之英的时代，他未能赶上，这是遗憾，而他心有不甘。他要追随这些英贤的先辈，奋力推行先辈们的大道与三代之英们的小康之道。这是他一辈子的追求与理想。实际上，他也为此奋斗了一辈子。虽然他的奋斗未能成功，但他知道不可为而为之的那种精神境界，是永远令人敬佩的。也许有人会说，这又何必呢？但我则认为，有理想，有奋斗，总比浑浑噩噩混一辈子要好得多。

现在来说大道之行。什么是大道？这里所谓的大道，是治理国家与社会最好的政策与策略，是治理国家与社会最好的办法。就因为遵循了这样的大道来治理国家，所以就把国家治理成了大同社会。

大同社会是什么样的社会？孔子已经进行了很好的描绘，我们也有了详细的解读。那当然是一种非常好的社会。只是孔子所描绘的大同社会，是原始的公有制社会。那时候的生产力低下，大家只能够共同劳动，共同分享劳动成果；还没有能够让人私自占有财富的条件，也没有物质让大家浪费的条件，一切都是公有的，一切都是值得珍惜的。这种大同社会，应该说是当时的生存条件促成的。随着生产条件的变化，人们的劳动成果有了私自占有的条件，有了家庭，于是这种大同社会就瓦解了，而演变成了小康社会。

前面说到，孔子所描绘的大同社会，是在当时那种生产力的情况下形成的。

随着生产力的发展，有了私有财产，那种社会也就瓦解了。但是，那种社会形式，那种大公无私的实质，真让人羡慕，真让人向往。我们能不能在一种新的社会条件下创造出一种新的大同社会呢？答案是肯定的。共产主义社会不就是那样一种社会吗？这让我想起了一段往事。

1958年，我还不到20岁，参加工作也才两年。那是一个火热的年代。也是我青春之火燃烧得最旺盛的年代。党中央提出建设社会主义，实现共产主义。社会主义、共产主义社会的美好，报纸上宣传，领导在大会小会上讲，那真正是把大伙的热情调动起来了，"一天等于二十年"，大家都往社会主义、共产主义狂奔。对于社会主义与共产主义的美好与在中国的实现，当时我确实是坚信不疑的。为此，1959年，我还特地去买了一本《马克思恩格斯列宁斯大林论共产主义社会》。对于这本书，我不敢说是研究，但确实是从头到尾认真地、反复地阅读了，当时确实很受鼓舞。就是现在，这本书给我的印象还很深。所以，读到孔子的这段话，可以说唤醒了我的这段记忆。由于年龄的增长，我对这个问题有了一些新的看法。

关于共产主义社会，马克思和恩格斯他们讲了很多条件，用我的体会来说，就有那么几点：一是社会物质极大丰富；二是人的思想道德境界极大提高；三是科学技术高度发达；四是体力劳动与脑力劳动区分的消失。如果这几点做到了，共产主义的条件也就可以满足了。

一是社会物质极大丰富。有了这个条件，就可以尽量做到按需分配。其实这个"分配"二字，也可以不要。因为你需要什么，就可以有什么。就个人本身需求来说，需要什么，就可以到某部门去领取。比如吃饭，全部供给制。你走到哪里，哪里都有公共食堂，你吃什么，就取什么，就像现在的自助餐一样。穿衣服也一样，想穿什么样的衣服，自己去挑选就行了。其他如孩子上学，所有的孩子都一样，从幼儿园到大学，全部免费，全部都可以进入自己认为最适于自己的最好的学校去就读。养老，所有人的父母养老，全部免费。医疗，也不用操心，有了病，有最好的医疗条件，完全免费。这样一来，无论是谁，大家都一样，都没有任何的后顾之忧。你还需要什么呢？这样一来，无论是谁，不就"不独亲其亲，不独老其老"了吗？

二是人的思想道德境界极大提高。用通行的话来说，就是具有高度的共产主义觉悟。因为那时候，大家都受过最好的教育，都会具有很高的思想道德觉悟。所以，你作为社会的一员，按照社会分工，能做什么，就会自觉地去做；你应该做什么，就会自觉地去做；应该担负什么样的社会责任，就会自觉地去担负；对社会物质，会非常珍惜，不会去浪费。己所不欲，勿施于人。人与人之间，相互关心，相互爱护，和睦相处，不会去侵害他人。这一点，我个人也有一点体会：年轻的时候，知识少，经验少，对事物的认识局限性大，有些事情容易计较；年纪一大，知识与经验都有所提高，所以计较的也就少了。人活一生，除了希望为社会多做一点事情以外，其他还有什么要追求的？或许这就是人的思想道德境界的提高吧！其他方面，比如年轻的时候，或许因为身体的需要，总想吃得好一点，每当经过饭馆时，那扑鼻的香气对人的吸引力有多大！人老了，粗茶淡饭足矣。所以对那些贪污受贿的人，我就不太理解，你要那么多的钱做什么？你能吃多少，穿多少，用多少？其实国家给你的工资已经足够你用了。你贪了那么多钱，当你伸腿闭眼的时候，也只不过是一堆废纸而已。

三是科学技术高度发达。第一，可以促进物质生产的发达，提高生产率，促进物质的丰富；第二，可以用高度的自动化来替代机械化，替代手工劳动，替代体力劳动；第三，可以开源节流，开拓新的物质来源，或者废物利用，避免物质浪费；第四，可以开拓新的利用空间，比如开发利用大海，开发月球或其他星球，为人类提供更多的物质资源。可以说，这就为共产主义社会的实现提供了重要保障。

四是体力劳动与脑力劳动区分的消失。这与科学技术的高度发达分不开。因为科技的高度发达，大多数的劳动都会以机器人去代劳，其他的劳动也为自动化所替代，体力劳动也只是在操作室控制自动化的仪器而已。同时，人们的劳动分工还可以因个人的兴趣爱好而选择。比如喜欢科学研究的人就致力于科学研究；喜欢机器生产的人，就去做机器生产的工作；喜欢园艺的人就去做与水果蔬菜生产有关的工作；喜欢搞粮食生产的人就去做粮食生产的工作；喜欢研究食品的人就去做食品的生产工作，等等。总之，到那个时候，人们不会因为体力劳动与脑力劳动的选择而多费心思。

这是我个人对共产主义社会的理解，肯定不全面，读者有兴趣，请来补充。但是就我所理解的共产主义社会，比孔子所描绘的大同社会，是不是更好呢？

但是我认为，社会进步得这么快，科学技术日新月异，共产主义社会会有实现的一天，或许也不会十分遥远。

现在的小康与孔子、子游的小康有本质的不同。那时天下都是皇帝家族自家的，他们对国家的治理，为老百姓办事，都是为了保住自家的江山。我们现在是公天下，是老百姓的天下。国家的一切都是人民的，政府都是为人民办事的。夏、商、周三代之所以为孔子所钦慕，是因为那三代开国之君都是明君，他们都能够依礼治国。而礼，在孔子的心目中，那是最神圣的。礼，对于老百姓来说，那是思想道德规范，对于统治者来说，那是治理国家的生命线。正因为夏、商、周三代能够依礼治国，孔子认为他们把国家治理得不错，因而称那三代为小康社会。而孔子所处的时代，已经"礼崩乐坏"，社会一片混乱，所以孔子认为自己的责任就是在各国恢复礼治。让社会回到大道之治，最低限度也要恢复到小康之治。而要做到如此，首要的就是恢复礼治。

> 言偃复问曰："如此乎礼之急也？"孔子曰："夫礼，先王以承天之道，以治人之情，故失之者死，得之者生。《诗》曰：'相鼠有体，人而无礼，人而无礼，胡不遄死？'是故，夫礼必本于天，殽于地，列于鬼神，达于丧、祭、射、御、冠、昏、朝、聘。故圣人以礼示之，故天下国家可得而正也。"

听了孔子有关礼对于大同与小康社会的重要性的论述，子游问，难道礼真的就那么重要，那么急迫吗？对于孔子来说，面对当时社会的混乱情况，要重新建设大同社会，或者是小康社会，用什么理论来说服那些诸侯们呢？那就只有礼。一方面，礼是先代圣贤之主制定的。先代圣贤之君就是用礼建成了大同社会与小康社会，如今要重新建设大同社会与小康社会，用礼来说服诸侯们，当然最有说服力。另一方面，孔子强调礼是先代圣贤之君接受上天的旨意，参考人间的运转规律而制定的，也接受了鬼神的检验，贯彻于各种典礼仪式。也就是说，礼是经过实践检验的最好、最有效的治国之道。所以，要治理好国家，就必须以礼为治国之道。对于诸侯来说，甚至对于每一个人来说，懂得礼，用礼来规范与指导自己的一切行动，那是必须的。只有懂得礼，依礼而行，依礼而动，人才能活下去；如果不懂得礼，不依礼而行，不依礼而动，那就很难存活下去。所以，人而无礼，为什么还要苟活？对于诸侯们来说，不依礼来治理国家，你国家的治理就不能走上正轨，你诸侯的地位也难保。这是天意。天命难违呀！

> 言偃复问曰："夫子之极言礼也，可得而闻与？"孔子曰："我欲观夏道，是故之杞而不足征也，吾得夏时焉。吾欲观殷道，是故之宋，而不足征也。吾得坤乾焉。坤乾之义，夏时之等，吾以是观之。夫礼之初，始诸饮食，其燔黍捭豚，污尊而抔饮，蒉桴而土鼓，犹若可以致其敬于鬼神。及其死也，升屋而号，告曰：皋某复。然后饭腥而苴孰。故天望而地藏也，体魄则降。知气在上，故死者北首，生者南乡，皆从其初。昔者先王未有宫室，冬则居营窟，夏则居橧巢。未有火化，食草木之实，鸟兽之肉，饮其血，茹其毛。未有麻丝，衣其羽皮。后圣有作，

然后修火之利，范金合土，以为台榭宫室牖户，以炮以燔，以亨以炙，以为醴酪。治其麻丝，以为布帛，以养生送死，以事鬼神上帝。皆从其朔。故玄酒在室，醴盏在户，粢醍在堂，澄酒在下，陈其牺牲，备其鼎俎，列其琴瑟管磬钟鼓，修其祝嘏，以降上神与其先祖，以正君臣，以笃父子，以睦兄弟，以齐上下，夫妇有所，是谓承天之祜。作其祝号，玄酒以祭，荐其血毛，腥其俎，孰其殽。与其越席，疏布以幂，衣其浣帛，醴盏以献。荐其燔炙。君与夫人交献，以嘉魂魄，是谓合莫。然后退而合亨，体其犬豕牛羊，实其簠簋笾豆铏羹。祝以孝告，嘏以慈告。是谓大祥。此礼之大成也。

子游再一次问道：老师认为礼这么重要，能够讲得再详细深入一点吗？孔子说：我想要研究一下夏代礼的制度，特地到夏的后代所在地杞国去考察，但是文献资料不够，没有办法找到有价值的证据，只得了一本书叫《夏时》。我想要研究殷商礼的制度，特地到殷商的后代所在的宋国去考察，也是历史文献资料很少，没有得到礼的制度的证据，只得了一本叫《坤乾》的书。坤乾之书，也就是《易》。所以，乾坤之义，天地、阴阳变化，君臣、父母之义等，就是从这本书中得来的。《夏时》之书，春秋四时、节候时序、天时地利等，就是从这本书中得来的。

要说礼的肇始，本源于饮食。上古时代，人们把小米放在烧热的石块上烤熟，把小猪的肉剖开放在烧热的石块上烤熟；在地上挖个坑当酒杯，用双手捧起来喝；用草扎成鼓槌，来敲打用土筑成的鼓。就这样用以表示对鬼神的致敬。等到人死了，其家属就爬上屋顶高呼，某某，回来吧！这样就表示告白于天，某某已经归天。之后，他们便将一点生稻米放入死者口中。到了下葬的时候，他们就用草叶包裹一些熟食来祭奠他。灵魂升之于天，遗体葬之于地。这就叫做天望地藏。死者的头朝北，活人的房屋向南，这都是从古代流传下来的习俗。

上古时代，先代君王并没有什么宫殿建筑，冬天就住在用土筑成的洞穴里，夏天便住在用草薪搭成的窠棚里。那时候，人们还不会用火做成熟食，吃的是草木上结的果实和鸟兽的肉，喝它们的血。而鸟兽的肉则连毛也搞不干净就吃下去了。那时候，还没有丝麻纺织品，人们只能以鸟兽的皮毛裹在身上以为衣服。后来有圣能之君出现，才发明利用火的功能。他们制成各种模型，来铸造各种金属器皿；利用泥土来制成各种陶器、砖瓦，建造宫殿房舍，楼台馆榭，各种门窗。用火来焙制、烧熟，煮熟、烤制各种食物；酿制酒浆醋酱。种桑养蚕，种麻织麻，纺织各种丝绸与麻布，用来供活着的人穿戴，给死人装束，祭祀鬼神与上帝。这些也都是从上古传承下来的。因此，祭祀的时候，以水代酒，把清水放在靠北的位置；把另一种葱白色的酒放在靠南的位置；把浅红色的酒置于堂上；把比较清澄的酒置于堂下；把上供的牛羊陈列于鼎俎之上，把琴、瑟、管、磬、钟、鼓等乐器摆置好。主祭人准备好祭祀主人向神的祷告辞，以及主持人对祭祀主人的祝福辞，以迎接天地诸神与先祖神灵的降临。举行这种祭祀活动，用来匡正群臣的名分与作为；笃实父子之间的亲情关系；使兄弟之间更为和睦；让上上下下人们齐心协力；明确夫妇之间的位置。这表示有赖于上天的护佑。

主祭者宣读拟定好向上天、祖先、各路神明祝祷的美妙祷告辞：献上供酒，供上牺牲的皮毛与血液，进献新鲜的生肉，陈列各种熟食鱼肉菜肴。祭祀者夫妇从蒲席上走过来，端着用粗布盖着的酒樽，穿着洗染好的祭服，献上甜酒与白酒，献上烧烤好的名种肉品。主人与夫人，轮流交替进献各种祭品，让先祖的魂灵得到欣慰。这叫作后代子孙的精神与先代祖宗的魂灵在冥冥之中相互交会。仪式完毕，将祭祀所用之各种肉烹煮，然后将狗、猪、牛、羊的肉按不同部位，分别装入各种容器内，用以招待参与祭祀的执事人员与宾客亲友。祷告的文辞要把祭祀主人的孝敬之心充分传达给祖先神灵，而主祭者代表祖先对祭祀主人传达的护佑文辞也要充分表达祖先神灵对后代子孙的护佑之心，这样才能叫作大吉大利。至此，祭祀仪式才完满结束，大功告成。

孔子关于礼的论述，在《礼记·礼运》中还有很多，主要都是论述礼对于治理国家、建设他理想中的社会的重要性。这些内容我们在《克己复礼》一文中已有详细论述，这里不再重复。而在这里要说的是，在他看来，只要按照古代先世英明君王所制定的礼来治理国家与社会，就能够恢复大同社会与小康社会。礼就是国家治理与社会治理的法宝。按礼办事，一切问题都会迎刃而解。他所处的时代的社会治理不好，就是因为丢掉了礼。孔子还认为周公所制的礼，最为完善，也是他最为心仪的。而周公的继承人，鲁国的统治者，却把周公的精神遗产抛弃了，这让他非常痛心。因此，在参加鲁国的蜡祭后，大叹其气。而子游对此非常热心，一再请教，这才有了《礼记·礼运》以及大同社会与小康社会论述的出现。而这大同社会与小康社会的提出，虽然那是上古时代的事，但确实为我们提供了一个新的美好社会的想象空间。这就要感谢孔子与子游了。至于孔子所谓的礼，曾经创造过美好的社会，但时过境迁，对于现代人来说，只要将其作为历史上的存在来看就可以了。

二、孔子的教育与子游的人品学识

在孔子的学生中，子游也是出类拔萃者之一。孔子说子游最出色的地方在于文学，也就是文献资料方面的研究。从前面所说的《礼记·礼运》是子游的学生所记述来看，子游确实在文献资料的研究与传承方面有相当的贡献。这也看出子游的学识是不错的。不过，在《论语》中，有关他的记载并不很多。这里仅将《论语》中有关他的记述作一点归纳与讨论。

> 子游问孝。子曰："今之孝者，是谓能养。至于犬马，皆能有养。不敬，何以别乎？"
>
> ——《论语·为政》

向孔子请教孝的人很多，有学生，有官员。孔子总是根据不同的人、不同的情况，有针对性地给予不同的回答。那么，对于子游的问，孔子的回答为什么是一个敬字？这是因为，当时的社会，人们对父母的孝，已经不像古人那样敬爱有加，而只是认为能够养活父母就已经是孝顺了。子游作为孔子的学生，对于礼的学习与研究很上心，所以孔子这样回答他，就是教育子游，学习与研究礼，讲到对父母孝的时候，一定要注重这个敬字。养而不敬不是真正的孝。事实确实如此，有的人认为，能够供养父母，让他们不缺吃、不缺喝，甚至不缺钱花，就是孝顺了。他们根本不知道，吃喝花固然重要，而父母所需要的更是子女的那一份亲情、那一份敬重。如果没有那一份亲情、那一份敬重，供给的那些东西只不过是一份施舍而已。所以孔子的这个回答，道出了问题的根本。这显示出孔子看问题的深刻性与尖锐性，一眼看出问题的实质。孝不应该是施舍，更应该是敬与爱。子游接受了老师的教导，把老师的话记录下来、传承下来，对于今天所有当子女的都是很好的教育。

> 子游为武城宰。子曰："女得人焉耳乎？"曰："有澹台灭明者，行不由径，非公事未尝至于偃之室也。"
>
> ——《论语·雍也》

什么样的人是人才？子游说了两点：一是走路不抄小道；二是没有公事不到上司的办公室。具备了这两点，为什么就是人才呢？第一点，不抄小路。说明这个人办事踏实，不走捷径，不怕出力气，不投机取巧。这当然是人才应该具备的条件。第二点，没有公事，不到上司的办公室。说明这个人正派，公事公办，不像某些人，有事没事都往上司的办公室里跑，说得好听一点，是与上司联络感情、拉关系，说得难听一点，那就是向上司献媚，讨好上司。而子游将澹台灭明的这两点作为优点，作为区分人才与非人才的标准，说明他也是一个正派的人，慧眼识珠，是一个善于识别人才的人。

> 子之武城，闻弦歌之声。夫子莞尔而笑，曰："割鸡焉用牛刀？"子游对曰："昔者偃也闻诸夫子曰：'君子学道则爱人，小人学道则易使也。'"子曰："二三子，偃之言是也。前言戏之耳。"
>
> ——《论语·阳货》

孔子历来都是提倡礼乐教育的。子游在武城当领导，按照孔子的教导，兴办礼乐教育，到处都是音乐之声，证明子游治理有方，武城社会和谐，人民安居乐业。可是孔子却认为武城这样的小地方用不着进行这样高档的教育。子游听了孔子这样的话，马上进行了反驳。孔子也知道自己确实失言了，立刻进行了纠正。从这样一件小事情上可以看出，孔子虽然德高望重，但与学生相处还是比较和谐的。老师说错了话，学生可以进行批评反驳。听了学生的反驳，孔子没有觉得自己面子上过不去，不但没有生气，反而肯定了学生的话，并以此来教育其他学生。这可以说，孔子与学生之间，也是讲民主的。而子游，作为学生，对于老师说话有不妥的地方，也没有因为是老师说错了话，就不在意，就敷衍过去，却提出了反驳。这也说明子游的为人认真和不苟且。所以，他把武城这个地方治理得很好也是必然的。

> 子游曰："事君数，斯辱矣；朋友数，斯疏矣。"
>
> ——《论语·里仁》

做什么事情，都有一个度。在君王面前做事也好，与朋友交往也好，做什么事情都一样，都要掌握好一个度。孔子曾经说"过犹不及"，就是这个意思。什么事情做不到应该做的点位，就达不到目标，同样如果把事情做过了头，也达不到目标。子游对这一点，掌握得很好。在君王面前做事，与君王接触过于亲密，就会引起君王的怀疑，他是不是在讨好，是不是有什么企图，有什么不良用心？在其他人的眼里，也会引起怀疑，会指着他的脊梁骨骂：一定不怀好意，一定别有用心。或者还会有人说：奸贼！反正各种各样的怀疑都会出现。这不是自取其辱吗？与朋友交往也一样，走得过近，过于亲密，也容易引起朋友的怀疑。俗话说：君子之交淡如水。走得与人家过于近，引起了人家的疑虑。人家就要想办法与你疏远，与你保持一定的距离，或者还会躲得远远的。子游能够把这样的情况看得很清楚，这说明他为人正派，即使在君王身边工作，也不会有什么非分之想，更不会怀有什么邪念。在与朋友交往方面，他也会保持一种君子之交的态度。

> 子游曰："吾友张也为难能也，然而未仁。"
>
> ——《论语·子张》

子张也是孔子最得意的门生之一，在孔子的学生中也是出类拔萃的人物。子游也认为子张各方面都修养得不错了，只是如果要用仁来衡量，还有一点差距。子游对子张这样评价，说明他对人的品德要求很高。他对别人要求高，对自己也不会把标准放得很低。

> 子游曰："丧致乎哀而止。"
>
> ——《论语·子张》

子游的这句话看起来很简单，其实很有深意。他为什么单独要说这么一句话？这肯定不会是无的放矢，一定有针对性。很可能当时在办理丧事时，有人搞形式主义，过度操办，而没有真正的哀痛之情。父母去世，对于子女来说，是内心最悲痛的事情。所以，是不是真正的内心哀痛，对儿女来说是一种考验。如果对父母的感情深，父母去世岂有不悲痛的；如果与父母的感情不深，父母去世，也就不悲痛。而父母去世，办理好丧事，这也是子女的一种责任。但是，办理丧事，只要能够表达出孝子的哀痛也就可以了。但是有人并不是这样，父母去世了，他们内心并不悲痛，却要花很多的钱来办理丧事，大吹大擂，大讲排场，其实那是孝子做给别人看的。一是表示他有钱，要炫耀一番；二是表示他花的钱多，排场大，就显示他有多么孝顺。实际上，明眼人一看就知道，那只不过是心虚的表现，就是怕别人说他舍不得花钱，对父母不孝顺。然而，这种情况，并没有人加以遏止，以致形成一种流行病、一种恶俗。父母去世，有钱没钱，都要风风光光把老人送走。有钱人自然是无所谓，穷人家呢？一场丧事办下来，倾家荡产，甚至还要欠一屁股债，很久翻不过身来。子游火眼金睛，一眼就把这个问题看透了，告诫大家："丧致乎哀。"老人去世了，办理丧事，孝子只要真正哀痛，就是尽了孝道了，没有必要花过多的钱搞形式、讲排场。至于丧事，只要把老人妥善地安葬就很好了。

> 子游曰："子夏之门人小子，当洒扫应对进退，则可矣，抑末也。本之则无，如之何？"子夏闻之，曰："噫，言游过矣！君子之道，孰先传焉，孰后倦焉？譬诸草木，区以别矣。君子之道，焉可诬也，有始有卒者，其惟圣人乎！"
>
> ——《论语·子张》

子游说：子夏的学生们，让他们担任洒水扫地、答对来访、迎送宾客的应酬工作还可以的，只不过这都是一些细枝末节，而深层次的学问却没有学到，结果会怎么样呢？子夏听到子游的这些话，说：嗨！子游说得不对。君子的学说，哪些应该先一步传授，哪些应该后一步教导，比如草木的种植，品类不同是要加以区别的。君子的学问，怎么可以曲解呢？如果要有始有终，有深有浅地教学，大概只有圣人能够做得到吧。

子游与子夏都是孔子的得意门生，在教学方法上发生了分歧。子游的意见是，不能只教学生一些应对迎送应酬方面的学问，而要把深层次的学问传授给学生。子夏的意见是区别对待，有深有浅，由浅入深。他们的意见，各有各的道理。其实，他们的意见，各自都有其性格根据。子游是"先成其虑，及事而用之，故动则不妄"；子夏是"学之深，送迎必敬，上交下接若截焉"。子游是事先把什么事情都考虑周到，一旦有了事情就能够按原先已经考虑好的方案行事。所以他认为教学不能只在应酬方面下功夫，而要本末一齐上，全面贯通，应用的时候才能得心应手。子夏学得深，但注重应酬之学，讲究步骤，有先有后，区别对待，由浅入深。这也不失为很好的方法。所以，对于他们各自的方法与意见，我们可以各取所需，哪种方法更适合自己，就选择哪种。

最后附带地说一下澹台灭明。因为前面子游说他是人才。而几种传记对他的记述有所不同，现抄录下来，稍作比较与分析。《史记》：

> 澹台灭明，武城人，字子羽。少孔子三十九岁。状貌甚恶。欲事孔子，孔子以为材薄。既已受业，退而修行，行不由径，非公事不见卿大夫。南游至江，从弟子三百人，设取予去就，名施乎诸侯。孔子闻之，曰："吾以言取人，失之宰予，以貌取人，失之子羽。"

澹台灭明，武城人，字子羽，比孔子小三十九岁。他的体态相貌甚是丑陋，想跟随孔子学习。孔子认为他才气薄弱，他师从孔子之后，回去就致力于修身实践，处事光明正大，不走歪门邪道，不是为了公务不去会见公卿大夫。他南行游历到长江，追随他的学生有三百人之多。他获取、给予、离去、就职，都有自己的一定之规。他的声望美誉响彻四方。孔子听到这些事迹，说：我仅依据言辞来判断人，就对宰予作出了错误的判断，仅依相貌来判断人，对子羽也作出了错误的判断。

> 贵之不喜，贱之不怒，苟利于民矣，廉于行己，其事上也，以佑其下，是澹台灭明之行也。孔子曰："独贵独富，君子耻之，夫也中之矣。"
>
> ——《孔子家语·弟子行》

不因为富贵了而欣喜，不因为贫贱了而恼怒。假使是对民众有利，他宁可自己过得清贫一些。他为君王服务，是为了保护帮助下民。这就是澹台灭明的品德行为。孔子说：独自一人富贵，君子认为这是可耻的事。澹台灭明就是这样的人。

> 澹台灭明，武城人，字子羽，少孔子四十九岁。有君子之姿。孔子尝以容貌望其才，其才不充孔子之望。然其为人，公正无私，以取与去就，以诺为名，仕鲁为大夫也。
>
> ——《孔子家语·七十二弟子解》

澹台灭明，武城人，字子羽，比孔子小四十九岁。他有君子的仪容姿貌。孔子曾经期望他的才华可以与他的仪容姿貌相称。可是他的才华没有达到孔子的期望。然而他为人公正无私，以获取与给予来决定其离开还是留下。他以重信誉而建立名望。他在鲁国做官，职位为大夫。

这是《史记》与《孔子家语》三处记述澹台灭明的小传。三处对于澹台灭明的品德与行事风格评价，大致上相差不多，都认为他是一个品质高尚、作风正派、善良正直、才高八斗的人。但其中所记年龄一说是比孔子小三十九岁，一说是小四十九岁。据我的推测，应该是小四十九岁比较合理。因为子游比孔子小四十五岁。而子游在武城当官时所得的人才就是澹台灭明。那时候他还不是孔子的学生。如果是比孔子小三十九岁，他比子游还大六岁，那么他去给孔子当学生时年龄就相当大了。不过这只是推测而已，实际如何，不得而知。再就是相貌问题，一说是丑陋，一说是有君子之姿。但从《史记》所记，孔子说"以貌取人，失于子羽"来看，澹台灭明的相貌应该并不俊美。

孔子和他的弟子子夏

　　关于子夏，《史记》的记载：卜商，字子夏，少孔子四十四岁。子夏问曰："巧笑倩兮，美目盼兮，素以为绚兮，何谓也？"子曰："绘事后素。"曰："礼后乎？"子曰："起予者，商也。始可与言诗已矣。"子贡问："师与商孰贤？"子曰："师也过，商也不及。""然则师愈与？"曰："过犹不及。"子谓子夏曰："汝为君子儒，无为小人儒。"孔子既没，子夏居西河教授，为魏文侯师。其子死，哭之失明。《孔子家语·弟子行》说他"学之深，送迎必敬。上交下接若截焉，是卜商之行也"。孔子说之以《诗》曰："'式夷式已，无小人殆。'若商也，其可谓不险也。"《孔子家语·七十二弟子解》中说他：卜商，卫人，字子夏，少孔子四十四岁。习于《诗》，能通其义。以文学著名。为人性不弘。好论精微，时人无以尚之。尝返卫，见读史志者云："晋师伐秦，三豕渡河。"子夏曰："非也，己亥耳。"读史志曰："问诸晋史，果曰己亥。"于是卫以子夏为圣。孔子卒后，教于西河之上。魏文侯师事之，而谘国政焉。这三份小传对子夏的记述各不相同，各有侧重，但基本意思差不太多，可以互为补充。三份小传，可以说把子夏为人的基本特点都说出来了。他的学识不同一般，很注重钻研，学问做得很细，又很有深度，尤其深于文史资料的研究，在当时，似乎没有人能够超过他。卫国人尊他为圣人，可见当时名气之大，卫文侯也尊他为师，向他咨询政事，所以非一般人可比。他对《诗经》的研究，成就杰出，受到孔子称赞。在《论语》中，记载了他的不少言论。这些言论也显示出他的学识水平与人格品德。这些内容将在后文逐一进行解读、分析。

一、孔子对子夏的教育

　　这里为什么先来讨论孔子对子夏的教育？因为从孔子对子夏的教育中可以看出一些特殊的地方。

　　子夏问曰："巧笑倩兮，美目盼兮，素以为绚兮，何谓也？"子曰：

"绘事后素。"曰："礼后乎?"子曰："起予者，商也。始可与言诗已矣"

——《论语·八佾》

这一段话，我们在其他地方已经有过解读，这里不再多说。但这个"礼后乎"是怎么得出的? 孔子为什么说"你真是能够启发我的人呀"? 为什么说"现在可以跟你讨论《诗经》了"? 之所以说礼的学习在《诗经》之后，是因为《诗经》的学习是文化知识教育，礼的学习是行为教育。从教育的角度来说，当然是先要进行文化知识的教育。文化知识是基础。有了文化知识作为基础，学习礼就顺理成章了，就容易多了。这就是"礼后乎"的原因。同时还要看到"绘事后素"，就是说要在最好的背景上才能绘画出最好的图画。子夏就是在这样的启发下得出这样的结论。而这个结论的得出，并不容易，必须看出这中间的联系。这是要有学识基础、想象力与联想力的人才能得出。就是从这里，孔子看出了子夏的学习与理解能力，已经能够由此及彼，举一反三，所以孔子说能够与他讨论《诗经》了。孔子说能够与之讨论《诗经》的人，在《论语》的记载中似乎只有两人，一个是子夏，还有一个是子贡。子夏的理解能力与想象能力，也给孔子以启发。就是要培养学生的想象力与举一反三的能力。这也是孔子在教学中特别重视的能力。如果某个学生在学习中受教育两三次，还不能受到启发，那么这个学生的学习能力也就有限了。可见子夏能够有这样的学习成就与造诣，也不是轻易得来的。

孔子闲居，子夏侍。子夏曰："敢问《诗》云'凯弟君子，民之父母'。何如斯可谓民之父母矣?"孔子曰："夫民之父母乎，必达于礼乐之原，以致五至而行三无，以横于天下，四方有败，必先知之。此之谓民之父母矣。"子夏曰："民之父母既得而闻之矣。敢问何谓五至?"孔子曰："志之所至，诗亦至焉;诗之所至，礼亦至焉;礼之所至，乐亦至焉;乐之所至，哀亦至焉。哀乐相生，是故正明目而视之，不可得而见也，倾耳而听之，不可得而闻也。志气塞乎天地，此之谓五至。"子夏曰："五至既得而闻之矣，敢问何谓三无?"孔子曰："无声之乐，无体之礼，无服之丧。此之谓三无。"子夏曰："三无既得略而闻之矣，敢问何诗近之?"孔子曰："'夙夜其命宥密'，无声之乐也;'威仪逮逮，不可选也'，无体之礼也;'凡民有丧，匍匐救之'，无服之丧也。"

——《礼记·孔子闲居》

孔子在家赋闲，子夏陪伴着他。子夏说：我冒昧地请问老师，《诗经·大雅·泂酌》的诗句说"凯弟君子，民之父母"，怎么样才能称得上是平民百姓们的父母呢？孔子说：你是说要能称得上平民百姓的父母官呀，必须对礼乐制度有透彻的了解，推行五至三无于天下而无所不至。四面八方有什么祸患灾厄，必须能做到预先知晓。做到这样的程度，就可以称得上是平民百姓的父母官了。

子夏说：如何做好老百姓的父母官，已经听您老人家说了，请问什么是五至呢？孔子说：人们心中美善的情感被激发到了顶点，用语言表达出来就成了诗。诗歌抒发美好的情感，于是礼也就有了最好的依据而得以形成。礼之形成，社会就形成了秩序。秩序之形成就带来了社会的和谐，于是音乐也就形成了。音乐的情感是最和谐的。音乐的形成，使人的情感更和谐了，更欢乐了。"凯弟君子，民之父母"，君子和乐善良，有如民之父母，天下太平，人们安居乐业，生活于安乐幸福之中。但是，事物都依自然规律而存在与发展，有生必有死，有乐必有哀。哀与乐相互依存，相辅相成。所以，君子的和乐善良之正气，你睁大最明亮的眼睛是看不见的，你张开最顺风的耳朵是听不到的。这种和乐善良之正气充满于天地之间。这就是五至。

子夏说：五至的学问我已经承教了，请问什么是三无？孔子说：没有声音的音乐，没有具体形式的礼仪，不穿孝服的丧礼。这就是三无。子夏说：三无的道理简略地听到了，请问哪些诗与这三无比较接近呢？孔子说：《诗经·周颂·昊天有成命》篇中的"夙夜其命宥密"，是无声之乐；《诗经·邶风·柏舟》篇中的"威仪逮逮，不可选也"，是无体之礼；《诗经·邶风·谷风》篇中"凡民有丧，匍匐救之"，是无服之丧。

这段话后面还有很多的话，主要阐发礼的重要性，这里不再讨论了。就前面的这段话而言，我们看出，子夏做学问的态度何其认真，不断发问。而善于发问的学生，往往是最善于学习的学生。由此可见，子夏的学习成绩突出，钻研深入，是必然的。同时，在这段话中，他几处与《诗经》联系起来发问。当孔子回答什么是三无之后，他问"何诗近之？"，孔子回答列举了三首诗。但是这三首诗如何与三无联系起来，孔子并没有说，而要深入下去，这就要子夏自己来理解。能够体现无声之乐的诗是《诗经·周颂·昊天有成命》。这首诗歌颂周成王，是说上天授予周朝天下，文王与武王接受天命建立周朝。成王继承了文王与武王的基业，不敢有丝毫的怠惰，日夜为国事操劳，进一步把国家治理好，发扬了文王、武王的光辉业绩，并不张扬。这就是无声之乐。《诗经·邶风·柏舟》这首诗，表现了一个人的坚定信念。"我心匪石，不可转也。我心匪席，不可卷也。威仪棣棣，不可选也。"意思是我的心坚定不移，威仪堂堂正正，文雅安和，不可随意更改，不会随意选择。也就是说，我的威仪内在其心，并不一定在外表。这就是无体之礼。《诗经·邶风·谷风》："就其深矣，方之舟之。就其浅矣，泳之游之。何有何亡，黾勉求之。凡民有丧，匍匐救之。"这首诗表现一位妇女为家庭尽责尽力却被丈夫休弃的主题。这位妇女为了家庭，水深则用舟而济之，水浅则游泳而过之，家里有也好，没有也好，都勉力而求之，就是邻里乡亲有难处，也不吝尽力去救助。这样内在的优秀品德，就有无服之丧的特点。

　　子夏就是这样来学习《诗经》的，因而他深于《诗经》，对《诗经》研究的成绩杰出也就理所当然。当然这也不能忘记孔子的耐心与启发式的教育，由"民之父母"而到"五至三无"，这其中列举了四首诗，但孔子对诗没有作更多解释，这就让子夏自己去琢磨，自己去理解。这就给子夏对诗的学习与理解提供了想象空间，也显示出孔子教学的高明之处——不把问题的答案全说出来，让学生有思考的空间。毫无疑问，子夏通过对诗的琢磨与理解，学习会得到更大的提高。

> 　　孔子读《易》，至于"损""益"，喟然而叹。子夏避席问曰："夫子何叹焉？"孔子曰："夫自损者必有益之，自益者必有决之，吾是以叹也。"子夏曰："然则学者不可以益乎？"子曰："非道益之谓也。道弥益而身弥损。夫学者损其自多，以虚受人，故能成其满。博哉！天道成而必变。凡持满而能久者，未尝有也。故曰：自贤者，天下之善言不得闻于耳矣。昔尧治天下之位，犹允恭以持之，克让以接下，是以千岁而益盛，迄今而逾彰。夏桀、昆吾自满而极，亢意而不节，斩刈黎民如草芥焉，天下讨之如诛匹夫，是以千载而恶著，迄今而不灭。观此，如行，则让长不疾先；如在舆，遇三人则下之，遇二人则式之。调其盈虚，不令自满，所以能久也。"子夏曰："商请志之，而终身奉行焉。"
>
> 　　　　　　　　　　　　　　　　　　——《孔子家语·六本》

　　孔子阅读《易经》，当他读到"益"卦和"损"卦的时候，深深地叹了一口气。子夏站起身来，离开坐席问老师，您老人家为什么这样叹息啊？孔子说：总以为自己有不足之处的人，必定会不断充实自己；总认为自己高明的人，必然是有缺陷的人。我因此而叹息。子夏说：如此说来，学习的人就不可以有所增益了吗？孔子说：这里不是增益的意思，是说各人自身学识越是充实，就越是会觉得自身有不足之处；学习的人越是认为自己有越多的不足，以虚心的态度接受别人的教诲，因此能够使自己真正充实起来。博大精深啊，天下自然间的学问！各人学习的成就不同，必然发生不同的变化。凡是自认为已经满足而能够持久的人，还不曾有过。因此说，认为自己高明的人，普天下有好处的话都不会听进他的耳朵里去。从前，尧处于治理天下的帝位上，尚且坚守忠信恭敬的信念，始终以谦和礼让的态度对待百姓，所以，他圣明的声望，于千年之后的今天更为昭然彰显。而夏桀、昆吾，自满而高傲到了极点，目空一切，肆意妄为，不知节制，宰杀平民百姓，有如割草一般，所以千年之后其恶名更为突出，直至今天而没有消除。依此看来，如果在道路上行走，则让年长的人先行，不要去抢先；如果坐在车上，遇到三个人，就下车来，遇到两个人，就站立起来，手扶车前横木，以示敬意。用这样的方式来调节自己的高傲与谦虚，让自己长久地保持不至于自满。子夏说：请让我把这些话记下来，并且终身奉行。

　　孔子认为，子夏这个人的胸怀不够开阔。胸怀不够开阔的人，一般来说，思考问题容易走偏，容易自满，或者钻牛角尖。因此，孔子趁这个机会，针对子夏的特点，对他进行了这一番教育。告诉他，人不能自满，越是能够看到自己的不足的人，就越能虚心接受别人的教诲，增益自己，充实自己。天下自然间的学问博大精深，大家都在学习，但各人秉性不同，对待他人的态度不同，学习情况不同，收获不同。有的人，地位很高，仍然虚心接受下属的意见，使自己更加完善，更加完美。历史上尧就是这样的人，千年之后，其圣明的声望更加彰显；夏桀、昆吾，地位很高，很是高傲，目空一切，结果是遗臭万年。所以，就是一般的人，也必须谦虚谨慎，处处告诫自己：就是走在路上，遇到年长的人，也要礼让，不要争先抢道；坐在车上，遇到有三个人，就要礼让下车；遇到两个人，也要站立起来，以示致意。孔子的这些教导，子夏自然是受益匪浅，表示终生奉行。

　　　　子夏为莒父宰，问政。子曰："无欲速，无见小利。欲速，则不达；见小利，则大事不成。"

——《论语·子路》

　　子夏在莒父这个地方做长官，向孔子请教治理政事的问题。孔子说：不要急于追求政绩，不要只看到小的利益。想要急着出政绩，反而达不到想要达到的目的，如果只看到小的利益，就办不成大事。

　　学生向孔子请教治理政事的人很多，孔子对他们的回答各不相同。孔子总是根据各人不同的特点来回答。关于子夏的特点，《孔子家语·致思》中有这样一段话："孔子将行，雨而无盖。门人曰：'商也有之。'孔子曰：'商之为人也，甚吝于财。吾闻与人交，推其长者，违其短者，故能久也。'"从这段话中，一是看出孔子对学生的教育，一定注重学生的特点，根据学生不同的特点来进行。同时即使是与学生交往，也要郑重对待，照顾到学生的个性特点，不与学生争利。二是孔子对子夏的个性特点很了解，子夏的心胸不是那么开阔，对钱财抓得紧一些。所以，在回答子夏应该如何治理政治时，孔子教育他在政绩方面不要急功近利，不要急于求成，不要只看到小的利益，而要从大处着眼，做大事，为老百姓谋取大的利益。

> 子夏问孝。子曰："色难。有事，弟子服其劳；有酒食，先生馔，曾是以为孝乎？"
>
> ——《论语·为政》

孝道，是孔子的儒家思想的重要内容之一，而向他请教孝道的人很多，孔子都要根据各人的不同情况与特点进行回答。子夏的个性特点前面已经说过。在这里，孔子这样回答他的问题，首先就是色难二字。儿女应对父母尽孝心，如果不是不孝之子，只要家庭经济好一点，供应父母的饮食是不会有问题的，但要做到随时随地对父母都和颜悦色，那确实不容易。尤其像子夏这样心胸不够开阔，对钱财看得比较重的人，更是这样。比如说，他的儿子去世了，他把眼睛都哭瞎了。当然，白发人送黑发人，对任何人来说都是极其的悲剧，没有人会不悲痛、不悲伤的。但是，如果心胸开阔一点，或许会好一些，会想得开一点，或者不至于把眼睛哭至失明。也正因为这样，孔子回答他问孝时，首先就提出"色难"二字，从心情上着眼，心情要开朗一些，只要心胸开阔一点，遇事就不至于想不开，就不至于愁眉苦脸，或者怒目相视。只要这个问题解决好了，其他方面，有了重体力活，年轻人要替年长的人做；有了好吃的饮食，让年长的人先吃。这些问题也就不难解决了。反过来说，不只是能够替父母干重活，有好吃的东西先让父母吃，就算是孝了。更重要的是要和颜悦色地对待父母，让父母随时随地都能看到子女高兴，心情愉快，从而自己也就心情愉快而健康地生活着。

> 子谓子夏曰："汝为君子儒，无为小人儒。"
>
> ——《论语·雍也》

孔子对子夏说，你要做一个君子式的儒者，不要去做一个小人般的儒者。什么样的儒者是君子儒？什么样的儒者是小人儒？孔子没有说。但什么样的人是君子，什么样的人是小人，孔子有关这个问题的论述不少，本书也进行了专门讨论，这里不再多说。但是孔子为什么特意要对子夏说这么一句话？这大概也还是与子夏的个性特点有关。孔子害怕他因为心胸不够开阔，在钱财方面过于计较而形成狭隘心理，以狭隘心理来为人处事，这就会失去君子之风，而形成小人之气，最后成为气量不大的小人般的儒者。不过，尽管如此，孔子对子夏的优点还是很清楚的。请看：

> 孔子曰："吾死之后，则商也日益，赐也日损。"曾子曰："何谓也？"子曰："商也好与贤己者处，赐也好说不若己者。不知其子，视其父；不知其人，视其友；不知其君，视其所使；不知其地，视其草木。故曰：与善人居，如入芝兰之室，久而不闻其香，即与之化矣；与不善人居，如入鲍鱼之肆，久而不闻其臭，亦与之化矣。丹之所藏者赤，漆之所藏者黑。是以君子必慎其所与处者焉。"
>
> ——《孔子家语·六本》

这段话中，孔子充分肯定了子夏喜欢与优秀的人士相处的优点。这说明孔子对学生的评价是公正的，由此也可以肯定孔子对学生的教育是公正的。子夏也好，子贡也好，都有优点，也都有缺点。孔子对他们都采取了不同的有针对性的教育方法，也都获得了很好的教育效果，使他们都成了杰出的人才。同时，这段话也讲出了慎重与人相处的重要性。这对于我们来说仍然有重要的指导作用，尤其是对青少年的教育，更为重要。对于世界观还没有形成，或者还没有完全形成的青少年来说，与什么样的人相处，与什么样的人做朋友，是必须要有所选择的。与优秀的人相处，那是与良师益友相处，接受的影响当然是好的，对于青少年的学习与生活，肯定会大有帮助，对他们今后的发展一定会起到非常好的作用；反之，如果和那些不良分子做朋友，受到不良影响，学到的东西也一定消极。这对于那些青少年来说，其发展前途很可能是灾难性的，这不能不引起家长们的重视。

> 子夏问于孔子曰："颜回之为人奚若？"子曰"回之信贤于丘。"曰："子贡之为人奚若？"子曰："赐之敏贤于丘。"曰："子路之为人奚若？"子曰："由之勇贤于丘。"曰："子张之为人奚若？"子曰："师之庄贤于丘。"子夏避席而问曰："然则四子何为事先生？"子曰："居，吾语汝。夫回能信而不能反；赐能敏而不能诎；由能勇而不能怯；师能

庄而不能同。兼四子者之有以易吾，弗与也。此其所以事吾而弗贰也。"

———《孔子家语·六本》

子夏向老师请问：颜回这个人怎么样？孔子说，颜回在诚信方面比我强；子夏还问了子贡、子路、子张几个人为人怎么样。孔子说：子贡在敏锐方面比我强，子路在勇敢方面比我强，子张在庄重方面比我强。子夏站起身来离开座位请问道：那么他们四个人为什么还要跟定您学习呢？孔子说：你坐下，我来告诉你。颜回诚信但不善于变通；子贡敏锐却不善于退一步行事；子路行事勇敢却不知道退避；子张为人庄重却不够合群。即使用兼有这四个人的长处来与我交换，我也不会同意的。这就是他们跟着我从来不怀二心的原因。

颜回、子贡、子路、子张都是孔子的得意门生，子夏想知道这几位同学的为人怎么样，孔子对这几个同学如何评价。孔子告诉他，这几个人都有强于我的地方。子夏这就不理解了。既然他们都有比老师强的地方，为什么他们还会跟定老师学习而不怀二心呢？孔子告诉他：这几个人都有比我强的地方，但也有他们的弱点。而我却能够发扬他们的优点，克服他们的弱点。这就让他们更完美了。这就是他们一心一意跟着我学习的原因。子夏听了这些话会怎么想，他没有说，但他不能不感到受教育，不能不感到老师的高明，能够准确地看到各人的长处与短处，从而发扬各人的长处，克服各人的短处，使每一个人都更完善、更完美。这样的教育方法，今天的教育工作者又何尝不应该好好学习呢？

二、子夏的学识智慧

我们在文章的开头就说到，子贡评论子夏，说他学习十分深入，对于学习的内容能够深刻理解其内涵。送迎宾客毕恭毕敬，和上下级交往界限分明。孔子因而用《诗经》的话来赞扬他：能够用平和公正的态度待人处事，就不会受到小人的危害。因而子夏处世就不会有什么危险了。《孔子家语·七十二弟子解》也说他做什么事情之前都能够深思熟虑，一旦事情来临就能依计划行事，因而行动就不至于出错。孔子说：想要有才能，就要学习，想要有智慧，就要不耻下问，想要自我完善，就要十分审慎，想要富足，就要有储备。按照这样的要求行事，言偃都做到了。孔子去世之后，子夏在西河设教授学，魏文侯以他为老师，向他请教治国之策。《论语》中也记述了他不少颇有见地的言论。从上述记载来看，子夏的学识与智慧，在仲尼弟子的七十二贤人中也应是出类拔萃者之一了。

　　子夏问于孔子曰："商闻《易》之生人及万物、鸟兽昆虫，各有奇耦，气分不同。而凡人莫知其情，唯达德者能原其本焉。天一，地二，人三，三三如九，九九八十一，一主日，日数十，故人十月而生；八九七十二，偶以从奇，奇主辰，辰为月，月主马，故马十二月而生；七九六十三，三主斗，斗主狗，故狗三月而生；六九五十四，四主时，时主豕，故豕四月而生；五九四十五，五为音，音主猿，故猿五月而生；四九三十六，六为律，律主鹿，故鹿六月而生；三九二十七，七主星，星主虎，故虎七月而生；二九一十八，八主风，风为虫，故虫八月而生。其余各从其类矣。鸟、鱼生阴而属于阳，故皆卵生。鱼游于水，鸟游于云，故立冬则燕雀入海化为蛤。蚕食而不饮，蝉饮而不食，蜉蝣不饮不食，万物之所以不同。介鳞夏食而冬蛰，龁吞者八窍而卵生，咀嚼者九窍而胎生，四足者无羽翼，戴角者无上齿，有角无前齿者膏，无角无后齿者脂。昼生者类父，夜生者似母，是以至阴主牝，至阳主牡。敢问其然乎？"孔子曰："然，吾昔闻老聃亦如汝之言。"

——《孔子家语·执辔》

　　这段话不难理解，不作翻译。用现代的眼光来看，这些知识属于生物学范畴。这样的知识，对于农民来说，可以说是最实用的科学，能够帮助农民朋友，掌握好农副业生产的时机，当然也就能帮助他们致富。但是孔子的教育，主要是教育学生做官治国，对于这样的实用科学不太关注，当樊迟问到种庄稼的事时，孔子认为他是小人。所以，子夏说到这些知识时，他只是说，听老聃讲过这些知识。但是，从这段话可以看出，与其他同学比较起来，子夏的知识似乎更为全面，更加实用，更加值得肯定与赞扬。

　　子夏曰："商闻《山书》曰：'地东西为纬，南北为经；山为积德，川为积刑；高者为生，下者为死；丘陵为牡，溪谷为牝；蚌蛤龟珠，与日月而盛虚。'是故坚土之人刚，弱土之人柔，墟土之人大，沙土之人细，息土之人美，毛土之人丑。食水者善游而耐寒，食土者无心而不息，食木者多力而不治，食草者善走而愚，食桑者有绪而蛾，食肉者勇毅而捍，食气者神明而寿，食谷者智惠而巧，不食者不死而神。故曰：羽虫三百有六十，而凤为之长；毛虫三百有六十，而麟为之长；甲虫三百有六十，而龟为之长；鳞虫三百有六十，而龙为之长；倮虫三百有六十，而人为之长。此乾坤之美也，殊形异类之数。王者动必以道动，静

必以道静，必顺理以奉天地之性，而不害其所主，谓之仁圣焉。"子夏
言终而出，子贡进曰："商之论也何如?"孔子曰："汝谓何也?"对曰：
"微则微矣，然则非治世之待也。"孔子曰："然，各其所能。"

——《孔子家语·执辔》

子夏说：我听《山书》上有这样的说法：大地东西方向被称为纬，南北方向被称为经。山是积德的结果，川是积刑的结果。它们在高处的象征着生，在低处的象征着死。丘陵有如雄性，溪谷有如雌性。蚌蛤龟珠，会因为白天黑夜的不同而膨胀与收缩。因此，生长在坚实土地上的人会刚强一些；生长在松软土地上的人会软弱一些；生长在丘陵地带的人会高大一些；生长在沙土上的人会纤细一些；生长在肥沃土地上的人会漂亮一些；生长在贫瘠土地上的人不会那么漂亮。以水为食物的动物，善于游泳而且耐寒；以泥土为食物的动物，没有心脏，不需要休息；以树木为食物的动物，力气很大而不容易驯服；以草为食物的动物，擅长奔跑但不聪明；以桑叶为食物的动物，能够吐丝而后变成飞蛾；以肉为食的动物，勇敢刚毅而且强悍；以空气为食物的动物，神气而寿命更长；以谷物为食的动物，聪明智慧而灵巧；不吃食物的动物，那就是神仙，永远不会死去。因此说，长有羽翼的动物有三百六十种，以凤凰为首；长有皮毛的动物有三百六十种，以麒麟为首；长有甲壳的动物有三百六十种，以龟类动物为首；长有鳞片的动物有三百六十种，以龙为首；身无鳞甲羽毛的动物有三百六十种，以人为首。这就是天地乾坤间的大美之所在呀，不同形状不同品类物种之集大成。作为统率万物的王者，其行动必须依其规律，其静止亦必依其规律。其动静都必须顺从天地间的运动规律，而不能逆其规律危害其本性。这就可以说是仁德圣明之主了。子夏说完就出去了，子贡走向前去对孔子说：子夏所言怎么样? 孔子说：你以为怎么样? 子贡说：精辟倒是很精辟，只不过不是治理国家所急需的。孔子说：那倒是，不过这也是他的长处。

子夏这段话所说的也是自然科学、生物学。这里面所说的内容，还确实有值得研究的地方。俗话说，一方水土养一方人。植物也好，动物也好，其生长特点与性格特点，都与水土有关系。子夏说，他所说的这些知识都来自于《山书》。可惜的是，《山书》已经失传。这当然是非常遗憾的事。不过，现代的生物学、动物学者，肯定是会有人去研究的。我们暂且不去说它。而子夏的这段话与前一段话，说明他是一个博学的学者，是应该肯定的。子贡说，这些学问精辟，但不是治国急需。孔子也有这样的看法，但他还是肯定这也是子夏学习的长处。这说明孔子的认识高子贡一筹。前面说到，孔子的教育，主要是面向国家治理，主要

是教育学生如何治国理政，如何把国家治理好，如何做一个好官。至于自然科学，这不是他教育的主要内容。当然，自然科学对于治理国家并非不重要，而应该说是极为重要。对于发展生产，开发财源，致富百姓，都不可或缺。孔子是一个人文学者，我们不能苛求他。但是，子夏对于自然科学的博学，是必须赞扬的。其实，子夏对于人文科学也很有造诣，孔子说他擅长文学。从子夏在《论语》中留下的言论，也可看出他的学术造诣之深。

> 子夏曰："博学而笃志，切问而近思，仁在其中矣。"
>
> ——《论语·子张》

这段话，毫无疑问，是子夏自己的学习心得，是他自我学习的写照。但是，这句话看起来简单，理解起来并不简单，做起来更不容易。博学而笃志，切问而近思，为什么仁在其中呢？

先说博学与笃志。博学，就是要广泛地学习，广泛地拥有知识。笃志，就是具有坚定的意志、坚定的节操。而博学与笃志，是相互依存、相辅相成的。要想博学，没有笃志，很难做到。学习本身就是一件艰苦的事情，要博学就更难了。没有长期的艰苦努力学习，没有孜孜不倦的钻研精神，没有日积月累，何来博学？我们不说古人的头悬梁、锥刺股的做法，但在求学的道路上，半途而废，浅尝辄止的人又何其多？《孔子家语·困誓》中有这样一段话：

> 子贡问于孔子曰："赐倦于学，困于道矣，愿息于事君，可乎？"孔子曰："《诗》云：'温恭朝夕，执事有恪。'事君之难也，焉可息哉！"曰："然则赐愿息而事亲。"孔子曰："《诗》云：'孝子不匮，永锡尔类。'事亲之难也，焉可以息哉！"曰："然赐请愿息于妻子。"孔子曰："《诗》云：'刑于寡妻，至于兄弟，以御于家邦。'妻子之难也，焉可以息哉！"曰："然赐愿息于朋友。"孔子曰："《诗》云：'朋友攸摄，摄以威仪。'朋友之难也，焉可以息哉！"曰："然则赐愿息于耕矣。"孔子曰："《诗》云：'昼尔于茅，宵尔索绹，亟其乘屋，其始播百谷。'耕之难也，焉可以息哉！"曰："然则赐将无所息者也。"孔子曰："有焉。自望其广，则睪如也。视其高，则填如也；察其从，则隔如也。此其所以息也矣。"子贡曰："大哉乎死也！君子息焉，小人休焉，大哉乎死也！"

　　这段话在《论语·礼后乎》一文中已有引述，不再翻译。这里要说的是，像子贡这样的人，都有厌倦学习、要求放弃学习的时候。子贡是何许人也？是孔子的得意门生之一，是孔子学生中学得最好的人物之一。连子贡都这样，可以想象其他更多的人会怎么样。可见要做到博学，确实不易。没有坚强的意志力，要长期坚持不倦地学习，并不是一般人能够做到的。所以，实质上，真正能够称得上博学的人又有多少？这是说博学必须笃志。反过来，笃志的人才能博学。具有坚强意志的人，在困难面前不会低头。就像颜渊一样，虽然家境不好，生活困难，环境艰苦，一箪食，一瓢饮，在陋巷，仍然坚持学习，乐在其中。这样的人，学习肯定会好，一定会博学。这是一个方面。另一方面，能够从学习中得到知识，得到乐趣，人的精神境界得到提高，这样学习的积极性也会得到提高，学习的意志力也会随之更为坚定。所以博学与笃志，是相互促进、相辅相成的。

　　再说切问近思。切问。关键是这个切，是什么意思？杨伯峻先生认为是恳切地问，这当然有道理。向他人请教问题，没有恳切的态度怎么行，人家怎么会真心实意地帮助你？所以，向人家请教要恳切，这是必须的。但是光有好的态度并不能解决问题，关键还要会问。这个会问，也并不简单。首先是要能够找到问题，也就是能够发现问题。一个不善于学习的人，发现不了问题。他们读书，书上说什么，就是什么，以为书上所说的都正确；听老师讲课，老师说什么，就是什么，认为老师所讲的一定正确。他们不善于思考，所以提不出问题。这是其一。其二，提问题，还要能够找到问题的关键，抓住事物的关键提出问题，请教人家，这才能真正解决问题。找不到问题的关键，问不到事物的关键点，浮在事物的表面，并不能真正地解决问题的实质，因而学到的东西也就有限。因而这个切问的切，更重要的是恰切。问到关键处，问到恰切点。其三，所谓切问，也要避免问题走偏，钻牛角尖，胡搅蛮缠，让人觉得不可理喻。这就不是切问了。近思。这个近如何理解？这也可以从两个方面来考虑。一是你善于提出问题，就已经是善于思考了。二是你问了，人家解答了，你还要善于思考，还要善于想象与联想。不能一问了之，而是要由此及彼，由表及里，进行更为深入的思索，进行新的探索，思考出更多的东西来。这才是创造性思维，才能创新。

　　仁在其中。子夏在这里为什么这么说？仁是什么？我们在其他文章中已经有了比较深入的讨论。这里不再多说。但仁，首先要有仁心，然后培养仁德，最后在实践中实行仁德。仁的范畴很广，内容也很丰富。从这个角度来说，仁既是一种美德，也是一种学问。要行仁，首先要知道什么是仁，然后要知道如何行仁。这就是学问。所以，有了博学笃志、切问近思、才有仁与行仁的基础。行仁，用朴素的语言来说，就是做好事。有的人有仁心，想做好事，把好事做得很好，真正地能够让别人得到好处，很得人心。而有的人也想做好事，但不知道怎么做才好，说不定会把好事做成坏事。这就是好心办了错事。从这个角度来说，不就是博学笃志、切问近思、仁在其中吗？由此可以看出，子夏的学识与智慧确实有自己的独特性。

> 子夏曰："贤贤易色；事父母，能竭其力；事君，能致其身；与朋友交，言而有信。虽曰未学，吾必谓之学矣。"
>
> ——《论语·学而》

这是子夏对学识与品德的看法。在子夏看来，学识是第一位的。只要学识好，品德也会好。这个看法，有其合理的部分，也有其局限性。一般来说，学识水平高的人，品德也会更好一些。这是必然。博学笃志，仁在其中。笃志才能博学，博学促进笃志。但也会有例外。有的人上的学不少，而品德却不尽人意。这样的人是把学问用歪了，走到邪路上去了，利用学识干坏事。这样的人，实质上并不能说是真正有学问，所以也就不可能有好的品德。他虽然上过一些学，却只是一个绣花枕头，金玉其外、败絮其内，并没有真正把书读进去，因而既没有真正的学问，也没有好的品德。再就是有的人，读书不少，但是未能把书本上的知识化为自己的知识。也就是人们常说的读书不少，但没文化。这又有两种情况。一是这种人大脑不开化，读死书，死读书。对他们来说，书是书，人是人，虽然读书不少，没有真正读进去，还是没文化。二是读书的目的不纯，并不是真正地想用知识来武装自己，让自己成为有知识、有文化、有道德的人。他们上学读书只是为了更好更多地为自己谋私利。这样的人，其品德可想而知。所以，子夏在这里提出几点标准，来区分学与未学。人的学识怎么样，品德如何？先看他对待贤人的态度。学识水平高的人，他必然会尊重贤人。因为他有学识，有宽广的胸怀，能够容得下更多的贤能人才。而那些并没有真才实学的人，一般来说，都会嫉贤妒能。因为一旦贤能的人来到他的身边，他就会担心自己的权与利被别人夺去，其地位就不很稳固了。这是他们很难容忍的。这是就贤贤而言。

易色。色，一般来说，就是美色。其实，饮食男女，人之常情。爱美之心，人人有之。谁不喜欢漂亮的人？

事父母，能竭其力。这一点，在其他文章中已经说得很多了。孝顺父母，在我们中国，是一种至高美德。其实，在世界上，又有谁不应该孝顺父母？子夏认为，不孝顺父母就是没有学识的表现。这也是真理之言。哪一个真正有文化的人，会不孝顺父母？凡不孝顺父母的人，都不是真正有学问的人。有些人读了很长时间的书，并不孝顺父母，那也不是真正有文化有学识的人。

事君，能致其身。对于这一点，过去我们有一些误解，总以为对一个封建皇帝，或者国君，有什么可"忠"的？他们把天下、国家当成自己的私产，搜刮民脂民膏，用来为自己享受，三宫六院，生活何其糜烂，为什么要舍生忘死为他们服务？所以，不该为他们服务。可是，如果我们认真想一想，在那个时代，作为一个知识分子，想要成就一番事业，或者想为老百姓做点好事，不去为封建王朝服务，又能怎么办？再者，那些封建皇帝、国君，占有了天下、封国，他们中的大多数，还是愿意把他们所占有的地方治理好、让老百姓能够安居乐业的，这是他们的财富来源。从这个角度来看，舍生忘死为皇帝、国君服务，把国家治理好了，也就是为老百姓做好事了。所以孔子也好，子夏也好，他们都提倡全心全意为皇帝、国君服务。现在，时代变了，大家都成了国家的主人，都应该为国家服务，为人民服务。那就是"事国家，能致其身"。为国家服务，为人民服务，要全心全意，舍生忘死，也就是忠于国家，忠于人民。如果"事国家，能致其身"，那么，"虽曰未学，吾必谓之学矣"。如果为国家做事、为人民做事，不能致其身，那就是不忠于国家和人民，那么，虽然他读过很多书，那也不是真正地有文化、有学识。

与朋友交，言而有信。这一点，已经讲过很多了，不必再说。总之，子夏这里说的学与未学，是从真学识来说的。孔子就曾经说过，学习过《诗经》，并且能够背诵很多诗篇，但是并不能够为国家办事，背诵得再多也没有用。所以，读的书多，并不代表有真学问，

子夏曰："日知其所亡，月无忘其所能，可谓好学也矣。"

——《论语·子张》

这也应该说是子夏自己学习的经验体会。只有善于学习的人，才会有这样的心得体会。每天能够知道自己缺少什么知识，这是虚心好学的表现。只有这样，才会不断地去学习，不断地获得新的知识，这就是进步与提高。只有虚心好学而又善于学习的人才会这样去做，才有这样的经验体会。每个月都不忘记已经掌握的东西，这就是有效的积累，就不至于像猴子掰玉米了。这样日积月累，久久为功，就愈来愈深厚。大学者就是这样学出来的，就是这样形成的。子夏之所以被卫国人尊为圣人，就是这样学出来的。子夏这样的学习经验，当今仍然值得我们认真学习。

子夏曰："百工居肆以成其事，君子学以致其道。"

——《论语·子张》

　　各种工匠在作坊里通过自己的劳作，以制造出各自的产品为己任。这是他们的本分。读书人也一样，他们的目标是把自己培养成君子，建立自己的学说，掌握治理社会的规律，获取治理国家与社会的本领。这是社会分工的需要。从这些话来看，子夏并没有贬低工匠们的意思。从当时的实际情况而言，工匠们以制造各种产品为业，读书人以管理社会为本领。所以：

子夏曰："虽小道，必有可观者焉。致远恐泥，是以君子不为也。"

——《论语·子张》

　　因为社会分工不同，对于工匠们来说，掌握各种技艺，是他们生存的基本条件。因此，即使是微小的技艺也是值得关注的。对于读书人来说，他们的目标比较远大，追求的是治国安邦。如果只在一些微小的技艺上下功夫，就会影响他们远大目标的实现。因此，读书人不会在这些微小的技艺上下功夫。这样看起来，子夏的这些话有一定的道理。

子夏曰："君子信而后劳其民，未信，则以为厉己也。信而后谏，未信，则以为谤己也。"

——《论语·子张》

　　子夏这里用了两个"君子"。但两个君子的地位并不相同。前一个君子指的是在高位的有属地的统治者：天子、诸侯、有采邑的卿大夫；后一个君子指的是统治者的臣属。有属地的统治者，为了巩固自己的统治地位，总是要在自己所统治的这块属地上做点什么，这就要驱使臣民来为自己服务。但是，即使你是要想为老百姓做好事，老百姓也要先看看你的动机，看看你的人品，看看你是不是真正地为他们做好事，看看你值不值得他们信赖。如果获得了他们的信赖，他们就会心甘情愿地听从你的驱使。反之，如果你还未能获取他们的信任，就硬要驱使他们，他们就会认为你是要虐待他们。这是就前一个君子而言。对于后一个君子来说，如果你的上司还不了解你，你还未能获得他的信任，就在他面前发表不同意见，劝说他否定某些不妥的政见，或者改进某些不妥的做法，他就会认为你不怀好意，是在毁谤他。

子夏的这些意见是正确的。在古代是这样，在现代又何尝不是这样。你即使是要为老百姓做好事，也先要让老百姓理解你、信任你，认为你真的是为他们做好事，他们才会支持你，听从你的支配。如果在他们理解你、信任你之前，你即使有最好的主张，他们也不会支持你、听从你的指挥。

这个问题，说起来是一个工作方法问题，其实也是一个人的品质问题：说是工作方法问题，是在你行动之前，要知道如何才能取得人家的信任；说是品质问题，是你的出发点好，是为对方办好事去取信于对方，这自然是好的。但是如果只是为了自己的私利，而去骗取对方的信任，那就是恶劣品质的表现了。

> 子夏曰："君子有三变：望之俨然，即之也温，听其言也厉。"
> ——《论语·子张》

这是子夏对君子的精神风貌的描绘。也可以说是对君子的品德修养的要求。想成为一个君子，就要有君子的精神风貌与品德修养。如果一个人萎靡不振，或者行为暴躁，或者说话前言不搭后语，那还有一点君子的风度与气质吗？所以要做一个君子，还是有一定的要求，各个方面还是要有一点修养。不是随随便便就可以自称为君子的。所以君子不能自封，而要用自己的优秀品德与优秀行为来争取，由群众来赋予。虽然现在时代变了，不再以君子与小人来衡量人了，但在人们的心目中，还是有一定标准的，有时候还是会用君子与小人来衡量人的。

> 子夏曰："大德不逾闲，小德出入可也。"
> ——《论语·子张》

子夏说：做人在大的德操方面要守住底线，在小的地方就可以不要那么斤斤计较。这是子夏做人的经验与体会。做人，最重要的是在大的道德操守上守住自己的底线，不能干的事情绝对不要去干，不能有丝毫的放纵。比如贪腐堕落的事，再小也不能干，这就是底线。又如孔子所说的"己所不欲，勿施于人"，你自己都不想要的东西，硬要塞给别人，这是去害人家，是伤天害理的事，是绝对不能去做的。现在提倡换位思考，就是当你做什么事情难于作出决定的时候，便站到别人的位置上，好好想一想，应该怎么办。凡是损人利己的事不要去做，损人不利己的事也不要去做，这就是底线。"小德出入可也"，这是有前提的，就是"大德不逾闲"。就是说，在大的德操守住底线的前提下，其他的小事就不要那么斤斤计较了。比如说，有的人在个人利益前面，锱铢必较，这又何必呢？

　　　子夏曰："小人之过必也文。"

——《论语·子张》

　　子夏说：小人有了过失，必定想方设法加以掩饰。小人为什么是小人，就在这些地方都能显示出来。文过饰非，甚至委过于人。这只是小人一个方面的特点。就在这些小地方，我们也看出子夏的眼光以及他的学识与智慧。

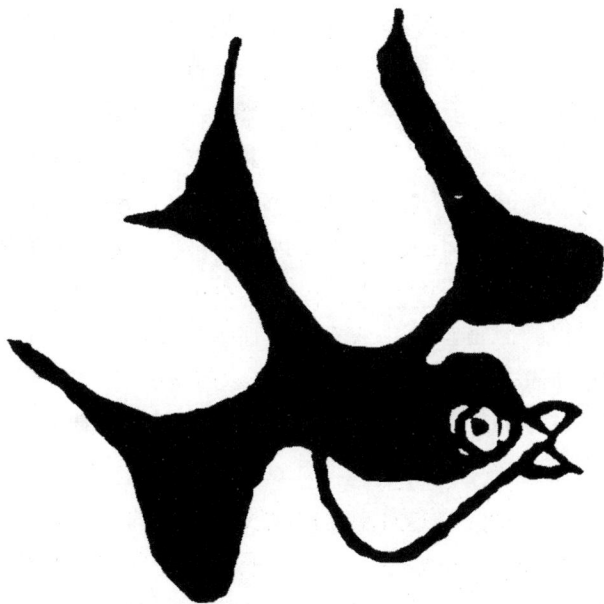

孔子和他的弟子子张

　　颛孙师，陈人，字子张，少孔子四十八岁。《孔子家语·弟子行》中子贡对他的评价是："美功不伐，贵位不善，不侮不佚，不傲无告，是颛孙师之行也。孔子言之曰：'其不伐，则犹可能也，其不弊百姓，则仁也。《诗》云：恺悌君子，民之父母。夫子以其仁为大。'"子贡说，子张这个人有了大的功劳不夸耀，有了高的地位不欣喜，不轻慢待人，不图安逸，在贫苦无依的人们面前也谦恭有礼而无傲气。这就是子张的品德行为。孔子这样评价他说：他的不夸耀，别人还能做得到，他在贫苦无依的人们面前谦恭无傲，则是仁德的表现。《诗经·大雅·泂酌》的诗句说：和乐平易的君子，有如百姓们的父母。老师认为他的仁德是高尚的。从这段话来看，孔子与子贡对子张的评价都相当高。这是从品德的角度来说的。其实，在孔子眼里，品德是第一重要的。他对人的评价，总是把品德放在首位。所以，子张的人品是可以肯定的。至于才华，子贡问："师与商，孰贤？"子曰："师也过，商也不及。""然则师愈与？"曰："过犹不及。"关于这一段话，大家都是从中庸的角度来理解。过犹不及。不过，贤与不贤，一般应该是对一个人的全面评价。但是，贤，从才华与聪明才智来理解，也是不错的。如果是这样，那么从才华与聪明才智来看，孔子认为子张要强一些，子夏要逊色一些。但是他又说，过分的好与逊色同样不好。这是不是不够聪明不好，聪明过了头也不好？那么，子张是不是有点聪明过头呢？

一、入官

　　孔子说师也过，过犹不及。这样，孔子如何对子张进行教育呢？
　　先看《孔子家语·入官》这一篇。这一篇文字较多，我们将其分为小段来解读。

　　　　子张问入官于孔子。孔子曰："安身取誉为难。"子张曰："为之如何？"孔子曰："己有善勿专，教不能勿怠，己过勿发，失言勿揪，不善勿遂，行事勿留。君子入官，有此六者，则身安誉至而政从矣。"

　　子张向老师请教如何进入官场做官的事。孔子说：能够在官位上站稳脚跟，又能获得好的声誉很困难。子张说：那该怎么办呢？孔子说：自己有了长处，不要独自占有；对他人进行帮助不要懈怠；已经在自己身上出现过的错误，不要再次发生；说了错话，不要强词夺理；不是好事，就不要再进行下去；正在进行的事，不要拖拉迟延。君子为官，能够做到这六点，就可以在官场站稳脚跟，获得好声誉，治理政务也会很顺利。

　　孔子的这些话对于在官场的每一个人都是金玉之言，都有很重要的指导意义，而对于子张来说则更有指导意义。他不是"过"吗？那么你处处都要注意，处处都要抑制住自己，不要争强好胜，要谦虚谨慎。随时随地都要注意做到以上那六点，才能做一个好官，有好的官声，顺利地处理好各方面的政务。

　　且夫勿愆数者，官狱所由生也；拒谏者，虑之所以塞也；慢易者，礼之所以失也；急情者，时之所以后也；奢侈者，财之所以不足也；专独者，事之所以不成也。君子入官，除此六者，则身安誉至而政从矣。

　　况且，让人不高兴，让人怨愤的事多了，犯罪的事就是由此而产生；拒绝别人的劝谏，就会闭目塞听，考虑问题的思路就会受到阻塞；行为轻慢，不庄重谨慎，就会造成失礼；做事消极偷懒，就会失去办事的良好时机；花钱大手大脚，财政就因此而紧张；办事独断专行，就什么事情也办不好。君子做官，杜绝这六种弊病，就身安誉至政从了。

　　孔子的这些话，从另一个角度来告诫所有做官的人。做了官，不是就可以为所欲为，就可以闭目塞听，就可以刚愎自用，就可以自以为是，等等。孔子所指出的这六点，对于子张来说，也颇有针对性。在官场，什么事情都不能"过"。违背众意的事做多了，官逼民反，这是造成人们犯罪的根源。拒绝他人的劝谏，闭目塞听，就会一意孤行。一意孤行，没有不把事办砸的。对人轻慢，人家也不会尊重你，谁还与你做朋友？你也就成了孤家寡人。孤家寡人，孤掌难鸣。至于急惰偷懒，与勤政爱民背道而驰；挥霍钱财，与为政节财大相径庭；独断专行，一意孤行，这都是为官者的禁忌。有了这六种毛病，还怎么能够身安誉至政从？所以，从政为官，必须革除这六种毛病。

　　故君子南面临官，大域之中而公治之，精智而略行之，合是忠信，

考是大伦，存是美恶，进是利而除是害，无求其报焉，而民之情可得
也。夫临之无抗民之恶，胜之无犯民之言，量之无佼民之辞，养之无扰
于其时，爱之无宽于刑法，若此，则身安誉至而民得也。

因此，君子一旦登上官位，治理广大区域，必须大公无私。要精心研究政
策，但执行时可以简化。再结合上述多种忠信品德，推究哪些符合伦理道德的最
高准则，对好的、有利的东西与坏的、有害的东西，加以省察，推行好的、有利
的方面，剔除坏的、有害的方面。不要希望得到什么报答。这样就可以获得民
心。面对民众没有违背民意的恶行；自己有理也不说冒犯民众的话；商讨事务不
要有狡诈欺骗老百姓的言辞；为老百姓谋生存福利，不让老百姓农忙时服劳役；
爱护老百姓，必须限于刑罚之内。如果能够做到这样，便身安誉至而得到民众的
拥护。

和前面所提出来对官员们的要求一样，这些也都是为官者要严格要求自己的
事项。大公无私；精心研究政策，不搞烦琐哲学；兴利避害；做了好事不图报
答；不怀恶意违背民意，有理也不冒犯民众，不欺骗民众，不违农时，不超越法
律行事。所有这些都是为官者不容忽视的素养。对于子张来说，更有压抑那个
"过"的必要。即使当今的官员，也有必要用孔子提出的这些要求，作为一面镜
子，好好对照一番，然后好好修养自己。

君子以临官，所见则迩，故明不可蔽也。所求于迩，故不劳而得
也。所以治者约，故不用众而誉立。凡法象在内，故法不远而源泉不
竭。是以天下积而本不寡，短长得其量，人志治而不乱政，德贯乎心，
藏乎志，形乎色，发乎声，若此，而身安誉至民咸自治矣。

君子做官，能够洞察身边的事物，就会心明眼亮，不受蒙蔽。你所要寻求的
东西，就在身边，不用费很多的力气就能得到。治理政务，抓住了主要矛盾，不
用兴师动众，就能获得好政声。凡是内心有好的法则与榜样存在，那么法则与榜
样就离自己不远，好像永远有取之不尽、用之不竭的源泉。因此，天下的人才都
汇聚起来而不缺乏。根据他们不同的才能，都能量才使用。人才各得其用，就不
会再有人来扰乱政坛。高尚的道德贯穿内心，深藏于情感之内，流露于神采之
中，表现在言谈之上。这样就身安誉至而民众都自觉服从管理。

这些话讲国家的治理方法。首先还是以自身道德修养为主。高尚的道德贯穿
于心，内心就有了好的准则与榜样，因而自身也就成了好的准则与榜样。有了好

的准则与榜样，就有了好的方法，就有了号召力，就能汇聚人才，正确使用人才。因而政坛也就巩固了，人民大众也就会自觉接受领导。孔子这样的教导，不但对子张是很好的教育，对于广大的官员也是很好的教育。要治理好政务，治理好国家，首先就要治理好自己。打铁先要自身硬。自己本身不硬气，一身的毛病，如何去治理别人。只要自身硬气，正气凛然，又有好的领导方法，何愁身不安誉不至政不从？

> 是故临官不治则乱，乱生则争之者至。争之至，又于乱。明君必宽裕以容其民，慈爱优柔之，而民自得矣。行者，政之始也，说者，情之导也。善政行易而民不怨，言调说和则民不变。法在身则民象之，明在己则民显之。若乃供己而不节，则财利之生者微矣；贪以不得，则善政必简矣。苟以乱之，则善言必不听也，详以纳之，则规谏日至，言之善者，在所日闻，行之善者，在所能为。故君上者，民之仪也；有司执政者，民之表也；迩臣便僻者，群仆之伦也。故仪不正则民失，表不端则百姓乱，迩臣便僻，则群臣污矣。是以人主不可不敬乎三伦。君子修身反道，察理言而服之，则身安誉至，终始在焉。故夫女子必自择丝麻，良工必自择完材，贤君必自择左右。劳于取人，佚于治事。君子欲誉，则必谨其左右。为上者，譬如缘木焉，务高而畏下滋甚。六马之乖离，必于四达之交衢；万民之叛道，必于君上之失政。上者尊严而危，民者卑贱而神。爱之则存，恶之则亡。长民者必明此之要。故南面临官，贵而不骄，富而能供，有本而能图末，修事而能建业，久居而不滞，情近而畅乎远，察一物而贯乎多，治一物而万物不能乱者，以身本者也。

由此看来，当官不很好地去治理政务，就会发生混乱；混乱一旦发生，争斗的人就会来到；争斗的局面发生，政治会更趋混乱。圣明的君王必须宽容大度对待臣民，用慈爱温润之心去抚慰他们，这样，自然就会得到臣民的衷心拥护。身体力行，是执好政的前提。让臣民高兴，他们的情绪就可以得到疏导。优良的政策方略，既易于得到贯彻执行，臣民又不会抱怨。说话和颜悦色，让百姓高兴，他们就不会产生变乱之心；君王以身作则，遵纪守法，臣民就会把你当作榜样。如果你光明正大，臣民就会颂扬你。如果你自身挥霍无度而不知节制，就不会有那么多人去创造财富了。君王贪婪而总不知满足，那么再好的政令也简慢难行了。假若君王思想混乱，那么再好的意见也听不进去；如果能够详尽而谨慎地听取别人的意见，那就天天会有人来进谏。君王之所以能够说出美好的言辞，就在于经常能够听取别人好的意见。君王之所以有美好的行为，就在于能够亲历亲为。因此，君王是臣民的榜样，各级政府掌权的官员是民众的表率，君王身边亲近的大臣与官宦是臣仆们的样板。所以，榜样不正，臣民就会迷失方向；表率不正，百姓就会混乱；近臣官宦风气不正，阿谀奉承，那么官场就会变成垃圾场。因此，国君不能不严谨地遵守伦理道德。官员们要以修身回到道德准则中来，选择正确的治理准则来行事。这样便身安誉至始终得到老百姓的拥护。所以女子织布必定亲自挑选丝麻，优良的工匠必定亲自选择材料，贤明的君王必定亲自挑选身边的贤能大臣。选择贤能才俊多费一些力气，治理国家大事就会节省更多力气。君子想要获得美誉，就要严格管理好身边的人。国家的最高领导者，有如爬树一样，爬得越高，就越是怕摔下来。拉车的六匹马，分散乱跑，一定是在四通八达的交叉路口；广大的百姓造反，一定是因为君王的治理国策出了问题。国家的统治者虽然位高权重，很有尊严，却有危险；百姓虽然位卑身贱，却有神力。百姓热爱你，你就能够保住你的地位；百姓厌恶你，你就会灭亡。管理民众的长官，必须明确这个根本的道理。因此，为官在上的人，地位高贵却不骄纵跋扈，财富多了，却能够谦恭谨慎；根本巩固了还要考虑枝节，做好了事情还要能够建立功业。有了长治久安的局面，不能停滞不前。近处的感情融洽了，还能与远方的情感联络畅达；把一件事情观察透彻了，还能与更多的事情联系起来；把一件事物治理好了，还能让万事万物不至于混乱，则是自身以身作则的缘故。

孔子告诫子张，其实也是告诫大家，作为上位者，治理国家，管理民众，不管你是国君还是臣属，都要努力工作，保证国家安定，社会稳定，都要以身作则，身体力行，这是执好政、治好国的首要条件。官员们身不正、风不清、声誉坏，还怎么去管理民众？所以，官员们一定要严格要求自己，以慈爱之心对待民众，处处事事作民众的表率，为民众树立榜样。一个好官员，首先自己要表现好，要有好的品质，要讲信誉，要遵纪守法，要虚心听取别人的好意见，不要高高在上，不要骄纵淫逸，不要贪财浪费。要选择好下属，管理好下属，不要让官场变成垃圾场。这是孔子两千多年前的告诫。这些告诫太重要了。可惜的是，有些官员把孔子的这些教导当成了耳旁风。历朝历代，大官大贪，小官小贪，甚至小官也大贪。他们昧着良心做事，睁着眼睛害人，明里谈仁义道德，冠冕堂皇，实则内心阴暗。这样的官场，这样的官员，当然没有好结果，没有好下场。所以，我们今天仍然要牢记孔子的这些告诫。首先是干部要做民众的表率与榜样。要管理好干部。如果要让民众做什么，干部自己要带头干。干部要有仁爱之心，爱护民众，办什么事情，先为民众着想，为民众谋利益，为民众谋幸福，把民众的利益放在第一位。

君子莅民，不可以不知民之性，而达诸民之情。既知其性，又习其情，然后民乃从命矣。故世举则民亲之，政均则民无怨。故君子莅民，不临以高，不导以远，不责民之所不为，不强民之所不能。廓之以明王之功，不因其情，则民严而不迎。笃之以累年之业，不因其力，则民引而不从。若责民所不为，强民所不能，则民疾，疾则僻矣。古者圣主冕而前旒，所以蔽明也；紘纩充耳，所以掩聪也。水至清则无鱼，人至察则无徒。枉而直之，使自得之；优而柔之，使自求之；揆而度之，使自索之。民有小罪，必求其善，以赦其过，民有大罪，必原其故，以仁辅化。如有死罪，其使之生，则善也。是以上下亲而不离，道化流而不蕴。故德者，政之始也。

君子管理民众，不能不了解民众的本性特点，并且要进一步了解他们的情感。知道了他们的本性特点，又熟悉了他们的情感，他们才会听从你的指挥。因此，国家兴旺发达，民众才会亲近、爱戴你；政治公平合理，民众才不会有怨言。因此，君子管理民众，不能居高临下，不能带领大家做遥不可及的事，不要责备他们不做不愿意做的事情，不要强迫他们做完不成的事情。为了扩大像贤明君王那样的功业而不顾民情，则民众虽畏惧却反感。为了增加多年积累的业绩，不顾民众的实力，民众就会逃避而不服从。如果惩罚民众不做他们不愿意做的事，强迫他们做力所不能及的事，那么民众就会痛恨，痛恨就会做出一些不恰当的事情来。古代圣明君王的帽子前面坠着玉串，是用来遮蔽目光的，帽子两边悬垂着的带子是用来遮蔽听觉的。水太清澈便没有鱼，人太明察就没有伙伴。民众做错了事，君王让他们改正过来，还要让他们有所认识；宽厚温和地对待他们，使他们自己去发现错误，找出并衡量他们的问题，让他们自觉去揭示自己的问题。庶民犯了小罪，一定要把他的优点找出来，从而赦免其罪过；庶民有了大罪，一定要找出他犯罪的根源，用仁爱之心来感化他，使其改恶从善；如果有人犯了死罪，能够想办法让他从死罪中解脱而活下来，那就最好了。这样治理国家，君臣民等上下亲和，没有人离心离德，治国的各种方略措施就能够畅通无阻。所以，施民德泽是施政的首善之策。

孔子强调，官员要治理好政务，管理好民众，首先要了解民性与民情。只有了解他们，才能领导他们，只有你真心为他们好，他们才会真心拥护你。所以，你不能强迫他们做遥不可及的事情，不能让他们做他们不愿意做的事情，不要让他们做做不到的事情。不要为了所谓的政绩，而不顾民情民意，硬要他们做一些力所不及的事情，甚至惩罚他们。这样，不但不能达到目的，反而会引起民众的反感，甚至做出一些出格的事情来。要学会宽容，有人有了错误，要帮助他们认识错误，寻找错误根源，改正错误。对于犯罪的人，无论是小罪大罪，甚至死罪，治罪的时候，只要把犯罪的根源找出来，愿意改恶从善，能够改恶从善，愿意改过自新，能够悔过自新，能够赦免的就尽量赦免，能够宽容的就尽量宽容。对于身边的人和事，只要不是原则问题，不是影响大局的问题，提醒一下就可以了，不必斤斤计较。水至清则无鱼，人至察则无徒。对人对事，不要过于苛刻。对于人民群众，尽可能多施德泽，大家团结一致、上下亲和、同心同德，就会政通人和、长治久安。

"政不和则民不从其教矣。不从教，则民不习，不习，则不可得而使也。君子欲言之见信也，莫善乎先虚其内；欲政之速行也，莫善乎以身先之；欲民之速服也，莫善乎以道御之。故虽服必强，自非忠信，则无可以取亲于百姓者矣。内外不相应，则无可以取信于庶民者矣。此治民之至道矣，入官之大统矣。"子张既闻孔子斯言，遂退而记之。

政令不适宜，民众就不接受其教导；不接受教导，民众就不与你亲近，如此民众就不会接受你的指挥。君子想要让自己的话令别人相信，最好的办法就是自己先虚心听取别人的意见；想要让自己的政令能够迅速得到执行，最好的办法就是自己先身体力行；想要让民众尽快地听从领导，最好的办法就是用最好的政令来引导他们。如果不是这样，虽然表面上服从了你的领导，必然是勉强的，并不是发自内心的，并不是真心实意的，那就没有什么可以让民众来信任你、亲近你。如果你内心的主张与表面上的行为并不一致，表里不一，那就没有什么可以让民众来相信你了。这就是管理民众的最好的办法，是进入官场为官的最高纲领。子张听了孔子的这一番话，赶快回去就把这些话记录了下来。

最后是讲政令，也就是方针政策。国家与政府的官员制定政策与方略的时候，要讲究一个和字。什么是和？和就是适中。就是政府认为好，民众也认为好。这就必须要实事求是，从实际出发。不从实际出发，脱离实际，即使政府认为好，民众也不会认为好。即使你的出发点是好的，想为民众做好事，但是因为不符合实际，不符合民众的利益，结果却大相径庭，民众并不认为好。民众不认为好，他们会欢迎吗？他们会接受吗？即使表面上表示接受，他们内心也是反对的。所以孔子说，政令和，民众才会听你的话，才会与你亲近。政令不和，民众就不可能与你亲近；同时，要让别人相信你的话，你先要虚心听取别人的意见。兼听则明，偏听则暗。其实，好的政令，好的主张，好的意见，都存在于人民群众的智慧中，想要政令畅行无阻，最好的办法，就是自己到群众中去，听取他们的意见，并且身体力行；要想民众服从你的领导，最好的办法就是用好的政策来引导他们。同时，很重要的是，你要表里如一。说一套，做一套，口是心非，谁还会相信你？孔子认为，这就是进入官场为官的最高准则、领导民众的总纲领。

孔子的这一席话，把进入官场如何做官的要义都告诉了子张。其实，孔子的这些话，如果用一句话概括起来，那就是要做好官，先要做好人。连人都不会做，连人都做不好，又怎么能够做好官呢？现在的某些人，要去做官的出发点就不对，一心只想为自己捞好处，并不是想为国家为人民做好事。这些人的结局可想而知。

子张听了老师的这一席话，赶快就回去记录下来。这说明，子张对孔子的这些话非常重视，自然也是受益匪浅。我们也要感谢子张，没有他的记录，今天我们也看不到孔子这么珍贵的教导了。今天的人们，如果想去做官，就先好好学习孔子的这些教导，牢记在心，一定大有好处。对我们的干部学校来说，孔子的这篇文章也可用作不可多得的好教材。

二、孔子对子张的教育

其实前后两部分内容相同，都是孔子对子张的教育。只不过后面这部分的涉及面更广泛一些，内容更丰富一些。

> 子张问于孔子曰："何如斯可以从政矣？"子曰："尊五美，屏四恶，斯可以从政矣。"子张曰："何谓五美？"子曰："君子惠而不费，劳而不怨，欲而不贪，泰而不骄，威而不猛。"子张曰："何谓惠而不费？"子曰："因民之所利而利之，斯不亦惠而不费乎？择可劳而劳之，又谁怨？欲仁而得仁，又焉贪？君子无众寡，无小大，无敢慢，斯不亦泰而不骄乎？君子正其衣冠，尊其瞻视，俨然人望而畏之，斯亦不威而不猛乎？"子张曰："何谓四恶？"子曰："不教而杀谓之虐；不戒视成谓之暴；慢令致期谓之贼；犹之与人也，出纳之吝谓之有司。"
>
> ——《论语·尧曰》

这一段话与前面的《孔子家语·入官》问的是同样一个问题，就是如何做官？在《孔子家语·入官》中，孔子已经把如何做官的问题说得相当全面透彻了。这里，孔子提出了五美四恶的问题，即要做好官，就要做到"尊五美，屏四恶"。这五美四恶都是讲做官的人的自我修养，而这些自我修养又都是为了更好地对待老百姓，为老百姓办事，不侵害老百姓的利益，不戕害老百姓。比如说，国家与政府应该给予老百姓的利益，你当官的不应该有丝毫的侵占与克扣，必须全部发给老百姓。这话说起来容易，做起来就不是那么回事了。这不用说古代，就是现代，又谈何容易。这在孔子看来，对老百姓的侵害都是不能允许的。再比如当官的人只愿意得到自己应该得到的东西，而不愿意得到自己应得以外的东西，又有多少人能够做得到？这里说多少人能够做得到，就是说有的人还是做得到，但是，很多人是做不到的。某些人之所以削尖脑袋要往官场钻，为的就是要捞好处。那些被抓出来的腐败分子，比如和珅所做的坏事，所贪污的财物，何等地让人惊心动魄！孔子两千多年前教育他的学生子张，要做官，就要尊五美、屏四恶。

> 子张问圣人之所以教。孔子曰："师乎，吾语汝。圣人明于礼乐，举而措之而已。"子张又问。孔子曰："师，尔以为必布几筵，揖让升降，酌献酬酢，然后谓之礼乎？尔以为必行缀兆，执羽籥，作钟鼓，然后谓之乐乎？言而可履，礼也；行而可乐，乐也。圣人力此二者，以躬己南面。是故天下太平，万民顺伏，百官承事，上下有礼也。夫礼之所以兴，众之所以治也；礼之所以废，众之所以乱也。目巧之室则有陕阼，席则有上下，车则有左右，行则有并随，立则有列序，古之义也。室而无陕阼，则乱于堂室矣；席而无上下，则乱于席次矣；车而无左右，则乱于车上矣；行而无并随，则乱于阶涂矣；列而无次序，则乱于位著矣。昔者明王圣人，辨贵贱长幼，正男女内外，序亲疏远近，而莫敢相逾越者，皆由此涂出也。"

——《孔子家语·问玉》

这一段话讲礼乐教化。子张问老师，古代圣明君王如何教化臣民？其实这也与前面所问的治理国政相一致。孔子告诉子张，古代圣明君王教化臣民的方法只有一个，就是使用礼乐制度。关于礼乐治国，这是孔子最向往的，是他一生奋斗的理想，也讲得最多。不过这里讲礼乐，自然是针对子张而言。子张不是有"过"的特点吗？那么仍然从自我修养讲起。礼的根本点是什么？不是形式上如何如何，其实只有四个字，"言而可履"。就是做官做人，先要从自己做起，要讲信用，不能讲空话假话，自己要说话算数，自己说的话要能够兑现，能够说到做到。这比什么样的礼乐形式都重要。当然，形式也不能忽略，"言而可履"也要通过形式来落实。但是你如果只在形式上下功夫，却言而不可履，只搞一些形式，说话不算数，尽说一些空话假话来忽悠人，不干真事实事，谁还信任你？乐也是一样。并不是非要举办什么音乐演奏才是乐。乐的根本点在于你的行事能够让大家快乐。什么样的情况能让大家快乐？当然是天下太平，大家都能够安居乐业。如果天下不太平，社会动荡不安，大家缺吃少穿、受冻挨饿，再好的音乐演奏又能有多大的意义？因此，只有天下太平，社会安定，大家都安居乐业，都能够生活在快乐之中，礼乐制度才能真正发挥作用，大家才会遵守礼乐制度，按照礼乐制度的要求行事，成为文明守礼的人、享受音乐和谐的人。

> 子张问政。子曰："居之无倦，行之以忠。"
>
> ——《论语·颜渊》

这还是有关如何做官的问题。孔子教导子张，有了官职，要做好官，处理好政务，就要孜孜不倦、忠于职守，不能有丝毫的懈怠。在处理政务的时候，要忠心耿耿，忠实地执行国家政策，为老百姓做好事，不能随心所欲，掺杂个人私货。孔子对子张的教导也是有针对性的。子张不是有点聪明过了吗？子张容易要小聪明，所以孔子要这样告诫他。其实，孔子的这些告诫，对于我们今天的某些官员来说，也很有教育意义。

> 子张学干禄。子曰："多闻阙疑，慎言其余，则寡尤。多见阙殆，慎行其余，则寡悔。言寡尤，行寡悔，禄在其中矣。"
>
> ——《论语·为政》

子张这样三番五次地向老师请教做官的事情，也不怕老师说他是个官迷。不过孔子教学生，就是要培养大批他心目中理想的官员，为他恢复理想的社会而努力。所以他对于学生这样的问题也总是有问必答，而且回答得很认真。子张这样反复问这一问题，并不感到难为情，这也说明古人的诚实，有什么问题，就大胆地问，并不遮遮掩掩。而孔子在回答子张的问题时，仍然循循善诱，针对子张的个性与特点，告诫他，在言论方面多听别人讲话，自己还搞不清、有疑问、没有准确把握的话就不要去说，只说那些自己清楚明白有把握的话，以免发生错误。同样，在行动方面，多看别人做事，自己还没有搞清楚、还没有把握做好的事情，就暂时放下，先把自己已经明白、能够做好的事情做好，避免做了错事而后悔，少说错话，少做错事，对于子张"过"的特点来说，就是获取官位，提高俸禄。从这一段话，也可看出孔子的教学方法，既不挫伤学生的积极性，又针对学生的特点进行了很好的引导。

> 子张问行。子曰："言忠信，行笃敬，虽蛮貊之邦，行矣。言不忠信，行不笃敬，虽州里，行乎哉？立则见其参于前也，在舆则见其倚于衡也，夫然后行。"子张书诸绅。
>
> ——《论语·卫灵公》

子张请教人的行为怎样才能够畅通无阻？孔子用了六个字即"言忠信，行笃敬"来概括。这就是做人的基本要求。不管你是一个什么样的人，都应该具备这样的品质。如果你是一个有知识有文化的人，要在社会上做事的人，那就更应如此。只有如此，你才能在社会上立住脚、行得通。所以这六个字必须刻在你的脑子里，化入你的血液中。无论何时何地，这六个字都要指导你的言语行动。这样人家才会信任你，愿意与你交往，与你共事。如果你说话不靠谱，不算数，嘴里跑火车，行为不检点，做事不踏实，对人不尊重，自以为是，听不进别人的意见，人家又怎么会接受你？所以孔子教导子张，你要行事畅通无阻，就要把"言忠信，行笃敬"变成自己的品德宗旨，用来指导自己的一切言行。孔子的教导很切合子张的实际情况。因而子张也认为老师的教导是金玉之言，害怕一时忘却，连忙在腰间的带子上记了下来。

> 子张问明。子曰："浸润之谮，肤受之愬，不行焉，可谓明也已矣。浸润之谮，肤受之愬，不行焉，可谓远也已矣。"
>
> ——《论语·颜渊》

子张向老师请教怎样才能做一个明白人。孔子说：一点一滴浸润而来的谗言，像刀子一样刺痛人的诬蔑向你袭来，在你这里都不起作用，你就算是一个明白人了。一点一滴浸润而来的谗言，像刀子一样刺痛人的诬蔑向你袭来，在你这里都不起作用，你就算是有远见卓识的人了。

在孔子看来，要做明白人，也要有一个艰苦的修炼过程。第一要有识别能力，要能辨别清楚人家在你这里说的是正确的话还是谗言？人家攻击你的话，是忠言逆耳，还是恶意攻击与诬蔑？第二要有气量，人家所说的谗言恶语，恶意的攻击与诬蔑，都要听，不要一听到不顺耳的话就暴跳如雷。第三是要有定力，你进谗言，我不为你的谗言所动，你攻击诬蔑，我身正不怕影子斜，不受你的影响，仍然坚持原则。这样，那些捣鬼的魑魅魍魉就再也没有市场了。这就要看一个人的修养如何。所以，孔子教导子张：人家来向你进谗言，来攻击你、诬蔑你，你都能够不为所动、不受影响，你就是一个明白人了，你就能够长久立于不败之地了。孔子的这个教导很重要，如果在谗言与诬蔑攻击面前，不能够稳住阵脚而乱了方寸，这就是一个糊涂人了。《论语·宪问》中有这样一段话：

> 公伯寮愬子路于季孙。子服景伯以告，曰："夫子固有惑志于公伯寮，吾力犹能肆诸市朝。"子曰："道之将行也与，命也；道之将废也与，命也。公伯寮其如命何。"

从这段记载中可以看出孔子对待他人的言论的态度。孔子听了子服景伯的话，知道了公伯寮在季孙面前攻击毁谤子路。子路是孔子的得意门生。但是，孔子听了子服景伯的话，并没有激动而对公伯寮大加挞伐，也没有同意子服景伯去处置公伯寮，而是平静地说：要听从命运的处置。当然，用现在的话来说，孔子这样说话有点消极。但是如果情绪激烈一点，让子服景伯去处置了公伯寮，也未必妥当。其实，孔子听了子服景伯的话，之所以那么冷静，当然是他的修养，能够正确地分析对待别人的话。同时，孔子了解子路，信任子路。子路为人正直，作风正派，不会做出什么出格的事来，即使有人进谗言，攻击他、诬陷他，也不至于伤害到他，所以孔子能够说出这样一番话来。而他教育子张，让子张学会分析别人的话，遇事沉着冷静，培养自己抵御谗言毁谤的能力。

> 子张问仁于孔子。孔子曰："能行五者于天下为仁矣。""请问之。"曰："恭、宽、信、敏、惠。恭则不侮，宽则得众，信则人任焉，敏则有功，惠则足以使人。"
>
> ——《论语·阳货》

仁这种品德，在孔子那里的门槛很高，要想在孔子那里得到仁的首肯，那真是不容易。子张向孔子请教什么是仁，孔子告诉他要具备五种品德，要随时随处依这五种品德行事，还要向天下推行这五种品德。这容易吗？当然不容易。所以说孔子从来不轻易认为他人具有仁这种品德。来看一个例子：

> 子张问曰："令尹子文三仕为令尹，无喜色；三已之，无愠色。旧令尹之政，必以告新令尹。何如？"子曰："忠矣。"曰："仁矣乎？"

曰："未知，焉得仁。""崔子弑齐君，陈文子有马十乘，弃而违之。至于他邦，则曰：'犹吾大夫崔子也。'违之。之一邦，则又曰：'犹吾大夫崔子也。'违之。何如？"子曰："清矣。"曰："仁矣乎？"曰："未知，焉得仁。"

——《论语·公冶长》

楚国的令尹子文这个人，几次当了宰相，不以此而欣喜，几次被罢了官，也不因此而懊丧。他在交接时把自己的政令交给新任宰相。这样的人可以说是很不错了，应该说是一个情操很高尚的人，说他是一个仁人，或者也并不过分。所以子张要问，这个人能不能算是仁人？但是孔子并不给他这个名分，只认为是一个忠臣。齐国的陈文子，对于大夫杀害自己的国君，认为是不义的事。虽然自己有四十匹马的家产，却宁愿抛弃这些家产，而不与不义的人为伍，离开了自己的国家。当他来到另一个国家，看到那里的当权者，与崔杼差不多，便毅然离开了那个国家，如此再三。这样的人，也不容易，也应该说是高风亮节。说他是一个仁人，或者也可以吧。因而子张问，这算不算得一个仁人。但是孔子也不给他这个名分，只说他是一个清白的人。可见，在孔子这里，要得一个仁的称号，实在不容易。从这一师生问答中，可以看出，子张认为可以称为仁人的人，孔子都加以否定。这既体现了孔子关于仁的标准，对子张也是很好的教育。子张向老师请教什么是仁，孔子说是要能行恭、宽、信、敏、惠五者于天下。因为子张性格要强，孔子让他从五个方面下功夫，好好修养自己。有了这五种品德，就可以说是具备仁的品德了，因而也就可以在天下畅行无阻了。子张经过修炼，具备了很高尚的道德品格，孔子夸他仁德高尚。但是他的朋友并不完全同意。子游曰："吾友张也为难能也，然而未仁。"（《论语·子张》）在子游看来，子张的学识与品德达到了很高的境界，已经难能可贵，只是还没有达到仁的境界。曾子也说："堂堂乎张也，难与并为仁矣。"（《论语·子张》）曾子认为，子张这个人从学问到仪表都有很高的造诣，只是难以与大家一起进入仁的境界。那也就是说，子张在品德修养上还是未能完全达到仁的境界。子游与曾子对子张的评价与孔子的评价不太一致。再看：

子夏之门人问交于子张。子张曰："子夏云何？"对曰："子夏曰：'可者与之，其不可者拒之。'"子张曰："异乎吾所闻。君子尊贤而容众，嘉善而矜不能。我之大贤与，于人何所不容？我之不贤与，人将拒我，如之何其拒人也？"

——《论语·子张》

子夏与子张都是孔子的得意门生，但是在交友方面，两个人听老师所教的并不一样。本来孔子的教学方法就是因材施教，对不同特点的学生，其教育的内容与特点也不一样。当然这其中还有学生对问题的理解。在孔子的学生中，子夏是很杰出的。从交友这方面来看，也许孔子认为子夏能够分辨该交与不该交的界限，而子张还有加强分辨的需要，所以对两个人所教的内容不完全一样。应该说两人所说的也都没有错。子夏说能交的就交，不能交的就不交，没错。子张所说的似乎站的角度更高一点。他说的是"君子"之交，当然应该有更高一点的要求。这也并不是说，子夏就不是君子，或者只是说子夏更容易做到君子之交，而是子张在这方面要多下一些功夫。因为他有"过"的特点，所以就要用君子更高的要求来教育他，让他更有这样的胸怀。这就更能说明孔子的教育何等英明！

> 子张问善人之道。子曰："不践迹，亦不入于室。"
>
> ——《论语·先进》

子张想要成为品德高尚的善人，向老师请教。

什么样的人是善人？朱熹认为是"质美而未学者也"。我认为朱熹老先生这个解释未必妥当。善人质美是肯定的，质不美何以能够成为善人？但未学就未必了。未学的人可能成为善人，而学识高深的人更可能成为善人。用通俗的话来说，善人就是一贯行善而不为恶的人，所以一定是道德品质高尚的人。道德品质高尚的人，更多的应该是质美而学识高深的人。至于怎样才能成为善人，孔子在《孔子家语·六本》中说："与善人居，如入芝兰之室，久而不闻其香，即与之化矣。"意思是说，与善人相处的时间长了，就像进入装满香草的房间，时间长了就闻不出香味了，却为香草的香味浸染而化为香人，也就是善人了。所以孔子教导子张，你要成为善人，若不循着善人的道路走，而行走在其他的道路上，即使有所成就，也达不到最高境界。其实，这也是针对子张的特点而言的。

> 子张问崇德辨惑。子曰："主忠信，徙义，崇德也。爱之欲其生，恶之欲其死，既欲其生，又欲其死，是惑也。'诚不以富，亦祇以异。'"
>
> ——《论语·颜渊》

怎样才是崇尚品德？孔子告诉子张，你要成为一个品德高尚的人，为人处事就要忠诚信实、见义勇为。如果做人处事奸诈虚伪，见到有人遇到危险不能挺身而出，出手相救；见人有了灾难，不同情，不相救，反发灾难财；见人有了困难，不同情，不帮助，甚至幸灾乐祸，落井下石。这还有什么崇德？那是缺德。怎样辨惑？孔子说：爱这个人的时候，就希望他好好活着；恨这个人的时候，就希望他快点死去。这就是惑。这种现象，其实常见。为什么它是惑呢？实质上，这是一个感情与理智的问题。孔子还引用《诗经》上的诗句作论据。关于这两句诗，似乎不能与前面的论点联系起来，程颐说是错简。其实，孔子引用《诗经》作论据是常见的事。这里也不例外。诗中女方嫌贫爱富，要把贫穷的女婿赶出去。这在孔子看来，就是一种不道德、不理智的做法，因而也是一种惑的表现。所以，我倒认为，诗与前面的论点是有内在联系的，并非错简。

关于崇德辨惑，樊迟也有过类似的发问。

> 樊迟从游于舞雩之下，曰：“敢问崇德、修慝、辨惑。”子曰：“善哉问！先事后得，非崇德与？攻其恶，无攻人之恶，非修慝与？一朝之忿，忘其身，以及其亲，非惑与？”
>
> ——《论语·颜渊》

子张和樊迟所提的问题都有“崇德”“辨惑”，但孔子的回答却大不相同。怎样崇尚品德，做一个品德高尚的人？孔子要求子张是“主忠信，徙义”，而要求樊迟是“先事后得”。如何辨惑？孔子要求子张是加强感情与理智的区分，要用理智来控制感情，要求樊迟是抑制一朝之忿。两相比较，在孔子那里，樊迟的素质比子张要差一些，无论从品德修养来看还是从学识上来看，子张与樊迟的层次显然不同。由此，孔子对两个人的要求不同，给予两人的教育也不相同，这也就是我们多次说过的因材施教。对像子张这样素质好一点但也有不足的学生，孔子要求更高一点，更严格一些；但是对于素质差一点的学生，孔子也并不歧视，并不排斥。就说樊迟吧，他的素质确实差一点，而孔子对他也并不歧视与排斥，而是耐心教育，公平对待。当他提出“崇德、修慝、辨惑”这样的问题时，孔子立刻用欣喜的语气说：这个问题提得好！这句话看似简单，其实内涵丰富。它表示了孔子对樊迟的肯定。樊迟能够提出这样比较深刻的问题，是他的进步，也是孔子教育的成果。对于樊迟来说，这是老师对他的肯定，该是多大的鼓励呀！从这些细节，我们也看出孔子教育的非凡之处。

> 子张问：“士何如斯可谓之达矣？”子曰：“何哉，尔所谓达者？”
> 子张对曰：“在邦必闻，在家必闻。”子曰：“是闻也，非达也。夫达也

者，质直而好义，察言而观色，虑以下人。在邦必达，在家必达。夫闻
也者，色取仁而行违，居之不疑。在邦必闻，在家必闻。"

——《论语·颜渊》

　　子张提出这个问题，孔子马上就意识到他需要什么，要怎样教育他。所以告诉他，你是要声望还是要品德。如果要做达人，那就要做品德高尚、诚信真实的人，见义勇为的人，善于理解别人的话的人，不破坏别人情绪的人，谦虚谨慎的人。那样，你在政府做官也好，在家闲处也好，都是达人，别人都会尊敬你，信任你。如果只想做一个有声望的人，那么只要逢场作戏就行了，表面上看起来似乎是仁义忠信，实行的时候则离经叛道。这样也可以骗取声望，在邦必闻，在家必闻。子张是聪明人，他当然知道孔子要教育他成为什么样的人。

　　孔子在这里提出的闻与达的问题，对于很多人来说，都是严峻的考验。有的人确实只想在闻字上下功夫，搏得一个好声望，所以到处逢场作戏、发表演说，要这样严格要求自己，那样严格要求自己，什么话好听他们就说什么，有时候还要装模作样，做一点好看的事，好像他真是一个伟人、圣人。下来行动的时候，他们便什么道德都不要了，躲在阴暗的角落里，什么亏心的事都能干出来。不过善有善报、恶有恶报，伪装得了一时，伪装不了一世，最终的结果，前车之鉴何其多。

　　子张曰："《书》云：'高宗谅阴，三年不言。'何谓也？"子曰："何必高宗，古之人皆然。君薨，百官总己以听于冢宰三年。"

——《论语·宪问》

　　子张向老师请教：《书经》上说，殷高宗武丁住在守孝的房子里，三年不曾谈论治国理政的事，是什么意思？孔子说：岂止是高宗，古时候的人都是这么做的，君王去世了，继位的人三年守孝，不治理国政，百官各守其职，听从宰相指挥三年。

　　孔子告诉子张，不只是殷高宗武丁这么做，古时候的人都是这么做的。这是孝道，是历史传统。注重孝道，这是中华民族的优良传统。不只上层统治者应该这么做，普通百姓又何尝不应该这么做。到了现代，守孝三年自是不必，但以孝为先的传统是不应该丢弃的。

　　子张问："十世可知也？"子曰："殷因于夏礼，所损益，可知也；周因于殷礼，所损益，可知也。其或继周者，虽百世，可知也。"

——《论语·为政》

子张对政治很关注，向老师问了很多有关治国理政的问题。这里问的是历史方面的问题，其实也是政治问题。因为在那个时代以礼治国，所以礼乐制度也就是治国的方略与制度。从子张的这一问也可以看出他对政治的关注。孔子告诉他，每一朝代的政治制度，也就是礼乐制度，是有沿革的。所谓沿，就是继承；所谓革，就是除旧创新。商朝继承了夏朝的礼乐制度，沿用了它合理的部分，革除了已经过时的不适用的部分，新增了适应社会发展的新内容。周朝的礼乐制度也同样，有继承，有革除，有创新。社会就是这么发展的。这是社会发展的必然规律。所以，考察各个朝代的历史，就可推知未来社会的发展情况。历史会给你聪明智慧，这就是学习历史的重要性。就是今天，要在政治上或者学术上有所建树，学习历史、掌握历史资料仍然是必不可少的任务。无视历史，采取历史虚无主义的态度，或者无视本国历史，崇洋媚外，总认为外国的月亮比自己祖国的圆的人们，只会像流星一样，或许可以在天空一闪，但必然快速陨落。这也就是学习中国历史的重要性。当今中国的学者，尤其是社会科学的学者，无视中国历史，往往用外国的理论来阐述中国社会，实际上做的都是无用功。

子张曰："士见危致命，见得思义，祭思敬，丧思哀，其可已矣。"

——《论语·子张》

这些话是子张独自发表的言论。他对士提出了这几点要求，也可以说是提出了士的标准。这几点都是对士的品德要求。能不能做到这几点，这是对士的品德考验，或者说是灵魂考验。一名士必须能够做到这几点，才称得上是一名真正的士。士是什么样的人？在古代，士分为文士与武士。这里主要说的是文士。文士，主要指的是读书人。在孔子那里，士要具备的条件，首先就是品德必须高尚。子张是孔子的学生，他接受了孔子的观念，所以也对士提出了这样的要求。而他自己，当然是高标准的士了。这说明他已经成熟了，这也正是孔子教育的成功之处。

子张曰："执德不弘，信道不笃，焉能为有，焉能为亡？"

——《论语·子张》

子张的意思是说，你自己掌握了道德与学识，不能只是自己固守，而应该去发扬光大。你既然修炼了这样的道德，掌握了这样的学识，就应该坚信不疑。如果这两点你都做不到，人家又应该如何来评价你？你到底是一个有学识与道德的人，还是一个没有学识与道德的人呢？在你学习或者修炼学识与道德之前，就有一个正确选择的问题。你认为是正确的东西，才会去选择它。既然选择了它，学习与修炼了它，就要坚信它的正确性。这是一个学者的基本素质。同时，学识也好，道德也好，你掌握了它，不应该只是自己固守，而应该去宣扬它、传播它、推广它，让它发扬光大，让大家都受益。这才是一个学者、一个道德高尚的人应有的品格。

　　上面这两段话都是子张独立发表的见解。能够发表这样的见解，是他成熟的表现与标志，证明他已经是一个有学识、高尚道德的人了，同时也是孔子教育的成果，是孔子教育成功的重要标志。

后 记

关于本书写作情况，在自序中已经有了交代，但是还有一些情况，应该作一些说明。一是所用的资料，如《论语》《大学》《中庸》使用的是朱熹集注本，《礼记》使用的是陈澔的集说本。因为这两个本子都是经典老版本，所以我在引用时都只说了篇名，文中未注版本名称与页码。《论语》，我参考了杨伯峻先生的《论语译注》本，受益匪浅，这是要特别感谢的。《孔子家语》主要是采用了上海三联书店出版的王盛元先生的译注本。因为这个版本是个不完全本，所以除了该书以外，还采用了"百度"网上的版本。其他有关的资料主要都是采用团结出版社出版的《儒家经典》本。这也是一个经典本，文中引用时也未标出处。这是要说明的第一点。二是本书的书名是"孔子《论语》释、论与探新"，我是想把《论语》中的内容尽可能网罗，所以写得比较长。尽管这样，《论语》中的有些段落仍然未能收入，这既是遗憾，也是无奈。三是对某些资料的多次引用的地方比较多，这也是无可奈何的事，因为在不同地方引用的角度不一样，作用不一样，所以也只好这样。四是本书的学术性比较强，篇幅也都比较长，阅读起来比较费力，如果不是有一定耐心的读者，是很难读下去的。但是我在书名上既然使用了探新一词，所以在对孔子的思想、学术与《论语》的内容的理解与探索方面，总会有些新的与前人的想法和看法不相同的地方，或者说，总有一些我的独到之处，有耐心的读者，阅读完本书肯定是会有收获的。我希望并欢迎有诸多的读者朋友能够耐心阅读此书。五是现在学术著作出版的情况大家都很清楚，所以我要特别感谢新疆大学为本书的出版给予经费上的大力资助，也特别感谢出版社的编辑朋友为本书的出版付出的辛勤劳动！还要对为本书的写作与出版提供过帮助与鼓励的老师与亲朋好友们表示衷心的感谢！

最后，我再一次要说，由于本人学术水平有限，书中的错误或不妥之处在所难免，衷心欢迎读者批评指教！

黄 钢

2024 年 1 月 18 日